XIANFENG YEARBOOK 2019

咸丰年鉴

（2019）

咸丰年鉴编纂委员会　编

方志出版社
Publishing House of Local Records

图书在版编目（CIP）数据

咸丰年鉴．2019 / 咸丰年鉴编纂委员会编．-- 北京：方志出版社，2020.7

ISBN 978-7-5144-4263-2

Ⅰ．①咸… Ⅱ．①咸… Ⅲ．①咸丰县—2019—年鉴 Ⅳ．① Z526.34

中国版本图书馆 CIP 数据核字（2020）第 150563 号

咸丰年鉴（2019）

编　　者：咸丰年鉴编纂委员会
责任编辑：张　颢

出 版 者：方志出版社
地址　北京市朝阳区潘家园东里 9 号（国家方志馆 4 层）
邮编　100021
网址　http：//www.fzph.org
发　　行：方志出版社图书经销中心
电话　（010）67110500
经　　销：各地新华书店
排　　版：北京纺印图文设计制作有限公司
印　　刷：北京中科印刷有限公司

开　　本：889 × 1194　　1/16
印　　张：22
字　　数：618 千字
版　　次：2020 年 7 月第 1 版　　2020 年 7 月第 1 次印刷

ISBN　978-7-5144-4263-2　　**定价：**260.00 元

序

贫困问题一直是困扰人类社会发展的重大问题。中国作为世界上最大的发展中国家，为解决贫困问题进行了长期不懈的努力。改革开放以来，特别是党的十八大以来，以习近平同志为核心的党中央把脱贫攻坚作为全面建成小康社会的底线任务和标志性指标，纳入“五位一体”总体布局和“四个全面”战略布局，以前所未有的力度推进精准扶贫、精准脱贫，扶贫开发成就举世瞩目，显著改善了贫困地区和贫困群众生产生活条件，具有重大的现实意义和深远的历史意义。身处中华民族几千年发展历史上将首次整体消除绝对贫困现象的伟大时代，如何更好地发挥地方志的存史、育人、资政的作用，是新时代全国地方志系统必须深入研究和着力解决的重大课题。

党的十八大以来，在党中央国务院的正确领导下，全国地方志系统深入学习贯彻习近平新时代中国特色社会主义思想，紧紧围绕党和国家事业发展需要，深入推进地方志改革创新发展，凝心聚力，稳扎稳打，勇于担当，主动作为，全国地方志形势和地方志工作者的精神面貌发生了深刻变化，取得了优异成绩。其中，为贯彻落实《全国地方志事业发展规划纲要（2015—2020年）》，经中国地方志指导小组领导批准，中国地方志指导小组办公室于2015年、2017年先后启动民族地区与贫困地区志书、年鉴出版资助工程（以下简称“志鉴出版资助工程”），对国家级贫困县（区、旗、县级市），中西部地区、少数民族边疆地区面临出版经费困难的志书和综合年鉴给予出版资助。实施志鉴出版资助工程是紧扣时代脉搏、坚持创新发展、传承弘扬中华优秀传统文化的一项创举，不仅有力推动了“两全目标”的实现，而且数十部资助出版的志书、年鉴及时记述了民族地区与贫困地区在全面建成小康社会伟大征程中取得的新成绩和新经验、出现的新情况和新问题、涌现的优秀人物和典型事迹，留住地方文化的“根”和“魂”，为这些地区的经济社会发展、地域文化传播、爱国主义教育、精神文明建设等提供了历史借鉴和智力支持，对全面提升民族地区与贫困地区文化建设水平、确保民族地区与贫困地区和全国其他地区同步全面建成小康社会具有重要意义。

尤为可喜的是，志鉴出版资助工程促成了一批扶贫志书的编纂出版，在文化脱贫攻坚中发挥了独特的作用。例如，《贵州省减贫志》全面系统客观记述了从1978

年至2015年贵州省扶贫、减贫工作的历程及取得的经验，为贵州省实施大扶贫战略提供了有力的资政辅治参考，集中体现了地方志工作因时而动、顺势而为的新作为。前不久，由福建省地方志编委会和人民网共同编纂的《闽宁扶贫协作图志》，是全国首部扶贫协作图志，图文并茂、直观立体、全方位地展现闽宁扶贫协作波澜壮阔的历程，弘扬“闽宁一家亲”“携手奔小康”的深厚情谊和滴水穿石、久久为功的精神，是贯彻落实习近平总书记扶贫工作重要论述精神，服务国家精准扶贫、精准脱贫战略的有力举措。希望各地以此为鉴，编纂出版更多、更好的扶贫志书、年鉴，助力国家精准扶贫、精准脱贫战略的实施，充分展现地方志的独特价值和作用。

当前，我国脱贫攻坚已进入全面决战决胜的关键时期，尚未脱贫的贫困地区集中分布在中西部深山区、极端干旱山区、高寒阴湿地区等，文化建设还比较薄弱，文化产品还不够丰富，文化精品更是少之甚少。同时，这些地区往往是民族文化、历史文化、红色文化、生态文化富集区，具有发展文化旅游、推进文化扶贫的巨大潜在优势，也是繁荣发展地方志事业的巨大文化宝库。要发挥好文化扶贫凝聚人心的优势，善于利用方志文化优势为贫困地区“赋能”，在脱贫攻坚中做出方志人应有的贡献。要发挥好中国名镇志文化工程、中国名村志文化工程的引领作用，大力加强乡镇村志编纂，让百姓记得起乡情、记得住乡愁，凝聚贫困乡镇村庄的强大民心，补齐贫困乡镇村庄的文化短板，以“扶智”的方式“扶志”，践行习近平总书记强调的“扶贫先扶智，扶贫必扶志”的重要理念。

求木之长者，必固其根本；欲流之远者，必浚其泉源。扶贫扶起的是志气骨气，传承的是家国情怀，守护的是绿水青山。扶贫既要富口袋，也要富脑袋。必须坚持文化脱贫和物质脱贫两手抓，筑牢贫困地区文化之基，补足信仰精神之钙，引领脱贫发展之舵。全国地方志系统要围绕中心、服务大局，坚决投入脱贫攻坚这场必须打赢的硬仗，积极参与脱贫攻坚战，发挥优势和特长，深入挖掘文化资源，着力补齐文化短板，努力帮助民族地区与贫困地区的文化建设实现较大的发展提升，在全面建成小康社会、实现中华民族伟大复兴中国梦的征程中贡献方志人的力量。

是为序。

中国社会科学院院长
中国地方志指导小组组长　谢伏瞻

民族地区与贫困地区年鉴出版资助工程领导小组

组　　　长：高　翔

常务副组长：冀祥德

副　组　长：高京斋　邱新立

民族地区与贫困地区年鉴出版资助工程领导小组办公室

主　　　任：冀祥德

副　主　任：邱新立

成　　　员：于伟平　刘永强　冷晓玲　李　静

咸丰年鉴编纂委员会

咸丰年鉴编辑部

编 辑 说 明

一、《咸丰年鉴（2019）》（以下简称本年鉴）以马克思列宁主义、毛泽东思想、邓小平理论、“三个代表”重要思想、科学发展观、习近平新时代中国特色社会主义思想为指导，坚持辩证唯物主义和历史唯物主义的立场、观点和方法，实事求是记载2018年湖北省恩施土家族苗族自治州咸丰县改革与发展的进程。

二、本年鉴由咸丰县人民政府主办、咸丰县档案馆承编的系统记载咸丰县自然、经济、政治、文化、社会等方面情况的年度资料性文献。围绕县委、县政府中心工作，突出时代特征和地方特色，全面、客观、系统地记述2018年度咸丰县物质文明、政治文明、精神文明、社会文明、生态文明建设的发展进程，为促进咸丰经济社会发展提供基本资料和历史借鉴。

三、本年鉴记事时限为2018年1月1日至12月31日

四、本年鉴采用类目编辑法，由类目、分目、条目三级结构组成，条目为收录信息的基本单元。类目下的分目一般按部门编排，分目下的条目标题加【 】表示。内容分为综合信息、分类信息和其他资料三类。

五、本年鉴采编的资料，由县直各单位、各乡镇提供，并由各参编单位领导审定，兼用编辑部采集的资料。综合性统计数据以咸丰县统计局公布的资料为准，其他以撰稿单位提供的数据为准。年鉴中所用数据因资料来源、统计口径等因素，各分项数据可能与总数据不尽一致。

咸丰县行政区划图

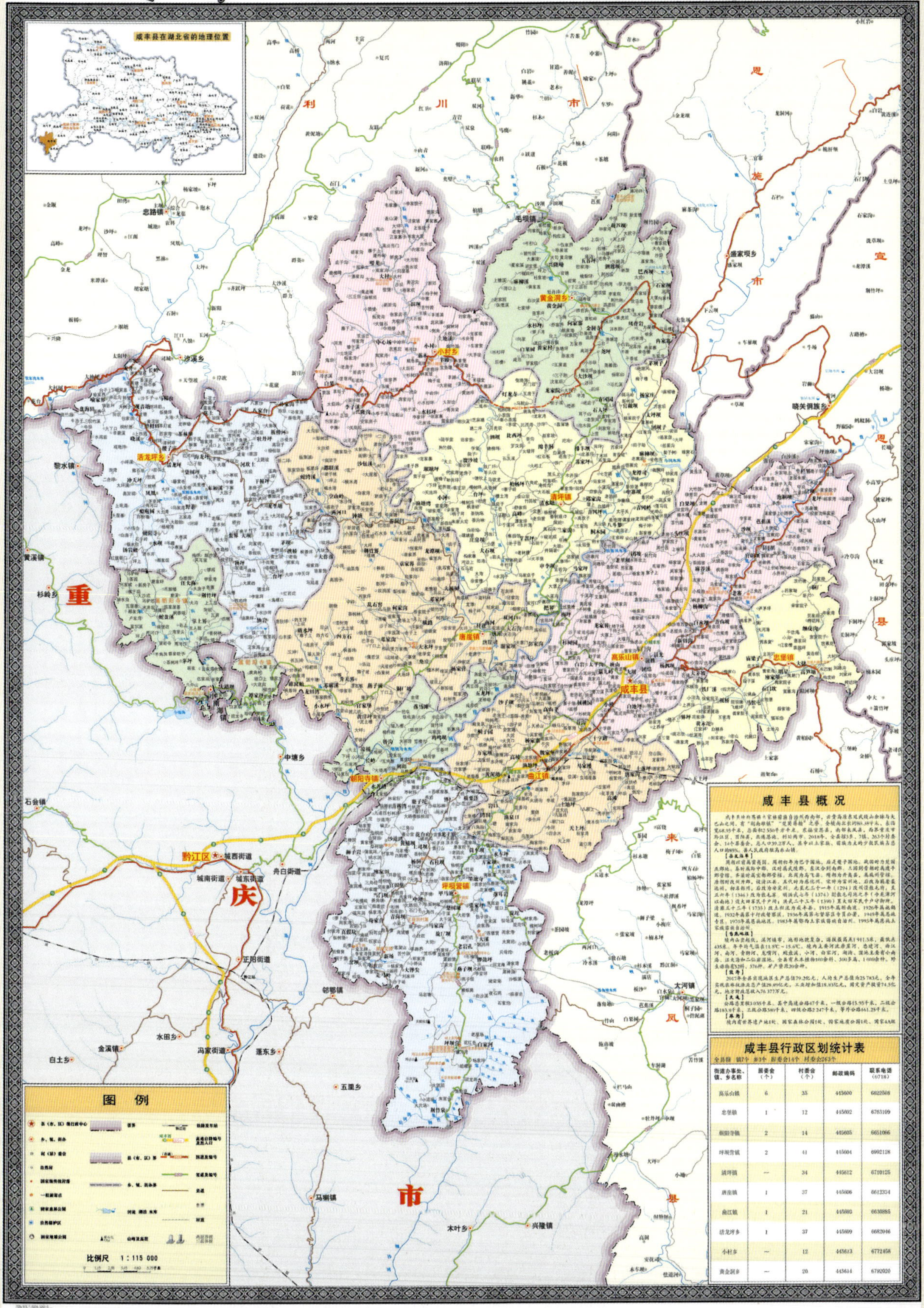

咸丰县概况

咸丰县位于恩施土家族苗族自治州西南部，云贵高原东延武陵山余脉与大巴山之间，有"鄂西雄镇""楚蜀屏翰"之誉。全境南北长约80.38千米，东西宽68.93千米，总面积2 550平方千米。东临宣恩县，南邻来凤县，西界重庆市黔江区、酉阳县，北连恩施、利川两市。2018年，全县辖3乡、7镇、263个村委会、14个居委会，总人口39.2万人，其中以土家族、苗族为主的少数民族占总人口的85%。县人民政府驻高乐山镇。

【历史沿革】

周朝以前属蛮夷国，周朝初年为巴子国地，后是楚子国地。战国时为楚国巫郡地。秦时属黔中郡。汉时属武陵郡。东汉分属南郡。三国到晋朝时属建平郡管辖。齐梁时属宜都郡管辖。北周为乌飞县。隋朝为开夷县，属施州管辖。唐朝时改州为郡，设清江县。五代时为感化州。宋时为富州地，后改为羁縻条施州，初名锦州，后改为安定州。元至元三十一年（1294）改设散毛府，至正六年（1346）改为散毛寨。明洪武七年（1374）割散毛司地之半（今忠建河以南地）设大田军民千户所；洪武二十三年（1390）置大田军民千户守御所。清雍正十三年（1735）改土归流为咸丰县。1915年属荆南道，1926年属施鹤道，1932年属第十行政督察区，1936年属第七督察区专员公署，1949年属恩施专区，1970年属恩施地区，1983年属鄂西土家族苗族自治州，1995年属恩施土家族苗族自治州。

【自然地理】

境内山峦起伏，溪河镶带，地形地貌复杂。海拔最高点1 911.3米，最低点435米。年平均气温在11.8℃～15.6℃。境内主要河流有唐崖河、忠建河、曲江河、南河、青狮河、龙嘴河、蛇盘溪、小河、白水河，湖泊、湿地主要有小南海、汪大海和二仙岩湿地。全县有木本植物100余科、300多属、1 000余种，野生动物有32科、376种。矿产资源20余种。

【经济】

2017年全县实现地区生产总值79.2亿元，人均生产总值为25 783元。全年实现农林牧渔业总产值28.89亿元，工业增加值18.83亿元，固定资产投资74.5亿元，地方财政总收入76 377万元。

【交通】

公路总里程3 035千米，其中高速公路47千米，一级公路15.95千米，二级公路183.8千米，三级公路380千米，四级公路2 247千米，等外公路161.25千米。

【旅游】

境内有世界遗产地1处、国家森林公园1处、国家地质公园1处、国家4A级

咸丰县行政区划统计表

全县辖 镇7个 乡3个 居委会14个 村委会263个

街道办事处、镇、乡名称	居委会（个）	村委会（个）	邮政编码	联系电话（0718）
高乐山镇	6	35	445600	6822568
忠堡镇	1	12	445602	6763109
朝阳寺镇	2	14	445605	6651066
坪坝营镇	2	41	445604	6992128
清坪镇	—	34	445612	6710125
唐崖镇	1	37	445606	6612334
曲江镇	1	21	445603	6630885
活龙坪乡	1	37	445609	6682046
小村乡	—	12	445613	6772458
黄金洞乡	—	20	445614	6792020

图例

比例尺 1：115 000

书号：ISBN 978-7-5204-1062-5 审图号：鄂XFS（2019）001号 咸丰县民政局 中国地图出版社 联合编绘 湖北省民政厅 监制 湖南地图出版社有限责任公司印刷 2019年4月第1版湖南第1次印刷 计算机制作：雁小韵 责任编辑：宣东 联系电话：027-88414022

定价：100.00元

美丽咸丰

咸丰建县于清雍正十三年（1735），地处湖北、重庆、湖南、贵州四省（直辖市）边区接合部，辖区面积2550平方千米，辖11个乡镇（区）、263个行政村、14个社区居委会，总人口38.5万人，以土家族、苗族为主的17个少数民族占总人口的85%。咸丰境内自然资源丰富，生态环境优良，是鄂西林海的骨干，有世界文化遗产唐崖土司城遗址、星斗山国家级自然保护区、忠建河国家级大鲵自然保护区、小南海国家地质公园、坪坝营国家森林公园、唐崖河省级风景名胜区及坪坝营、黄金洞2个国家AAAA级生态旅游景区等多处自然、人文景观，全县国土绿化率83%，森林覆盖率66.78%。2018年，全县空气质量优良天数达到354天，优良率为98.6%。是全国造林绿化百佳县、全国绿化模范县、全国退耕还林先进单位；湖北省生态文明建设示范县、湖北省森林城市。

咸丰县城一角 （秦兴武　摄）

唐崖土司城遗址“荆南雄镇”牌坊　　（县档案馆　供图）

唐崖镇大水坪村严家祠堂外景　　（文　林　摄）

唐崖土司城——石人石马　　（文　林　摄）

坪坝营秋色　　（陈年恕　摄）

坪坝营荆竹泉原始森林中的瀑布群　　（杨　琼　摄）

国家 AAAA 级旅游景区黄金洞外景　　（秦兴武　摄）

国家 AAAA 级旅游景区黄金洞内景　（郭志军　摄）

唐崖青狮峡风光　（文　林　摄）

二仙岩湿地自然保护区板栗园水库　　（向成玉　摄）

坪坝营镇土司坝村田园风光　　（李维君　摄）

咸丰县城文化路人道　　　　（县城管局　供图）

咸丰县楚蜀大道　　　　（县城管局　供图）

黔张常铁路咸丰段蔡家坝曲江河特大桥　（县铁路办　供图）

黔张常铁路施工现场　（李维君　摄）

施工中的咸丰大道　　（李维君　摄）

鄂直流“背靠背”工程全景　　（县供电公司　供图）

黄金洞乡巴西坝村烟叶基地　　（县烟叶分公司　供图）

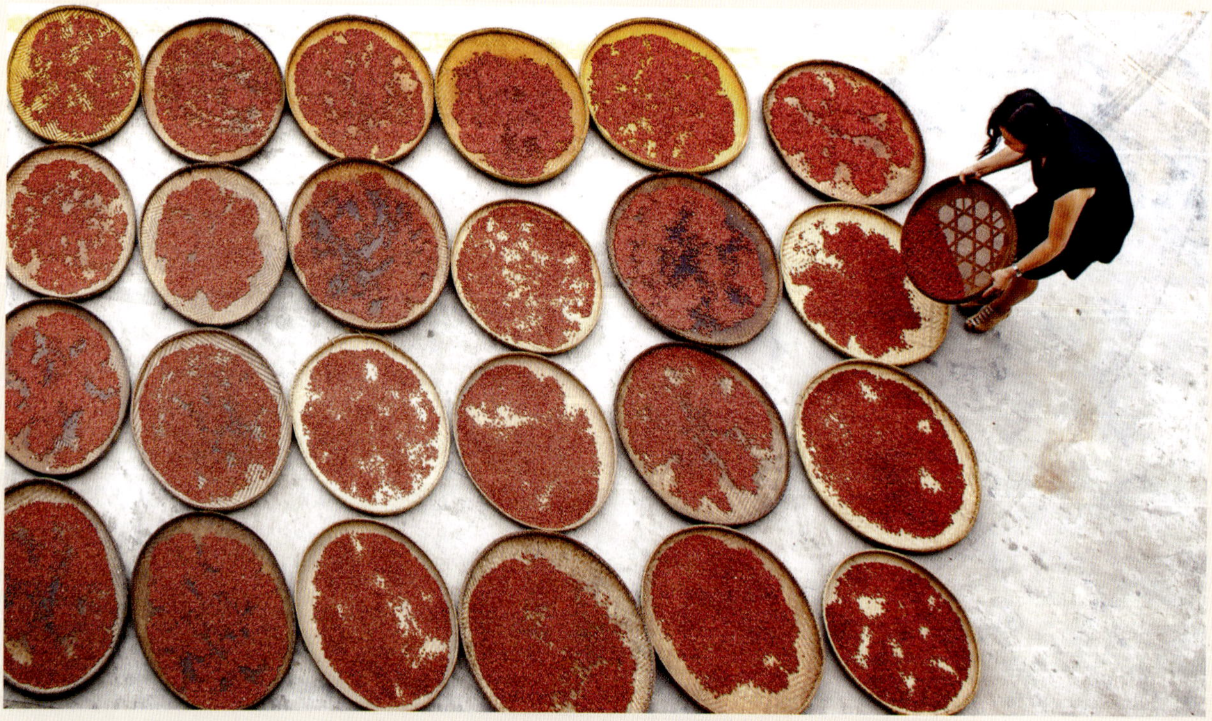

咸丰县特色产业“小村乡红衣米花生”获得国家地理标志产品　　（李维君　摄）

咸丰县小村乡鸡腿白术　　（王永芳　摄）

传统方法烘烤辣椒　　（满益兴　摄）

2018 年 11 月 20 日，在咸丰县皇城广场开展道德讲堂活动　　（罗玉岚　摄）

2018 年 8 月 16 日，中国少数民族戏剧学会副会长、国家京剧院原院长吴江（右），授予咸丰县“中国南剧传承研究基地”称号　　（县文体新广局　供图）

2018 年 12 月 4 日，由县政法委、县普法办、县教育局主办的第二届“宪法在我心中，法律伴我成长”小学生宪法知识有奖竞答活动在第二实验小学举行（罗玉岚　摄）

2018 年 4 月 28 日在皇城广场开展“扫黑除恶・飓风扫毒宣传活动”（李　丹　摄）

2018 年 11 月 6 日，县中医院与大水坪村、荆竹界村、何家沟村、乱石窖村联合开展支部主题党日活动 （熊 炎 摄）

2018 年 5 月 7 日，县纪委、县政法委、县司法局集中夜学活动 （李 丹 摄）

目 录

地方文化

风景名胜

中国共产党咸丰县委员会

综　述

组织工作

政务服务管理

机关事务管理

公共资源交易监督管理

民族宗教事务

信访工作

精准扶贫

中国人民政治协商会议咸丰县委员会

纪检监察·巡察

纪检监察

县委巡察工作

群众团体

工会工作

共青团咸丰县委

咸丰县妇联

咸丰县科协

咸丰县工商业联合会

咸丰县老区建设促进会

咸丰县残疾人联合会

法 治

政法委及综治

公 安

住房和城乡建设

城乡建设

城乡规划管理

城市管理

住房公积金管理

水务建设公司

生态环境

国土资源开发与管理

水利水产

环境保护

气象服务

医疗卫生

卫生健康管理

县人民医院

县中医医院

妇幼保健

疾病防控

医疗保险

人力资源和社会保障

综 述

公共就业和人才服务

社会保险管理

民　政

乡　镇

高乐山镇

忠堡镇

曲江镇

坪坝营镇

人　物

附　录

特　载

打赢脱贫攻坚大决战　打造开放咸丰升级版　奋力谱写高质量发展新篇章

——在中国共产党咸丰县第十四届代表大会第三次会议上的报告

（2018 年 12 月 16 日）

县委书记　郑东来

各位代表、同志们：

现在，我代表中共咸丰县委向大会报告工作，请予审议。

这次大会的主题是：高举习近平新时代中国特色社会主义思想伟大旗帜，深入贯彻中共十九大和习近平总书记视察湖北重要讲话精神，全面落实党中央和省委、州委决策部署，团结动员全县各级党组织和广大干部群众，牢记使命，担当实干，以必胜之心打赢脱贫攻坚大决战，以奋进之势打造开放咸丰升级版，奋力谱写高质量发展新篇章。

一、2018 年工作回顾

一年来，我们坚持以习近平新时代中国特色社会主义思想为指引，在党中央和省委、州委的坚强领导下，全力推进“五位一体”[1]总体布局和“四个全面”[2]战略布局的咸丰实践，聚力加快“五个咸丰”建设，党的建设、经济发展、生态文明、改革开放、社会治理、民生改善等各项事业取得了新成绩，为决战决胜脱贫攻坚，与全国同步全面建成小康社会奠定了坚实基础。

（一）聚力党的建设“第一保障”，政治生态更加清朗。坚持党对一切工作的领导，全面贯彻新时代党的建设总要求，推动全面从严治党向纵深发展。在政治建设上，牢固树立“四个意识”，坚定“四个自信”，坚决做到“两个维护”[3]，不折不扣贯彻落实党中央和省委、州委决策部署。在思想建设上，坚持用习近平新时代中国特色社会主义思想武装头脑，“两学一做”学习教育、党委（党组）中心组学习、支部主题党日、干部集中夜学规范开展；意识形态工作责任制全面压实，牢牢把握党对意识形态的领导权。在组织建设上，着力建强全县各级党组织，基层党建“整县推进”全面实施，干部人才教育培训有力有效，村党组织换届全面完成。在作风建设上，深入贯彻“转作风、敢担当、善作为、抓落实”要求，驰而不息纠正“四风”。在纪律建设上，出台管党治党系列制度，监察体制改革顺利完成，巡视巡察利剑生威，反腐败斗争取得压倒性胜利并巩固发展。

（二）聚力加快发展“第一要务”，县域经济更加壮大。坚持高质量发展方向，持续推进小康咸丰建设，经济运行稳中有进、稳中向好。“四大产业集群”[4]竞相发展，实体经济正在振兴，忠堡工业园搭建起咸丰工业转型升级新舞台，咸丰余杭总部经济产业园和电商产业园建成开园，5家企业实现新进规。召开县委全会研究推进全域旅游高质量发展，引进鄂旅投收购坪坝营三特公司100%股权，乡村旅游蓬勃兴起，民宿试点启动建设。以“三茶一药一猪”[5]为主导产业的农业结构调整步伐加快，“唐崖”品牌正在成为咸丰产业发展的亮丽名片。围绕“四大引擎”[6]大抓项目，新城“十大建设”[7]相继动工，黔张常铁路咸丰段、渝鄂直流“背靠背”换流站、天然气镇镇通等重点工程进展迅速，咸丰正在进入加快发展的新阶段。

（三）聚力绿色发展“第一路径”，生态魅力更加彰显。坚持人与自然和谐共生，树牢“绿水青山就是金山银山”的理念，持续推进绿色咸丰建设，不以牺牲生态环境为代价换取一时的经济发展。大力发展生态产业、循环经济，县内13家煤矿全部关停，县域绿色经济体初步构建。大力改善生态环境质量，污染防治攻坚战、长江大保护十大标志性战役[8]、“四个三重大生态工程”[9]强力推进，“河长制”“山长制”全面落实，乡集镇垃圾污水处理设施、城乡卫生厕所基本实现全覆盖，中央和省环保督察反馈问题全部整改落实。大力建设生态城镇、美丽乡村，县城控制性详细规划全面完成，村庄规划分批启动，青龙山森林公园建成开放，结束了咸丰无城市公园的历史，城镇绿化美化、停车场等一批市政设施逐步完善，成功创建湖北省森林城市。

（四）聚力改革开放“第一动力”，发展后劲更加充足。坚持以改革开放破瓶颈、添动能，持续推进开放咸丰建设，县域发展焕发新活力。各项改革蹄疾步稳，农村集体产权制度改革成为国家级试点，供给侧结构性改革、“放管服”改革、重点项目推进机制、党的建设制度等重点改革深化推进，一些重要制度和实践创新成为可复制、可推广的“咸丰经验”。招商引资目标责任制全面落实，招商项目谋划推介取得重要进展，成功签约亿元以上重点招商项目27个，到位资金47.42亿元。主动融入长江经济带、全省“一主两副多极”[10]、全州“一谷两基地三示范区”[11]区域发展战略，借力农业农村部定点帮扶、东西部扶贫协作、“616”工程、校地合作、异地商会、“千企帮千村”推动发展。招才引智、外贸经济实现新突破。

（五）聚力依法治理“第一方式”，社会大局更加和谐。坚持深化依法治国实践，持续推进法治咸丰建设，用法治思维和法治方式深化改革、推动发展、维护稳定。支持和保证人大、政府、政协、法院、检察院依法依章履行职能，国防武装、军民融合扎实推进，民族宗教、外事侨务、群团组织等工作不断加强，爱国统一战线巩固壮大，党校、史志、老干部等工作务实有效。法治政府、法治企业、法治社会建设加快推进，普法宣传、司法为民落实有力。“一统三治六联”[12]基层社会治理模式实现行政村全覆盖，入围第三批省级社会管理和公共服务标准化试点项目。法治信访持续推进，信访秩序依法规范。防范化解重大风险统筹发力、效果明显。安全生产形势平稳可控，防灾救灾工作扎实有效。扫黑除恶初战告捷，受到中央第七督导组充分肯定。圆满完成重要节庆、重大会议、敏感节点的安保维稳工作，社会保持长治久安。

（六）聚力民生改善“第一目的”，人民生活更加美好。坚持在发展中保障和改善民生，持续推进幸福咸丰建设，人民群众获得感不断增强。凝聚攻坚合力决胜精准脱贫，整合投入扶贫资金超过10亿元，统筹实施扶贫项目超过1000个，脱贫成果巩固扩大，全省产业扶贫现场会在咸丰县召开。城乡道路交通、安全饮水、电网改造、信息通信、安居工程建设取得突破，人民生产生活条件持续改善。教育六年振兴计划深入实施，全县首所12年一贯制民办学校（春晖学校）落地开工，高考成绩跻身全州第一方阵。医疗卫生服务能力实现提升。社会保障扩面提标。创业就业成效喜人。文化事业快速发展，社会主义核心价值观深入人心，道德讲堂浸润城乡，文明创建整体推进，荣获“中国南剧传承研究基地”和“湖北省民间文化艺术之乡”称号。

这些成绩的取得，是全县上下坚持把习近平新时代中国特色社会主义思想作为推动咸丰县工作根本遵循的结果，是党中央和省委、州委坚强领导、重视支持的结果，也是县“四大家”班子和衷共济、合力攻坚，全县广大干部群众凝心聚力、务实奋斗的结果。在此我代表县委，向全县广大党员和干部群众，向离退休老同志，向驻咸部队、公安干警，向所有关心支持咸丰发展的各级领导、各界朋友，以及在咸丰投资兴业的广大企业家，表示衷心的感谢和诚挚的敬意！

在看到成绩的同时，我们也清醒地认识到，发展过程中还存在一些困难和不足：一是围绕发展抓党建和抓党建促脱贫攻坚的力度不够，少数地方和部门仍然存在“两张皮”的问题；二是农村经济、工业经济、旅游经济进入转型期，转型的压力巨大；三是改革开放的力度还需进一步加大，招商引资仍处在很低的水平；四是社会治理“一统三治六联”模式推进慢，历史遗留问题和新的社会矛盾交织，社会稳定压力大；五是生态保护和文化建设任务重，生态产业化、文化产业化的推动刚刚起步；六是脱贫攻坚进入最后的大决战，脱贫任务仍然艰巨；七是少数干部不担当、不作为、不落实问题仍然存在。这些都是当前和今后一个时期我们要着力解决、重点突破的问题。

二、深入学习贯彻习近平总书记关于对外开放的重要论述，努力开创开放咸丰建设新局面

开放带来进步，封闭必然落后。咸丰呈放射状的河流系统和唐崖土司向“蜀国”取经农耕文明的开放轨迹，注定造就了咸丰人开放包容的品格和胸怀。改革开放40年生动地证明，没有改革开放，就没有咸丰大发展的今天。现在，咸丰站在新的历史起点上，就必须以更加坚定的信心和壮士断腕的勇气深化改革，以更加开阔的胸襟和海纳百川的气魄扩大开放，让改革开放成为推动高质量发展的新动能。

（一）坚持用习近平总书记关于对外开放的重要论述武装头脑

中共十八大以来，习近平总书记发表了关于对外开放的系列讲话和重要论述，系统地回答了新时代要不要开放、要什么样的开放、如何更好地开放等重大命题，开创了对外开放理论的新境界。历史地总结了“改革开放是决定中国前途命运的关键一招”，昭示了“中国对外开放的大门只会永开永宽”的决心，明确了建设“开放型经济体”的方向，指明了“一带一路”[13]对外开放之路，发出了“改革开放再出发”的动员令。我们要以习近平总书记关于对外开放的重要论述为指导，结合咸丰的实际，明确“开放咸丰”建设的方向、目标、重点和路径，制定推动“开放咸丰”建设的线路图，坚定不移走开放发展、开放图强之路，加快对外开放步伐，构建开放型经济体系，形成全县域开放、全产业开放、全要素开放、全时空开放的新格局。

（二）全力打造开放咸丰升级版

推动城市建设对外开放，加快建设高铁新城。黔张常铁路明年通车运行，咸丰即将进入高铁时代。高铁新城是咸丰发展的“第一引擎”，是对外开放的主战场。要用市场化的办法建设和经营城市，着力引进知名城市运营商，加快推进站前广场、旅游港、笏山古镇、商贸综合体、物流园、教育城、人民医院、文化中心、医养综合体、曲江河滨江公园等功能性、标志性工程建设。加快打造以旅游集散中心、商贸物流中心、科教文体中心、康养医疗中心、便民服务中心五大核心功能为主的高铁新城，把咸丰新城建设成为产业之城、生态之城、文化之城、旅游之城。

推动现代农业对外开放，加快建设农业强县。扩大农业的对外开放，推动咸丰由农业大县向农业强县转变。按照“基地建绿、加工做深、龙头做强、品牌做响、营销做畅、链条做长”思路，吸引和培育更多的市场主体和先进生产要素聚集农业产业发展，推动工商资本、城市资本、外来资本下乡，大力发展循环农业、智慧农业、设施农业、景观农业、创意农业、品牌农业，加快推进一、二、三产业融合发展，持续推进“唐崖+”“富硒+”“互联网+”，着力提升农业组织化程度，健全农业社会化服务体系，培养农业产业化龙头企业主力军、专业合作组织后备军、科技服务特种军和电子商务营销军。

推动绿色工业对外开放，加快建设工业强县。坚定不移走新型工业化之路，扩大工业领域的对外开放，聚焦“四大产业集群”和绿色建材产业，落实“招商引资扩增量、技改扩规提质量、联合重组活存量、企业上市增变量”理念，持续推进“工业振兴十大工程”[14]，培养一批“隐形冠军”企业，重点引进和培育一批技术先进、成长性好、附加值高、竞争力强的骨干工业企业进园区，打造百亿高新技术产业园和百亿工业产业集群。

推动全域旅游对外开放，加快建设旅游强县。深入推进“全域旅游·AAAAA咸丰”建设，充分发挥绿色生态、民族风情、红色文化等资源优势，以实施生态文化旅游产业集群建设“三年行动”为抓手，推动“吃住行游购娱”等旅游要素对外开放，推动唐崖土司文化产业园、坪坝营森林旅游区和黄金洞地质奇观三大龙头景区建设，推动“旅游+”融合发展，将咸丰打造成国家全域旅游示范区和全国知名的生态观光、休闲度假、民俗体验、健体养生的旅游目的地。

推动社会事业对外开放，加快建设文化强县。扩大市场准入，支持民营资本、外来资本进入教育、医疗、科技、文化、体育等社会事业领域，逐步形成以政府为主导、社会资本参与的开放型社会事业体系。加快文化与经济深度融合，大力推进“文化+”，加快打造严家祠堂·中国家训文化产业园、忠堡大捷红色文化产业园、千户土家、县文体中心等一批标志性文化工程，提升文化软实力和文化核心竞争力。

（三）全力提升更高层次的对外开放平台

提升支撑有力的基础设施平台。全面推进公路、铁路、通用航空、客货站场建设，全力构建内畅外联、智慧便捷的现代综合立体交通体系，完善城乡配送、区域集散、全国直达的三级物流网络，为对外开放畅通交通物流“血脉”。同时，加快建设联通世界的通信网、保障坚强的电力网、产业分工明确的城镇网，不断夯实对外开放基础设施支撑。

提升投融并举的投融资平台。做大做强政府投融资公司，坚持“投融并举、以投为主、开发经营、参股民营”的策略，推动政府投融资平台由承接政府负债的平台向建立现代企业制度、自我经营、自我发展的市场平台转型，让投融资平台成为县域经济发展壮大的“加速器”。

提升配套完善的园区平台。按照“一区多园”的模式，提升白水坝工业园，加快建设忠堡工业园、清坪工业园、朝阳工业园、杨洞工业园、曲江工业园，打造配套完善、分工明确的工业园区，积极引导社会资本参与园区建设和运营。抢抓东西部扶贫协作机遇，主动承接先进发达地区产业转移，大力发展总部经济产业园、电商产业园、现代农业示范园，以优质的条件吸引重大产业项目、重点企业向园区聚集，把园区打造成为招商引资、产城融合、创新创业新高地。

提升聚集先进要素的招商平台。坚持把招商

引资作为对外开放的第一重点，持续完善招商引资机制，精心谋划包装招商项目，瞄准国际国内500强企业、行业领军企业，实施定点招商、专业招商、产业链招商，不断提高招商引资质效。同时，大力推进招才引智，推动企业与国内知名研发机构、高校院所合作建立产业产品研发中心，引进一批领军人才，建立和引进要素市场，让咸丰成为先进生产要素集聚的新高地。

提升宜商宜业的营商环境平台。坚持把营商环境建设作为对外开放的生命线，全力打造市场化、法治化的营商环境，充分激发和保护企业家在咸投资的热情和信心。着力构建破除垄断、竞争有序的市场环境，政策优惠、服务高效的政务环境，依法行政、执法公正的法治环境，诚实守信、清上加亲的政商环境。

同志们，不拒众流，方为江海。扩大开放是大势所趋、人心所向，是动力之源、活力之泉，开放的潮流浩浩荡荡，停顿和倒退没有出路，发展无止境，开放无止境。我们要毫不动摇地坚持扩大开放，坚定开放的信心和决心，把扩大开放作为“一把手”工程，以开放抢占先机，以开放聚集动能，以开放赢得未来！

三、2019年经济社会发展工作安排

2019年是新中国成立70周年，是咸丰县脱贫攻坚决胜之年，是推进“五个咸丰”建设的深化之年。全县工作的总体要求和目标是：坚持以习近平新时代中国特色社会主义思想为指导，深入学习贯彻中共十九大和习近平总书记视察湖北重要讲话精神，落实省委、州委决策部署，以党的建设统领经济社会发展全局，以经济建设为中心，推进精准脱贫决胜年、开放咸丰深化年建设，打好“三大攻坚战”[15]，加快“四大产业集群”建设，实现整县脱贫、工业经济、城市建设、招商引资、项目建设“五个突破”，主要经济指标增速高于全州平均水平，县域经济高质量发展走在前列。

（一）担当历史使命，打赢脱贫攻坚大决战

坚决落实脱贫攻坚政治责任。2019年实现整县脱贫摘帽，是党中央和省委、州委交给我们的一项重大政治任务，是县委、县政府向全县人民作出的庄严承诺，是一场绝无退路的必胜之战。我们必须树牢“脱贫攻坚是最大的政治、最大的民生、最大的责任”意识，进一步压紧压实县乡村三级党组织抓扶贫的主体责任和党组织书记的“第一责任人”责任、县乡脱贫攻坚指挥部的指挥决策责任、县乡领导班子成员的包乡（镇）包村责任、县直部门的行业扶贫责任、纪检监察机关的监督责任、村级“尖刀班”和帮扶干部的一线落实责任，严格对标对表，全力冲锋冲刺，全面夺取脱贫攻坚“咸丰战役”的最后胜利。

高质量实现区域性整体脱贫。严格对照贫困户“两不愁三保障”[16]和村级“九有”[17]脱贫标准、贫困县脱贫摘帽各项指标要求，全面查漏补缺，逐项对账销号，实现全面达标提升。严格落实“六个精准、五个一批”[18]，坚持“八个到村到户”[19]，持续聚焦“五基一动力”[20]，提升“三率一度”[21]，加快补齐脱贫“短板”，让脱贫成效真正得到群众认可、经得起实践和历史检验。

全力解决深度贫困问题。缩小包围圈，瞄准靶心，精准出击，把扶贫工作重心进一步聚焦到最贫困的乡镇、最贫困的村组、最贫困的群体上来，聚焦到全面补齐水、电、路、通信、能源、住房等基础设施短板上来，聚焦到产业脱贫这个核心上来，坚持“短中长”相结合，重点围绕“产业当年见效、群众当年增收”发展产业，做到村村有主导产业、户户有发展项目、人人有稳定收入。

广泛凝聚攻坚决胜强大合力。把精准脱贫放在统领地位，一切工作以精准脱贫为中心，一切工作为精准脱贫让路，工作重心向扶贫决战转移，县级领导向脱贫攻坚集结，干部力量向扶贫一线驻扎，优势资源向扶贫领域汇聚，激励机制

向扶贫一线倾斜，实行“4+1”工作模式（每周在联系乡镇、帮扶村开展4天扶贫工作，1天在单位工作）。扎实抓好农业农村部定点扶贫、东西部扶贫协作、“616”工程、鄂州市对口帮扶和校地合作，激励引导各类企业、社会组织投身脱贫攻坚，不断激发贫困群众的内生动力。众志成城战贫困，不斩穷魔不收兵。

（二）加快产业发展，提升县域经济竞争力

大力促进民营经济发展。以习近平总书记在民营企业座谈会上的重要讲话精神为指导，始终坚持“两个毫不动摇”[22]和“三个没有变”[23]方针，全面落实咸丰县《大力支持民营企业发展十条措施》，帮助民营企业解决实际困难。着力支持民营企业建立现代企业制度、兼并重组、开放合作、创新研发、上市融资，探索政府投融资公司参股民营企业，发展混合所有制经济，积极引导民营企业家创新创造、守法诚信，让民营企业走出“寒冬”，走向“春天”。

加快工业转型升级。持续壮大园区平台，推动配套设施完善、重点企业入驻、规上企业培育、总部经济发展、混改股改工程实现较大突破，着力抓好年产30万吨纳米碳酸钙、年产10万台（套）环保集成灶、10万千瓦风能开发等重点工业项目落地建设。加快煤矿、石材等传统企业转型发展，推动新材料、新能源等新产业、新业态健康发展。

加快创建国家全域旅游示范区。大力实施全域旅游品牌创建、要素配套、产业融合、龙头景区建设、精品民宿建设“五大提速行动”，突出抓好坪坝营景区AAAAA创建、唐崖土司文化产业园、锣鼓坪卓尔康养小镇、老岩孔民宿度假区、全国中医药健康旅游示范基地等一批旅游重点项目建设，力争在星级宾馆、精品民宿、特色美食、旅游商品、宣传推介上实现较大突破。

大力发展现代农业。把农业产业发展的重点放到基地管护、龙头企业培育、经营体系建设和品牌打造上来，积极推进“三茶”、中药材、生猪全产业链建设，支持5万箱规模的中蜂产业发展，支持“一村一品”加快发展，着力引进1—2家农产品深加工知名龙头企业，积极申报“唐崖”地理标志产品认证和“唐崖”驰名商标认证。每个乡镇立足实际，规划并打造一个现代农业产业园。推进土壤酸化治理和农药管控，创建国家农产品质量安全区和全域有机县。

千方百计抓好财源建设。坚持经济工作以财源建设为中心，不断巩固主体财源，做强骨干财源，壮大群体财源，培植后续财源，通过推动重大项目建设、培植实体经济、做强国投公司、加快土地出让、用好土地增减挂钩政策增加财政收入。同时，加大向上争取转移支付、债券支持和资金调度力度，持续做大财政“蛋糕”，为保民生、保运转和推动高质量发展提供坚强的财政支撑。

（三）坚持城乡统筹，建设美丽宜居新家园

科学经营城市。树立“经营城市”的理念，盘活土地资源和政府无形资产，加快推进土地收储、房地产开发、棚户区改造及投融资平台建设，探索EPC工程总承包[24]建设方式，推进城市经营，力争实现年度土地收益10亿元。加快房地产发展，力争当年建设规模达100万平方米。加快与中国农业发展银行湖北省分行对接，合力打造政策性金融支持贫困县新型城镇化建设创新试验区。

大力建设美丽城镇。坚持高起点规划、高品位建设、高标准管理、高质量服务，全力推进以县城为龙头、乡集镇为支撑、中心村为网络的城镇体系建设。县城加速东拓西扩，新城加快建设，老城完善功能，忠堡工业立镇，曲江商旅兴城，乡镇彰显特色，村镇干栏式风格。巩固拓展“六城”同创[25]成果，全面开展全国文明县城提名城市和省级园林城市创建。持续清理整治“两违”建筑和农村“一户多基”。坚持保护与开发

并重、新建与改造并重、源头管控与政府引导并重，保护特色村落，建设高乐山至唐崖、曲江至坪坝营、黄清小特色民宿示范带，推动复兴“中国干栏式建筑之乡”取得实质性进展。

加快重大基础设施建设。大力推进咸来高速、利咸高速、国道、省道、朝阳大桥及连接线、唐崖至朝阳公路改扩建、土地关隧道、笏山新区道路工程等重大交通基础设施项目。加快城乡电网改造，构建坚强有力的电力网。加快通信网建设，构建联通世界的通信网。加快龙洞湾水库、三水厂建设和农村安全饮水建设，建成保障安全的供水网。

加快实施乡村振兴战略。按照“产业兴旺、生态宜居、乡风文明、治理有效、生活富裕”的要求，坚定不移地实施“六村”同创[26]咸丰模式。学习浙江“千村示范、万村整治”经验，实施百村整治示范工程，加快曲江茶谷、泗坝酒庄、大河边美丽乡村、小村美丽乡村示范建设，每个乡镇新打造1个以上乡村振兴示范点。

加快创建国家级生态文明建设示范县。坚决打好污染防治攻坚战，全面做好生态修复、环境保护、绿色发展“三篇文章”，持续打好长江大保护十大标志性战役，加快推进“四个三重大生态工程”。加快构建绿色经济体系，坚持节能减排，实行最严格的耕地保护和水资源保护制度，严格落实山长制、河长制、路长制，大力提升全民生态环保意识，做到山不乱挖、树不乱砍、房不乱建、废不乱弃、污不乱排，保护好自然和祖先留下的绿水青山。

（四）激活发展动力，推动改革开放再出发

坚定不移深化改革。坚持发展导向、问题导向推进改革，围绕堵点改，围绕病点改，围绕焦点改，推动承接改革出成效、自主改革出亮点、探索改革出特色。深入推进农村集体产权制度改革国家级试点工作，推动国投公司参股实体经济取得突破，统筹抓好党政机构改革、供给侧结构性改革、“放管服”改革、生态文明体制、行政综合执法体制、社会体制、党的建设制度等重点改革。支持基层探索实践，形成一批制度性成果。

全面扩大对外开放。抓实招商引资“一号工程”，在完善招商机制、谋划包装项目、实施精准招商、优化营商环境等方面持续用力，推动重大基础设施、产业建设、社会发展招商项目落地见效，全面完成州对县招商引资考核指标，力争实现年度新签及续建项目累计到资50亿元。实施外贸出口倍增计划，新培育1—2家外贸市场主体。加大利用外资力度，积极引进外资企业。

持续推进创新驱动。出台政策措施，全力支持“大众创业、万众创新”，支持大学生和外出农民工回乡创业。深入推进政产学研合作，在培育众创空间、星创天地和创新引领型企业上实现突破，着力推进鑫磊矿业、建塬石材等重点企业技改扩能项目，深入实施人才“五百工程”[27]，大力促进企业发明专利、实用技术等科技成果转化运用，加快培育发展新动能。

（五）全力改善民生，增强人民群众幸福感

着力提高居民收入水平。强化精准就业服务，加强劳动力职业技能培训，积极引导劳务输出。统筹抓好“去产能”分流职工、农村转移劳动力、城镇就业困难人员、退役军人、中职高校毕业生等重点群体的就业工作，支持返乡人员就业创业。多渠道增加居民劳动收入和财产性收入，让群众的腰包鼓起来。

着力提高教育和健康水平。深入推进教育六年振兴计划，推进教育改革，加快“全面改薄”工程实施，加快春晖学校建设，实现明年开学，持续改善城乡办学条件，建强师资队伍，提升教育质量，办好人民满意教育。深化医药卫生体制改革，推进医养融合发展，加快实施人民医院新城住院综合楼、疾控中心等重点项目，积极创建全省基层中医药先进县，提升县乡医疗卫生服务

能力；加强食品药品安全监管，广泛开展爱国卫生、全民健身活动，共建共享健康咸丰。

着力提高社会保障水平。加快推进社会保险全覆盖，重点做好农村人口、城镇未参保人员和被征地农民的参保工作。进一步发展社会救助、社会福利和慈善事业，精准落实优抚安置政策。切实保障妇女、未成年人、老年人权益，做好残疾人服务工作。加快发展养老服务业，探索社会化养老模式。加快征拆迁安置房建设，引导征拆迁区群众上高楼，圆“安居梦”。

着力提高精神文化生活水平。坚定文化自信，培育和践行社会主义核心价值观；弘扬中华优秀传统文化，活态传承非物质文化遗产。保护民族特色村落，推进忠堡大捷红色文化产业园建设，举办唐崖土司文化旅游节、全国户外（坪坝营）森林运动会等活动。加快推进大寨坪国家重点文物保护单位申报工作。深化道德讲堂、“最美”系列等群众性精神文明创建活动，积极打造农村精神文明示范走廊带。深入实施科技文化卫生“三下乡”工程，着力提升全民科学文化素质，不断满足群众精神生活需要。

（六）加强社会治理，营造和谐稳定好环境

坚决打好防范化解重大风险攻坚战。不折不扣贯彻落实国家、省、州防控重点领域风险的决策部署，坚持“管行业必须防风险”，抓早抓小、突出重点、分类施策，全力防范化解金融风险、政府债务风险、社会领域风险，重点抓好打击非法集资、处置银行机构不良贷款、防控工程建设领域风险等工作。

加快推进依法治县。全面推进严格执法、公正司法、全民守法，加快建设法治政府、法治企业、法治社会。扎实开展“基本解决执行难”攻坚，深化司法体制综合配套改革，确保顺利通过第三方评估。深入推进“七五”普法规划实施，加快打造覆盖县乡村三级的公共法律服务体系。

深化基层社会治理创新。深化推进“一统三治六联”治理模式，整合乡镇综治、信访、司法、公安等力量，探索建设乡镇社会治理大中心。深化基层平安创建，着力提升“一感两度四率”[28]。坚持创新发展新时代“枫桥经验”[29]，打好历史遗留信访矛盾问题化解攻坚战，推动领导干部“四访”[30]活动常态化，依法及时就地解决群众合理诉求。

全力抓好安全生产。树牢安全发展理念，弘扬生命至上、安全第一的思想，认真贯彻执行《地方党政领导干部安全生产责任制规定》，扎实推进重点行业领域专项整治和隐患排查治理，加强安全生产教育培训，坚决遏制各类安全生产事故发生。抓好应急管理，提升防灾减灾救灾能力。

深入推进扫黑除恶专项斗争。坚持“有黑扫黑、无黑除恶、无恶治乱”原则，统筹各方资源力量，对重点案件和重点地区、行业、领域组织集中攻坚，深挖彻查黑恶势力“保护伞”“关系网”，坚决铲除黑恶势力滋生土壤；全面加强禁毒工作，严密防范和严厉打击其他各类违法犯罪，坚决打好打赢扫黑除恶的人民战争。

四、全面提升党的建设水平

加强党的建设、全面从严治党是决战决胜脱贫攻坚和推动“五个咸丰”建设的根本保证。我们要坚定不移以党的建设统领经济社会发展全局，坚定不移纵深推进全面从严治党，不断提高党的执政能力和领导水平。

（一）突出加强党的政治建设。严守政治纪律和政治规矩，牢固树立“四个意识”，坚决做到“两个维护”，坚定不移在第一时间学习传达、第一时间研究部署、第一时间贯彻落实党中央和省委、州委重大决策部署。自觉尊崇党章，严肃党内政治生活，落实民主集中制，强化党性锻炼。紧扣“民心是最大的政治”，站稳人民立场，让党组织和党员始终成为人民的主心骨。

（二）大力加强思想理论武装。坚持以习近平新时代中国特色社会主义思想武装头脑、指导实践、推动工作，不断增强学习贯彻的思想自觉和行动自觉。深入推进“两学一做”学习教育常态化制度化，精心组织“不忘初心、牢记使命”主题教育，着力提升支部主题党日活动实效。统筹抓好党校主体班、各类专题班教育培训。坚持党管宣传、党管媒体，严格落实意识形态工作责任制，切实维护网络意识形态安全，自觉承担起“举旗帜、聚民心、育新人、兴文化、展形象”的使命任务。

（三）全面加强基层组织建设。坚决贯彻新时代党的组织路线，深入实施基层党建“整县推进”计划，以“五强五提升”[31]为抓手，坚持分类指导，完善组织体系，推动基层党建全面进步、全面过硬。认真贯彻落实《中国共产党支部工作条例（试行）》《中国共产党农村基层组织工作条例》，全面开展“五星党支部”创建，持续整顿软弱涣散基层党组织。推进村干部专职化管理，全面实施基层党组织书记“双强双带”[32]能力提升工程。

（四）驰而不息正风肃纪。巩固拓展作风建设成果，严格落实中央八项规定精神及其实施细则和省、州、县实施办法，紧盯“四风”问题新动向新表现，突出整治形式主义、官僚主义问题，提高纠治“四风”精准性。坚持抓早抓小、防微杜渐，深化运用监督执纪“四种形态”[33]，做好执纪审查“后半篇文章”，深入推进党规党纪和国家监察法宣传教育“十进十建”[34]活动，让党规党纪深入人心。

（五）坚定不移惩治腐败。坚持无禁区、全覆盖、零容忍，坚持重遏制、强高压、长震慑，深入推进反腐败斗争。加大巡察工作力度，推动巡察工作向基层延伸，以巡察问题整改推动各项工作落实。加强县乡纪检监察干部队伍建设，发挥好基层党组织纪检委员作用。支持执纪执法部门从严查处违纪违法案件，持续净化政治生态。

（六）进一步激励干部担当作为。坚持严管厚爱结合，严格落实咸丰县激励干部担当作为实施办法、重要领导干部“不担当不作为不落实”问责管理办法、失实信访举报澄清暂行办法等系列制度，准确把握“三个区分开来”[35]，旗帜鲜明地为担当者撑腰、为干事者鼓劲。切实减轻基层负担，重点解决“文山会海”，重痕不重绩、留迹不留心，检查考核名目繁多、频率过高、多头重复等问题，把干部从一些无谓的事务中解脱出来，让基层把更多时间用在抓落实上。实施百名年轻干部成长工程，持续打造“狮子型”干部队伍。全面增强“八个执政本领”[36]，全面提升履职尽责的能力水平。

（七）加强民主政治建设。坚持总揽全局、协调各方，全力支持人大、政府、政协依法履行职能；充分发挥各民主党派、工商联、异地商会作用，扎实做好党外代表人士、非公有制经济人士队伍建设及民族宗教、外事侨务和港澳台工作，巩固和发展最广泛的爱国统一战线；坚持党管武装，深化双拥共建，推动国防动员和后备力量建设再上新台阶；加强和改进党的群团工作，更好发挥工会、共青团、妇联等群团组织作用，最大限度凝聚热爱咸丰、发展咸丰、维护咸丰的强大能量。

各位代表、同志们，蓝图绘就正当乘风破浪，责任在肩更需策马扬鞭。历史只会眷顾坚定者、奋进者、搏击者，而不会等待犹豫者、懈怠者、畏难者。新时代新使命更需要新担当新作为。让我们紧密团结在以习近平同志为核心的党中央周围，深入贯彻落实党中央和省委、州委决策部署，以开拓进取、争先创优的锐气，革故鼎新、克难攻坚的勇气，蓬勃向上、奋发有为的朝气，披荆斩棘、勇往直前的士气，奋力夺取决战贫困的全面胜利，奋力谱写县域经济高质量发展的新篇章，以优异的成绩向党和人民交上一份满意答卷，为新中国成立70周年献礼！

注释：

〔1〕**“五位一体”**：经济建设、政治建设、文化建设、社会建设、生态文明建设。

〔2〕**“四个全面”**：全面建成小康社会、全面深化改革、全面依法治国、全面从严治党。

〔3〕**“两个维护”**：坚决维护习近平总书记党中央的核心、全党的核心地位，坚决维护党中央权威和集中统一领导。

〔4〕**“四大产业集群”**：生态文化旅游、硒食品精深加工、生物医药、清洁能源。

〔5〕**“三茶一药一猪”**：茶叶、油茶、藤茶，中药材，恩施黑猪。

〔6〕**“四大引擎”**：咸丰新城、唐崖土司文化产业园、精准扶贫、工业园区。

〔7〕**新城“十大建设”**：火车站站前广场、笏山古镇、教育城、文体中心、医养结合三甲医院、旅游港、汽贸城、曲江河生态景观、第二人民医院、物流园。

〔8〕**长江大保护十大标志性战役**：沿江化工企业专项整治、城市黑臭水体整治、农业面源污染整治、非法码头整治、非法采砂整治、饮用水源地保护、沿江企业污水减排、磷石膏污染整治、固体废物排查、城乡垃圾治理。

〔9〕**“四个三重大生态工程”**：“厕所革命”、精准灭荒、乡镇生活污水治理和城乡生活垃圾无害化处理工程。

〔10〕**“一主两副多极”**：大力支持武汉加快建设国家中心城市，大力支持襄阳、宜昌建设区域性中心城市，推动3—5个经济基础好、带动能力强的地级市加快发展。

〔11〕**“一谷两基地三示范区”**：“一谷”即“世界硒都·中国硒谷”；“两基地”即全国知名的生态富硒产业基地、华中地区重要的洁净能源基地；“三示范区”即全国生态文明示范区、国家全域旅游示范区、全国民族团结进步示范区。

〔12〕**“一统三治六联”**：党建统领，法治、德治、自治相结合，治安联防、纠纷联调、平安联创、困难联帮、服务联心、发展联手。

〔13〕**“一带一路”**：丝绸之路经济带和21世纪海上丝绸之路。

〔14〕**“工业振兴十大工程”**：园区扩建工程、标准厂房建设工程、成长型企业倍增工程、技改扩能工程、僵尸企业盘活工程、工业项目招商工程、现代企业制度建立工程、科技研发工程、混合所有制经济发展工程、财政金融支持工程。

〔15〕**“三大攻坚战”**：防范化解重大风险、精准脱贫、污染防治。

〔16〕**“两不愁三保障”**：不愁吃、不愁穿，义务教育、基本医疗、住房安全有保障。

〔17〕**村级“九有”**：有主导产业，有集体收入，有群众服务中心，有小学教育和卫生文化等服务设施，有硬化的通自然村公路，有入户的安全饮水，有安全的农村电网，有入户的广电通信光纤电缆，有清洁的生活能源。

〔18〕**“六个精准、五个一批”**：扶持对象精准、项目安排精准、资金使用精准、措施到户精准、因村派人精准、脱贫成效精准，发展生产脱贫一批、易地搬迁脱贫一批、生态补偿脱贫一批、发展教育脱贫一批、社会保障兜底一批。

〔19〕**“八个到村到户”**：干部力量下沉到村到户，精准识别佐证到村到户，基础设施提升到村到户，特色产业发展到村到户，人居环境整治到村到户，项目资金安排到村到户，惠民政策落实到村到户，群众工作深入到村到户。

〔20〕**“五基一动力”**：发展基础产业、完善基础设施、提升基本公共服务、推进基层社会治理、加强基层党建，激发贫困群众内生动力。

〔21〕**“三率一度”**：综合贫困发生率、脱贫人口错退率、贫困人口漏评率，群众认可度。

〔22〕**“两个毫不动摇”**：毫不动摇巩固和发展公有制经济，毫不动摇鼓励、支持和引导非公有制经济发展。

〔23〕**“三个没有变”**：非公有制经济在我国经济社会发展中的地位和作用没有变，鼓励、支持、引导非公有制经济发展的方针政策没有变，致力于为非公有制经济发展营造良好环境和提供更多机会的方针政策没有变。

〔24〕**EPC工程总承包**：是指建设单位作为业主将建设工程发包给总承包单位，由总承包单位承揽整个建设工程的设计、采购、施工，并对所承包的建设工程的质量、安全、工期、造价等全面负责，最终向建设单位提交一个符合合同约定、满足使用功能、具备使用条件并经竣工验收合格的建设工程承包模式。

〔25〕**“六城”同创**：创建中国优秀旅游城市、全国文明城市、国家园林城市、国家卫生城市、国家森林城市、国家环保模范城市。

〔26〕**“六村”同创**：创建特色产业示范村、清洁卫生示范村、生态宜居示范村、基层党建示范村、文明和谐示范村、民族团结进步示范村。

〔27〕**人才“五百工程”**：培养和引进百名研究生、百名“唐崖英才”、百名“唐崖工匠”、百名高素质专业人才、百名企业科技创新人才。

〔28〕**“一感两度四率”**：群众安全感，社会治安满意度、政法机关公正执法满意度，平安建设公众知晓率、参与率、扫黑除恶专项斗争成效满意率、矛盾纠纷调处成功率。

〔29〕**“枫桥经验”**：浙江省诸暨市枫桥镇探索出的“党政动手，依靠群众，预防纠纷，化解矛盾，维护稳定，促进发展”的社会治理模式。

〔30〕**“四访”**：接访、约访、陪访、下访。

〔31〕**“五强五提升”**：强统揽，提升政治领导能力；强队伍，提升推动发展能力；强平台，提升服务群众能力；强体系，提升社会治理能力；强活动，提升传播文明能力。

〔32〕**“双强双带”**：政治素质强，发展能力强；能带头致富，能带领群众致富。

〔33〕**监督执纪“四种形态”**：经常开展批评和自我批评、约谈函询，让“红红脸、出出汗”成为常态；党纪轻处分、组织调整成为违纪处理的大多数；党纪重处分、重大职务调整的成为少数；严重违纪涉嫌违法立案审查的成为极少数。

〔34〕**“十进十建”**：进党委（党组）工作议程和中心组学习安排，建立健全日常工作和学习制度；进党政机关日常工作和学习安排，建立健全机关纪委和纪检员日常宣传教育工作机制；进民主党派和群众社团，建立健全对行使公权力的公职人员进行监察教育的各项制度机制；进党校、行政学院、社会主义学院课堂，建立健全学习培训制度；进公办学校、医院等事业单位，建立健全对党员干部和行使公权力的管理人员的监督、教育制度；进国企管理和职工日常教育活动，建立健全企业纪委组织和防范腐败治理腐败工作制度机制；进社区，建立纪检监察宣传教育阵地和流动党员管理制度机制；进电视、报刊等媒体宣传内容，建立健全经常性的党规党纪和监察法宣传教育专栏等阵地；进互联网，建立健全网站宣传教育阵地和网评员队伍及相应工作制度；进村庄，建立健全农村党支部、村委会及行使公权力人员的纪律监察宣传教育管理制度。

〔35〕**“三个区分开来”**：即把干部在推进改革中因缺乏经验、先行先试出现的失误和错误，同明知故犯的违纪违法行为区分开来；把上级尚无明确限制的探索性试验中的失误和错误，同上级明令禁止后依然我行我素的违纪违法行为区分开来；把为推动发展的无意过失，同为谋取私利的违纪违法行为区分开来。

〔36〕**“八个执政本领”**：学习本领、政治领导本领、改革创新本领、科学发展本领、依法执政本领、群众工作本领、狠抓落实本领、驾驭风险本领。

政府工作报告

——在咸丰县第十八届人民代表大会第三次会议上

（2018 年 12 月 27 日）

县长　杨　皓

各位代表、同志们：

现在，我代表县人民政府向大会报告工作，请予审议，并请县政协委员和各位列席人员提出意见。

一、2018 年工作回顾

即将过去的 2018 年，是我们深入学习贯彻习近平新时代中国特色社会主义思想和中共十九大精神，认真学习贯彻落实十九届二中、三中全会及省委十一届三次全会、州委七届四次、五次全会精神，坚持新发展理念，奋力推进“五个咸丰”[1]建设，夺取全县经济社会发展新胜利的一年。一年来，在州委、州政府和县委的坚强领导下，在县人大、县政协的监督支持下，我们坚持稳中求进的总基调，以脱贫攻坚统揽全局，扎实做好稳增长、调结构、惠民生、防风险等各项工作，凝心聚力，真抓实干，攻坚克难，较好地完成了年初各项目标任务。全年实现生产总值 86.93 亿元（预计数，下同），增长 7%；完成固定资产投资增长 15%；规模以上工业增加值增速 6.7%；完成地方财政总收入 7.77 亿元，增长 3.3%；地方公共财政收入 4.34 亿元，增长 1.3%；实现社会消费品零售总额增长 12%；完成自营出口 255 万美元，增长 10%；金融机构人民币存款余额 119.9 亿元，增长 10%，贷款余额 71.7 亿元，增长 25%；城镇常住居民人均可支配收入 26999 元，增长 8%；农村常住居民人均可支配收入 10375 元，增长 9.5%。

一年来，我们千方百计稳增长、促转型，综合实力不断增强。面对稳增长和工业基础薄弱、项目支撑不够的困境，我们以“大抓项目、抓大项目”为突破口，以对外开放、产业转型为主攻方向，坚持转型发展、特色发展。

——重点项目有力推进。开展土地集中报批、项目征地拆迁、项目前期、审批提速四大“百日攻坚战”行动。谋划实施基础设施、产业发展、生态环境、民生事业等项目 199 个，咸丰大道全线贯通，黔张常铁路咸丰段主体工程全部完工，351 国道谢家土至大沙坝段、353 国道曲江至恩黔高速连接线、龙洞湾水库、坪坝营景区游客换乘中心、天然气镇镇通、精准扶贫项目、新城二期及三期等项目顺利推进，渝鄂直流背靠背换流站进入带电调试阶段，十字岭隧道及接线工程、咸丰县春晖学校、公益性公墓等工程开工建设。

——产业发展提质增效。围绕“四大产业集群”，不断优化产业结构，提升产业层次，推动高质量发展。按照“三茶一药一猪”总体布局，新增茶叶 4.41 万亩、油茶 8 万亩、藤茶 0.65 万亩，种植中药材 4.03 万亩，生猪出栏 65.5 万头。建设东西部扶贫协作茶厂 11 个，建成茶叶绿色生产示范基地 8 万亩，新增“三品一标”[2]认证 4 个。引进州级以上农业龙头企业 20 家，创建国家级农民专业合作社示范社 5 家、省级示范社 7 家。小村乡获批全国农业产业强镇。持续打造“唐崖”公共品牌，馨源茶业“唐崖红”荣获第二届国际茶博会金奖。出台加快产业发展十条意见、大力支持民营企业发展十条措施，推动实体经济振兴。新增规模以上工业企业 5 家，完成企业技改扩能 5 家，工业园区 10 万平方米标准化厂房动工新建。完成全域旅游规划编制，出台民宿产业发展实施意见，启动 7 个乡镇特色民宿试点，完成坪坝营三特公司股权收购，成功创建第一批国家中医药健康旅游示范基地。

——招商引资进发活力。坚持把招商引资作为“一把手”工程，精心谋划包装项目142个，成功签约项目99个，其中亿元以上项目27个，到位资金47.42亿元，增长26.3%。大力开展协作招商、平台招商、以商招商，探索“总部经济+异地产业园+生产基地”模式，建立咸丰总部经济基地，5家企业即将入驻。改善招商环境，理顺招商引资工作机制，推行全程代办、领办、协办服务，不断优化招商项目审批服务流程，审批用时缩减到25个工作日。出台招商引资奖惩办法，严格考核招商项目签约、落地、投产、到资情况，签约项目开工率达到86.87%。

——要素保障更加有力。坚定不移打好防范化解金融风险攻坚战，守住不发生系统性区域性金融风险的底线。有序推动国投公司市场化转型，管理经营性国有资产424宗，完成股权融资3.6亿元，金融机构融资授信14.25亿元，实际到位资金6.94亿元。政银企合作更加密切，多层次资本市场体系不断完善，金融机构新增贷款12.42亿元。筹集县级财政调度资金7400万元、过桥资金2.55亿元支持实体经济发展，解决企业流动资金困难。拓宽融资渠道，蚂蚁金融服务集团与咸丰县签约“智慧县域&普惠金融”项目，助力农村人口解决融资难题。强化土地资源要素保障，坚持土地增减挂钩，挂牌出让国有土地1305亩，实现土地收入3.7亿元。

一年来，我们千方百计抓创新、推改革，发展活力明显释放。面对去产能和新形势下政府职能转变的压力，我们坚持简政放权、放管结合，科学处理改革与发展的关系，让改革更有力度、更有温度。

——供给侧结构性改革成效明显。推动去产能改革，全县13家煤矿全部关闭退出，化解煤炭过剩产能近百万吨，已有5家煤矿转型发展。投资5000万元实施煤改电工程。推动去库存改革，房地产去库存4.2万平方米，平均消化周期7.3个月，去化周期处于合理区间。推动降成本改革，落实差别电价和阶梯电价，为企业降成本309.77万元，减免企业各种税费7858万元。

——“放管服”改革[3]纵深推进。持续开展简政放权，健全事中事后监管体系，政府行政权力不断“瘦身”，效率有所提升。行政审批事项削减到202项。推进“大科室”制改革，精简内设机构92个。建立“一单两库一细则”[4]，强化“双随机一公开”[5]平台监管，清理规范中介服务事项87项。推进“互联网+电子政务”，实施“多证合一”[6]“证照分离”，坚持“只进一扇门、一次办好、限时办结”，行政审批事项网上可办率达到82%。

——重点领域改革有序实施。深化国库集中支付电子化改革，173家授权支付预算单位成功上线。推动财政资金绩效评价改革，完成六大类扶贫项目资金使用绩效评价。深化医疗卫生体制改革，“医联体”[7]“医共体”[8]加快建设。深化教育、科技、文化体制改革。农村集体产权制度改革国家级试点工作扎实开展，成立村级集体经济股份合作社263个，农村产权交易平台完成交易2054宗，交易金额9062.38万元。

一年来，我们千方百计优生态、提品质，城乡融合全面提速。面对环境保护压力和绿色发展的机遇，我们坚持生态优先，推动绿色发展，持续巩固省级生态文明建设示范县创建成果。

——污染防治成效显著。完成中央、省环保督察反馈问题整改56个。全面打响污染防治攻坚战和长江大保护“十大标志性战役”，实施环境保护“七大专项行动”[9]，扎实开展第二次全国污染源普查。实施“四个三重大生态工程”建设，推进“厕所革命”，新建城乡公厕112座，新建及改扩建农村无害化厕所9400户，新增垃圾中转站10个，有序推进乡镇生活污水治理，曲江、清坪等6个乡镇垃圾填埋场建设顺利。

——生态保护力度加大。制定县城规划区山体保护专项规划，严格落实山长制。加强生态建设，完成义务植树60万株，管护森林面积113万亩，全年无重大森林火灾和病虫灾害。开展碧水保卫“清流行动”，全面推行“河长制”“库长制”，启动主要河流“一河一策”编制及河道划界确权工作，监管县内河流60条、水库23个。水环境质量保持良好，水功能区水质达Ⅲ类以上。全年空气优良天数预计可达350天。

——城乡面貌持续改善。新城“十大项目”加快建设，老城功能不断完善。推进市政道路、城市公厕、城市管网等27个市政项目，新增城区公共停车场4个、停车位505个，卢家沟主题公园动工建设，青龙山森林公园首期建成开放。宜居乡村稳步推进，钟塘村入选湖北省“美丽乡村”典型示范村，大村村入选全国“100个特色村庄”，成功创建省级森林城市。启动复兴“中国干栏式建筑之乡”，咸丰土家族吊脚楼营造技艺入选第一批国家传统工艺振兴目录。

一年来，我们千方百计补短板、惠民生，人民生活持续改善。面对精准脱贫等民生问题刚性需求和防控隐性债务等政策压力，我们持续加大民生投入，着力补齐民生“短板”，不断提升人民群众幸福生活指数。

——脱贫攻坚成效显著。严格落实“六个精准、五个一批”扶贫方略，全面落实“八个到村到户”，成功承办全省产业扶贫现场会。统筹整合财政资金6.59亿元用于精准扶贫，实施扶贫项目726个。坚持发展贫困户“一长两短”脱贫产业[10]，发放产业发展“以奖代补”资金2395万元，兑现发展生产差异化扶贫资金1375万元。发放小额扶贫贴息贷款6403.6万元，兑现生态补偿资金1927.55万元。建成易地扶贫搬迁安置点142个，达到交钥匙条件6538户21812人。发放“雨露计划”及各类教育扶贫补助资金6233.8万元，受益贫困学生3.44万人次。发放社会救助兜底保障资金11225万元。建立“四位一体”[11]“一站式”即时结算医疗保障体系。农业农村部定点帮扶、东西部扶贫协作、省“616”对口帮扶[12]、鄂州市及省直州直单位对口帮扶、校地合作等工作效果明显。实现减贫2.13万人、出列重点贫困村8个，贫困发生率降至8.05%。

——民生实事有效落实。全县重点民生支出占财政总支出比重达到86.8%。群众生产生活条件逐步改善，硬化农村公路781.03千米，完成安防工程406.06千米，新建农村安全饮水工程项目151个，动力电覆盖100%的自然村，4G网络实现全覆盖，实施“四类对象”[13]危房改造1870户。分配保障性住房248套，完成棚户区改造695户，发放住房租赁补贴160万元。新增城镇就业4933人、转移农村劳动力9.8万人，城镇登记失业率0.66%。城乡居民社会养老保险参保16.28万人，城乡基本医疗参保36.22万人，参保率分别达98%、102%。

——社会事业稳步发展。实施“全面改薄”[14]项目38个，改扩建校舍2.22万平方米、运动场1.31万平方米，学前教育三年毛入园率、高中阶段毛入学率得到提升，公办乡镇中心幼儿园实现全覆盖，高中教育进入全州第一方阵。提档升级村党员群众服务中心43个，建成标准化村卫生室217个、村民文化活动场所345个、农家书屋279个。荣获“中国南剧传承研究基地”和“湖北省民间文化艺术之乡”称号，麻柳溪村、唐崖村荣获全省“特色文化村”。启动全省第二个县级数字档案馆建设。电子商务蓬勃兴起，建成村级电商服务站164个，咸丰余杭电商产业园引进湖北首套“小黄人”智能物流分拣机器人，“唐崖好响李”获省级农业电商星创天地。公共卫生服务扎实开展，国家慢性病防治示范区持续巩固，全面二孩政策稳步实施，计划生育服务转型落实，人口自然增长率3.23‰。

——社会和谐日益巩固。“一统三治六联”社会治理模式入围全省第三批社会管理和公共服务综合标准化试点项目。推进律师“三进”[15]，依法处置、三级联动、诉访分离格局初步形成。加大信访积案化解力度，依法依规处理信访问题，群众合法权益得到有效维护。民族团结工作取得新成效，成功创建全国民族团结进步示范县。实施“雪亮工程”，建立县乡村三级综合视频监控图像研判系统，群众性治安防控能力明显提升。妥善处置青林湾煤矿“4·10”瓦斯爆炸事故。扎实开展扫黑除恶专项斗争，全县政通人和、安定稳定、大局平稳。

——法治政府效能提升。认真学习贯彻新修订《中华人民共和国宪法》和《中华人民共和国监察法》，全面提升法治意识。建立咸丰“12348”公共法律服务平台，推进“互联网+公共法律服务”体系建设，实现法律顾问全覆盖。积极落实行政机关负责人出庭应诉制度，办事依法、遇事找法、解决问题靠法的社会风气逐渐形成。

与此同时，全县双拥、人防、工会、共青团、妇女儿童、残疾人、红十字会等各项事业都取得了长足发展。

一年来，我们千方百计提效能、优服务，工作作风不断转变。面对落实不够、执行力不强的问题，把学习贯彻习近平新时代中国特色社会主义思想和中共十九大精神作为做好政府工作的首要政治任务，按照州委提出的“转作风、敢担当、善作为、抓落实”的要求，切实履职尽责，确保各项工作落到实处。

——解放思想转作风。深入开展“解放思想、转变作风”大讨论，引导全县干部职工更新思想观念、转变工作作风、激发干事创业热情。深入贯彻落实中央八项规定精神及其实施细则，严格履行党风廉政建设“两个责任”[16]，持之以恒纠“四风”[17]、治陋习、反腐败。扎实开展招标投标领域突出问题专项治理，规范管理公务用车、办公用房，树牢过“紧日子”的思想，厉行节约，营造了风清气正的政务服务环境。

——不惧困难敢担当。着力培养敢担当、善担当、勇担当的干部队伍，健全容错免责机制，落实失实信访举报澄清办法，切实保障党员干部合法权益，严肃处理不担当、不作为、不落实的干部，营造想干事、敢干事、干成事的浓厚氛围。

——真抓实干善作为。努力适应新时代对工作的新要求、新节奏，不断完善工作机制，着力解决市场经济环境和现代治理体系下领导干部思想观念不适应、能力素质不适应、精神状态不适应等问题。抓实干部教育培训，不断增强“八个执政本领”，提升政府工作专业化水平。

——一以贯之抓落实。坚持问题导向，充分发挥考核“指挥棒”作用，以招商引资、重点项目建设、脱贫攻坚等工作为重心，健全和简化年度目标责任制考评办法。深入推进政务公开、信息公开、决策公开，自觉接受人大、政协监督和社会各界监督、新闻媒体舆论监督。认真办理人代会议案、代表建议和政协委员提案。

回首一年来的政府工作，我们深切体会到：

只有始终坚持党的领导，坚持以人民为中心，坚持对外开放，坚持依法行政，自觉在思想上行动上同以习近平同志为核心的党中央保持高度一致，树牢“四个意识”[18]，坚定“四个自信”[19]，始终把老百姓的事情放在心上，牢牢抓住发展的“牛鼻子”，以一往无前的奋斗姿态，以人人都是咸丰发展的主人翁心态，脚踏实地、上下齐心、敢于担当、主动作为，才能在发展中不断抓住机遇，才能在发展中获得广大人民群众的信任、支持和拥护，才能在发展中汇聚起最广泛的共识和最磅礴的力量。

各位代表，过去一年的工作成绩来之不易，这是州委州政府坚强领导、亲切关怀的结果，是县委统揽全局、科学决策的结果，是县人大、县政协有效监督、大力支持的结果，是全县广大干部群众同心同德、团结奋斗的结果。在此，我代表县人民政府，向全县广大干部群众、驻咸部队官兵和政法干警，向老干部、老同志和各人民团体、社会各界人士，向关心支持咸丰经济社会发展的驻咸单位、对口帮扶单位，向在咸丰县创业的投资者、建设者表示衷心的感谢，并致以崇高的敬意！

在取得成绩的同时，我们也清醒地认识到，发展中还存在不少困难和问题：总量不大、结构不优、质量不高、项目推进不快、基础设施薄弱、市场主体弱小、创新驱动不强、公共服务水平不高、产业发展层次较低等仍然是咸丰最大的“短板”。实体经济较为困难，融资难、融资成本高等制约仍然突出。脱贫攻坚、风险防范、环境保护任务依然艰巨。政府职能转变、作风建设、执行力有待加强，全民抓经济社会发展的氛围还没有完全形成。受宏观经济下行等多种因素影响，我们年初定下的GDP增速、工业增加值增速、公共财政预算收入等目标任务还没有全面如期完成。这些问题，一定要引起我们高度重视，采取更加有力的举措，闻过则改，查漏补缺，认真加以解决。

二、2019年目标任务

2019年，是打赢脱贫攻坚战、全面建成小康社会的决胜之年，是咸丰县推进“五个咸丰”建设的深化之年。

政府工作的总体要求是：坚持以习近平新时代中国特色社会主义思想为指导，深入贯彻中共十九大和习近平总书记视察湖北重要讲话精神，紧紧围绕县委提出的“一新城、四强县、五平台”[20]工作目标，坚持以经济建设为中心，扎实推进精准脱贫决胜年、开放咸丰深化年建设，打好“三大攻坚战”，加快“四大产业集群”建设，实现整县脱贫、工业经济、城市建设、招商引资、项目建设“五个突破”，主要经济指标增速高于全州平均水平，县域经济高质量发展走在前列。

经济社会发展主要预期目标是：地区生产总值增长7%以上，固定资产投资增长15%以上，地方公共预算收入增长7%以上，规模以上工业增加值增速8%以上，招商引资到位资金50亿元，社会消费品零售总额增长11.5%以上，城镇居民人均可支配收入增长8%以上，农村居民人均可支配收入增长9%以上。城镇登记失业率控制在4.5%以内。旅游综合收入增长18%。金融机构存贷款余额增长15%。饮用水水源地水质达标率100%，全年空气优良天数在330天以上。人口自然增长率、万元生产总值综合耗能、环境保护等指标控制在州定目标以内，“三大攻坚战”取得决定性胜利。

实现以上目标，重点要抓好以下五个方面工作：

（一）聚焦脱贫摘帽，坚决打赢脱贫攻坚战

打赢脱贫攻坚战是2019年最大的政治任务，是头等大事。紧盯“贫困人口脱贫、贫困村出列、贫困县摘帽”目标，全面压实脱贫攻坚责任，全力备战脱贫“大考”，坚决确保66个重点贫困村退出、14.7万人脱贫，确保“三率一度”达到标准，高质量通过国家、省、州考核验收。

全面补齐短板。对标贫困户脱贫“两不愁三保障”和贫困村出列“九有”，细化落实“六个精准”“五个一批”和“八个到村到户”要求，全面完成农村道路、水利、电力、通信及公共服务等补短板项目建设任务，农村危房改造实现“清零”目标，确保通村道路硬化率、饮水安全达标率、安全用电率、网络通达率、贫困户住房保障率均达100%。聚焦深度贫困村和重点贫困人群，整合人力、物力、财力给予重点扶持，做到“八个不漏项”[21]，实行清单管理、台账销号，确保村村过关、户户过关、人人过关。严格落实贫困户、贫困村退出标准和流程，健全完善建档立卡贫困户信息档案和大数据平台，完善贫困对象动态管理，确保建档立卡贫困户、贫困村

档案“零差错”。

全面夯实基础。坚持精准施策、精准发力，围绕“村有特色产业、户有增收门路、人有一技之长”，以产业扶贫为主抓手，培育壮大村集体经济，引导贫困户就业创业，增强脱贫“造血”功能，确保有劳动能力的贫困户都有“一长两短”致富产业或稳定就业。抓好易地扶贫搬迁后续产业扶持，确保搬迁群众住得稳、能发展。加快推进金融扶贫、乡村旅游扶贫、电商扶贫等扶贫举措，发挥小额信贷支持作用，引导市场主体带动贫困群众发展产业或提供就业岗位，增加贫困群众收入。统筹推进健康扶贫、教育扶贫、社会兜底保障扶贫，筑牢因病致贫、因病返贫防线，阻断贫困代际传递，突出“志智双扶”，不养懒汉，激发脱贫内生动力，注重精神脱贫。

全面整合力量。落实脱贫攻坚政治责任，坚持一切工作向脱贫攻坚一线倾斜。紧紧抓住农业农村部定点帮扶、东西部扶贫协作、省“616”对口帮扶、鄂州市及省直州直单位对口帮扶、校地合作等机遇，深度对接，争取更多政策、资金、项目支持。动员社会力量广泛参与脱贫攻坚，深入推进“千企帮千村”行动，强化市场主体与贫困村对接，引导非公有制经济组织和社会各界积极参与扶贫、支持扶贫，构建大扶贫工作格局。深入实施扶贫领域突出问题专项整治，全面完成中央巡视、省委和州委巡察暗访反馈问题整改。强化扶贫干部与贫困群众感情沟通，切实做到干部真帮扶、群众真认可。

（二）聚焦乡村振兴，加快推进美丽家园建设

乡村振兴，国之大略。围绕产业兴旺、生态宜居、乡风文明、治理有效、生活富裕的总要求，全力实施乡村振兴战略，加快推进农业农村现代化。

全力推动产业振兴。加快“四大产业集群”建设，做优做精“三茶一药一猪”主导产业，推进白叶茶及油茶、道地中药材全产业链建设，新增茶叶面积3.8万亩，重点打造官坝至白水坝、白岩至活龙坪、大河边至泗坝、渔塘坪至湾田白叶茶产业带，新增中药材面积2万亩，高标准管护已建成特色产业。统筹推进恩施黑猪、林果、蔬菜、花卉苗木等特色产业，支持5万箱规模中蜂产业发展，继续抓好烟叶生产。加大农业品牌建设，积极申报“唐崖”地理标志产品认证和“唐崖”驰名商标认证，新培育1个省级以上名牌产品，新发展“三品一标”农产品8个以上，全县特色产业基地40%以上达到绿色食品标准，10%以上达到有机食品标准，启动国家农产品质量安全区和全域有机县创建工作。加快建设现代农业产业园、电商产业园，新建1个5000亩以上农业标准化生产基地，引进1个投资5000万元以上农业产业化项目，推进农产品上线销售。加快全域旅游发展。围绕创建国家全域旅游示范区和打造全国知名旅游目的地，加快推进坪坝营景区AAAAA级创建，加快完成唐崖土司城遗址AAAA级创建，启动青龙山森林公园AAAA级创建。大力发展乡村旅游，加快推进锣鼓坪卓尔康养小镇、老岩孔民宿度假区、龙家界康养度假村、全国中医药健康旅游示范基地等项目建设，建设高乐山至唐崖、曲江至坪坝营、黄金洞至清坪至小村特色民宿示范带，建成精品民宿100家以上，打造提升一批休闲度假、康体养生、山地观光、户外运动、汽车露营、科普探险等新业态。大力开发特色食品、民族民间工艺品等旅游商品。加快推进星级酒店建设，整体提升旅游接待水平。

全力推动绿色发展。坚定不移打好污染防治攻坚战，扎实推进“四个三重大生态工程”，强化生活垃圾、建筑垃圾、道路扬尘、餐厨油烟、秸秆燃烧、工业废弃物、医疗废弃物等污染防治。大力推进“厕所革命”，新建城乡公厕132座，完成农村卫生厕所改造2.47万户。严格落实“河长制”，扎实推进饮用水水源地保护，全面整治河道排污，加快推进乡镇污水处理厂项目建设。强化农业面源污染综合治理，扎实推进畜禽粪污资源化利用、有机肥代替化肥、秸秆还田、农膜回收“四大行动”，加快畜禽粪污资源化利用整县推进项目建设。严格环境监管执法，依法严处各类环境违法行为，建立损害环境赔偿制度，抓好环保督察反馈问题整改。强化生态红线管控，全面推行“山长制”“路长制”，严格自然保护区生态保护，加强森林资源管护，推进新一轮退耕还林、封山育林和植树造林。积极创建国家级生态文明建设示范县。加强矿产资源保护，严厉打击非法采挖矿行为。扎实开展第三次全国国土调查。加强生态文明宣传教育，提倡绿色消费、绿色出行，大力提升全民生态环保意识，做到山不乱挖、树不乱砍、房不乱建、废不乱弃、污不乱排。

全力推动城乡融合。加快推进新城建设。突出抓好高铁站前综合交通枢纽、新城路网、新城管网、新城防洪排涝等项目建设，大力推进咸丰同康医养结合医院、县人民医院新城住院综合楼、县文体中心、曲江河滨江公园、笏山古镇等项目建设。不断完善老城功能。巩固拓展“六城”同创成果，大力推进城市“拆墙透绿”，重拳整治“两违”建筑，开展全国文明县城提名城市和省级园林城市创建。加快完成城区人行道改造、洗车场、停车场、城区公厕、垃圾中转站、污水管网等市政项目，卢家沟主题公园建成开放。持续打造特色乡镇。依托自然资源优势、交通枢纽优势、特色产业优势、民族文化优势，大力推进特色小镇建设。完善乡镇公共服务功能，加强环境整治，严格规范赶集日市场秩序。大力实施“六村”同创，持续治理农村“八乱”[22]和“一户多基”问题，加大村级公益性设施管护力度，确保发挥长期效益。加快曲江茶谷、泗坝酒庄、大河边美丽乡村、小村美丽乡村示范建设，每个乡镇新打造1个以上乡村振兴示范点。

全力推动文化繁荣。建设农村文化阵地，实现乡镇综合文化服务中心和村级综合文化服务中心全覆盖。丰富乡村文化生活，持续开展送戏下乡等文化惠民活动，大力推进全民健身运动。打造唐崖土司文化产业园、严家祠堂·中国家训文化产业园、千户土家、忠堡大捷红色文化教育基地等一批标志性文化工程。推进大寨坪国家重点文物保护单位申报工作。加强传统村落、特色民居保护，加快推进复兴“中国干栏式建筑之乡”。扎实开展新时代文明实践中心试点工作，打通农村精神文明建设“最后一公里”。完善村规民约，弘扬优良家风，遏制大操大办、相互攀比、厚葬薄养等陈规陋习。

全力推动人才建设。制定出台乡村人才队伍建设支持政策，完善乡村人才引进、培育、评价、激励机制，重点抓好农村科技人才、农村专业人才、新型职业农民、农村乡土人才、农村创新创业人才“五支人才队伍”建设。分类型、分层次培养一批有文化、懂技术、善经营、会管理的新型职业农民，开发一批富有工匠精神的乡土人才和能工巧匠，壮大一批富有活力的农村发展带头人。围绕农技推广、市场营销、畜牧兽医、农村卫生、事务管理、教育法治、规划建设、环境整治等工作，建设一批扎根农村、服务基层的专业化技能人才队伍。大力实施“三乡工程”[23]，千方百计吸引各类资本下乡，鼓励支持在外务工人员、大中专毕业生、企业家返乡投资兴业。

（三）聚焦项目建设，加快推进高质量发展

项目是发展之源，必须坚定不移地把项目建设作为经济工作总抓手，主动对接政策和市场，扩大有效投资，强化要素支撑，夯实发展底盘。

全力以赴抓好项目建设。全年实施重点项目186个。加快推进国道351、国道353、省道367、十字岭隧道及接线工程建设，启动一批国省道重点工程建设，争取咸来高速、朝阳大桥及接线工程、唐崖至朝阳公路改扩建、土地关隧道、笏山新区道路工程等项目尽早开工，黔张常铁路、咸丰大道建成通车。积极开展咸利高速前期工作，谋划争取恩黔铁路、通用机场等项目早日纳入国家、省投资计划。加快推进棚户区改造及配套基础设施、公益性殡仪馆等项目建设。加快完成龙洞湾水库、三水厂、老城区污水处理及乡镇污水处理全覆盖PPP项目、忠堡防洪排涝前期工程等项目建设。加快推进油茶产业示范基地、中药材产业示范基地、农业产业扶贫基地、美丽乡村产业带、易地扶贫搬迁后续配套等项目建设。

全力以赴抓好实体经济。大力推进工业转型升级发展，持续推进工业振兴“十大工程”。全面落实《大力支持民营企业发展十条措施》，支持民营企业建立现代企业制度、兼并重组、开放合作、创新研发、上市融资，探索县属国有公司参股民营企业，发展混合所有制经济。加快建设总部经济，培育税收过千万元企业1家以上，新增规模以上工业企业5家以上，培育新进规企业10家以上。加快推进“一区多园”建设，提升白水坝工业园，加快建设忠堡工业园，完成工业园11万平方米标准化厂房建设。抓好磊源石业年产100万平方米生态合成砂岩、湖北新农佳年产10万台套环保集成节能灶、台州东亚万吨碳钢精密铸件加工等项目入园投产。扎实推动工业技改，完成鑫磊矿业年产50万吨新型墙体材料加工、建塬石材年产100万平方米大理石装饰板材生产线技术改造。着力引进1家油茶深加工企业、1家知名中医药龙头企业。培育州级农业产业化龙头企业4家，培育各级专业合作社50家、家庭农场30家、种养大户100户。

全力以赴抓好要素保障。千方百计培植财源。综合运用土地资本、地域空间及其他要素，巩固壮大财源，培植后续财源，建立多元化、可持续的经济发展要素保障机制。把握国家投资政策导向，加大中央、省预算内投资项目争取力度，提前启动2020年争取项目的谋划储备、沟通对接，掌握项目争取工作主动权。加快推动国投公司市场化转型，国投公司实现自营融资4亿元以上。加大土地收储出让力度，盘活存量闲置低效用地，用好用活土地增减挂钩政策，力争实现土地出让收入10亿元以上。千方百计抓好融资。强化融资对接，推动与更多金融机构建立战略合作关系。建立企业贷款贴息补助和增减奖惩机制，设立产业发展基金，引导金融机构更好地服务实体经济。加快与农业发展银行对接，合力打造政策性金融支持贫困县新型城镇化建设创新试验区。培育诚实守信意识，优化金融生态环境，防范化解金融风险，抓好重点企业风险防控，坚决守住不发生系统性、区域性风险的底线。千方百计保障用地。精准对接项目用地，确保土地批得回、供得出。严格土地执法管理，依法依规开展土地清理，加大征拆力度，规划区内坚决杜绝点状供地。认真清退僵尸企业，促进土地集约节约利用。

（四）聚焦开放发展，加快推进新旧动能转换

牢固树立“开放发展”的理念，坚决破除一切不合时宜的思想观念和体制机制弊端，在开放中创新、在创新中开放，使开放和创新真正成为引领咸丰发展的强大动力。

持续扩大对外开放。主动融入“一带一路”、全省“一主两副多极”和全州“一谷两基地三示范区”战略，积极参与武陵山少数民族经济社会发展试验区建设，全力打造更高层次对外开放平台。深化对外开放合作，持续加大招商引资力度，围绕产业发展、文化旅游、商贸物流、信息金融等重点领域，精心包装、推介、洽谈、落成一批项目。实现新开工亿元以上项目11个、新投产亿元以上项目7个。加快推动年产30万吨纳米碳酸钙深加工、10万千瓦风能开发等项目落地。强化与余杭东西部扶贫协作对接，引进5个以上企业入驻总部经济基地。加快全国硒食品精深加

工基地及国家级出口茶叶质量安全示范区建设，着力培育扶持一批有产品、有市场、有潜力的企业集群。大力发展外贸经济，新增自营出口企业2家以上，新培育1—2家外贸市场主体，外贸自营出口增长10%以上。

持续推进深化改革。大力推进供给侧结构性改革，持续推进煤矿转型发展。严格管控“三高一资”[24]企业进驻，坚持“三线一单”[25]，从源头上防范环境污染和生态破坏。引导房地产市场健康发展，建立多主体供应、多渠道保障、租购并举的住房制度。深化“放管服”改革，加快推进“多证合一”“证照分离”，进一步简政放权、优化服务、减轻负担，努力实现企业和群众办事“只进一扇门、只跑一次路、限时办结”。加快“智慧咸丰”建设，实现数据和信息共享服务。深化推进全国农村集体产权制度改革试点，全面完成农村土地制度改革，扎实推进农村经营体制改革，扩大农村综合产权交易平台效益。全面完成党政机构改革，深化事业单位改革，统筹抓好国有企业、医药卫生体制、集体林权制度等改革。深化推进司法体制综合配套改革，加快覆盖城乡的公共法律服务体系建设。深化殡葬制度改革，加快推进农村公益性公墓试点建设。

持续推进创新创业。借势“互联网+”和“大众创业、万众创新”潮流，深入推进产业创新、技术创新、人才创新和城市创新创业样板区建设，培育一批众创空间、星创天地和创新引领型企业。全面落实“人才强县”和人才优先发展战略，实施“唐崖英才”计划，培育引进高端人才，用好本土人才，保护尊重人才。强化科技创新，深化推进高新技术产业园建设，着力打造一批人才创新创业平台。支持企业开展产学研一体化合作，创建一批校企合作研究中心。强化知识产权创造、保护与运用，大力促进企业发明专利、实用技术等科技成果转移转化，申报省级以上科技项目3项以上，新认定高新技术企业2家以上。

（五）聚焦民生保障，全面推进社会事业发展

坚持以人民为中心的发展思想，始终把造福人民作为最大政绩，把老百姓的安危冷暖挂在心头、抓在手上、落到实处，让全县人民享有更多幸福感、安全感、获得感。

努力提高保障水平。大力开展就业创业培训，新增城镇就业4200人，累计转移农村劳动力10万人。加强劳动监察和争议处理，维护职工合法权益。全面落实城乡低保政策，加强困难群众基本生活保障和救助。关心关爱农村留守老人、留守儿童、留守妇女，做好退役军人、残疾人服务保障工作。鼓励引导社会力量进入养老服务领域，构建养老院公建民营、医养结合等新模式。加大保障性安居工程及配套设施建设，启动曲江片区、疾病预防控制中心、忠堡镇和唐崖镇安置区建设，完成棚户区改造1189户。探索城市物业管理新模式，建设高品质居民小区。实施全民参保计划，全面落实养老、医疗、工伤、生育、失业等保险制度，城乡居民社会养老保险、基本医疗保险参保率实现全覆盖。

努力发展社会事业。坚持优先发展教育，深入推进教育“六年振兴行动计划”，继续推进“全面改薄”，完成咸丰县春晖学校、曲江镇中小学整体搬迁、县民族实验学校扩建等项目建设。稳步推进教育改革，支持和规范社会力量兴办教育，统筹发展学前教育、基础教育、职业教育、特殊教育，努力让每一个孩子都能享有公平、优质的教育资源。加强师德师风建设，深化新时代教师队伍建设改革。推进“医联体”“医共体”建设，落实“四位一体”医疗保障机制，积极开展贫困人口体检及家庭医生签约服务工作。出台《医疗质量提升三年行动计划》，加强县级重点专科建设及乡镇卫生院医疗卫生服务能力提升，确保县域内就诊率达到90%以上。积极推进全省基层中医药先进县创建。加快公共文化体育设施建设，提升图书馆、文化馆、博物馆、体育训练馆利用率。举办唐崖土司文化旅游节、全国（坪坝营）户外森林运动会等活动，高质量推出“一书一戏一影”[26]。全面落实计划生育二孩政策。推进宗教“三级网络”建设，启动全县民族宗教工作纳入网格化试点。扎实做好全国第四次经济普查。

努力维护和谐稳定。坚持标本兼治，深入开展扫黑除恶专项斗争，全面加强禁毒工作，坚决铲除黑恶势力滋生土壤。深入推广“一统三治六联”社会治理模式，探索建设乡镇社会治理大中心。推行人民调解“枫桥经验”，用法治思维和手段协调化解矛盾，提高公共法律服务和社会治理法治化水平。深入推进阳光信访、法制信访、责任信访，畅通群众信访渠道，依法规范信访秩序。严格落实安全生产责任制，持续加强道路交通、消防、校园、矿山、食品药品、群众生产生活等各领域安全和信访维稳、社会治安、防灾减灾等工作。强化应急管理和救灾物资储备，提升防灾减灾救灾能力。加快社会治安防控体系建设，切实保护人民群众生命财产安全。加强市场监管，建立公平有序的市场竞争秩序，强化消费者权益保护，让百姓买得放心、用得放心、吃得放心。

各位代表，人民群众对美好生活的向往，就是我们始终为之的奋斗目标。我们一定牢固树立“四个意识”，恪尽职守、担当履责，不断增强政府的公信力、执行力和约束力。

坚持依法行政，增强政府公信力。把依法行政作为加强政府自身建设的关键，坚持用法治思维、法治方式开展工作，严格执行重大决策合法性审查制度。加快推进公共法律服务体系建设，建成县级公共法律服务中心，实现公共法律服务“‘一站式’审批、‘一条龙’服务”。坚持民主集中制，推动公众参与重大决策，进一步提高政府决策的科学化、民主化、法治化水平。严格按照法定权限和程序行使权力，坚持有所为、有所不为，做到法定职责必须为、法无授权不可为。认真办理人代会议案、代表建议以及政协委员提案，自觉接受人大、政协监督，主动接受社会和舆论监督，让政府行政权力在阳光下运行。

坚持勤勉为政，增强干部执行力。坚持“思路决定出路”，用先进理念武装干部。持续抓好学习教育，积极践行开放开发、高质量发展、市场经济、城市经营等先进理念，提高干部政治理论功底和经济社会管理能力。坚持“激情不失理性”，用精神状态检验干部。大力践行“一线工作法”，深入基层、深入实践，主动适应新形势、新任务、新要求。坚持“参战而不观战”，用扎实作风考量干部。维护县委权威，做到党委有要求、政府有行动、落实有成效，打破政策执行“玻璃门”“弹簧门”“旋转门”现象，以“钉钉子回脚”的精神狠抓工作落实。坚持“实干而不蛮干”，用成效口碑评价干部。牢固树立“以工作实绩论英雄、凭群众口碑论成败”的评价导向，以真诚获取支持，用实干赢得民心，以抓铁有痕、踏石留印的工作作风赢得群众的支持和信赖。坚持“容错不破底线”，用严管厚爱历练干部。坚持一手抓绩效考核、一手抓监督问责，旗帜鲜明为敢于担当、踏实做事、不谋私利的干部撑腰鼓劲，严厉问责“不担当、不作为、慢作为”的部门和个人。

坚持从严治政，增强纪律约束力。严格落实政府党组和各部门党组全面从严治党主体责任，深化廉政风险防控，做好巡视、巡查发现问题的整改。严格落实中央八项规定精神和省、州有关纪律规定，严格执行新修订《中国共产党纪律处分条例》和《中国共产党廉洁自律准则》，坚决纠正“四风”新表现、新问题，坚持清正廉洁，对标“道德高线”，不越“纪律红线”，守住“法律底线”，保证干部清正、政府清廉、政治清明。加强政府内部监督，进一步完善政府采购、公共资源管理、招投标监管机制，严肃查处各类违纪违法行为，切实解决群众身边的不正之风和腐败问题，着力打造廉洁政府。

各位代表！幸福是奋斗出来的。新的一年，有新的任务、新的使命，让我们紧密地团结在以习近平同志为核心的党中央周围，在上级党委政府和县委的坚强领导下，以永不懈怠的精神状态和奋斗姿态，不忘初心、牢记使命，为加快建成“五个咸丰”、全面实现小康社会的宏伟目标而努力奋斗！

《政府工作报告》专用术语注释：

〔1〕**“五个咸丰”**：小康咸丰、绿色咸丰、开放咸丰、法治咸丰、幸福咸丰。

〔2〕**“三品一标”**：无公害农产品、绿色食品、有机农产品和农产品地理标志。

〔3〕**“放管服”改革**：简政放权、放管结合、优化服务。

〔4〕**“一单两库一细则”**：建立随机抽查事项清单，检查对象名录库和执法检查人员名录库，制定随机抽查工作细则。

〔5〕**“双随机一公开”**：随机抽取检查对象、随机选派执法检查人员，抽查情况及查处结果及时向社会公开。

〔6〕**“多证合一”**：营业执照、组织机构代码证、税务登记证、社会保险登记证、统计登记证等合一。

〔7〕**“医联体”**：指区域医疗联合体，是将同一个区域内的医疗资源整合在一起，通常由一个区域内的三级医院与乡镇卫生院、社区卫生室、村卫生室组成一个医疗联合体。

〔8〕**“医共体”**：以县级公立医院综合改革为载体，提升乡镇卫生院医疗卫生服务能力，提高医疗卫生服务整体效率。

〔9〕**环境保护“七大专项行动”**：饮用水水源地保护及水污染防治专项行动，城区噪声污染专项整治行动，煤矿环境保护专项行动，餐饮服务业油烟污染和露天烧烤专项整治行动，城乡垃圾、污水和工地扬尘专项治理行动，非煤矿山扬尘污染整治专项行动，畜禽养殖污染治理专项行动。

〔10〕**“一长两短”脱贫产业**：一个长期致富产业，两个短期有收入的产业。

〔11〕**“四位一体”**：基本医保、大病保险、民政医疗救助、补充医疗保险（兜底保障）。

〔12〕**省“616”对口帮扶**：省委、省政府对民族地区10个县（市）实施对口支援，每个县（市）由1名省委、省政府领导负责，省直6个单位（4个省直部门、1个大中型企业、1所大专院校或科研单位）开展对口支援，每年至少为对口支援县（市）办6件实事。

〔13〕**“四类对象”**：建档立卡贫困户、低保户、农村分散供养特困人员和贫困残疾人家庭。

〔14〕**“全面改薄”**：全面改善贫困地区义务教育薄弱学校基本办学条件，是党中央、国务院聚焦贫困地区义务教育发展、保障教育公平而作出的决策。

〔15〕**律师“三进”**：进村（居）、进接访大厅、进疑难复杂信访案件。

〔16〕**“两个责任”**：党委负主体责任，纪委负监督责任。

〔17〕**“四风”**：形式主义、官僚主义、享乐主义、奢靡之风。

〔18〕**“四个意识”**：政治意识、大局意识、核心意识、看齐意识。

〔19〕**“四个自信”**：中国特色社会主义道路自信、理论自信、制度自信、文化自信。

〔20〕**“一新城、四强县、五平台”**：高铁新城，农业强县、工业强县、旅游强县、文化强县，支撑有力的基础设施平台、投融并举的投融资平台、配套完善的园区平台、聚集先进要素的招商平台、宜商宜业的营商环境平台。

〔21〕“八个不漏项”：精准识贫不漏一人，扶贫产业不漏一户，住房安全不漏一宅，基础设施不漏一处，惠民政策不漏一项，兜底保障不漏一个，准确退出不漏一家，扶志扶智不漏一员。

〔22〕农村“八乱”：乱建房、乱葬坟、乱排放、乱挖山、乱占耕地、乱采石、乱堆放、乱整酒。

〔23〕三乡工程：市民下乡、能人回乡、企业兴乡。

〔24〕“三高一资”：高成本、高污染、高能耗，资源型。

〔25〕“三线一单”：生态保护红线、环境质量底线、资源利用上线和环境准入负面清单。

〔26〕“一书一戏一影”：一部小说《凤鼎唐崖》，一台南剧小戏，一部电影《忠堡大捷》。

中共咸丰县委　咸丰县人民政府
关于加快全面建成小康咸丰的决定

（2018 年 1 月 11 日）

为学习贯彻落实中共十九大精神，高举习近平新时代中国特色社会主义思想伟大旗帜，确保 2020 年如期全面建成小康咸丰，特作出如下决定。

一、基本原则

（一）思想引领，全面布局。以习近平新时代中国特色社会主义思想为引领，按照“五位一体”总体布局和“四个全面”战略布局，坚持“五大发展理念”，以“五大一新”建设为重点，全面建成小康咸丰。

（二）以人为本，共建共享。坚持人人尽责、人人享有，坚守底线、突出重点、完善制度、引导预期，完善公共服务体系，保障群众基本生活，不断满足人民日益增长的美好生活需要，不断促进社会公平正义，形成有效的社会治理、良好的社会秩序，使人民获得感、幸福感、安全感更加充实、更有保障、更可持续。

（三）改革创新，跨越发展。按照行政干预最少、发展环境最优、服务质量最好的目标，深化供给侧结构性改革和重点领域、关键环节改革，提高资源配置效率，加快建立有利于新型工业化、城镇化、乡村振兴的体制机制，着力增强发展动力和活力。

（四）统筹协调，合力推进。全力推进脱贫攻坚、唐崖土司文化产业园、新城建设和工业园区“四大引擎”，动员全县上下各方力量和吸纳更多社会力量，充分发挥广大干部群众的积极性、主动性、创造性，共同参与全面小康咸丰建设。

二、主要目标

（一）经济实力更加雄厚。深化供给侧结构性改革，增强富硒农业、绿色工业、生态文化旅游业、现代服务业、清洁能源产业集聚度和支撑力，培育新的经济增长点，逐步提高高新技术产业比重，促进实现创新驱动发展，加速形成全方位对外开放新格局，大力发展新经济、新产业、新业态、新模式，提升经济发展质量效益，实现县域经济实力跨越式翻番。到 2020 年，人均地区生产总值（2010 年不变价）比 2010 年翻一番；服务业增加值占 GDP 比重达到 56%；常住人口城镇化率达到 60%；R & D 经费支出占 GDP 比重达到 2.5%；高新技术产业增加值占 GDP 比重达到 10%；互联网普及率 100%。

（二）民主法治更加完善。推进法治咸丰建设，打造共建共治共享的社会治理格局，基本建成法治型政府、法治型社会，提升司法公信力，增强群众法治意识，大力推广“一统三治一站六联”治理模式，提升基层社会治理能力和水平，建设立体化治安防控体系，实现社会安定团结、平安和谐。到2020年，基层民主参选率达到93%；每万人口拥有律师数超过2.3人；每万人口行政诉讼发案率不超过1件；每万人拥有社会组织数超过6.5个。

（三）文化建设更加繁荣。牢牢掌握党对意识形态领域的领导权，把社会主义核心价值观融入群众思想里、行动上、生活中，推动形成文明有礼、崇德向善的社会风尚，逐步完善公共文化服务体系，加大非物质文化遗产、文物古迹、古村落传承和保护力度，建成一批标志性文化工程，打响咸丰民族文化品牌，加速发展文化产业和文化事业，持续提升文化软实力和影响力。到2020年，文化及相关产业增加值占GDP比重达到5%；人均公共文化财政支出超过250元；“三馆一站”覆盖率达到110%；广播电视综合人口覆盖率达到99%；城乡居民文化娱乐服务支出占家庭消费支出比重达到4.2%。

（四）人民生活更加幸福。城乡居民收入实现较快增长，贫困人口全部脱贫销号。大力发展社会事业，不断完善公共服务和保障体系，让人民群众更公平更优质地享受改革发展成果。到2020年，城乡居民人均收入（2010年不变价）比2010年翻一番；失业率控制在6%以内；恩格尔系数小于40%；城乡居民家庭人均住房面积达标率达到60%；公共交通服务指数达到100%；平均预期寿命达到77岁；劳动人口平均受教育年限达到10.8年；每千人口拥有执业（助理）医师数达到2.5人；社会综合服务设施覆盖率指数达到100%；基本社会保险覆盖率达到100%；农村贫困人口累计脱贫率（现行标准）达到100%；单位GDP生产安全事故死亡率小于0.078人/亿元；产品质量合格率达到94.8%。

（五）生态环境更加优美。坚持生态优先、绿色发展，人与自然和谐共处、经济与环境相融共生，不断提升生产方式和生活方式的绿色化水平，丰富生态产品供给。创建国家生态文明建设示范县，进一步彰显环境优美、绿色清新的生态优势，持续提高人民群众对生态环境满意度。到2020年，单位GDP建设用地占用小于53公顷/亿元；单位GDP能源消耗小于0.62吨标准煤/万元；单位GDP用水量小于80立方米/万元；环境质量指数达到100%、污水集中处理指数达到100%；生活垃圾处理率达到100%；一般工业固体废物综合利用率达到73%；农村自来水普及率达到80%；农村卫生厕所普及率达到82%。

三、工作重点

（一）加快经济发展，建设产业小康

坚定不移推进对外开放。落实招商引资“一把手”工程，实施百亿招商项目谋划、百个招商项目签约、50个招商引资项目落地“三大行动”，重点实施油茶全产业链、白叶茶全产业链、清洁能源产业链、千户土家、笏山古镇、旅游港商业综合服务区、医养结合医院、综合物流园、客运枢纽总站、汽贸城十大招商引资项目。

狠抓财源建设。把财源建设作为经济工作核心，重点实施茶叶全产业链、清洁能源产业链、物流产业链、旅游产业链、工业企业培育扶强、风电开发、生物质节能灶具、综合农贸市场、商贸综合体、房地产开发十大财源建设项目，努力做大“财政蛋糕”，推动形成支柱财源支撑有力、传统财源坚强牢固、后续财源发展强劲的可持续财源体系。

实施乡村振兴战略。以“三乡工程”和“六村”同创为抓手，大力实施乡村振兴计划，着力建设“产业兴旺、生态宜居、乡风文明、治理有效、生活富裕”的美丽乡村。坚持“基地建绿、加工做深、龙头做强、品牌做响、营销做畅、链条做长”的要求，做深富硒农产品加工，培育壮大龙头企业，做强“唐崖”公共区域品牌，积极

推进三产融合发展。坚决狠刹在农村已成顽症痼疾的乱建房、乱葬坟、乱排放、乱挖山、乱占耕地、乱采石、乱堆放、乱整酒的“八乱”问题，大力推进“厕所革命”“厨房革命”“村庄革命”和社会治理创新。

实施工业转型战略。推动富硒农产品加工、清洁能源、绿色建材产业发展壮大，加快实施园区扩建工程、标准厂房建设工程、成长型企业倍增工程、技改扩能工程、“僵尸”企业盘活工程、工业项目招商工程、现代企业制度建立工程、科技研发工程、混合所有制经济发展工程、财政金融支持工程等工业振兴“十大工程”。

实施全域旅游跨越式发展战略。坚持“全域旅游·AAAAA咸丰”发展定位，加快建设百亿旅游和现代服务业，提档升级唐崖土司城址、坪坝营、黄金洞“三大龙头景区”，重点实施唐崖土司城址AAAA级创建、坪坝营景区AAAAA级创建、黄金洞景区提档升级、笏山古镇建设、唐崖古镇建设、千户土家古镇建设、打造渔塘坪至湾田美丽乡村示范带、白岩至核桃园美丽乡村示范带、大河边至龙潭司美丽乡村示范带、十字路至土乐坪美丽乡村示范带等旅游建设十大工程，把咸丰建成全国知名的生态文化旅游目的地。

促进城乡统筹协调发展。坚持城市建设民族化、公园化、景区化的思路，高起点规划、高速度推进、高标准建设咸丰新城，推动火车站站前广场、笏山古镇、教育城、文体中心、三甲医养结合医院、旅游港、汽贸城、曲江河生态景观、新城人民医院、物流园十大项目建设。持续开展“六城”同创，加快老城区改造，支持乡集镇提档升级。坚决打击“两违”行为，强化农村建房管控，严格落实“只集中不分散、只靠山不占田、只建特色民居不建洋房”的要求，严格保护传统村落、民族村寨，让“中国干栏式建筑之乡”重现风采、焕发新颜。

加快推进基础设施建设。坚持当前与长远并重，着力改善“大交通”，畅通“微循环”，按照民生路、产业路、旅游路优先的原则，加快推进黔张常铁路咸丰段、咸来高速、咸丰大道、353国道等重大交通项目建设，大力改善全县道路交通条件。着力完善信息基础设施，加快建设全域覆盖、联通世界的通讯网。继续实施电网提升工程，加快建设覆盖城乡、保障坚强的电网。继续推进“五水共治”，加快建设河流安澜、供水安全的水利网。

（二）推进民主法治，建设法治小康

深化依法治国实践。推进依法治县、依法执政、依法行政，着力建设法治咸丰、法治政府、法治社会，推动各项事业在法治的轨道上有序运行。深化司法体制综合配套改革，全面落实司法责任制，推进严格执法、公正司法。

强化基层社会治理创新。加强和完善党委领导、政府负责、社会协同、公众参与、法治保障的基层社会治理体系，把基层社会治理创新纳入提升社会治理体系和治理能力现代化建设的重要内容，大力推广“一统三治六联”基层社会治理模式，提高社会治理社会化、法治化、智能化、专业化水平。

推进“七五”普法规划实施。着力打造覆盖城乡居民的公共法律服务体系，加大全民普法力度，深化法律“六进”，建设社会主义法治文化阵地。积极推进律师“三进”，拓展服务领域，引导激励法律工作者发挥作用，为人民群众提供普惠的公共法律服务，努力建设信法、尊法、守法、用法的法治社会。

推进信访矛盾大化解。深入推进阳光信访、法治信访和责任信访，建立完善以大排查、大接访、大化解为主要内容的信访矛盾调解机制，用法治思维和法治方式治理社会、化解历史遗留问题。严格落实“三到位一处理”，努力实现小事不出村、大事不出乡、矛盾不上交。加强社会心理服务体系建设，培育自尊自信、理性平和、积极向上的社会心态。

抓实安全生产。牢固树立“全程、全员、全面”的大安全观，和“管行业必管安全、抓发展必抓安全”理念，严格落实安全生产党政领导责任、部门监管责任、企业主体责任和属地管理责任，高度警惕不放松，全面排查无死角，严格问责不手软，确保安全生产形势平稳可控。

严密防范和依法打击各类违法犯罪。加强社会治安防控体系建设，推进人防物防技防“三防一体”。坚持命案必破、黑恶必除，主攻“盗抢骗”等多发型侵财犯罪，扫除“黄赌毒”等社会丑恶问题，整治“食药环”等民生领域犯罪，坚决抓好重点地区、重点领域打击整治工作，确保社会长治久安。

（三）推动文化繁荣，建设文化小康

牢牢掌握意识形态工作领导权。坚持党管意识形态，加强思想理论武装，推动习近平新时代中国特色社会主义思想深入人心。加快推动媒体融合改革，努力打造一支政治坚定、业务精湛、作风优良、党和人民放心的新闻舆论工作队伍，大力宣传实现小康梦和中国梦的“咸丰好故事”“咸丰好声音”。

实施文化强县战略。坚定文化自信，推动社会主义文化繁荣兴盛，充分激发民族文化创新创造活力，加快建设文化强县。推动文化与经济深度融合，以“文化+旅游”助推全域旅游，“文化+农业”建设美丽乡村，“文化+工业”推动工业转型，提升文化对经济的贡献率。

践行社会主义核心价值观。深化拓展群众性精神文明创建，努力把社会主义核心价值观转化为人们的情感认同和行为习惯，深入开展“道德讲堂”“最美系列”等活动，提高人民思想觉悟、道德水准、文明素养。加快推进社会诚信建设。

推进文化事业和文化产业繁荣发展。大力实施非物质文化遗产、文物古迹、古村落等文化抢救工程，注重加强非物质文化遗产静态研究和活态传承，着力打造“唐崖土司文化节”等节庆文化品牌。加快复兴“中国干栏式建筑之乡”。大力发展文化产业，加快建设川洞田园农耕文化产业园、严家祠堂·中国家训文化产业园、千户土家、唐崖土司文化研究院等一批标志性文化工程，不断提升文化软实力。完善公共文化服务体系，开展文化惠民，丰富群众性文体活动，支持创作文艺精品。

（四）改善人民生活，建设民生小康

坚决打赢脱贫攻坚战。以“五基一动力”为工作重点，花足绣花功夫，落实“六个精准”，推进“五个一批”。紧盯“2019年户销号、村出列、乡脱贫、县摘帽”和“全州争先进、全省进A类、全国出经验”两大目标，着力找差距、补短板、强弱项、创亮点，全面完成脱贫攻坚目标任务。

推进教育振兴计划。扎实推进教育“六年振兴计划”，加快教育城建设，大力改善城乡办学条件，推动城乡教育一体化发展。全力抓好各阶段学生教育工作，做到学前教育求规范、义务教育求均衡、高中教育创品牌、职业教育创特色。加强师德师风建设，让优者从教、教者从优，营造尊师重教浓厚氛围。

实施健康咸丰战略。深化医药卫生体制改革，扎实推进医联体建设。以公共卫生、疾病防控、医疗服务为重点，加强基层医疗卫生服务体系和全科医生队伍建设。传承和发展中医药事业，加快建设全国中医药健康旅游示范基地。深入开展爱国卫生运动和全民健身活动，倡导健康文明生活方式。实施食品安全战略，确保舌尖上的安全。落实计生政策，促进人口科学发展。支持社会办医，推进医养结合，发展健康产业。

健全社会保障体系。全面实施全民参保计划，统筹推进城乡低保、医疗救助、福利慈善、保障性住房、特殊困难群体保障、农村留守儿童和妇女、老年人关爱等工作，让人民生活更有保

障、更有尊严。着力提高就业水平，深入推进“大众创业、万众创新”，大力开展职业技能培训，为中职、高校毕业生等青年群体和农民工群体提供全方位公共就业服务，积极构建和谐劳动关系，努力实现更高质量和更充分就业。

（五）加强生态文明建设，建设绿色小康

大力发展绿色经济。树牢和践行“绿水青山就是金山银山”的理念，大力发展生态文化旅游业、绿色农业、绿色工业，加快产业转型升级、提质增效，促进绿色发展、循环发展、低碳发展、可持续发展，加快打造更高质量、更有效率、更具活力的绿色经济体。

创建国家生态文明示范县。严格落实国家生态文明示范县创建规划，实行生态文明创建“一把手”工程，把创建工作贯穿于全县经济发展、城乡建设、民生改善各领域，高效推进生态文明示范县创建。

加强生态环境治理。抓好山水气土和城乡环境综合治理，推动水源地保护、农业面源污染治理、自然区保护，加快建成乡镇污水处理厂和垃圾处理场。严格执行环境保护法规，强化执法监督，引导市场主体担当社会责任，树立绿色生产观。推进生态环境修复工程，整治关闭小煤窑、小矿山、小采石场、小沙场、小养殖场、小作坊，全面修复生态。

加强生态文明制度建设。深化生态文明体制改革，加快构建系统完备、科学规范、运行高效的生态文明制度体系。严格落实自然资源资产离任审计、生态环境损害责任追究制。建立完善生态文明建设目标考核体系、考核办法、奖惩机制，健全财税、金融等政策，激励、引导各类主体积极投身生态文明建设。

四、保障措施

（一）全面加强党的建设。以党的建设统领经济社会发展全局，落实新时代党的建设总要求，坚持和完善党的领导，把党建设得更加坚强有力，确保党始终成为建设全面小康事业的坚强领导核心。

（二）组建专班，加强领导。组建县全面建成小康社会推进工作领导小组，下设工作专班，负责全面小康推进工作的综合协调、联络指导、考核监测、奖评督查等工作。全县各级各部门要成立相应机构，制定工作方案，形成县、乡、村联动的推进机制和工作格局。

（三）营造氛围，坚定信心。充分利用电视、网络、广播等媒体，加大宣传力度，凝聚力量，坚定“2020年实现全面建成小康”必胜信心，形成推进全面建成小康社会良好氛围。

（四）强化考核，奖惩兑现。根据各指标年度考核的目标值，由县全面建成小康社会推进工作领导小组办公室负责对责任单位进行考核，凡同一事项，不重复考核。将年度考核结果与干部选拔任用、单位年终绩效考核结合起来，对工作突出的单位给予通报，对未完成目标任务的实行责任追究。

大事记

1月

5日 《湖北日报》刊发题为《咸丰发现大型溶洞 洞内景观巧夺天工美不胜收》的消息，报道咸丰县坪坝营镇锣鼓坪村在全面普查辖区内自然景观的过程中，发现2处溶洞群落——桃子湾溶洞、槽洞坡溶洞，洞内景观浑然天成，钟乳石千姿百态，极具旅游开发价值。

6日 咸丰县首笔城乡居民基本医保费用在县妇幼保健院成功结算，标志着全县城乡居民医保信息系统正式上线运行，实现了城乡居民基本医疗保险制度一体化。

15日 咸丰县成功入选“2017年全国民族团结进步创建示范区（单位）”名单。

18日 全州2018年1月重点项目集中开工，咸丰县设分会场同步举行集中开工仪式。县委书记郑东来出席开工仪式并宣布开工，县委副书记、县长杨皓介绍项目有关情况，县领导欧阳开平、邹玉萍、李好文参加开工仪式。全县1月开工的重点项目共22个，总投资15.2亿元，本次集中开工项目包括咸丰大道集中安置区、县城4个出入口改造工程、东升未来城市市政道路建设工程、咸丰县珍稀花卉苗木及油茶种苗繁育示范基地建设、油茶产业示范基地建设、坪坝营镇藤茶油茶产业、活龙坪乡茶林堡美丽乡村建设等项目。

30日 咸丰县被中华诗词学会表彰为“中华诗教先进单位”。

2月

6日 咸丰县高乐山镇人民政府被国家禁毒委员会命名为“全国社区戒毒社区康复工作示范点”。

7日 咸丰县安排部署2018年农业农村、乡村振兴及脱贫攻坚工作，宣布《咸丰县2018年脱贫攻坚“十条作战令”》。县委书记郑东来强调，要把产业振兴作为核心，大力发展“三茶一药一猪”（白茶、油茶、藤茶，中药材，恩施黑猪）主导产业；把推进城镇化、村庄革命作为引擎，统筹城乡融合发展；把治理创新作为根本保障，持续推广“一统三治六联”基层社会治理模式；把改革鼎新作为动力，着力推动农村产权制度改革，激活农村生产要素；把文化的复兴作为支撑，加快复兴“中国干栏式建筑之乡”；把建强基层组织作为保障，选优配强村支“两委”，吹响乡村振兴“集结号”。

8日 咸丰县部署推进城镇建设暨复兴“中国干栏式建筑之乡”工作。县委书记郑东来指出，各级各部门要高度统一思想，准确把握城镇建设的新要求，强化咸丰新城的核心地位，凝聚复兴“中国干栏式建筑之乡”的共识，坚持把“以人民为中心”作为城建工作的出发点和落脚点，加快推进全域生态城镇体系建设。

10日 中共咸丰县委、咸丰县人民政府主办的“文明力量·情系乡梓”咸丰县“最美系列”表彰暨2018春节联欢晚会在咸丰县一中运动场举办。

27日 2018年“春风行动”暨余杭区·咸丰县东西部扶贫劳务协作专场招聘会在县皇城广场举行，此次招聘有417家企业进场招聘，其中杭州企业81家、县内企业152家、州内企业24家、鄂州企业160家，共提供就业岗位2万余个。

3月

13日 咸丰县高乐山镇、坪坝营镇被省环保委员会命名为“省级生态乡镇”，黄金洞乡白果树村、丁寨乡土地坪村、忠堡镇黄木坨村等14个村被省环保委员会命名为“省级生态村”。

15日 省卫计委命名咸丰县为第二批“湖北省卫生应急综合示范县”。

20日 咸丰县野叶茶叶专业合作社、湖北水寨茶叶有限公司、硒源山茶叶（湖北）有限公司3家茶叶加工企业入选“中国国际茶产业杭州指数”基础数据采集点。

23日 《国家中医药健康旅游示范基地创建单位名单》发布，县中医医院被确定为全国第一批国家中医药健康旅游示范基地创建单位。

28日 县茶叶协会和家家健茶叶有限公司在清坪镇泗坝茶叶基地联合举办“恩施硒茶咸丰县唐崖茶第五届开园节”，先后开展新茶采摘、文艺表演、客商现场签约等活动。家家健茶业、奇泉茶业、硒源山茶业等企业与省内外客商现场签约8000余万元。

4月

10日 咸丰籍骑师覃勇在澳大利亚新南威尔士州的威林顿赛马场举办的第四场比赛中策骑马匹 Azzie's Ready 夺得冠军。这是有史以来中国骑师首次在澳大利亚的赛场上夺得冠军，覃勇亦成为首个在澳大利亚赛马场夺冠的中国骑师。

16—17日 中南民族大学党委书记边境率相关学院负责人及专家教授到咸丰县，深化咸丰县与中南民族大学的交流合作，扎实推进战略合作协议落地落实，并出席武陵山片区联络员项目咸丰县现场推进会。在推进会上，中南民族大学与咸丰县主要负责人为校地合作共建的“唐崖研究院”授牌。中南民族大学与咸丰县相关部门和乡镇签署《中南民族大学实习实践基地协议》《中南民族大学优质生源基地建设合作协议》《忠堡镇乡村规划合作协议》，并授予遗址管理处“唐崖研究院”“中南民族大学实习实践基地”匾牌、咸丰一中“中南民族大学优质生源基地”匾牌。

20日 县人民法院审结一起食品药品行政处罚行政非诉执行案件，裁定准予执行咸丰县食品药品监督管理局作出的《行政处罚决定书》，并责令被执行人咸丰县某保健服务中心在裁定书送达之日起十日内向咸丰县食品药品监督管理局缴纳违法所得900元、罚款336412元及加处罚款336412元，共计673724元。据悉，这是咸丰县首起保健食品营销欺诈案。

25日 农业农村部党组书记、部长韩长赋到咸丰县调研白茶苗圃基地及茶产业扶贫情况，并在咸丰召开农业农村部定点扶贫工作座谈会。韩长赋强调，要深入学习习近平总书记脱贫攻坚思想，进一步增强做好定点扶贫工作的责任感和使命感；要坚持不懈地推进产业扶贫，注意解决好产业发展中的关键性问题；要齐心协力把产业扶贫、精准脱贫各项工作落细落实；要抓好作风建设，查找不足、压实责任，用作风建设成果促进各项帮扶举措落实。

26日 湖北立诚社会工作服务中心在高乐山

镇城北社区开展“爱满荆楚”社会工作服务示范项目试点。

27日 国家禁毒办副主任、中国禁毒基金会秘书长李宪辉到咸丰县督导调研禁毒工作。李宪辉指出，禁毒工作打击是手段，宣传预防是关键。要扩大社会宣传面，运用科技手段做到禁毒宣传提档升级。据悉，国家禁毒办、禁毒基金会将通过提供专业设备、资金援助的方式，帮助咸丰县援建兼具科学性、知识性、趣味性、互动性的社区戒毒科普教育馆，打造社区戒毒、社区康复人员乡镇管理网络终端。

是日 咸丰县黄金洞乡大沙坝村、大路坝区谭家坪村、唐崖镇唐崖司村、清坪镇泗大坝村、小村乡羊蹄村、高乐山镇老寨村6个村，被省发改委确定为“全省农村产业融合发展试点示范村”。

5月

3日 全县召开征地拆迁“百日攻坚”专项行动推进会，打响“四大战区”征地拆迁“百日攻坚”战，围绕“四大引擎”各重点项目建设目标，组建高乐山、丁寨、唐崖、忠堡“四大战区”，用精准扶贫的思路，全民动员，全员上阵，全面攻坚，推动征地拆迁工作，确保项目建设高效推进。

8日 全省产业扶贫现场会在咸丰县召开。省委副书记马国强出席会议并讲话。马国强强调，要深入学习贯彻习近平总书记视察湖北重要讲话精神，以更加精准有效的举措，推动产业扶贫提档升级，为打好精准脱贫攻坚战、谱写新时代湖北发展新篇章做出更大贡献。副省长周先旺主持会议。

10日 由国家体育总局社会体育指导中心主办，湖北省社会体育管理中心、咸丰县文体新广局承办的“2018年全国柔力球大篷车公益惠民推广万里行”活动走进咸丰县，活动通过柔力球展示、交流和培训等形式，进一步加大柔力球运动推广力度，提升全县柔力球运动员技术水平，确保咸丰县柔力球优势项目在全省的领先地位，创建“全国柔力球之乡”。

13日 新西兰怀马卡里里地区政府市长大卫·林赛·艾尔斯（David Linsay Ayers）率团到咸丰县，参观考察唐崖土司城遗址和黄金洞乡麻柳溪羌族风情寨。

22日 咸丰县本土廉政新片《仰文化以立足守规矩以传家》（严家祠堂专题片）正式上线。该片充分挖掘本地特色廉政文化，教育引领广大党员干部弘扬中华民族传统美德：讲道德、守规矩、重家风。同月，严家祠堂挂牌成立“咸丰县家风家训教育基地”。

23日 在浙江杭州召开的“第二届中国国际茶叶博览会”上，咸丰县茶叶企业“恩施馨源生态茶业有限公司”送展的“恩施硒茶馨源牌唐崖红”荣获金奖。

28日 咸丰县土家族吊脚楼营造技艺入选第一批国家传统工艺振兴目录，恩施州唯一。

31日 国务院教育督导委员会印发通报，咸丰县为“2017年全国义务教育发展基本均衡县”。

是月 咸丰县国家级“非遗”代表性项目土家族吊脚楼营造技艺入选第一批国家传统工艺振兴目录。

6月

3日 咸丰县国投公司依法按程序以36000万元的交易价格收购武汉三特索道集团股份有限公司所持咸丰三特旅游开发有限公司100%股权。收购完成后，县国投公司将携手恩施旅游集团有限公司按国家AAAAA级旅游景区标准投资10亿元以上建设坪坝营生态文化旅游景区。

5日 咸丰县精神文明创建工作获得省委、

省政府高度肯定。咸丰县被命名为“2014—2016年度省级文明城市”，小村乡、坪坝营镇被命名为“2014—2016年度省级文明乡镇”，忠堡镇板桥村等5个村被命名为“2014—2016年度省级文明村”，高乐山镇城中社区被命名为“2014—2016年度省级文明社区”，县委办公室、县供电公司等18个单位被命名为“2015—2016年度省级文明单位”，县一中、县职校被命名为“2015—2016年度省级文明校园”。

7日 忠堡镇板桥村被评为全国“扫黄打非”进基层示范点。

12日 国家文物局党组成员、副局长刘曙光到咸丰县调研唐崖土司城址。

19日 新华社刊发图片新闻《湖北咸丰县：藤茶富茶农》，报道咸丰县坪坝营镇的万亩藤茶陆续开采，当地农民抢采藤茶，企业忙着加工上市事迹。

26日 县委书记郑东来到北京参加由农业农村部举办的全国首届贫困地区农产品产销对接活动，接受农民日报社关于农产品产销对接有关问题的专访，现场推介咸丰农产品。其间，参加由州委副书记、州长刘芳震主持的恩施硒土豆专场推介会。

27日 2018全国贫困地区农产品产销对接行动启动仪式暨首场产销对接活动在全国农业展览馆举行。在启动仪式上，县委书记郑东来代表全国贫困县发言。郑东来向来宾介绍了咸丰的五张名片：中国唯一与皇帝年号同名的县，世界文化遗产县，“世界硒都·中国硒谷”，全国生态文明先进县，中国首个有机农业示范县；为咸丰的优质农产品唐崖硒茶、唐崖硒米、唐崖硒果等代言；并代表全国400多个贫困县向3000多家采购商和各大媒体发出邀请，希望他们到贫困地区观光旅游、新闻采风、采购产品、投资兴业。

是日 “森林咸丰避暑·天然氧吧洗肺”2018年度咸丰夏季旅游产品（重庆）推介会在重庆世纪金源大饭店举办，县旅游局、掠燕文化体育有限公司及未来城市国际酒店重点宣传推介旅游景区、旅游线路、旅游项目、旅游户外拓展及具有地方特色的夏季旅游产品，并针对重庆游客推出一系列旅游优惠政策。县旅游局与重庆市自驾旅游协会，坪坝营、唐崖河等景区分别与相关旅行社、企业达成合作意向，签订战略合作协议。

29日 咸丰县高乐山镇禁毒科普教育馆举行启动仪式，来自中国禁毒基金会，无限极（中国）有限公司，内蒙古、广东、四川、云南、陕西、新疆、湖北等省（自治区）的各级领导和嘉宾参加启动仪式。

7月

1日 咸丰县召开纪念中国共产党成立97周年暨“七一”表彰大会，表彰在全县经济社会发展中涌现出的优秀共产党员、优秀党务工作者和先进基层党组织，动员广大党员干部为打赢脱贫攻坚战、全面建成小康社会贡献力量。

中共咸丰县委纪念中国共产党成立97周年暨“七一”表彰大会

4日 咸丰县制定出台《鼓励煤矿关闭企业转型发展扶持办法》。办法指出，对煤矿转型企业实行结对服务，由一名县级领导、一个工作专班联系服务一家煤矿转型企业。县政府每季度专题研究一次，县化解办每月向县委、县政府上报一次工作情况。各包矿领导和包矿专班负责所包煤矿转型发展，实施“一企一策”帮扶机制，研究制定差异化的帮扶措施，确保煤矿关闭工作“平稳关、有项目、快起步”。

10日 中央民族歌舞团到咸丰县开展以“中华民族一家亲”为主题的《弦歌逐梦》西部丝路之旅音乐会慰问演出活动。咸丰县精选《土家连响》《七不隆咚扯》等本地优秀民族民间文艺作品与中央民族歌舞团同台演出。此次演出是省民宗委与中央民族歌舞团签订的“送戏下乡”文化惠民战略协议的组成部分。

12日 中国扶贫网、《湖北日报》、荆楚扶贫网等多家媒体，报道咸丰县将主导产业结构调整为“烟茶果药猪”和“全域旅游”，制定“长抓旅中抓茶，当年增收抓猪娃”和“低山烟茶中山果，高山地区抓林药”的长短结合、立体产业发展模式。

是日 咸丰县积极组织开展创建省级园林县城工作。

13日 咸丰县湖北仁和康源农业有限公司的藤茶被商务部确定为“电商扶贫重点扶持农特产品”。

16日 首届农商旅融合发展暨“唐崖·好响李”开园节在大路坝区谭家坪村盛大开幕，现场推介谭家坪村“唐崖·好响李”品牌，通过电商平台，当日线上销售李子3万余单，线下销售李子10余万千克。

17日 咸丰县被农业农村部确定为2018年度全国农村集体产权制度改革试点单位。

19日 《湖北日报》刊文《恩施一原始次生林中发现神秘仙境　人称“湖北小庐山”》，报道咸丰县坪坝营镇荆竹泉村天牧山发现一天池瀑布景观。天牧山海拔最高处近2千米，相传为天宫牧马的宝地，故得名天牧山。该地人迹罕至，原生态的次生林两万余亩，有泉眼千口，珍稀濒危野生动植物仙女花（扇脉杓兰）、白玉蜈蚣、乌龟芪、七叶一枝花、红腹锦鸡等随处可见。当地积极保护珍稀生态旅游资源，修天梯、开天路、架天桥，迎接闻讯前往的专家考察。

20日 咸丰县发现国家二级保护濒危野生植物扇脉杓兰，经黄冈师范学院生命科学学院植物学教授最终鉴定，情况属实。

27日 由杭州市春风行动办公室、恩施土家族苗族自治州总工会及县总工会共同实施的杭州市对口帮扶恩施“春风助学”行动正式启动，将从2018年起，在国家定向帮扶期间，每年资助1000名贫困家庭大学新生，每人给予一次性助学金3000元。

8月

6日 停播13年的咸丰人民广播电台重新开播。

7日 省人民政府发布湖北省生态保护红线，咸丰县全境被划入鄂西南武陵山区生物多样性维护、水土保持生态保护红线。主要包含忠建河大鲵国家级自然保护区等保护地及生态功能极重要区与生态环境极敏感区。

8日 咸丰县召开深化机构改革工作座谈会，贯彻落实党中央、省委、州委关于深化党政机构改革的重大决策部署，安排部署咸丰县深化机构改革工作。县委书记郑东来指出，深化党和国家机构改革是推进国家治理体系和治理能力现代化的一场深刻变革，是一项政治性、政策性、纪律性很强的工作。全县各级各部门要切实提高政治站位，深刻认识深化党政机构改革的重要性紧迫性，把责任扛牢抓实，切实增强坚决抓落实的政治自觉，切实树立上下一盘棋的思想，努力锻造抓改革促发展的实干作风，扎实推动全县机构改革落实落地。

是日 省人民政府批准咸丰县撤销丁寨乡，设立曲江镇，以原丁寨乡的行政区域为曲江镇的行政区域，镇人民政府驻曲江。同年11月7日，举行曲江镇成立仪式。

9日　咸丰县小村乡纳入农业农村部、财政部确定的“2018年农业产业强镇示范建设”名单。

14日　咸丰县与浙江聚邦科技有限公司签订咸丰总部经济基地及杭州产业园项目招商运营服务协议。该项目总建筑面积约23000平方米，其中咸丰总部经济基地5000平方米，咸丰生产基地标准厂房1万平方米，咸丰杭州产业园8000平方米。聚邦科技有限公司主要负责咸丰总部经济基地、咸丰杭州产业园及咸丰生产基地的运营维护、项目招商、产业培育、科技金融服务和日常管理等工作。

是日　咸丰县发现迄今为止全州规模最大的寨堡遗址。该遗址位于清坪镇马家坪村大寨坪，遗址全貌呈船形，东北面略高于西南面，中部稍低。有大寨门、小寨门、庙宇基址、墓葬、寨墙等历史遗迹及防御战壕，域内有操场、官银口、天灯堡、长街及静乐寺遗存。整个寨墙长约5.5千米，寨内田园阡陌，寨外地势险要，有“一夫当关、万夫莫开”之势。

15日　光彩事业恩施行暨全省“千企帮千村”精准扶贫行动现场推进会在恩施举行，县人民政府与卓尔文旅集团签订卓尔国际康养度假小镇项目投资意向协议；与安徽省西商集团投资有限公司签订西商·咸丰农产品冷链物流园建设项目投资协议，项目由农贸市场交易区、配套商业服务区、第三方物流区、新型产业区、管理服务区五大部分组成，总建筑面积预计为10万平方米。

24日　武汉市咸丰商会启动“走出大山”产业帮扶活动，促进咸丰优质原生态农产品进入武汉市场，咸丰县地理标志产品“恩施黑猪”“小村红米花生”入选。

27日　高乐山镇禁毒科普教育馆建成并投入使用，该馆以“数字化＋自助化”的交互方式体现，通过实物陈列、影视播映、图片展示、动漫表现等方法，辅以声、光、电等高科技手段，寓严肃的禁毒主题于生动的展览之中，让参观者特别是青少年充分认识毒品对个人、家庭、社会乃至民族、国家的危害，了解毒品使人成瘾的原理，提示每一位公民：珍爱生命，拒绝毒品。

是日　咸丰县钟塘村白叶茶基地入选2018年“全国巾帼脱贫示范基地”。

28日　咸丰县司法局入选省民宗委公布的2018年“民族团结进步创建活动示范单位”名单。

28—29日　省委书记蒋超良到咸丰县调研扶贫工作，并在恩施组织召开恩施土家族苗族自治州调研精准脱贫座谈会。蒋超良一行先后到忠堡镇马倌屯村，高乐山镇松树园村、白岩村等村组调查走访，询问贫困户致贫原因，察看饮食起居等生活细节，检查各项惠民政策、帮扶措施是否落实到位。省直有关部门负责人参加调研活动。

9月

1日　人民日报社联合中国扶贫基金会于4月底发起“大国攻坚　决胜2020——2018精准扶贫案例征集”活动，咸丰县《唐崖镇“两茶产业”助力脱贫》案例入选，全省唯一。

3日　咸丰县定点医疗机构第一张“四位一体”城乡居民结算单打印出炉，标志着咸丰县基本医保、大病保险、医疗救助、补充医疗保险“四位一体”结算工作正式启动。

12日　咸丰县土家族吊脚楼营造技艺登上中央电视台纪录频道（CCTV-9）纪录片《中国手作》第一季《木作》。《木作》共5集，选取10种最具代表性的木作技艺，拍摄10位最具代表性的木作手艺人。第三集《构木为巢》，以国家级“非遗”项目吊脚楼营造技艺及其代表性传承人万桃元为主角，通过拍摄土家人在吊脚楼里的生活状态及吊脚楼的修缮过程，展现吊脚楼的独特之处，反映当地手工匠人的精湛技艺及土家族人民的智慧。

15—16日 中国藤茶——“唐崖·滋恬”高峰论坛暨农商旅融合发展“唐崖·滋恬”藤茶出山活动在坪坝营镇举行。

17日 咸丰县2018届“思源佑华教育移民班”开班仪式在高乐山镇民族中学举行。

18日 中国残疾人联合会第七次全国代表大会在北京召开，有“无臂硬汉”之称的咸丰残疾人创业典范吴辉作为湖北省残疾人代表进京建言献策。

19日 2017年度全国县级广播电视及播音作品评选结果揭晓，县广播电视台选送的录音报道《咸丰邀联溪：旧时熊出没 如今羊满山》，荣获广播播音三等奖。据悉，这是中国广播电影电视社会组织联合会组织的全国性专业评选活动，该作品是恩施州播音类唯一获奖的作品。

是日 在湖北省第九届少数民族传统体育运动会陀螺项目赛中，咸丰县张用、王超两位运动员为咸丰代表团斩获首金。

21日 湖北省少数民族传统体育运动会暨利川市第二届龙船调文化艺术节落幕，咸丰县代表团荣获4枚金牌、12枚银牌、17枚铜牌。

是日 全县棚户区改造、房地产开发、新城重点项目建设推进会议召开。县委书记郑东来强调，城市建设是咸丰县经济社会发展的第一火车头，棚户区改造、房地产开发、新城重点项目建设是城市建设的3台发动机。要破解经营城市、征地拆迁、政策杂乱、要素瓶颈、投融资、棚户区改造发展中的六大死结，坚定不移推进城市建设；要快速出台关于在咸丰推进星级酒店建设和相关古镇建设的文件，加快决策和推进速度；要统筹安排各项工作，把城市建设作为重中之重，对所有项目锁定目标，年内必须开工。

25日 咸丰县“云税贷”业务正式上线。“云税贷”是建设银行与国家税务部门合作，专门为小微企业、个体工商户提供的“因税获贷”纯信用贷款，满足纳税信用等级A级、B级等条件的小微企业和个体工商户可通过建行网银、手机银行申请，最快只需3分钟，资金即可到账，无须任何抵、质押。

29日 在第五届世界硒都（恩施）硒产品博览交易会上，咸丰县共19家企业参展，展品种类102种，6家企业参加名优产品评选。其中咸丰县堰塘食品有限责任公司选送的“堰塘香米”、咸丰县长青茶叶有限公司选送的“长青绿茶”获评名优硒产品，咸丰县堰塘食品有限责任公司选送的“硒都富硒红米”、湖北圣浩现代农业科技发展有限公司选送的“唐崖红米”等53个产品获评特色硒产品。

是日 湖北省科技厅公布2018年省级星创天地名单，咸丰县“唐崖好响李”农业电商星创天地在列。星创天地以农业高新技术产业示范区、农业科技园区、高等学校新农村发展研究院、农业科技型企业等为载体，整合科技、人才、信息、金融等资源，成为发展现代农业的众创空间、推动农业农村创新创业的主阵地。

30日 省环境保护委员会发布通报，授予咸丰县“湖北省生态文明建设示范县”称号。

是日 在第五届硒博会投资推介暨签约颁奖仪式上，咸丰县6家农产品企业与7家经销商达成采购协议，合同金额共计4108万元。此次签订的7个采购合同都与硒产品的推广销售紧密相关，涵盖唐崖硒茶、富硒大米、红衣米花生等优质特色农产品，唐崖品牌系列产品备受追捧和青睐。

是日 咸丰县农村土地确权工作通过州检查组代表省检查验收。全县农村土地确权完成一轮公示263个村、二轮公示257个村，完善承包合同257个村2237个小组，签订承包合同90143户、地块766492块、面积838970.1亩，建立登记簿83个村、663个小组、31503户，颁发经营权证83个村31503户。

10月

9日 咸丰县城乡居民养老金待遇在中国农业银行成功实现“社银联网”报盘发放。通过“社银联网”发放方式，实现咸丰县城乡居民养老金待遇发放数据在社保经办系统与银行经办系统的线上对接，杜绝离库操作，确保信息数据传输安全和养老保险基金安全。

10日 县社保局正式启动机关事业单位基本养老保险关系制度内省内转移接续工作。

是日 咸丰县举行春晖学校建设项目开工仪式，县委副书记、县长杨皓出席并宣布开工。春晖学校规划办学规模5700人，新建校舍17.7万平方米、运动场2.2万平方米，概算总投资2.7亿元。

是日 省文化厅确定17台剧目和两出小戏为第三届湖北艺术节暨庆祝改革开放40周年优秀作品展演武汉集中展演剧节目，咸丰县南剧艺术传承保护中心编排节目——南剧小戏《金竹背篓情悠悠》为全州唯一入选作品。

12日 全省民族团结进步创建工作座谈会暨湖北武陵山民族团结进步创建活动经验交流现场推进会在宣恩县召开。会上宣读《国家民委关于命名第五批全国民族团结进步创建示范区（单位）的决定》，咸丰县被国家民委命名为“全国民族团结进步创建示范县”。

是日 在省体育局与黄石市委、市政府联合举办的2018年湖北“体育+”招商投资洽谈会上，咸丰县坪坝营掠燕体育示范基地项目现场签约，项目总投资额40988.65万元。

22日 由省人才服务局、省人力资源服务行业协会主办的湖北省第32期人才服务业发展沙龙在咸丰县举办。

是日 咸丰县国有林场改革工作通过省级验收。国有林场改革于2017年启动，按照“林场性质明确到位、事业编制落实到位、财政预算保障到位、基础设施资金安排到位”总要求，全县相继实有（国有）坪坝营林场、铜厂林场改革任务，达到省级验收标准。

23日 第五届中国（杭州）国际电子商务博览会、恩施土家族苗族自治州硒品入杭暨工业招商推介活动在杭州市国际博览中心举行，县人民政府与北京卢深视科技有限公司就在咸丰县投资新建“智慧城市建设（智能电气设备生产线）”项目成功签约，签约资金为1.2亿元；奇泉茶业（咸丰）有限责任公司与南京珩湾健康科技有限公司签订采购协议，该公司采购“奇泉·老鹰红”“奇泉·毛尖”等茶品，120万元金额并进驻西湖卖场。

26日 2018年全国对口支援三峡库区绿色发展工作座谈会暨合作项目签约活动在宜昌市举行，县人民政府与金熙食品（浙江）有限公司签订《咸丰县白叶茶全产业链及供应链体系项目投资协议》，项目概算总投资5000万元。

27日 中央政治局原委员、国务院原副总理刘延东到咸丰考察唐崖土司城遗址。

30—31日 咸丰县第十次妇女代表大会召开，会议听取和审议了县妇女联合会第九届执行委员会所作的工作报告，选举产生县妇女联合会第十届执行委员会委员和咸丰县出席州第七次妇女代表大会代表。县妇女联合会第十届执行委员会第一次会议选举产生常委、副主席、主席。

31日 全国人大常委会委员、农业与农村委员会副主任委员杜德印到咸丰县高乐山镇白岩村、黄金洞乡大沙坝村、唐崖土司城遗址，实地视察调研精准扶贫、基层社会治理、产业扶贫及世界文化遗产开发保护与农旅融合扶贫等工作。

11月

1日 咸丰县建立“互联网+精准扶贫”监督平台，依托“云计算”和“大数据”技术，全面汇聚整合现有涉农数据资源及涉农资金、项目有关的户籍、车辆、工商、住房等信息资源，根据基层群众、职能部门、纪检监察机关等不同需求，设置了扶贫、政策、医疗、保障、助残、就业、教育、民生、投诉、查询十大功能模块，并通过县内门户网站、微信公众号等服务渠道，为群众提供便捷的查询功能及精准监督功能。咸丰县44861户建档立卡贫困户信息全部录入数据库，数据信息达到100万条。

6日 咸丰县在全州率先建成平安文物智慧管理平台并顺利通过验收。咸丰县州级以上木质结构文物建筑全部实现24小时适时监控，全县范围内木质结构文物建筑的144个点全部实现统一监控管理和资源共享。

9日 咸丰县黄金洞乡麻柳溪村、唐崖镇唐崖司村被省文化厅授予湖北省“特色文化村”称号。

是日 大路坝区蛇盘溪村被省文化厅列入第二批湖北省“特色文化村”创建名单。

22日 咸丰县获“湖北省森林城市”称号。

23日 咸丰县高乐山镇白岩村、黄金洞乡巴西坝村、忠堡镇石门坎村等16个村被湖北省绿化委员会、湖北省林业厅入命名为“湖北省绿色乡村”。

12月

6日 全国最大老鹰红茶基地——咸丰县老鹰红茶特色产业科普示范基地，通过湖北省科协组织专家验收。

7日 科技部农村科技司公示第三批国家星创天地备案名单，咸丰县唐崖好响李农业电商星创天地入选。

11日 咸丰县高乐山镇官坝村、龙家界村、牛栏界村被住建部列入第五批中国传统村落名录。

12日 在第十九届中国绿色食品博览会暨第十二届中国国际有机食品博览会上，咸丰县恩施馨源生态茶业有限公司、奇泉茶叶有限公司携“唐崖红”“唐崖老鹰红”“唐崖绿”等富硒茶参展，其中奇泉茶业的“唐崖老鹰红”签约订单700万元。

是日 在2018年第六届湖北省残疾人职业技能大赛中，咸丰县残疾人代表田李咸荣获装饰雕塑类奖项——拼搏奖。

13日 咸丰余杭电商产业园正式开园。该产业园占地20亩，将通过整合供应链体系、服务全县千余家合作社、培育建档立卡贫困户大学生电商创业等方式，每年带动2万余贫困户销售农产品增收脱贫。

16日 中国共产党咸丰县第十四届代表大会第三次会议在县会展中心开幕。县委书记郑东来代表中共咸丰县委向大会作《打赢脱贫攻坚大决战 打造开放咸丰升级版 奋力谱写高质量发展新篇章》的工作报告。报告指出，2019年，咸丰将始终坚持以习近平新时代中国特色社会主义思想为指导，深入学习贯彻中共十九大和习近平总书记视察湖北重要讲话精神，落实省委、州委决策部署，以党的建设统领经济社会发展全局，以经济建设为中心，推进精准脱贫决胜年、开放咸丰深化年建设，打好“三大攻坚战”，加快“四大产业集群”建设，实现整县脱贫、工业经济、城市建设、招商引资、项目建设“五个突破”，主要经济指标增速高于全州平均水平，县域经济高质量发展走在前列。

17日 咸丰县基层社会治理创新案例“一统三治六联”入选由法制日报社指导、法治周末报社主办的2018年全国社会治理创新典范案例推选活动，咸丰县成功入围2018年全国社会治理创新示范县（区），并在民主与法制网上公示。

18日 咸丰县委副书记邹炜、县委办公室工作人员李勇在前往咸丰县忠堡镇检查脱贫攻坚工作途中，因车祸殉职。

19日 受省委书记蒋超良，省委常委、组织部部长王瑞连委托，省委组织部副部长尉盛斌到殡仪馆参与吊唁邹炜、李勇活动，并代表省委向奋战在脱贫攻坚一线的广大干部群众表示深切的关怀和诚挚的问候。

21日 咸丰县最大的轿车停车场卢家沟城市主题公园生态停车场建成。该停车场为公益性停车场，共320个停车位，占地面积约8000平方米。

24日 咸丰县成功申报为“湖北省农业生产社会化服务试点县市”。

25日 咸丰县庆祝改革开放40周年图片展在县会展中心开展。

是日 国家信访局党组成员、副局长范小毛到咸丰县调研督查信访维稳工作，并召开座谈会，县委书记郑东来汇报咸丰县信访工作开展情况，范小毛充分肯定咸丰县信访工作的主要做法和成效。他强调，各级各部门要创新工作方式方法，确保信访过程公正公开，综合运用法律、政策等手段和教育、调解、疏导等办法，切实维护好人民群众的合法权益。

是日 咸丰县朝阳寺镇入选“湖北省2018年度省级生态乡镇”，黄金洞乡泗渡坝村、坪坝营镇梨树垭村、高乐山镇白岩村等10个村入选“湖北省2018年度省级生态村”。

27日 咸丰县在全州率先应用“居保通”系统开展城乡居民养老保险费征收和待遇领取资格自助认证。基本医疗保险覆盖35.9万人，全民医保基本实现。大病保险覆盖全部城乡居民参保人员，保障范围明显扩大。

27—29日 中国人民政治协商会议咸丰县第九届委员会第三次会议召开。县委书记郑东来在开幕式上讲话，县政协主席邹玉萍代表政协咸丰县第九届委员会常务委员会向大会作工作报告。会议圆满完成大会各项议程。

28日 咸丰县土家族吊脚楼营造技艺入选第一批湖北省传统工艺振兴目录。

是日 咸丰县病残吸毒人员收治收戒中心正式挂牌成立。该中心设立在县疾控中心大楼，占地面积60平方米，配备民警2名，专职医生、护士各1名。

28—30日 咸丰县第十八届人民代表大会第三次会议在县会展中心召开。县委书记郑东来主持开幕式，县长杨皓代表县政府向大会作《政府工作报告》，来自全县各行各业、各条战线的180名人大代表汇聚一堂，依法履职，共同谋划全县发展蓝图。

29日 县扶贫办通过县人保财险公司为全县45022户贫困户以每户50元的标准购买了治安家财险，共计投入225.11万元。截至2018年底，已为115户因灾造成损失的贫困户累计赔付157.6万元。

咸丰概览

地理环境

【地形地貌】 咸丰县位于湖北省恩施土家族苗族自治州西南部，云贵高原东延武陵山余脉与大巴山之间，北纬 29° 19′ 28″ —30° 2′ 54″，东经 108° 37′ 8″ —109° 20′ 8″。南北长 80.38 千米，东西宽 68.95 千米。东接宣恩，东南邻来凤，南与重庆酉阳接壤，西界重庆黔江，北连利川，东北接恩施市。辖区面积 2550 平方千米，分别占省、州的 1.3%、9.4%。县治高乐山镇至州府公路里程 93 千米，至省府 655 千米。

烟雨咸丰城　　（覃红艳　摄）

咸丰境内山峦起伏，沟壑纵横，溶洞众多。受地质构造影响，全县呈南部高、中部低，东北向西南倾斜。按山地形态分为高山、二高山、低山三大类。其中海拔 1200 米以上的高山面积 361.85 平方千米，占总面积的 14.19%；海拔 800—1200 米的二高山 1602.16 平方千米，占 62.83%；海拔 800 米以下的低山 585.99 平方千米，占 22.98%。海拔最高 1911.5 米，位于坪坝营石灰窑；最低 435 米，位于活龙坪乡与利川、黔江三县（区）交界处的渔泉口。县城海拔 720 米。

高山。属武陵山脉，大部分岩溶地貌发育，孤峰少见，峰丛很普遍。南部高山以坪坝营、天上坪、铜厂为主，构成东南部高山山地。坪坝营距县城 35 千米，是咸丰与黔江的一座界山，南北长约 12 千米，东西宽约 7 千米，总面积 63 平方千米，石灰岩地质，一般海拔 1700 余米，石灰窑主峰 1911.5 米。西部高山以二仙岩为主，位于县城西 62 千米处，南北走向，南北长约 7 千米，东西宽约 5 千米，面积约 36 平方千米，主峰海拔 1701 米，最低处海拔 1469 米，四面悬崖峭壁，山顶宽阔而平坦，有山泉数十处。北部高山以星斗山、人头山为主。星斗山位于利川、咸丰、恩施交界处，由西北向东南倾斜，主峰海拔 1751 米，面积 34 平方千米。中部高山有龙家盖、凤凰顶、后山等，三山均在县城周围。龙家盖海拔 1300 米，面积 3 平方千米。凤凰顶海拔 1228 米，面积 1 平方千米。后山海拔 1331 米，面积 1 平方千米。

二高山。分布在高山和低山之间，峰顶浑圆，山坡呈凸形坡，地面坡度 20° —30° 。分为南、北两大片：南部由忠建河、曲江两岸二高山组成，包括高乐山、丁寨、坪坝营等乡镇的一部分；北部二高山山地由黄金洞、清坪、唐崖部分组成，土壤面积 42824 公顷，占全县总面积的 16%。

低山。主要分布于唐崖河、忠建河、曲江、龙洞河、南河、青狮河、龙嘴河、蛇盘溪等中下游谷地。

溶洞。遍布全县，较大溶洞 574 个。较有名的有黄金洞，坪坝营镇四洞峡、大洞、杨洞，活龙坪乡金家洞、黑岩角、双鼻洞，小村乡大马洞、穿洞，唐崖镇谢家坝、简槽沟溶洞群，忠堡镇黄木坨溶洞群等。

【气候特征】 咸丰地处鄂西南，属于中亚热带季风型山地润湿性气候；咸丰四季分明，气候温和，雨量充沛，日照适宜，湿度大，雾日较多，无霜期长（低山）；咸丰山川秀美，沟壑纵横，山地小气候特征明显。咸丰气候多变，发生极端气象灾害事件的频率和强度在不断增加。

（一）2018 年气候概述

2018 年，咸丰县年平均气温偏高，呈现春夏偏高、秋冬偏低，明显热夏冷冬特征；降水总量、雨日正常略偏多；主汛期降水偏少，秋汛严重；日照时数较常年持平，但时间分布不均，春夏偏多，秋冬持续偏少，以 9 月、12 月偏少更明显。

主要灾害性天气为冬季阶段性低温雨雪，春夏季局地强对流，汛期强降水以及秋汛，秋冬连阴寡照。从对农业、水利、交通等各行业影响情况看，2018 年气象灾害相对 2017 年偏轻，相对常年仍然偏重，农业气候条件较差，对农业生产影响最大的是汛期局地洪涝和秋冬季长时间连阴寡照危害。

（二）气象要素评述

1. 气温

2018 年全县平均气温 14.5℃，比历年偏高 0.4℃。平均气温呈现春夏偏高、秋冬偏低的趋势，其中 7 月气温最高，1 月最低。冬季冷空气活动频繁且势力较强，1 月上旬、1 月下旬、12 月末出现阶段性强冷空气活动，高海拔地区低温雨雪冰冻明显。春季气温较历史同期偏高明显，但季内多起伏，无明显“倒春寒”天气。夏季气温偏高，平稳上升，早晚温差大，未出现 35℃以上高温。秋季冷空气活动频繁，且程度偏强，总体呈波动下降趋势，气温偏低。

最高气温为 34.4℃，出现在 8 月 13 日，未出现大范围长时间晴热伏旱天气。

最低气温为 –5.2℃，出现在 12 月 30 日，未突破历史极值。全年各时段最低气温均较常年偏高，但也是明显的冷冬年，阶段性冷空气活动和降温过程明显，其中 12 月末全县受雨雪冰冻天气影响，气温降至年最低值。

2. 降水量

2018 年总降水量为 1505 毫米，比历年平均值偏多 2%，总雨日为 194 天，比历年平均偏多 19 天；暴雨日数 4 天，与历年持平。从各季分布看，与常年同期比较，冬、春季偏多；夏季偏少，主汛期强降水少；秋季偏多，尤其 9 月偏多达 79%，出现明显秋汛。

从降水空间分布看，呈现南部多，西部、北部少的总趋势。大部年雨量在 1300—2000 毫米之间，南部坪坝营超过 2500 毫米，而西北部地区有的低于 1200 毫米。

强降水：2018 年区域大范围强降水次数相对于 2016 年、2017 年偏少，结合区域站资料，2018 年咸丰县共出现 12 次强降水过程，其中大范围强降水过程 10 次，区域性局地强降水 2 次，致灾性强降水共出现 7 次，即 4 月 20—22 日、5 月 5—6 日、5 月 19—22 日、7 月 3—9 日、7 月 12—16 日、8 月 7—8 日、9 月 25—26 日，其中最严重的是 7 月 3—9 日的过程，局地出现短时强降水、雷电等强对流天气，最大小时雨强出现在板桥，为 61.6 毫米 / 小时；过程累积量最大为 240 毫米，单站日最大雨量为 165.7 毫米，均出现在忠堡。

大河边站自 2018 年 1 月 1 日 8 时至 12 月 1

日8时，咸丰县累计平均降雨量1344.5毫米，与历史同期均值相比偏少8.54%。根据全县20个雨量监测站点遥测数据分析，单站累计最大降雨量1613.5毫米，发生在黄金洞站；单站累计最小降雨量1070.5毫米，发生在忠堡站；8月22日出现单站最大日降雨量99毫米，发生在铜厂坡站。大河边站共发生较大洪水3次，全年施测流量28份，其中5月6日出现年最高洪水位33.68米，相应流量866立方米/秒，历史排位较低。1月1日出现年最低水位27.25米，相应流量0.633立方米/秒。

3. 日照

年总日照时数为1059.1小时，比历年平均值偏多2.1小时，日照百分率为24%，日照充足，但分布不均。

从季节变化看，春、夏季偏多，以夏季偏多最明显，秋冬季持续偏少，以9月、12月偏少更明显。逐月来看，1—4月偏多，5月偏少，6—8月偏多，9—12月持续偏少，其中12月仅有两天日照，出现长时间连阴寡照天气。

（三）主要灾害气候事件

2018年灾害天气相对于2016年、2017年偏少，但灾情较常年仍然偏重，主要为：冬季阶段性低温雨雪冰冻明显、春夏季局地强对流频发、汛期强降水局地性突发性严重、秋冬连阴寡照。

来自民政部门的资料，2018年，全县受灾人口14.2万人，紧急转移安置人口363人，作物受灾面积6686公顷，绝收2021公顷，倒塌农房6户22间，直接经济损失9672.1万元。分灾种情况统计见表1，分过程统计见下述。

【环境状况】 城市环境质量控制范围为县城规划区，东至蚂蟥田，西至麻柳坝，南至土地关，北至太平沟，面积10平方千米。

城区空气质量：2018年1—12月，咸丰县城区PM_{10}平均浓度46微克/立方米，与上年相较下降14.8%，$PM_{2.5}$平均浓度27微克/立方米，与上年相较下降25%，臭氧（O_3-8h）平均浓度为112微克/立方米，与上年相较下降2.6%。空气质量优良天数达到354天，优良率为98.6%。空气质量综合指数排名位居全州第三位。

水环境质量：全县3个地表水考核断面〔1个跨省界断面、1个跨县（市）界断面、1个县域断面〕达标率100%，县级城区集中式饮用水水源地水质达标率100%。

土壤污染防治：积极配合上级部门推进农用地土壤和农产品样品的采集、流转、制备、检测等各环节工作，全面完成工作任务。

污染物总量减排：完成削减化学需氧量230.89吨、氨氮30吨、二氧化硫81.1吨、氮氧化物76.8吨。分别完成州定目标129%、100%、911%、1060%。

地表水环境：咸丰县2018年水环境监测结果。地表水环境质量标准执行GB3838-2002。咸丰县野猫河水质达标率为100%；地表水唐崖河周家坝断面、唐崖河大河边断面和忠建河龙坪断面水质达标率为100%，周家沟断面和龙坪断面能达到Ⅱ类水质，大河边断面能达到Ⅲ类水质。

2018年咸丰县水文局在忠建河、唐岩河2条河流设置4个水质监测断面进行水质监测，其中唐岩河3个、忠建河1个，并根据《地表水环境

2018年各类气象灾害致灾情况统计表

表1

项目 灾种	灾情次数（次）	受灾人口（人）	因灾死亡人口（人）	紧急转移安置人口（人）	受灾面积（公顷）	绝收面积（公顷）	农房倒塌户数（户）/间数（间）	农房严重损坏户数（户）/间数（间）	直接经济损失（万元）
低温冰冻	2	66490	0	0	2660	1047	0	0	1806
洪涝	7	75772	0	363	4026	974	6/22	183/300	7766.1
合计	9	142262	0	363	6686	2021	6/22	183/300	9572.1

质量标准》（GB3838-2002）和《地表水资源质量评价技术规程》（SL395-2007）进行评价。

（一）监测频次及监测项目

唐岩河、忠建河共设置4个水质监测断面每月监测一次，全年共监测12次。

所有断面监测项目包括水温、pH、溶解氧、高锰酸盐指数、五日生化需氧量、氨氮、总磷、铜、锌、氟化物、硒、砷、汞、镉、铬（六价）、铅、氰化物、挥发酚。石油类、阴离子表面活性剂、硫化物、粪大肠菌群、总氮、叶绿素、硫酸盐、氯化物、硝酸盐、铁、锰等。

（二）分析评价方法

依据《地表水环境质量标准》（GB3838-2002）进行评价，总氮、粪大肠菌群不参评。

（三）水质断面监测评价结果

忠建河、唐岩河两条河流，共4个监测断面，全年共监测评价12次，从监测断面结果来看：

忠建河全年水质评价为Ⅱ类的月有10次，占全年评价总数的83.4%；水质评价为Ⅲ类的月有1次，占全年评价总数的8.3%；水质评价为Ⅳ类的月有1次，占全年评价总数的8.3%。

唐岩河全年水质评价为Ⅰ类的月有1次，占全年评价总数的8.3%；水质评价为Ⅱ类的月有11次，占全年评价总数的91.7%。

监测结果见表2、表3。

建置区划

【历史沿革】 咸丰春秋为巴子国地，战国属楚巫郡地，秦属黔中郡，汉属武陵郡，三国、两晋、南朝、宋、齐、梁属建平郡，北周与今来凤合为乌飞县属资田郡，隋与今来凤合为开夷县属清化郡，唐属清化郡清江县，五代为羁縻感化州，宋为羁縻怀远州。元至元三十年（1293）后，土司分治，先后设散毛、金峒、龙潭、唐崖诸土司。明洪武二十三年（1390），割散毛司地之半（今龙潭河以南地）设大田军民千户守御所。所治大水田，今高乐山镇。龙潭河以北地区仍然由金峒、龙潭、唐崖三土司分治。清雍正十三年（1735）改土归流，并大田、金峒、龙潭、唐崖诸地设县，命名咸丰县，县治大田军民千户官署地。至宣统三年（1911）止，属施南府。民国元年（1912）废府存县，直属湖北省；民国4年（1915）属荆南道；民国14年（1925）属施鹤道；民国16年（1927）又直属湖北省；民国17年（1928）属鄂西行政区；民国21年（1932）属第十行政督察区；民国25年（1936）属第七行政督察区，至1949年11月11日咸丰县城解放。1949年11月20日咸丰县人民政府成立，隶属恩施专区。1970年改属恩施地区，1983年12月1日改为鄂西土家族苗族自治州。1993年4月4日，更

2018年忠建河水质断面监测成果一览表

表2

河流名称 \ 水质类别 \ 月份	1月	2月	3月	4月	5月	6月	7月	8月	9月	10月	11月	12月
忠建河	Ⅲ	Ⅱ	Ⅳ	Ⅱ	Ⅱ	Ⅱ	Ⅱ	Ⅱ	Ⅱ	Ⅱ	Ⅱ	Ⅱ

2018年唐崖河水质断面监测成果一览表

表3

河流名称 \ 水质类别 \ 月份	1月	2月	3月	4月	5月	6月	7月	8月	9月	10月	11月	12月
唐崖河	Ⅱ	Ⅱ	Ⅱ	Ⅱ	Ⅱ	Ⅱ	Ⅱ	Ⅱ	Ⅱ	Ⅱ	Ⅱ	Ⅰ

名为恩施土家族苗族自治州，咸丰县隶属湖北省恩施土家族苗族自治州。

【行政区划】 2018年底，咸丰县辖3乡7镇1个区工委（高乐山镇、忠堡镇、曲江镇、朝阳寺镇、坪坝营镇、清坪镇、唐崖司镇、黄金洞乡、小村乡、活龙坪乡、大路坝区工委），14个社区居委会、263个村民委员会，2420个村（居）民小组。

2018年咸丰县行政区划情况一览表

表4

乡镇名称	村（居）	村（居）委会名称
全县合计	10个乡镇、1个区工委；263个村委会，14个居委会	
高乐山镇	35个村、6个居委会	团结、前胜、大坝、白地坪、小模、核桃园、太平沟、映山、猫耳岭、白岩、杉树园、梅子坪、团坡、老里坝、头庄坝、白果坝、官坝、龙坪、牛栏界、泡桐坝、芭蕉溪、沙坝、官田坝、马河坝、老寨、麻谷溪、白水坝、青山坡、杨柳沟、新田沟、龙家界、晨光、东门沟、杨泗坝、大茅坡村；城东、城中、城南、城西、城北、白水坝工业园社区居委会
忠堡镇	12个村 1个居委会	明星、高笋塘、细皮沟、铜厂、马倌屯、石门坎、廖家堡、庙梁子、板桥、界坪、铁厂溪、黄木坨村；大捷社区居委会
坪坝营镇	41个村 2个居委会	甲马池、张家坪、梨树垭、筒车坝、墨池寺、方家坝、水车坪、旋坨、落耳岩、老岩孔、大溪、旋厂坝、燕子坝、锣鼓坪、坪坝营、白家河、荆竹泉、新场、大铧尖、走马岭、真假坑、三岔坝、荀家营、花台山、龙王庙、青岗坝、当门坝、中坝、马家沟、鹿子坨、青林湾、铧厂、板栗洼、土司坝、杨洞、石柱坝、官田堡、沙道湾、黄鳝坝、狮子岩、廖家田村；甲马池、杨洞社区居委会
朝阳寺镇（大路坝区）	14个村 2个居委会	水井槽、长岭、曾沟、鸡鸣坝、五龙坪、落马滩、凉桥、大路坝、谭家坪、茅坪、掌上界、蛇盘溪、汪大海、荆竹坪村；朝阳社区居委会、大路坝社区居委会
清坪镇	34个村	清水塘、排丰坝、高峰、艾蒿坪、柏杨坪、绵羊洞、比西坪、四大坝、灯笼寺、二台坪、溜沙坡、小河、堰塘坪、渔塘湾、大石坝、庄房坝、把界、申李坝、马家坪、兰家沟、桐木园、青岗岭、八斗萝、中寨坝、龙潭司、苏家坪、邱家沟、青岗坪、太坪坝、麻柳坝、团坝子、杨家庄、茅坝子、官昌坝村
曲江镇	21个村 1个居委会	黄泥塘、桐子园、万家坝、曲江、魏家堡、高坡、沙子坝、杨家寨、渔塘坪、渔泉口、湾田、岩口、天上坪、土地坪、十字路、马家楼、春沟、高山羊、唐家沟、土落坪、高滩村；曲江社区居委会
唐崖镇	37个村 1个居委会	唐崖司、桂花、南河、杨家营、三角庄、大石沟、谢家坝、彭家沟、双河口、大春树、邓家坪、横路、钟塘、荆竹界、沙包溪、卷洞门、袁家界、两河口、邀联溪、蛇湾溪、空山岭、龙潭坝、大水坪、邓家沟、乱石窑、何家沟、燕子嵌、升天界、官家堡、黄阳坪、铜厂坡、小水坪、苏麻溪、龙田湾、碓窝胎、破水坪、四方石村；唐崖社区居委会
活龙坪乡	37个村 1个居委会	活龙坪、茶林堡、花土、野茶上、东湘溪、柒树坪、楼子庄、冲天坪、凤凰、朝阳、水坝、汤岩嵌、瘾疱树、晓溪、观音塘、盘海田、喻家界、龙井、长岭、马鞍山、望相田、河坎、海龙坪、牡丹坪、八家台、板桥河、孙家沟、干桩坪、龙生塘、茅坝、大着落、蛮界、大坝、拱桥、二台坪、秧坪、二仙岩村；活龙坪社区居委会
黄金洞乡	20个村	黄金洞、向家寨、金洞寺、青岗元、石人坪、大沙坝、龙家院、尧坪、巴西坝、石家坝、冉家寨、风背岩、五谷坪、葫芦坝、泗渡坝、兴隆坳、麻柳溪、水杉坪、黄家村、白果树村
小村乡	12个村	李子溪、小村、羊蹄、荔木溪、中心场、田坝、大村、白果、哏龙、土地溪、水杉坪、兴隆沟村

人口 方言

【人　口】 2018年末，咸丰县户籍总人口385596人，其中男性203378人、女性182218人。年底共144013户，常住人口30.96万人，其中城镇常住人口13.25万人，占常住人口的比重（常住人口城镇化率）为42.79%，比上年提高1.44个百分点。全年出生人口3682人，死亡人口2467人。

【咸丰方言语音规律】 咸丰方言是汉语西南方言川渝片的一个点，在西南方言川渝片中具有一定的代表意义。历史考证和历史文献证明，两千多年来，咸丰县域一直置于汉文化的统治之下。生活在这里的各族人民长期、普遍使用的语言必然是汉语这种占统治地位的语言。根据这一观点，《西南方言·湖北咸丰方言》主编冯正佩在对咸丰的地名和物名进行调查，结果是除“cebu”（用汉语记作“车埠”）、“zuoluo”（用汉语记作“作落”）、“daokunlin”（用汉语记作“倒昆林”）等极少地名不像汉语名词外，几乎所有的地名、物名都是汉语名词，这也为包括土家族、苗族在内的咸丰各族人民长期、普遍使用汉语提供了有力的证据。鉴于大多数咸丰话和普通话没什么区别（只是口音上的差别），这里仅列出咸丰特有的说法。在这之前，很多人认为咸丰话 = 四川（重庆）话，其实不然，咸丰的口音是属于湖北的口音；四川（重庆）话虽然语言和咸丰话有很多相同，但口音相差大，四川（重庆）说话的速度没有咸丰快，每个字似乎都稍微拖了一下。

咸丰方言的语音中有声母 19 个（含零声母），比现代汉语普通话语音声母少了 3 个。有韵母 36 个，比现代汉语普通话语音韵母少了 2 个。4 个声调（阴平、阳平、上升、去声），它们的调值分别是 55、213、52、24；咸丰方言有轻声，没有入声，有韵母儿化现象。

咸丰方言中声韵母发音存在片区差异。主要有忠堡腔、尖山腔、巴西坝腔、活龙腔。忠堡、马河、龙坪一带带“汉音”，如 zuan 和 zhuan 发 juan，zhu 和 zu 发 ju。如“转圈圈”称“倦圈圈”，“住手”发“句叟”等。尖山一带 ang、an 互换，yun 发 ying，如“床”读“船”，“晕”读“鹰”。大路坝、尖山、杨洞、甲马池临黔江一带口音更接近“川音”，尾音习惯带 er。活龙坪以“什么”发“么尔”为特征。名词与普通话词干相同，词缀不同。方言常在名词后加“子”“儿”等，如称细娃儿（小孩子，有时特指自己的孩子）、女娃儿、树儿、电灯儿、杯杯儿等；特别是对动物的称呼，如猫儿、狗儿、马儿、羊儿……还有人名后带，如：jūn（军、君）、jūan（娟，带儿发音后读 jūn 的儿发音）、bīng（兵、冰）、bīn（宾、彬）、yān（燕）等都带儿发音。

咸丰方言语音有音节 1103 个。如商务印书馆 1996 年版《现代汉语词典》收录的现代汉语普通话音节少了 243 个。

咸丰方言中，为了谐音避讳、打隐蔽或出于玩笑，故意改变读音或误读、讹读。如“龚”，变读作“wan（弯）”或“jiong”，以避免“老龚”与“老公”混同。“佘”变读作“liu（溜）”（取蛇字音的谐音和蛇爬行的意思）。

用特有的发音表示一定意义，应与土家族等少数民族有语言无文字有关。如 mang（平声），表示傻、憨、身材粗壮等。“哒”表示摔倒，“哒扑趴”即摔跟头。“吃”用“嘁”“逮”表示，如“吃饭”发“嘁（逮）饭”等。

方言在形容词词根的前后加单音节或多音节词缀构成生动形式，表达状态、感情色彩。如“笑（哈哈）”“哭（兮兮）”“圆（溜溜）”“气（鼓鼓）”“雄（赳赳）”“酸（溜溜）”等。

咸丰方言口语与现代汉语普通话口语一样有轻声，运用轻声区别词义、区分词性，或既区别词义又区分词性。

咸丰方言语音的儿化现象特别突出，比现代汉语普通话的儿化音应用范围更广，不仅名词、动词、形容词、数量词经常儿化，有时连姓氏名词和副词也儿化；不仅词尾音儿化，词中音节儿化，连续儿化，甚至一些庄重、尊重性字词也儿化（以下儿化音用贴在字后的小号“儿”字表示，拼音儿化用贴在拼音音节后的字母“r”表示）。

（一）名词儿化。例如：猫——猫儿（maor）；葡萄——葡萄儿（pu taor）；

（二）动词儿化。例如：哺（亲吻）——哺儿（bur）；逗（挑逗）——逗儿（dour）；

（三）形容词儿化。例如：胖胖——胖胖儿（pangpangr）。

（四）量词儿化。例如：三天——三天儿（san tianr）；一手——一手儿（yi sour）。

（五）姓氏儿化。例如：小刘——小刘儿（xiao liur）。

（六）副词儿化。例如：时时（常常、每时每刻）——时时儿（shi shir）。

（七）词中儿化。例如：把把糖——把把儿糖（ba bar tang）。

（八）连续儿化。例如；五分钱——五分儿钱儿（wu fenr qianr）。

（九）庄重、尊重性的字词儿化。例如：叔叔——叔叔儿（shu shur）。

【咸丰方言词汇】 咸丰方言词汇与现代汉语普通话词汇绝大多数是相同的，但也存在一些差异。对照商务印书馆1996版《现代汉语词典》，咸丰方言与现代汉语普通话的词汇差异，表现在“字同意异”“有音无字”“无字无音”3个层次上。所谓“字同意异”，就是现代汉语普通话里的一些字在咸丰方言里有不同含义和用法，例如紧（意思是“长时间地或不停地”）；所谓“有音无字”，就是在现代汉语普通话里只有音节没有相应文字形式但在咸丰方言里真实存在的词语，例如“kun猪kun羊”（意思是“全猪全羊”）；所谓“无字无音”，就是在现代汉语普通话里不仅没有文字甚至连音节都没有的，但在咸丰方言里真实存在的词语，例如“piang”（意思是“混时日”）。这些词语是咸丰方言土语中最具特色的成分。了解咸丰方言，必须了解这些词语；去掉这些词语，咸丰方言就不成其为咸丰方言了。

【咸丰方言语素】 在以表意文字为特征的汉语里，语素以单字的形体表现出来，所以，汉语语素就是汉字。

（一）咸丰方言的音节总量少于现代汉语普通话的音节总量，决定了咸丰方言的语素总量少于现代汉语普通话的语素总量。

（二）地域、人口、社会经济文化的局限性决定了咸丰方言的语素总量少于现代汉语普通话的语素总量。

（三）咸丰方言里也存在一些现代汉语普通话里没有的语素。归纳起来有四种情况：

一是在现代汉语普通话里有音节（声韵拼合）无文字的语素。例如含义为姑妈的“liang”；含义为“玩弄”的“bian”；包括狡辩、强词夺理和人厉害不好对付、条件恶劣的“jiao”等。

二是在现代汉语普通话中既没有文字形体也没有音节（声韵拼合）的语素。例如含义为用脚踢的“zua”；含义为眼皮低垂的“mia”。

三是现代汉语普通话中的某些字在咸丰方言里另有不同含义的语素。例如“母”，在咸丰方言里还有“损坏、难以收拾的含义”；例如“过”，在咸丰方言里还有疾病传染和寄生虫传播的含义。

四是现代汉语普通话的某些字在咸丰方言里另有不同用法的语素。例如“二”，在咸丰方言里可以缀在形容词之后使形容词名物化作狗名使用；例如“母子”，在咸丰方言里可以颠倒过来变成“子母”，用来表示一头母牛和它产的一头小牛共两头牛的意思。

【咸丰方言子字词】 使用子字词，是咸丰方言十分鲜明的一种语言习惯，与普通话相比，使用频率要高得多，使用形式也有差异。

（一）大量的单音节名词后缀“子”字变成一个双音节名词。例如“树子”“蚕子”“尾子”“瓦子”“秧子”“嘴子”等。

（二）大量的双音节名词后缀“子”字变成一个三音节名词。例如“苕藤子”“老鼠子”“麻雀子”“竹席子”“棕索子”等。

（三）大量单音节动词、形容词后面缀上“子”字后成为一个双音节名词。例如“滚子”“逛子”“扫子”“推子”“高子”“肥子”“蹒子”等。

（四）大量双音节动词、形容词后面缀上“子”字后成为一个三音节名词。例如“坝脚子”“眯眼子”“跑躺子”“塌鼻子”“炸喇子”等。

【叠用词】（一）单音节物名词叠用比普通话更为多见。这类叠用一般针对体积不很大的事物名词而言，大都带有平和的语气色彩和亲和的感情色彩，而词义不发生变化。例如“虫虫”，指的是小虫子；“瓢瓢”，指的是勺子或不很大的瓢；而大型山洞则不能说成“洞洞”。

（二）单音节状物形容词有时叠用。叠用后的单音节状物性形容词更富有描述性，同时还往往发生名物化。例如“方方”是“肉方”的意思，“弯弯”有“弯路”“弯曲的东西”等多种意思。

（三）单音节量词叠用后产生描述性或名物化意义。例如“块块”是“呈块状的样子”或“块状东西”的意思。

（四）叠用单音节词缀在动词、形容词后面，对形容词作补充性描述的情况比普通话更为多见。例如笑扯扯（的）、叫盎盎（的）、明摆摆（的）等。在相同的动词、形容词之后缀以不同的叠词，在说明词义细微差异方面发挥着重要作用。例如“白生生（的）”在于形容白得鲜活的样子；“白瓦瓦（的）”，则在于形容白得鲜明、显眼的样子。

【咸丰方言缩略词】 缩略词是咸丰方言中的一种语言现象，有两种表现形式：

（一）在口语表达时，舍去其中一些字，把一个多音节语词压缩合并成一个两音节语词。

例如：“恁个”，为“恁们（这么）个的样子”的缩略词。

“像个”，为“像这个样子的”的缩略词。

（二）在口语表达时，取前某一字的声母与后某字的韵母压缩合并成一个音节，使一个多音节语词变成一个两音节语词。

例如：“打去”，为“到哪去”的缩略词。其情形为取“到”字的声母“d”和“哪”字的带声调韵母“a2”压缩合并成一个音节。

“么喳”，为“么子（什么）呀”的缩略词。其情形为取“么”字的声母“m”和“呀”字的带声调韵母“a”压缩合并成一个音节。

【咸丰方言的语言风格】 咸丰人民在创造方言的过程中，善于就地取材，信手拈来，利用人们最常见最熟悉的事物与现象来传情达意，用最浅显最通俗的话语来说明深刻道理，往往平中见奇，小中见大，十分生动明了。例如：

“弯弯田坎弯弯搭。”（比喻根据不同的客观条件采取不同的措施）

“娘肚子里有儿，儿肚子里没得娘。”（子女的孝心不可能比得上母爱）

咸丰人说话，经常兼文夹武，庄谐有别，有时羞羞答答，有时张扬无羁；有时温文尔雅有加，有时粗语秽言满嘴，俗不可耐。而什么情况下“文”，什么场合中“谐”，却是十分讲究的。在严肃、庄重、需要尊重等情况下说话时比较注重选用文雅辞藻，在轻松放任的场合中则“粗”“野”“荤”“谐”粉墨登场，大行其道。采用什么样的言词，还与说话人当时的情感和情绪有关。

例如有关“夫妻”的各种说法：中性的说法有“两口子”，而文雅的说法则有“两姊妹”，尊敬的称呼则有“两个老”等。

【咸丰方言多样的表达形式】 咸丰人堪称修辞高手，对各种修辞手法的运用充满日常生活用语之中，可谓张口便来、生动形象。例如：

1. 比喻：搭火烧铺盖（比喻无事受牵连）。

2. 比拟：摩角擦痒（形容心情烦躁，坐立不安的样子）。

3. 借代：潲桶把把都提玉哒（形容饲养生猪的辛苦）。

4. 夸张：脸巴有城墙转角厚（比喻脸皮很厚）。

5. 双关：出头椽子先糟（遭）烂（难）（意思是“弟兄姊妹老大吃苦受累最多或爱抛头露面的人容易吃亏”）。

6. 对偶：看菜吃饭，听鼓下锓（意思是“具体情况具体对待”）。

7. 比兴：砍柴莫砍竹，逗娃莫逗哭。火要空心，人要忠心。

咸丰方言中所说的熟语，指的是在咸丰方言中充当成语角色的定型词组和短语。例如："一脑壳包""笼鞋靸袜""黄皮寡瘦""箍拉十二四""顺坎坎撩背系"等。

8. 说笑：大都即兴发挥，即在某种特殊的情况下，把一些表面上无笑可言的平常话变成说笑。所以，表达含蓄是说笑的基本特征，从字面上看不出别有用心。咸丰人说笑是建立在自身生活基础之上的，因此许多咸丰式的说笑只有熟悉咸丰生活习惯和民情风俗的人才听得懂、才会发笑。

9. "吃相"：指的是占他人身份便宜，主要表现为以下几种类型：

（1）对晚辈吃相，常见为把晚辈当作儿孙或妻侄儿孙来说话。例如："去把我枕头底下的叶子烟（草烟）拿来！"

咸丰的老年人习惯把草烟压在枕头下面存放，如果是长辈在对同姓或异姓的晚辈这么说，往往是一句充父母、爷奶的吃相。

（2）对平辈吃相，常见为把异姓平辈异姓女子当妻子或姨子，把平辈异姓男子当舅子来说话。例如："回去给我弄夜饭！"

咸丰的男人们（甚至女人们）最喜欢充丈夫占便宜，如果这是一个男人在对一个异姓的同辈且年龄相当的女人说这话，就成为一句充丈夫占便宜的话。

（3）对长辈吃相，常见为把异姓长辈当岳父岳母或舅父舅母来说话。例如："不接我到你屋过端阳吗？"咸丰民间有接女儿和女婿过端午节的风俗，因此这也是一句占便宜的话。

咸丰人把说谚语、歇后语、歌乐句等讲究句式整齐、富有文采特点的语言运用统称为展言子。

（一）谚语

1. 气象谚语：黑雪亮雨。一落一个泡，大雨还没到。

2. 农业生产谚语：十月打雷小阳春。桐子打得鼓，犁把正在舞。

3. 生活哲理谚语：女婿半边儿。出门看天色，进屋看脸色。

4. 教育谚语：养儿不盘书，则若喂个猪。为人不学艺，挑断箩兜系。

5. 卫生谚语：祸从口出，病从口入。

（二）歇后语：鸭母赶场——大摇大摆。木脑壳滚碓窝——舂（充）人。

（三）藏头语：也叫"露八分""蛇钻孔""说半截话""遮头话"。据说源于生意场，为商贩谈价用隐语，后流行于民间其他生活领域，运用范围扩大。藏头语的基本特点，是借用典故或成语、熟语，有意隐去表达本意的那个词不说出来，而是让对方凭借自己的知识去联想的一种语言表达形式。藏头语遮遮掩掩，闪烁其词，形式别致，富有情趣且不乏文采，对说话双方都有一定的文化知识要求。藏头语的结构和表达形式与歇后语有性质上的相通，因此可归类为歇后语。例如："岳母刺"（意思是"字"等）；"增广贤"（意思是"文"等）。

（四）歌乐句：近似于顺口溜，概念比较宽泛，凡是词句比较整齐，运用了对偶、排比、压韵的手法，具有音乐性、好懂、易记特点的固定性词、句、歌都可称之为歌乐句。歌乐句在咸丰人民生活中的作用是多方面的，有的为传播科学知识，有的寓人生哲理，有的则纯属娱乐笑料活跃精神生活。例如：长不过路，短不过年；长短是个棍，大小是个揖。

【咸丰方言劳动号子】 劳动号子是集体劳动的产物，也是广大劳动人民的文学和音乐的作品，它既有缓解劳累、统一步调、相互关照的实用性，也有考验记忆力和应变能力、展现个人语言和音乐才华的娱乐性。也只有在劳动中，劳动号子才能显现它的作用和情趣。劳动号子的形式，按不同的劳动场合，分为报靠、打油号子、石工号子、薅草锣鼓、薅秧锣鼓等。石工号子又分撬石号子和抬石号子等；薅草锣鼓和薅秧锣鼓具有表演性，通常是在锣鼓乐的伴奏下进行。

【咸丰方言押串韵】 押串韵是指押韵的字有两个或两个以上，主要出现在“展言子”和儿歌中。

“展言子”间杂相同字的押串韵。例如：说起话长，斗起把长；韵脚押在“话长”和“把长”上，都有相同的一个“长”字。

儿歌没有间杂相同字的押串韵。例如：姑娘脚尖，嫁给犁辕（翠辕：犁铧上套纤绳的弓形构件），犁辕拱背，嫁给陶贵，陶贵逃走，嫁给毛狗，毛狗骚臭，嫁给幺舅，幺舅嫌她，嫁给田家，田家不要她，扯根头发吊死她……这是儿歌《排排坐》中的一段。在句中只有“尖”和“辕”单字押韵，在三、四句中只有“背”和“贵”单字押韵。而其后句子中的“逃走”与“毛狗”，“骚臭”与“幺舅”，“嫌她”与“田家”则是押串韵。押串韵的创作难度较大，但音乐性更强。

【咸丰方言丰富的口头文学创作】 咸丰民间文学除少量的文人书面作品（主要是对联和格律诗）外，更大量的是歌谣、曲艺唱本唱词、道士用的花文以及民间故事、谜语等民间口头文学作品。这些作品由不知姓名的山野之夫创作，在山野之中传唱，在传唱中不断修改，极少有文人加工的痕迹，俚语化、方言化色彩鲜明，被旧时文人称为“雅而不足、俗之有余”。

咸丰是歌的海洋。一是题材广泛。采茶有茶歌，砍柴有柴歌，栽秧有栽秧歌，打夯有打夯歌，搬运有报靠歌；下厨有下厨歌，谢厨还有参厨歌；迎客有迎客歌，送客还有送客歌；问路人要先唱歌以表尊敬，告花子（乞丐）也用歌乞求一勺一羹；娶亲要对拦门礼词；生意成交要说封赠；修房上梁的“说福事”，颂词多达几十首。类别有道德教化歌、历史叙事歌、猜谜的盘歌，还有纯属逗乐的扯谎歌；有专为儿童创作的游戏歌，有描述自然现象、反映自然规律和人生哲理的各种谚语；女子出嫁前要唱十天半月哭嫁歌；老人去世要唱几天几夜的孝歌。据不完全统计，流传甚广的各种歌谣有上万首。二是体裁多样。就格式而言，有对句子、四句子、五句子、六句子，也有几十句一口气唱完的，也有七长八短的杂歌；就演唱形式而言，有独吟、对唱，或一人领唱众人和。三是手法多样。就结构而言，有应答式、顶针式、回环式；就修辞运用而言，比喻准确，双关巧妙，夸张特别大胆；另外，诗歌创作中的押串韵更是一种少见的手法。

咸丰民间故事的题材广泛，数量浩如烟海，具有洗练的特点。开天辟地、人类起源的有之，帝王将相、才子佳人的有之，神人仙道、因果报应的有之，机智人物、英雄好汉的有之。最让儿童又爱又怕的是“鬼龙门阵”，最叫男人可口可乐的是“骚鼓子龙门阵”，最令女人百听不厌的是“巧媳妇”“恶婆婆”“傻女婿”之类的龙门阵。

咸丰民间的谜语创作历来十分活跃，地方色彩浓厚，手法多样机巧，雅俗兼备，例如：怪相怪相，鼻子生在背上（茶罐）；黄牛毛，蛇蚤骨，小小谜儿猜得哭（猕猴桃）。

民族　宗教

【民族构成】 咸丰县是少数民族聚居区，多民族杂居。据2000年第五次人口普查，总人口363701人，有24个民族，少数民族占84.94%。其中土家族276394人，占总人口的75.99%；汉族54767人，占15.06%；苗族27662人，占7.61%；侗族2739人，占0.75%；朝鲜族1043人；回族603人；羌族183人；蒙古族79人；满族47人；彝族39人；哈尼族33人；瑶族32人；维吾尔族26人；布依族19人；黎族8人；畲族8人；高山族5人；壮族3人；哈萨克族3人；白族、水族、撒拉族各2人；傣族和拉祜族各1人。唐崖河以北的黄金洞、清坪、唐崖、活龙坪、小村、大路坝6个乡（镇）土家族聚居比例大，唐崖河以南呈散居状态。苗族主要聚居于唐崖河以北的小村乡大村苗儿溪、黄金洞乡喜松岭；唐崖河南的高乐山镇梅坪、龙坪，甲马池梨树坝。汉族在改土归流以前全部聚居于唐崖河以南各地，改土归流废除“蛮不出境，汉不入峒”禁锢，逐步向北发展。侗族主要分布于高乐山镇马河坝，黄金洞乡五谷坪、石人坪，清坪镇四大坝，活龙坪乡水坝。回族主要聚居于清坪镇艾蒿坪、马家坪，唐崖镇毛浦坝，县城附近。其他民族人数较少，多散处杂居。

【宗教信仰】 咸丰县土家族、苗族的宗教信仰保存比较完整，有自然崇拜、图腾崇拜、祖先崇拜和神灵崇拜，土家族尤其以祖先崇拜为盛。随着汉文化的传入，佛教、道教、儒教相继兴起，以佛教影响最大。民国年间，全县有寺观庙宇60余处。

土家族信仰多神和土王崇拜、祖先崇拜。他们信仰崇拜的对象，往往都与神话传说有关；与他们善猎、从事山地农耕和土司制度的兴废有关。土家族过去在灵魂不灭观念的支配下，对自然和社会生活中的万物，都视为有灵魂、精灵或神祇在主宰。土家先民以善射猎著称于世，每次打猎前后，都要祭祀猎神。土家族地区在历史上长期存在着土官、土司制度。土王在世时，人们慑于他的封建权威而尊土王；土王死后，认为他的灵魂仍然存在，虽已化成神灵，但仍和在世时一样要管土民的事，所以，土民还要敬奉土王神，求他庇护。境内大多建有“土王庙”或“土主庙”，有的把土王像供在“土王祠”“摆手堂”内。由于受到汉族的影响越来越大，绝大多数农户都在家内设“天地君亲师位”。

苗族的主要信仰有自然崇拜、图腾崇拜、祖先崇拜等原始宗教形式，苗族迷信鬼神、盛行巫术。也有一些信仰基督教、天主教，信仰佛教、道教的极少。苗族崇拜土地菩萨、土地奶、家神、祭桥、水井等。家神信仰存在于川黔滇方言的部分苗族中，即在家中设立“家神”偶像。祭桥流行于黔东南大部分地区。东部地区许多苗族与瑶族共同崇拜盘瓠（一种神犬）。另有一些地区的苗族以水牛、竹子等为自己的图腾崇拜对象。祖先崇拜在苗族社会中占有十分重要的位置。

新中国成立前，土家族、苗族群众受神权的束缚较多；宗教对其政治、经济、文化的发展，都起着严重的抑制作用。新中国成立后，随着土家地区经济、文化的发展繁荣，土家族、苗族、汉族各族人民才逐渐摆脱了神权的羁绊，从思想上获得了解放。

【民俗风情】 咸丰是土家族、苗族、汉族等多民族聚居地，巴渝、巴楚文化交会融合，民风民俗多姿多彩。其衣食起居、嫁丧嫁娶、节庆禁忌等，一直保留鲜明的地域和民族特色。

土家族男子服饰为上穿矮领大襟衣服，布扣，袖口大而短；裤子肥大，上裤腰，穿时将裤腰折叠，操扎于裤带。头包青色或白色帕子，呈“人”字形，捆腰带，打绑腿。妇女的衣服长及膝盖，袖口、襟边及下摆均有栏杆形花边，下装多为裙子，尤其喜欢八幅罗裙。苗族人头包青色帕子，呈卧凤头式，现斜折纹路，齐眉为美。男性上衣无领，多对襟扣，裤子短而大，无花边，脚缠青色裹腿，腰系青布带。苗族妇女穿戴比较讲究，上衣无领，大袖满襟，围颈、袖头、四边都绣有或镶有2—3道花边；裤脚大而短，有2—3道花边；有的下装穿白褶裙，裙子样式有长短，多为稍过膝盖，色彩各异，常精绣花纹图案于其上，中年以上为素色，脚穿绣花鞋。

土家族、苗族、侗族多呈大分散、小聚居的状态，住房为木结构，1排3间，或1正2厢，多依山而建；平坝地区的房子也有砖土结构的，当地解放前贫穷者大多住茅屋甚至草棚、岩洞。现今乡村新式楼房甚多，住茅屋、洞穴者已绝迹。老式院落多有吊脚楼，这是土家族、苗族居住建筑的明显特征，明、清移入之汉族乡村住房亦取同样建筑形式。吊脚楼有 2 层或 3 层，楼上住人，周边有雕饰镶嵌的栏杆，可观赏风景，晒太阳，晾晒被服；楼下是猪栏牛圈及堆放木柴饲料等杂物的地方。高乐山镇留存完好的吊脚楼院落有杉树园村龙塘坝刘家大院，团坡村水井坎上李家院子，尤其是官坝苗寨闻名全省，有“荆楚第一苗寨”之称。

历年来，土家族、苗族、侗族、回族、汉族各族人民，全恃农业收获稻黍、芋薯、豆杂、蔬菜等为食。山里森林茂密，雨量充沛，土壤虽贫瘠，而山民勤劳，在田地上精耕细作，所获食物品种繁多，饮食文化亦有许多别致之处，诸如合渣、嫩豆腐、霉豆腐、水豆豉、干豇豆、长盐菜、榨海椒、魔芋豆腐、米豆腐、神豆腐、糯米糍粑、苞谷糍粑、小米糍粑、苞谷粑、高粱粑、苦荞粑、水荞粑、社饭、八宝饭、绿豆稀饭、豆浆稀饭、蕨粑、薇苔、干竹笋、嫩竹笋、野葱、野菌、刺苔、葛粉、燕麦粉、摘耳根、木姜子、油茶汤、咂酒、蹄膀、扣肉、粉蒸肉、喜沙肉、回锅肉等食物，以及野兽、禽鸟、鱼类等野味美食。

尤其咂酒、油茶汤特具民族风味。咂酒，其配制是以酒曲、麦芽拌和诸种杂粮（玉米、小米、高粱、杂豆等），密封于酒坛中，许久成酒，饮时开坛灌入开水，将咂草（中空的小竹管）穿过有孔的坛盖插入坛中。先由一位尊长吸咂开坛，然后彼此轮吸。初吸时味道浓厚，经频添开水，味则渐淡。龙潭安抚司曾有田氏文人著诗赞曰：“万颗明珠共一瓯，王侯到此也低头，五龙捧起擎天柱，吸尽长江水倒流。”

土家婚俗。土家男女在相对象之后，如双方较为满意就由男方请媒说亲，媒人第一次到女方家要由男方请喝“发脚杯”并带上礼品，媒人要经过“三回九转”“讨八字”“插香”（定亲），再择日娶亲。姑娘出嫁前要哭嫁，在前 10 天或 3 天就开始哭，临嫁前往往要哭一通宵，内容主要有哭十姊妹、哭爹妈、哭媒人、哭上轿等，以悲代喜，喜中见悲。姑娘上轿前由哥哥背出闺房，站在堂屋中间“踩斗”上，辞别祖宗后，再背上花轿。姑娘脚不沾泥，不踢门槛，意不能将娘家好运带走。迎亲时，男方要准备旗锣鼓伞、喜稿（火把）、三眼铳、唢呐、花轿等，队伍庞大，场面壮观，迎亲路上，相帮弟兄还要向女方高亲索要“过桥礼”“过河礼”“过街礼”（香烟、红包）等。

主要节庆。境内土家族、苗族、侗族与汉族等民族的传统节日大致相同，也有差异，带有本民族特色。节日活动往往和祭祀活动联系在一起，有些节日的起源本身就是因为祭祀。

清明扫墓，挂白色纸钱于竿头，插在坟上，谓之“挂清”。本地民俗不于清明当日挂清，曰忌挂“对清”，而于清明前 10 天或后 10 天皆可，俗语谓：“前十天，后十天，懒人还有十天。”农事量气候之暖寒，于此节前后播种下秧，今新技术育秧，不受低温之限。旧时育秧一月即秧苗满月便可插秧，视栽秧为吉庆，定吉日整“栽秧酒”，换工打伙，请栽秧客，男男女女十几二十人，一天插完全家稻田。家庭主妇动起炸，弄项圈肉，三餐美食，酒宴乐人，老人小娃都动手，提秧送水，奉烟奉茶到田头，休息时喝甜酒、油茶汤，吃汤圆、米粉。插秧竞技，竞唱山歌，欢乐的劳动场面，非同寻常。

五月初五，谓之“小端阳”。清晨，家家户户采菖蒲、艾蒿拧成一束悬挂于大门枋。捣蒜泥和雄黄酒，遍洒门户及墙阴与猪牛栏四周，可避蛇虫。采摘（多从集市购买）箬叶包粽粑（内包糯米、肉、豆干、红枣等），包制时既要造型美观，又要细扎结实，不然易松垮脱落，有狗头粽、羊角粽等，经大火烹煮，即可食用。饮雄黄酒，以雄黄点小儿额头及手足心。采菖蒲、艾蒿、三角枫、金银花的藤叶花、千顶光等百草煎汤沐浴，可去晦气避邪气洁身悦情。定亲未婚之婿须备置衣物、猪肘子等和数提（一张棕叶所系为一提）粽粑，担挑至岳丈家，曰“打端阳节”。岳丈家回赠新婿以白衬衣、雨伞、草帽、折扇等物，或未婚妻做布鞋，刺绣花袜底、鞋垫相赠。

七月过月半节，又叫“中元节”，也叫“鬼节”，是祭祀亡人的节日，一般是指七月十二日，某日为某家之节日不定，不超过七月十五日皆可。各家皆以纸钱封包，或以形似金银锭的印制装笼，书写祖先名讳，所谓清明祀坟，中元祀名，于自家过月半，当日敬以酒菜，祭于中庭，晚上焚烧包封。各庙作盂兰会，赈济无主孤魂。有的人家且以香蘸油，燃插各条路径，谓之“路烛”。

秋七月七日，当夜，看云色，以天河（银河）去来之久暂，占秋收丰歉。谚语“天河搭屋脊，家家有饭吃”。

过年，是土家族一年当中最为隆重的节日，家家户户都要置办丰富的年货。置新衣、杀年猪、摊豆腐、打糍粑，门庭打扫一新，一派喜庆祥和。吃团年饭、守年（守三十夜）、祭祖、上坟、敬菩萨、烤年火、取银水（除夕夜24时取泉水），吃十大碗（菜），形式多样，内容丰富，风情别具。不同的姓氏，吃团年饭的时间、地点和禁忌习俗各有不同，有的提前一天过年，有的在草树下，有的在河沟边，有的在山坡上吃团年饭，都分别有不同的纪念和禁忌。正月初一，天未明即焚香烛祭祖。农家争先挑回第一担井水入缸，曰“金水银水”；继扛一回木柴从大门外甩进堂屋，曰“财喜进门”。自初一起，谓之“春节”，初一择吉行礼，方举家出行，谓之“出天行”，到各神庙焚香，亲族交相拜贺。城镇集贸店铺关场闭门三天，谓之“关财门”。亲戚间彼此拜贺新年，民间艺人汇聚一堂，要龙灯、狮子灯、采莲船等各种花灯，持续到正月十五日。

地方文化

【土家歌谣】 土家族是一个能歌善舞的民族，县境民间歌谣种类繁多，各具特色。1986年后，县民族、文化部门多次采风，辑成《咸丰民间歌谣集》，收录民歌580首，其中情歌288首，占50%。20世纪90年代末，大路坝乡小学教师李方庆编辑的《神秘咸丰·土家苗寨风情歌谣选》，收录山歌、小调、礼俗歌、童谣等近千首。土家山寨，除了山民歌、劳动歌、儿歌等歌谣以外，女子出嫁时唱“哭嫁歌”，老人离世时唱“孝歌”，修房造屋时“说福事”，劝客人喝酒要唱“敬酒歌”，相沿成习。最为流行的敬酒歌是:“土家山寨风俗多，贵客来了堂屋坐，先敬一碗苞谷酒，再唱一曲敬酒歌。”歌谣选由李方庆采录，杨懋之整理。21世纪初，敬酒歌开始进入酒店等服务行业，训练有素的土家女子给客人敬酒，她们唱一段，客人喝一杯，唱到12段，客人喝12杯。

【咸丰南剧】 南剧是流行于湖北西南少数民族地区的地方民族剧种，为湖北四大地方剧种、恩施“五大地方戏曲”之一。其声腔包括南、北、上路声腔兼部分昆曲、高腔曲调，以南北声腔为主。均于清乾隆、嘉庆年间自湘西、四川传入咸丰。三大声腔同台演出，长期流传，与地方艺术、语言、民乐、土俗相融合，逐渐演变成具有当地特色的剧种。

清末民初，南剧流传遍及咸丰城乡，县城、清水塘、老里坝等地均有职业演出。南戏玩友，围鼓坐唱，更为普遍。新中国成立后，聂介轩、唐会云、杨春轩等人，拼凑班底，艰难创业，为继承和发展南剧做出了贡献。1957年，湖北省戏剧研究工作室专门派人到恩施地区挖掘整理南剧传统剧目，咸丰县老艺人聂介轩记忆惊人，经三年时间整理出传统剧目300多个，占鄂西南剧传统剧目的一半以上。其连台本戏《四下河南》受到省文化厅的表彰。全国戏剧协会主席田汉，全国音乐家协会主席、中央音乐学院院长马可等对南剧的演出给予高度评价，认为“南剧唱腔高亢强烈，有如深山峡谷之音”。改革开放后，南剧艺术不断得到传承和发展。2005年10月，咸丰县委、县政府成立振兴南剧工作领导小组，县委书记任组长，加强对南剧艺术的保护与抢救。2008年6月，南剧被列入第二批国家级非物质文化遗产名录。2015年9月28日，咸丰县南剧艺术传承保护中心推出的大型南剧《唐崖土司夫人》首次公演，在国家、省各类戏曲大赛中频频获奖。

咸丰南剧团创建于1954年，是目前全省仅存的两个专业南剧团体之一。1980年以来，剧团创作剧（节）目38个，其中《张二嫂做中》《唐科长祝寿》《土司夫人》获文化部嘉奖;《土司夫人》《迎客》《税务魂》《走过风雨桥》《终身大事》《恩施是个好地方》等分别在省、州会演中获奖；大型南剧《女儿寨》获2011年湖北省首届文艺会演特别贡献奖。南剧团于1994年后十余次获“百团上山下乡先进集体”荣誉称号。

2018年8月17日，第十二届全国政协常委、中国少数民族戏剧学会副会长、国家京剧院原院长吴江，中国少数民族戏剧学会副会长、梅兰芳纪念馆原馆长秦华生一行到咸丰县考察指导南剧艺术传承保护工作，并授予咸丰县为“中国南剧传承研究基地”。观看由县南剧艺术传承保护中心精心编创的大型土家族历史剧《唐崖土司夫人》演出。《唐崖土司夫人》于2015年9月、2017年11月分别参加第二届湖北艺术节、第三届湖北地方戏曲艺术节演出；2019年入选全国少数民族地区艺术院团晋京展演优秀剧目，4月18日在中央民族歌舞团民族剧院演出。

咸丰南剧《唐崖土司夫人》剧照 （秦兴武 摄）

【土家吊脚楼】 吊脚楼即“栅栏式”结构，为咸丰县境土家、苗、侗族等传统住房。从选择屋基、备料、立屋，一直到装饰完毕，都有完备的程序和不同的技法。特别是“高杆”定位的发明，“穿斗式”房屋构架，“冲天炮”立柱的建造，十分巧妙地解决了线面、角度、承重等建筑中的难点问题。吊脚楼上宽敞的走廊（又称“签子”），用木栏杆围成，栏杆和窗栏上雕刻花鸟虫鱼等图案；楼下豢养牲畜，贮藏柴草杂物或碓磨。较好地克服了山地民居建造与狭窄空间的突出矛盾。高乐山镇梅坪村刘家大院吊脚楼群，共20多座房屋，集楼成群。在主柱的支撑下，吊脚楼楼台高悬，正檐青瓦，配雕花廊柱，细格木窗，气派大方。华中理工大学建筑系教授张良皋在《干阑之乡——咸丰》中写道：“刘家大院吊脚楼群久已出名，是十分出色的建筑作品，俨若世外桃源。”

吊脚楼营造技艺有严格的传承关系，杨玉系境内杨洞乡吊脚楼祖师，烂田湾村人，生于清朝咸丰年间，是当时最受欢迎的木匠。第五代传人万桃元，生于1956年2月，丁寨乡湾田村7组村民，俗称“万木匠”，带徒传艺近10人。其技艺娴熟，修房建楼不需画图纸，整个建筑样式全装在他的脑海中，房屋结构和样式，数百根柱、梁、枋的大小、长短和开卯部位，都胸有成竹，是吊脚楼营造技艺传承的一个代表。2009年8月，万桃元被恩施土家族苗族自治州人民政府命名为第四批民间艺术大师。当年，由他主持修复两个文物建筑，一个是国家级文物保护单位唐崖土司城址内的“荆南雄镇、楚蜀屏翰”牌坊，另一个是省级文物保护单位严家祠堂。2010年12月，万桃元入选湖北省第二批非物质文化遗产传承人。2012年12月被公布为国家级代表性传承人。

【地盘子】 咸丰县土家族独具特色的民间舞蹈，流行民间百余年。2007年6月入选第一批省级非物质文化遗产名录。其表演形式分为“双人地盘子”和“三人地盘子”两种。双人地盘子流行于唐崖一带乡村，三人地盘子以朝阳寺镇水井槽一带最为盛行。2008年，朝阳寺镇被文化部命名为“中国民间文化艺术之乡”（地盘子之乡）。

“地盘子”属花灯舞类，多在春节期间表演。通过生、旦、丑3个角色间的打趣逗乐、插科打诨的表演，生动体现了劳动人民的喜悦心情，富有浓郁的乡土气息。“地盘子”舞蹈动作丰富，有“鹤鹰展翅”“怀中抱月”“半边月”“半推磨”等十几种。动态呈下沉、顺边、颤步为主要特征，贯穿始终。表演中音乐和唱腔丰富多彩。音乐有“锣鼓长路引”（引子）；唱腔有高腔、平腔、颤腔、“十一字掉”等曲牌，多为微调式和六声商调式。声腔高亢优美，平腔舒展柔和，大板腔平稳，颤腔节奏鲜明。伴奏乐器是由马锣（又称“咚子”）、大钹、大锣、鼓等民间打击乐器组成。

朝阳寺镇李仕洲是地盘子传人之一，擅演生角，文静潇洒。精通地盘子伴奏乐器，会唱平腔、颤腔、大板腔、梅花调等曲牌。

【板凳龙】 苗家传统舞蹈，三人举一条扎着龙的长条板凳互相穿绕、游走、翻滚而得名，流行于清坪、高乐山等地，至今有两百多年的历史。2011年6月入选湖北省第三批非物质文化遗产名录。

板凳龙长约1.7米，前后两端各钉两根舞龙棒，供玩龙人握持。表演形式多样，一人玩时，两手分执板凳前后两腿自由玩；两人玩时，一前一后各执两腿，按规定套路合着鼓点舞出各种花样；多的5—11人，每人各举一凳，前一名示龙头，后一名示龙尾，另一人举宝珠，时起时落，穿来摆去。动作有“蛟龙潜水”“双龙抱柱”“懒龙翻身”“双龙抢宝”“神龙摆尾”“黄龙缠腰”等各种基本招式。快时只见龙身飞舞，水泼不进，棒打不进，看得人眼花缭乱；慢时，一招一式，优美细腻，尽显舞者功底，观众无不拍手称绝。

咸丰土家族苗族儿女往往通过舞板凳龙来祈求消灾避邪、风调雨顺、五谷丰登、乐享太平，一般在春节期间或盛会时举行。1986年，清坪板凳龙在全州民族传统体育项目调演中获二等奖；1990年选入北京亚运会展览。清坪镇周礼乐是板凳龙传人之一，2005年，州政府授予其“民间艺术大师”称号。

【土家油茶汤】 又叫“茶叶汤”，境内土家族一种传统美食。其特点是香、脆、滑、鲜，提神解渴。以植物油（清油、香油均可）炸阴米子（用糯米精制而成）、豆腐干、芝麻、黄豆、阴苞谷子、花生米等物，油炸茶叶，作泡汤用；油适量，烧热后，加入适量泉水或井水烧开，放入葱、蒜、佐料后盛入碗中，添加所炸各物即可饮用。喝油茶汤切不可心急，须轻吹慢饮，细嚼慢咽。喝油茶汤，不仅众皆喜欢，且有嗜此成癖者，乡村中有些老年人清早若不喝碗油茶汤，就提不起神。往日乡村人家，只有贵客来到，才以油茶汤为待客佳品。2011年，咸丰土家油茶汤入选第三批省级非物质文化遗产。唐崖镇的马金现悉心专研油茶汤制作技艺20余年，是其著名传承人之一。

【绣花鞋（垫）】 原为土家青年男女的“定情物”和馈赠亲朋好友的特殊礼品。绣花鞋用两层棕壳和十层纯棉布粘叠，再用麻绳一针一针扎成鞋底。外底除扎有“满天星”针法外，还有用手工扎成“倒云勾”“九针花”“苞谷泡”“生字底”等暗花；内底绣有牡丹、芍药、蜡梅等五彩图案。鞋帮用两层棉布壳加里、面料叠成，并用彩色丝线在鞋面上绣上图案。整个工艺沿袭百年传统工艺和土家民族刺绣手法，要求用针工整、平齐光亮、丝路清晰，针角匀称，松紧适度，搭配协调。

鞋垫绣花一般是插花和“十字绣”，较布鞋绣花更加复杂，要求也更讲究。用纯棉布做胚底，手工一针一线、一丝不苟精制而成。一般采用“十字绣”图案手法，既有表现土家生活、习俗的图案，又有表现动植物的图案，如“鸳鸯戏水”“喜鹊闹梅”“十二生肖”等。工艺特点是以中国画为蓝本，既有绘画之笔墨神韵，又有刺绣的特殊表现力。以针为笔，以五彩丝线为颜料，绘绣出不同风格、色彩斑斓、栩栩如生的精美图画。鞋垫置于鞋内，具有防潮、敛汗、除臭、吸湿气、促进足部血液循环之功用。

作为一种传统民族工艺，现已开发出绣花鞋、绣花鞋垫、绣花拖鞋等系列产品，仅县城内就有土司皇宫刺绣有限公司、幺妹十字绣坊、田大姐民族刺绣有限公司等5家专门企业，职工数百人。咸丰县土司皇宫刺绣有限公司成立于2005年，由陈永丰、陈梅生姐妹创办，建有厂房450平方米，年产绣花鞋（垫）万余双。2009年，陈永丰制作的“虎头靴”“绣花拖鞋”，在湖北省第三届妇女手工制品展示会活动中获三等奖。2011年，土家族苗族绣花鞋（垫）公布为第三批省级非物质文化遗产。次年9月，陈永丰被命名为湖北省非物质文化遗产名目民间绣活（土家族苗族绣花鞋、垫）代表性传承人。

【何氏根雕】 咸丰何氏根雕历史悠久，源远流长。据何氏家谱记载：何氏根雕源于清康熙四十二年（1703）三世祖何光意之手，距今300多年的历史，《闹春笔筒》是其当初的代表作品。经过漫长的发展历程，逐渐形成突显根材天然趣味，动刀点睛，彰显土苗风情的风格特点，是武陵土家族根雕的杰出代表。

何氏根雕主要传承人何平在继承上大胆创新，自研自制涂刷和浸泡作品的实用新型环保根雕复合剂；自制铁刮、铁挖耳、铁刨、渣子签、复合棉纱磨头等30余种制作工具。作品选材严谨，制作精良，造型美观，宛然天成。现有徒弟上百人，作品近千件，多件作品在州、省、国家级根雕作品大赛中屡获金、银、铜奖；多件作品及根雕理论研究文章在各级报刊、媒体发表或被国家、省级博物馆收藏。2011年，何氏根雕被公布为第三批省级非物质文化遗产。2012年12月，何平被湖北省人民政府授予“湖北省工艺美术大师”称号；2016年12月，被湖北省委组织部和省人社厅评定为湖北省“楚天名匠”，获奖金3万元。

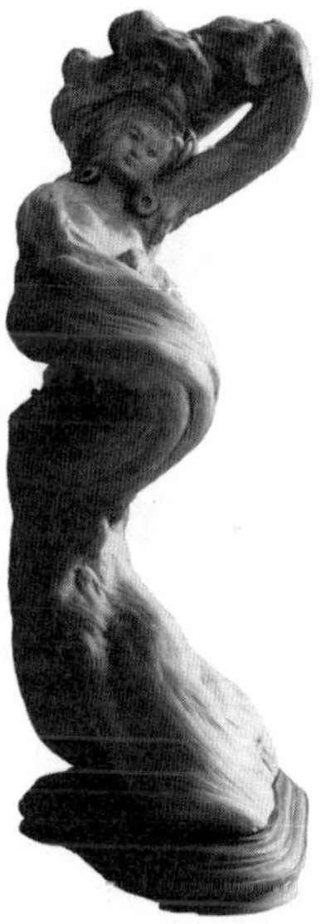

何氏根雕——土家舞魂　　（县档案馆　供图）

【唐崖石刻】 境内流传广泛、生命力强的一种传统技艺，也是省级非物质文化遗产。石刻材料以青岩、砂岩为主，经过工匠的构思、设计、打坯、雕刻、琢磨等环节，加工成各种器具、装饰部件和工艺品，具有轮廓分明、线条流畅清晰等特征。

唐崖石刻源远流长，题材多样，技艺精湛，具有很高的艺术价值和历史价值。唐崖土司城遗址中的石人石马，雕刻于明万历辛亥年（1611），人马形神兼备，活灵活现；严家祠堂天井中的

"盘龙石"，镂雕"三龙戏珠""鲤鱼跳龙门"等图案，体态蛸劲、刀法洗练。唐崖石刻内容丰富，按题材分类，大体有吉祥图案、历史典故、历史人物、神话故事及驱邪纳瑞的吉祥物类。吉祥图案体现人们对升官晋爵、子孙满堂、富贵延年的追求，如"五子登科""天官赐福""龙凤呈祥""年年有余""福禄寿"等。历史典故、戏剧人物、神话故事及日常生活，典型的有"渔樵耕读""送子观音""松鹤延年"等。驱邪纳瑞的吉祥物，如狮子、麒麟、大象、仙鹤等。上述石刻大多附着在建筑的各个装饰部位，如栏杆、墙基、门狮、桥梁、牌坊等。

唐崖石刻名匠辈出，唐崖镇彭家沟村谢先华是其中之一。谢先华从小就在河沙上画花鸟虫鱼，用刀在石头上刻人物肖像。1981 年高中毕业后，拜师学艺，学习凿猪槽、石磨、碑刻等，石雕范围逐步扩展到石桌、石椅、石狮、石走廊、石器具等。在 30 余年的雕刻生涯中，练就精湛的技艺，创作出大量精美的作品。咸丰县内重要建筑和作品，凡需石刻的，多数由谢先华完成。如唐崖土司城遗址的修复、坪坝营和黄金洞景区石刻、咸丰县城南门大桥石刻等等。2014 年 5 月，被命名为省级传统美术非物质文化遗产项目代表性传承人。2017 年 6 月，咸丰县文体新广局、咸丰县文化馆与谢先华合力创办唐崖石刻传习所，推动石刻艺术的发扬光大。

谢先华石刻作品——磨豆腐　　（秦兴武　摄）

谢先华的作品不仅大气、而且精致。为湖北省第三届少数民族运动会创作的吉祥物"白虎"（土家族图腾），被中国体育博物馆收藏。创作的《龙船调》《磨豆腐》，形态逼真，结构井然，被收藏爱好者重金收购。《龙船调》长 40 厘米，重 3.2 千克，物象为"船在水中行走，一人在船上摇橹，两人在船上对吹唢呐"；《磨豆腐》30 厘米见方，物象为"一个老者自推自酌，磨盘、豆盆、豆浆"。

【咸丰彩扎】 咸丰境内一种传统民间工艺。以竹竿（片、条）、藤条、纸、布、麻绳等材料，通过艺人巧妙的构思和娴熟的技艺，扎制成各种飞禽走兽、人物、器具乃至戏曲故事，用于红白喜事、祭祀、庆典和各种文艺活动。竹是彩扎的骨架，也是基础和精髓。根据造型的不同，竹篾的需求也不同，有的地方要薄，方便拧弯；有的地方要硬、要厚，才能撑起整个形状。这些必须经过手工完成，而且要心手合一。

在传统的婚嫁中，出嫁姑娘的陪嫁时兴桌椅板凳、箱柜、被褥及锅碗瓢盆等。在出嫁的头一天，由捆扎艺人将陪嫁按照一定程式和花样进行绑扎，做到小巧家私与粗犷家具搭配、轻巧饰品与笨重物品结合，既牢固又美观。这一过程需要非凡的设计智慧和精湛的手工艺。比如，要求一根绳扎到底，不打结、不回头，寓意"姻缘美满，白头偕老"。

清坪镇比西坪村彩扎艺人廖云华，自幼酷爱手工彩扎，扎制的各类作品多次参加各类文艺活动并获奖，被誉为"咸丰彩扎第一人"。他扎制的板凳龙、草把龙、采莲船、车车灯栩栩如生，扎制的花圈、纸伞工艺精湛，对高难度的传统陪嫁捆绑技艺也得心应手。

风景名胜

咸丰县地处武陵山东部、湖北西南边陲，古

有“荆南雄镇”“楚蜀屏翰”之誉，今有“湖北西大门”之称，与著名景区长江三峡、张家界形成旅游“金三角”。优良的生态环境、优美的自然风光、浓郁的少数民族风情和蕴含着革命精神的红色文化，孕育诸多特色鲜明、品位极高的旅游资源，形成了生态观光、休闲度假、历史文化、红色旅游、乡村体验等不同层次、各具特色的旅游产品和线路。截至 2018 年底，咸丰境内有世界遗产地 1 处，国家森林公园 1 处，国家地质公园 1 处，国家 AAAA 级旅游景区 2 处，国家自然保护区 2 处，湖北省重点文物保护单位 6 处。

【世界文化遗产唐崖土司城址】 唐崖土司是鄂西南著名的“九溪十八峒”土司之一、咸丰县境三大土司之首，是中国作为统一多民族国家中“齐政修教、因俗而治”的民族地区管理智慧在鄂西土家族聚居区的体现。唐崖土司遗址于 2006 年被列为全国重点文物保护单位。2015 年 7 月 4 日，在德国波恩召开的联合国教科文组织第 39 届世界遗产大会上，作为“中国土司遗址”申遗项目组成部分，成功列入世界文化遗产名录，成为湖北省第三处、恩施土家族苗族自治州第一处世界文化遗产。

唐崖土司城遗址位于咸丰县唐崖镇，距咸丰县城 28 千米。始建于元至正十五年（1355），废止于清雍正十三年（1735），共历时元、明、清三代 381 年，曾是唐崖土司的政治、军事、经济、文化中心，如今则是全国规模最大、保存最完整、最具有民族特色的土司文化遗址。遗址占地 74 万平方米，现存城防设施、交通设施、建筑基址、墓葬、苑囿、手工业遗址等多种类型遗存，特别是保存完整、井然有序的道路、院落体系，呈现城市主体一次性规划、营建的特征，堪称“土司制度的实物见证、山地城市的佳作典范、多民族文化融合发展的结晶”，素有“小故宫”之称。

城墙：唐崖土司城除南面中部依托自然山险外，外围均修筑有城墙。城墙随行就市，平面呈不规则形，以自然块石垒砌而成，采用“石包土”结构，现基础大部保存完好，其中以东城墙中断保存最好，残长约 150 米，高约 2.5 米，北部设门，门道和城台形制清晰。

道路：唐崖土司城历史路网体系共分为“三街十八巷”，由主干道、三横三纵的次干道、数十条巷道构成。其主干道南北向贯通全城，依次分为上、中、下三街，全长近 600 米，路面采用宽 1.5—3.5 米不等青砂岩铺筑，是目前我国保存最为完整的明代石板道路。

院落：唐崖土司城遗址内包括小衙门、大寺堂等院落在内，共有院落 30 个。大部分院落由围墙、门道构成，为一般生活区。在多个院落内部或附近有水井遗迹，唐崖土司城遗址中共 17 个，一般位于道路的节点或重要院落附近。

张王庙遗址：又称张桓侯庙，主祀三国名将张飞。始建于明万历三十九年（1611），清乾隆、光绪年间重建，三进院落布局，现仅基础和石人石马一对，石人石马造型奇伟雄关，惟妙惟肖，堪称明代石雕的典范。

衙署遗址：位于唐崖土司城核心区的中部偏西，坐西朝东，中轴对称，前朝后寝式布局。形状大致呈正方形，东西长 218 米，南北平均宽 155 米，总面积约 24500 平方米。主体建筑利用山势坡地，依次分布在数层平台之上，依次为仪门、大衙门、官言堂和内宅。

荆南雄镇牌坊：唐崖土司城址现存唯一完整的地面建筑，该坊通高 7.15 米，面阔 8.4 米，四柱、三门、三楼式，全石仿木构，是唐崖土司城的标志性建筑，也是现存土司遗址中等级最高、体量最大的礼制性建筑。明天启四年（1624），为表彰土司覃鼎参与平定“奢崇明叛乱”战功，由四川巡抚朱燮元奏请明朝廷敕建，坊名“荆南雄镇”和“楚蜀屏翰”由明熹宗朱由校手书。

唐崖土司城址——张王庙　　（县档案馆　供图）

土司墓：土司墓位于唐崖土司城内西北部，建于明洪武年间（1368—1398），为第二代土司覃值什用之墓，占地面积400平方米，半地穴式石室墓，平面呈八字形，由祭台、墓室、封土组成，墓室为五柱四间，正面为仿木构重檐式，檐下雕饰斗拱，是目前已知规模最大、等级最高、形制最独特的土司墓葬。

七十二步朝天马：依贾家沟山势而建，现存为清晚期重修，平面呈“一”字形，共有踏步72级，故名。

九道拐：依山势而建，长118米，平面呈“之”字形，路面狭窄且险要，十分隐蔽，为土司专用的秘密通道。

桥上桥：南北向横跨打过龙沟上，是下街的重要通道，因建成时代不同，分上下两桥，皆为石制。下桥依托基岩凿成，上桥为三孔石梁桥，长6.5米，宽1.8米。桥西侧设有一小型人工引水工程。

夫妻杉：又名“玄武杉”，位于城址西面玄武山顶部，共有两株，树龄超过400年，相传为土司覃鼎夫妇所植。棵围约5米，高约44米，冠幅225平方米，两树枝干连理，并峙而立，如夫妻携手，是唐崖土司城址自然景观的象征和标志。

【国家AAAA级旅游景区坪坝营】 位于咸丰县南端，与来凤县、重庆黔江区接壤，距咸丰县城50千米。景区集森林观光、生态休闲、温泉养生、民俗文化等于一体，总面积154平方千米，区内有12万亩原始森林、6万亩原始次森林、7万亩人工林、万亩千年古树杜鹃，森林覆盖率在95%以上，是全国最大的木本杜鹃群落分布带之一。素有“鄂西林海”之称，被评为国家AAAA级旅游景区。这里山灵秀，林原始，花艳丽，水清幽，洞古老，泉奇特，其独特的自然资源和森林生态在整个武陵山区都是独树一帜的，是区域内最具有代表性的森林生态旅游地。坪坝营地形复杂，垂直差异突出，小气候特征表现明显，海拔950米以下属北亚热带温润性季风气候；海拔950米以上属南温带湿润性季风气候。夏季平均气温在20℃左右，是一处不可多得的避暑胜地，景区负离子含量极为丰富，被有关专家确认为国内最好的“天然养生”地之一。

秋染坪坝营　　（冉建武　摄）

【国家AAAA级旅游景区四洞峡】 位于坪坝营生态休闲旅游区，是一处世界上极为罕见的天坑——穿洞群落，也是罕见的地质构造奇观，一条峡谷从4座大山的山体对穿而过，形成大小不同、形状各异的4个穿洞群落，全长约2千米。每个洞各有特色，发育畸形，集山、水、洞、溪、泉、瀑以及原始生态于一体，处处体现出和谐、优美和神奇。整个洞群犹如一幅天然画卷，美丽而又神秘。

黄金洞洞口　　（张艺馨　摄）

【国家AAAA级旅游景区黄金洞】 位于黄金洞乡，咸利公路58千米处。属石灰岩溶洞。洞口位于千仞绝壁之上，呈半圆形，有飞瀑自崖顶飘落。有上、中、下3个洞口进入洞内，洞分七层，宫、殿、厅、堂各呈异彩；山、川、水、田、伏流别具风光。因洞内暗淡无光，广阔幽深，被称为“黑洞”。1958年因当地人在洞内打铁、炼硝等，外来参观者以“黄金”二字赞誉此洞改今名。2002年11月，被定为县级地质遗迹自然保护区，挂牌保护。2009年引进山西晋源选煤有限公司组建唐崖河风景名胜旅游发展有限公司，投资2亿元开发以洞穴探险、地心漂流、麻柳溪羌寨民俗风情为主的三大景区，于2011年5月1日营业，同年10月通过国家AAAA级旅游景区验收。

黄金洞景区地心漂流从民族风情寨麻柳溪开始，地面4千米激情闯滩之后穿越约长4千米地下溶洞黄金洞，在漂流中尽享溶洞幽深、恢宏气势和千变万化的地质奇观妙景，展现给人们一个湍流曲折、洞穴幽深的神秘世界。

麻柳溪村位于黄金洞乡西北角，是唐崖河国家AAAA级旅游景区的核心组成部分。248省道绕村而过，距咸丰县城65千米。该村是以羌族、土家族、苗族为主的少数民族集中居住地。“依山居之、垒石为室”“立木为架、编竹为墙”，营造具有独特风格的羌式土家吊脚楼，清澈见底的麻柳溪水将麻柳溪村一分为二，宛若一条舞动的巨龙在麻柳溪蜿蜒盘回直入唐崖河，两岸山峰耸立，树木苍翠，森林覆盖面积在85%以上。村内有亮孔寨、女儿寨、老熊溪瀑布等多处自然景观，拥有特色民居318栋，是我国杆栏式建筑保存最为完整的村寨。有星级农家乐20余家，是唐崖河景区重点打造的集旅游观光、休闲度假、民俗风情体验为一体的核心景点。2013年1月，麻柳溪村获“湖北省十佳民族特色村寨”称号。2014年该村被国家旅游局、农业部联合评定为全国休闲农业乡村旅游示范点。同年9月，被国家民委命名为首批“中国少数民族特色村寨”。

麻柳溪　　（郭志军　摄）

【严家祠堂】 位于唐崖镇大水坪村，又称龙洞祠堂，距唐崖集镇10千米，距咸丰县城40千米。清光绪元年（1875）严氏家族集资修建，主体建筑为砖石结构四合院，总建筑面积736平方米，县内仅存的一座家族宗祠。1992年列入湖北省重点文物保护单位。

主体建筑为两进三开间，分门厅、天井、祠堂三部分。三间正殿，长17米，宽12.2米，高8米，面积21.24平方米。4列3间24柱22骑，中间两列5柱6骑，两边2列7柱5骑，柱径0.55米。祠堂正殿前斜置一块长2.6米、宽2.1米巨石。巨石上端镂雕三龙抱柱，下端鲤鱼跳龙门。龙体矫健，利爪雄劲，形态逼真。有2石磉，左为狮子滚绣球，右为母狮戏小狮，石磉下部分别刻8个历史故事画面。线条自然流畅，刀法洗练精致，为县境石雕珍品。除盘龙石略损外，其余保存完好。祠堂内有大量碑刻，记录“乡约当遵”“宗族当睦”“赋役当供”等家训16条。

严家祠堂外景　　（秦兴武　摄）

【十字路风雨凉桥】 位于曲江镇十字路集镇下街口的野猫河，距县城8千米。始建于清嘉庆年间，民国5年（1916）1月中旬翻修。桥身为木制长廊亭阁式建筑，长44.8米，宽4.5米，高8.8米。设5个支点，4个桥孔，每孔净跨10米。河中3个青石菱形桥墩，高出水面3.1米，墩间各以7根粗大圆木为梁，上铺木板。全桥12个开间，木板桥面，两侧条木为凳，外有木方栏杆。该桥载入《中国少数民族地区画集丛刊》，1992年被列为湖北省文物保护单位。

【蒋家花园】 位于坪坝营镇新场集镇，距县城50千米。民间古式建筑，全木结构，建于19世纪初，当地富豪蒋克勤建，建筑面积2920平方米。存房屋94间，3个天井，1个花园。2008年成功申报为湖北省文物保护单位。

蒋家花园为标准对称性建筑，正中为进园大门，左右各有正屋3间，转角屋1间，最两边各有一吊脚楼厢房向院坝伸出，呈“凹”字形。大门高2.2米，宽4.95米，四扇木门，前饰落脚门神，后面一根栓门杠粗如茶碗，两人合力才能拴上。过门厅进入大天井，全以青石铺地，中间砌一圆形花台。天井对面是一座大厅，厅内设置神龛。大厅对面及两边是回廊式两层吊脚楼。楼下正屋过道宽2.74米。二楼距地面3米，四周雕花栏杆，过道宽1.8米，楼上34个房间。建筑主体糅合北方建筑四合水天井高大宏伟风格，天井、正屋、偏房、厢房，对称特征明显；装饰使用江南雕刻艺术，山水园林建筑特点鲜明；四周房屋、厢房是土家族吊脚楼建筑，融合本土文化气息。由百余工匠三年建成。

【大村会议旧址】 位于小村乡大村集镇，距县城74千米。原为当地土豪朱海峰住房，石木结构三层楼房。1933年12月17日，中共湘鄂西中央分局在此召开会议，贺龙、关向应等参会，商讨创建湘鄂川黔新苏区等事宜。会议旧址于1994年被列入州级文物保护单位。2008年4月入选湖北省第五批文物保护单位。

【黄金洞炼硝场遗址】 位于咸丰县黄金洞乡黄金洞内，明代遗址。现存采矿、炼硝遗迹120余处，硝坑218个，总面积约20万平方米。明朝《一统志》将黄金洞称为“硝场”，“悬崖高耸，下有津渡，其半岩一孔，势若城门”。该遗址是我国文献记载最早、世界上最大的火药遗址，具有较高的学术价值。2014年7月入选湖北省文物保护单位。

【大寨坪遗址】 位于清坪镇马家坪村大寨坪山顶平台，距离咸丰县城东北部30千米。2019年1月，列为第七批湖北省文物保护单位。该遗址系为在悬崖陡壁上依山势垒砌石墙围合的不规则平台，平台占地562亩。寨墙四周围合，东西面有大、小寨门各1个，是进入寨内的唯一通道，陡崖形成自然防御屏障，气势恢宏，高低呈几百米落差，立于寨墙观望，美景如画，奇秀无比。其地理位置在“唐崖土司城址”与“龙潭土司遗址”中轴线上，大寨坪的大寨门遗址与小寨门遗址的寨门结构保存较为完整，大寨门结构具有特色，小寨门寨墙上存有碓窝遗迹，大、小寨门皆构筑于险绝之处，门前悬崖峭壁，以狭窄石板栈道通行。寨门与寨墙巧妙结合，构成了“一夫当关、万夫莫开”的防卫体系。

【青灵山森林公园】 建于2004年6月，其前身为瀑泉森林公园，2007年7月经县人民政府同意，更名为咸丰县青灵山森林公园。山上建有飞凤楼，上山木栈道5000余米。

公园位于咸丰县城南麓，东起咸来公路东侧第一层山脊，西至瓦窑沟西侧第一层山脊，北邻主城区，南抵鸡公岭主峰北坡。公园规划面积21325亩，涉及高乐山镇大坝、白地坪、团结、晨光、杨泗坝、前胜、大毛坡7个村，24个村民小组。园区内有鸡公岭、走马岭、青灵山等大小山峰30余座，其中1000米以上的山峰21座，最高峰鸡公岭海拔1242米，相对高差500余米。东西两侧有瓦窑沟、周家沟两条溪流分别由南向北注入忠建河，山麓流水潺潺，沟谷纵深，林密丰茂，环境优雅。公园森林面积约19192亩，森林覆盖率达90%。主要树种有马尾松、香果树、油茶、杜鹃等20余种，分布有国家Ⅰ级保护树种红豆杉天然林群落、国家Ⅱ级保护树种小叶水青冈、楠木天然林群落和咸丰特色树种木荷天然林群落、油茶天然林群落等。各类野生动物种类200余种，其中兽类20余种、鸟类100多种、爬行动物10余种；两栖类动物有水獭、大鲵、中华小鲵等20多种。据统计，已发现的国家重点保护野生动物12种。

飞凤楼，俗称“望城楼”，坐落在县城青龙山之巅，由湖北省民宗委投资与咸丰县人民政府共同修建，全省民族文化重点工程。工程总投资400余万元，建筑面积545平方米，占地面积296平方米，2008年冬竣工。楼高20.7米，分三层，呈宝塔型矗立云天。楼阁雕梁画栋，古朴庄重，廊腰缦回，檐牙高啄，气宇轩昂，风情独具。四周青松苍翠，绿色掩映。伫立楼顶，可俯瞰县城全景。

青灵山公园木栈道　　（杨　琼　摄）

【二仙岩高山湿地】 地处云贵高原东延的武陵山脉北麓，东北靠茅坝，东南至燕朝，西南与重庆市黔江区交界，距咸丰县城87千米。2010年6月纳入省级（湿地）自然保护区。

保护区总面积5404公顷，其中核心区面积2250公顷，缓冲区面积1109公顷，实验区面积2045公顷。区内中部平坦开阔，平均海拔1400米，最高海拔1701米，其周缘高山耸峙，是鄂西南少有的高山台地，为喀斯特地貌。主要保护对象为中亚热带亚高山泥炭藓沼泽湿地，重点保护物种野生莼菜群落和鹅掌楸群落等及其生境，长江支流乌江水系水源地。高山平地上有星罗棋布的天然草场和碧波荡漾的湖泊，有鬼斧神功、晶莹剔透的众多溶洞。在这里可以观日出，赏云海，看云蒸霞蔚，品味“一览众山小”的豪情，自然风光美不胜收。保护区雾多湿重，气候凉爽，是天然避暑胜地。

2018年咸丰县经济社会发展概况

2018年，全县实现地区生产总值83.49亿元，比上年增长4.8%。其中第一产业实现增加值17.29亿元，增长3%；第二产业实现增加值24.06亿元，下降0.1%，其中工业实现增加值19.56亿元，增长2.8%；第三产业实现增加值42.14亿元，增长8.6%。产业结构进一步优化，三次产业结构比由2017年的22.3∶30.2∶47.5调整为 20.7∶28.8∶50.5。按年均常住人口计算，2018 年全县人均生产总值为 27038 元。全年实现地方财政总收入 78580 万元，比上年增长 3.6%。地方一般公共预算收入 46142 万元，比上年增长 8.8%，其中实现税收收入 36458 万元，比上年增长 16.4%，税收收入占地方一般公共预算收入的比重达到 79.0%。实现政府性基金收入 21039 万元，比上年下降 32.8%；实现社会保险基金收入 33353 万元，同比增长 11.4%。全年一般预算支出 357229 万元，同比增长 20.6%。

全年实现农林牧渔业总产值 31.67 亿元，按可比价格计算，比上年增长 4.4%，其中农业产值 17.47 亿元，增长 5.1%；林业产值 2.41 亿元，增长 1.2%；牧业产值 9.51 亿元，增长 2.8%；渔业产值 0.14 亿元，下降 7%；农林牧渔服务业产值 2.14 亿元，增长 17.1%。实现农林牧渔业增加值 18.2 亿元，按可比价格计算，比上年增长 3.3%，其中农业增加值 11.01 亿元，增长 3.5%；林业增加值 1.30 亿元，与上年持平；牧业增加值 4.89 亿元，增长 2.7%；渔业增加值 0.08 亿元，下降 7%；农林牧渔服务业增加值 0.91 亿元，增长 16.7%。主要农产品产量平稳增长。粮食播种面积 46180 公顷，比上年增长 2.46%；粮食总产量 20.06 万吨，比上年下降0.43%。油料播种面积6930公顷，比上年增长 1.76%，总产量 13139 吨，比上年增长 3.7%。烟叶（未加工烟草）播种面积 3750 公顷，与上年持平，烟叶总产量 5900 吨，比上年下降 3.2%，蔬菜播种面积 20120 公顷，比上年增长 4.47%，蔬菜产量 286145 吨，增长 4.86%。药材面积 18390 公顷，比上年增长 5.27%。年末实有茶园面积15631公顷，其中可采摘面积7450公顷，全年茶叶产量 9120 吨，比上年增长 0.52%。共有各类果园面积 15901 公顷，比上年增长 4.27%，园林水果总产量 23485 吨，比上年增长 4.81%。年内共出栏肥猪 47.81 万头，比上年下降 1.4%，猪肉总产量 36800 吨。年末生猪存栏 37.56 万头，比上年下降 2.44%。其中能繁母猪存栏 3.46 万头，比上年下降 10.82%。年末牛存栏 27972 头，羊存栏 14399 只。农村生产生活条件进一步改善。全县通汽车的村 263 个，通电话的村 263 个，自来水受益的村 243 个。化肥施用量（折纯量）3.67 万吨，比上年减少 0.34%。实施精准扶贫，近五年累计脱贫 34127 户 21415 人，其中 2018 年脱贫 6391 户 21415 人。全年完成扶贫搬迁 2614 户 9023 人，解决 34.1 万农村人口饮水安全问题。

全县实现工业增加值 19.56 亿元，扣除价格因素比上年增长 2.8%，在全县生产总值中的比重达到 23.4%。全县规模以上工业企业 36 家，实现规模以上工业总产值 12.17 亿元，增加值扣除价格因素比上年增长 1.1%。全县规模以上工业企业全年实现主营业务收入 111744.7 万元，实现利润总额 7183.4 万元，工业品产销率 96.3%。全县全社会用电量 33263 万千瓦时，比上年增长 1.6%。第一产业用电量 551.6 万千瓦时；第二产业用电量 11542.9 万千瓦时，其中工业用电 10297.3 万千瓦时，比上年下降 8.1%；第三产业用电量 8491.9 万千瓦时。全县 2018 年能源消费量 45.85 万吨标准煤，比上年增长 1.24%。全县单位 GDP 能耗 0.583 吨标准煤 / 万元，比上年下降 3.36%；万元 GDP 电耗 423.21 千瓦时，比上年下降 3%。

全年实现固定资产投资比上年增长 12%。其中 5000 万元以上项目投资增长 32.5%；5000 万元以下项目投资 8.8%；房地产开发投资下降 28.1%。全县具有资质等级以上建筑企业 14 家，实现建筑业总产值 13.42 亿元，比上年下降 22.5%。房屋施工面积 121.99 万平方米，比上年增长 29.2%；房屋竣工面积 46.65 万平方米，比上年下降 29.4%。截至 2018 年底，全县具有资质等级以上房地产企业 20 家。商品房销售面积 17.3 万平方米，其中住宅类销售面积 14.56 万平方米；商品房销售额 5.8 亿元，其中住宅商品房销售额 4.75 亿元。

全年实现社会消费品零售总额501198万元，比上年增长10.7%。按经营地统计，城镇消费品零售额402270万元，比上年增长10.8%；乡村消费品零售额98928万元，比上年增长10.3%。全年实现自营出口407.8万美元，招商引资到位资金52.5亿元，比上年增长32.6%，直接利用外资778万美元。全县金融机构年末各项存款余额1151685万元，比年初增加61650万元，其中住户储蓄存款余额818267万元，比年初增加93339万元。金融机构各项贷款余额694766万元，比年初增加121413万元，其中短期贷款余额132401万元，比年初增加9145万元，中长期贷款余额209836万元，比年初增加17372万元。全县通车公路里程3328.81千米，其中国道71千米、省道141千米、市道447.3千米、乡道497.02千米、村道2172.49千米。按等级分，一级公路18.5千米、二级公路193.5千米、三级公路214千米、四级公路2902.81千米。农村通公路行政村比重达到100%。全社会客运量290万人次，旅客周转量47500万人千米；货运量489万吨，货物周转量81100万吨千米。年末共有公交4路、36辆，出租车200辆。邮电通信行业全年邮电业务总量4100万元，电信业务收入2.35亿元，增长2.6%。年末全县固定电话用户10.01万户；移动电话用户31.02万户，其中4G移动电话用户27.09万户。宽带互联网接入用户10.21万户。全年旅游接待人数609.8万人次，比上年增长5.1%，实现旅游综合收入55.86亿元，比上年增长4%。

全县高新技术企业9家，全年专利申请177件，其中专利发明46件；全年专利授权108件，其中发明专利2件。大力普及科技教育，全年举办少儿科技竞赛1次、273人次；举办少儿科技培训3次、657人次；科技推广服务机构5家，农民技术协会12个，县直专业协会15个。2018年末，全县共有各类学校48所（不含幼儿园及教学点），其中中等职业学校1所，普通中学（含九年一贯制学校3所、高中1所）16所，完全小学30所，特殊教育学校1所。有普通高中专任教师242人，中等职业教育专任教师139人，普通初中专任教师840人（含九年一贯制学校专任教师数），小学专任教师1169人，特殊教育学校专任教师2人；全县在校学生48345人，其中高中在校学生4141人，中等职业学校在校生3859人，普通初中在校生15828人（含九年一贯制学校在校学生），小学在校生24497人，特殊教育在校生20人。全县初中适龄人员入学率达到100%，初中三年巩固率为96.2%。全县幼儿园50所，专任教师337人，在校学生11165人。全县有公共图书馆1个，文化馆1个，乡镇（区）综合文化服务中心11个，文物保护管理机构1个。2018年投入资金3250万元，新建161个村级文体广场；电视覆盖11万户，覆盖率99%以上。农村公益电影累计放映3158场；新组建群众文艺团队65支，开展各种文化体育活动945场。杨道运被认定为国家级非物质文化遗产项目“南剧”代表性传承人；县图书馆通过评估定级为“国家二级图书馆”；投入资金116万元，完成263个村级农家书屋提档升级。全县拥有医疗卫生机构373个（含村卫生室），全县拥有职业医师（含助理医师）人员736人。卫生机构床位数2101张，每千人拥有床位数（含卫生室）6.79张，每千人拥有医生（含助理）数2.38人。

全县乡村从业人员合计17.2万人，其中农村外出从业人员8.07万人，比上年增加0.01万人，占乡村从业人员总数的46.9%。按外出地点分，县内乡外0.71万人，省内县外1.37万人，省外5.99万人；按外出人员从事行业分，第一产业0.24万人，第二产业6.07万人，第三产业1.76万人；按外出从业目的分，务工7.38万人，经商0.58万人，其他0.11万人。参加过职业技能培训的3.13万人，持有职业技术资格证书的有1.14万人。2018年城镇常住居民人均可支配收入27056元，比上年增长8.23%；人均生活消费性支出19612元，比上年增长10.9%。农村常住居民人均可支配收入10390元，比上年增长9.66%；人均生活消费性支出8691元，比上年增长11.5%。2018年全县各种社会福利收养性事业单位13个，各种社会福利收养性事业单位床位1608张。全年最低生活保障人数18779人、保障支出7423.9万元。其中城镇居民最低生活保障人数1485人、支出921.4万元，农村居民最低生活保障人数17294人、支出6502.5万元。基本养老保险参保人数218904人，其中城镇基本养老保险参保人数44997人，城乡居民基本养老保险参保人数173907人。基本医疗保险参保人数363805人，其中城乡居民基本医疗保险人数343515人。工伤保险参保人数14551人。失业保险参保人数12849人。生育保险参保人数7938人。

城市建成区绿化覆盖率36%，城市人均公园绿地面积15.1平方米，城市生活垃圾无害化处理率98%。全县环境优良天数354天。

中国共产党咸丰县委员会

综　述

【概　况】2018年，中共咸丰县委坚持以习近平新时代中国特色社会主义思想为指引，全力推进“五位一体”总体布局和“四个全面”战略布局的咸丰实践，加快“五个咸丰”建设，党的建设、经济发展、生态文明、改革开放、社会治理、民生改善等各项事业取得新成绩，为决战决胜脱贫攻坚，与全国同步全面建成小康社会奠定了坚实基础。

一、聚力党的建设“第一保障”，政治生态更加清朗。坚持党对一切工作的领导，全面贯彻新时代党的建设总要求，推动全面从严治党向纵深发展。政治建设上，牢固树立“四个意识”，坚定“四个自信”，坚决做到“两个维护”，认真贯彻落实党中央和省委、州委决策部署。思想建设上，坚持用习近平新时代中国特色社会主义思想武装头脑，“两学一做”学习教育、党委（党组）中心组学习、支部主题党日、干部集中夜学规范开展；意识形态工作责任制全面压实，牢牢把握党对意识形态的领导权。组织建设上，建强全县各级党组织，基层党建“整县推进”全面实施，干部人才教育培训有力有效，村（社区）党组织换届全面完成。作风建设上，深入贯彻“转作风、敢担当、善作为、抓落实”要求，驰而不息纠正“四风”。纪律建设上，出台管党治党系列制度，监察体制改革顺利完成，巡视巡察利剑生威，反腐败斗争取得压倒性胜利并巩固发展。

二、聚力加快发展“第一要务”，县域经济更加壮大。坚持高质量发展方向，持续推进小康咸丰建设，经济运行稳中有进、稳中向好。“四大产业集群”竞相发展，实体经济正在振兴，忠堡工业园搭建起咸丰工业转型升级新舞台，咸丰余杭总部经济产业园和电商产业园建成开园，5家企业实现新进。召开县委全会研究推进全域旅游高质量发展，引进鄂旅投收购坪坝营三特公司100%股权，乡村旅游蓬勃兴起，民宿试点启动建设。以“三茶一药一猪”为主导产业的农业结构调整步伐加快，“唐崖”品牌成为咸丰产业发展的亮丽名片。围绕“四大引擎”大抓项目，新城“十大建设”相继动工，咸丰大道即将建成通车，黔张常铁路咸丰段、渝鄂直流“背靠背”换流站、天然气镇镇通等重点工程进展迅速，咸丰正在进入加快发展的新阶段。

三、聚力绿色发展“第一路径”，生态魅力更加彰显。坚持人与自然和谐共生，树牢“绿水青山就是金山银山”的理念，持续推进绿色咸丰建设，不以牺牲生态环境为代价换取一时的经济发展。发展生态产业、循环经济，县内13家煤矿全部淘汰退出，县域绿色经济体初步构建。改善生态环境质量，污染防治攻坚战、长江大保护十大标志性战役、重大生态工程强力推进，河长制、山长制全面落实，乡集镇垃圾污水处理设施、城乡卫生厕所基本实现全覆盖，中央和省环保督察反馈问题全部整改落实。建设生态城镇、美丽乡村，县城控制性详细规划全面完成，村庄规划分批启动，青龙山森林公园建成开放，城镇绿化美化、停车场等一批市政设施逐步完善，成功创建湖北省森林城市。

四、聚力改革开放“第一动力”，发展后劲更加充足。坚持以改革开放破瓶颈、添动能，持续推进开放咸丰建设，县域发展焕发新活力。农村集体产权制度改革成为国家级试点，供给侧结构性改革、“放管服”改革、重点项目推进机制、党的建设制度等重点改革深化推进，一些重要制度和实践创新成为可复制、可推广的“咸丰经验”。招商引资目标责任制全面落实，招商项目谋划推介取得重要进展，成功签约亿元以上重点招商项目27个，到位资金47.42亿元。主动融入长江经济带、全省“一主两副多极”、全州“一谷两基地三示范区”区域发展战略，借力农业农村部定点帮扶、东西部扶贫协作、“616”工程、校地合作、异地商会、“千企帮千村”推动发展。招才引智、外贸经济实现新突破。

五、聚力依法治理“第一方式”，社会大局更加和谐。坚持深化依法治国实践，持续推进法治咸丰建设，用法治思维和法治方式深化改革、推动发展、维护稳定。支持人大、政府、政协、法院、检察院依法依章履行职能，国防武装、军民融合扎实推进，民族宗教、外事侨务、群团组织等工作不断加强，爱国统一战线巩固壮大，党校、史志、老干部等工作务实有效。法治政府、法治企业、法治社会建设加快推进，普法宣传、司法为民落实有力。“一统三治六联”基层社会治理模式实现行政村全覆盖，入围第三批省级社会管理和公共服务标准化试点项目。法治信访持续推进，信访秩序依法规范。防范化解重大风险统筹发力、效果明显。安全生产形势平稳可控，防灾救灾工作扎实有效。扫黑除恶初战告捷，受到中央第七督导组充分肯定。圆满完成重要节庆、重大会议、敏感节点的安保维稳工作，社会保持长治久安。

六、聚力民生改善“第一目的”，人民生活更加美好。坚持在发展中保障和改善民生，持续推进幸福咸丰建设，人民群众获得感不断增强。凝聚攻坚合力决胜精准脱贫，统筹整合财政资金6.59亿元用于精准扶贫，实施扶贫项目726个，脱贫成果巩固扩大，全省产业扶贫现场会在咸丰县召开。城乡道路交通、安全饮水、电网改造、信息通信、安居工程建设取得突破，人民生产生活条件持续改善。教育六年振兴计划深入实施，全县首所12年一贯制民办学校（春晖学校）落地开工，高考成绩跻身全州第一方阵。医疗卫生服务能力实现提升。社会保障扩面提标。创业就业成效喜人。文化事业快速发展，社会主义核心价值观深入人心，道德讲堂浸润城乡，文明创建整体推进，荣获“中国南剧传承研究基地”和“湖北省民间文化艺术之乡”称号。

【中国共产党咸丰县第十四届代表大会第三次会议】 2018年12月16日，中国共产党咸丰县第十四届代表大会第三次会议在县会展中心开幕。出席大会代表205人，大会由县委副书记、县长杨皓主持，县委书记郑东来向大会作《打赢脱贫攻坚大决战 打造开放咸丰升级版 奋力谱写高质量发展新篇章》的工作报告。报告指出，2019年，咸丰将始终坚持以习近平新时代中国特色社会主义思想为指导，深入学习贯彻习近平总书记视察湖北重要讲话精神，落实省委、州委决策部署，以党的建设统领经济社会发展全局，以经济建设为中心，推进精准脱贫决胜年、开放咸丰深化年建设，打好“三大攻坚战”，加快“四大产业集群”建设，实现整县脱贫、工业经济、城市建设、招商引资、项目建设“五个突破”，主要经济指标增速高于全州平均水平，县域经济高质量发展走在前列。

2018年12月16日，中共咸丰县第十四届代表大会第三次会议在县会展中心召开　　（李维君　摄）

【规范机关事业单位用人秩序】 2018年1月22日，县委书记郑东来主持召开县委常委会议，听取全县机关事业单位聘用临时人员情况汇报，审议《咸丰县公益性岗位开发管理办法》《咸丰县政府购买劳动服务实施办法》，研究部署全面清理临时聘用人员工作，规范机关事业单位用人秩序。会议决定：严格规范机关事业单位用人秩序，对临时聘用人员统一标准、统一待遇、统一管理，促进用人单位聘用人员规范有序，保障用人单位和聘用人员权益。全县临时聘用人员实行总量控制，只减不增，确保临时聘用人员总量控制在合理区间。积极转变临时用工方式，对确需聘用临时人员的单位，原则上全部实行“劳务派遣制度”，严禁用人单位与临时聘用人员直接签订劳务合同。严格遵守《中华人民共和国劳动合同法》等有关法律法规，本着尊重历史的原则，充分考虑临时人员切身利益，按照统一的分类处置方案，规范一批，聘用一批，解聘一批。原则同意《咸丰县公益性岗位开发管理办法》及《咸丰县政府购买劳动服务实施办法》。由县领导卢小志、王兵、宋爱军组织相关部门和乡镇主要负责人召开专题会议进行动员和部署。

【传达学习省经济工作暨农村工作会议精神】 1月22日，召开县委常委会议，传达学习中央农村工作会议精神、全省经济工作暨农村工作会议精神，研究贯彻落实措施。会议强调，一是提高政治站位，增强做好新时代“三农”工作的紧迫感使命感。全县上下要深刻认识“三农”工作的重要性、艰巨性和紧迫性，深入学习领会中央农村工作会议精神、全省经济工作暨农村工作会议精神，努力推动中央、省委和州委“三农”工作各项决策部署在咸丰落地落实。二是实施“六大行动”，推进农业全域绿色化发展。根据中央、省委的决策部署，结合咸丰实际，实施农业产业提质增效、村庄环境卫生整治、文明乡村建设、基层社会治理、生活水平提升行动和农村改革创新“六大行动”。要采取坚决有效措施，严格控制农药化肥，切实解决农残超标等问题，走质量兴县、全域有机之路，推进农业生产标准化、绿色化发展。要传承发展提升农耕文明，走乡村文化兴盛之路，着力打造农耕文化产业园，传承发展提升农村优秀传统文化，不断提高乡村社会文明程度。

此次会议原则通过《咸丰县“乡村振兴行动年”工作方案》。2月下旬，结合学习《中共中央、国务院关于实施乡村振兴战略的意见》（中发〔2018〕1号）文件精神，要求进一步细化《“乡村振兴行动年”工作方案》，以确定的6个方面24个具体行动为抓手，加强统筹谋划，加大投入力度，严格按照时间节点稳步推进，确保乡村振兴战略在咸丰落地生根，开花结果。

【研究县级医疗机构托管乡镇卫生院试点工作】 1月22日，召开县委常委会议，听取全县医疗体制改革工作情况汇报，研究县级医疗机构托管乡镇卫生院方案。会议决定：

1. 试点先行，逐步推进。在牢牢把握国家深化医药卫生体制改革总原则基础上，县人民医院与县中医医院各选择两家偏远乡镇卫生院分别作为医联体、医共体试点，制定具体方案实施，并根据运行情况充分论证、总结经验，探索最优改革方案，逐步在全县全面推开。

2. 政府主导，统筹推进。县卫计部门认真落实规划、指导、协调、监管、宣传等职能，根据区域医疗资源结构布局和群众健康需求，统筹推进县级医疗机构托管乡镇卫生院，切实维护和保障基本医疗卫生事业的公益性。充分发挥县级医院主体作用，努力调动乡镇卫生院的积极性，形成医疗改革的强大合力。

3. 龙头做强，资源下沉。通过改革不断提升县级医院综合实力，发挥“龙头”带动作用，加强社区卫生服务机构、乡镇卫生院和村卫生室等基础设施建设，提升基层医疗卫生机构的“硬件”水平，补齐基层医疗卫生机构“软件”的短板，保障医疗改革稳步推进。

4. 统一管理，柔性交流。建立统一管理和协作机制，引入先进的管理服务理念，实行竞争上岗，分级核算，绩效考核，稳步提高职工待遇。逐步探索出台人才柔性交流制度，激励优秀人才下沉。

5. 政策支持，综合施策。坚持“保基本、强基层、建机制”原则，在保持医疗机构行政隶属关系、财政投入渠道、职能定位不变的前提下，县政府研究出台具体实施方案，制定配套政策，相关单位加强统筹协调联动，确保全县医疗体制改革顺利进行。

【研究部署全面从严治党和纪检监察工作】 2月5日，召开县委常委会议，传达学习省纪委十一届二次全会和州纪委七届三次全会精神，研究部署贯彻落实措施，审定县纪委全会工作方案和纪委工作报告。

1. 全面落实党中央对全面从严治党的新部署新要求。认真学习贯彻习近平同志关于党的建设和全面从严治党的思想，深刻理解和把握全面从严治党的新内涵，认真贯彻“六大统一”论，正确处理从根上建与根上治、问题导向与战略思维、重点突破与整体推进、掌权与担责、信任与监督、自律与他律的“六个关系”。

2. 坚定不移推动全面从严治党向基层延伸、向纵深发展。一要逐级压实主体责任。各级党委（组）书记要认真履行“第一责任人”责任，坚定不移把党中央和省委、州委关于全面从严治党的决策部署在咸丰第一时间落地生根，营造良好的政治生态。二要驰而不息纠正“四风”，坚定不移地推动中央八项规定及实施细则在咸丰的贯彻落实。三要围绕“五个咸丰”建设，开展好纪检监察工作，重点整治不作为、慢作为、懒政怠政等问题。四要保持反腐败高压态势，做到力度不减、节奏不变，容错不破底线。五要推进巡察、派驻、监察监督全覆盖，高悬巡察利剑。六要推动各个领域关键环节、关键部位的制度建设，构建管党治党长效机制。七要充分运用监督执纪“四种形态”，严格落实“三个严格区分开来”，抓早抓小，让“咬耳扯袖”“红脸出汗”成为常态，不断提高监督执纪实效。

3. 加强县委对纪委工作的全面领导。一是县委和各级党组织要加强对纪检监察工作的全面领导，统揽纪检监察工作全局，定期听取纪检监察工作汇报，研究解决实际问题。二是全力支持纪委监察委执纪问责，按照党章要求和相关规定履行法定职责。三是“按图施工”推进国家监察体制改革试点工作。四是县委要主动接受同级纪委监督。五是支持纪检监察机关加强自身建设，锻造忠诚、干净、担当的“纪检铁军”。

同年4月27—28日，再次召开县委常委会议，讨论审议《全县第十九个党风廉政建设宣传教育月活动方案》《关于开展“违规整酒风”专项治理工作的实施方案》。会议强调，各级各部门要高度重视，精心组织，把宣教月活动转化为守纪律讲规矩、履行主体责任的推动力，把开展“违规整酒风”专项行动、引导群众移风易俗与第十九个党风廉政建设宣传教育月活动结合起来，加大治理力度，严肃追责问责，严格规范管理婚丧嫁娶事宜，坚决制止大操大办婚丧嫁娶以及整“无事酒”的行为发生，切实净化社会风气，减轻群众负担。

【推进城乡建设复兴“中国干栏式建筑之乡”】 2月5日，县委常委会议，传达学习全州城乡建设管理现场会议精神。会议强调，各相关部门要深入学习全州城乡建设管理现场会议精神，进一步高起点规划、高品位建设、高标准管理，做大县城、做特乡镇、做美农村，推进城镇化和美丽乡村建设协调发展，全面复兴“中国干栏式建筑之乡”。

1. 科学规划，统筹城乡发展。坚持规划引领，强化管理，突出规划保障和规划服务两个重点，凸显前瞻性、引领性和管控性三大作用。加强规划机构建设，完成丁寨等重要片区和各乡镇（区）控制性详细规划编制和修订；着力推进山体保护专项规划、养老设施专项规划、消防专项规划、海绵城市等专项规划落地；全面启动咸丰新城城市设计编制，推进村庄规划全覆盖。进一步加强城乡规划管理，严格落实村（居）民建房管理办法，严格按照新的技术规范实施城乡规划管理，着手开展县级城乡规划督查，规范村（居）民建房管理，着手房屋征收、住房保障等配套政策落实。

2. 强化项目支撑，推动城乡建设。一是坚持聚焦新城建设，扩宽城市面域。坚持把新城作为县域发展的“主发动机”，严格执行技术规范，按照“民族化、景区化、公园化”建设思路，高标准建设、高效率推进。二是完善城市功能，提升居住环境。坚持把以人为本作为城镇化的核心，着眼解决具体问题，整治“城市病”，全面提升城镇综合承载能力，丰富城市内涵，在坚持新城建设为重心的同时进一步加强老城区功能改善，实现新老城区功能良性互补。三是聚力城乡建设，统筹全面发展。进一步凸显项目在城乡建设中的统筹作用，加快城乡一体化建设，以产业融合为路径，以满足服务半径需求为目标，加快推进乡镇污水垃圾处理、公园建设、旅游厕所建设和棚户区改造等项目建设。

3. 提升管理水平，营造良好环境。以“六城”同创活动为抓手，以建设宜居宜游宜业的城市环境为总目标，推进城市管理综合执法，提高城市管理法制化水平。持续加大对乱停乱放、乱摆摊设点、乱牵乱挂、违规广告、渣土污染的整治力度，突出重点区域整治和粉尘污染治理，严格户外广告管理，完善燃气监督管理体系。全面落实“门前五包”、建筑工地“六不开工”、渣土运输车辆“五不上路”等相关制度规定。做好城区绿化新建、养护工作，开展拆墙见绿，见缝插绿行动，加强市政工程的入场建设维护；理顺建管关系，建立市政基础设施移交制度；狠抓换位保洁日常管理，合理布局环卫设施；扎实开展两违巡查管控，严控严防新增两违现象。

4. 推进复兴“中国干栏式建筑之乡”工作。2018年2月23日，县十八届人大常委会第14次会议审议通过《关于加快复兴“中国干栏式建筑之乡”的决定》，形成规划引领、项目拉动、文化振兴、多方协作的民族传统建筑保护和传承思路。一是规划先行，组织编制《咸丰县复兴“中国干栏式建筑之乡”总体规划》，启动《咸丰县总体城市设计》《曲江新城城市设计》等，以各资源点为依托，以重要交通沿线为纽带，一线串珠，对近、远期复兴工作进行全盘谋划。二是严控规划。县政府相继出台《加强传统民族建筑保护和发展，全面复兴“干栏式建筑之乡”实施方案》《咸丰县村（居）民建房管理办法》等配套文件，组织设计编制了20套村（居）民（建房）图纸供居民选择使用，完善建房奖惩措施。三是全面落实。实施唐崖古镇干栏式建设改造项目，对大河公路沿线民居进行集中改造，2018年完成投资5000万元。对新建项目统一布局设计，咸丰大道塘铺及凉水井安置区、卢家沟主题公园、青龙嘴广场等，全部按照干栏式建筑风貌进行规划设计。

【传达学习习近平总书记成都精准扶贫座谈会讲话精神】 2月26日，召开县委常委会议，传达学习习近平总书记在成都调研精准扶贫工作座谈会上的重要讲话精神。会议强调，习近平总书记的重要讲话体现了深厚的民生情怀，为下阶段脱贫攻坚工作指明了方向。全县各级各部门要把思想和行动统一到习总书记的重要讲话精神上来，结合贯彻省脱贫攻坚作风建设“十不准”规定，进一步提高认识、强化措施、细化责任，坚决打赢脱贫攻坚战。

1. 压实工作责任。县脱贫攻坚指挥部要进一步明确政策、统筹项目，建立完善月调度机制，及时听取各乡镇（区）前线指挥部工作情况汇报，研究解决实际问题；各乡镇（区）前线指挥部要对本乡镇（区）脱贫攻坚负责，有具体事务的决策权。县脱贫攻坚指挥部办公室要迅速制定相关文件，进一步明确驻村工作队长、尖刀班班长、村“两委”、驻村“第一书记”、驻村工作队员、结对帮扶干部等工作职责，全面压实工作责任。

2. 明确脱贫标准。各乡镇（区）前线指挥部严格对照村脱贫“九有”和户销号“两不愁、三保障”标准，切实推动本地区脱贫攻坚工作落实达标。要坚持实事求是的原则，既不能降低标准、影响质量，也不能随意调高标准、吊高胃口。

3. 补齐工作短板。工作力量全部下沉，摸清摸准前期工作存在的到村到户档案资料不完善、产业项目谋划不精准等问题，围绕短板加大工作力度，下足“绣花功夫”，确保工作不留缝隙。同时，抢抓季节，加快产业建设，坚决消灭产业“空白村”。

4. 强化业务培训。县脱贫攻坚指挥部要迅速组织开展全县业务培训，进一步讲清讲透相关扶贫政策、明确细化到村工作任务。同时，以乡镇为单位长效性开展各类培训，讲政策、讲方法、讲要求，确保驻村帮扶工作取得实效。

【研究部署产业建设和招商引资及工业园区建设】 2月26日，召开县委常委会议，传达学习全州产业建设、招商引资暨园区建设推进会议精神。会议强调，加强产业建设、招商引资和园区建设，事关全局和长远发展。全县各级各部门要统一思想，提振精神，压实工作责任，优化发展环境，坚持在发展中促转变、在转变中谋发展，加快“五个咸丰”建设步伐。

1. 把发展的重点转到产业发展上来。产业发展是县域经济发展的核心，坚持问题导向、目标导向，全力以赴抓好“4+1”产业集群建设。县发改局负责牵头抓好清洁能源产业集群建设工作，县林业局负责牵头抓好生物医药产业集群基地建设工作。稳步推进生态文化旅游、硒食品精深加工产业集群建设工作。推动石材建材产业转型升级，加快以石文化为内涵，以创意设计为核心的技术创新，擦亮“中国·武陵石材之都”名片。

2. 把发展动力重点转到招商引资上来。摒弃守株待兔、等待观望的消极思想，坚持把招商引资作为促进全县经济大发展的动力之源，作为壮大经济总量、做强财政实力的重要抓手，作为促进工业化、城镇化进程的重要手段，常抓不懈、抓出成效。强化目标任务，县“四大家”领导带头开展招商引资工作，各单位主要负责人为招商引资第一责任人，层层分解、量化招商引资任务。围绕“四大引擎”“四大产业集群”，积极谋划敲定、跟踪引进、有效落地一批能为全县经济社会发展打基础、攒后劲的大项目、好项目。

3. 把工业重点转到园区建设和产业集聚上来。突出产业集聚，坚持高起点规划、高标准建设，既有产业链配套，又有生产性服务业和公共服务平台的配套，实现土地集约利用、资源综合利用、综合效益显著提高的目的。要算好税收账、就业账、科技含量账、资源账、环保账，以壮士断腕的勇气推动企业转型升级。

4. 把服务企业发展工作重点转到“四个环境”

上来。全县各级各部门和广大党员干部要牢固树立“政府打造环境、企业创造财富”的理念，把为企业发展创造良好环境作为义不容辞的责任，重点打造好法治、政务、金融、信用“四个环境”，推动经济快速健康发展。加大对企业承诺政策兑现力度，提升政府公信力。

【传达学习农业农村部部长韩长赋到咸丰调研精神】 4月27—28日，召开县委常委会议，传达学习农业农村部部长韩长赋到咸丰调研座谈会精神。会议指出，韩长赋到咸丰调研并召开座谈会，体现了农业农村部倾情帮扶咸丰30余年的真挚感情。韩长赋的讲话精神具有很强的指导性和针对性，为未来一个时期全县脱贫攻坚、乡村振兴工作指明了方向和重点。全县上下要坚决贯彻党中央和省委、州委关于脱贫攻坚和乡村振兴的重要决策部署，推动实现产业振兴、人才振兴、文化振兴、生态振兴、组织振兴，确保如期脱贫摘帽。

1. 加大产业扶贫力度。把产业扶贫作为脱贫攻坚的核心抓紧抓实，牢牢把握农业农村部对口帮扶机遇，向开放要动力，向创新要活力，向特色发展要竞争力。一是推动融合发展，真正实现农旅融合、农文融合、农工融合、农商融合和城乡融合。二是加快龙头企业发展，培育新经济组织。在建强农村专业合作社、农庄经济、大户经济等新经济组织的同时，整合资金、集中力量培育壮大一批有带动力的龙头企业。三是全力打造唐崖公共品牌。对品牌打造进行专题研究，加大品牌宣传推介力度，提升企业品牌意识。四是建立完善利益联结机制。总结推广订单帮扶、股份合作、园区带动、生产托管等产业扶贫模式，形成新型经营主体与贫困户命运共同体，让贫困群众从产业发展中获得实实在在的利益。五是推动农业开放发展。推动完善农村土地“三权分置”，使资源变资产，资产变资本；加大农业招商引资力度，吸引更多城市资本、工商资本、社会资本投向农业农村，利用农业农村部对口帮扶机遇，推动大品牌、大企业与咸丰县产业发展形成对接，引入资金和先进理念。

2. 加强政策研究对接。深入研究《中共中央、国务院关于实施乡村振兴战略的意见》和农业农村部即将出台的定点帮扶“二十条意见”等有含金量的政策，结合咸丰实际，进一步把政策项目化、清单化、任务化，加大与农业农村部、省农业厅及余杭、鄂州等帮扶部门的对接力度，切实把上级政策变成推动咸丰发展的动力。

3. 持续推进作风建设。全县各级各部门要严格落实中央、省、州关于脱贫攻坚作风建设的相关要求，以更严、更实的作风，查找不足、压实责任，用作风建设成果促进各项帮扶举措落实。县委巡察办、县脱贫攻坚指挥部要研究制定脱贫攻坚作风建设年实施方案，加强检查督办，切实解决责任不到位、政策举措不精准、帮扶工作不扎实等问题。

4. 全力打造示范样板。专题研究划定区域，围绕产业特色，依托资源优势，高起点规划、高标准建设一个大体量、高质量、能够承接全国休闲农业现场会的示范样板区域，力争打造形成融合发展、乡村振兴的“咸丰模版”。

【传达全州一季度产业发展和城镇建设重点项目检查督办会议精神】 4月27—28日，召开县委常委会议，传达全州2018年一季度产业发展和城镇建设重点项目推进情况检查督办会议精神，分析当前全县经济社会发展形势和存在的问题，安排部署下阶段经济社会发展重点工作。会议强调，一季度全县主要经济指标增速同比下降明显，多项经济指标在全州排名倒数，经济形势不容乐观。要深入分析当前经济社会发展面临的形势，找原因、想办法，高度重视项目工作，采取超常措施应对经济下滑形势，努力扭转经济发展困难局面。

1. 振奋精神、知耻后勇、化危为机。全县上下要结合工作实际，认真分析研判项目工作中存在的问题，补齐项目工作短板，努力推动一批重大项目早落地、早开工、早建成、早见效。要总结经验，反思一季度项目工作存在的问题，努力破解要素瓶颈，切实扭转工作被动局面，确保完成年度目标。

2. 明确目标、把握重点、破解难题。紧紧围绕主要经济指标“双过半”和二季度全州重点项目建设推进现场会目标任务，切实把握项目工作重点，强化难题破解。一是开展土地征拆百日行动。相关部门要围绕项目拟定征拆方案，划定高乐山、忠堡、唐崖、丁寨四大战区，落实专班、倒排工期、限时拆除，以强大的声势和震慑推动征拆各项工作顺利开展。二是开展土地集中报批百日行动。各分管领导要亲自督办，按照拟实施的项目清单开展土地集中报批行动，提高审批效率，确保按质、按量、按期完成用地报批工作。三是开展优化审批服务专项行动。进一步深化“放管服”改革，按照“三集中、三到位”原则加快完成行政审批工作制度改革，行政审批职能向一个科室集中，一名领导分管，实行局长“代办”“领办”工作制度，优化审批流程，变串联式审批为并联式审批。四是开展项目前期工作专项行动。各级各部门要认真研究解决项目推进过程中存在的困难和问题，明确工作重点、目标任务、时间节点、责任落实，切实加大项目前期工作力度，确保项目按时序进度稳步推进。

3. 统筹全局、“弹好钢琴”、聚焦发展。全县上下要正确处理好精准扶贫和经济社会发展的关系，严格区分事务性工作、常规工作和重点工作，科学分配力量，统筹推进各项工作。相关部门“一把手”要做到每周1天在联系村、4天在指挥部的“1+4”工作模式，全力确保项目工作有力有效高效推进。

4. 提升能力，以“钉钉子”精神抓好落实。全县上下要牢固树立“抓项目就是抓发展”的理念，树立久久为功意识，进一步提升抓好项目工作的能力，以“钉钉子”的精神抓好项目推动。行业主管部门要牢固树立“抓发展必重数据、管行业必管统计”的思想，确保各行业统计数据真实可靠，应统尽统，客观反映咸丰县经济社会发展实际水平。

【研究部署全域旅游工作】 4月27—28日，召开县委常委会议，传达学习全州生态文化旅游产业集群建设暨全域旅游工作推进视频会议精神，分析研判全县全域旅游发展形势。会议强调，全县上下要进一步提高政治站位，认真贯彻落实全州生态文化旅游产业集群建设暨全域旅游工作推进视频会议精神，把思想和行动统一到州委关于全域旅游的重大决策部署上来，坚定发展的决心和信心，做强龙头景区，做靓美丽乡村，做美节点布局，把生态文化旅游产业真正作为第一产业来抓，坚定不移推动咸丰县全域旅游的大发展。

1. 推进“全域旅游·AAAAA咸丰”建设。打造以唐崖土司文化产业园、坪坝营原生态休闲旅游区、黄金洞景区三大龙头景区为核心和美丽乡村建设为支撑的全域旅游产品，推动咸丰县全域旅游快速健康发展。进一步理顺坪坝营景区体制机制，迎难而上，发挥坪坝营景区综合效益，全力将其打造成国家AAAAA级旅游景区。进一步加大招商引资力度，加快项目推进速度，将唐崖土司文化产业园打造成全县全域旅游的第一龙头。增强黄金洞景区的发展后劲，壮大旅游产业集群。

2. 推进“吃、住、行、游、购、娱、美丽乡村”等要素建设。推动餐饮行业向特色化、健康化、绿色化转型升级，商务部门要加强研究，鼓励开发推出“土司宴”“药膳宴”“富硒宴”等富有吸引力和土家风味的特色美食品牌；谋划建设一批星级酒店，抓紧时间通过招商引资在新城旅游港建设一家四星级以上酒店，建好乡村民宿，提升民宿水平，发展特色民宿产业；着力旅游公路建设，以唐崖旅游公路为标准，打通全县范围内各大景区之间的循环路，加快旅游公路沿线观景平台和美丽乡村建设，将旅游公路沿线景区化；要立足于资源和区位优势，加大特色旅游产品开发力度，丰富旅游商品类型。

3. 加大市场营销力度。以市场主体为主导，加大旅游宣传推介力度，加强营销策划推广，支持鼓励各旅游景区出台优惠政策，激活市场活力。加强政企合作，整合资源，制定出台促进旅游产业发展的各项政策。会议决定：在 5 月召开以“全域旅游”为主题的中共咸丰十四届县委第六次全体会议，研究部署全域旅游工作，制定出台一系列关于推进全域旅游的文件和政策，推进全县旅游产业发展，逐步建成全国知名旅游休闲度假目的地。

【研究部署全县农村危房改造工作】 5 月 29 日，召开县委常委会议，传达全州农村危房改造工作会议精神，研究部署全县农村危房改造工作。会议强调，高度重视农村危房改造进程中发现的对象不精准、资金管理不规范及优亲厚友、截留挪用等问题，进一步加强农村危房改造资金的监督管理，切实做到对象精准、资金使用精准、监督管理精细。

1. 提高政治站位，深入贯彻落实习近平精准扶贫思想和以人民为中心的发展思想。进一步加强组织领导，成立由县长任组长，纪委书记、常务副县长、分管副县长任副组长，发改、财政、住建等相关部门为成员的农村危房改造资金清理整改工作领导小组，对危房改造资金管理使用存在的问题进行全面清，坚决改，严肃查，不折不扣将危房改造工作落到实处。

2. 坚持四项原则，切实解决农村危房改造专项资金存在的问题。一是坚持对历史负责、对人民负责、对发展负责的原则。各级各部门要牢固树立“新官要理旧事”理念，用历史唯物主义的观点看待发展中出现的问题，切实履行好职责，真正让危房改造工程惠及贫困群众。二是坚持主动担当、主动自查、主动整改原则。各级各部门要切实担负起责任，对截留、挪用危房改造资金等问题主动自查，坚决整改到位。三是坚持不扩大、不推诿、不造假原则。坚持实事求是原则，既不扩大问题，更不掩盖问题；要敢于担当，不推卸责任；要坦诚面对，杜绝一切弄虚作假行为。四是坚持自查自纠、整改为先、分类处置的原则。要迅速开展自查自纠，分清问题类别，以理性、客观的态度处理好各类问题，对涉及贪腐等问题要坚决予以查处。

3. 推进农村危房改造工程，确保群众住房安全有保障。成立调查摸底专班，以住建、各乡镇（区）为主，摸清家底，统一指导资金使用规则、对象和流程，全面公开公示。精准甄别农村危房改造对象，对符合农村危房改造政策的进行全面改造，对已享受过农村危房改造政策但仍然属于危房的，统筹安排资金予以解决。研究制定《咸丰县农村危房改造实施方案》《咸丰县农村危房改造资金管理办法》。

4. 举一反三，自查自纠扶贫资金使用过程中不合规问题。以农村危房改造资金清理整改为契机，举一反三，成立资金整改工作专班，对涉及惠民政策资金进行全面清查，实现县乡共同发力，确保涉农资金使用规范化。

5. 做实做细群众工作，确保社会大局稳定。树牢以人民为中心的发展思想，做实做细群众工作，第一时间研究解决涉及群众切身利益的问题。要加大宣传解释工作力度，杜绝出现“邻避”效应，防止社会矛盾扩大化。要密切关注其他社会群体反映的问题，切实做好各类涉稳群体的稳控工作。

6. 主动接受舆论监督，进一步提升工作水平。高度重视农村危房改造资金清理整改档案工作，明确归口部门，严格按程序做好相关资料的收集、整理和上报工作。宣传部门要制定应急预案，密切注意舆情，正确引导舆论，主动接受媒体和社会监督，营造良好氛围。

【推进税务机构改革工作】 7月13日，召开县委常委会议，听取税务机构改革工作情况汇报，安排部署相关工作。会议强调，全面推进国税地税征管体制改革，既是讲政治的要求，更是推动经济社会发展的重要举措，各相关部门务必提高政治站位，切实强化措施，加快工作进度，全力推动中央、省、州改革举措在咸丰县落地生根、落实生效。会议要求，要切实提高政治站位，把思想和行动统一到党中央和省委、州委的部署要求上来，全面深入贯彻改革精神，确保全面完成改革任务。要切实把握改革“四项原则”，坚持党的统一领导原则，改革要始终在县委的全面统一领导下进行；坚持“按图施工”的原则，原原本本的将上级安排部署落实到位，绝不打折扣、搞变通；坚持统筹兼顾的原则，坚决做到税收主业和改革工作“两不误、双促进”。切实做到“四个合并”，牢牢把握改革重点，推动实现“机构合并、班子合并、职能合并、工作合并”。切实做到“三个确保”，确保国税地税真正合起来，做到机构人员合心合力，达到“一加一大于二”的效果；确保干部职工思想情绪稳定，密切关注干部职工思想动态，加强干部职工思想政治工作，为改革营造良好氛围；确保全面完成年度税收目标任务，坚持一手抓改革一手抓重点工作，积极推进组织税收收入、优化营商环境等工作。会议决定，成立县国税地税征管体制改革专项工作领导小组，王兵任领导小组组长，牵头负责抓好相关工作。

【传达州委全会精神部署下半年重点工作】 7月29日，召开县委常委会议，学习传达州委七届五次全体（扩大）会议精神。会议强调，全县各级各部门要第一时间把思想和行动统一到州委七届五次全体（扩大）会议精神上来，进一步转作风、敢担当、善作为、抓落实，为决胜精准脱贫全面小康、加快绿色发展提供坚强保障。会议决定：由县委组织部牵头、县委宣传部协助，组织开展“解放思想转变作风”大讨论活动；由县纪委牵头，组织开展“不担当不作为”专项整治；由县委办、政府办牵头，组织开展“新作为新担当”比武竞赛。

同日，县委常委会议还听取上半年全县经济形势分析的情况汇报，分析当前存在的问题和原因，研究部署下半年的重点工作。会议决定：

1. 进一步解放思想。围绕“工业经济如何转型升级”“破解投融资难题”“如何经营城市”“如何发展混合所有制经济”等主题，在全县深入开展“思想解放大讨论”活动，着力解决抓发展“眼高手低”、抓发展“守株待兔”、抓落实“最后一公里”等突出问题，进一步解除思想杂念、提升思想认识，大力营造推动发展的浓厚氛围。坚持以作风建设推动工作落实坚定不移地按照州委确定的四大产业集群推动发展，聚焦咸丰新城、唐崖土司文化产业园、忠堡工业园区拓园和精准扶贫四大引擎，敢于突破，敢于啃“硬骨头”。

2. 树立在一线选拔任用干部导向。一线是检验锻炼干部的主战场，要更加注重在脱贫攻坚一线、信访维稳一线、招商引资一线、重大项目一线锻造选拔干部，坚持务实重行、真抓实干，勇于攻坚克难，不断提升履职能力。建立干部激励机制，重用政治成熟、能打硬仗、能干成事的干部，大力选拔年轻有为的“狮子型”干部。深入开展“不担当、不作为、不落实”专项整治，让“有为才有位，无为就让位”成为常态。

3. 抓实当前几项重点工作。一是专题研究新城建设问题，对咸丰新城的所有项目进行重新梳理，分清轻重缓急，科学统筹安排，收缩战线，集中兵力，加快推进当前的一批涉及全局性的重点工程建设，实现关键项目的率先突破。二是专题研究全局发展、工业经济发展，加快园区标准化厂房建设、招商引资项目落地进度，加快工业经济转型升级。三是专题研究投融资问题，全面分析国家宏观经济政策，抢抓“窗口期”机遇，着力破解投融资难题，破除发展资金难的瓶颈。四是专题研究“四大产业集群”发展问题，理清“四大产业集群”发展思路，加快“四大产业集群”建设。会议决定近期召开上半年经济运行调度会议，听取全县上半年经济社会发展情况汇报，安排部署下半年经济工作。

【研究部署“616”对口帮扶和东西部扶贫协作工作】 7月29日，召开县委常委会议，听取“616”对口帮扶工作情况汇报，研究部署相关工作。会议指出，“616”对口帮扶工程是省委创建的支援民族地区经济社会发展的有效平台和载体，是落实党和国家民族政策的有力举措，更是推动全县经济社会发展的历史机遇。

1.增强“三个意识”。一是增强政治意识。全县各级各部门要站在讲政治和为全县经济社会发展事业负责的高度，坚决贯彻落实省委工作部署，齐心协力，扎实工作，确保对口帮扶工作件件有落实，事事有成效。二是增强机遇意识。深化“省委书记的点就是第一点”的认识，牢牢把握“616”对口帮扶历史性机遇，用足用好各项帮扶政策，以优秀的工作业绩回应省委、省政府的关怀和结对帮扶单位的支持。三是增强发展意识。以开展“616”对口帮扶工作为契机，加大向上争取和对接力度，围绕脱贫攻坚找差距、补短板，突出抓好项目建设、政策倾斜和智力协作，切实将上级政策转化为推动发展的动力，确保帮扶见成效、发展有突破。

2.落实“三个责任”。一是落实领导责任。“616”对口帮扶工作领导小组要进一步加强组织领导，切实发挥牵头抓总和统揽工作全局的职责，进一步理顺工作机制，层层落实责任，努力形成各负其责、齐抓共管的良好局面。二是落实牵头部门责任。“616”对口帮扶牵头部门要切实履行好统筹协调职责，加强工作运行调度，对各责任单位工作进展情况进行跟踪问效、督办检查。三是落实项目实施部门责任。各项目责任部门要切实履行好主体责任，严格按照责任清单明确的工作任务和时间节点，加大工作力度，全面完成年度目标任务。

3.把握“三个重点”。一是做好前期工作。全面掌握国家投资政策，超前谋划项目，积极主动与省直有关部门对接，确保谋划的项目尽早挤进国家和省级规划“笼子”。二是抓好项目实施。进一步加大项目推进力度，对2017年度未完成项目和2018年度实施的项目实行双月调度，确保各个项目按照时间节点顺利推进，全面完成年度目标任务。三是抢抓机遇抓项目。抢抓“十三五”规划中期调整机遇，既要争取把已经策划还未纳入的项目纳入规划“盘子”，又要立足自身实际和对口帮扶单位优势，着力谋划包装一批新项目纳入国省规划，有针对性地争取资金、项目、技术、人才等方面的支持。

同日，县委常委会议专题听取关于东西部扶贫协作工作情况汇报，研究部署下阶段东西部扶贫协作工作。会议强调，紧紧抓住余杭区对口扶贫协作历史性机遇，主动深入对接，深化务实合作，用好用足余杭区帮扶的优势资源，推动东西部扶贫协作各项工作落地落实。

一是提升政治站位。深刻认识做好东西部扶贫协作工作的重大意义，把握新形势、适应新要求，以高度的政治自觉、思想自觉、行动自觉做好东西部扶贫协作工作。

二是明确工作重点。以产业扶贫、重点贫困村扶贫、带动贫困村建档立卡贫困户脱贫等工作为重点，推动实现多层次、宽领域、全方位的扶贫协作。聚焦产业扶贫，深化特色农产品展销、产业园区建设、旅游资源推介等方面的交流合作，坚持输血与造血并举，激发内生动力，增强发展后劲。建立完善劳务协作和服务保障机制，开展订单式劳动技能培训，提高劳务输出组织化程度，精准做好劳务对接。注重智力扶持，突出人才支援，推进干部人才双向交流，促进观念互通、思想互动、技术互学、作风互鉴，为脱贫攻坚提供坚强人才保障。

三是创新机制模式。不断加强交流沟通，深化合作机制，探索创新产业扶贫协作新模式。充分发挥好政府、市场、组织、社会的力量，围绕咸丰余杭产业园、马倌屯现代农业示范园、电商产业园三大产业园建设，引导余杭企业参与咸丰“四大产业集群”建设，加快推动一批产业项目在咸丰落地。

四是加快项目实施。进一步理顺项目工作运行机制，加强项目申报管理，细化落实责任，扎实推进扶贫协作项目建设。各乡镇（区）、相关部门要立足自身实际，围绕脱贫攻坚补短板精准谋划项目，提升项目工作质效；要按照项目工作责任清单，细化措施，狠抓落实，及时梳理解决滞缓项目的“堵点”，确保各个项目按照时间节点有序推进。

五是加强组织领导。调整完善东西部扶贫协作工作领导小组，进一步充实人员力量，健全完善各项规章制度，理顺工作机制，强化协作意识，努力形成各司其职、各负其责的工作格局，确保东西部扶贫协作各项工作有序推进。

【研究部署网络安全和信息化工作】 8月6日，召开县委常委会议，传达学习全州网络安全和信息化工作会议精神，听取全县网络安全和信息化工作汇报，分析全县网络安全和信息化工作形势，研究部署当前和今后一个时期的网信工作。会议指出，意识形态工作是党的一项极端重要的工作，关乎旗帜，关乎道路，关乎国家政治安全。维护网络安全、加快信息化建设作为意识形态工作的重要组成部分，全县各级各部门要进一步提高政治站位，始终坚持党管意识形态工作不动摇，始终坚持正确的舆论导向，始终保持头脑清晰、立场坚定，进一步强化责任担当，增强风险意识，不断提升全县网络安全和信息化工作水平。

一要提升政治站位，把思想统一到习近平总书记关于网络强国重要战略思想上来。深刻认识做好网络安全和信息化工作的极端重要性，切实增强责任感和紧迫感，按照网络强国建设的战略目标、基本格局、发展思路和重点任务，切实把网络安全和信息化建设各项工作做得更加扎实、更加具体、更加有效，确保网络意识形态领域的绝对安全。

二要坚持党管意识形态，扛起网络安全和意识形态工作的主体责任。坚持党管宣传、党管意识形态、党管媒体原则，压紧压实各级党委（党组）的主体责任和党委（党组）主要负责人的第一责任人责任，把意识形态工作纳入各级党组织党员领导干部述职的重要内容，牢牢把握网络安全和意识形态工作领导权和主动权，做到守土有责、守土负责、守土尽责。要扎实走好网上群众路线，准确把握当前网络安全和意识形态工作出现的新挑战新问题，弘扬主旋律，讲好咸丰故事，为全县经济社会发展提供有力思想保证和良好舆论氛围。

三要建立健全网络综合治理体系，打好网络安全保卫战。着力推进网络综合治理体系建设，构建多主体参与、多种手段相结合的综合治网格局，不断提升网络综合治理能力。县公安局、县网信办等相关职能部门要根据职责定位创造性地开展网络安全工作，进一步强化信息基础设施网络安全保护，建立健全统一高效的网络安全风险报告、情报共享、研判处置等机制，切实加强网站、工作群等新媒体的安全监管，努力营造清朗的网上环境。

四要补短板强弱项，推进全县网络信息化建设。加强网络信息化建设的顶层设计，避免各单位各部门各自为政，形成信息孤岛。按照“一网管总”的思路，大力推进网络平台建设，打造集智慧城市、智慧教育、智慧卫生、智慧公安等内容于一体的大数据中心，实现节约社会成本和加强有效监管的“双赢”。

【研究部署州委巡察组专项巡察工作】 9月10日，召开县委常委会议，听取关于迎接州委第一巡察组专项巡察咸丰县精准扶贫脱贫攻坚和基层党组织建设的情况汇报，讨论审议《咸丰县配合州委专项巡察工作方案》。会议指出，本次州委组织开展的关于扶贫领域和基层党组织建设的专项巡察，是州委压紧压实各级脱贫攻坚政治责任、回应人民群众关切、破解重点难点问题、推进全州脱贫攻坚工作和基层党组织建设的重要部署和有力举措。全县上下务必高度重视，切实增强接受巡察的政治自觉、思想自觉、行动自觉，把巡察工作作为当前的一项重要政治任务，全力支持配合做好巡察各项工作。

一要提升政治站位。切实把思想认识统一到州委的决策部署上来，充分认识此次巡察是对咸丰县脱贫前的一次综合预检，是对全县精准扶贫脱贫攻坚、加强基层党组织建设工作的一次深入检验，把此次巡察作为推动咸丰县发现问题、整改问题、提升工作的重大机遇，进一步统一思想、严肃纪律、认真对待，坚持问题导向，补齐短板差距，全面整改提高。

二要把握巡察重点。牢牢把握此次巡察工作重点，紧紧围绕精准扶贫脱贫攻坚和基层党组织建设，从落实习近平扶贫思想和党中央及省委、州委关于精准扶贫脱贫攻坚的各项决策部署，抓实基层党的建设等方面，对照清单，认真开展自查自纠，全面总结工作开展情况，搜集整理完善相关工作资料。

三要全力支持配合。严格按照州委巡查组要求，及时、准确、完整地提供相关资料，做好人员、车辆、后勤等各项保障工作。做好巡察期间信访维稳工作，严格执行县乡村三级接访制度，畅通群众信访渠道，积极引导群众通过正常途径反映诉求。加强巡察期间舆情工作，制定舆情工作方案，及时处理网络舆情问题，并及时向县委报告。充分正视巡察发现的问题，坚决做到不遮掩、不掩饰、不回避、不推诿，照单全收，全面整改。

四全面推动整改。坚持把整改工作贯穿于巡察工作全过程，对巡察发现的问题，坚持边查边改，即知即改，立行立改，能及时解决的问题，要马上解决；不能及时解决的问题，要明确整改目标、时限和责任，限期整改到位，要全过程跟踪，确保各项整改工作不折不扣落到实处。强化巡察成果运用，把巡察工作转化为推动各项工作的契机，全面建章立制，坚持标本兼治，构建脱贫攻坚和基层党建长效机制。

五要加强工作统筹。以此次巡察工作为契机，统筹协调推进当前各项重点工作，对经济社会发展、社会和谐稳定、全面深化改革等工作进展情况进行认真梳理、及时调度，确保圆满完成全年经济社会发展目标任务。

11月15日，再次召开县委常委会议，研究州委第一巡察组专项巡察反馈问题整改工作，讨论审议《关于州委第一巡察组专项巡察咸丰县精准扶贫脱贫攻坚、基层党组织建设情况反馈问题的整改方案》。会议认为，州委专项巡察工作是对全县精准扶贫脱贫攻坚和基层党组织建设工作的“把脉问诊”，巡察反馈的问题实事求是、全面客观，提出的整改意见指向明确、要求明确，对于打赢脱贫攻坚战、加强基层党组织建设具有重要的指导意义。

1.提升政治站位，压实整改责任。进一步压实各级党组织主体责任、各级党组织书记“第一责任人”责任、联系乡镇县领导的领导责任、各分管领导的直接责任、纪检部门监督执纪问责的责任、组织部门抓党建促脱贫攻坚的直接责任，切实把整改责任落实到每个单位、每个人头、每个环节，确保整改工作落细落实、取得实效。

2. 坚持问题导向，立行立改，扎实做好巡察“后半篇文章”。一是明确整改内容、整改责任人、整改时限，逐项研究整改措施，逐条落实整改责任，逐个阶段推进整改；二是坚持全整改、真整改、实整改，整改措施要具体实在，有针对性和可操作性，同时要落实整改的问题清单、责任清单和时限清单；三是举一反三抓整改，坚持全面整改与系统治理相结合，以问题整改为抓手，认真排查各领域、各层面、各环节存在的突出问题，全面对照检查、分类分析原因，坚决防止同类问题回潮及新问题出现；四是建章立制抓整改，坚持边整改边总结，边总结边提升，把建立长效机制作为巡察整改的重要任务，围绕主体责任递减、项目推进缓慢、资金调度不及时被收回、抓党建促脱贫攻坚还存在问题、村级集体经济薄弱、产业结构调整重建轻管、各行业扶贫部门向上争取资金力度不大等问题，进一步健全完善各项制度，堵塞制度漏洞，织密扎牢制度笼子；五是跟踪问效抓整改，要强化监督执纪问责，对重视不够、措施不力、进展缓慢的责任单位和责任人严肃追责问责，确保在规定时间内高标准、高质量完成整改任务。

3. 转化巡察成果，加快县域经济发展，决战决胜全面建成小康社会。一是把脱贫攻坚一线作为了解干部、识别干部、检验干部的“主战场”，把干部在脱贫攻坚工作中的表现作为考察识别的重要基础，注重在脱贫攻坚一线表彰、提拔一批信念坚定、敢于担当、忠诚干净、群众公认的优秀干部。二是充分运用执纪监督“四种形态”和“三个区分开来”，针对巡察反馈问题，对涉及相关部门和责任人严格责任追究，确保巡察反馈问题件件有落实，事事有回音。三是要持续做好结合文章，将巡察整改工作与当前各项工作紧密结合，利用巡察整改推动干部作风大转变、工作效能大提升。

【研究部署扫黑除恶工作】 9月10日，召开县委常委会议，传达学习省、州惩治涉黑涉恶腐败和“保护伞”问题工作专题电视电话会议精神。会议指出，扫黑除恶专项斗争作为党中央作出的重大战略部署，全县上下务必提高思想认识，提升政治站位，切实增强打好扫黑除恶专项斗争的责任感和紧迫感，着力解决政治站位不高、宣传发动无声势、群众参与不够、线索来源不多、联系机制不紧密等问题，切实把扫黑除恶专项斗争工作抓紧抓实、抓出成效。

一要提高思想认识，提升政治站位。充分认识惩治涉黑涉恶腐败和“保护伞”的重大意义，自觉把思想行动统一到中央和省、州惩治涉黑涉恶腐败和“保护伞”问题工作的决策部署上来，进一步增强政治责任感和使命感，真正把惩治涉黑涉恶腐败作为一项重要政治任务抓紧抓好，坚决打好扫黑除恶的人民战争。

二要明确工作任务，压实压紧责任。坚持“三级书记”直接抓，各级各有关部门“一把手”尽职尽责抓，强化检查督办，严格责任追究，确保责任落实。县委常委要结合分管领域，及时督办分管乡镇、县直部门，将精准扶贫、环境保护等工作与扫黑除恶工作相结合，积极动员群众参与，切实净化社会风气，维护社会和谐安定。各乡镇（区）和县扫黑办要联合公检法等部门，科学统筹，多措并举，加大对金融、矿山、交通、市场等重点领域涉黑涉恶问题处置力度，确保全县扫黑除恶工作有序推进。

三要强化宣传引导，营造强大声势。宣传部门要积极创新扫黑除恶宣传手段，加强微信、微博等新媒体运用，发挥新闻宣传、公益宣传、社会宣传各方面力量，积极通过编印扫黑除恶应知应会资料、电视滚动播放、宣传车入村入户等做好宣传推广工作，努力构建全方位、立体化宣传格局，使扫黑除恶宣传工作真正起到震慑犯罪、扩大影响、鼓舞群众的作用。

四要抓好线索摸排，加大查办力度。公检法和纪委监委要对2015年以来所办理的案件进行大起底，逐一筛查、深挖彻查，并针对存在的可查性较强的问题线索，循线深挖，争取成案，并以案为鉴、形成震慑，依法、准确、有力惩处黑恶势力犯罪，切实形成全地域横向延伸、全领域纵向深化的压倒性态势。从严查处涉黑涉恶腐败和“保护伞”问题举报受理工作，加大对群众反映强烈、问题比较突出的行业和重点领域检查和察访力度，狠刹歪风邪气，维护司法公正。

五要建立协作机制，形成工作合力。树立全县“一盘棋”思想，切实加强沟通协调，加强与政法机关对接，强化纪检部门在大起底、大搜查中的沟通配合作用，做到既各司其职、各负其责，又要加强协作、密切配合，努力构建部门联动，齐抓共管的工作格局。

【研究部署老区建设工作】 9月10日，召开县委常委会议，听取老区建设促进会工作汇报。会议强调，要以习近平总书记关于老区建设的系列重要论述为遵循，高度重视老区建设工作，强化协调配合支持力度，进一步突出重点、打造亮点，推动老区建设各项工作有效开展。

1.打好“一张牌”。以咸丰县被国家列为二类革命老区为契机，打好红色、发展的“老区牌”。深入挖掘革命老区的政治资源、精神资源和发展资源，加强研究对接，用好、用足、用活各项扶持政策，增强老区的“造血”功能和自我发展能力；争取尽快完成一批能惠及群众、带动力强的老区基础建设和社会事业发展项目，进一步助推咸丰县精准扶贫、乡村振兴和社会经济发展事业。

2.打造“两个亮点”。一是以打造恩施州乃至武陵山区的红色教育基地、红色旅游基地为目标，进一步做好顶层设计，提升建设品位，力争将忠堡红色文化产业园打造成咸丰红色文化产业引擎；二是围绕全县精准扶贫和美丽乡村建设，力争将龙潭司村打造成为咸丰县集红色旅游、产业旅游、观光旅游为一体的美丽乡村。

3.做好“三项工作”。一是坚持以党史、军史、中国革命史为依据，注重突出老区革命建设和光荣传统的弘扬与宣传，切实做好《全国革命老区县发展史丛书·咸丰卷》的编纂工作；二是抓好一次革命遗址、文物、遗迹的全面清查工作，并制定出台老区建设的中长期规划；三是在条件允许的情况下以“忠堡大捷”为题材拍摄一部电影。原则同意《〈全国革命老区县发展史丛书·咸丰卷〉编纂工作方案》；相关工作经费及公务用车问题按县委常委会会议意见，拿出具体方案报县人民政府审定。

【传达州委书记调研扶贫工作精神】 10月11日，召开县委常委会议，传达学习州委书记柯俊到咸丰调研精准扶贫工作讲话精神，研究贯彻落实措施。

1.进一步压实责任。“四大家”领导要深入脱贫攻坚一线发现问题、研究问题、解决问题、教导方法，切实推动脱贫攻坚各项工作取得新成效。严格落实各级党组织抓扶贫的主体责任和“三级书记”抓扶贫的“第一责任人”责任，落实县领导联系乡镇（区）、一线指挥的领导责任，压实县乡脱贫攻坚指挥部、村“尖刀班”推动落实的工作责任。

2.进一步抓好整改。全县各级各部门要紧紧围绕精准扶贫工作政治站位不高、产业发展不均衡、基础设施建设和危房改造工作滞后、政策实施不精准、易迁无配套产业、结对帮扶流于形式和干部作风不实等突出问题，明确责任，强化措施，举一反三，切实抓好整改工作。一是抓好产业发展。县“四大家”领导要深入联系乡镇（区）和部门，把产业管护作为重中之重，确保现有产业发挥长期效益；要加快余杭对口帮扶加工厂房建设，争取早日投产见效；要做好易迁点产业配套建设，妥善解决好群众就业安置，切实维护群众利益。二是抓好基础设施建设。坚持以水电路为重点，加快补齐基础设施短板。严格按照时间节点，加快建设农村主干道，确保如期完工；加强对已有水利管网的修复与再利用，避免重复建设；进一步合理优化通信基站布局，加大通信网络覆盖力度；专题研究危房改造问题，落实好相关惠民政策，解决好困难群众住房问题。三是扎实推进结对帮扶。进一步加强对各部门驻村帮扶的检查督导，督促“尖刀班”和驻村帮扶干部认真落实联系帮扶工作，切实做到情况清、底数明、数据准。

3. 进一步聚焦重点。坚持把偏远地区生产生活条件最差的村作为脱贫攻坚工作重点，进行专题调研和深度解剖，采取特殊措施加以解决，全面补齐短板，确保脱贫攻坚成效；要坚持把最困难群众作为工作重点，进一步开展全面摸排，采取特殊措施把扶贫帮扶工作做实做细，决不让一名困难群众掉队。

4. 落实整改清单。把柯俊调研乡镇村发现的问题清单化，逐一整改到位。

【研究县人民政府党组专题民主生活会整改工作】 10月15日，召开县委常委会议，听取县人民政府党组（班子）关于“转作风、敢担当、善作为、抓落实”专题民主生活情况汇报。会议指出，县人民政府党组（班子）围绕全县相关项目资金被收回问题召开的专题民主生活会，反思深刻，提出的整改措施有力，为下一步问题整改指明了方向。全县各级各部门要高度统一思想，深刻反思问题，进一步强化责任担当，加快推进中央和省、州、县财政预算内投资项目建设，坚决杜绝类似问题再次发生。

1. 提升站位，明确责任。进一步提升政治站位，明确县委领导责任、县人大监督责任、县政府抓发展的直接责任、县政协民主监督责任。按照“谁分管谁负责”原则，严格落实分管县领导及涉及项目实施的乡镇和部门责任，抓实发展第一要务，强化政治担当。

2. 痛定思痛，深刻反思。全面反思县委、县政府统筹推进工作不力、相关乡镇和部门担当作为不力、落实不力、协调不力等问题，剖析问题根源，汲取深刻教训。牢固树立全县“一盘棋”的思想，涉及项目实施的乡镇、部门及分管县领导要积极主动沟通，及时对接项目有关信息，提高联动效率，形成团结协作、齐抓共管的工作格局。

3. 举一反三，全面整改。全面排查中央和省、州、县财政预算内投资的所有项目，尤其是中央和省预算内投资项目，加快项目实施进度。坚持实事求是原则，统筹推进精准扶贫、危房改造、厕所革命、垃圾处理、东西部扶贫协作、“四个三生态工程”等重点项目，按期保质完成建设任务，提高资金使用效率。

4. 标本兼治，建章立制。建立中央和省、州预算内投资项目资金一周内分配机制、两个月前期工作及招投标全部完成机制、项目月调度工作机制、年内竣工机制及协调机制，建立历史遗留问题处置尤其是债务化解机制，建立项目实施联系乡镇县领导责任机制，扎紧织密项目建设制度笼子。

5. 深刻检讨，向上争取。相关单位和责任人要深刻检讨对加快发展的紧迫性认识不足、任务和观念意识淡薄、情况掌握不力、政策预见性不强等问题，主动加强与上级各主管部门的联系沟通，加大矛盾化解力度，切实消除负面影响。

6. 教育管理，执纪问责。加强干部履职尽责管理，围绕“因项目建设滞后导致项目资金被收回问题”，在全县上下深入开展“解放思想、转变作风”大讨论。相关乡镇和部门要组织召开专题民主生活会，分管县领导及县纪委监委、县委组织部有关负责人参加会议，逐级研究解决问题。

【研究部署村（社区）“两委”换届工作】 10月23日，召开县委常委会议，听取关于村（社区）“两委”换届工作相关情况汇报，讨论审议《咸丰县2018年村（社区）“两委”换届工作实施方案》。会议要求，全县各级各部门要按照统一部署，精心组织，确保换届工作平稳有序推进。一是把握正确方向。切实把加强党的领导贯穿换届工作始终，充分发挥党的政治优势、组织优势和群众工作优势，做好组织引导工作，确保组织意图与群众意志同向而行、同频共振。二是充分发扬民主。提高换届工作尤其是干部选拔任用的透明度，确保村（社区）“两委”班子人选真正体现党员群众的意志。三是坚持依法推进。自觉维护党章和法律权威，严格落实法定程序，坚决防止和纠正违法违规行为，推动换届工作依法有序进行。四是严格选人标准。坚持把政治标准放在首位，坚持政治素质好、道德品行好，带富能力强、协调能力强的“双好双强”选人标准，努力选出一支懂农业、爱农村、爱农民和懂城市、爱社区、爱居民的村（社区）干部队伍。严守选人底线，细化村（社区）“两委”成员特别是党组织书记人选负面清单，防止“带病”参选。统筹好城乡人才资源，坚持从现任村（社区）干部中择优留任一批，从大学生村干部等各类服务基层项目人员中选用一批，从复员退伍军人中回引一批，从致富能手人员中选拔一批，从县乡党政机关和企事业单位优秀党员干部中选派一批。优化队伍结构，从严控制村（社区）“两委”班子成员职数，大力推进村（社区）党组织书记队伍年轻化、知识化、专业化。五是加强联动联审。落实村（社区）“两委”换届联审机制，各乡镇（区）和相关部门加强联动协作，严格落实审查责任，严谨有序地做好资格联审工作。六是强化工作保障。成立村（社区）“两委”换届工作领导小组，领导小组办公室设在县委组织部，并从相关单位抽调精干力量集中办公。县级领导要统筹做好各自联系乡镇（区）换届督促指导工作，各乡镇（区）要加强具体指导，逐村（社区）分析研判，把握时间节点，严格质量标准，精准施策。

【研究部署安全生产工作】 12月13日，召开县委常委会议，听取全县2018年安全生产工作情况汇报，分析全县安全生产工作形势。会议强调，全县上下要进一步提高思想认识，压实安全生产责任，细化工作措施，提高工作水平，坚决杜绝较大以上事故，有效压降一般事故，确保全县安全生产形势持续稳定。

1. 高度统一思想。深刻认识安全生产工作的极端重要性，始终紧绷安全生产这根弦，决不能有一丝松懈。要坚持“以人民为中心”的发展思想，坚持把人民群众的生命财产安全放在首位。严控环保安全要素，强化准入管理，决不以牺牲环境安全为代价换来一时的发展。

2. 持续压实责任。按照“谁主管、谁负责”“管行业必管安全，管业务必管安全、管生产经营必管安全”的原则，严格落实党政领导责任、部门监管责任、企业主体责任及属地管理责任，始终把安全生产放在心上、扛在肩上、抓在手上。要强化企业法人思想认识，建立企业安全生产不良记录“黑名单”和失信联合惩戒等机制，切实采取有效措施，督促企业全面落实安全生产主体责任。

3. 突出重点领域。压紧压实各道路运输企业安全生产主体责任，加强交通安全隐患排查，建好交通安全设施，做好道路交通安全管理工作。公安、消防部门要加强研究部署，全力抓好消防、燃气安全，有效遏制火灾及燃气事故发生。严格落实相关部门责任，切实抓好工程建设领域安全生产工作。切实加强对学校、医院、商场、加油站、景区、宾馆、娱乐场所等公共领域、公共活动场所的安全检查和整治，及时消除事故隐患。全力抓好矿山、非煤矿山、烟花爆竹、危险化学品、旅游、工业生产等重点行业领域的安全监管，落实安全防范措施，强化隐患排查治理，筑牢安全生产防线。

4. 加强宣传教育。以安全文化下乡等宣教活动为载体，以增强全民安全意识为目标，加强安全生产法律法规知识的宣传普及，以企业安全文化建设为重点，加大全员培训力度，提高企业安全管理水平。

（余忠学）

组织工作

【概　况】 中共咸丰县委组织部是县委管理全县组织工作、干部工作和人才工作的重要职能部门，承担着全县的党员教育管理，党费收缴和管理使用，党员组织关系接转，党的基层组织建设，科级干部的调整配备，干部培养和选拔任用，县乡党委换届的组织领导，人才的引进、培养和使用等工作。机关内设办公室、组织、干部、干部监督、人才工作 5 个科室和 2 个直属事业单位（党员电化教育管理办公室、老干部活动中心）。县党代表大会常任制工作办公室、县委人才办、县委党建办、县履职尽责考核工作办公室挂靠县委组织部管理。2018 年末在职在编职工 23 人。

2018 年，坚持以全面从严治党为主线，以党的政治建设为统领，全面落实新时代党的建设新要求，统筹推进政治建设、干部队伍、基层党建、人才培养、自身建设等重点工作，为决战决胜脱贫攻坚和“五个咸丰”建设提供坚强组织保证。坚持以“实干实效”为标尺，打造模范组织部门。围绕全县中心工作，组建精准扶贫、招商引资、重点项目和常规工作等 4 个重点工作专班；抽调 4 名干部参加精准扶贫、3 名干部征地拆迁、2 名干部参分别与脱贫指挥部和咸丰新城建设，率先完成“百日攻坚”征地拆迁、招商引资任务。2018 年 12 月县委组织部被州委、州政府表彰为民族团结示范单位。

【“两学一做”学习教育】 加强“两学一做”学习教育，坚持学用结合，以学促干，全面提升干部队伍建设水平。

示范引领抓实“领导”这个“关键少数”。县委中心组及其他县直机关党组，开展中心组学习 15 次，围绕党的十九大精神及习近平新时代中国特色社会主义思想及上级党委要求学习的各项内容，对照开展中心发言、交流发言。县委常委会带头开展“解放思想，转变作风”大讨论，围绕“解放思想转观念”“转变作风优环境”“担当作为促发展”3 个专题开展学习讨论，通过县委点题讨论、县领导领题讨论、唐崖论坛等形式不断深化讨论成果，形成讨论专项报告 36 份。县委常委会围绕各级巡视巡察问题整改等召开专题民主生活会 2 次，带头自我剖析、发现问题、解决问题，进一步统一思想。

注重经常抓实“学用”这个“关键环节”。建立支部主题党日集中学、每周一晚夜学、平日个人自学“三学”制度，每月下发学习清单，涵盖党的十九大精神、习总书记重要讲话、脱贫攻坚相关政策宣传等重要内容。同时，建好用好指尖上的党建服务平台，运用“咸丰党员之家”微信公众号，推送党员电教片、党课视频、支部主题党日学习资料等各类信息 280 余篇，阅读量达 16.4 万人 24.7 万多次。在州级以上主流媒体推送刊播宣传信息 67 条，其中国家级 6 条、省级 14 条、州级 47 条。

突出问题抓实“真做”这个“关键落点”。进一步严肃党内政治生活，全县各级党组织按要求落实组织生活会、民主评议党员等制度，全体党员对照个人问题清单，落实整改措施。注重激发党员先锋模范作用，广泛开展机关党员、社区党员志愿服务活动，深入推进农村无职党员设岗定责，全县 553 个基层支部围绕脱贫攻坚、重点项目建设等组织开展支部主题党日活动 12 次，14873 名党员开展服务群众活动 13 万余次。

【干部队伍建设】 以“担当作为”为标准，领导班子和队伍建设进一步加强。认真落实党管干部责任，加强干部队伍管理。全面落实《咸丰县受党纪政纪处分或组织处理党员干部教育管理暂行办法（试行）》《咸丰县非领导职务干部和享受职级待遇干部管理办法（试行）》《关于建立健全咸丰县党员干部容错免责机制的实施办法（试行）》三项制度，探索制定《咸丰县职务与职级并行动态管理办法》，打破享受待遇“普惠制”、干好干坏“一个样”的陈规惯例。全县348名受组织处理和纪律处分干部、214名改非干部、839名享受职级待遇干部到脱贫攻坚等一线工作。

聚焦脱贫攻坚任务，加强扶贫干部队伍建设。坚决保持乡镇党政正职及班子稳定，乡镇班子调整均严格按规定报备。推进干部资源向一线倾斜，263名党员干部到贫困村任第一书记。与杭州市余杭互派30名党政干部和专业技术人才到对口单位挂职锻炼或跟班学习。坚持把脱贫攻坚作为锻炼干部、发现干部、使用干部的主阵地，以干成之事评价干事之人，树立鲜明的选人用人导向，启动“年轻干部成长工程”，在脱贫攻坚等一线提拔重用年轻干部12名。

教育激励干部担当作为，提升干部工作能力。开展“走出去”“请进来”培训，择优推选3批次127名优秀年轻干部、非党干部、女干部到余杭、武汉、襄阳培训，多次邀请高等院校教授、知名企业家到咸丰县授课。县委党校举办主体班、专题班25期，培训3886人次。全面落实“四个纳入”（干部扶贫工作情况纳入个人年度考核，纳入职务职级并行，纳入干部选用，纳入评先表模否决项），推行“两个20%”（尖刀班成员评先表模的比例提高到20%，乡镇公务员、驻村干部年度考核优秀等次的比例提高到20%）。抓实履职尽责、公务员年度考核和职务职级并行考核，运用考核结果，充分发挥考核指挥棒作用。进一步规范全县科级领导干部因私出国（境）行为和审批程序，做好干部监督专项清理，抓实干部监督管理工作。

【基层组织建设】 抓基层强基础，党的基层组织建设进一步夯实。全面加强基层党组织规范化建设。强化分类指导，坚持“一切工作到支部”的理念，以“五强五提升”（强统揽，提升政治领导能力；强队伍，提升推动发展能力；强平台，提升服务群众能力；强体系，提升社会治理能力；强活动，提升传播文明能力）为抓手，实施基层党建“整县推进”，全面提高党的建设水平。开展“合格党支部”创建工作，通过述职评议、支部“体检”等形式，按照3∶5∶2的比例确定优秀党支部167个、合格党支部279个、基本合格党支部112个。深入推进扫黑除恶专项斗争，大力整顿提升软弱涣散党组织，27个后进村（社区）党组织实现整顿提升，投入资金500余万元，43个基层阵地实现提档升级。

深入推进抓党建促脱贫攻坚、引领乡村振兴。选优派强基层干部队伍，统筹1977名各级干部组成脱贫攻坚村级“尖刀班”，实现驻村第一书记、驻村工作队建制村全覆盖。扎实开展村（社区）“两委”换届，本次换届通过“选引派聘”共调整村（社区）党组织书记152人（其中“派”“聘”53人到村、5人到社区任党组织书记），调整面达54.87%；村（社区）党组织书记和村（居）民委员会主任“一肩挑”，比例达99.52%；村（社区）“两委”年龄结构进一步优化，45岁以下年轻干部达621人，比例达44.71%，村（社区）党组织书记平均年龄43岁；村（社区）“两委”学历结构进一步优化，大专及以上学历达321人，占比达23.11%，相关指标均优于省定指标。按照“三个一批”模式储备村级后备干部979名。创新流动党员动态管理、双向联系、定期报告、信息共享、集中培训机制，全县2700余名流动纳入正常管理。注重党员发展质量，创新党员发展联审联查、审批备案等“十项机制”，全年共计发展党员300名，其中在青年农民、返乡农民工中发展党员65名，进一步优化了村党组织党员结构。

着力补齐薄弱领域党建工作短板。启动实施基层党建“补短板”工作，建立完善村干部动态调整、后备干部培养选拔、驻村工作“三方共管一召回”等机制，各级巡视巡察、“问题大起底”反馈问题全面销号。实施“两新”组织“百日提升”行动，创新建立“一诺两审一评价”“两新”组织党支部建设工作机制。积极探索构建“大党委”+辖区党支部+楼栋党小组+党员中心户组织体系，启动实施“红色引擎”工程。深入推进农村产权制度改革试点工作，县级统筹推进产业带动、盘活“三资”、投资合作、经营收益、电商服务等6种发展模式，全面消除集体经济“空白村”，151个贫困村集体经济在5万元以上。创新基层治理机制，“一统三治六联”基层社会治理体系在村级组织实现全覆盖，建成党支部领导的“自管理事会”“红白理事会”等村民自治组织533个。

【人才培养】 开展引才用才育才，人才对发展的促进作用进一步体现。创新实施唐崖人才“五百工程”，精准引才留才。围绕精准扶贫、咸丰新城等“四大引擎”建设中的重要环节、关键领域、专业岗位，创新实施唐崖人才“五百工程”，破解人才紧缺的问题。制定《县委联系服务专家和优秀人才实施办法》《咸丰县优秀人才选拔和管理办法》。围绕旅游、金融、城市规划、教育、卫生等十类急需紧缺专业，统筹招录引进专业人才262人。

落实“乡土人才”计划，全力育才用才。强化各类专业人才培育力度，全力破解“本土人才缺失”瓶颈。开展第三届优秀人才和首届“唐崖工匠”评选活动，命名表扬62名优秀人才、“唐崖工匠”，推荐14名县级优秀人才参与“恩施州第三届优秀人才”评选。统筹推进“三茶一药一猪”等特色产业带头人培养，开展农村实用人才培训9000余人次，新培养农业龙头企业负责人、家庭农场主、专业合作组织负责人、科技带头人287名。积极推动东西部协作扶贫智力帮扶工作，选派11名党政干部、5名专技人才赴余杭区挂职学习；余杭区选派4名党政干部、11名专家人才到咸丰县对口支援，组织120名青年参加余杭·咸丰创新创业培训。

搭建创新创业平台，持续招才聚才。实施“双创”平台建设，1个国家级高新企业复审通过，创建成功2个国家级、1个省级、2个州级创新创业平台，按照“政府引导、企业主体、市场化运作”方式启动工业园区电商人才孵化园建设，预计每年可为咸丰培养专业技术类人才200余名。实施“凤凰归巢”计划，搭建“咸丰人返乡创业”活动平台，引导注册经济组织470个，投资总金额1亿多元。先后在武汉、浙江等地成立咸丰异地商会，同步挂牌设立咸丰在外人才工作服务站，在杭州市余杭区成功举办咸丰·余杭招商引资项目宣传暨旅游推介会，13个项目签约落地。

（许智权）

宣传工作

【概　况】 2018年，咸丰县宣传思想文化工作围绕学习宣传贯彻习近平新时代中国特色社会主义思想和党的十九大精神，统筹抓好宣传思想文化各项工作。落实意识形态工作责任制，建立党委主要领导负责制和意识形态工作联席会议制度，将意识形态工作纳入督查考核体系。坚持舆情月分析研判制度和网络舆情24小时值班制度。在全州率先建立“网络舆情处置提示函”工作机制。排查处置涉咸舆情32起，编发舆情专报4期、舆情分析报告12期，发出“网络舆情处置工作提示函”7条。着力抓理论武装、舆论引导、文化体制改革和文化事业发展，指导全县精神文明建设和精神文化产品的创作生产，为“五个咸丰”建设、决战决胜脱贫攻坚提供舆论支持和精神支撑。

2018年，县委宣传部内设办公室、理论科、文艺科，专属挂牌机构2个（县文明办、县委外宣办）。定编11人，其中行政编制10人，工勤编制1人。下辖咸丰县融媒体中心、《恩施日报》驻咸丰记者站、咸丰县委理论信息中心、咸丰县网络安全和信息化工作领导小组办公室。

【理论武装】 落实各级党委（党组）中心组学习、周一夜学制度，围绕习近平新时代中国特色社会主义思想、党的十九大精神以及生态环保、脱贫攻坚、扫黑除恶等内容。县委中心组集中学习15次，各级党委（党组）中心组集中学习800余次。组织征订《习近平新时代中国特色社会主义思想三十讲》《习近平谈治国理政第二卷》各4500册，省委书记、州委书记推荐阅读书籍各600余套。

理论宣讲。组建县委理论宣讲团，举办理论宣讲报告会、农村道德与法治讲堂150余场次，受众近3万人次。

理论调研。开展理论调研，申报调研成果。咸丰县畜牧局冉凯的论文《加强恩施州畜禽养殖污染治理工作的措施》获恩施州第八届社科优秀成果论文类二等奖。谢一琼的论文《严家宗祠书法碑刻探究》在湖北省第六届书学研讨会上获奖提名。

【新闻外宣】 对内宣传。咸丰电视台《咸丰新闻》栏目全年采编制播249组1385条；专题专栏节目策划摄制播出改革开放四十年成果片《咸庆丰年四十载》，精准扶贫系列片《贫困户的气节》《蜕变》，人物系列片《百岁老人的感言》，民生类节目《好大一个家》等，全年制作播出专题片38部。播出《唐崖风》20期，《百味人生》11期，《乡村故事》7期。推出《“五大一新”在行动》《决胜扶贫攻坚》《庆祝改革开放四十年》《创新进行时》等新栏目。摄制电视问政、人大质询、政协提案电视短片21个。筹资10万元，购进开播《观点致胜》《新时代物语》两档节目，分别播出146期。引进体育宣教节目《全民运动汇》，播出8期；8月6日，停播13年的咸丰人民广播电台重新开播，截至12月31日，播出《咸丰新闻》101期，编发稿件1030条，编辑播出《政策法规资讯》99组；咸丰新闻网策划制作《网络媒体“走转改”》《环保督察进行时》《决战深度贫困》等专题20余个，制作公益广告48条，编发稿件3268条，转载聚焦咸丰稿件345条；微信公众号“咸丰发布”将视频、图文、数据结合，发送微信推文246期782篇，推文最高点击量突破2万人次；“云上咸丰”客户端发布图文信息1589条，视频新闻292期，开通电视直接频道12个，制作并开通专题4个，开展大型微信直播13场，实况录像4次。对外宣传。2018年，在州级以上主流媒体发稿927篇（条），其中《多彩小村》在《人民日报》刊载；省级媒体上稿103篇（条），其中《湖北日报》上稿17篇，电视上稿13条，电台上稿73条；州级媒体上稿823篇（条），其中《恩施日报》上稿179篇，头版头条6篇，重头稿件31篇。州电视台、电台上稿644条。咸丰县融媒体中心被省广播电视台、湖北广播联盟授予2018年“新闻宣传先进单位”和“广播对外宣传工作先进单位”称号。

【精神文明建设】 推进全国文明县城提名城市创建。组织乡镇、社区赴余杭考察学习文明创建工作经验。全面开展文明创建氛围营造、市政基础设施提升、公共交通服务规范、城区交通秩序整治、城乡环境卫生整治、窗口行业规范服务、市民文明行为养成等，推进全国文明县城提名城市创建工作。

培育社会主义核心价值观。组织县直机关干部开展“忠、孝、廉、耻”道德讲堂。在全县开展“孝老爱亲”“明礼诚信”“履职尽责”大型道德讲堂3期。深入开展“三树三提”（结对扶志树信心，环境整治树形象，最美评选树标杆，道德讲堂提素质，创业培训提能力，典型表彰提干劲）活动，举办“激发群众内生动力·农村道德与法治讲堂”活动29场，156个村2.9万人参与。修订完善村规民约，引导村民移风易俗。持续宣传“最美系列”典型事迹，组织开展“最美志愿者”“最美经营者”评选活动。

开展志愿服务活动。推广使用全国志愿服务信息系统，注册志愿者6961人，累计服务时长20万个小时。开展关爱留守儿童、留守妇女、空巢老人、残疾人“四关爱”活动和文明劝导、文明餐桌等志愿服务活动300余次。

【文体设施建设】 2018年，总投资5000万元的青灵山文化公园初步完成项目建设。投入资金3250万元，新建161个村级文体广场，实现村级文体广场263个行政村全覆盖。投入资金116万元，完成263个村级农家书屋提档升级工作。中宣部补助资金112万元，完成6个乡镇14个村级综合文化服务中心示范点建设，至2018年底，建成村综合文化服务中心示范点24个。农村智能广播网“村村响”工程实现263个行政村全覆盖，完成终端安装，完成县级和11个乡镇机房装修，州、县、乡镇（区）、村四级广播“村村响”平台贯通。直播卫星电视“户户通”工程完成51977套。建成以后山发射站为主，5个功率较小、分布于乡镇的补给站为辅的全县地面数字覆盖体系，用户可收看州、县地方电视节目。综合利用卫星、无线、有线三种方式，全县电视覆盖用户超过11万户，覆盖率99%。县图书馆成功通过评定级为“国家二级图书馆”，忠堡镇综合文化站被湖北省文化厅授予“湖北省最美文化站”称号。

【文体活动】 举办“文明力量·情系乡梓”咸丰县“最美系列”表彰暨2018春节联欢晚会、“宣传十九大·唱响荆南情”——咸丰县2018年春节花灯暨社团文艺展演、2018年唐崖土司文化宣传系列活动暨第四届庆元宵·猜灯谜活动、“精准扶贫·文化惠民”演出季连厢比赛、咸丰县“戏曲进校园”首届戏曲节目展演等大型文艺活动。举办“书香荆楚·文化咸丰”、第23个“世界读书日”、纪念“孔子诞辰日”、第五届百日阅读等系列全民阅读活动。举办“杨名贵水彩画展”，展出不同年代水彩画作品60余幅。举办“巾帼墨华——咸丰县首届妇女儿童书画展览”，展出作品80幅。开展送戏曲、送图书、送电影、送春联、送培训下乡活动，全年送戏下乡（戏曲进校园）150场，新增农村实用科普图书3156册，义写义送春联1万余幅，农村公益电影累计放映3158场，“百日百场”广场公益电影放映112场。广场公益电影放映经验《文化惠民电影先行》在全省电影放映会议上作经验交流。新组建群众文艺团队65支，新增群众健身队伍100支。

承办“2018全国柔力球大篷车公益惠民推广万里行”，2018年湖北省老年人持杖健步教练员、裁判员培训班，湖北、重庆、贵州三省（直辖市）第三届柔力球（网式）交流赛等大型体育赛事10场，举办群众性文体活动945场。欧阳余双代表恩施州参加湖北省青少年乒乓球锦标赛，夺得女子9岁组单打冠军。胡皓岚、姚钧潇参加2018年湖北省“协会杯”青少年乒乓球比赛（宜都站），分别获男子单打11岁、9岁组及以下组冠军。咸丰代表队参加2018年湖北省第九届少数民族传统体育运动会，在陀螺、武术、押加、摔跤、高脚竞速等项目上获得一等奖4个、二等奖12个、三等奖17个。咸丰代表恩施州参加2018年湖北省柔力球邀请赛，获女子单打、女子双打、混合双打、混合团体4枚金牌。咸丰代表恩施州参加第一届湖北省“福寿康宁”老年人体育健身系列赛事柔力球交流活动，获柔力球竞技比赛甲组、乙组团体冠军，规定套路比赛亚军，自选套路比赛第四名及体育道德风尚奖。成功输送杨雅迪、胡浩岚、姚钧潇3名队员进入湖北省乒乓球学校和奥体中心深造。咸丰县忠堡镇综合文化站被湖北省体育局授予“湖北省群众体育先进单位”称号。

【文学艺术创作】 吴运辉创作发行的“家乡书”《品读咸丰》《城里的乡愁》列入图书馆、农家书屋重点赠送图书。以唐崖土司夫人田彩凤为原型的长篇历史小说《凤鼎唐崖》进入出版阶段。杨刚的《碧野医踪》、白荣生的《青山绿水》、常兆的《唐崖剑道》3部长篇小说完成创作。县政协文史委编撰出版《咸丰县历史名人传》。编印《唐崖》季刊4期，刊发本土文章80篇（组）、摄影作品52幅、书法作品22幅、美术作品11幅、篆刻作品12幅。县诗词楹联协会、书法家协会、美术家协会、摄影家协会等40余名文艺家在严家祠堂开展文艺采风活动，创作100幅诗词、楹联、美术、书法、摄影作品，在“走进严家祠堂、感受家风家训——第十九个党风廉政宣教月书画影展览”及流动书画影展中展出。开展“宣传十九大·诗联进万家”活动，征集诗词楹联作品200多件，评选获奖作品80件。3位咸丰籍书法家何平、杨勉、冉建武的作品入展“美丽乡愁·第三届湖北省青年书法展”。杨勉作品《草书中堂》入展第三届湖北艺术节暨纪念改革开放40周年群众文艺作品展。

2018年5月26日，咸丰县在高乐山镇猫儿岭村举办首届插秧节 （祁建华 摄）

【“非遗”保护与传承】 加强“非遗”保护与传承工作。2018年5月，咸丰县国家级“非遗”代表性项目“土家族吊脚楼营造技艺”入选第一批国家传统工艺振兴目录。6月，咸丰县被湖北省文化厅公布为2018—2020年度“湖北省民间文化艺术之乡”。第五批省级“非遗”项目代表性传承人新增易建明（吹打乐坪坝营镇唢呐）、曾志明（地盘子）、刘国鉴（绕棺）3人。州级“非遗”项目新增传统美术彩扎、传统体育游艺与杂技打陀螺、传统技艺造纸技艺（火纸加工技艺）3项。

大型南剧《唐崖土司夫人》完成提档升级，公演2场。新编南剧现代戏、小戏《金竹背篓情悠悠》参演第三届湖北艺术节暨庆祝改革开放40周年优秀群众文艺作品展演活动，获优秀入选剧目奖。南剧《活捉三郎》参加2018年戏曲百戏（昆山）盛典，获优秀入选剧目奖。咸丰县被中国少数民族戏剧协会授予“中国南剧传承研究基地”称号，杨道运被文化和旅游部认定为国家级非物质文化遗产项目“南剧”代表性传承人。9月，在咸丰拍摄的“土家族吊脚楼营造技艺”纪录片《中国手作》第一季《木作》第三集《构木为巢》在中央电视台纪录频道（CCTV-9）播出。新建土家族吊脚楼营造技艺传习所3个、竹编传习所1个、唢呐传习所1个，至此，咸丰县“非遗”传习所总数达12个。黄金洞乡麻柳溪村、唐崖镇唐崖司村被省文化厅授予首批湖北省“特色文化村”称号，大路坝区蛇盘溪村被省文化厅列入第二批湖北省“特色文化村”创建名单。县南剧艺术传承保护中心与湖北艺术职业学院联合定向培养25名南剧学员完成学业，进入县南剧艺术传承保护中心工作。

2018年9月18日，咸丰县南剧艺术传承保护中心在湖北省九运会上表演“肉连响”获金奖 （杨 雪 摄）

【**媒体融合改革**】 7月12日，咸丰县电视台、咸丰县新闻中心整合，成立咸丰县融媒体中心，实现新闻一次采集、多种生成、多元传播，开创县域媒体融合新时代。

统战工作

【**概　况**】 2018年，县委统战部深入贯彻落实习近平总书记在中央统战工作会议和民营企业座谈会上的讲话精神，落实省委、州委、县委的部署要求，推进统一战线工作。全年召开3次县委常委会专题听取和安排部署统战工作，5次组织统战系统学习培训。统筹解决干部年龄老化、队伍力量不足、工作经费短缺等困难和问题，县财政足额保障统战教育培训、商会建设等经费，每年为每个异地商会安排10万元工作经费、5万元党建经费。创新民族宗教工作机制，巩固全国民族团结进步示范县创建成果。加强“616”对口帮扶协调工作，全年争取“616”帮扶项目49个，涉及资金超30亿元。

机关内设办公室（监察室）、统战科（干部科）、民族宗教科（宣传科）、党外知识分子工作科、台湾工作事务办公室，2018年末在职在编人员11名，离退休人员8名。

【**服务全县发展大局**】 坚持用“具体化、项目化”的方式，将州委、县委的决策部署落地落实。一是精准扶贫实化细化。组成“尖刀班”包组包户，组织干部结对帮扶贫困户，协办“唐崖 · 好想李”开园节活动，助力“唐崖”公共品牌推广，累计销售李子近25万千克。引导100余家企业投入精准扶贫，实施帮扶项目180个，受帮扶贫困人口达2.7万人，“千企帮千村”工作在全州现场会上作经验交流。二是双百工程实化细化。以“三乡工程”为抓手，制定“两个一百”（百名能人回乡、百家企业兴乡）工程实施方案，完成《“双百工程”聚人气，“引水回流”活乡村》调研。截至年末，全县回乡能人300人，进村发展产业的企业有200余家。三是招商引资实化细化。以商会为平台开展“以会招商、以商招商”，累计引进投资近10亿元。县委统战部助力全县招商引资工作，对接落实招商项目3个，完成县委下达的年度引进任务。四是重点项目建设实化细化。积极开展征地拆迁“百日攻坚”工作，完成丁寨魏家堡安置区108户11.02公顷土地征收及49栋搬迁房屋的测量工作。

【**异地商会建设**】 拓展经济统战领域，巩固扩大4个异地咸丰商会建设成效，发展商会会员230家。制定出台《咸丰县异地商会管理办法》，异地商会建设课题获2017年全省统战工作实践创新成果。异地商会一批企业与县内30个贫困村建立稳定利益联结，帮助贫困家庭输出劳动力1000余人，会员企业回乡投资达16亿元。开展教育扶贫，武汉、北京咸丰商会向高乐山民族中学捐赠PU篮球场3个，捐赠课桌凳100套。2018年1月3日，县委统战部与北京咸丰商会联合主办“点亮少年梦想，振兴乡村教育——北京师生走进咸丰公益支教活动”，来自北京大学附属中学等单位的30余名师生在唐崖镇开展为期5天的支教活动。争取上海恩商资助咸丰县建档立卡贫困学生200名，每年资助20万元。

2018年2月9日，咸丰县在外优秀创业就业人员暨在外人才“凤凰归巢”计划启动大会在县国税局会议室召开　　（县委统战部　供图）

【助力民营经济发展】 健全完善政策机制，助推民营经济发展。研究制定县委、县政府支持民营企业发展十条措施，县纪委、县委政法委、县人民法院、财政、金融、国土等部门分别研究制定支持民营企业发展十条措施，为民营企业发展提供政策保障。组织干部职工深入60余家民营企业走访调研，撰写《咸丰县民营经济现状及对策研究调研报告》。积极牵线搭桥，化解小微企业“融资难”。县委统战部、县工商联与县农村商业银行、工商银行、邮政储蓄银行3家银行达成战略合作，向银行推荐优质民营企业，全县30家小微企业和个体商户获得1500余万元银行贷款。

2018年12月5日，州委常委、州委统战部部长涂元玲（左四）一行到咸丰县调研民营企业发展

（县委统战部　供图）

【党外人士队伍建设】 加强党外人士工作。一是落实“联系交友制度”，14名县领导与党外代表人士开展联系交友。二是定期召开党外代表人士座谈会，广泛听取党外代表人士意见建议；举办统战干部及党外代表人士培训班；建成“百名党外干部”人才库，强化全县133名党外干部的培养和使用工作。三是发挥党外知识分子联谊会平台作用，为党外知识分子交流信息、联络感情、建言献策、服务社会搭建平台，年内发展会员108名。四是新的社会基层人士工作机制不断完善。履行新的社会阶层人士第一责任人职责，落实班子联系新的社会阶层人士代表人士制度，制定和完善《新的社会阶层人士2018—2020年培训计划》，加强主题教育和培训工作。指导相关部门积极履职，建立列名联席名单，引导全县新的社会阶层人士思想认同、政治认同，画出最大同心圆。

（盛　裕）

机构编制

【概　况】 县机构编制委员会办公室负责全县机构编制管理工作，内设综合股、机构编制股（监督检查股、行政审批制度改革股）。2018年，县编办按照县委、县政府工作部署，加强行政审批制度改革和事业单位分类改革，加强自身建设，不断提高机构编制工作水平。

2018年末，全县共有行政机构56个，其中：党委工作部门10个（含县委巡查办）；政府组成部门29个（含县公安局、县司法局、县民族宗教事务局，暂不含县退役军人事务局），其中：政府工作部门27个，政府派出机构2个〔湖北咸丰工业园区（筹）管理委员会1个、县政务服务中心管理办公室1个〕；群团组织6个；人大机关1个，政协机关1个，乡镇机关10个。

县派出纪工委（3个）、县老干局、县信访接待中心、县森林公安局、县价格监督检查分局、县食品药品监督管理局下设11个乡镇食品药品监督管理所、县工商行政管理局下设5个行政机构和4个乡镇工商所、县质量技术监督局稽查分局不计机构个数。

全县事业机构共计332个，其中：财政预算事业单位323个（70个乡镇教学点不计机构个数）、经费自理事业单位9个。县委县政府直属事业单位10个；部门所属事业单位320个；其他事业单位2个（县人工影响大气办公室，县防雷中心）。

【编制和人员情况】 2018年底，全县行政编制

1581名，工勤编制75名。其中：县直党政群机关编制669名（其中党委152名，人大16名，政府467名，政协13名，群团21名）；政法机关专项编制302名（公安231名、森林公安25名、司法局46名）；乡镇行政编制610名（含乡镇选调生编制3名，乡镇综合配套改革行政待分配编制71名，乡镇食药所编制47名）。

全县事业编制5726名（含行政机关中质监局参公编制8名，文体新广局参公编制7名），其中：财政拨款事业编制5432名，经费自理事业编制294名，待分配编制15名。

2018年底，全县行政机关实有1517人（含工勤人员38人）。县直党政群机关实有688人（含行政机关中质监局参公人员8名，文体新广局参公编制7名，乡镇食药所50人）。政法机关实有人员290人，其中：公安218人（含工勤人员1人），森林公安24人，司法48人（含工勤人员2人）。乡镇机关实有501人（含乡镇落岗分流37人）。县直党政群机关工勤人员实有38人。

事业单位人员共计5022人，其中：财政全额拨款事业人员4028人，差额拨款事业人员799人（含因机构改革调整在职不在编人员130人），经费自理事业单位人员195人。

【机构编制及域名注册管理】 做好新增人员招录工作。咸丰县2018年行政单位使用编制新增人员指标53名，参照公务员法管理事业单位编制新增人员指标12名，事业单位使用编制新增人员指标225名。做好退伍士官和军转干部安置工作。按照人员全部安置到财政全额拨款事业单位，重点向工作任务重、人员少且空编较多的县直事业单位中倾斜，根据退伍转业士官和军转干部的素质和特点，重点向专业性不强的综合类、执法类岗位安置的原则。2018年3月底前，完成全县所有事业单位年检工作。7月安置退伍转业士官9名。加强事业单位登记和党政机关统一社会信用代码赋码管理，实现事业单位登记事项网上办理，提高事业单位登记管理的效率。9月，按照“双随机、一公开”的要求，随机抽取7家事业单位，对其进行监督检查。

【行政管理体制改革】 开展“大科室制”改革，提高机关办事效率。截至2018年3月，大科室制改革共涉及57家单位，内设机构由334个减少到242个，精简幅度达到28%。

落实河湖长制机构设置。贯彻落实党中央、国务院和省委、省政府全面推行河湖长制有关精神和要求，县水利水产局加挂“咸丰县河湖长制办公室”牌子，县水利水产局局长兼任河湖长制办公室主任；增设“河湖长制工作股”。核定行政编制2名，所需编制在水利水产局行政编制总额内调剂。

调整县信访复查复核职责。将县政府办法制股信访复查复核职责划转至县信访局，县信访局加挂“县人民政府信访复查复核委员会办公室”牌子，负责信访复查复核日常工作。县信访局1名分管副局长兼任信访事项复查复核工作委员会办公室主任。

【党政机构改革】 依照省委、省政府统一部署，成立深化机构改革领导小组，推进党政机构改革。从县委组织部、县编办、县人社局、改革办等部门抽调人员组成工作专班，开展摸底调研工作。2018年4月，对全县党政群机构进行清理，上报咸丰县党政群机构名单及相关佐证资料。9月初，对全县党政机构及7个行政类事业单位通过实地调研，座谈了解，形成《咸丰县机构改革模拟方案》，为下一步改革方案拟订和推进奠定基础。按照湖北省市县机构改革方案及市县机构改革方案模板相关要求，积极与州机改办沟通衔接，结合咸丰实际正在制定本地区机构改革方案（沟通稿）。整合县民政局的退役军人优抚安置和县人力资源和社会保障局的军官转业安置职责，组建咸丰县退役军人事务局，为咸丰县人民政府组成部门。稳妥推进事业单位分类改革，待全县党政机构改革方案批复后，进一步明确事业单位机构个数、职能职责、编制等“三定”规定。积极推进生产经营类事业单位改革。2018年7月，县事改办印发《关于印发推进从事生产经营活动事业单位改革的实施意见的通知》（咸事改发〔2018〕1号）。全县3家生产经营类事业单位按统筹推进、分步实施的原则，待全县党政机构改革完成后组织实施事业单位分类改革。

【简政放权】 按照法律、法规的立改废释及上级文件要求及时承接取消和调整行政审批事项。2018年取消调整行政审批事项8项，县级行政审批事项精减为203项；动态调整优化县乡两级政府权责清单。当年取消和调整行政权力事项6项，取消调整后县级行政权力事项保留4180项，乡镇政府通用行政权力事项79项；按照全省“一张网”的要求，组织11个乡镇集中培训9天，录入发布行政职权事项7031项。其中乡镇分别录入发布174项，263个村、6个社区分别录入发布19项（社区20项）。县级46个部门录入发布5133项。全县共计在湖北省行政职权和服务事项管理系统录入发布事项12164项。全面完成县乡村三级行政职权事项录入湖北省行政职权和服务事项管理系统，并对外公示；按照州审改办统一要求，印发《关于编写录入行政许可等四类行政职权审查细则的通知》（审改办发〔2018〕7号），组织县直各部门在“湖北省行政职权和政务服务事项管理平台”编制行政许可、行政确认、行政征收、行政给付四类行政职权事项的审查细则；实现县、乡、村三级与省政务服务平台对接，推行网上审批，县级政务服务事项网上可办率达到77.5%，超额完成60%的规定任务。乡镇政务服务事项网上可办率达到100%。

【“双随机一公开”监管平台】 依照《县人民政府办公室关于调整县级随机抽查事项清单的通知》（咸政办发〔2018〕20号）文件，动态调整随机抽查事项83项，保留243项；完善“一单两库一细则”。调整省“双随机一公开”监管平台抽查事项清单，完善执法人员库和检查对象库，修订随机抽查事项实施细则；加强督办推进工作落实。县编办会同县政管办、县工商局组成联合督查组于2018年10月17—29日对各部门关于“放管服”改革通报问题整改情况及优化营商环境工作措施落实情况进行专项督查。通过交流座谈、查看资料、上机实地操作等方式查看各部门对“三集中三到位”、“双随机一公开”及“省政务服务平台”整改落实情况，形成督查情况通报到各单位；全面推进随机抽查监管。坚持问题导向，印发《关于“放管服”改革工作问题整改通知》（咸审改办发〔2018〕5号），加强随机抽查监管的督办。积极推广应用湖北省“双随机一公开”监管平台及“湖北省行政职权和服务事项管理平台”。年末全县抽查事项比例达到100%全覆盖。

【中介机构去行政化管理】 编制公开并动态调整《咸丰县县级行政审批中介服务事项清单》，保留中介服务事项87项。先后开展三轮“红顶中介”重点清理整治，对专项检查中发现的问题全部完成整改。推广运用湖北省中介服务管理平台，在全州率先利用平台进行政府采购。县财政局编制发布《中介服务收费清单》对中介服务事项收费进行指导，并公示在咸丰县公众网。规范中介机构执业行为，5—6月，组织相关部门开展“中介机构调研”，出台《咸丰县中介机构暂行管理办法》，对全县中介市场予以规范，待《湖北省中介机构管理办法》出台后，结合咸丰县实际予以调整。

（刘　东）

老干部工作

【概　况】 2018年，咸丰县共有离退休干部18046人。其中离休干部18人（含抗日老战士2

人）：从安置地分布上，省外异地安置2人、省内州外异地安置2人、州内县外居住1人、县内居住12人、乡镇居住1人；从供养渠道上，财政供养9人、劳动保险事业统筹8人、直属部门或直属企业1人。退休干部18028人：按单位类型分，机关1440人、事业单位2828人、企业13760人；按干部级别分，实职县处级34人、享受县处级待遇86人、乡科级1063人、其他16845人。

【老年支部和思想政治建设】 加强离退休干部党支部建设。全县47个老年支部采取报告会、座谈会、学习讨论会、组织生活会、学习先进事迹等形式，加强离退休干部党员学习教育。2018年春节前夕，组织部分离退休老干部参观全县重点工程，并召开离退休干部春节座谈会及全县经济社会发展通报会，征求离退休干部对全县经济社会发展的意见建议。10月12日老人节到来之际，组织离退休干部代表到忠堡马倌屯村新农村建设、“咸丰大道”和黔张常铁路等重点工程建设现场参观，发放和寄送咸丰县2018年离退休干部学习资料200余册。

【“两节”慰问活动】 2018年起，对异地安置的离休干部和异地居住的县级退休干部进行每年一次的走访慰问活动。春节、老人节期间，县领导带队走访慰问离退休干部，各级党委党组普遍开展走访慰问活动。2018年春节、重阳节期间共送慰问金6万余元。建立特困帮扶机制，对家庭困难、身患重病等老干部进行救助，帮扶特困老干部26名，落实帮扶资金3.8万元。

【老干部学习活动阵地建设】 加强老干部学习活动阵地建设。2018年争取省财政补助资金100万元，维修整改过渡期老年大学教学楼。老年大学开设26个专业，19个班，注册学员729人。组织学员积极参加省、州、县各类文体活动和比赛。编排文艺节目参加恩施州“百姓大舞台”总决赛活动，获第三名；参加“激情飞扬40年”全州老年经典老歌传唱团体比赛及“桑榆金晖”全州老年柔力球团体比赛活动，柔力球团队获全州第一名，县老年大学合唱团获全州第三名。

【老幼结对帮扶工作】 县关工委继续开展“老幼结对帮扶”工作，3200多名离退休干部“爱心家长”，结对帮扶2000多名留守儿童，其中“五老”结对420名留守儿童，帮扶资金10多万元。开展“六一”儿童节走访慰问活动，组织县委宣传部、总工会、老干局等成员单位负责人到县第二实验小学、高乐山镇小模小学、县民族幼儿园、县残疾人日间照料站走访慰问，赠送文化体育用品，并为残疾儿童、困难家庭儿童发放慰问金。

（许智全）

党校工作

【概　况】 县委党校位于高乐山镇营屏寨路33号，占地面积8989平方米，校舍面积3998平方米。县委党校与县行政学校实行“两块牌子、一套班子”的管理体制。内设办公室、组织教学科、行政科、理论教研科、财务与资产管理办公室和信息网络管理中心6个科室。核定全额拨款事业编制19名（其中参管人员8名），工勤2名。领导职数4名，其中：常务副校长1名，副校长3名（含行政学校副校长1名）；科室领导职数14名。2018年底在编在岗18人，退休30人。

【干部教育培训】 2018年，完成培训班32期，共3886人。围绕《2018年干部教育培训计划》，统筹开展领导干部十九大轮训、中青年“狮子型”干部、纪律监察干部、全域旅游、招商引资、预备党员、入党积极分子暨廉政教育等培训班。在余杭区委党校、中南民族大学、湖北文理学院举办“中青年暨‘狮子型’干部培训班”“全域旅游专题培训班”“城乡建设专题培训班”。初步建立以省内高等院校、州委党校、余杭区委党校和县内党政领导等为主干的“百名师资库”，全年使用校外师资40余人次。在中青班推行“赴余杭学习交流一周、回党校集中培训一周、到现场参与征迁一周、下基层调查研究一周”的培训模式，汇编形成《余杭观察》和《调研成果集》。推行“每个专题2小时教师讲授+0.5小时学员微论坛”互动交流授课方式，县级领导走上讲台，突出问题导向，回答学员关心的热点、难点问题，增强了培训实效。2018年，在县委书记郑东来的示范带动下，15名县级领导走上党校讲台。

【科研资政】 校领导带队深入县直单位、乡镇和村做实调研，以“恩施州纪念改革开放40周年暨党校系统第29届理论研讨会”“渝东南片区党校行政院校系统第九届理论研讨会”为主渠道，围绕武陵山地区和州委、县委关心关注的大势大局开展以文资政工作，组织撰写参评文章8篇、获奖6篇、交流发言1篇，申报科研课题3个、结项2个，其中《乡村振兴，我们不一样》《乡村振兴的咸丰实践研究》获一等奖;《改革开放以来咸丰县基层治理创新实践》《咸丰县抓党建促脱贫攻坚调研报告》获二等奖;《乡村振兴战略背景下基层治理路径探讨》《改革开放以来咸丰县村级脱贫攻坚案例解析》获三等奖。2018年主体班次学员累计完成科研文稿30余篇，优秀文稿向州县报送。在省级、州级、县级新闻媒体上发表《贫困村的美丽小康路》《钟点工是一股精神力量》《怡山湾的震撼与启示》《让乡愁有处安放》《为有源头活水来》《学精学新学担当》《学习归来话唐崖》等文章。

【理论宣讲】 以县委党校教师为主力的县委宣讲团深入15个县直部门、6个乡镇、18个行政村，开展党的十九大报告精神、习近平新时代中国特色社会主义思想、党史国史、党内法规、家风家教、道德礼仪宣讲宣讲40余场次，受众4000余人。祁斌教师的《扛起全面从严治党的责任担当》在第七届“神龙杯”优秀理论宣讲报告中获得二等奖,《乡村振兴战略：开启乡村发展新时代》获全州党校系统青年教师精品课比武二等奖。

【学校管理】 制定出台《党校教师十不准》《党校学员十不准》《党校总支中心组学习计划》《党校公共信息平台管理制度》《党校网络舆情处置与管理办法》等系列制度办法，全面落实“五纳入三报告”制度，严格管控“课堂、科研、宣讲”三个阵地，开展“两微一端”清理整治，牢牢守住党校意识形态主阵地。加强师资干部队伍建设，选派11人次赴中央党校、杭州市委党校、省委党校、省委宣讲团、十堰市委党校等参加各类师资培训，其中1人被评为省委党校主体班优秀学员。

（彭爱华）

机关党的建设

【概　况】 县委县直机关工委定编3人，内设办公室、组织科，2018年底有在职人员3人。管理基层党组织185个，其中基层党委3个，党总支27个，党支部155个，党员3270名；党组45个。

【思想政治建设】 深化“两学一做”学习教育，严肃党内政治生活，认真落实“三会一课”、专题民主生活会、基层党组织生活会、领导干部双重组织生活、党员党性定期分析、民主评议党员、谈心谈话等制度，不定期对县直机关党员领导干部参加双重组织生活等党内组织生活情况进行督查，加强对县直各单位党委（党组）中心组学习的规范和管理，强化党员领导干部示范带动作用。加强分类指导，充分体现“支部主题党日+”特色，对“支部主题党日”活动开展情况进行督查，防止活动机械化、庸俗化、娱乐化。全年对174个支部开展情况进行督查，共下发督查通报2期。

【基层组织建设】夯实基层基础，推进基层组织建设全面进步。召开“2018 年县直机关党建工作会暨 2017 年机关党组织书记述职会议”，县直机关 6 名党组织书记大会述职。规范县直机关党组织设置及选举工作。县直机关新成立支部 26 个、撤销支部 20 个，规范党组织设置 119 个，成立“尖刀班”临时党支部 118 个，按期换届党组织达 68 个，基本实现党组织书记由单位党员主要负责人担任，纪检委员由班子成员担任体制。

树立各类典型，讲好身边故事。推荐州委表彰先进基层党组织 1 个，优秀共产党员 5 名，优秀党务工作者 2 名；推荐县委表彰先进基层党组织 2 个，优秀共产党员 4 名，党务工作者 1 名，县委县直机关工委表彰先进基层党组织 19 个，红旗党支部 10 个，优秀共产党员 30，优秀党务工作者 10 名。落实党内关怀机制，春节和“七一”走访慰问困难党员、老党员、老干部 38 人。

创新督查指导方式。2018 年 6 月组织县直 24 个党委、党总支的党务干部，组成 14 个督查组，对县直 3 个党委、25 个党总支、158 个党支部的党建工作开展全面督查。同年 9 月组织专班对“解放思想、转变作风”学习讨论活动、“十进十建”工作开展情况进行督查。10 月、11 月、12 月分别对国有企业党支部、学校和医院等事业单位党支部、党政机关党支部主题党日活动开展情况进行督导。下发督查通报 1 期。

围绕中心、聚焦主责主业创党建品牌。召开县直机关党建品牌推进会，县纪委、县公路管理局、县传媒中心、县中医医院、县烟叶分公司 5 个党支部（总支）交流发言，“分享学习法”“路畅人和”“每天学一点”“大爱中医，健康随行”“党员进烟田”等党建品牌受到广泛关注。2018 年 10 月 17 日，《恩施日报》专版介绍推介咸丰县直机关党建品牌创建做法和经验，县纪委“分享学习法”在《湖北机关党建》杂志上予以推介。

2018 年 7 月 2 日，县纪委开展集中夜学活动

（杨 璟 摄）

【党员教育管理】加强党员教育管理工作，全年举办 3 期 152 人参加的入党积极分子及预备党员集中培训，开设《中国共产党章程》《关于新形势下党内政治生活的若干准则》《中国共产党历史》《廉洁自律准则》《中华人民共和国宪法》《中华人民共和国监察法》《党员纪律处分条例》《党内监督条例》等为期 3 天的学习课程，并进行测试。全年接收预备党员 81 人，审批预备党员转正 38 名。抓实党费清理、收缴工作，全年共收缴党费 70 余万元。做好“全国党员管理信息系统的”管理维护，创立下级党委 A 账号及各个支部 D 账号 188 个；审批党员转接，完善信息。

（许智全）

档案史志工作

【概　况】咸丰县档案局（馆）、史志办是中共咸丰县委直属事业单位。内设办公室、档案业务指导（法规股）、档案管理、党史、方志 5 个股室；定编 19 人。2018 年 12 月底，在职在编人员 16 人，退休人员 10 人。

2018 年，县档案史志部门紧紧围绕县委、县政府工作大局，聚焦精准扶贫主业和党建主责，牢固树立“抓好党建是最大政绩”的理念，以“1+1”支部联创党建品牌为推手，激发全局干部职工干事创业热情，各项工作取得新进展。精准扶贫卓有成效，典型事迹在中国扶贫网转载；业务工作亮点纷呈，成功争取全省第二个数字档案馆建设项目，唐崖镇志申报入围全国名镇志文化工程，促进了档案史志事业可持续发展。

【档案业务工作】 加强档案馆库工作。本着便民、准确、高效的原则，为1000余人次提供馆藏档案的查阅利用；完成民国档案的条目著录、修裱和数字化加工；接收进馆档案5000余卷；馆藏档案数字化，扫描60万幅，条目录入31条；提前1个月完成馆藏135个全宗档案基础数据专项清理工作，投入110万元整修并投入使用库房1个；成功争取咸丰数字档案馆项目；组织专班人员代省档案局征集土家吊脚楼、何氏根雕、土家绣花鞋等“非遗”作品共7件。开展“档案见证咸丰改革开放40周年工作会”暨“6·9”国际档案日庆祝活动，80余人参会。

加强行政执法和业务指导。2018年修订审核15个单位的“三合一”制度，巡察专业档案管理办法。完成77个立档单位档案目标管理的复查、考评工作；完成18个单位、76个项目的州级重点建设项目档案登记和15家国有企业“三供一业”情况统计工作；加强对行政村精准扶贫档案、婚姻档案的指导。积极向省档案局推送国有企业优秀创新案例；向县审改办、信用办报送“双随机一公开”执法检查、社会信用信息、行政审批制度改革等相关资料。完成社会信用平台、“双随机一公开”平台的信息录入和上报工作。对17个单位进行档案执法检查。

【党史编研和地方志工作】 推进《中共咸丰县历史（第二卷）》修改定稿工作。制定“恩施州改革开放实录编撰方案”，发动部门参与编辑工作，完成《绿色路上踏歌行 森林咸丰谱新篇——1987—2017年绿色咸丰建设纪实》《苦干实干抓扶贫，昂首阔步奔小康——咸丰县“八七”扶贫攻坚回顾（1994—2000）》两个专题编写任务。

实施地方志精品工程。做好《唐崖镇志》《小村乡志》《蛇盘溪村志》等“两镇一村志”申报全国名镇志文化工程。积极争取省、州地方志办公室重视和指导。9月7日，恩施州史志办在咸丰举办“中国名镇（村）志”编纂经验交流培训会；10月14—15日，省地方志办公室副主任司念堂、处长卢申涛一行到咸丰县调研，深入唐崖镇唐崖司村实地考察，就唐崖镇志编纂进行现场指导。完成《咸丰年鉴（2017年卷）》出版发行，完成《咸丰年鉴（2018年卷）》资料收集和编辑工作。

【省档案局局长黄国雄调研咸丰数字化档案馆建设】 2018年7月8—9日，省档案局局长黄国雄、副局长马尚云、电子处处长金萍、办公室副主任徐早祥一行，在州委常委杨胜才、州档案局局长谭立文、州档案局副局长李锦等陪同下，到咸丰就县级档案馆数字化建设、精准扶贫档案、企业档案、森林资源档案规范化建设进行调研。县政府副县长黄光英汇报全县档案工作及档案馆数字化建设情况，副县长贺军、档案局局长刘小燕陪同调研。

（陈江陵）

咸丰县人民代表大会

【概　况】 2018年，县人大常委会以习近平新时代中国特色社会主义思想为指导，全面贯彻落实党的十九大精神，始终坚持党的领导，把握正确的政治方向，认真贯彻县委决策部署，不断增强党的领导是人民当家做主和依法治国根本保证的政治自觉。牢牢把握人大工作正确的政治方向，注重把握好县委决策、人大决定、政府行政的关系，依法讨论决定重大事项，及时把党的主张通过法定程序变成人民群众的意志和自觉行动，推动县域经济社会发展。

围绕县委工作中心，主动参与重点项目建设。组织人大代表视察和调研咸丰大道、咸丰新城“十大项目”、易地扶贫搬迁等重点项目建设，积极建言献策，助推重点工程进度。主动服务全县工作大局，支持全县重大项目建设，审查批准县人民政府提请的集镇生活污水处理全覆盖PPP项目、平安咸丰全域立体化视频系统PPP项目、棚户区改造项目、调整及整改置换债券项目以及中心城区山体保护专项规划等议案。通过开展视察、专题询问等形式，促进干栏式建筑传承保护；县人民政府编制完成《咸丰县复兴“中国干栏式建筑之乡”总体规划》，按照干栏式建筑风格完成咸丰新城城市风貌设计初审，出台奖补政策，编制印发农村干栏式建筑通用图集，取得阶段性成效。

深入开展扫黑除恶专项斗争，发挥人大代表联系广泛的重要作用，积极提供涉黑涉恶问题线索，宣传、支持扫黑除恶工作。

依法做好人事任免。坚持党管干部原则与人大依法任免有机统一，严格按照法定程序任免国家机关工作人员。2018年共依法任免国家机关工作人员24人次。

主动投入精准扶贫工作。治任务来抓，班子成员均联系1个乡镇、2—4个重点贫困村，带头靠前指挥，集中精力抓脱贫攻坚。

认真贯彻《中华人民共和国各级人民代表大会常务委员会监督法》，依法履行监督职责，坚持在监督中支持，在支持中监督。全年共召开常委会会议7次、主任会议9次，听取审议“一府两院”专项报告39项，开展4部法律法规执法检查，集中视察12次，组织专题询问1次，配合上级开展视察调研36次，作出决议、决定19项，提出审议意见11项。

发挥代表主体作用，激发履职活力。县人大常委会组织在咸的全国、省、州、县、乡五级人大代表781名，参加“聚力脱贫攻坚、人大代表在行动”活动，充分发挥人大代表在脱贫攻坚中的监督作用、桥梁纽带作用、参与推动作用。进村入户访真贫、察实情、说实话、办实事，走访慰问贫困户912户，收集有价值的意见建议43条。规范代表之家11个、代表小组活动室55个，完善代表日常活动机制，充分发挥人大代表作用。

提升代表履职能力。组织常委会组成人员、乡镇人大主席及人大机关干部分批次到全国人大培训基地参加培训。举办人大代表专题培训班，就如何撰写议案建议和提升履职能力进行集中培训。邀请基层代表列席县人大常委会会议，参加视察、调研、执法检查等活动。

督促议案建议办理。县人大常委会及时交办人代会议案和代表建议，明确办理时限和办理要求。由常委会领导带队，成立7个督查组，强化跟踪督办。11月27日，县人大常委会对议案建议办理工作情况开展专题询问，听取县人民政府《关于县十八届人大二次会议议案及代表建议办理情况的报告》，人大代表就干栏式建筑的传承保护、城市管理、脱贫攻坚、基础设施等方面的议案及建议办理情况进行现场询问，承办部门对办理情况现场答复，通过面对面的形式，有效加强代表与承办部门之间的沟通，推动了议案建议的办理落实。

【第十八届人民代表大会第三次会议】 2018年12月27—29日，咸丰县第十八届人民代表大会第三次会议召开。大会听取和审查县人民政府工作报告、县人大常委会工作报告、县人民法院工作报告、县人民检察院工作报告、县人民政府关于县十八届人民代表大会第二次会议议案及代表建议办理情况的报告；审查和批准咸丰县2018年国民经济和社会发展计划执行情况与2019年国民经济和社会发展计划草案的报告，批准2019年国民经济和社会发展计划；审查和批准咸丰县2018年财政预算执行情况与2019年财政预算草案的报告，批准2019年财政预算。选举谭皓为咸丰县第十八届人民代表大会常务委员会副主任。

咸丰县第十八届人民代表大会第三次会议，共收到代表10人以上联名提出的议案11件。经大会主席团审查，决定将王琨等12名代表提出的《打造特色村寨，加快推进复兴“中国干栏式建筑之乡”的议案》、田毅等10名代表提出的《进一步加大对复兴“中国干栏式建筑之乡”投入支持力度的议案》、冉启胜等10名代表提出的《加大对干栏式建筑政策保障力度的议案》、温一庠等10名代表提出的《继续加大政策资金倾斜力度，围绕创建国家全域旅游示范区和特色民宿示范带建设，整体联动把咸丰建成“中国干栏式建筑之乡”的议案》、金艳等10名代表提出的《深入推进土家“干栏式建筑之乡”建设见成效的议案》5件议案合并为《源头管控、政策支持、建好示范，推进“复兴中国干栏式建筑之乡”取得实质性进展的议案》作为议案立案。将杨胜华等11名代表提出的《将龙家界片区打造成“县城后花园，运动康养地”的议案》、杨胜龙等12名代表提出的《规范县城停车管理的议案》、陈显峰等12名代表提出的《将杨洞工业园区建设成工业小镇的议案》、李成舟等10名代表提出的《打通咸丰县城南通道，推动城乡整合发展的议案》、田毅等10名代表提出的《“鸡腿”白术保护和发展的议案》、温一庠等10名代表提出的《充分利用农村产权制度改革，推动农村产业振兴的议案》不作议案立案，转为建议办理。

2018年12月27日，咸丰县第十八届人民代表大会第三次会议会场　　（李维君　摄）

【县人大常委会会议】 全年共召开县人大常委会会议6次，并作出相关决定。

2018年2月23日召开县十八届人大常委会第14次会议。审议通过《咸丰县人大常委会2018年工作要点》，表决通过《咸丰县人大常委会关于加快复兴“中国干栏式建筑之乡”的决定》，听取和审议《县人民政府关于2017年财政预算第六次调整情况的报告》《县人民政府关于2018年财政预算第一次调整情况的报告》《县人民政府关于2018年部门预算草案的报告》、县人民政府《关于将咸丰县2018年棚户区改造一期工程项目政府购买服务资金纳入财政中长期预算的议案》《关于将咸丰县城丁寨片区（城中村）棚户区改造第一期工程项目政府购买服务资金纳入县财政中长期预算的议案》，听取咸丰县第十八届人大财政经济委员会关于《县人民政府关于2017年财政预算第六次调整情况的报告》的审查报告、《县人民政府关于2018年财政预算第一次调整情况的报告》的审查报告。

2018年3月29日召开县十八届人大常委会第15次会议。听取和审议县人民政府《关于县十八届人大二次会议议案建议办理方案的报告》、县人民政府《关于将PPP项目合同中约定的政府跨年度财政支出责任纳入中期财政规划的报告》、县人民政府《关于将新城片区丁寨防洪排涝工程项目建设资金纳入中期财政规划的议案》，审议县人民政府办理落实县人大常委会关于传染病防治法执法检查、全县“两违”清理后续工作、全县普遍建立法律顾问制度工作实施情况的审议意见研究处理情况的报告。

会议通过有关人事任免：决定任命刘爱民为县农业局局长，秦绍国为县安全生产监督管理局局长，谭应和为县商务局局长。免去刘爱民的县安全生产监督管理局局长职务，免去舒莉的县商务局局长职务。

2018年5月25日召开县十八届人大常委会第16次会议。听取和审议《县人民法院关于司法体制改革工作情况的报告》《县人民政府关于全县茶产业发展情况的报告》《县人民政府关于调整2017年污水处理专项债券用途的报告》《县森林公安局关于提请许可对咸丰县第十八届人大代表田代云采取强制措施的报告》，审议《县人民政府关于2016年度本级预算执行和其他财政收支审计查出问题整改情况的报告》《县人民政府关于全县中小学校和幼儿园食品安全监督管理工作审议意见办理情况的报告》《县人民政府关于城市建设工作审议意见办理情况的报告》《县人民政府关于旅游产业工作专题询问审议意见研究处理情况的报告》《县人民政府关于旅游产业发展审议意见办理情况的报告》《县人民法院关于执行工作审议意见办理情况的报告》。

会议通过有关人事任免：决定任命郑颖、连庆为咸丰县人民政府副县长，冉茂林为县发展和改革局局长，杨纯耀为县水利水产局局长。免去颜克新的县发展和改革局局长职务。

2018年7月27日召开县十八届人大常委会第17次会议。听取和审议《县人民政府关于2018年上半年国民经济和社会发展计划执行情况的报告》《县人民政府关于2018年上半年财政预算执行情况的报告》《县人民检察院司法体制改革工作情况的报告》，审议县人民政府关于《中华人民共和国大气污染防治法审议意见办理情况的报告》《全县集中式水源地保护工作审议意见办理情况的报告》《全县生态补偿脱贫一批政策落实情况审议意见办理情况的报告》《县人民检察院关于民事行政检察工作审议意见办理情况的报告》。会议通过有关人事任免事项。

2018年9月29日召开县十八届人大常委会第18次会议。听取和审议《县人民政府关于2017年财政决算报告》《县人民政府关于2018年财政预算第二次调整情况的报告》《县人民政府关于整改及调整置换债券项目情况的报告》《县人民政府关于整改及调整新增政府债券项目的报告》，听取和审议县人民政府关于贯彻实施《农药管理条例》情况的报告、咸丰县人大常委会关于县人民政府贯彻实施《农药管理条例》的执法检查报告、县人民政府关于全县路网建设情况的报告、县人民政府关于提请审议《咸丰县中心城区山体保护专项规划（2017—2030）》的议案，听取咸丰县第十八届人大财政经济委员会关于《县人民政府关于2017年财政决算报告》的审查报告、咸丰县第十八届人大财政经济委员会关于《县人民政府关于2018年财政预算第二次调整情况的报告》的审查报告。

2018年11月27日召开县十八届人大常委会第19次会议。听取和审议县人民政府《关于2017年度本级财政预算执行和其他财政收支的审计工作报告》、县人民政府关于贯彻实施《中华人民共和国禁毒法》情况的报告、咸丰县人大常委会关于县人民政府贯彻实施《中华人民共和国禁毒法》的执法检查报告、县人民政府关于义务教育均衡发展工作情况的报告、县人大常委会代表资格审查委员会《关于暂停杨丹、田代云县十八届人民代表大会代表职务的报告》；会议对县人民政府办理县十八届人大二次会议议案及代表建议情况开展专题询问。

2018年12月22日召开县十八届人大常委会第20次会议。听取和审议县人民政府关于《咸丰县国民经济和社会发展第十三个五年规划纲要》实施情况中期评估的报告、县人民政府关于2018年财政预算第三次调整情况的报告，听取咸丰县第十八届人大财政经济委员会关于《县人民政府关于2018年财政预算第三次调整情况的报告》的审查报告、咸丰县第十八届人大常委会代表资格审查委员会关于县十八届人大代表变动情况的报告，审议县十八届人民代表大会第三次会议有关报告，通过《咸丰县人大常委会关于召开第十八届人民代表大会第三次会议的决定》，审定县十八届人民代表大会第三次会议有关文件。

【监督工作】 围绕改善经济运行监督。紧扣收入征管、财源培植、预算约束等重要环节，开展视察调研，切实加强对财政工作的监督。听取和审议县人民政府上半年计划执行情况的报告、“十三五”规划实施情况中期评估报告，有针对性地提出了促进经济社会发展的审议意见。听取和审议预算执行、财政决算及审计整改工作的报告，针对如何提高财政资金使用绩效、加强政府债务管理、审计查出问题整改等重点，提出明确要求，促进全年财政收入支出目标任务的顺利完成，维护预算执行的严肃性。

围绕增进民生福祉监督。把保障和改善民生作为监督重点，切实维护人民群众的根本利益。开展茶业产业发展情况专项视察，听取专题报告，了解工作进度，提出审议意见，促进茶叶产业稳步发展。开展义务教育均衡发展视察，配合州人大开展学前教育专项调研，向县人民政府提出“全面贯彻落实教育方针政策，进一步改善办学条件，合理配置教育资源，提升教育教学质量”的建议，大力促进教育公平。持续跟踪中小学校及幼儿园食品安全审议意见办理落实情况，强化学校食品安全监管。深入开展“农产品质量安全荆楚行”活动，密切关注“舌尖上的安全”。跟踪督促“两违”清理审议意见办理后续工作，支持城乡建设有序推进。开展全县路网建设视察，听取县人民政府专项工作报告，促进“出行难”问题的解决。

围绕维护公平正义监督。重点开展《中华人民共和国禁毒法》《农药管理条例》等法律法规的执法检查。配合州人大常委会完成了《州农村公路条例》《州硒资源保护与利用条例》的执法检查，为省、州人大有关立法调研课题提出意见建议。坚持“有件必备、有备必审、有错必纠”，对县人民政府4件规范性文件进行备案审查。听取和审议法院、检察院关于司法体制改革情况的报告，有针对性地提出审议意见，支持司法体制改革积极稳妥推进。审议全县普遍建立法律顾问制度、法院执行工作、检察院民事行政检察工作审议意见研究处理情况的报告。

围绕保护生态环境监督。组织开展以“美丽

咸丰，我是行动者”为主题的环保世纪行活动。重点督促关于“坪坝营镇矿区综合治理”建议的办理，加大非煤矿山开采及加工行业粉尘污染治理力度。持续跟踪县城集中式饮用水源地突出环境问题以及中央、省环保督察反馈问题的整改，推进咸丰县创建全国生态文明示范县建设，推动打好污染防治攻坚战各项工作任务的落实。

【重大事项决定】 修订《咸丰县人大常委会讨论决定重大事项办法》，依法作出《关于加快复兴“中国干栏式建筑之乡”的决定》，审查批准县人民政府提请的集镇生活污水处理全覆盖PPP项目、平安咸丰全域立体化视频系统PPP项目、棚户区改造项目、调整及整改置换债券项目以及中心城区山体保护专项规划等议案。

【代表工作】 尊重人大代表主体地位，不断完善保障机制，创新服务载体，丰富活动内涵，提升履职能力，发挥代表作用。

积极开展代表活动。举全县之力、集全民之智，广泛发动社会各界力量，打赢脱贫攻坚这场硬仗，是各级人大代表义不容辞的政治责任。县人大常委会组织在咸的全国、省、州、县、乡781名五级人大代表，积极参加“聚力脱贫攻坚、人大代表在行动”活动，充分发挥人大代表在脱贫攻坚中的监督作用、桥梁纽带作用、参与推动作用。进村入户访真贫、察实情、说实话、办实事，走访慰问贫困户912户，收集有价值的意见、建议43条。进一步规范代表之家11个、代表小组活动室55个，搭建代表联系群众的工作平台，完善代表日常活动的机制。各级人大代表积极投身到活动中来，在脱贫攻坚主战场上增强代表意识、展示代表风采、发挥代表作用。

提升代表履职能力。坚持把培训作为一项基础性工作来抓，组织常委会组成人员、乡镇人大主席及人大机关干部分批次到全国人大培训基地参加培训。举办人大代表专题培训班，就如何撰写议案建议和提升履职能力进行集中培训。为常委会组成人员、乡镇人大主席团和代表小组订阅《中国人大》等报纸杂志、寄送人大公报，邀请基层代表列席县人大常委会会议，参加视察、调研、执法检查等活动，为代表掌握人大工作知识、了解人大工作情况创造条件，帮助代表找准履职着力点，提升履职能力。

督促议案建议办理。把办好人代会议案和代表建议作为集中民智、促进发展、推动工作的重要抓手，及时交办人代会议案和代表建议，明确办理时限和办理要求。由常委会领导带队，成立7个督查组，强化跟踪督办。11月27日，县人大常委会对议案建议办理工作情况开展了专题询问，会上听取县人民政府《关于县十八届人大二次会议议案及代表建议办理情况的报告》，人大代表就干栏式建筑的传承保护、城市管理、脱贫攻坚、基础设施等方面的议案及建议办理情况进行现场询问，承办部门对办理情况现场答复，通过面对面的形式，既有效加强了代表与承办部门之间的沟通，又创新监督方式，推动了议案建议的办理落实。

【精准扶贫】 咸丰县人大常委会把脱贫攻坚作为首要的政治任务来抓，常委会党组书记、主任欧阳开平任小村乡脱贫攻坚前线指挥部指挥长，坚持每月集中调度一次，每周督办不少于一次的工作模式，切实把脱贫攻坚这一重要工作任务扛在肩上，落实到具体的行动中。建立健全小村乡前线指挥部各项工作机制，明确各项工作考核标准，统一调度全乡各项精准扶贫工作，进一步保障小村乡脱贫攻坚工作有序推动。常委会党组成员、副主任蔡红萍、张建清、曾永国、田应贵分别任高乐山镇、唐崖镇、清坪镇和唐崖镇脱贫攻坚指挥部副指挥长，常委会副主任邓启胜任黄金洞乡脱贫攻坚指挥部副指挥长，副指挥长负责协调联系片区内脱贫攻坚工作。

常委会机关选派10名基层工作经验丰富的干部，组建小村乡大村村“尖刀班”和活龙坪乡板桥河村“尖刀班”。截至2018年底，小村乡大村村共投入资金3000余万元，实施大小项目25个，主要用于路、水、电、通信、桥梁等基础设施建设。以“大村会议旧址”“韦氏七雄故居”“游击大队点兵台”为主体，打造大村村红色文化旅游产业，2018年9月13日，获首届中国农民丰收节100个特色村庄荣誉称号，为大村红色旅游打下了坚实的基础。注重发展茶产业，与信誉好、实力强的茶商合作，以入股分红等形式与茶商共同投资，在村集体监督下茶厂自行经营，促进村集体经济收入逐步壮大，2018年完成村集体经济收入5万元。

加强活龙坪乡板桥河村扶贫工作，全力申报争取新建韩家沟蓄水池（引至大石板水厂）及引水管工程，通过反复协调争取，促成项目立项，年内完成招投标等相关工作。新发展辣椒、白术、贝母等药材350亩，新发展白茶270亩。白茶产业为全村农户实现现金收入近20万元。

【县人大常委会】 县人民代表大会设置民主法制委员会、财政经济委员会，县人大常委会设置2个办事机构和5个工作委员会即办公室（挂规范性文件备案审查室牌子，实行“一套班子、两块牌子”）、代表和人事任免工作委员会和预算工作委员会（与财政经济委员会“一套班子、两块牌子”）农业农村工作委员会、城乡建设与环境资源保护工作委员会、教育科学文化卫生工作委员会和内务司法工作委员会。2018年底，县人大常委会机关在职人员39人，离退休人员31人。

（刘　柳）

咸丰县人民政府

综　述

【概　况】 2018年，全县上下深入学习贯彻习近平新时代中国特色社会主义思想和党的十九大精神，在州委、州政府和县委的坚强领导下，坚持新发展理念，奋力推进“五个咸丰”建设；坚持稳中求进的总基调，以脱贫攻坚统揽全局，扎实做好稳增长、调结构、惠民生、防风险等各项工作，凝心聚力，真抓实干，攻坚克难，较好地完成年初各项目标任务。全县实现地区生产总值83.49亿元，比上年增长4.8%；完成固定资产投资增长15%；规模以上工业增加值增速6.7%；完成地方财政总收入7.77亿元，增长3.3%；地方公共财政收入4.34亿元，增长1.3%；实现社会消费品零售总额增长12%；完成自营出口255万美元，增长10.0%；金融机构人民币存款余额119.9亿元，增长10%，贷款余额71.7亿元，增长25%；城镇常住居民人均可支配收入26999元，增长8%；农村常住居民人均可支配收入10375元，增长9.5%。

一、以“大抓项目、抓大项目”为突破口，以对外开放、产业转型为主攻方向，坚持转型发展、特色发展。

重点项目有力推进。开展土地集中报批、项目征地拆迁、项目前期、审批提速四大“百日攻坚战”行动。谋划实施基础设施、产业发展、生态环境、民生事业等项目199个，咸丰大道全线贯通，黔张常铁路咸丰段主体工程全部完工，351国道谢家土至大沙坝段、353国道曲江至恩黔高速连接线、龙洞湾水库、坪坝营景区游客换乘中心、天然气镇镇通、精准扶贫项目、新城二期及三期等项目顺利推进，渝鄂直流背靠背换流站进入带电调试阶段，十字岭隧道及接线工程、咸丰县春晖学校、公益性公墓等工程开工建设。

产业发展提质增效。围绕“四大产业集群”，不断优化产业结构，提升产业层次，推动高质量发展。按照“三茶一药一猪”总体布局，新增茶叶4.41万亩、油茶8万亩、藤茶0.65万亩，种植中药材4.03万亩，生猪出栏65.5万头。建设东西部扶贫协作茶厂11个，建成茶叶绿色生产示范基地8万亩，新增“三品一标”认证4个。引进州级以上农业龙头企业20家，创建国家级农民专业合作社示范社5家、省级示范社7家。小村乡获批全国农业产业强镇。持续打造“唐崖”公共品牌，馨源茶业“唐崖红”荣获第2届国际茶博会金奖。出台加快产业发展十条意见、大力支持民营企业发展十条措施，推动实体经济振兴。新增规模以上工业企业5家，完成企业技改扩能5家，工业园区10万平方米标准化厂房动工新建。完成全域旅游规划编制，出台民宿产业发展实施意见，启动7个乡镇特色民宿试点，完成坪坝营三特公司股权收购，成功创建第一批国家中医药健康旅游示范基地。

招商引资迸发活力。坚持把招商引资作为“一把手”工程，精心谋划包装项目142个，成功签约项目99个，其中亿元以上项目27个，到位资金47.42亿元，增长26.3%。大力开展协作招商、平台招商、以商招商，探索“总部经济+异地产业园+生产基地”模式，建立咸丰总部经济基地，5家企业即将入驻。改善招商环境，理顺招商引资工作机制，推行全程代办、领办、协办服务，优化招商项目审批服务流程，审批用时缩减到25个工作日。出台招商引资奖惩办法，严格考核招商项目签约、落地、投产、到资情况，签约项目开工率达到86.87%。

要素保障更加有力。坚定不移打好防范化解金融风险攻坚战，守住不发生系统性区域性金融风险的底线。有序推动国投公司市场化转型，管理经营性国有资产424宗，完成股权融资3.6亿元，金融机构融资授信14.25亿元，实际到位资金6.94亿元。政银企合作更加密切，多层次资本市场体系不断完善，金融机构新增贷款12.42亿元。筹集县级财政调度资金7400万元、过桥资金2.55亿元支持实体经济发展，解决企业流动资金困难。拓宽融资渠道，蚂蚁金融服务集团与咸丰县签约“智慧县域&普惠金融”项目，助力农村人口解决融资难题。强化土地资源要素保障，坚持土地增减挂钩，挂牌出让国有土地1305亩，实现土地收入3.7亿元。

二、坚持简政放权、放管结合，科学处理改革与发展的关系，让改革更有力度、更有温度。

供给侧结构性改革成效明显。推动去产能改革，全县13家煤矿全部关闭退出，化解煤炭过剩产能近百万吨，已有5家煤矿转型发展。投资5000万元实施煤改电工程。推动去库存改革，房地产去库存4.2万平方米，平均消化周期7.3个月，去化周期处于合理区间。推动降成本改革，落实差别电价和阶梯电价，为企业降成本309.77万元，减免企业各种税费7858万元。

“放管服”改革纵深推进。持续开展简政放权，健全事中事后监管体系，政府行政权力不断“瘦身”，效率有所提升。行政审批事项削减到202项。推进“大科室”制改革，精简内设机构92个。建立“一单两库一细则”，强化“双随机一公开”平台监管，清理规范中介服务事项87项。推进“互联网+电子政务”，实施“多证合一”“证照分离”，坚持“只进一扇门、一次办好、限时办结”，行政审批事项网上可办率达到82%。

重点领域改革有序实施。深化国库集中支付电子化改革，173家授权支付预算单位成功上线。推动财政资金绩效评价改革，完成六大类扶贫项目资金使用绩效评价。深化医疗卫生体制改革，“医联体”“医共体”加快建设。深化教育、科技、文化体制改革。农村集体产权制度改革国家级试点工作扎实开展，成立村级集体经济股份合作社263个，农村产权交易平台完成交易2054宗，交易金额9062.38万元。

三、坚持生态优先，推动绿色发展，持续巩固省级生态文明建设示范县创建成果。

污染防治成效显著。完成中央、省环保督察反馈问题整改56个。全面打响污染防治攻坚战和长江大保护“十大标志性战役”，实施环境保护“七大专项行动”，扎实开展第二次全国污染源普查。实施“四个三重大生态工程”建设，推进“厕所革命”，新建城乡公厕112座，新建及改扩建农村无害化厕所9400户，新增垃圾中转站10个，有序推进乡镇生活污水治理，曲江、清坪等6个乡镇垃圾填埋场建设顺利。

生态保护力度加大。制定县城规划区山体保护专项规划，严格落实山长制。加强生态建设，完成义务植树60万株，管护森林面积113万亩，全年无重大森林火灾和病虫灾害。开展碧水保卫“清流行动”，全面推行河长制、库长制，启动主要河流“一河一策”编制及河道划界确权工作，监管县内河流60条、水库23个。水环境质量保持良好，水功能区水质在Ⅲ类以上。全年空气优良天数预计可达350天。

城乡面貌持续改善。新城“十大项目”加快建设，老城功能不断完善。推进市政道路、城市公厕、城市管网等27个市政项目，新增城区公共停车场4个、停车位505个，卢家沟主题公园动工建设，青龙山森林公园首期建成开放。宜居乡村稳步推进，钟塘村入选湖北省“美丽乡村”典型示范村，大村村入选全国“100个特色村庄”，成功创建省级森林城市。启动复兴“中国干栏式建筑之乡”，咸丰土家族吊脚楼营造技艺入选第一批国家传统工艺振兴目录。

四、坚持继续加大民生投入，着力补齐民生短板，不断提升人民群众幸福生活指数。

脱贫攻坚成效显著。严格落实“六个精准”“五个一批”扶贫方略，全面落实“八个到村到户”，成功承办全省产业扶贫现场会。统筹整合财政资金6.59亿元用于精准扶贫，实施扶贫项目726个。坚持发展贫困户“一长两短”脱贫产业，发放产业发展“以奖代补”资金2395万元，兑现发展生产差异化扶贫资金1375万元。发放小额扶贫贴息贷款6403.6万元，兑现生态补偿资金1927.55万元。建成易地扶贫搬迁安置点142个，达到“交钥匙”条件6538户21812人。发放“雨露计划”及各类教育扶贫补助资金6233.8万元，受益贫困学生3.44万人次。发放社会救助兜底保障资金11225万元。建立四位一体“一站式”即时结算医疗保障体系。农业农村部定点帮扶、东西部扶贫协作、省“616”对口帮扶、鄂州市及省直州直单位对口帮扶、校地合作等工作效果明显。实现减贫2.13万人、出列重点贫困村8个，贫困发生率降至8.05%。

民生实事有效落实。全县重点民生支出占财政总支出比重达到86.8%。群众生产生活条件逐步改善，硬化农村公路781.03千米，完成安防工程406.06千米，新建农村安全饮水工程项目151个，动力电覆盖100%的自然村，4G网络实现全覆盖，实施“四类对象”危房改造1870户。分配保障性住房248套，完成棚户区改造695户，发放住房租赁补贴160万元。新增城镇就业4933人、转移农村劳动力9.8万人，城镇登记失业率0.66%。城乡居民社会养老保险参保16.28万人，城乡基本医疗参保36.22万人，参保率分别达98%、102%。

社会事业稳步发展。实施“全面改薄”项目38个，改扩建校舍2.22万平方米、运动场1.31万平方米，学前教育三年毛入园率、高中阶段毛入学率得到提升，公办乡镇中心幼儿园实现全覆盖，高中教育进入全州第一方阵。提档升级村党员群众服务中心43个，建成标准化村卫生室217个、村民文化活动场所345个、农家书屋279个。荣获“中国南剧传承研究基地”和“湖北省民间文化艺术之乡”称号，麻柳溪村、唐崖村荣获全省“特色文化村”。启动全省第二个县级数字档案馆建设。电子商务蓬勃兴起，建成村级电商服务站164个，咸丰余杭电商产业园引进湖北首套“小黄人”智能物流分拣机器人，“唐崖好响李”获省级农业电商星创天地。公共卫生服务扎实开展，国家慢性病防治示范区持续巩固，全面二孩政策稳步实施，计划生育服务转型落实，人口自然增长率3.23‰。

社会和谐日益巩固。“一统三治六联”社会治理模式入围全省第三批社会管理和公共服务综合标准化试点项目。推进律师“三进”〔进村（社区）、进信访接待大厅、进疑难复杂信访案件〕，依法处置、三级联动、诉访分离格局初步形成。加大信访积案化解力度，依法依规处理信访问题，群众合法权益得到有效维护。民族团结工作取得新成效，成功创建全国民族团结进步示范县。实施“雪亮工程”，建立县乡村三级综合视频监控图像研判系统，群众性治安防控能力明显提升。妥善处置青林湾煤矿“4·10”瓦斯爆炸事故。扎实开展扫黑除恶专项斗争，全县政通人和、安定稳定、大局平稳。

法治政府效能提升。认真学习贯彻新修订《中华人民共和国宪法》和《监察法》，全面提升法治意识。建立咸丰“12348”公共法律服务平台，推进“互联网+公共法律服务”体系建设，实现法律顾问全覆盖。积极落实行政机关负责人出庭应诉制度，办事依法、遇事找法、解决问题靠法的社会风气逐渐形成。

【政府常务会议】 2018年，县十八届人民政府共召开17次常务会议，研究讨论重点项目、全域旅游、精准扶贫等工作，并作出有关会议决议。当年各分管副县长召开相关专题会议约50次，专题研究东西部扶贫协作、环境保护问题整改、国家审计问题整改等工作，并作出有关决定。

第15次常务会议。2018年1月11日召开，县委副书记、县长杨皓主持。听取人社局关于落实县委政法委机关、县防范办、司法局机关工作津贴、机关事务管理局关于公务用车制度改革和县直机关食堂建设工作、财政局、城管局和旅游局等相关情况汇报。讨论通过《咸丰县城区范围内禁止私自开展治丧活动实施方案》(以下简称《实施方案》)、《咸丰县人民政府关于在城区范围内禁止私自办理丧事和葬坟的通告》(以下简称《公告》)、《咸丰县唐崖民族文化旅游区合作开发合同书》。

会议决定，原则同意《实施方案》《公告》，要求县民政局对《实施方案》中的禁止区域划定、相关补助政策、相关部门职责等事项进一步修改完善后报县政府按程序印发实施。

关于《咸丰县唐崖民族文化旅游区合作开发合同书》。县人民政府原则同意恩施旅游集团有限公司收购城址公司70%的股；景区运营和文物保护相关事宜由唐崖遗址管理处与新城址公司共同拟订协议报县人民政府审定后签订。

关于朝阳寺水库移民安置遗留问题。原则同意咸丰县公益性公墓、公益性殡仪馆初步设计方案。同意政府和企业按照分别承担50%搬迁费用的方式，对2016年通过鉴定急需搬迁的22户库区移民实施避险搬迁，实施主体为各乡镇人民政府。

第16次常务会议。2018年1月21日召开，受县委副书记、县长杨皓委托，县委常委、常务副县长王兵主持。会议听取县扶贫办、商务局、发改局、农业局、旅游局、改革办“六个年”工作方案起草情况的汇报。讨论并通过原则通过“六个年”工作方案。会议要求，各牵头单位要紧密结合党的十九大精神，深入对接中央、省、州相关政策，结合咸丰县各项工作实际，认真谋划工作项目，科学制定工作方案，准确分解工作任务。各责任单位要主动对接任务清单，加大向上争取力度，认真抓好贯彻落实，全面完成各项工作。

第17次常务会议。2月28日召开，杨皓主持。听取县财政局、县脱攻坚指挥部办、咸丰工业园区管委会、交通运输局、国土资源局等相关工作情况等汇报，审议通过《咸丰县2018年统筹整合财政资金实施精准扶贫方案》《咸丰县2018—2019年精准扶贫统筹整合财政资金需求情况及分配计划》《咸丰县综合物流园建设项目投资协议书》。

关于《咸丰县2018年统筹整合财政资金实施精准扶贫方案》。会议要求，县财政局、县扶贫办等部门要统筹整合财政资金实施精准扶贫工作有序推进。要严肃统筹纪律，资金原则上一律统筹使用；精准扶贫年度项目实施计划批复后，不得随意调整；严格绩效评价，由县脱贫攻坚指挥部办公室统筹，县财政局、县扶贫办对精准扶贫项目进行全程监督评价，切实提高项目绩效。

关于2018—2019年精准扶贫统筹整合财政

资金需求情况及分配计划。会议强调，精准扶贫项目备案批复后，不得随意调项。要加强调查研究，确保分配的各类资金精准安排到项目，确保脱贫成效。要加强资金调度和监管力度，确保资金规范使用、安全使用。

关于《咸丰县综合物流园建设项目投资协议书》。会议要求，县综合物流园项目招商引资工作必须依法依规按程序进行，要将投资方依法取得土地使用权作为合作的前提纳入协议。

第18次常务会议。2018年4月3日召开，杨皓主持。听取县农经局、国土资源局关于《实施方案》起草说明、县安监局关于咸丰县安全生产工作、县国投公司关于咸丰大道易地扶贫搬迁集中安置区基础设施建设项目等有关工作汇报。讨论通过《咸丰县发展壮大村级集体经济的实施方案（讨论稿）》《咸丰县城乡建设用地增减挂钩实施方案（讨论稿）》《咸丰县人民政府关于工程建设项目招标投标工作的补充通知（讨论稿）》。

关于《咸丰县发展壮大村级集体经济的实施方案（讨论稿）》。会议强调，各乡镇（区）和相关部门务必高度重视，用活现有政策，盘活现有资源，加强风险防控，杜绝违法违规和新增债务，实现村级集体经济高效管理和可持续发展。

会议决定，原则同意《咸丰县城乡建设用地增减挂钩实施方案（讨论稿）》，同意县公共资源交易监督管理局拟定的《关于工程建设项目招标投标工作的补充通知（讨论稿）》，按程序印发实施。

第19次常务会议。4月16日召开，受县委副书记、县长杨皓委托，县委常委、常务副县长王兵主持。听取安监局、经信局相关重点工作的汇报，讨论通过《咸丰县2018年进一步加强煤矿安全监管工作实施方案》《咸丰县2018年安全生产大检查及深化“打非治违”行动实施方案》《咸丰县2018年煤炭行业化解过剩产能实施方案》。会议要求，全面化解煤矿矛盾，妥善解决涉及煤矿的地灾、环境、职工权益、农民工工资等问题，确保社会大局稳定；全面开展安全生产隐患大排查，做到排查工作地毯式、拉网式、全覆盖，发现有重大隐患的立即停工停产整改，一般隐患的迅速限时整改到位，对非法违法生产行为，坚决依法打击，绝不手软；加强风险防范，稳步推进煤炭行业化解过剩产能工作，保质保量完成任务，统筹处理好资产处置、债权债务处置、环境污染、职工安置、社会保障、职业病防范等风险点，确保经济社会安定稳定。

第20次常务会议。4月25日召开，受县长杨皓委托，王兵主持。听取生态工程相关工作、三大攻坚战，精准发力补短板三年十大重点工程相关工作情况的汇报，讨论通过《咸丰县“厕所革命”总体规划（2018—2020年）》《咸丰县饮用水源地保护及水污染防治专项行动方案》。

会议要求，有序推进农村厕所改造升级、无害化厕所新建等工程。强化统筹调度、协调督办，及时研究解决乡镇生活污水处理、的各类问题，加快推进城区污水处理系统提档升级，全力推进乡镇污水、垃圾处理项目建设进度。

打好污染防治攻坚战。一是要牢固树立绿色发展理念；二是要提高站位，积极配合省第四环保督察组开展环保督查工作；三是要举一反三，迅速开展环境保护专项整治行动；四是要根据环保排查问题迅速制定整改方案，明确责任和时间节点，切实抓好整改工作。

第21次常务会议。5月14日召开，杨皓主持。听取拟纳入调整预算安排项目资金等事项、项目审批服务工作情况、农发行扶贫过桥贷款用于精准扶贫农村公路建设计划等情况，讨论并通过《咸丰县行政事业单位国有资产配置、使用、处置管理办法（讨论稿）》《咸丰县易地扶贫搬迁拆旧复垦工作实施方案（讨论稿）》《防范化解金融风险攻坚战实施方案（讨论稿）》《关于进一步加快咸丰县产业发展的若干政策意见（讨论稿）》，进一步修改完善后印发实施。会议要求各级各部门抓住西部大开发、农业部帮扶、余杭东西部扶贫协作等机遇，用足用活各项产业发展政策，出台优于周边县市的政策，优化服务，强化保障，全力以赴抓招商引资、企业培育、项目落地等工作，推进高新技术、生态文化旅游、硒食品精深加工等产业加快发展。

第22次常务会议。5月22日召开，杨皓主持。听取与省农业信贷担保有限公司合作有关事宜等汇报；讨论通过《咸丰县“互联网+精准扶贫”监督平台建设实施方案（讨论稿）》《咸丰县银行业金融机构支持地方发展考核办法（修订稿）》《咸丰县落实2017年省级党委和政府扶贫开发成效考核问题自查自纠整改方案（讨论稿）》《咸丰县综合客运枢纽建设项目招商协议书》《咸丰县鼓励煤矿关闭企业转型发展扶持办法（讨论稿）》《咸丰县2018年农村无害化卫生厕所改造工作实施方案（讨论稿）》。

会议决定，咸丰县“互联网+精准扶贫”监督平台建设所需资金及日常运转维护经费由县纪委会同县财政局按照确保必需的原则进行测算，县财政据实保障；原则同意《考核办法（修订稿）》，进一步完善后按程序印发实施；原则同意《招商协议书》，在对综合客运枢纽建设项目投资方资质条件进一步核实的基础上，由县道路运输管理所牵头，相关部门配合，进一步修改完善，并按照合作共赢的原则与投资方深入沟通达成一致意见后，按程序报县政府审批签订；原则通过《扶持办法》，由县经信部门牵头，县国土、税务等部门配合，进一步修改完善，并通过合法性审查后，按程序报县政府印发实施；原则通过《实施方案》，待进一步修改完善后印发。农村户厕按每户1200元（含省政策补助）的标准给予奖励。对确需功能提升，超过计划建设面积和投资额度的公厕，其超支部分由乡镇自筹解决。2018年农村户厕改造奖补县级配套资金及农村公厕建设资金约1200万元由县财政统筹解决。

第23次常务会议。5月31日召开，受县委副书记、县长杨皓委托，王兵主持。听取全域旅游发展相关文件、棚户区改造相关情况、咸丰县农村危房改造实施情况。讨论通过《咸丰县创建全国文明县城提名城市重点工作行动方案（讨论稿）》。会议要求，进一步细化任务措施，科学制定方案，明确工作责任。各相关部门认真履职，形成合力，广泛宣传创建全国文明城市的意义，努力营造各级联动、全民参与的创建氛围。

第24次常务会议。7月3日召开，杨皓主持。听取咸丰县“放管服”改革工作、咸丰县财政运行和防范化解地方政府债务风险工作、咸丰县污染防治攻坚战工作解决2017年度定点医疗机构超协议指标医疗费用等情况汇报，讨论通过《咸丰县唐崖质量奖管理办法（讨论稿）》《咸丰县污染防治攻坚战行动方案（讨论稿）》《咸丰县招商引资项目工作制度（讨论稿）》。会议决定，原则同意《管理办法》和《工作制度》。会议要求持续推进大气、水、土壤污染防治和农村环境污染防治行动，维护生态环境安全，改善环境质量，健全生态环境治理体系。认真落实整改任务，综合施策，推进环保问题整改取得实效。全面从严强化监管，切实加强保障力度，保障污染防治攻坚战顺利有序推进。

第25次常务会议。7月16日召开，杨皓主持。听取上半年主要经济指标完成情况、“四个三重大生态工程”工作、开展第四次全国经济普查工作、县国投公司重点项目、收购筒车坝火电厂相关资产的情况汇报，审议通过《咸丰·西商农产品冷链物流园合作框架协议》《关于构建“唐崖茶”等咸丰特产网络销售体系的框架协议》《关于进一步落实驻村及结对帮扶保障工作的通知》。

第26次常务会议。7月31日召开，杨皓主持。

听取“616”工程项目、东西部扶贫协作项目、咸丰县妇女儿童工作、咸丰总部经济基地及杭州产业园建设的情况汇报，讨论通过《咸丰县公益性公墓管理规定（讨论稿）》，研究解决黔龙·皇城大厦建设项目相关遗留问题。

会议决定，原则同意管理规定，进一步修改完善后印发实施。同意从县级福彩公益金中解决公墓建设费用300万元。咸丰县殡葬管理服务中心统一纳入咸丰县机构改革方案中解决，县民政局等相关单位抓好落实；原则同意在县土地出让资金中解决原黔龙·皇城大厦建设项目644.6万元征地拆迁专项资金。大坝村购买的黔龙大厦约5000平方米商业用房作为国有资产，由县人民政府委托高乐山镇严格按照国有资产管理办法规范管理，确保资产保值增值。

第27次常务会议。8月22日召开，杨皓主持。听取落实山长制相关工作情况的汇报，审议通过《咸丰县集体土地征收和房屋拆迁安置补偿实施办法的补充规定（讨论稿）》《咸丰县产业工人队伍建设实施方案（讨论稿）》《咸丰土苗风情特色小（城）镇项目框架协议书》。

会议决定，原则同意补充规定、实施方案，进一步修改完善后按程序印发实施。会议要求，协议书内容要具体到项目，具体到项目的投资额度和建设时限。项目的规划须服从咸丰县的相关规划。项目规划区域内的项目不得影响上级政府投资项目的申报和实施。项目建设用地必须通过公开招拍挂依法取得。《协议书》不能用于各种融资，如违规融资导致的风险与县人民政府无关。项目依法取得的土地和有偿使用的资源未经县人民政府同意，不得进行抵押和转让。

第28次常务会议。9月12日召开，杨皓主持。听取白叶茶全产业链建设精准扶贫PPP项目“两评一案”、州安全生产督察反馈问题整改、咸丰余杭电商产业园建设工作、涉及产权保护的规范性文件清理、蚂蚁金服到咸丰开展普惠金融业务、县水务建设投资有限公司改革重组、高铁站前枢纽工程及新城路网建设方式的情况汇报，审议通过《咸丰县2018年秋冬季农业综合开发工作实施方案（讨论稿）》《加快咸丰县农产品加工业发展的十条意见（讨论稿）》《开展退役军人和其他优抚对象信息采集工作方案（讨论稿）》。

会议要求，秋冬季农业综合开发工作安排要重点明确、数据科学、任务具体、操作性强，要加强已建成的产业基地管护。“十条意见”要深度结合咸丰县农业产业发展现状，做好与其他已出台政策的衔接，要符合现行法律法规和相关政策规定。

会议决定，原则同意《咸丰县退役军人和其他优抚对象信息采集工作方案（讨论稿）》。按照节约的原则，县财政据实保障必要的信息采集工作和相关设施配备经费。县民政局牵头，县人社局、县公安局、县统计局、县国土资源局、县住建局、县征兵办分别明确一名工作人员，组建信息采集工作专班，快速开展相关工作。

第29次县政府常务会议。10月19日召开，县委副书记、县长杨皓主持。听取项目工作、2017年度咸丰县目标责任制考核、咸丰县扫黑除恶专项斗争工作、大寨坪遗址申报第八批全国重点文物保护单位有关工作的情况汇报，讨论通过咸丰县2018年目标责任制考评办法（讨论稿）。

会议要求，考核结果要体现客观性、公正性，考评办法要体现科学性、合理性，考评指标设定要突出重点，确保真正发挥考核“指挥棒”的鞭策作用和激励作用。

第30次常务会议。11月19日召开，杨皓主持。听取国家级电子商务进农村综合试点示范县实施及咸丰余杭电商产业园项目建设情况，污染防治攻坚战、长江大保护十大标志性战役和推进中央省环保督察反馈问题整改工作情况等汇报，审议通过《个体工商户转型升级为企业和新纳入“四上”企业的实施办法（讨论稿）》《州委第一巡察组专项巡察咸丰县精准扶贫脱贫攻坚、基层党组织建设情况反馈问题的整改方案（讨论稿）》。

会议决定，进一步修改完善实施办法，形成《个体工商户转型升级为企业和新纳入“四上”企业的工作意见》和《个体工商户转型升级为企业和新纳入“四上”企业的扶持政策》，按程序行文。会议要求，相关部门及乡镇（区）要以极强的政治意识做好巡察整改工作。要坚持问题导向，站在讲政治、顾大局、促发展的高度，对州委第一巡察组提出的反馈意见全单照收、全力整改、立行立改。要举一反三，尤其是对多次检查仍反复出现的问题要高度重视，深刻剖析问题根源，全面找准问题症结确保整改工作全程、全员、全面到位。

第31次常务会议。12月11日召开，杨皓主持。会议听取县政府办公室、发改局、财政局等工作有关情况的汇报。讨论通过《2019年政府工作报告（讨论稿）》《县人民政府关于县十八届人大二次会议议案及代表建议办理情况的报告（讨论稿）》《关于咸丰县2018年国民经济和社会发展计划执行情况与2019年国民经济和社会发展计划草案的报告（讨论稿）》《关于咸丰县2018年财政预算执行情况及2019年预算草案的报告（讨论稿）》《县人民政府关于县政协九届二次会议委员提案办理情况的报告（讨论稿）》《咸丰县经济和社会发展第十三个五年规划纲要中期评估工作报告（讨论稿）》《县人民政府关于2018年财政预算第三次调整情况的报告（讨论稿）》。

会议要求，起草部门进一步精炼《政府工作报告》《计划报告》《预决算报告》的内容，多用数据和实例展现工作，既讲重点又兼顾全面，做到与2018年的党代会报告精神高度统一，与上年度相关报告执行情况高度统一，报告内容的相关数据高度统一。会议原则同意《县人民政府关于2018年财政预算第三次调整情况的报告（讨论稿）》，预算调整事项按程序报县人大常委会议审议。

政务服务管理

【概　况】 咸丰县政务服务中心管理办公室2014年5月成立，为县人民政府的正科级派出行政机构。行政编制3名，内设综合股、业务股、督查股，2016年5月设立县企业服务中心，为隶属县政务服务中心管理办公室管理，核定财政全额拨款事业编制3名。2018年末在职在编人员6名。

按照“三集中三到位”要求，县政务服务中心进驻单位32个，设置窗口46个，其中常驻单位21个，综合轮值单位11个。邮政快递、银行、打字复印各1家，入驻窗口工作人员共计48人。县税务局、公安局部分业务进驻政务服务中心窗口办理。11月27日，县政府决定将体育馆二楼扩充为政务服务大厅。

2018年，县政务服务大厅共受理办件47529件，办结44792件；乡（镇）、村便民服务机构共受理办件128820件，办结128803件；咸丰县共计受理176349件，办结173595件，办结率为98%。2018年，大厅银行收费窗口非税收入达2674.5万元。

【优化营商环境】 优化营商环境，将州下达的18大类63项工作任务，分解落实到县直39个部门，明确牵头单位、责任单位、具体工作任务和完成时限。通过流程再造、信息共享等方式，简化企业从设立到具备一般性经营条件所必须办理的工作环节，进一步压缩企业开办时间，从2018年9月起，咸丰县新开办企业设立登记、公章刻制（含发票专用章）、发票申领、社保登记、银行开户等五个环节压缩在3个工作日内。10月，对相关单位“放管服”改革问题整改及优化营商环境工作落实情况进行专项督查，确保责任明确，任务落实。

【“互联网 + 政务服务”建设】 咸丰县43个承担政务服务职能部门在湖北省行政职权与事项管理系统平台上领取并发布政务服务事项910项，进驻政务服务中心办理883项，进驻率达97%；政务服务事项县、乡、村三级网上可办事项为702项、1727项、4556项，可办率分别达77%、100%、100%，测试开通681项、1727项、4556项，企业和百姓已经开始通过湖北政务服务网来申请办理县、乡、村可网办并已开通的政务服务事项，政务服务“一张网”“五级联通”基本实现。

【政务服务创新】 围绕涉及多个部门的事项，建立跨部门、跨层级联合办理机制，探索在实体政务服务大厅实行“一窗式”办理模式，县政务服务大厅已实现不动产登记一窗受理、集成服务。同时，聚焦群众反映突出的跑多个部门、排多个窗口、交多次材料等问题，探索以办好“一件事”为导向，围绕企业开办设立、招商引资项目审批等应用场景，梳理“一件事”办事指南，增强广大群众对“放管服”改革的获得感。

【行政审批服务结果免费邮寄】 5月10日，县政务服务中心行政审批服务结果（证照文件等）免费邮寄工作正式启动，委托中国邮政速递物流股份有限公司恩施分公司（EMS）执行。推行该项服务，避免办事群众多次往返，便民利企服务质量大大提高。

（杨　毅）

机关事务管理

【概　况】 咸丰县机关事务管理局为县政府办公室管理的全额拨款事业单位，内设办公室、国有资产管理股、公共机构节能办公室。核定编制13名。下设咸丰县后勤服务中心，核定财政全额拨款事业编制8名。

2018年，县机关事务管理局认真履行管理、保障、服务三大职能，按照“管理有序，保障有力，服务有效，干部有为”的总体要求，履职尽责，推进机关事务管理工作实现新突破，在全州机关事务系统年度考评中被评为公共机构节能工作优秀单位，局党支部被县机关工委授予“先进基层党组织”的荣誉称号，1名职工被评为“优秀共产党员”，精准扶贫工作，被评为“精准扶贫脱贫攻坚非行业榜样部门”。

【公务用车监督管理】 一是严格执行车改政策，对咸丰县公车实行台账登记、专人管理、使用审批、运行信息化监管。开展了4次公车专项检查活动。二是组织咸丰县副科级以上单位分管领导100余人参加《党政机关公务用车管理办法》学习培训；加强对各单位车贴统筹使用、车辆租用等工作的指导。三是启动非参公事业单位车改工作，完成非参公事业单位303个、5109人、210辆车的调查摸底工作。四是公务用车监管信息化建设全面完成，咸丰县党政机关非执法和非特种公车均安装了定位系统，保障平台17辆公车加装了行车记录仪、三脚架等7项设备。全年提供车辆保障服务近3000次50余万千米。

【国有资产管理】 加强国有资产管理。一是组织咸丰县110余个行政事业单位学习《党政机关办公用房管理办法》，开通干部职工手机信息宣传两个办法随机通服务。二是检查监管。春节、国庆先后2次组织专班对咸丰县82个正科级单位开展督办检查和现场指导，12月对咸丰县行政事业单位办公用房检查，努力确保咸丰县党政机关办公用房使用管理规范有序。三是整合资源利用。整合调剂纪检、经信等15个单位办公用房，搬迁县环卫所等办公场所，共腾退办公用房1574平方米。四是实施维护工作。排除县检察院原办公楼外墙砖脱落险情，实施县政府原办公楼顶层防漏、县信访接待中心改扩建工程。

【公共机构节能】 营造节能工作氛围。围绕“节能降耗 · 保卫蓝天”节能宣传周主题，通过发放节能倡议书、制作节能宣传展板、公务自行车绿色骑行等活动，倡导绿色低碳的生活方式。促进节能工作升级。2018年，唐崖土司城遗址管理处被评为国家级节约型公共机构示范单位，县水利局和县人行被评为省级节水型示范单位。引领节能工作互动。局机关开展节约型机关创建，在接待、会务等公务活动带头杜绝使用一次性杯子等用品。在对口帮扶联系村开展垃圾分类、收集处理等工作。

【后勤保障】 推进后勤服务社会化。完成7名不符合续签公益性岗位条件人员的解聘工作，在食堂、会务、设备维护、物业管理、安全保卫等方面全力推进服务社会化。

推进后勤服务精细化。将政府大院安保、绿化、保洁责任区块落实到人，确保大院和谐有序、干净整洁。建立健全了办会会前、会中、会后运行机制，全年承办各类会议100余场次，参会人数1.5万余人次。在办公大楼内投放智能健康检测设备免费服务，可进行10余项健康项目监测。加强机关食堂管理，落实外地下派、交流、挂职到咸工作县领导的生活保障。

推进后勤服务专业化。组织规范服务业务知识培训，开展学习竞赛和能力测试，狠抓后勤服务能力建设，培育“后勤不后、后勤要勤”的专业化队伍。

2018年10月25日，湖北省机关事务局评审公共机构节能示范单位创建工作（县档案馆 供图）

（韦　瑜）

公共资源交易监督管理

【概　况】 咸丰县公共资源交易及监督管理平台于2014年5月开始组建，9月平台开始试运行。县公共资源交易以及监管体系按照“一委一局（办）一中心”模式进行组建，局与中心一套班子，共核定编制18人。2018年末共有干部职工12人，其中县公共资源交易中心8人，监督管理局4人。

2018年11月，交易中心搬迁到农业局三楼办公，办公服务区面积达到1000平方米，按照功能分区，设置公共服务区、开标区、评标区、行政监督区，配置全方位的监控系统、门禁系统、开评标信息LED显示屏、触摸查询屏、远程异地电子评标等电子设备，对进场交易过程进行全方位、多角度、立体式监管。做到数据来源可溯、去向可查、监督留痕、责任可究。被表彰为“2018年度全省交易监督管理工作先进单位”。

促进项目工作快速推进。一是开辟绿色通道，建立精准扶贫易地扶贫搬迁项目容缺机制，优先安排时间、优先安排场地、优先进场交易，免收信息服务费，全年共有62个易地扶贫项目顺利进场交易。二是利用周末全力配合总投资2.7亿元的教育新区建设项目，圆满完成遴选工作，使该项目提前破土动工；积极协助县国投公司及下属子公司完成公共资源交易项目6个，项目总金额达22.4亿余元。

正确处理投诉、质疑和举报。2018年共收到各类投诉、质疑、举报案件10起。其中，政府采购类3起，工程类7起。查实属恶意举报不实不予受理案件2起，允许撤诉1起，按职责职能转办至主管部门4起，单位受理、查处案件3起。经查，均未发现举报件中所反映问题。

【工程项目与政府采购】 2018年，全年共完成664个工程项目与政府采购项目，数量上比上年净增178个，同比增长36%，交易额为10.64亿余元，净增6400万元。其中建设工程项目397个，预算金额94583.16万元，中标金额88347.69万元，节约率为6.5%；政府采购类项目267个，预算金额19868.78万元，累计交易额18044.84万元，节约率为9.18%。19宗国有土地挂牌，交易金额27101.42万元，增值1200万元。国有门面招租项目2个，国有资产拍卖项目2个，溢价率30.43%。收取信息服务平台费28.85万元，已全部上缴国库。

【公共资源交易管理机制】 加强制度管理，印发并公布实施《咸丰县公共资源交易中心信息公告发布管理办法》《咸丰县公共资源交易中心服务规范》《关于取消政府采购项目投标保证金的通知》《咸丰县公共资源交易中心开标评标现场服务与管理办法（试行）》《关于印发〈咸丰县招标代理机构执业考评办法〉的通知》。优化评委抽取机制，改变固定人员抽取评标专家制度，调整为每次抽取评标专家时，由一名班子成员牵头，政府采购股、招标投标股错位负责评审专家的抽取工作。活龙坪乡2个易地扶贫搬迁、县教育局的2个“改薄”项目、住建局3个棚户区改造等10个项目，都是随机抽取评委参与评审。

（吴雯婷）

民族宗教事务

【概　况】 咸丰县民族宗教事务局（简称民宗局）为县政府主管民族、宗教工作部门。内设办公室、民族股、宗教股；下辖电脑农业办公室，为财政全额拨款事业单位；临设“616”办公室。2018年末在职在编16人，其中行政编制9人，事业编制5人，劳务派遣2人。

【民族工作】 特色村寨保护。按照“项目支持一点、政府配套一点、群众自筹一点”原则，协调筹集资金184万元，改造清坪镇把界村移民新区民居19栋。将马倌屯、大沙坝、马家沟、马家楼、白岩、土地溪、龙潭司7个村落，作为少数民族特色村培育发展。与咸丰县大坪生态农业有限公司达成协议，引进中山市横栏镇国强木衣架工厂投资建设，落实项目投资1518万元。

巩固民族团结进步创建示范县成果，推动“7+N”进活动，打造县武警中队、朝阳民族学校、大路坝民族学校等新的示范点。新申报民贸企业8家、省级民贸民品企业技改资金项目2个，获批项目资金25万元。组队参加全省第九届少数民族运动会，参赛人员103人、参赛项目10个，获4金12银17铜，金牌数与奖牌总数均列全省第七名。

【“616”对口帮扶工作】 6月5日，受省委书记蒋超良委托，省委常委、省委秘书长梁伟年主持召开“616”工程对口支援咸丰县协调会议，明确帮扶项目49个，项目资金超过30亿元。9月4日，鄂州市政府副秘书长秦思意一行到咸丰开展对口帮扶工作，落实对口帮扶资金400万元。10月25日，与咸丰县签订《2018年省内区域协作扶贫协议书》，从资金支持、智力支援、精准扶贫、产业合作等方面进一步细化对口支援措施。

【宗教工作】 据县民宗局统计，截至2018年12月，咸丰县共有信教人员234人，其中信仰道教225人、伊斯兰教3人、基督教6人，佛教信教群众以民间信仰为主，无天主教信徒。全年工作重点：一是加强宗教政策法规学习宣讲。二是宗教领域专项治理。9月，由县委统战部牵头，多部门联动取缔杨泗坝基督教非法聚会点，拆除“基督教”“丰收堂”等宗教标识，约谈聚会点负责人。三是农村“两堂”清理，开展农村教堂、祠堂和信教党员清理工作。

（叶　慧）

信访工作

【概　况】 咸丰县县信访局内设办公室、督查督办办公室定编7人，在岗实有5人。县信访局下设网络问政投诉受理中心，核定行政编制4名，在岗实有2人。2018年2月，经县编委会研究，同意县信访局加挂“县人民政府信访复查复核委员会办公室”牌子，负责信访复查复核日常工作，将县政府办法制股信访复查复核职责划转至县信访局。1名副局长兼任工作委员会办公室主任。

2018年，咸丰县共登记受理信访件621件，其中：来信34件，来访174件，网上信访413件，网上占比66.51%。信访工作部门及时受理率100%，责任单位及时受理率100%；信访事项按期办结率100%；信访部门参评率98.53%，信访部门满意率100%；责任单位参评率98.91%，责任单位满意率99.78%。

2018年县级领导接访群众123批206人次，下访群众158批174人次，约访群众162批182人次；科级领导接访群众762批1661人次，下访约访群众315批722人次；县直部门负责人陪访群众112批167人次，乡镇（区）党委书记陪访群众176批282人次，村（社区）书记陪访群众185批301人次。

2018年化解州领导包案3件，信访局局长包案10件，州级交办信访积案7件，中央联席办交办重点问题2件，省信访工作领导小组交办信访件3件，省交办重点领域案件3件。咸丰县完成平台积案标识并化解15件。咸丰县“双签双交”重点信访案件12件，化解10件。

全年共发生进京上访19批31人次，上访批次较上年同期下降39%，人次下降61%；发生赴省上访14批20人次，上访批次较上年同期下降39%，人次下降66%。进京非访4批4人次，较2017年度4批6人次人数有所下降。

开展“扫黑除恶·治乱打非”专项行动，摸排线索4条，刑事处罚违法上访人员2人，行政处罚5人，教育训诫20人次，在全社会形成强有力的震慑，有效规范了全县信访秩序。

【畅通信访渠道】 2018年，通过加强信访法治宣传教育、推进依法分类处理信访诉求、严格落实“律师三进”等方式，进一步畅通信访渠道，规范信访秩序，法治理念深入人心，依法信访成为共识，诉访分离工作稳步推进。通过强化诉访分离，成功将涉法涉诉案件引入法定途径处理13件，引入诉讼渠道7件。全年投入70余万元，建成咸丰县视频接访系统，信访渠道得到进一步畅通，群众来访“少跑一段，只跑一次”的目标初步实现。通过大力推进领导接访、网上信访、视频接访拓宽群众诉求反映渠道；建立矛盾纠纷层级化解、多元调解机制；强化宣传，积极引导群众依法逐级走访；领导签批督办，群众逐级上访，部门及时处理已成常态，缠访、闹访行为大幅减少。

【信访法治化建设】 2018年，县委、县政府出台《关于进一步加强信访法治化建设的实施意见》。意见对接待群众来访、领导干部接访、信访业务流程等方面作出明确要求，有效规范咸丰县信访秩序。通过创建“人民满意窗口”，改善接待环境，统一办文文书、办文程序，落实专人盯网，实行“日提醒、周研判、月通报”的机制，全年信访业务质量大幅提升。实现了信访工作部门及时受理率，责任单位及时受理率，信访事项按期办结率“三个100%”的工作目标。通过推进领导“三访”实现领导干部接访下访常态化；纵深推进“律师三进”“诉访分离”“法治信访”宣传法律知识；实行“首接首办”“初信初访初接初了”“积案双签双交”实现“去存量，控增量”的目标。

（李建红）

精准扶贫

【概　况】 咸丰县扶贫开发办公室是咸丰县人民

政府主管咸丰县扶贫开发工作部门，机关内设综合、财务、开发指导、老区建设、培训、法规、统计、社会扶贫股，核定行政编制16名、机关工勤编制1名。县扶贫发展中心为直属事业单位，定编6人。2018年招录“三支一扶”工作人员7名。

2017年整合全县扶贫力量，建立咸丰县脱贫攻坚指挥部办公室，抽调工作人员9名，下设综合协调组、项目工作组、检查督办组、数据信息组、社会扶贫组、信访组、后勤保障组，县委副书记邹炜任办公室主任，县扶贫办主任罗明午任常务副主任，汪玉明任专职副主任。2018年，以确保贫困户稳定增收为目标，制定发展规划，积极争取项目，多方筹措资金，全力实施基础设施建设扶贫、产业扶贫、金融扶贫、教育扶贫、社会兜底扶贫、健康扶贫、社会扶贫等“扶贫工程”，脱贫攻坚工作取得阶段性成效。当年完成出列8个重点贫困村、脱贫6391户21415人的年度脱贫任务，贫困发生率下降为8.04%。

【产业扶贫】 全面贯彻落实中央及省州关于打赢脱贫攻坚战的决策部署，以农民富、农业兴、农村强为目标，抢抓政策机遇，打好产业组合拳，坚定不移走产业扶贫之路。因地制宜制定扶贫产业发展规划，将“三茶一药一猪”（白茶、油茶、藤茶，中药材，恩施黑猪）作为主导产业，努力打造“一村一园一走廊”。咸丰县特色产业总面积7.33万公顷，年出栏生猪65万头，贫困户覆盖率92.3%。建立“市场主体+专业合作社+贫困户”三方利益联结机制，126家农业龙头企业、932家农村专业合作社带动2.6万贫困户稳定脱贫。到位风险补偿基金5600万元，发放贴息贷款3.7亿元（其中2018年发放贴息贷款6403.6万元），带动贫困户3961户。投资1.2亿元打造“咸丰余杭现代农业园”，带动1000余贫困户脱贫致富。建成45个休闲观光农业示范点、20多个景区式乡村、259个村级电商平台，带动周边群众稳定脱贫。全年投入就业创业扶贫资金1038.2万元，累计开展技能培训7199人，创业扶持1622人，就业扶持361人，贫困劳动力转移就业31257人，其中在外就业20755人，就近就地10502人。

【“雨露计划”】 2018年，咸丰县“雨露计划”补助共审核通过7460人次，发放资金1865万元。其中2018年春季审核通过3498人，发放资金874.5万元；2018年秋季审核通过3962人，发放资金990.5万元。

【培育致富带头人】 2018年咸丰县共选拔621名致富带头人进县级人才库。11月，县人社局制定《2018年余杭区·咸丰县对口帮扶培训服务项目农村致富带头人项目实施方案》。同年11月12—18日，在县就业局会议室举办农村致富带头人培训，参训150人，其中50人是县致富带头人人才库成员。

【社会扶贫】 2018年，广泛动员社会各方面力量参与支持咸丰县脱贫攻坚，通过积极争取各级部门定点扶贫、深化省内外区域协作扶贫、强化驻村单位干部帮扶、动员社会力量参与扶贫、激发干部群众内生动力等主要措施，社会扶贫工作取得显著成效。2018年，参与脱贫攻坚社会组织80个，帮扶覆盖咸丰县116个村，惠及贫困人口2万人。据不完全统计，各类社会组织共落实捐款319万元，捐物折款110万元，实现产业投入1595万元，实现教育投入93.51万元，实现健康投入84.14万元，落实基建投入233万元，开展各类人员培训10728人次。在“10·17”扶贫日活动期间，咸丰县各级各有关部门、社会组织或个人相继开展扶贫募捐活动，截至2018年10月20日，全县各行政事业单位共捐款36.25万元、乡镇（区）捐款12.8万元、部分企业捐款2.82万元。

2018年，咸丰县国有企业助力精准扶贫无偿投入资金286.75万元，其中基础设施投入180.9万元、产业开发投入15.9万元、文化教育投入7.84万元、医疗卫生投入4万元、各类捐款捐物折款20.9万元。利用国有企业自身优势，全年吸纳贫困户就业359人，帮助转移贫困劳动力212人。开展各类人员培训5237人，其中技术人员297人、农村致富带头人29人。

【农业部定点扶贫】 2018年4月下旬，农业农村部党组书记、部长韩长赋到咸丰调研考察，并指导咸丰的农业农村发展。农业农村部市场司、种植业司、畜牧业司和经管司4个业务司局党组分别与咸丰县4个贫困村党支部建立“一对一”结对帮扶关系，开展“联学共建对口帮扶”活动，助推农村基层党组织建设。在绿色产品开发上，协助申报认证有机食品基地666.66公顷、绿色食品基地13333.33公顷、“三品一标”农产品95个，并成功创建咸丰“国家级茶叶出口质量安全示范区”。积极引进中信集团壹号食品集团、安吉茶叶集团等龙头企业落户咸丰，意向投资额度达15亿元。在产品宣传推介上，积极组织参加各类农产品展销会，协调在电视、报刊等新闻媒体上宣传，加强“唐崖”公共品牌的推介，提升知名度、美誉度；在产品展销上，组织咸丰相关企业参加中国茶叶博览会、中国国际农产品交易会、首届全国贫困地区农产品产销对接活动、武汉农博会、恩施硒产品博览交易会等展示展销活动，协调设立咸丰专门展区、减免展位和搭建费用；在市场营销链搭建上，组织咸丰滋恬藤茶、唐崖茶业、容杨食品等企业参加贫困地区产品线上推介，为农业农村部系统干部收集提供咸丰特色农产品生产信息，推动电商扶贫、消费扶贫工作深入开展。

2018年4月25日，农业部部长韩长赋（中）、州委书记柯俊（左）、县委书记郑东来（右）到咸丰县高乐山镇龙坪村调研茶树良种繁育基地

（县农业局　供图）

【“616”工程对口帮扶】 以省人社厅为牵头单位的8个省直对口援建部门以及省发改委、省财政厅、省交通厅、省扶贫办等多个省直部门，在咸丰直接帮扶实施“616”工程项目223个，涉及帮扶资金60多亿元。组织召开联席会议1次，落实帮扶乡镇4个、贫困村4个，选派挂职干部18名，组织省直单位领导干部赴咸丰县考察人员399人次。通过多方协调、争取2018年共组织向咸丰县直接投入物资达43309.1万元，其中资金43281.2万元、物资折款35.5万元；帮助引进各类资金1285万元、项目9个、人才14个、技术5项；协调举办各类培训班140期，培训各类人员3669人次，其中各级干部598人、技术人员84人、农村劳动力2987人；组织落实劳务输出118个，实现地方特色产品消费扶贫67.4万元，利用各方资源资助贫困学生137名。

【东西部扶贫协作】 2017年以来，咸丰县与杭州市余杭区在党政互动、人才交流、产业合作、劳务协作、镇村结对等方面开展有效对接，两年累计安排帮扶资金2840万元共立项补助20个项目建设，2018年度合计三批资金2540万元支持建设17个项目。其中：用于支持产业发展项目14个，安排资金2160万元，占比85%；基础设施项目1个，安排资金150万元；社会事业项目和劳务协作项目各1个，安排资金230万元。

一是兴建咸丰余杭现代农业园，总面积86.66公顷，总投资1.2亿元，辐射带动本村及周边贫困户1000余人脱贫致富，为贫困群众提供就业岗位500个，就业收入达1000万元。

二是开展人才交流培训。互派挂职干部14名（其中余杭派出3名、咸丰派出11名），互派专技人才17人（其中余杭派出12人、咸丰派出5人），组织赴杭参加中青年干部培训人员42名。

三是开展捐助活动。2018年，余杭区财政、市区两级国企、社会组织和爱心人士等累计捐助咸丰县教育、卫生等领域帮扶资金总价值614.96万元（含物资折价180.56万元）。

四是产业合作进一步深化。2018年，咸丰共赴杭召开招商推介活动2次，新增引进浙江企业落户2家，年度新增总投资2875.6万元，直接带动贫困人口脱贫117名。全年累计接待24批次113家杭州企业129人次到咸丰县投资考察，并引进注册企业1家，签订意向投资协议2家。争取余杭区免费提供临街旺铺75平方米，打通咸丰农特产品入杭通道。

鄂州市对口帮扶不断巩固。2018年，鄂州共组织到咸丰县对接人员19人次，咸丰组织赴鄂调研对接人员16人次；互派专业技术人才交流6人次；鄂州向咸共落实帮扶物资300万元；共携手结对帮扶贫困村5个，多方协调帮扶咸丰县资金100万元。

【“千企帮千村”行动】 咸丰县100余家民营企业参与扶贫行动，覆盖66个重点贫困村，实施帮扶项目180个，产业扶贫投入7800余万元，受帮扶贫困人口2万余人。参与扶贫工作国有企业13家，其中：中央直属企业9家、省直属企业3家、县属企业1家。

【“中国社会扶贫网”使用推广】 县乡村三级分别成立“中国社会扶贫网”使用推广工作机构全县共挂牌成立乡镇信息工作站11个，挂牌设立村级信息点263个，确立村级信息员264名，开展各类培训16场次，培训信息管理人员550人次。

咸丰县坪坝营镇杨洞安置区

（咸丰县扶贫开发办　供图）

【单位及干部驻村工作】 2018年，全县263个村，各级驻村结对帮扶单位309家，其中：省直驻村单位4家驻4个重点贫困村，州直驻村单位27家驻18个重点贫困村，县直驻村单位139家驻182个村（重点贫困村44个），共选派长期驻村干部912名组建驻村工作队263个，工作队驻村达到全覆盖。按照全州的统一部署，增派力量组建各村脱贫攻坚“尖刀班”，其成员由驻村单位1名班子成员（带队）、长期驻村队员、乡镇驻村领导（包村）、村支两委人员组成，咸丰县“尖刀班”人员达1977人，贫困户结对帮扶干部达9000余人，脱贫攻坚干部包组包户工作责任体系更加健全。

【激发干部群众内生动力】 2016年以来，咸丰县形成惯例，每年利用“扶贫日”表彰、村级“最美扶贫人”评选、“中国社会扶贫网”脱贫攻坚典型推介、单位职工年度“评优表模”、干部提拔重用脱贫攻坚工作挂钩等一系列措施，对驻村帮扶工作中的典型事例和模范人物进行激励。2018年，咸丰县再次评选“脱贫致富榜样”18名、“驻村帮扶榜样”25名、“社会帮扶榜样”11个。同时，通过督战队明察暗访，对在扶贫工作中存在问题的63名干部实行约谈诫勉，及时发现问题、交办问题，责令限期整改。

【扶贫宣传】 咸丰电视台、咸丰新闻网等县内主流媒体开设精准扶贫专题专栏，自2015年开通“咸丰精准扶贫”微信公众号至今，高密度、全方位、多角度报道脱贫攻坚工作动态、先进典型和经验做法。2018年全年发布各类文章691篇，向《人民日报》、人民网、新华网、国务院扶贫办官网、《湖北日报》、《恩施日报》等国家、省、州级主流媒体推荐稿件信息494篇。其中《人民日报》4月9日第十版以图片形式宣传黄金洞乡大沙坝村茶园景色，介绍咸丰县实施“茶叶+生态+旅游”模式，发展有机硒茶，促进乡村振兴。4月起，人民日报社联合中国扶贫基金会发起“大国攻坚　决胜2020——2018精准扶贫案例征集”活动，咸丰县《唐崖镇“两茶产业”助力脱贫》案例入选，为全省唯一。新华社刊文《从脱贫攻坚到乡村振兴的电商求索——湖北咸丰县农村电商发展的调查》，报道咸丰县通过建立农村电子商务平台为贫困户销售农特产，拓宽贫困户脱贫致富增收渠道事迹。

（胡晓华）

中国人民政治协商会议咸丰县委员会

【概　况】 政协咸丰县第九届委员会由7个参加单位、16个界别和特别邀请人士共17个方面组成，共有委员174人。2018年，政协咸丰县委员会在中共咸丰县委的领导下，牢牢把握团结和民主两大主题，紧扣县十四届二次党代会确定的目标任务，积极履行政治协商、民主监督、参政议政职能，聚焦“五个咸丰”，精心组织协商议政。竭力服务“五个咸丰”建设，为助推全县经济社会发展做出了积极贡献。

一、强化政治引领，坚定正确政治方向。组织政协委员、机关干部职工深入学习习近平新时代中国特色社会主义思想和党的十九大精神，学习贯彻习近平关于加强政协党的建设的重要思想，《中共中央办公厅关于加强新时代人民政协党的建设工作的若干意见》和全国、全省、全州政协系统党的建设座谈会议精神，提高政治站位，树牢“四个意识”，更加坚定地在政治立场、政治方向、政治原则、政治道路上同党中央保持高度一致。2018年，先后召开15次党组会议、16次主席会议、6次政协常委会议，开展12次专题理论辅导培训，先后6次派员参加上级政协组织的理论研讨和专题培训，坚持“周一”夜学制度，不断把思想理论学习教育引向深入。坚持全面从严管党治党，压实“两个责任”，扎紧制度笼子，完善管理机制，层层传导压力。开展全面从严治党专题辅导、主题教育、谈心谈话等活动，推进作风建设常态化、长效化，大力营造风清气正的良好政治生态。

二、服务中心大局，助推全县改革发展。

一是聚焦“五个咸丰”，精心组织协商议政。充分发挥人才荟萃、智力密集的优势，主动对接县委决策部署，组成多个调研组，先后组织100余名政协委员分别围绕复兴干栏式建筑之乡、招商引资、创新城市建管、村级组织建设、脱贫内生动力等十大课题开展调研视察，正视差距，剖析原因，提出建议，形成脱贫攻坚、对外开放、工业经济和民生事业等10个方面的调研视察报告，分别以建议案或参阅件报送县委、县政府。《关于复兴干栏式建筑之乡的调研报告》得到州政协主席刘建平的高度评价，批示“将该课题列为州政协下年度重点调研课题”；省政协对“咸丰县政协助推复兴‘中国干栏式建筑之乡’”给予充分肯定，并以《省政协工作简报》在全省交流。县委、县政府领导高度重视政协协商议政成果，县委书记郑东来对《关于建强村级组织助推乡村振兴的调研报告》《关于咸丰县招商引资工作的调研报告》作出批示，要求相关部门认真研究，加以落实。

二是围绕重点项目，勠力同心攻坚克难。按照县委“九个一”重点工作机制要求，县政协领导分别牵头负责和协调推进生物医药产业、医养结合、咸丰大道等一批重点工程和招商引资项目，积极主动为联系乡镇、贫困村、学校、企业协调服务、排忧解难。在县政协领导的领衔协调联系对接下，促成生物医药、医养结合、好美惠精品超市等一批产业和民生项目落户咸丰，促成安华集团咸丰公司与县民族实验学校校园建设合作。班子成员积极参与信访接访、下访，多做化解矛盾维护稳定的工作。积极参与征地拆迁“百日攻坚”战，班子成员分别奔赴忠堡、高乐山、曲江战区进行对接。机关抽调8名干部组建工作专班，全力以赴抓好忠堡工业园、马倌屯现代农业示范园等重点项目征地拆迁工作，按期完成攻坚任务。

三是投身精准扶贫，协力增进民生福祉。按照县委要求，县政协领导分别担任联系乡镇精准扶贫前线指挥部指挥长或副指挥长，坚持一线指挥、挂帅作战，深入联系乡镇、贫困村调研督导脱贫攻坚工作，沉在一线、干在一线、督在一线，集中解决事关人民群众切身利益的问题。持续实施政协委员参与精准扶贫为民、爱心、带动“三大工程”，真情帮扶，尽力而为。全县171名政协委员及17名政协工作者共计帮扶贫困户1311户，帮扶贫困学生352名，带动专业合作社96个，开展入户调研6750余次，制定帮扶措施2600余条，解决困难和问题1100余件，帮助落实项目348个，协调落实资金800余万元，捐赠资金和物品23万元。县政协机关充分发挥牵头作用，选派政治素质高、业务水平强的机关干部，组建两支扶贫工作队，分别驻忠堡镇庙梁子村、黄木坨村扎实开展驻村帮扶工作。33名机关干部与139户455人结成“亲戚”，扎实开展“六个一”活动，做实结对帮扶工作。县政协机关开展产业扶贫情况在《湖北日报》上刊发。

四是拓展履职途径，切实提升监督实效。创新提案办理工作，建立党政领导、政协领导牵头领办督办重点提案，交办、督办、办理单位具体承办的“四位一体”工作格局，提高提案办理质量。在新闻媒体推出“重点提案追踪”系列栏目，开展重点提案民主评议，公开办理结果，增强提案办理的透明度、社会知晓度和办理实效。积极反映社情民意，聚焦人民群众关注的热点难点问题，及时反映来自不同群体、不同阶层、不同界别群众的呼声和诉求。2018年，共向省、州报送各类信息26篇，多篇社情民意信息引起各级领导和有关部门的高度重视。其中，《关于解决农副产品加工企业融资难的建议》由省政协专报全国政协送有关领导参阅；《关于建强村级组织助推乡村振兴的建议》《关于易地扶贫搬迁后原有房屋处置问题不容忽视》《关于增加公务员省考考点的建议》等信息由省政协专报省委、省政府领导；《关于推进建档立卡贫困人口免费健康体检常态化的建议》，引起州委书记柯俊、州长刘芳震的高度重视，批示州政府有关领导研究，安排有关部门提出具体解决办法加以实施。多形式开展民主监督，注重推荐政治素质高、工作责任心强的委员，参加村级组织换届、陪审旁听、价格听证、公证监督、强制执行、文明督导等活动，积极支持委员在民主监督员岗位上认真履行监督职责。先后抽调14名机关干部长期脱产参与政治巡查、精准扶贫、重点工程建设等工作，助推县委各项决策部署落地落实。

三、发挥特色优势，广泛凝聚发展共识。

一是注重上下联动，有效拓宽交往联系渠道。加强与省、州政协的联系，主动汇报工作，及时反映咸丰人民的呼声，争取国家、省、州对咸丰发展的关注和支持。省、州政协领导多次来咸就脱贫攻坚、对外开放、乡村振兴、社会治理等开展专题调研视察和界别活动，对咸丰经济社会发展及政协工作给予充分肯定。辽宁、甘肃、云南、河南、四川等省份政协及邻近县市政协先后围绕全域旅游、绿色发展、民族文化等课题来咸开展考察学习。注重区域协作，在8月召开的第36次鄂渝湘黔边区政协联席会议上，就《发展

全域旅游 助推乡村振兴》作专题发言，积极推介县内旅游优势资源。

二是加强合作共事，广泛凝聚各方智慧力量。县政协领导带头走访各人民团体、工商联、社会各界人士，积极征求对政协工作的意见建议，加强对政协共同性事务的协商，致力于增进最大共识度、形成最大凝聚力，汇聚加快咸丰发展的强大正能量。主动邀请委员和界别群众代表列席政协常委会、议政协商会、专题座谈会，参加视察调研、提案督办等，在各类活动中提出意见建议，充分表达各界群众的合理意愿，广泛凝聚各方共识。加强与咸丰籍在外创业兴业人员和回乡创业人员以及在咸民营企业的联系联谊，帮助排忧解难，广泛调动他们热爱咸丰、建设咸丰、维护咸丰的热情，促进大团结，助推大联合。

三是深化文化联谊，加强文史宣传工作。组织编纂《咸丰历史人物传》(咸丰文史资料第十三辑)，翔实记录本土历史名人的事迹，弘扬传统文化，激发民族情怀，增强民族自信。启动《咸丰传统村落丛书》的收集和编辑整理工作，反映咸丰不同时期、不同地域、不同经济社会发展阶段村庄村落形成和演变的历史过程，积极探索传统村落的保护利用与新型城镇化协调发展之路。积极向省、州政协报送文史资料，多篇文史资料分别在《湖北文史》《鄂西文史资料》上刊载。密切与新闻单位的联系与合作，在各级媒体刊发宣传稿件50余篇，不断扩大咸丰影响力。

四、加强自身建设，提升履职能力。将“加强和完善政协委员管理机制改革”作为2018年政协自主性重点改革项目，先后制定出台《政协咸丰县委员会委员管理办法》和委员学习培训等相关工作规则，积极探索和研究加强政协委员服务管理的好办法。建立完善联系委员制度，改进委员联络机制，强化委员联络服务，依法维护委员合法权益。实施履职能力提升工程，推荐、选派委员参加全国、省、州政协学习培训。改善委员履职评价机制，建立委员履职档案，适时通报委员履职情况，强化委员主体意识，把责任扛在肩上，把事业放在心上。加强机关党建和党风廉政建设，以“支部主题党日活动”为载体，突出支部堡垒作用，坚持抓党建促工作，积极创建“建真言、聚合力”党建品牌，机关党支部获得“红旗党支部”等荣誉。

【政协咸丰县第九届委员会第三次会议】 2018年12月26—28日，政协咸丰县第九届委员会第三次会议在县会展中心召开。会议听取并审议通过县政协主席邹玉萍代表县政协常务委员会所作的工作报告和县政协副主席李方胜所作的提案工作情况的报告，选举严兴权为政协咸丰县第九届委员会秘书长。列席咸丰县第十八届人民代表大会第三次会议，协商讨论县人民政府县长杨皓所作的《政府工作报告》和会议的其他报告。审议通过政协咸丰县第九届委员会提案委员会关于九届三次会议提案审查情况的报告和政协咸丰县第九届委员会第三次会议有关决议。

2018年12月26—28日，中国人民政治协商会议咸丰县第九届委员会第三次会议在县会展中心召开
（李维君　摄）

【常委会议】 2018年，咸丰县第九届委员会常务委员会共召开5次常委会议。

第7次常委会议。3月13日召开，县政协主席邹玉萍主持，副主席谭锐、黎生华、李方胜、徐子轩、刘玉学参加会议。会议学习传达《中共中央关于深化党和国家机构改革的决定》精神，审议通过《政协咸丰县委员会2018年工作要点（草案）》，审议通过《政协咸丰县委员会提案工作制度（草案）》《县政协主席、副主席、秘书长联系常委、常委联系委员、委员联系群众制度（草案）》《政协咸丰县委员会委员活动组（联络组）工作细则（草案）》等文件，并通过相关人事任免。

第8次常委会议。6月15日召开，邹玉萍主持，县领导宋爱军、谭锐、黎生华、李方胜、徐子轩、刘玉学参加会议。县文体新广局、住建局、民宗局、林业局、规划局、国土局、农业局等单位负责人及县政协机关副科级以上干部参加会议。会议学习传达《中共湖北省委关于学习贯彻习近平总书记视察湖北重要讲话精神奋力谱写新时代湖北高质量发展新篇章的决定》文件精神，对党规党纪及《中华人民共和国监察法》知识进行专题辅导，并就《关于复兴干栏式建筑之乡的调研报告（讨论稿）》进行协商讨论。

第9次常委会议。7月18日召开，邹玉萍主持，县领导邹炜、黎生华、李方胜、徐子轩、刘玉学参加会议。会议就《关于咸丰县招商引资工作的调研报告（讨论稿）》进行协商讨论，并表决通过将此调研报告形成常委建议案。12位政协委员对推进对外开放招商引资工作提出协商意见，县委宣传部、县规划局、林业局、国土局、工商局、招商局、环保局7个县直部门作回应发言。

第10次常委会议。11月30日召开，邹玉萍主持，副主席黎生华、李方胜、徐子轩、刘玉学参加会议。会议对九届二次会议上确定的15件重点提案办理情况进行集中评议，提案承办单位分别作办理结果汇报，牵头提案人提出协商意见。在此基础上，各位常委依据各主办单位提案办理汇报情况，采取无记名量分方式，对15件重点提案的办理情况进行现场评议。会议还学习传达全国、全省政协系统党的建设座谈会议精神，协商审定《关于增强脱贫内生动力的调研报告》，讨论审定《政协咸丰县委员会委员管理办法》，通过有关人事任免。

第11次常委会议。12月22日召开，邹玉萍主持，副主席黎生华、李方胜、徐子轩、刘玉学参加会议。会议听取《2018年政府工作报告（草案）》《县人民政府办公室关于县政协九届二次会议委员提案办理情况的报告（草案）》《咸丰县2018年国民经济计划和社会发展执行情况及2019年国民经济和社会发展计划（草案）的报告》《咸丰县2018年财政预算执行情况及2019年财政预算（草案）的报告》等；审定通过县政协九届三次会议有关事项，决定2018年12月26日至28日召开政协咸丰县第九届委员会第三次会议；协商通过增补政协委员名单、有关人事任免。

【主席会议】 全年共召开16次主席会议，学习传达各级会议、文件精神，贯彻落实党中央、省、州、县委决策部署，讨论处理常委会议安排的重要事务，协商讨论相关调研视察报告，安排部署县政协调研视察、重点提案办理、社情民意、文史资料编纂、精准扶贫、委员培训、制度修订完善等相关工作，形成《关于咸丰县民族文化保护传承的调研报告》等主席会议建议案报送县委、县政府。

【调研视察报告——关于复兴“干栏式建筑之乡”的调研报告】 根据县政协2018年工作要点安排，县政协成立“复兴干栏式建筑之乡”课题调研组，通过外出考察学习、走访乡村民居、查阅资料等方式，深入开展调研。4月中旬，县政协主要领导率队专程赴龙山县里耶古镇、黔江区濯水古镇学习考察古镇保护与建设经验，并两次主持召开座谈会，听取有关方面专家、学者、部分委员和有关部门的意见，加以充实完善，形成调研报告。

一、咸丰县干栏式建筑的保护现状

咸丰县干栏式建筑建造历史悠久，风格独

特，在我国西南地区实体保存最多，形式最多样，最富有地域民族特色，2014年被命名为湖北省“土家吊脚楼之乡”。近年来，县委、县政府及相关部门出台相关政策措施，通过开展实物普查、留存影像资料、申报特色村寨、土家吊脚楼“非遗”传承、实施新农村建设等行之有效的措施，加大干栏式建筑保护传承和建设力度。

（一）留存现状。据不完全统计，2018年底，咸丰县约有各类传统民居7200多栋，规模连片的民居院落140余个，其中吊脚楼作为传统民居的重要组成部分，约占传统民居总量的30%。由于经济、交通、民俗、地域、工匠等多方面因素决定其分布状况，在全县现存传统民居中，保存较好的约占30%，大多留存于唐崖镇、坪坝营镇、活龙坪乡、清坪镇。

（二）结构特点。从整体看，咸丰县传统民居类型多样，飞檐翘角，端庄古朴，精巧实用，其中尤以“曲尺形”“撮箕口”“单吊式”“平吊式”最为常见，普遍为二层、三层；以“七柱二”“五柱四”“五柱二”常见，以吊脚楼房屋居多。“九柱二”“七柱四”和三层以上的楼房已不多见，较完整的“四合院”稀少，现仅存高乐山团坡水井坎、坪坝营马家沟王母洞民居、坪坝营走马岭娄家院子、清坪泗坝二道水李家大院等20余处。

（三）特色亮点。咸丰县传统民居虽历经变迁，但无论远观还是近看，或高大灵秀，或沧桑古朴，或别致精美。从抬梁、穿斗、走马转角、嵬子配置等方面体现了建筑结构的独特性；“高杆定位”“四角八奓”“冲天炮”“滚马收山”“加瓦起翘”“摞檐断水”等体现了工艺技术的原创性；金瓜、亮柱、青瓦、扳爪、干栏、雕窗等体现了建筑元素的多样性；而“拜山神”“祭鲁班”“砍梁木”“说福事”等众多民俗事项在建造中的大量出现，则充分体现了干栏式的土著性，充分体现咸丰县传统民居的原始风貌与乡土韵味，千楼有别，相互竞秀。

（四）利用情况。据不完全统计，完全利用的传统民居约占35%，部分居住的约占45%，无人居住的约占20%。近几年来，咸丰县结合建设美丽乡村、发展乡村旅游、弘扬民族传统文化，加大对传统民居的改造和保护与传承力度，特别是对旅游重点集镇、主要景区周边、主干公路沿线民居，通过政府投入补助统一标准进行相应的改造，接近达到全县传统民居的10%。

在调研中我们了解到，尽管咸丰县干栏式建筑有文化遗存和实物遗存。但是，其房屋居住功能不全，防火、防蛀、防腐措施缺乏，建设成本高，建设工期长等自身难以克服的困难，导致在复兴中存在规划难实施，传承后继乏人，群众接受程度不高等现实问题，需要认真研究加以解决。

二、复兴“干栏式建筑之乡”的机遇与条件

干栏式建筑的前世，是古人从简陋的洞穴居住向文明的建筑艺术诞生的重要标志，也是古人给我们留下的一笔不可多得的文化遗产。干栏式建筑的今生，则是一个民族显著的文化符号。中国有着悠久灿烂的历史文化，是中华民族的瑰宝，是古人留下的宝藏。土家吊脚楼，就是其中深厚蕴含土苗传统文化的一颗“宝珠”，我们有责任和义务保护传承，加以复兴。

（一）有强大的政策支撑。中共中央、国务院出台了《关于实施乡村振兴战略的意见》（中发〔2018〕1号），省委、省政府、州委、州政府相继出台了《关于推进乡村振兴战略实施意见》，各级将大力度全方位支持乡村振兴战略的实施，如省委、省政府决定每年将投入10亿元用于乡村振兴。县委、县政府高度重视复兴干栏式建筑工作，党代会对复兴“干栏式建筑之乡”做出了总体战略部署，人代会、政协全会对实施复兴干栏式建筑之乡提出了建议，复兴干栏式建筑之乡，可谓天时、地利、人和，处于最佳时机。对此，我们务必充分抓住实施乡村振兴战略的宝贵机遇，趁势而上，把复兴干栏式建筑之乡作为乡村振兴、民族文化振兴的灵魂来抓。

（二）有深厚浓郁的文化支撑。咸丰县以土家干栏式建筑为主的传统村落已成功申报13个，已经命名的少数民族特色村寨9个。有省级文保单位4个，州级文保单位1个，正在申报国家级文保单位2个。华中科技大学建筑系知名教授张良皋先生，曾两次到咸丰调研中国干栏建筑，评价咸丰干栏式建筑是全国最有代表性、最具特色的民居建筑。他还与中国民间文化遗产抢救工程专家委员会委员、《经典》杂志学术顾问、中国“生活·读书·新知三联书店”编辑李玉祥合作，出版专著《老房子——土家吊脚楼》，很多作品展现了咸丰干栏式建筑及风土人情，对土家建筑和土家文化进行了精妙的诠释。咸丰电视台拍摄了三集电视专题片《吊脚楼的魅力》《民族文化的瑰宝》《万桃元的困惑》。中南民大教授陈峻俊、林毅红分别于2016年、2017年4次到咸丰专题调研土家干栏式建筑营造技艺。中央新闻纪录电影制片厂摄制组于2017年11月咸丰县拍摄纪录片《中国手作》第一季《木作》，将于2018年在中央电视台纪录频道（CCTV9）播出。

（三）有传承复兴的基础支撑。干栏式建筑具有鲜明的民族特色，是土家人的民族文化符号。咸丰县专门成立了县非物质文化遗产保护中心，已拨付专款100余万元用于干栏式建筑技艺的保护传承项目；利用扶持特色民居改造予以保护；加强实物、资料的收集整理、建档，建立了信息库；加强营造技艺的理论研究，2012年，谢一琼出版了《土家族吊脚楼——以咸丰土家族吊脚楼为例》一书；建立传承基地和传习所，已经建立了黄金洞麻柳溪干栏式建筑传习所、丁寨湾田干栏式建筑传承基地、咸丰县文化馆干栏式建筑营造技艺展示厅等。积极申报吊脚楼营造技艺国家级“非遗”传承人1人，省级传承人1人，州级传承人3人、县级传承人14人，通过举办土家族干栏式建筑营造技艺培训班，培训县级干栏式建筑传承人20余名。

（四）有周边成功的经验支撑。湖南省龙山县惹巴拉村，留存有800多栋土家转角楼，龙山县委、县政府在民族文化和特色村寨保护上他们的做法是普查摸家底、申报抓品牌、传承激活力、项目促传承等，通过科学制定规划，分批申报项目，3年时间申报到位中央资金2400万元，集中申报8个土家古村落被列为中国传统村落名录。湘西州出台《里耶古城保护条例》《龙山县历史文化名镇（村）保护办法》《龙山县非物质文化遗产代表性传承人认定管理办法》。重庆市黔江区委、区政府为复兴濯水古镇，成立以区委副书记为组长的指挥部，通过申报专项资金，采取市场化运作，累计投入10亿元，在濯水镇原有的52栋古建筑的基础上，对公路沿线、传统民居、新建房屋等分别制定了建设标准，统一为干栏式建筑风格，其标准为外墙装饰复古五千年，内部装修达到五星级，一般民房统一为徽派建筑。

三、复兴“干栏式建筑之乡”的对策与建议

干栏式建筑作为极具民族特色的传统建筑，是土苗文化的“活化石”，是传承民族文化的有效载体，是不可多得的文化遗产，因此，建议从组织领导、技艺记忆、点面结合、传承氛围、文旅结合等多方面予以复兴。

（一）加强组织领导，创新工作体制机制。成立咸丰县复兴干栏式建筑工作指挥协调机构，高位推进。研究制定相关配套政策，明确职能部门及乡、村相应责任，科学制定规划，合理布局实施，有序推进干栏式复兴。聘请有关民族、民俗、考古、文物、艺术等方面的专家学者，统一协调和指导本区域内的干栏式建筑的普查、抢救和保护工作。

（二）复兴营造技艺，增强民族文化记忆。进一步丰富咸丰县民族博物馆关于干栏式建筑内容，采取文字与影像相结合的方式复兴土家族吊脚楼营造技艺，充分发挥咸丰县土家族吊脚楼营造技艺国家级和省级传承人的优势，专门编写相关干栏式建筑建造的书籍，拍摄相关的干栏式建筑影像资料予以传承。开展与干栏式建筑有关的节庆、摄影、征文等活动激发群众守望家园、建设干栏的热情，从而唤醒广大群众的文化记忆。

（三）保护修复并举，点面结合示范带动。坚持“四个为主”，即以保护修复为主，以主公路沿线、旅游景点为主，以政府引导、市场投入为主，以运用现代建筑材料突出干栏式建筑文化元素为主。采取“四个一批”的办法进行实物复兴，即相关部门挂牌保护一批；对空置房、无主房，在不违背政策的前提下抢救一批；对易地搬迁等吊脚楼，通过建立专项基金扶持，实施危房改造项目予以复建，按照全域旅游规划，在重点集镇、景区周边、主干公路沿线集中建设一批；规划引领一批，新建公共设施或商品房，按照干栏式建筑风格修建或者融入干栏式建筑元素。

（四）提高文化自觉，营造保护传承氛围。通过政府引导，使民众了解干栏式建筑技艺保护的相关法律法规，全方位提高广大群众的文化自觉意识；通过各种宣传渠道增强对自身民族文化的自信心和自豪感，充分认识干栏式建筑民族民间文化的价值；开展传承讲座和培训，积极培养干栏式建筑技艺传承人。

（五）坚持文旅结合，着力促进乡村振兴。把干栏式建筑保护与旅游开发有机地结合起来，抢抓全域旅游发展机遇，将干栏式建筑作为发展乡村旅游、建设美丽乡村的新载体，积极打造“干栏式建筑生态文化旅游区”，大力发展“民宿游”“观光游”“民俗体验游”等，充分展示干栏式建筑文化价值，弘扬民族传统文化。深入挖掘文创产品价值，提炼干栏式建筑文化元素，应用于工艺品等旅游产品系列。

（刘　磬、赵　峰）

纪检监察·巡察

纪检监察

【概　况】中共咸丰县纪律检查委员会（以下简称县纪委）由县党的代表大会选举产生，是党内监督专责机关；咸丰县监察委员会（以下简称县监委）由县人民代表大会产生，是行使国家监察职能的专责机关。2017年12月23日，咸丰县监察委员会正式挂牌成立，县纪委与县监委（以下简称县纪委监委）合署办公，实行一套工作机构、两个机关名称，履行党的纪律检查和国家监察两项职能，对县委和州纪委监委负责。机关内设办公室（政策法规研究室）、组织部（监委政治部）、宣传部、党风政风监督室（执纪监督指导室）、案件监督管理室（审查调查协调指挥室）、案件审理室、信访室、干部监督室、第一至第四审查调查室。1个专属机构（县政府纠正行业不正之风领导小组办公室），3个派出纪工委（县纪委派出第一至第三纪工委），1个直属事业单位（县纪委监委信息中心）。2018年末，在职干部职工50人。

2018年，咸丰县纪委监委坚持以习近平新时代中国特色社会主义思想为指导，全面贯彻党的十九大精神，围绕习近平总书记视察湖北重要讲话精神，坚守政治机关定位，增强“四个意识”，坚定“四个自信”，践行“两个维护”，把监督挺在前面，巩固拓展作风建设成果，保持惩治腐败高压震慑，为“五个咸丰”建设提供坚强纪律保障。

2018年6月，咸丰县纪委机关党支部被中共恩施州委授予“全州先进基层党组织”称号。10月，咸丰县纪委监委信访室主任刘芳被中共湖北省纪委表扬为“全省纪检监察信访举报工作业绩突出个人”。咸丰县纪委“分享学习法”在省委省直机关工委机关刊物《湖北机关党建》上予以推介。

【中共咸丰县第十四届纪律检查委员会第三次全会】2月6日，中国共产党咸丰县第十四届纪律检查委员会第三次会议召开。县委书记郑东来出席会议并讲话，县委副书记、县长杨皓主持，县委常委、县纪委书记、县监委主任卢小志代表县纪委常委会作题为《坚定不移落实党的十九大全面从严治党战略部署，持之以恒推动全面从严治党向纵深发展》的工作报告。会议传达学习了习近平总书记在十九届中央纪委二次全会上的重要讲话和中央纪委二次全会、省纪委十一届二次全会以及州纪委七届三次全会精神，研究部署全县2018年党风廉政建设和反腐败工作，高乐山镇、活龙坪乡、县畜牧局、县城管局、县中等职业技术学校党组织负责人述责述廉，并接受纪委委员现场提问和测评。

2018年2月6日，中国共产党咸丰县第十四届纪律检查委员会第三次全体会议 （档案馆 供图）

2018年5月11日，在曲江镇桐子园村开展《监察法》宣传 （档案馆 供图）

【政治建设】 把政治监督放在第一位，抓实“六个纵深推进”。召开“两个责任”联席会3次，审议制度、文件、方案8个，研究巡视整改、“不担当不作为不落实”整治等重大事项6个；压实第一责任和主体责任，督促整改落实，发现62个问题、下发通报2期、约谈36人次；梳理全县监察对象6265人，全县2037名科级干部（含职级并行）信息录入党风廉政基本信息库。审核党风廉政建设意见7780人次，反馈未过影响期干部300余次，否决4名村（社区）“两委”候选人提名人选。

【作风建设】 打好作风持久战。整治不担当不作为不落实，成立环境与作风整治专班。开展8轮专项检查，发现问题325个，劝退无事酒200余场，诫勉谈话8人，处理19人，处分46人，通报典型案例9期36人。出台《失实信访举报澄清办法（试行）》，构建失实信访举报澄清“54321”体系。召开新闻发布会1次，公布澄清通报1期，受到不实举报的8名党员干部得到澄清正名。对上年度80余名受处分党员干部进行回访教育，县委书记带头开展同受处分党员干部谈心谈话活动。出台《咸丰县纪委监委宣布处分决定工作办法（试行）》，公开宣布处分决定42人次。

【纪法宣传教育】 开展第十九个党风廉政建设宣传教育月和党规党纪、国家监察法宣传教育“十进十建”活动。挖掘本土廉政文化、家风文化、红色文化，挂牌成立严家祠堂家风家训教育基地，拍摄《守规矩以传家仰文化以立足》《父亲的信》廉政微电影。咸丰县普纪普法“大篷车”25辆进村入户228次，发放廉政宣传资料1.2万余份，制作廉政宣传展板500余块，累计受教育人数10万人次。咸丰廉政网更新内容312条，“清风荆南”公众号编发稿件653条，州级以上媒体发表稿件381篇，信息采用及得分情况居全州八县市首位，外宣工作居全州第三位。

【扶贫领域监督执纪问责】 聚焦脱贫攻坚，惩治基层腐败和作风问题。开通扶贫领域违纪专项举报电话，建成“扶贫领域政策落实监督平台”开设举报链接，建成远程视频接访系统，建立扶贫领域线索移送制度，设立举报信箱275个，组建督战队对全县263个村进行常态化监督检查，发现问题521个。将扶贫领域问题整改纳入督查重点，督促完成交办、转办问题整改412个。会同有关部门对巡视巡察反馈问题、督战审计移交问题、东西部扶贫协作项目、易地扶贫搬迁等开展专项检查。运用“扶贫领域政策落实监察系统”开展监督检查工作，比对发现问题线索6875条，查实254条，清退违规资金8.2万元。全年处置扶贫领域问题线索139条，处分33人，组织处理154人，通报典型案例8期21起32人。

【纪律审查】聚焦以案促改，运用监督执纪“四种形态”，一体推进监督执纪问责和监督调查处置工作，保持反腐败高压态势。接收信访举报205件，处置线索357条，立案189件，结案202件，处分187人。信访举报历史性掉头，上级转交办同比下降28.3%。“四种形态”处理372人次，第一种形态处理187人次，第二种形态处理159人次，第三种形态处理26人次。发放纪律监察建议书5份、监察建议书25份，督办整改依法履职、财务管理等方面突出问题15个。

举办流动廉政书法展　（档案馆　供图）

【专项监督】聚焦抓再监督，整治突出问题。成立扫黑除恶监督执纪问责工作专班，开展涉黑涉恶问题线索“大起底”，执行线索双向移送制度，受理县扫黑办移交问题线索8条，向县扫黑办移送问题线索3条。立案审查涉黑涉恶党员干部16件16人，其中涉黑涉恶腐败问题立案13件13人，“保护伞”问题立案3件3人；成立招标投标领域突出问题专项治理工作专班，组织50个单位对照“六大突出问题”和“十乱”现象开展自查自纠，梳理政府采购货物及服务类项目1056个，工程建设项目3005个，涉及资金64.33亿元。收集问题线索68条，全部办结。向公安机关移送线索2条，已立案2起；组建专班对28家在咸投资经营的浙商企业进行专题调研，梳理企业面临的6个困难，提出7条建议。组织县内12家企业代表召开座谈会，深入了解企业所面临的困难，收集相关意见建议20余条。出台《关于全县纪检监察机关支持民营经济发展的十条意见》，为民营企业发展营造风清气正的环境。

【巡察工作】聚焦政治体检，推动巡视巡察一体化，开展巡察及巡察回头看工作。对标巡视巡察工作新要求，召开配合中央巡视组对湖北开展脱贫攻坚专项巡视工作专题会，梳理汇总2015年11月以来扶贫领域问题线索，逐一筛查，建立台账。办结省委专项巡视移交130件信访件和4条问题线索，立案22件，处分15人，诫勉谈话1人。对省委第五巡视组开展十届省委巡视整改情况大起底、大检查反馈的12个问题，督促整改完成10个。对省委第十一巡视组开展十一届省委扶贫领域专项巡视反馈意见整改情况回访督查反馈的4个问题，完成后续督办整改2个。聚焦“四落实”“八看”内容，协助县委对各级巡视、巡察、督查、暗访、审计、考核反馈咸丰县的问题整改情况进行清理。推动巡察向基层延伸，抽调50人配合州委第一巡察组对咸丰县精准扶贫脱贫攻坚、基层党组织建设开展专项巡察工作，跟踪督办反馈的94个问题。组织开展2轮巡察，向被巡察单位反馈问题865个，提出巡察建议59条，受理信访举报件9件，移交问题线索37条，已调查完结9件，处理21人，处分4人。坚持“扩面提速”，开展第五轮巡察工作，采取“一拖二”方式巡察6个单位。

【自身建设】强化组织、能力、作风建设，践行忠诚干净担当，推进全体人员在思想、工作、业务上深度融合。推动监察机构向下延伸，11个乡镇（区）派出监察室挂牌，配备专职纪检监察干部32人，277名村（社区）党组织纪检委员、监察信息员、村务监督委员会主任“三合一”实现100%，并落实定补待遇，16名纪检委员在2018年换届中当选为村党支部书记。开展中心组学习9次，集中夜学43次，组织政治理论和业务知识测试10次，举办“青年讲坛”17次，举办专题培训4次，培训260人次，编印口袋书、工具书等资料8本。制定出台

《关于加强和改进纪检监察干部监督工作的实施细则》，开展纪律作风专题教育活动，认真查摆问题、分析原因、提出整改措施，提交书面自我剖析材料59份，查摆问题400余个。查办纪检监察干部问题线索7条，诫勉谈话2人，提醒谈话1人，组织调整2人。开展领导干部家访活动，走访慰问机关干部及家属、退休老同志76人次。

【构建失实信访举报澄清“54321”体系】 2018年7月3日，咸丰县构建失实信访举报澄清“54321”体系。一是澄清的5项原则：实事求是、分级负责、保护激励、严格保密、分类处置；二是澄清的4种方式：在征求被举报对象意见后，采取当面告知、书面通知、一定范围内通报、会议通报的方式进行澄清；三是澄清的3类来源：被信访举报对象主动向纪检监察机关提出澄清申请，办理信访举报的调查组向纪检监察机关提出澄清建议，县委、县政府主要领导或县纪委监委主要负责人签批明确意见；四是澄清的2个范围：被举报对象所在单位领导班子、全体干部职工或所在村党员代表及村民代表，澄清内容范围主要为表述较为具体的信访举报列举事项的调查结果；五是澄清的1套程序：县纪委信访室初审，调查组进行复核，县纪委监委签批后印发《失实信访举报澄清通知书》。咸丰县已为信访了结3人进行了澄清。

（李　柯）

县委巡察工作

【十四届咸丰县委第三轮巡察完成】 2017年11月28日，县委第三轮巡察正式进驻，县委8个巡察组分别进驻县城管局、交通局、教育局、卫计局、文体新广局、旅游局、唐崖遗址管理处、发改局、国土局。2018年1月16日及2月22日，各巡察组分别向县委巡察工作领导小组、县委书记专题会汇报第三轮巡察情况。3月6—7日完成对9个被巡察单位的巡察反馈。第三轮巡察发现9个县直单位党组织在坚持党的领导等方面存在面上问题129个，在党的领导、党的建设、全面从严治党、选人用人、不担当不作为不落实、形式主义、官僚主义及精准扶贫领域等方面具体问题374个，受理信访举报件30件，移交问题线索21条，提出巡察建议48条。

【十四届咸丰县委第四轮巡察完成】 2018年4月3日，咸丰县委第四轮巡察正式进驻，县委6个巡察组分别进驻县环保局、质监局、供销联社、畜牧局、民宗局、经信局、公安局、食药监局。5月24日及6月1日，各巡察组分别向县委巡察工作领导小组、县委书记专题会汇报第四轮巡察情况。6月6—7日完成对8个被巡察单位的巡察反馈。第四轮巡察发现8个单位党组织在坚持党的领导等方面存在面上问题45个，在党的领导、党的建设、全面从严治党、选人用人、不担当不作为不落实、形式主义、官僚主义及精准扶贫领域等方面具体问题317个，受理信访举报件9件，移交问题线索16条，提出巡察建议59条。

（杨　举）

群众团体

工会工作

【概　况】 咸丰县共有各类单位374家，建立工会组织357家约占咸丰县各类单位的95%，其中25人以上的187家、25人以下的166家；按单位类型划分：其中党政机关76家，建会76家，占100%；事业单位116家，建会116家，占100%；国有企业28家，建会28家，占100%；私营企业108家，建会92家，占85%；其他46家，建会41家，约占89%。咸丰县现有工会干部894人，其中专职工会干部48人，约占总数的5.36%；兼职工会干部819人，约占总数的94.6%。

【劳模评选】 2018年，咸丰县积极开展劳动模范的评选活动，并首次举行唐崖工匠的评选活动，评选出万桃元、谢明贤、姜胜健、李坤安、李光武、官昌明、杨国安、陈绍祥、田九林、向太群、何平、庹先军、魏长恩、张道国、陈文群、徐海成、刘彬、聂应和、罗方祥、李正福、谢先华、郑建国、李相兵、肖传军、刘永25名首届唐崖工匠。何平被评为湖北省“荆楚工匠”；汪蓉、尹孟松被评为“湖北省劳动模范”。

2018年7月10日，2018年县级劳动模范在县政府大楼前合影　　（李　华　摄）

【“四送”服务】 总工会通过“春送岗位、夏送清凉、金秋助学、冬送温暖”的四送服务，打造“四送服务、情暖职工”的工会工作品牌，切实为广大职工服务，抓好咸丰县困难职工解困、脱困工作。“春送岗位”415家企业提供了21200个就业岗位，“夏送清凉”慰问近500名一线职工，“金秋助学”有127名寒门学子受到每人3000元的资助，“冬送温暖”帮扶慰问困难职工77人，累计发放资金54.7万元。

（郭钰婷）

共青团咸丰县委

【概　况】 共青团咸丰县委是在中共咸丰县委领导下的先进青年的群众组织，机关参公行政编制3个，事业编制2个，实际在职在编3人。2018年咸丰县共有基层团组织521个，其中基层团委16个，教育团工委1个，团总支21个，团支部483个。

2018年，加强思想引领等五项重点工作，整体提升共青团工作水平。一是成立以团县委书记为宣讲队队长的宣讲队，组织青年宣讲队深入机关、学校、乡镇、农村等基层团组织开展宣讲35余场，利用志愿者协会“乡村行”活动扩大宣传覆盖面。二是积极推动团干部联系青年“1+100”系统信息录入的完善，确保团干部直接联系青年工作得到落实、落地。三是壮大微信公众号“青春咸丰”的影响力，积极发表文章和增加关注量，推出系列弘扬主旋律的宣传内容，发布信息100余条。四是深入贯彻中学共青团和少先队工作改革要求，严格规定动作，全年开展主题团（队）日活动400余次，开展“小手牵大手、文明伴我行”道德讲堂46场，开展“清明祭英烈、共铸中华魂”祭扫和“厉害了，我的国”红色观影活动。县第一中学团委工作受到团中央学校部点名表扬。

【创新创业】 深入推进共青团助力精准扶贫精准脱贫工作。2018年联合县人社局、商务局开展青年创新创业培训，累计培训400余人次。积极发动创业青年申报各类扶持项目，2名青年获团省委“田园小康”项目扶持资金1万元，7名青年获县精准扶贫创业扶持资金26万元，1名青年获省大学生创业扶持资金8万元。农村青年杨庭胜生态养蜂项目成为全州唯一进入2018年湖北“创青春”大赛决赛项目。加强对县青创协会指导，协办2018年春风行动招聘会、“立讯精密”招聘会，协助青年电商企业举办县首届年货节，助力脱贫攻坚。贯彻落实团省委“扶助有志青年扎根深度贫困地区创业”行动，筹备组建农村致富带头人协会，落实青年创业孵化基地，不断完善青年企业联系服务机制。

【精准扶贫】 组织团员青年扎实开展“双结双促”关爱留守儿童工作，“一对一”结对帮扶留守儿童510名。联系县总工会、禾润实业公司、武汉凯俊集团在团坝子、白果坝、石人坪等小学开展留守儿童关爱活动，捐赠物资2.5万元。举办关爱留守儿童“风筝节”，关爱留守儿童80余人次。联系富德产险湖北分公司开展爱心结对帮扶活动。积极争取“1+3”帮扶，与东湖高新区团委对接，采购37955.5元微心愿大礼包对系统内留守儿童集中走访慰问，提升关爱力度。联合乡镇团委、志愿者协会发起公益众筹“邀请您一起捐”献爱心活动，众筹资金58718元，资金总额位居全州第二名。实施“希望家园”项目，打造黄金洞乡龙家院村、忠堡镇板桥村“希望家园”示范点。

【志愿者乡村行活动】 县志愿者协会自2017年4月成立以来，现有会员300余名，围绕精准扶贫，开展“志愿者乡村行”系列活动，助医、助学、助残、敬老、扶幼、帮困，形成“6+1”志愿服务主题。2018年，协会共开展志愿活动117次，参与志愿者6000余人次，投入资金50余万元。利用“12·4”国家宪法日暨全国法制宣传日和各项法律法规颁布实施纪念日，组织干部职工开展宪法法律知识宣传月、宣传周、宣传日活动。

2018年2月25日赴坪坝营镇沙道湾开展普法宣传活动
（叶　斌　摄）

【基层建设】 狠抓团干部队伍建设。选优配强各级团干部，举办咸丰县基层团干部能力提升培训班，培训团干部125人次，提高团干部工作能力。深化团教协作机制。与县教育局联合出台《咸丰县中学共青团改革主要任务清单》《咸丰县中小学少先队改革主要任务清单》，将团（队）改革工作纳入教育局重点工作，县一中团委、小村民族中学团总支、忠堡民族中学团总支支部活动获省级“强基固本”优秀项目。强化团建带队建，完成少先队基本礼仪培训全覆盖，学校少工委城区学校全覆盖。严格规范入团程序和数量，新发展团员800名，初中阶段团学比和高中阶段（含中职）毕业班团学比分别控制在15%、59%以内，保持了团员先进性。强化基层组织建设。完成忠堡镇村（社区）团组织换届州级试点工作，所取得的“三轮驱动”经验获团州委书记签批在全州推广，完成咸丰县村（社区）团组织换届工作。派驻团建指导员，新建非公团组织15个。完善“智慧团建”系统建设，录入组织360个，完整度100%。

（胡　毅）

咸丰县妇联

【概　况】 咸丰县妇联是中共咸丰县委领导下的咸丰县各族各界妇女的群众团体。下设咸丰县妇女儿童活动中心事业单位1个。机关定编3人，2018年末实有4人。妇女儿童活动中心全额拨款事业编定编1人，空编1人。县、乡、村、社区各级妇联组织健全。

【组织建设】 2018年，州妇联、县委高度重视妇联改革工作，州妇联多次到咸丰督导调研妇联改革、妇儿工委、“家调委”、妇女权益保障等方面工作，听取妇联工作汇报。县委、县政府召开县委常委会、政府常务会，听取妇女工作汇报，研究解决妇女工作热点、难点问题。

召开咸丰县第十次妇女代表大会，选举县妇联新一届领导班子；咸丰县村（社区）换届选举中，落实“所有村民委员会班子成员中至少有一名女性成员，村（社区）妇联主席进入村（社区）‘两委’班子”要求，咸丰县268村（社区）974名优秀妇女进村（社区）两委。按照“1+N”基层妇联组织体系建设模式，咸丰县各乡镇、村（社区）、县工业园区、县旗袍协会等均设立妇女组织，并逐步探索楼宇、社会组织中妇女组织建设；注重发挥“妇女之家”“妇女微家”的作用，推动创业就业、家庭教育、权益维护、婚姻家庭纠纷调解、心理咨询等搬进家中。

创新工作体制机制，强化联系服务功能。县妇联多次召开专门会议，到各个乡镇和部门进行调研，听取各级妇女组织意见建议；运用QQ、微信、钉钉等新媒体，推动妇联工作上网、活动上网、服务上网，及时回复咨询等，提高妇女干部及妇女群众对妇联组织的归属感和认同感。

【巾帼行动】 拓展“巾帼创业行动”。2018年成功申报2个“巾帼草根创业计划”（其中州级1个、县级2个），在县妇联创业就业孵化基地孵化出家庭护航中心、烜翔职业技术学校。通过妇联创业就业孵化基地开展美容、家政、育婴师等技能培训共10期，参训619人，实现就业303人，成功创业12人。

开展“巾帼脱贫行动”。成功创建一家国家级“巾帼脱贫示范基地”——圣浩茶叶基地，一家州级“巾帼脱贫示范基地”——奇泉茶叶基地，一家州级“最美巾帼农庄”——百川园生态农庄；经实地验收、集体评审，8位创业女性共获得扶持资金22万元。全县10个村开展“家庭教育乡村行，百场公益巡讲助力精准脱贫进咸丰”活动，2000多人受益；高乐山、忠堡镇等地组织开展“巾帼脱贫在行动”厨师技能培训、手工编织培训，有效助力脱贫攻坚。

推进“巾帼文明行动”。寻找“最美”系列常态化，向上推介2名全州最美家庭（李梅仙、陈华早家庭入选全州最美家庭提名）、1名巾帼脱贫典型（奇泉茶叶公司董事长熊金玲）、1名“最美妇联人”（麻柳溪村妇联主席冯媛媛）。以家风建设为着力点，开展“家风家训促清廉”活动，300余人现场受训。深入严家祠堂开展家风家训主题党日特色实践活动，拍摄的家庭助廉微电影《父亲的信》，得到社会广泛好评；在马家楼村、高峰村、铜厂坡村等开展5期“志愿服务乡村行”活动，倡导社会主义家庭文明新风尚。

抓好“巾帼维权行动”。深入推进“心系妇儿·送法到家”活动、“建设法治咸丰·巾帼在行动”活动；深化婚姻家庭纠纷调解工作，联合县法院、司法局7部门进一步加强婚姻家庭调解工作；开通“12338”维权热线，2018年协调解决妇女儿童家庭矛盾纠纷1156件，其中法院578件、司法560件、家庭护航中心18件，县法院家事审判庭发放人身安全保护令2份。

2018年4月3日，赴唐崖镇铜厂坡村参加“精准扶贫巾帼在行动”活动　　（李　丹　摄）

开展“巾帼关爱行动”。加大对留守、困境妇女儿童的关爱力度，8名贫困女大学生享受“金凤工程”资助。2017—2018年，“两癌”免费检查18800人，查出“宫颈癌”疑似病例165人，“乳腺癌”疑似病例101人，全年录入两癌患病妇女信息36条，经审核符合条件救助20人。关爱大龄单身女青年，与县人才办、团县委举办“相约520”首届相亲活动，100多名男女青年参加；组织县内10名单身贫困男女参加恩施州女儿会相亲活动。

（张秀华）

咸丰县科协

【概　况】 咸丰县科学技术协会于1984年成立，是县委直接领导下的人民团体。咸丰县科协新一届领导班子成员5人，设主席1人、副主席4人，其中专职2人、挂职1人、兼职2人。

2018年群团改革后编办核定机关行政编制3名，机关内设办公室、普及部、学会部、宣教部，下辖咸丰县科技馆，系公益一类事业单位，核定事业编制3名，其中全额拨款事业编制2名，自筹事业编制1名，年末有在职人员6人，退休人员5人。2018年末有直属协会15个、有科普示范乡镇3个、科普示范村33个、科普示范社区3个、科普示范学校12所、农业产业化科普示范基地26个、科技示范户5860户（其中党员科技示范户1568户）、少数民族科普工作队1支、科普志愿服务团队13个。

【创建省级森林城市科普宣传培训活动】 2018年6月29日，由县科协牵头，与县林业局、高乐山镇城中社区一起举办庆“七一”创建省级森林城市科普宣传培训活动，当天参加培训的社区党员及部分居民高达170人，培训会上首先对习近平新时代中国特色社会主义思想进行辅导学习、培训省级森林城市创建知识，带领社区居民参观学习青山森林公园建设情况，在民族广场各位专家现场与广大社区居民互动。据不完全统计，本次活动发放各类科普宣传资料2000余份，展板、挂图40余块，接受科普咨询500余人次。

【实施《全民科学素质行动计划纲要》】 科普工作常抓不懈，9月13日，科协组织开展“全国科普日·咸丰科普月”启动式，咸丰县机关事业单位工作人员、科技工作者、社区居民和村民500余人参加活动，活动的主题是送科技、送医药、科技咨询、免费义诊等，此次活动共展出版面50余块，发放科普宣传手册5000余册。9月19日，组织开展“大手牵小手——科普报告荆楚行”活动，由中国科普作家协会演讲团的专家、院士普及现代科学知识、介绍前沿领域技术，共有机关公务员、青少年学生600余人参与聆听。

办好科普宣传主阵地，在黄金洞增设科普E

站1套，科普电子显示屏1套、科普宣传栏3个，科普展柜10套。

2018年9月13日，由科协主办的禁毒科普教育活动在高乐山镇禁毒社区举行　　（县科协　提供）

【科普项目、科技助力扶贫】 落实《全民科学素质行动计划纲要》，成功申报特色产业科普示范基地1个：咸丰县老鹰红茶特色产业科普示范基地，奖补资金50万元，其中中央资金21万元，省级资金29万元；申报全国科技助力精准扶贫科技服务项目1个：咸丰县农业技术和旅游产品营销经理人才培训，科普精准扶贫资金15万元。

【青少年科技创新】 9月下旬，联合县教育局组织咸丰县青少年参加由恩施州科协、恩施州教育局共同主办的第十四届恩施州青少年科技创新大赛，通过层层筛选，共获中小学科技创新成果作品9项、科技辅导员创新成果3项、优秀科技实践活动奖4项、优秀科技教师8人、少儿科幻绘画作品29幅，“我的科学梦”科普征文17篇，此次大赛充分展示了咸丰县青少年在勇于探索、自主创新过程中所取得的进步和成绩。

（吴雨虹）

咸丰县工商业联合会

【概　况】 2018年末，咸丰县工商业联合会（总商会）共有执委62名，会员260个。机关核定行政编制4人，实有在职人数5人。2018年组织党员干部及民营企业家参加政治理论学习培训4次，召开非公经济人士理想信念专题教育3次，召开意识形态工作专题会4次，引导机关党员干部及非公经济人士，树牢“四个意识”，弘扬主旋律，传播正能量。深入民营企业集中调研62次，撰写民营企业现状及对策研究的调研报告。

服务企业发展，县总商会与县农村商业银行、工商银行、邮政储蓄银行3家银行达成战略合作，缓解企业融资难题，20家小微企业和个体商户获得贷款1500万元。参与筹建大型电视访谈节目“创业者”，宣传推介企业参与扶贫先进典型4个，营造创新创业的浓厚氛围。

2018年8月7日，武汉市咸丰商会第二届第一次会员代表大会　　（杨　玲　摄）

【商会活动】 商会平台建设亮点突出。巩固北京、广东、湖北武汉、浙江温州4个异地商会建设成效，督办指导异地商会党支部建设4次。扎实开展总商会会员队伍建设和管理，建立总商会会员交流平台，累计发展商会会员230家。

【扶贫济困】 推进“千企帮千村”扶贫活动。全县100余家企业参与到“千企帮千村”行动中，对咸丰县66个重点贫困村实行帮扶全覆盖，实施帮扶项目180个，产业扶贫投入7800万元，受帮扶贫困人口2.7万人。

（胡　姝）

咸丰县老区建设促进会

【概　况】 咸丰县老区建设促进会成立于1997

年。2018 年 5 月 20 日召开换届大会，62 个会员单位全部到会，选举产生第四届老促会理事会组成人员。2018 年，被恩施州老促会系统评为先进单位，同时获中国老促会授予老区宣传工作三等奖。

【龙潭司老区示范村建设】 清坪镇龙潭司村，是土地革命战争时期中共咸丰县委、中共施鹤临时特委、施鹤农民武装总队、施鹤青年协进会的成立地及驻地。从 2010 年起，州、县老促会投入资金，开展“思源回报”工程建设，修建龙潭司起义纪念园和支持大坪上红色寨院建设。县老促会投资 43 万元修建纪念亭，省老促会投资 10 万元发展优质白柚 13.33 公顷。2018 年，龙潭司村纳入全县美丽乡村建设规划。同年争取项目 10 个，资金 1952 万元，涉及交通建设、产业调整、民居改造、红色旅游开发等，带动贫困人口 124 户 400 余人。

【咸丰革命遗址遗迹普查工作】 根据州老促会文件要求，组织召开有民政、旅游、文物、档案等部门参加的会议，讨论工作方案，在各部门提供素材的基础上，编写完成《咸丰县革命遗址遗迹资料汇编》。

【编撰《咸丰革命老区发展史》】 制定《咸丰革命老区发展史》编撰方案，在县委常委会上作专题汇报，落实工作经费，聘请人员启动编撰工作。通过编撰老区发展史，反映咸丰人民在党的领导下，创立和发展革命根据地的历史。

【老区宣传工作】 加强老区宣传工作。一是县老促会、文体局、老干局三部门共同出资，与唐崖河乐队签订协议，组织唐崖河乐队深入各乡集镇演出。老促会资助 2 万元，约定该乐队每年在重点老区乡、村演出 12 场以上，每场须有 3—5 个宣传老区的节目。二是县老促会与咸丰电视台合作，拍制专题片《为了这片红色的土地》，2018 年 5 月在咸丰电视台播出，展示历届老促会的老同志们发挥余热，为老区建设所做的大量工作。三是鼓励宣传工作人员积极向中央、省、州投稿，宣传革命老区。10—12 月，在各级报刊、网站发表文章 52 篇，其中中国老区网、红色思源网、中国红色旅游网等大型媒体刊发 16 篇，州、县媒体刊发 36 篇。

（胡立超）

咸丰县残疾人联合会

【概　况】 咸丰县残疾人联合会于 1990 年 12 月成立，是残疾人事业发展和从事管理服务的人民团体，2018 年末干部职工 14 人，内设职能部门 1 个，隶属管理的事业单位 1 个，下设 6 个专门协会（肢残协会、盲人协会、聋哑协会、智力亲友协会、精神病亲友协会、志愿者协会）。11 个乡（镇）区设残疾人联合会，村民委员会和城（镇）社区分别成立残疾人协会。

2018 年，完成全国残疾人基本服务状况与需求信息数据动态更新工作。咸丰县持证残疾人总数 12802 人，通过购买服务的方式对 11 个乡（镇）区、263 个村、7 个社区进行入户核查，共核查残疾人 12728 人，入户率 99.87%。2018 年，32 个用人单位安排残疾人就业 53 人，征收残疾人保障金 134.21 万元。

【康复工作】 完成 0—6 岁残疾儿童抢救性康复工程 25 例，贫困残疾人安装假肢 15 例，发放个性化需求辅具器具 296 件，帮助 67 名贫困精神残疾人购买药物补助资金 3.35 万元。联合县中医院开展“咸丰县第三期康复宣传月活动暨脑瘫儿及家长康复技能培训班”，举办“爱耳日”宣传活动，发放宣传册 1100 份。筛查各类残疾儿童 50 余人，上报符合 0—6 岁康复救助残疾儿童 19 人。2018 年家庭医生签约补贴资金 3.408 万元。

【托养工作】 实施“阳光家园计划”项目，完成 82 个残疾人托养指标。推进残疾人托养中心和乡（镇）区残疾人托养站项目建设进展，积极向上争取残疾人康复中心建设项目。

【残疾人创业就业】 贯彻落实《残疾人就业条例》为残疾人创业提供资金保障。2018年完成省级“双百工程”项目12个，州级“自强创业项目6个”，实施县级“创业扶持”项目11个，激发贫困残疾人身残志坚、脱贫致富的内生动力。加强与县就业局协调配合，为残疾人就业牵线搭桥，联合开展残疾人培训4次，培训贫困残疾人180人次，新增残疾人个体企业34人，新增残疾人县内就业135人，县外就业15人。咸丰县32个单位53名残疾人得到合理安排就业岗位。

【兜底保障】 建立残疾人最低生活福利制度。实施残疾人“两项补贴”专项福利制度，补贴对象7825人，补贴资金897万元；实施特殊残疾人家庭城乡居民医保缴费资助计划，咸丰县1490名重度残疾人缴纳城乡居民医保，缴纳资金26.82万元。改善残疾人居住环境，2018年290户残疾人家庭享受易地搬迁政策，50户实施残疾人无障碍设施改造工程。实施贫困残疾人临时救助4.25万元。

【特殊教育】 建立完善特殊教育保障机制，加大贫困残疾大学生及残疾家庭大学生助学支持力度。咸丰县84名适龄儿童随班就读，19名到咸丰县特校就读，11名到咸丰县启迪特殊教育学校就读，12名到外县就读。4名残疾大学生及49名贫困残疾家庭大学生均得到相应资助。

【信访维权与宣传工作】 联合县司法局成立法律援助站，在咸丰县11个乡（镇）区残联设立法律援助中心，聘用1名律师常年担任残联的法律顾问，免费为残疾人提供法律服务。丰富残疾人精神文化生活。县电视台合作推出《百味人生》栏目，宣传吴辉、田远红、向思江、邓兴顺等残疾人创业就业先进典型。2018年吴辉当选中国残疾人联合会第七次全国代表大会代表，田远红、吴辉作为湖北省残疾人创业先进代表当选“宣讲正能量、文化扶志”宣讲团成员，赴全省各县市参加宣讲。

（刘娅琼）

法 治

政法委及综治

【概　况】 中共咸丰县委政法委员会的主要职责任务是根据县委的路线、方针、政策和部署，对一定时期内的政法工作作出全局性部署；组织协调指导维护社会稳定工作；组织推动社会管理综合治理、基层社会治理、法治咸丰建设工作；研究、指导政法队伍建设。县社会管理综合治理委员会办公室、县维护社会稳定工作领导小组办公室、县委法治咸丰建设领导小组办公室与县委政法委合署办公，根据《咸丰县机构编制委员会关于“大科室制”改革单位内设机构调整的通知》要求，内设办公室，下辖一个二级事业单位（县网格管理中心）。

2018年，中共咸丰县政法委紧紧围绕“五个咸丰”建设，充分发挥职能作用，全力维护社会稳定，创新基层社会治理，深化“平安咸丰”、“法治咸丰”建设，纵深推进扫黑除恶专项斗争，锻造过硬政法队伍，为咸丰县经济社会发展保驾护航。2018年在恩施州综治工作考评中排名第三。

【维护社会大局稳定】 源头预防措施有力。整合力量，全方位收集、研判网上、网下涉稳、涉恐、涉访等情报信息，处置进京非访苗头；开展防范化解社会风险攻坚战，重大涉稳风险隐患全部有效管控；州级第一、二批双签双交风险隐患全部化解销号，第三批双签双交风险隐患有效化解2件；对5起重大事项进行社会稳定风险评估，从源头预防和减少矛盾纠纷的发生。

重点人员管控到位。多措并举强化“九类”重点人员的管控，有效管护重症精神病人，依法矫正199名在册社区矫正人员，解矫126人，有效管控邪教人员，坚持法定途径和法治方式解决问题，有效化解信访积案和非访案件；落实“五个一”包保稳控措施，将涉军、社会实践生、投资受损等重点群体稳控在本地。

突发事件应对有效。严格落实“三同步”，强化突发事件快速反应，部门联动联处，依法妥善处置，加强善后稳控，全力消除社会不稳定因素。妥善处置“4·10”青林湾煤矿事故；依法有效处置县一中学生校外坠亡等非正常死亡事件；成功调解亡人交通事故8起；成功应对咸丰大道、站前广场征地拆迁等矛盾纠纷；建立Wi-Fi管理平台275个，有效处置涉稳涉恐、反社会等网络舆情，维护社会大局稳定。

社会面管控有效提升。加强武装巡逻，全年命案案发率同比下降33%；依法严打促安，受理治安案件909起，立刑事案件609起，采取刑事强制措施228人；开展道路交通安全管理，推进“生命防护工程”，动态监控、精准管理712台接送学生车辆，狠抓摩托车整治，亡人交通事故同比下降20%；开展火灾防控、电动车防火等专项行动，督查整改火灾隐患1280处，查封火灾隐患场所7处，责令停业9家，挂牌督办2处。

【咸丰入围“2018年全国社会治理创新示范县”】 2018年12月，咸丰县基层社会治理创新案例“一统三治六联”入选由法制日报社指导，法治周末报社主办的2018年全国社会治理创新典范案例推选活动，咸丰成功入围“全国社会治理创新示范县（区）”。“一统三治六联”基层社会治理创新经验载于《半月谈》《人民法治》《楚天法治》等权威杂志，在《恩施日报》上整版刊载，并通过州电视台《恩施开讲》节目专题播出。

“一统三治六联”即坚持党建统领，自治、法治、德治相结合，推动治安联防、纠纷联调、平安联创、困难联帮、服务联心、发展联手。全县投入4000余万元建立农村网格化信息管理平台，依托大数据、视联网、“雪亮工程”等软硬件支撑，实现信息“一网打尽”，维护农村和谐稳定。

【共建“平安咸丰”】 创新基层社会治理。实现咸丰县263个村基层社会治理工作站全覆盖，夯实网格化平台、视联网系统、雪亮工程和电商平台技术保障，建成综治网格化平台237个，在11个乡镇（区）建成综治视联网系统，规划建设“雪亮工程”高清探头1650个、微卡口350个，覆盖11个乡镇（区）并完成线路安装；以工作站为中心整合村级电商平台164个，“唐崖茶”“响壳李”“硒土豆”等农特产正通过电商持续创收。

常态化网格平台管理。完成“一标三实”阶段性工作，采集录入实有人口261552人、实有房屋198262间、实有单位3784家。按照县乡村层级管理的原则，对咸丰县网格员队伍（326人）进行技能培训；建立矛盾纠纷日排查日研判日报告制度，依托网格化平台化解各类矛盾纠纷784条，排查处置各类源头性基础性安全隐患298条、公共安全隐患84条，为群众办理各类行政审批事项3487件，并通过网格化平台开展乡镇（区）年度综治维稳法治考核。

深化基层平安建设。建立人民调解、司法调解、行政调解、专业调解“大调解”机制，排查调处各类矛盾纠纷781起，调解成功766起；广泛开展平安乡镇（区）、平安单位、平安村（社区）、平安家庭申报评选表彰，开展平安咸丰问卷调查，咸丰县群众安全感排全州第一位，治安满意度排全州第二位，均进入全省前50名；强化平安建设宣传，将平安知识宣传融入“道德与法治讲堂”村村行活动，发放宣传单11.2万份、宣传册3.2万份、张贴标语2282条、设宣传栏346个，开办平安创建主体活动1036场。

全面加强禁毒工作。县委政府高度重视，将县禁毒办设在政法委并保障工作经费，落实工作人员4名、公安局禁毒大队干警4名、禁毒社工23名，团县委牵头登记招募志愿者200余名。办理涉毒案件43起，查处非法种植毒品原植物案件21起。完成脱失漏管吸毒人员“清零”行动，强制戒毒54人、社区戒毒158人、社区康复28人。开展“扫黑除恶·飓风扫毒”大型广场宣传活动11场，开展禁毒知识进校园活动120场，约谈宾馆、饭店等业主33家。建成湖北首个标准化社区禁毒科普教育馆，组织县直100余个单位全体干部职工、城区中小学师生及部分服务业从业人员6500余人轮流到禁毒科普馆接受教育，中新网、光明网、中国禁毒网多家媒体关注报道。加强青少年学生毒品预防教育，咸丰县172所学校聘请公安干警担任禁毒教育辅导员，组织校园禁毒宣传教育活动120余场，参与师生达6万余人。

弘扬见义勇为精神。县见义勇为促进会表彰1个见义勇为先进集体和5名先进个人，为省级见义勇为英雄熊建飞家庭申报“荆楚见义勇为英模安居工程”。依托网格化管理平台建立见义勇为实绩档案、落实痕迹管理，迎接省见义勇为基金会专题调研，工作经验在湖北长安网、法制网、中华见义勇为网等主流媒体刊载推广。

2018年4月28日，在咸丰皇城广场开展禁毒宣传 （档案馆 供图）

【扫黑除恶】 坚持高站位强领导。县委、县人民政府多次专题研究部署扫黑除恶专项斗争，成立由县委书记任组长的领导小组，从公检法司抽调10人，实体化运作县扫黑办并建立健全统筹联动各项机制，县人民政府对扫黑除恶专项经费、专案经费全额保障、应保尽保，将专项斗争工作纳入综合目标、党建、综治责任制考核内容，压紧压实各乡镇（区）、县直各部门党组织的主体责任和党组织书记第一责任人的责任。9月19日，县扫黑除恶专项斗争工作代表省、州接受中央扫黑除恶第7督导组检查督导，受到督导组的充分肯定。

坚持广发动全覆盖。将对习近平总书记关于扫黑除恶专项斗争的重要指示精神、上级的安排部署、专项斗争重点知识的学习列入各级各部门党委（党组）中心组、“支部主题党日”“周一夜学”学习内容，组织党员领导干部进行知识测试；开展扫黑除恶专项斗争业务培训，对11个乡镇（区）和26个扫黑除恶专项斗争成员单位开展专题辅导37场次；广设举报电话、电子邮箱、实体举报箱，开辟群众举报“绿色通道”；播放扫黑除恶专项斗争宣传片864场次，印发宣传资料15万余份，通过官方传媒、权威新媒体持续推送，县域内电子显示屏、手机短信全覆盖发送；开展宣传发动“六进”活动，通过尖刀班深入到村到组、进院入户，确保宣传发动攻势深入“最后一公里”。

坚持广摸排速办理。收到转办、举报、摸排线索171条（涉黑涉恶问题线索98条、其他线索73条），其中中央督导组转办1条、州扫黑办交办60条、举报30条、摸排80条。98条涉黑涉恶问题线索已办结62条（州扫黑办交办49条、举报线索13条），其余36条正在办理中；其他线索73条已转交相关乡镇和部门作信访件处理。

坚持严惩治深挖掘。异地用警摧毁建始黑社会性质犯罪组织1个，铲除本县黑社会性质犯罪组织1个、恶势力犯罪集团3个、恶势力团伙3个，破案42起、刑事拘留140人，逮捕100人，移送起诉13起47人，刑事发案率同比下降10.7%。立案查处涉嫌涉黑涉恶腐败问题和“保护伞”问题13件13人。

坚持多领域治乱象。结合扫黑除恶开展“治乱打非”专项治理行动，综合治理12个重点领域和行业。办理涉黄类案件11起，捣毁涉黄窝点3个。办理涉赌类案件78起，捣毁赌博窝点10处。办理涉毒类案件43起，查处非法种植毒品原植物案件21起，铲除毒品原植物1505株。查处交通违法案件14892起，查处客运市场行政案件14起。依法打击非访行为，刑事处罚2人，行政处罚5人，教育训诫20人。办结“两违”案件26件，查处“两违”行为206起，拆除违规杂乱广告853处，拆除两违建筑16处。开展金融风险排查1059家次。立案查处无证经营保健品食品案2起，审结无证经营保健食品行政处罚非诉执行案1起。开展曲江镇重点工程项目建设领域扫黑除恶专项斗争行动，摸排线索60条，依法强拆4处违法建筑。

【建设“法治咸丰”】 健全法治体制机制。建立完善中心组学法制度、宪法宣誓制度、领导干部述法制度、领导干部和公务员法律知识考试制度，压实咸丰县各级各部门党政主要负责人推进法治建设第一责任人职责，将合法性审查纳入党委重大决策的必要前置性程序。落实“1+5+N”工作机制，各专项领导小组齐抓共管，确保咸丰县法治建设各项工作落到实处。

推动法治政府建设。推进放管服改革，将行政审批事项由233项调整为203项，编制完善政府权责清单3650项。落实政府法律顾问参与重大决策制度，办理合法性审查122件，坚持未经县人民政府法制办审核把关的重大事项不上会、不决策、不签约。在行政复议及县人民政府直接作出具体行政行为的案件中普遍开展听证审理，圆满解决张某与黄金洞乡政府长达20年的土地确权行政复议一案。推进行政机关负责人出庭应诉工作，乡镇（区）及县直行政机关出庭率100%，倒逼行政机关依法行政。

深化司法体制改革。严格按照上级关于深化司法体制改革的部署要求，扎实推进各项改革及其配套措施落地落实。县人民法院推动司法责任制改革和内设机构改革，被省高级人民法院表彰为全省司法体制改革示范法院、跨域立案改革示范法院和多元化纠纷解决机制改革示范法院，荣获省高院评定的全部改革奖项；县人民检察院落实检察官、检察官助理、书记员单独职务序列；县公安局推动以受立案制度改革为中心的执法权力运行机制改革，落实招录体制改革和户籍制度改革，积极探索打击犯罪新机制；县司法局完成公证制度改革及公共法律服务体系改革。

强化公共法律服务。整合咸丰县法律服务资源，建设实体化公共法律服务平台，制定《咸丰县政法机关服务民营企业发展的十条措施》，依法保护民营企业合法权益，为民营企业发展营造稳定的法治环境。充分发挥法律顾问作用，2018年咸丰县法律顾问陪访128次，提供法律意见303条，接待上访群众540人次，办理各类案件503件，办理法律援助案件43件，解答法律咨询1615人次。

扎实开展普法宣传。成立普法宣讲团，组建普法宣讲团和普法志愿者队伍，开展“志愿服务乡村行”等活动50余场；由县委宣传部牵头，县委政法委、县司法局等多部门开展“道德与法治讲堂”29场次，覆盖11个乡（镇、区），辐射220个村，约3万人接受教育；组织律师进村入户开展“三学三知”（学政策知党恩、学法律知敬畏、学美德知荣辱）宣传教育活动，覆盖咸丰县80%的村（社区）、学校。建设法治文化阵地，新增乡镇法治文化宣传栏60余处，新建法治文化长廊2条、法治文化墙8个，建成法治文化示范村2个、法治文化院落5个。推行法治信访，引导上访群众理性表达诉求、解决信访问题，信访秩序明显好转。

2018年4月16日，咸丰县律师进村入户开展“三学三知”宣传教育活动启动仪式在清坪龙潭司村举行

（档案馆 供图）

【政法队伍建设】 加强政治教育。健全政法委集体领导、协管干部、工作协调、政法机关重大事项报告等机制，确保党管政法。深入开展“两学一做”学习教育，以专题党课、支部主题党日活动等多种形式为载体，加强政法机关党建工作，将忠诚教育列为民主生活会、组织生活会必备内容。召开咸丰县政法系统学习贯彻党的十九大精神宣讲报告会、咸丰县政法系统全面从严治党推进会，全面树牢政法干部“四个意识”、增强“四个自信”、坚定“两个维护”。

加强纪律整训。落实政法机关党风廉政建设主体责任、监督责任、政法干警“一岗双责”，全面落实从严治党责任。落实廉政谈话制度，及时提醒纠正发现的苗头性问题。严格执行《湖北省政法机关执法问责六条规定》，严肃查处违法违纪违规行为。以县委巡查反馈问题整改为契机，对提拔重用、岗位调整的40名干部和196名协警开展廉政谈话和纪律作风教育，辞退不合格辅警3人，提请县纪委监委给予2名民警党纪处分。

加强能力提升。开展“轮值轮训”“大练兵”活动，分批组织民警到重庆市舟白警训基地开展“轮值轮训”，对政法系统班子成员、乡镇（区）综治办常务副主任、司法所所长、信访办主任、法庭庭长在县委党校进行集中业务培训，强化政法干部能力建设，提高依法办事能力。

（刘 洵）

公 安

公安工作

【概 况】 咸丰县公安局现有民警209人，设11个公安派出所、16个执法勤务机构（刑侦、交警、治安、经侦、国保、内保、网监、出入境、禁毒、特警、法制、督察、指挥中心、看守所、拘留所、信访）和3个综合管理机构（办公室、政治处、警务保障室）。

2018年，咸丰县公安机关以初心行动、雷霆行动、滴灌行动、家访行动、英才行动、美丽行动“六大行动”为抓手，围绕中心，服务大局，切实履行维护社会大局稳定、促进经济社会发展、保障人民安居乐业的职责使命，咸丰县政治安全、治安安全、交通安全、消防安全和公安队伍安全得到全面提升。在2018年全省“一感两度两率”和“两个专项”测评中，咸丰县社会治安满意度排名全省第5位、公正执法满意度排名第48位，平安创建活动参与率、知晓率分别排名第20位、第37位，群众安全感排名第35位；“扫黑除恶”行动成效排名第21位、矛盾纠纷调处有效率排名第16位。“咸丰警务”微信公众号在咸丰县微信公众号信息发布排名中，取得第二名的好成绩。

2018年，圆满完成省委主要领导视察咸丰等系列重大警卫以及敏感节点、系列会议、节假日、重点项目施工等安保维稳任务；116天保持全州无亡人交通事故最长纪录。交通事故亡人数全州最低，州公安局作为“十大战果”之首被通报表扬；全域立体化视频系统PPP项目建设成效显著。城区交通通行条件发生根本性改变，维护社会治安能力显著提升。自12月1日到1月29日，共抓拍交通违法行为8185起、抓获逃犯1名。“扫黑除恶”专项斗争战果丰硕。牵头侦办全国“扫黑办”、中纪委挂牌督办的“4·11”专案，抓获犯罪嫌疑人52人，刑拘48人，破刑事案件27起，向纪委监委移交“保护伞”线索16条。10月16—17日，在全国扫黑除恶“武汉会议”上，该案代表恩施州参加全国成果巡展。全面深化公安改革创新，科技兴警迈上新台阶。投入资金265万元，开发全州唯一的重点人员管控系统，对“最不放心人员”实施层级式精准管控。投入资金117万元，购买4G高清执法记录仪、350兆对讲机等警务终端，扁平化应急指挥再插双翼。改革指挥中心勤务模式，机关警种双主官轮流在指挥中心值班，通过4G执法记录仪实时信号回传功能，指导处警民警规范执法，此项工作全州首创。加强意识形态领域斗争，果断出击严打网络谣言。7月31日，县公安局迅速落地查人，仅用2小时便抓获在网上发表个人极端言论的庞某，迅速消除公众恐慌，得到群众点赞认可，庞某因涉嫌寻衅滋事罪被县公安局刑事拘留；全面落实党风廉政建设主体责任、监督责任。以县委巡察反馈问题整改为契机，在全州公安机关率先出台《咸丰县公安局民辅警八小时以外管理规定》、全面启动“家庭助廉”活动，得到上级通报表扬；连续19年保持命案全破纪录。2018年，咸丰县发生命案2起死亡2人，同比下降50%。

开展全警政治轮训，筑牢公安姓党政治属性。将机关原9个支部精简整合成7个，夯实战斗堡垒。局党委带头落实意识形态工作主体责任，将县公安局93名40岁以下的民警纳入网评员队伍；全力充实网警队伍，网安民辅警增至12人；与咸丰县35家自媒体签订《承诺书》，盯死看牢县域网络舆情。深入学习、贯彻落实习近平总书记在视察湖北时的重要讲话精神，对咸丰县14条河流（水库）全部配备河警长；建立机动车检验及维修机构联合监管工作机制，利用监管平台，远程审核首核环保检测报告。根据县委政府统一安排，县公安局每月参与一次金融投资领域风险隐患排查和集中分析研判，暂未发现涉众型经济犯罪线索。联合金融办到重点企业、行业签订责任书50份。收集群众所需所盼、记录群众意见建议200余条，并形成家访日记，组织会议进行探讨研判。民辅警深入村级微信群268个，逐步打造公安行政管理、宣传警醒微信矩阵。通过落实主体责任、监管责任、属地责任，群体息访4个、个人息访3名，在控群体6个、信访人13名。

【打击违法犯罪】 开展扫黑除恶专项斗争。县公安局共接涉黑涉恶线索117条，其中中央督导组转办1条、省州县“扫黑办”交办71条、州局交办2条、群众举报17条、自主摸排27条。打掉黑社会性质组织犯罪1个、恶势力犯罪集团2个、恶势力团伙16个，破获刑事案件62起，抓获140人，移送涉黑涉恶“保护伞”问题线索18起。把“扫黑除恶”与信访维稳紧密结合，办理干扰扶贫工作秩序、非法上访滋事等涉乱治安案件66起、处罚71人。开展“黄赌毒”专项行动，咸丰县“黄赌毒”发案率同比下降11.7%。重拳整治县城治安盲点、乱点、难点，强力扫除“击鼓寨”涉黄场所。坚决落实习近平总书记对打击整治赌博问题的重要批示，办理赌博类刑事案件2起、治安案件85起，逮捕3人、治安处罚125人，销毁电子游戏机54台、翻牌机73台、麻将机18台。加强校园周边环境治理，对咸丰县123所中小学（含幼儿园）开展安全大排查，对存在的安全隐患及时整改到位。把警力最大限度投放到一线，6月8日晚，组织咸丰县警力开展大规模社会面防控拉练行动，机关基层打通、农村城区联动，展现了公安机关良好形象。

2018年10月29日，全县扫黑除恶专项斗争专题知识讲座在县公安局举行　　（档案馆　供图）

【道路交通及消防安全管理】 抓实安全教育，摩托车涉交通事故同比下降8.9%。将咸丰县123所学校（含幼儿园）、5120名乘车学生、712台接送学生车辆，全部纳入台账管理，动态监控。全年处罚接送学生超员违法行为82人，因超员被判实刑1人、取保候审1人，咸丰县接送学生车辆未发交通事故。组织民警对600名酒驾前科或曾犯交通肇事罪、以危险方法危害公共安全罪等类型的重点驾驶人开展上门家访。约谈黔张常铁路等项目建设重型工程车辆驾驶员109人、约谈咸丰县8家客运公司驾驶员753人。投资100余万元，对事故发生率最高的省道249白岩路段进行整改，事故发生率下降40%。解决交通组织不科学、不合理问题，提请县人民政府出台《关于城区重点路段禁止停放车辆的通知》，与广州建筑艺术设计院一道，组织召开听证会，对打通城区道路微循环、智能交通建设、重点路口路段交通优化改造等进行方案论证。

以抓培训、抓整改、抓督办作为剿灭火患的三大基础工程，组织开展政府专职消防队业务培训11场次，集中约谈400余家重点单位和企业；检查发现消防安全隐患和违法行为2000余处，督促整改1350余处，临时查封7家，挂牌重点督办整治2家，责令“三停”9家，罚款35.25万余元。

交警大队联合驾校、机动车检测服务机构组成流动车管所，到10个农村乡镇开展摩托车驾驶员考试培训、摩托车安全技术年检、道路交通安全等便民服务，培训考试合格并取得驾驶证的驾驶员2900余人，代办驾驶证年检70余本，检测各类摩托车870辆，赠送头盔3400余顶。

【公安队伍建设】 争取县委、县人民政府重视支持，县公安局提拔主任科员7人、中层正职3人、副职4人、重用2人、轮岗交流40人。支持辅警成长成才，1名辅警考取宣恩县公务员、5名辅警当上村“两委”主职。从后备干部库中，精挑细选出4名最具潜力的优秀民警，放到最艰苦边远、社情最为复杂的基层所队锻炼。

加强业务学习。4月23日，县公安局选派1名业务骨干到杭州市余杭区公安局挂职学习半个月。投入170万元加快完善刑事科学技术室建设，培养9名刑事技术人员。招聘8名网络、视频等方面专业素质较强的协警，壮大合成作战中心力量。鼓励民警积极参加法律执业资格考试，对3名通过司法考试的民警给予嘉奖。组织民警旁听7起典型案件庭审。县公安局将纪检组组长刘红雁编写的《战术指导手册》发放到全局实战单位，人手一本，指导民警学习，提升职业素质。

开展“警嫂助廉”活动，组织机关党员民警携带家属观看大型现代土家南剧《初心》，增强民警家风意识和廉洁观念。开展岗位廉政风险自查防范和纪检组谈心谈话，对民爆、户政、交通违法处理中心等廉政高风险岗位民警及时换岗，完成9个派出所、3个机关单位离任移交巡查审计工作，全局无干部多占政策性住房。为民警大胆“撑腰”，查否2起投诉民警的举报线索，查处2起阻碍执行职务案和辱警案，行政、刑事拘留各2人。

【后勤保障】 投入10万元更新特警装备，打造全州一流公安特警。10月17日，县公安局特警大队在全州公安特警秋季比武竞赛中获得团体第一名。全局民警人均办公经费再涨6000元，属咸丰县行政机关最高。落实3名民警的机要密码人员特殊岗位津贴，每月人均工资增加300元。投入120万元新建视频会议室，投入40万元新增三台越野警车，民辅警办公办案环境焕然一新。

（李永富）

消　防

【概　况】 咸丰县消防大队始建于1989年，前身隶属中国人民武装警察部队序列，正营级编制单位，下辖1个中队、1个执勤点。

2018年10月9日，公安消防部队移交应急管理部，公安消防部队正式退出现役编制，隶属国家应急管理部，消防部队作为应急救援主力军和国家队承担起综合性应急救援职责。12月9日，县委书记郑东来出席县消防救援大队授衔和换装仪式。2018年，大队被授予全省“标兵大队”“消防宣传工作先进单位”“战训工作先进单位”“食堂建设先进单位”“全州青年文明号”等荣誉称号，宋佳等11人获个人先进表彰。

【基础建设】 2018年，大队立足现有执勤装备实际，新购置高喷消防车1辆，用于高层建筑火灾扑救，坚持经费向基层倾斜，提升保障能力，投入近10余万元用于夏训、冬训工作及日常执勤备战；投入近8万元用于样板食堂建设改善食堂软硬件及用餐环境；投入近15万元采购一批急需器材装备，保障装备建设达标。斥资20万元用于正规化建设，在营区制作悬挂习近平总书记“四句话方针”标牌，更新荣誉室、文化长廊、楼层文化展板标语，积极营造投身改革、支持改革的良好氛围。

【灭火救援】 大队立足本职，扎实开展业务技能和体能训练，为处置各类灭火救援灾害夯实根基。对地震模拟训练基地基础设施进行完善，创新地震救援操法3个，利用地震模拟训练基地开展模拟训练20余次，利用多功能训练塔开展固定消防设施、带电设备断电、模拟烟热设施操作等科目学习30余次。全年共开展重点单位“六熟悉”160家/次、演练130家/次，修订数字化预案140家，共接警82起，出动消防车143辆次，消防员836人次，抢救被困人员15人，疏散人员36人，抢救财产价值240.6万元。“7·4”忠堡镇石门坎抗洪抢险事迹被腾讯新闻网、中新网、《湖北日报》、湖北电视台等多家中央、省级媒体报道，树立了咸丰消防的良好形象。

【火灾防控】 全面落实《消防安全责任制实施办法》，出台消防工作责任清单，拟定《2018年全县消防工作意见》，落实重大事项会商函告、重大隐患约谈督办、行业隐患通报抄告等制度，县委议军会决定将第二消防站纳入2019年度重点项目建设。县领导带队检查调研消防工作12次，县政府组织召开消防专题会议10次，协调部门召开消防工作联席会3次，已督办销案1家。

加大火灾隐患整治。先后开展电动自行车、大型商业综合体、电气火灾、木质房屋、文物古建筑及冬春火灾防控等专项行动，部门开展联合检查21余次，住宅小区推广安装集中智能充电装置23个，摸底排查文物古建筑或单位15个，商业综合体3个，共检查单位4577家/次，督促整改火灾隐患3269处，临时查封13起，责令三停10家，安装独立式火灾感烟探测器150余个，新增市政消火栓100多具，联合传媒中心开展火灾隐患曝光1次。

【宣传教育】 提请县政府组织召开联席会对消防宣传工作进行专题研究，实行“全民消防我行动”计划，“分类别、分节点、分时段”开展消防宣传培训，分类组建微信群，打造“微信宣传链”，落实每日消防安全提示；通过楼宇电视、LED屏、液化气钢瓶、公交车等媒介开展消防宣传，深入沿街门店开展“入店”宣传；联合教育部门在全县110个校点、54家幼儿园开展消防安全第一课；为263个行政村制作宣传橱窗和标语，并发放“村村响”消防宣传光盘；印发宣传资料30余万份，组织派出所专兼职民警培训1次，社会单位集中培训5次，开展消防宣传“流动课堂”50余次，接受培训人员2500余人；迅速落实“放管服”和优化营商环境工作要求，按照各级利民便民措施，开展上门指导服务。

（李　黛）

检　察

【概　况】 咸丰县人民检察院设司法行政事务管理局、政治处、侦查监督部、公诉部、综合检察部、民事行政检察部、案件管理部。2018年末有人员编制41人，在职干警39人，检察员12人，助理检察员2人，书记员2人，司法警察4人。

2018年，受理侦查机关提请批准逮捕案件126件211人，同比上升30.2%，依法批准逮捕117件201人，同比上升26.86%，受理移送审查起诉案件215件322人，依法提起公诉160件223人。坚持“两个一律”“三大措施”“五项机制”，确保稳、准、狠打击黑恶势力犯罪。全年共批准逮捕涉黑涉恶犯罪案件21件65人，起诉2件13人。从严打击故意杀人、故意伤害等影响群众安全感的严重暴力、多发性侵财犯罪，共批捕31件42人，起诉68件93人。第一时间批捕网络传播血腥图片、编造报复社会言论的犯罪嫌疑人庞某某，及时公布案情进展，消除社会恐慌。联合公安机关开展矿企非法储存爆炸物专项排查清理，发现并办理相关犯罪案件2件5人，切实维护安全生产秩序。

保护生态环境，促进绿色发展。县检察机关与县人民法院、公安局、林业局、水利水产局等部门协同作战，织密生态环境执法司法保护网络，及时批捕破坏生态环境资源类犯罪案件6件6人，起诉31件34人，同步介入、从快批捕滥伐林木立木蓄积达640立方米的犯罪嫌疑人冉某某、丁某某。将恢复性司法理念引入环保实践，令损害者承担生态修复成本，监督修复农田林地100余亩，投苗入河6.3万余尾，实现打击犯罪、生态修复与全域旅游、绿色小康的有机结合。邀请县环保局、县国土资源局等10家单位开展普法“五进”活动，累计发放资料3万余份，微信点击量超万次。

【公益诉讼】 围绕保护“绿水青山”和“舌尖上的安全”，稳妥推进公益诉讼工作，率先办理周某某等4人非法捕猎野生大鲵刑事附带民事公益诉讼案，在全州范围内起到标杆和示范引领作用。重视发挥诉前程序督促行政机关自行纠错功能，提升纠错整改的效果。一年来，共办理行政公益诉讼诉前案件16件，通过办案，补植复绿生态修复补偿机制正在形成；推动活龙坪乡与利川沙溪乡建立边界乡村环境治理长效机制，督促清理八家台、田寨河等县乡交界处垃圾60余吨；守护好野猫河饮用水源地水源安全，督促相关单位积极履职，工作得到省检察院领导高度肯定；督促行政机关处罚相关企业42.724万元，以从严处罚形成震慑，倒逼企业向生态旅游特色产业转型升级。

2018年6月26日，县人民检察院检察长李美福（右二）查看活龙坪乡八家台村环境污染问题　（高　雅　摄）

【刑事诉讼监督】 准确把握捕诉标准，做到不枉不纵，共监督立案8件，监督撤案8件，追捕漏犯10人，追诉4人。落实检察长列席审委会制度，通过对事实认定、证据审查、法律适用等问题的共同把关，凝聚捍卫司法公信工作合力。加大审判监督力度，提出抗诉2件2人，1件已依法改判。推动监督关口前移，提前介入引导侦查37件次，依法排除非法证据12份，发出纠正违法通知书8件次，监督撤案1件。严把审前过滤程序，共补充侦查47件84人，对证据不足、事实不清的，存疑不起诉1件1人，防止案件“带病”进入审判环节。监督纠正财产刑执行案件12件，办理羁押必要性审查案件18件18人，其中，王某某羁押必要性审查案件被评为全国精品案件，全省唯一。依法监督执行收监2人，有效震慑社区服刑人员，维护社区矫正工作秩序。

【民事行政检察监督】 树立“寓监督于支持、以支持强监督”的新理念，审查民事行政诉讼、执行案件166件，发出民事执行监督检察建议2件、民事审判违法案件1件，已全部予以纠正。持续加大虚假诉讼监督力度，共办理2起涉案总金额达468万元的虚假诉讼案件，其中1件已启动再审程序予以纠正。

【社会矛盾化解】 坚持“宽严相济”的刑事司法政策，对初犯、偶犯、过失犯等轻微刑事犯罪，依法不捕6件7人，不起诉16件21人。深化检调对接工作机制，对达成刑事和解的，依法不捕2人，不诉4人。推进“一统三治”“一站六联”治理模式检察实践，启用“‘12309’检察服务中心”，整合“网、电、信、访”多重信访申诉途径，构建“一站式”高效智能综合服务平台，共受理群众来信来访54件次。

【参与综合治理】 重拳出击“黄赌毒”犯罪，办理相关犯罪案件10件15人，运用法治手段传播美善，维护清朗健康社会环境。助力村、社区“两委”换届，对2445名候选人进行资格预审，为基层组织建设把牢“政审关”。参与校园霸凌防治，以法治讲座、音像课堂等形式实现“法治进校园”全覆盖，受教育人数达万余人。寓教于庭强化以案释法力度，检察人员在一起200余名司机旁听、超载超员达100%的危险驾驶案中，有力指控犯罪行为，震慑驾驶人员，扩展法治宣传教育。

2018年8月30日，县人民检察院“送法进校园”系列活动走进咸丰县第一高级中学　（高　雅　摄）

【队伍建设】 坚持党对检察工作的绝对领导，始终将政治建设摆在首位，全年召开党建及意识形态专题例会12次。严格执行中央八项规定，积极实践“四种形态”特别是第一种形态，共开展廉政谈话、工作约谈27人次，检务督察38次，全年无违纪违法情况发生。自觉接受人大、政协监督，向县人大常委会专题报告司法体制改革、民事行政检察两项工作，虚心收集意见建议。依托案件质量评查系统，以随机抽查和重点评查方式对本院办理的96件案件进行检查，倒逼案件质量提升。擦亮案件管理和检务公开两个窗口，内外同步制约，促进司法公正高效，共发出流程监控通知书280次，公开法律文书168份，案件程序性信息357条，在各级媒体发稿190篇，官方微信在全省检察系统始终保持排名优势。实施检察职业导师制度，班子成员开展专题讲座5次，以上率下提升培训质效。2018年在各级各部门受表彰人数达20余人次，组织撰写的《未成年人“涉黑”犯罪的司法应对》获“大数据时代扫黑除恶与社会治理网格化研究”高端论坛三等奖，民事行政检察部被评为全省“基层民事行政检察工作推进年”专项活动先进集体。

【服务乡村振兴】 突出对危害农村人民群众生命财产安全、破坏农村生产生活设施等犯罪的打击力度，办理相关案件21件23人。坚决惩治恶意欠薪，妥善办理马某某拒不支付劳动报酬案。开展送法进乡村5次，提升农村弱势群体法律素养及维权意识。压实精准扶贫工作责任，将人力物力投入脱贫攻坚大“战场”，与结对帮扶村共谋发展，累计开展公路硬化、改扩建工程31.9千米，启动18户危房改造项目，实施34户易地扶贫搬迁项目，形成以110公顷白茶为核心的“专业合作社+村集体经济+农户”的经济发展模式，带动340余农户就业增收。

（高　雅）

法　院

【概　况】 咸丰县人民法院内设立案庭、刑事审判庭、民事审判庭、行政审判庭、执行警务局、政治部、综合办公室、审判管理办公室、监察科。派出高乐山、清坪、唐崖、坪坝营、活龙坪5个人民法庭。2018年末，全院干警职工108人，在职在编干警84人，聘用制人员24人，入额法官为31人。

2018年，深入推进以审判为中心的刑事诉讼制度改革，当庭宣判刑事案件38件，同比上升217%，召开庭前会议3次，通知证人出庭2件。组建3个民事团队，根据各类案件数量确定法官人数，并按顺序轮流分案。在立案庭组建婚姻家庭合议庭。将原17个内设机构撤销，合并为8个内设机构，提升工作效能，《湖北审判》《楚天法治》先后转发专题简报推介经验。

坚持政治建院，强化从严治院。将法院工作置于县委的绝对领导之下，坚持抓党建带队建促审判。定期开展作风纠察、审务督查，狠抓司法作风和廉政建设，坚决杜绝人情案、关系案、金钱案，守住廉洁司法底线；加大交流轮岗力度，强化教育培训，全方位提升干警职工的司法能力。加强意识形态和宣传思想工作，持续强化“四个意识”，营造风清气正、积极向上的工作氛围。

2018年，县人民法院被表彰为全国先进法院；周前涛等人非法捕杀珍稀野生动物一案入选湖北省十大环境资源保护典型案例；一租赁合同纠纷案件被评为全州十大精品案件；三名干警论文在全省级获奖：肖起红《浅谈法官合法权益保障制度》获三等奖；汪宣浩《我国夫妻共同财产分割问题研究》获优秀奖；张波《论我国民事执行中执行异议制度的完善》获优秀奖。

奖牌　　（档案馆　供图）

县人民法院开庭审理案件　（县人民法院　供图）

【审判执行】 全年共受理诉讼案件4677件，结案4322件，结案率为93.26%，排名全州法院第二。收案数、结案数同比上升31.9%、34.1%。共受理刑事案件172件，审结169件。受理民商事案件2798件，审结2746件。受理并审结行政诉讼案件62件。受理执行案件1640件，结案1452件。有财产可供执行案件在法定期限内实际执结率为98.7%，执行标的额2.96亿元。多措并举严惩“老赖”，拘留64人，拘传28人，罚款6人，纳入全国失信被执行人名单库335人。审结2件寻衅滋事案及1件聚众扰乱社会秩序案。审理周前涛等人非法捕杀珍稀野生动物案，责令被告人在新闻媒体上公开赔礼道歉，并连带赔偿生态资源环境损害修复费。调解审理一批排除妨害纠纷案件，确保龙洞湾水库、咸丰大道、火车站等重点工程建设顺利推进。对出具虚假证据的公司、个人及虚假诉讼的当事人分别处以罚款、拘留。

【扫黑除恶专项斗争】 组建扫黑除恶工作专班，改建7人审判庭，配强刑事审判力量。抽调2名干警协助县“扫黑办”工作。组织编写《扫黑除恶专项斗争知识汇编》，发放到扶贫村。制作条幅、展板进行涉黑除恶相关知识宣传。在部分乡镇和县直机关开展扫黑除恶专项斗争业务培训。对2015年以来的职务犯罪案件、2016年以来的民间借贷案件进行排查，摸排涉黑涉恶线索。

【司法为民】 2018年累计审执涉民生案件700余件。调解审结咸田煤矿诉黔张常铁路股份有限公司压覆补偿纠纷案，为工人追回工资500万元；调解审结走马岭村91户农户土地流转纠纷，追回土地租金18万余元；调解审结某水产养殖专业合作社与某农副产品专业合作社及第三人朝阳寺镇某政府财产损害赔偿一案，为60余户农户挽回经济损失120余万元。强制执行某森林食品有限公司和某化工有限公司后，在公司资不抵债的情况下，优先给民工兑付工资90余万元。持续开展司法救助，2018年为特困当事人减、缓、免交诉讼费80余万元，为特困申请执行人解决司法救助资金29万元。

（鲁 平）

司法行政

【概　况】 咸丰县司法局内设办公室、政治处（监察室）、法律援助中心、法制宣传股、公证律师管理股、基层股、劳改劳教股、司法鉴定管理股、社区矫正工作管理局。派出11个乡镇司法所，2018年末在职公务员46人。下辖公益二类事业单位湖北省咸丰县公证处、自收自支事业单位荆南律师事务所，监管闳辩、楚屏、刘咸生3个律师事务所，开元、楚蜀、尖山3个法律服务所和县人民医院法医司法鉴定中心等法律服务机构。5月下旬，县人民政府法制办工作移交给司法局。

【公共法律服务体系建设】 贯彻落实《州人民政府办公室关于推进全州公共法律服务体系建设的意见》，推动公共法律服务实体、网络、热线“三大平台”融合发展。2018年，县级公共法律服务中心、11个乡镇（区）公共法律服务工作站、115个村（居）公共法律服务工作室全部建成并投入使用。建立完善“12348”网络服务平台的内容。在原有数据平台基础上，整合法律援助、公证业务、远程亲情会见、人民调解等业务功能，优化服务环节和程序，彻底清除平台上业务工作的“死角”，实现咸丰法律服务“三个一”（法律服务一键申请、所需材料一同告知、办理业务一趟搞定）的便民服务平台，“让数据多跑腿，让群众少跑路”得以真正落地。

【普法宣传】 完善工作机制，建立大普法宣传教育工作格局。印发《关于推进“谁主管谁普法、谁执法谁普法”普法责任制的实施意见》，制定“七五”普法规划，明确咸丰县各普法单位的职责任务，进一步优化部门分工负责、各司其职、齐抓共管的普法工作格局。

建立普法微信群，吸纳普法志愿者365人，开展普法宣传、扶贫帮困及志愿服务活动，弘扬社会主义核心价值观。

建设法治文化广场1个，法治院落2个，各类法治宣传栏271个，制作法治宣传展板1489块，开展法律知识竞赛、演讲比赛72场，发布法治宣传微博1461条。

深入乡（村）、社区、企业、学校、机关开展普法宣讲活动52场次，开展道德与法治讲堂活动29场，遍及11个乡镇（区），辐射150多个边远行政村。

开展“法律六进”，与多部门联合开展“志愿服务乡村行”“三学三知”“律师三进”“‘12·4’宪法宣传月”等系列宣传教育活动100余场次，编印宣传资料和普法图片27万余份，开展法律咨询服务247场，接受咨询4.2万人次。

开展在线学法，组织国家工作人员学法在线考试，咸丰县共107个机关企事业单位、4331名国家公职人员参加了无纸化学法考试，参考率、合格率分别达98.8%、98.5%，参考人数同比增加34%。

开展“七五”普法中期验收工作和改革开放40年成果展。总结咸丰县司法行政工作40年来的风雨历程，从“一五”到“七五”，通过文字、图片和数据回眸历史，全方位向外界展示司法行政40年来对改革开放所做出的贡献。

【政府法制工作】 2018年县人民政府法制办共受理、办结合法性审查133件，受理应由县人民政府直接作出具体行政行为的案件6件，办结3件；行政复议案件12件，办结12件；行政诉讼案件11件，办结8件；完成近5年来有关产权保护等的规范性文件清理367份；完成近5年来有关军民融合规范性文件清理。

建设“两法衔接”平台。2018年共有26家单位接入“两法衔接”信息平台，接入公安机关（含森林公安）1家，接入检察机关1家。部门协同监管平台录入行政执法案件700件，咸丰县累计行政处罚案件1985件，涉案金额3223.36万元。建立案件评查制度，拟定《咸丰县行政执法案件评查制度》。

【社区矫正】 社区矫正工作在建成集网络监管、智能定位、规范操作为一体的社区矫正综合管理信息平台的基础上，升级为“咸丰县公共法律服务综合管理平台”，采取服务与管理实时监控、定位与抽查实时监管、个别走访与集中走访相结合、远程视频会见等工作模式，对社矫对象实行矫正管理。2018年，该综合管理平台迎接上级司法行政部门和信息化专家团队的多次考核调研。

2018年共计接收矫正人员144人，解矫139人，有在册矫正人员196人，其中缓刑181人，假释10人，暂予监外执行5人。接受全国各地司法机关审前社会调查委托函55份，开展调查形成评估意见书55份，采信率100%；共警告13人次，办理居住地变更3人，撤销缓刑3人。9月，咸丰县11个乡镇远程视频会见实现全覆盖并可办理预约，累计完成远程视频会见预约51人次。

2018年8月30日，朝阳寺镇司法所开展社区矫正集中整训活动（李 蕊 摄）

【普遍建立法律顾问制度】 咸丰县各乡镇（区）、村（社区）、县直部门、国有企业、非公经济组织均聘请法律顾问，实现全覆盖。2018年，法律顾问随领导下访128次，提供法律意见303条，接待上访群众540人次，办理各类案件771件，办理法律援助案件95件，解答法律咨询1615人次。举办律师及法律服务工作者职业道德、职业操守及意识形态培训2次，督促、激励、引导法律工作者认真履职尽责，推进“律师三进”活动，建立诚信档案，加大投诉查处力度。

【人民调解】 咸丰县共有各级人民调解组织292个，其中，乡镇调解委员会11个，村（居）调解委员会277个，县联合调解委员会1个，交通事故调解委员会1个，婚姻家庭调解委员会1个，家事审判调解委员会1个。专兼职人民调解员871人，其中，乡镇调解员171人，村（居）调解员697人，行业性专业性调解员3人。2018年，咸丰县各级民调组织共排查不稳定因素和各类矛盾纠纷2701件，调解成功2598件，调解成功率达96%，无民转刑、治安案件发生。12月3日，综治办、妇联、法院、公安局、民政局、司法局、财政局等部门联合下发《关于进一步加强和规范婚姻家庭纠纷人民调解工作的通知》，进一步深化婚姻家庭纠纷预防化解工作，加强和规范婚姻家庭纠纷人民调解组织建设。

【法律援助】 法律援助中心坚持应援则援，援则结果的原则实施法律援助，并对建档立卡贫困户开通“绿色通道”，优先受理、优先审批、优先指派。2018年，共办理法律援助案件382件，其他法律援助事项3805件。为受援当事人挽回经济损失1900万元，其中，为19户精准扶贫户、12户低保户和148户一般困难户提供法律援助。

【公证改革】 湖北省咸丰县公证处于2017年9月设立为公益二类事业单位，2018年10月通过全州事业单位招考，招录3名公证员。按照《恩施州司法局开展办理公证“最多跑一次”工作的方案》的要求，对申请办理“出生公证”等42

类公证事项，按要求一次性办结此类事项。完善公证事项证明材料清单制度，对证明事项所需材料进行清理和明确，减轻当事人证明负担。积极参与县重点项目建设，对县重点项目要求办理公证的事项，主动配合办理公证。8月底，湖北省咸丰县公证处率先在全州完成公证办证软件与司法部“公证行政管理和行业管理系统”的数据对接工作。2018年，公证处共受理公证事项820项，出具公证书806份，办理法律援助案件55件。自6月1日实行收费以来，共收取公证费用15万余元。

2018年11月5日，扫黑除恶业务培训

（李 树 摄）

【扫黑除恶宣传】 县司法局成立以局党组书记、局长为组长，局党组成员为副组长，各股室负责人、各司法所所长为成员的扫黑除恶专项工作领导小组。印发《咸丰县司法局扫黑除恶专项斗争工作方案》，将扫黑除恶宣传纳入“七五”普法宣传内容，纳入县直各行政事业单位和基层司法所年终目标考核的内容。下发《关于开展扫黑除恶专项斗争法治宣传教育活动的通知》，通过宣传展板、标语、横幅、二维码、LED等形式营造浓厚的扫黑除恶宣传氛围。各普法单位进机关、进社区、进扶贫村开展扫黑除恶专项法治宣传，共做展板80余块，宣传横幅200多条。各级媒体共采用司法局涉及扫黑除恶工作动态信息17篇。社矫局对辖区11个乡镇司法所的社区矫正及涉黑涉恶工作进行专项执法检查，对咸丰县范围内的所有社矫人员开展全面深入的摸排，并建立健全摸排台账。

（颜 雷）

军 事

人民武装

【概　况】 中国人民解放军咸丰县人武部，隶属恩施军分区和中共咸丰县委、县人民政府双重领导，内设军事、政治工作、保障3个科室，11个乡镇（区）设人民武装部，配人武部部长11名。2018年，县人武部紧紧围绕党在新时代的强军目标，积极适应新体制、履行新职能、担当新使命，圆满完成各项工作任务。

深入学习贯彻习近平新时代中国特色社会主义思想和党的十九大精神，开展“不忘初心、牢记使命”“传承红色基因、担当强军重任”主题教育，推进“两学一做”学习教育常态化制度化。坚持每天交班领学领读，组织干部职工学习《习近平论强军兴军》《习近平谈治国理政》《军委主席负责制学习读本》等必读书目，习主席关于备战打仗、破除和平积弊等重要论述，全面彻底排查和平积弊根源，制定完善纠治措施办法，坚决破除积弊。先后完成文职转改、涉军维稳、脱贫攻坚等重点工作任务。

【战备训练工作】 狠抓日常战备。修订完善各类战备方案计划，强化节假日和敏感期战备防护。加强指挥信息系统建设，投入资金购置应急通信系统前端和单兵动中通。6月下旬，修订人武部首长机关带民兵应急分队紧急出动和保障过境部队方案预案；7月上旬，组织首长机关带民兵应急分队实兵拉动演练，配齐120套个人携行运行物资。做好维护社会稳定工作，指导各乡镇（区）民兵应急排护村、护路、护校、护院，确保一方平安。做好抢险救灾，针对汛期指导各乡镇（区）民兵应急排进行防汛演练，提高民兵遂行任务的能力。7月4日，忠堡镇遭遇洪涝灾害，石门坎村50栋房屋被淹，600余人受灾，安置小区20余人被困。灾情发生后，人武部机关迅速出动人员赶赴受灾现场，同时集结忠堡镇民兵应急排25人和消防大队官兵一道抢险救灾，疏散村民，抢运物资，转移受困群众25人。

狠抓民兵整组。着眼全县民兵“十三五”调整改革任务，压缩民兵规模。根据任务需求，在县、乡、村三级组建应急力量，县编民兵应急连1个100人；11个乡镇（区）编建民兵应急排11个330人；21个重点村编建民兵应急班21个210人；组建专业分队5支：工程抢险分队1支96人，交通运输分队1支50人，保交护路分队3支150人。清坪、小村、忠堡3个乡镇武装部应急器材库改造升级；其他8个乡镇共补充防火、抗洪和防暴等应急器材300余件（套）。县人武部投入资金购置皮划艇、无人机、摄像机等应急救援装备。接受军分区民兵整组验收得到工作组好评，清坪镇整组工作被军分区通报表彰。

狠抓军事训练。2018年，部党委先后召开2次专题会议、7次党委会议安排部署军事训练有关工作。抓实民兵训练，按照《民兵军事训练大纲》，从难从严实抓训练。3月，组织一期7天的民兵应急连训练；4月，组织县民兵应急连和乡镇（区）武装部部长、副部长进行实弹射击训练。6月中下旬，集中组织8名民兵教练员开展军事理论和“四会”教学训练，参加军分区评比荣获二等奖，教员白青旭被评为“优秀四会教练员”。7月28日，组织11个乡镇（区）民兵实弹射击训练。10月选派军事科科长滕学平参加省军区群众性练兵大比武活动，被省军区评为“军事训练尖子”。11月，组织高乐山镇、忠堡镇、黄金洞乡3个乡镇的保交护路分队训练。抓实首长机关训练。依据《新大纲》开展人武部首长机关军事技能训练，努力提升机关组织指挥水平。坚持每天下午1小时的军事体能训练不动摇，部领导率先垂范，干部职工积极参与，组织3000米、俯卧撑、引体向上、仰卧起坐、30×2蛇形跑和军事理论等科目的训练学习，干部职工军事技能得到大大提高。年底，接受军分区年终军事训练考核总评成绩优秀。

【国防动员工作】 巩固国防动员基础，组织开展重难点问题研究、专项潜力统计调查、方案预案修订等基础性工作，初步形成以政府为主导的国防动员军地协调机制。扎实开展国防教育宣传月活动，结合学生军训，对县一中、县职校3000余名学生开展国防知识专题讲座；配合县委宣传部推荐一级战斗英雄田新民参加“荆楚最美国防人”评选活动。以“五率”（报名率、上站率、合格率、择优率、退兵率）量化考评为抓手，突出抓好兵役登记、征兵宣传、体检政审、廉洁征兵及役前训练等关键环节工作落实。保质保量完成征兵工作任务。

【安全稳定工作】 坚持把抓安全稳定作为严肃的政治任务和保底工程，以“十九大开局安全年创建活动”为抓手，注重抓好条令条例和军委国防动员部“六个规范性文件”“安全工作条例”等规章制度的学习、安全大检查、严控安全风险和“百日安全活动”等专项活动。定期分析安全形势，加大人车枪弹财密网营院的管控力度，确保人武部机关安全稳定和集中统一。配合地方有关部门妥善处置涉军信访问题3起。加强后勤保障工作，投入资金5万元为各科室配备专用密码柜，对集中文印室进行升级改造；投入资金8万元，改造战备器材库室、交接班室、预备役人员宿舍和学习室。

（谭　丰）

武警中队

【概　况】 武警咸丰中队组建于1983年，实行党中央和中央军委统一领导指挥体制。中队主要担负咸丰县看守所外围的警戒，同时担负处置突发事件，维护社会稳定，支援地方经济建设，保护人民生命和财产安全任务。建队以来，历届官兵时刻不忘军人本色，忠实履行职责使命，圆满完成党和人民赋予的各项任务，为驻地经济建设发展和社会稳定做出了突出贡献，受到各级表彰。1995年以来，连续13年被总队表彰为“基层建设标兵中队”，先后5次荣立集体二等功，9次荣立集体三等功。1997年，总队政治部，恩施州委、州政府，咸丰县委、县政府分别作出《向咸丰县中队学习的决定》，授予咸丰县中队“爱岗敬业模范中队”称号。同年被武警总部表彰为“学雷锋学英模先进集体”和“拥政爱民先进集体”。1999年12月被武警总部表彰为“基层建设标兵中队”。

2018年，武警中队坚决贯彻落实习近平主席系列决策指示，突出“抓经常打基础、强能力保中心、抓安全促稳定”，团结拼搏、开拓创新、狠抓落实，圆满完成以执勤、处突为中心的各项任务。

【按纲建队】 武警中队坚持以党的十九大和十九

届三中、四中、五中、六中全会精神为指导，坚决贯彻落实习主席系列决策指示和三级党委扩大会议总体部署，聚焦深入贯彻党的十九大精神这条主线，把握稳中求进这个总基调，抓住中队新营房建设这个机遇，坚持以《军队基层建设纲要》为依据，按照“以勤立业抓经常，以实为本打基础，以新创优厚内涵，以稳筑基保安全”的工作思路，发扬咸丰中队“四种精神”：以队为家爱队如家的敬业精神、脚踏实地真抓实干的求实精神、不等不靠自己动手的主动精神、抢前争先勇争一流的进取精神；蓄力厚植中队底蕴，狠抓经常性基础性工作落实，推动中队建设向更高层次发展。

【军事训练】 坚持按纲抓训、依法施训，严格按照军事训练“八落实”标准和新《大纲》要求，聚焦战斗力唯一根本标准，按“能打仗、打胜仗”的目标要求，重点抓好干部士官“四会”教练员训练，提高单兵体能技能训练，落实“以训强勤”要求，抓好情况处置、方案演练训练，提高官兵遂行任务能力。一是抓好单兵训练。积极开展大练兵活动，加强木马1—3练习、器械1—5练习训练，提高技能实战性训练，突出抓好擒敌训练，增加散打、搏击训练，培养官兵血性虎气；落实“以训强勤”要求，结合勤务特点，加强对情况处置的研究，突出技、战术训练。二是抓好干部士官教学能力。以争当“优秀四会教练员”为目标，抓好干部、士官的示教、示范作业，坚持干部跟班作业，以干部骨干“三能四会”组训施教能力的提高，推动部队训练水平的提高。三是抓好训练制度落实。落实训练讲评和达标考核登记制度，抓好基础体能、周会操、定期考核、实施奖惩等制度，运用多种激励和教育手段，积极做好训练中政治工作和保障工作，激发官兵训练热情，叫响“训练有功”，每月组织“三手”评比和军事训练会操，为班级颁发流动红旗，为个人颁发奖状并发放奖品；建立中队“纪录墙”，充分发挥训练尖子的榜样效能，鼓励官兵争当训练尖子，踊跃参加训练。四是抓好训练安全保障。坚持每月进行训练安全风险评估，严格落实干部跟班作业制度，强化安全意识。逐步规范中队训练秩序，强化以管促训理念，以规范求安全。

【警民共建】 2018年，中队与县公安局、民政局、人民医院、中医医院、文体局、电力公司、福利院、民族中学等单位开展共建活动，通过警民联欢晚会、警营生活体验、捐资助学等活动，展示武警部队风采，丰富部队和人民群众的文化生活，进一步密切警政警民关系，用实际行动来诠释“警民鱼水情深”的丰富内涵。

【后勤保障】 咸丰县地方政府财政预算经费保障官兵生活水平，推进新营房建设。在财务管理上，中队坚持党支部集体理财、双主官联审联签、财务公开等制度；在营房物资管理上，认真落实计价挂账，“三分四定”和谁使用谁负责制度。搞好伙食调节，定期安排人员到市场做好调查，合理调剂伙食，严格参照标准，科学制定食谱，保障官兵身体健康。

（李松涛）

经济管理

发展和改革工作

【概　况】 咸丰县发展和改革局是县政府综合经济管理部门。内设办公室、固定资产投资股、区域经济股、社会发展股、工业交通能源环境资源股、物价局办公室、价格管理股、收费管理股；内辖专属机构2个（县重点项目建设领导小组办公室、县推进鄂西生态文化旅游圈建设领导小组办公室）；部门管理的行政机构1个（咸丰县价格监督检查分局，加挂“咸丰县成本调查监审分局”，由物价局直接管理）；隶属管理的事业单位4个（县铁路建设委员会办公室、县投资管理服务中心、县节能监察监测中心、县价格认证中心）。2018年末在职职工41人，退休职工24人。

2018年，全县围绕“五个咸丰”战略，基本完成年初下达的各项目标任务。全县实现地区生产总值现生产总值86.93亿元，增长7%；规模以上工业增加值增速6.7%；固定资产投资增长15%；完成地方财政总收入7.77亿元，增长3.3%；地方公共财政收入4.34亿元，增长1.3%；自营出口255万美元，增长10%；利用外资688万美元，增长10%；社会消费品零售总额同比增长12%；城镇常住居民人均可支配收入26999元，增长8%；农村常住居民人均可支配收入10375元，增长9.5%；建筑业总产值增长16%；金融机构人民币存款余额119.9亿元，增长10%；金融机构人民币贷款余额71.7亿元，增长25%。

加强项目审批服务。优化营商环境，出台《关于进一步优化政府投资项目审批服务的意见》，压缩审批时限、明确审批流程、理清审批清单。2018年，共办结项目审批事项389个，所有项目审批、备案均在法定时限内完成。加强环境能源工作，狠抓环保督察反馈问题整改，积极推进清洁能源产业集群建设，严格治理燃煤锅炉，积极推进天然气镇镇通工程。加强社会信用体系建设，配置完成45个县级行业部门平台管理员账号，梳理行政权力事项4104项，设立信用查询窗口，全县累计归集信息总数259595条。推进供给侧结构性改革、“放管服”改革、项目推进工作机制改革等改革工作，充分释放改革活力。

【固定资产投资】 全年共谋划重点项目199个，开复工重点项目163个，全县固定资产投资同比增长12%，居全州第四位。

【易地扶贫搬迁】 全县实施易地扶贫搬迁总规模6715户22706人，累计完成交钥匙6715户22706人，拆旧3755户（无房户696户），复垦143.33公顷。全州易地扶贫搬迁现场会在县召开，咸丰县易地扶贫搬迁工作经验引起省委办公厅领导重视。

【“厕所革命”】 牵头推进“厕所革命”。全年完成建改农户无害化厕所13192户、农村公厕完成建改82座、其他类别公厕完成建改35座，超额

2018 年 7 月 17 日，县发改局到唐崖镇忠塘村督办农村厕所建改情况　　　　　　　　（档案馆　供图）

完成年度目标任务。

【价费政策管理】 2018 年严格执行国家省州价费政策，做好农副产品、水电气、医疗药品、行政事业收费和经营服务收费动态管理工作。根据国家、省、州价费政策规定，适时调整相应价格。

【价格监督检查】 做好重大节假日市场价格巡查和日常的各种专项检查。

节假日市场价格巡查。元旦、春节期间，共出动检查人员 20 余人次，发放宣传资料和提醒告诫函 100 余份，检查大中型零售商业企业 26 家，交通运输企业 5 家、旅游景区 3 家、综合农贸市场 1 家。中秋、国庆前夕，组成工作专班重点对全县景区、大型综合超市、宾馆酒店、相对封闭区域、机动车停车场等场所的价格行为开展巡查检查，监督执行明码标价和机动车 30 分钟内免费停车的规定。并对相关经营者进行提醒告诫，发送提醒告诫函 30 余份。

价格专项检查。2018 年 5 月重点对县境内坪坝营、唐崖土司城址、黄金洞 3 个旅游景区的门票价格及明码标价执行情况进行检查。联合工商、公安、食药等部门开展保健品市场专项整治工作，在县食品药品安全委员会的统一安排部署下，重拳出击，与县直其他执法部门联合开展保健品市场专项整治工作，此次整治保健品相关经营场所 11 家，通过专项整治，并结合价格管理权限，要求各经营场所必须做到明码标价，让消费者明白消费。6 月开展涉农收费专项检查工作。按“双随机一公开”原则抽查涉农收费单位 3 个，专项检查组对 3 个单位 2017 年以来的收费情况进行检查，经查各单位都能严格执行各项收费政策规定，没有发现提高收费标准、自立项目收费等价格违法行为。7 月开展供水、供气、供暖、电信领域价格专项检查。组织专班对全县 2 家供水企业、2 家供气企业、3 家电信企业进行专项检查。通过采取告知、提醒告诫、约谈、检查等形式，告知企业必须严格执行国家的相关价格政策。开展殡葬服务收费专项检查及旅游市场价格秩序专项整治。5—8 月开展电力非直抄用户用电价格专项清理检查工作。按照省、州物价工作的安排，我局联合电力部门，对县城的所有电力非直抄用户进行全面清理整治。共清理转供主体和转供用户 14 户，发送提醒告诫函 14 份，其中：居民转供用户 4 户，一般工商业转供主体 10 户。通过清理检查发现没有执行目录电价政策的转供主体 8 户，对没有执行目录电价政策的转供主体下发责令整改通知书，要求立即整改，严格执行目录电价。9 月开展民办幼儿园收费专项检查，联合县教育局组成工作专班对县直及乡镇部分民办幼儿园 2018 年秋季学期的收费情况进行抽查检查，此次抽查检查民办幼儿园 7 家，通过检查发现有的幼儿园对收费政策规定中的“新生新办法、老生老办法”的规定仍有执行不到位的情况，对检查中发现的问题，要求相关幼儿园立即整改到位，并严格按照《湖北省幼儿园收费管理实施细则》执行收费。10 月开展商品房销售价格行为专项检查。按“双随机一公开”原则抽取商品房销售企业 6 家，通过检查，没有发现不执行明码标价规定的价格违法行为。11 月开展涉企收费专项检查。

【价格认证】 按照《价格认定规定》《价格认定行为规范》的工作程序和工作要求，全年依法完成刑事、行政案件等价格认定案件共计 44 件，价格认定标的总额97.7万元。

【价格举报】 按照《价格违法行为举报规定》和各级价格主管部门的要求，做好此项工作，一是做好举报电话的值守，确保四级联网的举报平台畅通，二是及时分析投诉举报的内容，抓紧受理、检查、处理、反馈、归档等各个环节，确保群众投诉举报的问题件件有回复，并努力做到件件满意。2018年全年办理价格投诉举报4件，咨询1件，投诉3件，退还消费者多收价款15元，均已办结，办结率100%。

【农产品成本调查】 按照湖北省物价局成本调查监审分局的工作部署，开展对烤烟、生猪成本直报调查和玉米、烤烟、生猪生产成本常规调查任务，以及农户种植意向、农户农资购买、烤烟成本预测、烤烟种植户补贴情况等专项调查工作，为上级物价部门科学制定、调整价格政策提供基础数据。2018年物价统计情况见表5至表10。

（陈　缇、杨红艳）

2018年农户购买农资调查表（专项调查）

表5

单位：千克、元

项目	上年度		本年度			
			全年预计购买		1—4月已经购买	
	购买数量	支出金额	购买数量	支出金额	购买数量	支出金额
一、化肥	1082.80	2619.93	1120.24	2756.29	842.74	2082.12
氮肥	115.50	168.65	125.94	207.03	92.18	144.01
1. 尿素	59.83	118.11	65.19	140.44	47.98	102.63
2. 碳铵	55.67	50.54	60.74	66.60	44.20	41.38
磷肥	361.72	285.16	383.87	315.70	284.54	230.39
钾肥	192.54	708.21	179.90	681.90	144.28	545.60
复合肥	413.02	1457.92	430.54	1551.65	321.74	1162.12
二、农药	4.57	298.04	4.92	329.54	2.38	158.44
三、农膜	38.29	555.73	36.13	524.31	33.29	482.77
四、种子	5.88	351.53	6.08	381.64	5.67	353.13
五、农用柴油	16.84	115.53	17.77	133.69	11.65	87.31
合计	1148.36	3940.77	1185.15	4125.48	895.73	3163.77

2018年烤烟成本构成及变化情况表（常规调查）

表6

单位：元/亩

项目		成本		当年较上年（%）
		2018年	2017年	
总成本合计		3465.58	3035.52	14.17
一、物质与服务费用		1267.80	1135.83	11.62
（一）直接费用		1163.47	1059.66	9.80
其中	种子费	65.56	55.00	19.20
	化肥费	455.10	438.67	3.75
	农家肥费	89.39	62.33	43.41
	农药费	56.64	54.80	3.36
	农膜费	49.25	49.27	-0.04
	租赁作业费	97.58	108.64	-10.18
	燃料动力费	313.44	259.07	20.99
（二）间接费用		104.33	76.17	36.97
二、人工成本		1815.51	1609.64	12.98
（一）家庭用工折价		1056.00	1201.20	-12.09

续表 6

项目	成本		当年较上年（%）
	2018 年	2017 年	
1. 用工天数	16.00	20.02	-20.08
2. 劳动日工价	66.00	60.00	10.00
（二）雇工费用	762.51	408.44	86.69
1. 雇工天数	9.72	5.29	83.74
2. 雇工工价	78.44	77.21	1.60
三、土地成本	379.27	290.05	30.76
1. 流转地租金	151.71	63.81	137.75
2. 自营地折租	227.56	226.24	0.85

2018 年种植业成本、收益比较表（常规调查）

表 7

项目	单位	烤烟	玉米
一、主产品产量	千克 / 亩	117.30	392.80
二、主产品产值	元 / 亩	3645.79	822.80
三、总成本	元 / 亩	3465.58	1348.89
（一）生产成本	元 / 亩	3086.31	1181.99
1. 物质与服务费用	元 / 亩	1267.80	432.23
2. 人工成本	元 / 亩	1818.51	749.76
家庭用工折价	元 / 亩	1056.00	749.76
雇工费用	元 / 亩	762.51	0
（二）土地成本	元 / 亩	379.27	166.90
1. 流转地租金	元 / 亩	151.71	0.00
2. 自营地折租	元 / 亩	227.56	166.90
四、净利润	元 / 亩	180.21	-516.37
五、现金成本	元 / 亩	2182.02	432.23
六、现金收益	元 / 亩	1463.77	400.29

2018 年生猪成本收益比较表（常规调查）

表 8

项目		单位	平均	散养户	小规模户	中规模户	大规模户
一、主产品产量		千克 / 头	125.7	126.1	126.2	125.53	125.10
二、产值合计		元	1718.66	1765.25	1712.17	1678.36	1718.86
三、总成本		元	1783.66	1938.78	1847.47	1718.31	1630.06
四、净利润		元	-65.00	-173.53	-135.30	-39.95	88.80
五、成本利润率		%	-3.29	-8.95	-7.32	-2.32	5.45
六、耗粮数量		千克	257.49	320.97	245.89	234.88	228.23
附	用工数量	日	3.21	5.47	3.65	2.44	1.29
	平均饲养天数	日	154.29	184.67	152.50	144.00	136.00

2018 年农户种植意向调查表（专项调查）

表 9

单位：亩

调查品种	上年实际播种面积	本年预计播种面积	增减数量	增减（%）
合计	20.96	21.25	0.29	1.36
1. 中籼稻	0.79	0.83	0.04	5.06
2. 玉米	4.63	4.70	0.06	1.29

续表 9

调查品种	上年实际播种面积	本年预计播种面积	增减数量	增减（%）
3. 大豆	0.32	0.33	0.01	3.13
4. 薯类	2.76	2.85	0.09	3.26
5. 花生	0.10	0.10	0	0
6. 油菜籽	0.35	0.35	0	0
7. 烤烟	8.55	8.55	0	0
8. 蔬菜、瓜果	0.53	0.54	0.02	2.86
9. 其他农作物	2.92	3.00	0.07	2.39

2018 年烟叶种植户补贴情况表（常规汇总）

表 10

项目	烟草公司补助数量	市场价格	按市场价应付金额	实际补贴金额	平均每亩补贴金额
	千克 / 户	元 / 千克	元 / 户	元 / 户	元 / 亩
一、种子	27.66	75.00	2040.00	241.81	8.89
二、化肥	2064.5	2.16	4459.32	2314.18	85.08
三、技术服务	—	—	—	156.94	5.77
四、固定资产	—	—	—	147.70	5.43
五、保险	—	—	—	970.77	35.69
五、其他生产支出	—	—	—	12088.77	444.44
六、从政府或其他部门得到的实际补贴	—	—	—	2547.55	93.66
七、烟农得到的补贴	—	—	—	18467.72	678.96

财　政

【概　况】 咸丰县财政局为县政府工作部门，加挂咸丰县人民政府国有资产监督管理局、咸丰县农村综合配套改革领导小组办公室、咸丰县政府性债务管理领导小组办公室牌子，内设办公室（统计股）、人事监察股、法规税政综合股（行政审批股）、金融股（咸丰县道路交通事故社会救助基金管理中心）、行政事业单位资产管理股（国有资产监督管理股、咸丰县国有企业监事会管理办公室）、企业股（商贸股）、预算股、国库股、社会保障股、经济建设股、行政政法股、教科文股、农业股、政府采购管理股。隶属管理事业单位 9 个，其中：全额拨款参照公务员管理副科级事业单位 6 个：咸丰县农村财政管理局、咸丰县非税收入管理局、咸丰县农业综合开发办公室、咸丰县政府采购办公室、咸丰县会计事务管理局、咸丰县财政监督局；全额拨款参照公务员管理不定级事业单位 1 个：咸丰县国库集中收付管理局；全额拨款事业单位 2 个：咸丰县行政事业单位国有资产管理办公室、咸丰县政府和社会资本合作（PPP）中心。派出 11 个财政所：高乐山、清坪、坪坝营、忠堡、朝阳寺、唐崖、活龙坪、小村、黄金洞、曲江、大路坝。

2018 年末全县财政系统在职职工 216 名，县财政局在职职工 89 名，各财政所在职职工 127 名。行政编制 8 名、行政机关工勤人员编制 1 名、参照公务员管理事业编制人员 46 名、事业编制人员 23 人。

2018 年完成地方财政总收入 78580 万元，比上年增加 2703 万元，增长 3.6%，其中税收收入实现 68897 万元，占地方财政总收入的 87.68%，增长 6.35%。地方一般公共预算收入完成 46142 万元，比上年增加 3735 万元，增长 8.8%，其中税收收入 36458 万元，占公共财政预算收入的 79.01%，比上年 31315 万元增长了 16.4%。财政总支出 391538 万元，一般公共预算支出完成 357229 万元，比上年增加 61109 万元，完成年初预算 180139 万元的 198%。其中，民生支出 320244 万元，同比增加 55850 万元，占一般公共预算支出的 89.65%；八项支出完成 200207 万元，同比增加 13283 万元，占一般公共预算支出的 56.04%。

【政府性基金预算收支】 政府性基金预算收入 21039 万元，完成年初预算 30890 万元的 68.11%，同比减少 10262 万元，下降 32.78%。政府性基金预算支出 11566 万元，比上年同期减少 41713 万元，下降 78.29%。

【社会保险基金收支】 社会保险基金收入 97684 万元，完成年初预算 48708 万元的 201%，同比减少 5573 万元，下降 5.4%。社会保险基金支出 95616 万元，完成年初预算 88559 万元的 108%，同比减少 18109 万元，下降 15.92%。

【财政保障】 落实各项财政政策，基本实现保工资、保运转、保民生、保发展的目标。加大扶贫资金投入力度，全年财政专项扶贫资金 2.13 亿元，拨付 1.95 亿元，统筹整合财政扶贫资金 6.59 亿元，拨付 4.57 亿元，累计拨付“易迁”资金 5.1 亿元，为全县脱贫攻坚提供坚强的资金保障。压缩“三公”经费，加大民生投入力度，用于教育、文化体育与传媒、社会保障与就业、医疗卫生、节能环保、农林水事务、住房保障等民生支出 20.7 亿元，占一般公共预算支出的比例高达 87.01%。

【财政改革】 坚持把深化财政改革作为推动各项工作的主抓手，统筹推进各项财政改革事项。一是稳步推进国库集中支付电子化管理改革项目，涉及授权支付、直接支付、清算、实拨、账户系统 5 个部分，2018 年实现全县 173 家预算单位授权支付、直接支付电子化，6 家代理银行的清算、实拨业务全部上线电子化。二是实施公务卡改革，进一步规范财政财务管理，减少行政事业单位现金流量与现金风险，提高公务支出透明度，2018 年初印发《公务卡结算方式实施方案和管理办法》，并以县财政局作为试点，在全县行政事业单位全面推行，8 月 1 日起正式启用。2018 年末，应发卡 6325 张，已发放到人 4643 张，办理发放中 1397 张。三是全面推进供给侧结构性改革，研究落实降低企业成本具体措施，切实减轻企业负担，支持实体经济持续健康发展。全面落实“营改增”政策、减税降费政策，实施“稳岗补贴”、调整公积金缴存比例，建立企业问题受理机制、园区企业对口帮扶机制等措施，确保降低企业成本政策落到实处。深化“放管服”改革，完善行政权力清单，规范涉企收费行为，严格实行涉企收费清单管理，2018 年实现涉企收费收入 2385.39 万元。四是国有资产管理体制及国有企业改革逐步深化。对全县行政事业单位经营性国有资产进行全面清理、登记、移交，锁定 424 宗中的 358 宗产权明晰、产权可分割的行政事业单位经营性国有资产经评估后以资本金注入县国投公司，做大做强县国投公司。制定《咸丰县行政事业单位国有资产配置、使用、处置管理办法》，加大行政事业单位国有资产检查力度，强化国有资产监管力度，规范全县行政事业单位经营性国有资产管理工作。五是组织实施重点绩效评价工作，组织开展全县预算绩效管理业务培训，通过公开招标方式聘请第三方机构对全县统筹安排用于精准扶贫的资金进行重点绩效评价。评价总金额 47374 万元，涉及村级精准扶贫、重点贫困村农村饮水安全工程、易地扶贫搬迁、新农合扶贫资金、全面薄改和大班额化解和茶树良种无性繁殖育苗基地六大类项目 137 个子项目，涵盖产业、易地搬迁、教育、健康、“新农合”、生态、旅游和基础设施等各个方面。组建咸丰县预算绩效管理专家库，推进开展财政预算绩效管理工作。按照财政部的打捆要求整理好资金项目清单，完成2018年所有财政扶贫专项资金在扶贫资金动态监控系统中的绩效目标补录工作。六是推进国有企业“三供一业”分离移交，以市场化运营、社会化服务、专业化管理为方向，正确处理企业、市场和政府的关系，支持企业“瘦身健体”，提高国有企业职工家属区水、电、气、物业管理及社区服务等保障水平、运营效率和服务质量，优化企业发展环境，更好发挥国有企业对地方经济社会的带动和促进作用。2018年，咸丰县共有6家企业333户完成“三供一业”分离移交工作。

【财政资金安全管理】 严格执行《咸丰县财政资金管理办法》，采用抽查和实地核查的方式，对各单位资金支付的人员岗位设置、印鉴管理及支付凭证管理等开展财政资金安全检查，确保资金支付的安全。加强和规范乡镇财政财务管理。完善村级财务管理制度，规范报账程序、限定核报时间，统一记账方式。同时分层次对乡镇财政所三资管理人员、村级主要负责人、村报账员进行业务培训。强化农村“三资”管理，落实财政支农惠农政策，加强乡镇财政资金监管体系、整体推进服务型财政所建设，全面规范乡镇财政财务管理，提升乡镇财政服务能力，推动乡镇财政依法理财。加强对外借款管理。严格执行《咸丰县财政资金对外借款管理办法》，规范财政对外借款管理，控制财政借款规模，保障国库存款正常运转，严格财政借款管理。

强化财政监督，全面提高财政资金管理水平。统筹开展2018年预算公开情况检查、“三公”经费管理情况专项检查、财务票据规范化大检查、会计监督检查、财政票据管理和使用情况检查、内控报告真实性核查、部门决算真实性核查、单位资产管理情况检查、财政资金安全检查等9项专项检查，覆盖全县120个单位（含11个乡镇区），自查面达到100%，督促做好问题整改落实和问题“回头看”工作，整改率达100%；实施“双随机一公开”监管，进一步完善“一单、两库、一细则”，合理确定和调整抽查事项、抽查比例、抽查频次等，建立“双公示”台账，完成“双随机一公开”监管平台系统录入工作，2018年共随机抽查事项6项；对全县2016—2017年乡镇精准扶贫项目资金管理使用情况进行全面检查，检查覆盖59个行政村，89个扶贫资金项目，涉及财政扶贫资金4912.92万元；开展财政性资金综合检查，组织专班对置换（新增）债券资金、革命老区资金、上级及本级部分专项资金使用管理情况进行了专项检查。共涵盖61个行政事业单位〔含乡（镇、区）〕，涉及财政资金11.64亿元。

【精准扶贫】 履行行业职责，全力保障脱贫攻坚资金需求。一是全力统筹财政资金。根据国务院文件精神及全省脱贫攻坚的总体要求，2018年实际统筹整合财政资金安排到项目5.9亿元，累计完成拨付4.41亿元，拨付率74.7%，结余资金1.49亿元。二是全力加快预算执行。切实加快项目实施和资金拨付进度，减少存量，确保扶贫资金效益及时发挥。三是全力加强资金监管。以扶贫资金和本级财政安排的项目资金为重点，以省州县审计发现的问题为突破口，加强对项目资金使用单位的监督检查，强化预算绩效管理。

（谭　艳）

税　务

【概　况】 国家税务总局咸丰县税务局（简称：咸丰县税务局，下同），由原咸丰县国家税务局、原咸丰县地方税务局于2018年7月20日合并挂牌成立。内设办公室、纪检组、法制、税政（一）、税政（二）、社会保险费和非税收入、收入核算、征收管理、纳税服务、风险管理、财务管理、人事教育、党建工作股；下辖税务局分局7个：第一税务分局、第二税务分局、高乐山税务分局、唐崖税务分局、曲江税务分局、朝阳寺税务分局、清坪税务分局；事业单位1个（信息中心），共有在职在编干部职工177人。在职干部中本科以上学历135人，专科学历42人。全局管辖纳税户7065户，其中一般纳税人551户，小规模纳税企业1149户，个体工商户5321户，其他纳税人44户。重点税源为水电、烟叶、卷烟销售、煤炭、非煤矿山等。

【机构改革】 全力做好税务机构改革工作，高效完成办公地点确定、综合部门整合、联合党委组建、牌匾印章制作和系统网站更新等一系列筹备工作，咸丰县税务局于7月20日顺利挂牌。落实“三定”规定，严格按照县纪委对于改革期间纪律的重要批示，开展改革期间例行谈话提醒，扎紧纪律的准绳。10月25日宣布人员岗位安排，全局干部职工在规定时间内到岗到位正常办公。全面推动征管职责划转重头戏。建立与相关职能部门的对接联络机制，开展全县社会保险费和非税收入摸底调查。积极推进个人所得税改革、环境保护税改革等工作。

【税费收入】 2018年，县税务系统强化税收征管和风险管理，严肃收入纪律。全年共完成税费收入107286万元，占全年计划数105.21%，同比增长12.43%，增收11863万元，其中：完成税收收入72164万元，社保费收入32960万元，其他收入完成2162万元。累计完成地方公共财政收入38219万元，占全年计划数的109.76%，增收5354万元。全面落实小微企业所得税、增值税等优惠政策，全年共减免税7958万元。全面落实研发费加计扣除优惠，落实传统产业改造升级过程中税收优惠政策，政策落实面达到100%。加强信息化建设，对税收数据进行风险预测、提前预警，及时研判各项改革和征管措施对收入的影响，重点开展行业风险分析和大企业、高收入高净值纳税人风险评估，防范税收流失。规范影视行业税收管理，扎实开展对影视行业、砂石行业企业的风险应对工作。全年通过风险应对，查补税款546万元。

【转变征管方式】 转变税收征管方式，施行“征收+管理+风控+行政复议”征管新格局，在日常管理中突出风控的事后管理职能；积极探索自然人税收新体系，实现由通过扣缴义务人间接管户向直接管理扣缴义务人和自然人的“管户+管人+管事”的转变；践行“执法+服务=遵从”新理念，实现“最多跑一次”或者“一次不用跑”。在全省统一征管方式座谈会上，咸丰的征管改革模式得到省局领导的充分肯定。

【税源管理】 加强税源税种管理。按照统一税收征管方式，分行业进行专业化管理的模式，我们落实房地产交易税收服务和管理指引，推动存量房交易申报计税价格调整工作。对耕地占用税、契税、土地增值税、城镇土地使用税、房产税管理，财产行为税重点税种管理力度进一步加大。加强与发改、国土、交通等单位的部门协作，掌握税源情况，强化县域重点工程项目以及房地产业税收征管。

【优化税收环境】 深化“放管服”改革。整合实体办税服务厅，加快前后台业务融合，顺利实现“一窗通办”。针对纳税人反映强烈的办税“堵点、难点、痛点”等突出问题进行专项整治，进一步减少办税次数、压缩办税时间、精简办税资料、降低税收负担；全面落实省局优化营商环境40条举措，组建应急处理团队、“非接触式”服务团队，为纳税人网上办税提供全方位的教学，有效提升纳税人办税效率。全年举办纳税人培训8期，参学980余人次。推动“互联网+政务服务”。全面落实省州局关于电子税务局推行各项工作要求，组建运维团队，强化对辅导人员和运维人员的培训工作，确保熟练操作。积极宣传和引导纳税人在电子税务局办理涉税业务，导税团队对纳税人预审分流，积极创造条件引导纳税人在电子税务局办理。县局2018年电子税务局推广运用率达62.3%，位居全州第二。营造良好税收氛围。合理充分运用纳税人学堂、办税大厅显示屏、微信公众号、短信、税企QQ群、网上自助办税服务厅、自助办税设备、委托“邮政”代开等平台，广泛开展税收宣传和辅导，实现以网上办税为主、自助办税为辅、实体办税为补的工作思路，方便纳税人办理涉税事项。

【机关队伍建设】 抓实抓细绩效管理，围绕指标落地、步步为营，整合下半年考评共性指标13条、个性指标81条，顺利完成新版考评方案中21个部门及分局的指标定责与划分；严格执行数字人事相关要求，定期对干部职工工作纪实、自拟任务情况进行通报整改，强化结果运用，促进干部自我提升。制度建设方面；狠抓制度建设和落实，以制度管人管事管权，修改出台党委议事规则、行政工作规则以及16项工作制度。

2018年12月26日，湖北省税务局党委书记胡立升（前右二）到楚焱工贸有限责任公司调研

（档案馆　供图）

坚持以人为本，推行“1234”思想政治模式。将队伍建设与组织生活、机构改革、教育培训相结合，进一步提高全局干部工作水平，促进团队建设与队伍融合。截至目前，共组织、参与相关培训112场，其中：参与上级组织培训47场，县局组织专项培训15场，组织全员“夜学”50余次。

（龚建华）

审　计

【概　况】 咸丰县审计局为县政府工作部门。2018年3月县编委调整核定设立办公室、综合法规与计算机信息股、财政与经贸外资审计股、行政事业与社会保障审计股、农业与资源环保审计股。县经济责任审计局为县审计局副科级专设机构。咸丰县政府投资项目审计中心为县审计局隶属管理的全额拨款事业单位。2018年县审计局行政编制14人，工勤编制1名，全额拨款事业编制5名。在职干部职工17人，退休干部12人。

2018年，共接受上级审计机关和县委、县人民政府安排的工作任务103项，其中：法定项目2项，省州审计项目6项，政府指令性审计任务8项，工程投资审计工作任务87项。查出违规及管理不规范金额105829万元，发现非金额计量问题84个，审计促进整改落实有关问题资金9379万元，节约工程资金1183.28万元。移送案件线索2件，审计提出建议被采纳79条，出台制度办法23项。配合完成各级临时交办的中心工作任务等34项。

【财政预算执行审计】 坚持“财政审计大格局”思路，除对县财政部门组织本级预算执行情况、地方税收执行情况进行审计外，注重向预算编制、政策执行、效益情况延伸，积极运用大数据对比分析等审计技术手段，对全县165个预算单位“三公”经费、会议费、培训费等支出情况进行数据分析，抽查核实面达50%以上。与经济责任审计、扶贫专项审计、民生资金审计等多行业审计同步推进，主次结合，重点抽查，成果共享，并对2017年预算执行审计中发现问题的整改情况进行跟踪检查。

【投资项目审计】 积极探索新的政府投资审计管理模式，采用全州首例跨省抽取专家评标方式，从43家投标机构中择优选出15家社会中介机构，建成县政府投资审计社会中介机构库。修订完善多项管理制度，两次开展集中廉政谈话，强化投资审计质量管理，组织社会中介机构开展政府投资项目审计87个，累计送审金额36440.15万元，其中审计完结56个，审减金额1183.28万元，综合审减率5.18%。

【经济责任审计】 根据县委组织部委托，全年完成6个单位8名党政主要负责人经济责任审计和1个乡镇自然资源资产审计，查出违规金额3615万元，管理不规范金额15758万元，提出整改意见和建议29条。移送线索2起，纪检监察机关立案6起，涉案人员6人。自然资源审计对16个部门单位、林场、自然保护区和23个村的56处现场进行实地踏勘，发现各类问题17个，县森林公安局立案9起，涉案14人，督促乡直16个部门开展整改工作。

【专项资金审计】 以保障和改善民生作为重要着力点，实施开展2017年度保障性安居工程跟踪审计、2016年至2017年度易地扶贫搬迁专项资金、扶贫资金、唐崖土司城遗址保护工程（二期、三期）建设资金管理情况、重大政策落实跟踪等审计项目，揭示资金管理、政策执行等方面存在的问题，为县委、县政府及其有关部门完善政策、加强管理提供参考。

【大数据审计】 以推进审计全覆盖为目的，在财政预算执行、扶贫、经济责任等审计中充分运用大数据审计手段开展效益分析和关联对比，快速锁定和发现疑点线索近万条。注重基础数据采集工作，全年4次对财政数据、专项审计数据、全省民生资金审计数据进行标准化采集，涉及数据提供单位和部门20余个，通过上下贯通、横向互联的审计数据收集，向省厅报送数据容量达到30G。

【审计整改与问责】 首次实行审计问题整改政府交办制，把审计整改从部门层面上升为政府工作层面去推动，由县政府办公室召开交办会，分管县领导带队，县监察委员会、县政府办、县审计局派员参加，实行现场交办，限期整改审计发现的问题，对达不到整改要求的移交县监察委进行问责，整改落实率大大提升。《湖北日报》3次刊登整改成效经验，省审计厅对咸丰县自然资源资产审计整改情况的成效给予高度肯定。

（覃琼芳）

统计工作

【概　况】 2018年咸丰县统计局内设办公室、综合股、企业股、农业股。机关编制10人，实有7人。隶属管理的事业单位：咸丰县企业经济调查队（参公）编制9人，实有人员8人；咸丰县普查中心编制4人，实有人员4人，其中：实有全额拨款事业编制3名，自收自支1名；咸丰县政府统计信息网站编制1名，实有人员1人。湖北省统计局咸丰经济社会调查队编制4名，实有人员3人。以上单位合署办公，年末实有人员23人。

2018年县统计局围绕“五个咸丰”建设，以深化统计体制改革，提高统计数据质量为核心，科学组织实施年报、定期报表工作和各项统计调查任务。全面完成各项工作任务。

【咸丰县第四次全国经济普查工作】 做好第四次全国经济普查工作，一是加强组织领导，成立咸丰县第四次全国经济普查领导小组，领导小组下设办公室，明确工作职责和任务目标。二是加强宣传工作，印制2000份宣传手册，350余份宣传海报，3万余份单位清查告知书，200余条横幅，5块大型公益广告，咸丰电视台滚动播放经济普查宣传标语、视频，出动流动宣传车30余台次在各乡镇流动宣传，为经济普查工作营造良好氛围。三是强化业务培训，县经普办于12月集中开展宣传动员和经济普查业务培训，为2019年1月1日正式入户普查登记做好各项准备工作。四是落实经济普查经费143.2万元，分别纳入2018年和2019年财政预算，为经济普查提供保障。五是督查指导，确保单位清查数据质量。县经普办组织3个工作专班深入各乡镇（区）开展督查指导工作，了解乡镇（区）单位清查工作开展情况，督促清查进度。六是全力推进，全面开展单位清查、普查工作。全县共划分318个普查小区，完成单位清查比对系统6223户法人单位及产业活动单位部门数据库对比、排重、合并工作，所有单位的清查全部完成上报、审核及编码工作。

【统计基层基础规范化建设】 加强企业、乡镇、村统计规范化建设工作，实施“四上”企业统计基层基础工作规范化建设标准，强化服务指导和检查工作，加强对企业统计人员的业务指导和培训，2018年全县新进规入统企业38家（工业4家、建筑业4家、商贸业10家、服务业1家、投资业19家）。县统计局拟稿出台《关于支持个体工商户转型升级为企业和新纳入“四上”企业的通知》，落实全县“四上”企业统计人员岗位补助。以“乡镇（区）统计基础工作规范化建设标准”和“村级统计基础工作规范化建设标准”为基本建设标准，落实硬件，抓实软件，夯实统计基层基础。重点突出统计网格化推广扩面。

【数据质量管控】 开展执法检查，参与州统计局执法局开展统计执法，共检查5家规模以上工业企业，加强“双随机一公开”工作，加强诚信企业创建工作，检查督促企业真实、客观填报统计数据，加强对企业上报数据的监控和核查，对全县的统计数据和专业数据进行评审，确保数据上下衔接、左右匹配。加强统计业务知识培训，开展直报企业统计人员、乡镇（区）统计人员、行政事业单位统计人员业务培训共300多人次。

【统计服务】 及时监测、分析全县经济运行情况，做好数据解读和统计分析，按月收集、整理、公布目标完成进度情况。参与政府工作报告和全面建成小康社会统计监测指标体系工作。为全县经济工作会和经济形势分析会提供统计分析材料20次，并作为会议交流资料印发，充分发挥统计职能作用，开展统计监测分析，为党委、政府当好参谋。全局发布统计信息227篇，其中省局内网采用25篇，州局内网168篇，咸丰新闻网12篇，《每日要情》采用22篇。在抓好统计年鉴、统计月报、统计公报、统计资料手册等常规产品的基础上创新服务方式、拓展服务内容。开展社情民意调查工作，围绕行风政风评议、群众安全感、法治建设满意度等社会关注的热点问题开展民意调查，取得良好的社会反响。

【省统计局局长到咸丰调研】 2018年3月16日，省统计局局长李克勤在州统计局、财政局主要负责人陪同下，到咸丰调研新农村建设情况。在高乐山镇白岩村，李克勤走进田间地头和农户家中，实地察看精准扶贫带来的变化，对咸丰以问题为导向、以人民为中心、以产业为重点的扶贫思路给予充分肯定。县委书记郑东来参加调研活动。

（李　荣）

安全生产管理

【概　况】 咸丰县安全生产监督管理局（简称县安监局）。按照县委、县政府要求，实行大股室制，内设办公室、矿山安全监督管理股、综合安全监督管理股、政策法规股。局属事业单位1个（咸丰县安全生产行政执法大队）。2018年末在职在编人员22人，其中行政编制9人、工勤编制2人、财政全额拨款事业编制11人。

2018年全县发生各类生产安全事故7起，其中：煤矿领域发生较大生产安全事故1起，死亡4人，直接经济损失551.5万元；工贸企业、建筑施工、铁路建设、电力行业、道路交通等领域发生一般生产安全事故6起，死亡6人，直接经济损失427.78万元。

全年无重大及以上生产安全事故发生，烟花爆竹、危化品、燃气、民爆物品、特种设备、校园、农业、旅游等行业和领域零事故。

发挥综合安全监管职能职责，开展监管执法工作。全年对3个乡镇人民政府、3个县直部门、2所学校、9家企业进行明察暗访，排查隐患125条，整改125条。开展工业园区安全专项检查1次，检查企业13家，排查事故隐患72条，整改72条，下发执法文书12份。开展旅游安全专项检查，涉及县内各旅行社、旅游星级饭店、A级景区（点），排查事故隐患25条，整改25条。开展校园安全专项检查，检查全县各乡（镇、区）中小学、幼儿园，排查各类隐患60条，整改60条。开展日常安全检查，共检查各类企业30家，排查事故隐患70条，整改70条。

【安全生产责任网络】 完善“横向到边、纵向到底”的安全生产责任网络，安全生产“党政同责、一岗双责、齐抓共管、失职追责”的责任体系，党政领导责任、部门监管责任、企业主体责任压实到位。县委、县政府全年召开县安委会全会4次，召开安全生产专题会议、常务会议和现场办公会议30次，安排部署、协调落实有关安全生产工作。县领导带头到厂矿企业、建设工地等一线检查安全生产工作，对全县煤矿、地下开采非煤矿山实行“一对一”包保监管。

乡（镇、区）落实属地责任，主要负责人亲自抓安全生产，配备2名以上安全监管人员，每个行政村（社区）配备1名安全协管员，做到安全生产监管区域全覆盖。

【煤矿安全监管】 1月1日至4月9日，煤矿领域开展行政执法检查63矿次，排查事故隐患53条，下发执法文书20份，给予行政处罚7起，共计罚款2.29万元。4月10日，青林湾煤矿发生较大瓦斯爆炸事故，死亡4人，直接经济损失551.5万元，按照要求全县煤矿均停工停产。4月17日，县人民政府办公室印发《县人民政府办公室关于印发咸丰县2018年煤炭行业化解过剩产能实施方案的通知》（咸政办函〔2018〕12号），7月5日县人民政府办公室印发《县人民政府办公室关于印发咸丰县依法有序推进煤矿总体关停退出方案的通知》（咸政办发〔2018〕19号），全县煤矿进入有序关停退出阶段。为有序推进并确保安全，共巡查煤矿215矿次。青林湾煤矿、咸田煤矿、坪上世纪通煤矿于7月封闭井口，关闭到位；大湾煤矿、杨家寨煤矿于8月封闭井口，关闭到位；喇叭槽煤矿、永昌煤矿、蒋勇煤矿、黑林口煤矿于9月封闭井口，关闭到位；五丘田煤矿、菱角塘煤矿、狗耳山煤矿、小场坡煤矿于12月封闭井口，关闭到位。共计压减产能105万吨，实现全域退出。

【非煤矿山安全监管】 全年进行非煤矿山安全生产专项行动3次，张贴宣传标语50条，发放宣传资料100份，开展执法检查123矿次，排查事故隐患90条，下发执法文书60份。责令3家证照不全的非煤矿山停产停业整顿，取缔1家无证开采非法矿山企业。给予行政处罚4起，共计罚款15.1万元。严把企业安全准入关，促使非煤矿山企业加大安全投入，改善安全基础设施，落实安全生产责任制，建立健全安全规章制度、操作规程和应急救援预案，加强人员教育培训。落实

2018年6月5日，县安监局局长秦绍国（左一）带队到县裕丰砂石料有限责任公司开展非煤矿山安全执法检查
（刘 畅 摄）

重大安全隐患整改措施，对全县非煤矿山企业实施分级监控，对不认真整改或拒绝整改的企业，依法严惩，依法严厉查处影响生产安全的违法违规行为。

【危化品安全监管】 全年召开危化品、烟花爆竹安全生产工作会议5次。开展日常执法检查活动，全年下发现场检查记录75份、责令限期整改指令书14份、现场处理措施决定书4份，共排查事故隐患203条，整改203条，整改率100%。集中约谈企业3次，下发督查通报2期，给予行政处罚1起，罚款2万元。联合县公安局、商务局、工商局、消防大队等部门开展联合执法2次，共排查事故隐患203条，整改203条，下发现场处理措施决定书4份，停业整改加油站4个，烟花爆竹零售网点关停3家、停业整改10家、搬迁42家。

【职业健康安全监管】 全年检查企业68家，排查职业卫生隐患198条，下发执法文书65份，责令当场整改73条，限期整改125条，立案行政处罚企业1家，罚款5000元。加强“两类”企业职业病危害专项治理，对辖区内2家使用粘胶剂的企业和5家钢结构制造、汽车维修企业进行职业病危害专项治理工作。开展“职业病防治法宣传周”活动，组织培训企业负责人、职业健康管理人员60人次，培训接触职业病危害劳动者150余人次。全年辖区内企业编制《职业病危害预评价报告》2家，编制《职业病防护设施设计专篇》2家，编制《职业病危害控制效果评价报告》2家，开展职业病危害现状评价2家，开展职业病危害因素检测6家，有效地从源头把关，消除职业危害，保障广大作业人员的身体健康。按照要求督促企业开展员工职业健康体检，特别是在全县煤矿总体关停退出之际，要求所有煤矿必须做好员工的离岗体检，并及时公布体检结果。全年共有1471人参加职业健康体检，按照一人一档的要求建立职业健康监护档案，对有疑似职业病和职业禁忌证的按照要求督促企业作出妥善处理。

【“打非治违”专项行动】 突出节假日、旅游高峰期等重点时段，开展交通运输、矿山、危化品、烟花爆竹、城镇燃气、建筑施工、旅游行业、消防等重点领域的安全隐患排查治理，着力解决突出问题。全年开展执法检查1300余次，投入整改资金2000余万元，排查治理一般事故隐患4162起，排查治理燃气管道悬空、公路堡坎垮塌等重大事故隐患5起，整改完成州安全生产督查组反馈的隐患和问题54条。对206家企业、单位采取临时查封、停业整顿、责令关停、行政处罚等措施，行政罚款240余万元。

【安全教育培训】 全年组织单位干部职工参加国家局和省、州、县各类业务培训20次，参训人员42人。组织生产经营单位从业人员参加培训，培训烟花爆竹行业主要负责人、安全管理人员169人（新办证11人、再培训158人）；培训非煤矿山企业主要负责人、安全管理人员33人（新办证）；培训危化品行业主要负责人、安全管理人员14人（新办证）；培训特种作业人员31人（新办证27人、复审4人）。以“安全生产月”等活动为平台，开展安全生产宣教活动，提升全民安全意识和应急处置能力。开展安全生产月活动期间，制作宣传展板100余块，宣传横幅150余条，设置咨询台39个，发放各类宣传资料51000余份，现场群众5200余人次。开展安全生产知识竞

2018年6月20日，在中石油咸丰水淹坨加油站开展消防安全应急演练　　（刘　畅　摄）

赛活动，全县有43个单位902人参加全省安全生产知识网络竞赛。全县各级各部门各企业开展加油站、非煤矿山、交通运输、校园等领域火灾抢险、高坠事故、交通事故、防震演练120余次。

【行政审批】 2018年，对行政审批事项的《服务指南》、办理流程及流程图进行修改和完善，编制行政许可审查细则及流程图，与全州智能化政务服务统一电子平台实行对接。启用湖北省行政职权和服务事项管理系统，将行政许可事项（3大项8小项）、公共服务事项（5项）及其他类备案项目（3项）共计16项录入系统与省、州实行对接。规范录入三年（2016—2018）的电子资料，完成证照收集整理工作。全年共办理各类行政许可22件，其中：烟花爆竹经营（零售）许可证21件（新办证6件），危险化学品经营许可证1件。

【安全生产事故查处】 落实政府监管主体责任、企业生产主体责任，坚持“四不放过”原则，严肃追究事故责任。2018年，县安监局对坪坝营镇梨树坝灰钙厂“4·2”高坠事故、咸丰县华鑫资源开发投资有限公司停车场回填“9·1”触电事故、咸丰县曲江镇高坡村黄木沟易地扶贫搬迁工程“9·2”高坠事故、黔张常铁路咸丰段4#搅拌站“10·1”高坠事故进行立案查处，结案率100%。配合协助湖北煤监局对恩施州咸丰县青林湾煤矿有限责任公司“4·10”较大瓦斯爆炸事故进行调查处理。

【安全生产目标责任制考核】 2018年各乡（镇、区）安全生产责任目标考核结果。优秀乡镇：唐崖镇、黄金洞乡、活龙坪乡；合格乡镇：清坪镇、高乐山镇、曲江镇、忠堡镇、大路坝区工委、朝阳寺镇、小村乡、坪坝营镇。

全县安全生产工作成绩显著单位18家。县直部门：教育局、交通局、城管局、公安消防大队、质监局、旅游局、卫计局、食药局、农业局。重点企业：咸丰县乐山烟花爆竹批发公司、咸丰县鑫磊矿业开发有限公司、咸丰县明龙石业有限责任公司、咸丰县供电公司、湖北省咸丰县朝阳寺电业有限责任公司、湖北茂泰建设工程有限公司、咸丰县世纪兴建筑安装工程有限公司、国电恩施水电开发有限公司咸丰县管理处、中石化咸丰石油分公司。

（谷向辉）

工商行政管理

【概　况】 咸丰县工商行政管理局内设办公室、人事股、法规股、市场（合同）规范管理股、商标广告监督管理股、财务审计股、网络监督管理股；设登记注册分局、消费者权益保护分局、督察队、稽查分局、市场主体信用监督管理分局5个直属机构；下设派出机构4个——高乐山工商所、清坪工商所、坪坝营工商所、唐崖工商所；局属事业单位3个——咸丰县工商局信息中心、咸丰县消费者委员会秘书处、咸丰县个体劳动者私营企业协会秘书处。2018年末系统在职人数88人。

2018年度，咸丰县工商局各项工作在上级的检查考核中，均达到合格以上等次。

【商事制度改革】 深化商事制度改革。推进“多证合一”改革落地生根，推进“证照分离”，大力推行登记注册全程电子化。持续推动大众创业，万众创新。全年新登记各类市场主体3529户，其中新登记企业类619户，同比增长率达11%；农民专业合作社331户；个体工商户2579户。截至12月19日，全县实有“五类”市场主体总量达到23192户，同比增长率达11%；注册资本金为1689349.57万元，同比增长率18%。

【商标、广告战略】 以服务经济发展为抓手，从数量到质量转变，从注册到商标使用转变，围绕企业产品，带动产品发展，推进“唐崖”公共品牌及“唐崖土司”文化品牌建设。新申报注册商标 260 件，比 2017 年同期增长 58%。有效商标总数达到 773 件，比 2017 年同期净增 199 件，全县著名商标有 9 件，将“唐崖土司”商标确定为驰名商标培育对象。

【市场监管执法】 强化农资市场、旅游市场、城乡集贸市场、网络市场等各类市场经营秩序的监管。5 月，与食药监局等 11 部门联合，对全县保健品市场进行专项整治，检查 32 家会销、门店等经营场所，依法查封了部分会销场所。加强防范化解非法集资风险和打击传销知识宣传。11—12 月，由工商局牵头，组织县食药局、卫计局、城管局、旅游局、公安局和县消防大队再次进行集中整治。现场检查 16 户，出动执法人员 75 人次，其中，主动关门停业 2 户，主动转行从事其他经营活动 6 户，对较大规模的 8 户进行重点检查，消防大队对消防设施和消防安全共下达 8 份责令整改通知书。截至 12 月 11 日，仅 1 户全部验收合格，7 户暂停营业，继续整改。加强广告监管工作。办理行政处罚案件 19 件。

【消费维权】 开展“放心消费在恩施”创建活动，认真处理消费者申投诉和举报，开展消费维权调解工作。“12315”指挥中心共受理咨询、来电、信函、上级转办共 263 件，其中咨询 86 件、来电 50 件、信函 7 件、上级转办件。办结 260 件，其余 3 件正在办理之中，做到件件有着落，事事有回音放心。消费创建活动正在进行之中。抽检商品质量 80 组。

街头宣传如何识别假冒伪劣农资

（县工商局　供图）

【红盾护农】 切实保障农民群众用上“放心农资”，为农村发展、农业增产和农民增收保驾护航。将维护广大农户生产，打造放心农资市场作为一项长期性工作突出来抓，不断完善“政府牵头，部门配合，企业自律，社会参与”的工作格局，严厉查处销售假劣农资等坑农害农行为。在开展农资经营主体“双随机一公开”监管方式基础上，综合利用重点检查、跟踪抽检等手段扎实开展红盾质量维权行动，抽检 19 组重点商品质量。

【网络交易监管】 探索完善部门联动和信息共享机制，建立网络交易监管平台数据库，通过开展网上巡查与现场检查、日常巡查与专项检查、定期巡查与不定期巡查相结合的方式，落实“依法管网、以网管网、信用管网、协同管网”总体要求，逐步提升监管的科学性、预见性和有效性。以企业信用信息公示工作为契机，排查摸清县内网络交易主体发展情况，并引导网络交易主体登记注册，进一步规范全县网络经营秩序。全年共登记网络经营主体 160 家，各类网络经营主体网站 175 个。对 20 家电子商务公司进行检查。监管平台内所有的网络经营主体进行网络巡查，巡查 368 次，发现问题 2 次，提出行政指导 1 次，限期改正 1 次。参与调处 8 件涉嫌网络虚假宣传投诉，办结 8 件，下达责令整改 10 户。

【扫黑除恶】 召开党组会专题研究，召开局长办公会安排部署，通过支部主题党日活动、周一夜学。与有关单位联合培训等多种活动，在职工之间普及知识宣传。发放宣传单 6000 余份，深入 2000 多家市场主体经营场所进行宣传，调查办理涉黑线索 1 件。清理筛查所办行政案件 125 件。同时，做好金融风险防范化解工作，对涉嫌非法集资的经营者强化监管。加强不稳定因素排查，严格政务值守，维护系统和社会稳定。

（唐厚远）

质量技术监督

【概　况】咸丰县质量技术监督局是质量、计量、标准化、特种设备安全监察等工作的主管部门，担负综合管理、行政执法安全监察三大基本职能。内设办公室、质量管理科、产品质量监督科、标准化科、计量科、特种设备安全监察科、人事科、法规科，下辖稽查分局1个。2018年末在岗职工15人。

2018年咸丰县质量技术监督局严格落实主体责任，认真履职尽责，加强作风建设，以提质增效促发展、聚焦民生保安全、健全机制求长效为重点，全力推进质监事业科学发展，较好地完成全年各项主要目标任务。推进招商引资工作，2018年到位资金3600万元，提前完成招商引资任务，为企业提供"保姆式"服务，在投资企业中获得良好口碑。连续8年，保持省级"文明单位"荣誉称号。恩施州计量工作总结暨法定计量机构授权样板推进会在咸丰召开。

【质量管理】坚持品牌战略，培育本土名牌精品。召开全县质量强县会议，兑现4家企业2017年质量工作奖金"红包"20万元；下发《咸丰县质量强县工作2018年行动计划》；县政府出台促进质量发展的纲领性文件《咸丰县质量强县奖励办法》；创建湖北名牌产品企业1家，已申报4家。坪坝营旅游服务标准化示范区建设稳步推进，示范效应突出。

坚持质量至上，服务咸丰制造。深入开展"质量提升行动"活动，2018年，各职能科室已累计开展日常巡查企业200余家次，提出建设性意见20条。抓好重点产品质量提升。推进咸丰大理石产品质量提升省级示范区（项目）创建工作，起草发布咸丰县大理石团体标准，科学推进示范区（项目）创建，擦亮"武陵石材之都"金字招牌。

【特种设备安全和产品质量安全监管】坚持管行业就哟啊管安全的理念，重点落实企业的主体责任，召开全县电梯质量安全会议，与53家企业签订目标责任书。特种设备安全监察科共出动执法人员347人次，检查特种设备使用单位141家次，共发现特种设备安全隐患36处，下发特种设备安全监察指令36份，目前隐患整改完成36处，移交稽查分局立案7起。开启"约谈"模式，约谈2家使用单位，督促其限期整改。4月，多部门联合开展坪坝营旅游景区客运索道应急演练。开展燃煤锅炉专项治理：完成2017年上报的全县燃煤锅炉淘汰工作；由县质监局牵头，对全县燃煤小锅炉进行清查，整合资金25万余元，联合五部门出台文件，推进全县范围内全面淘汰燃煤"小锅炉"工作。全年，共办理特种设备使用登记（变更登记）63项，发放使用登记证63份。

【质量监督与行政执法】严格依法行政，坚持打假和扶优并举，截至2018年底，共出动执法人员180人次，检查生产、销售单位70余家次，全年办理行政处罚案件20个，现已结案12个。

（周　欢）

食品药品监督管理

【概　况】咸丰县食品药品监督管理局（简称县食药监局）内设办公室、规划财务股、综合股、药品化妆品监管股、食品监管股、法规人事教育股、行政审批股。下辖咸丰县食品药品稽查大队1个二级单位、食品药品监管所11个派出机构。2018年末，在岗职工81人。

2018年，县食品药品监督管理局贯彻落实县委、县政府和州局关于食品药品安全工作的决策部署，注重狠抓监管、提升效能，着力严查弱项、防控风险，食品药品安全形势总体平稳向好，守住食品药品安全底线，未发生一起食品药品安全事件。

【省级食品安全城市创建】2018年狠抓省级食品安全城市创建。一是加强组织领导。成立以局党组书记任组长的省级食品安全城市创建工作领导小组，为创建省级食品安全城市提供组织保证。二是压实工作责任。严格按照创建省级食品安全城市实施方案，落实各单位工作目标责任，建立完善省级食品安全城市工作机制。三是强化监管。围绕“抓根本、守底线、创特色、争一流”的总体思路，坚持源头严防、过程严管、风险严控原则，实现无缝衔接、全面覆盖、网格化监管。四是强化舆论引导。联合各食药安委成员单位开展以创建示范城市为内容的大型宣传活动，共计6次；提高群众的知晓率，形成人人参与的共创格局。

【食品药品监管】 采取日常监管和专项整治相结合的方式，突出对重点环节、重点区域、重点时间的监督检查，规范食品药品市场秩序。深入开展地沟油、白条肉、散装白酒、网络订餐、夜宵市场、亚硝酸盐，以及“三小”、冷藏冷冻药品、定制式义齿等30余次专项整治；突出开展学校食堂及校园周边“五毛食品”、景区食品、餐厨废弃物处置、农村集体聚餐、野生菌及生蜂蜜的专项检查；联合公安、工商、城管等11个部门对全县保健品市场进行专项整治；联合工商局召开咸丰县保健品市场扫黑除恶专项斗争推进会，与14家保健品会销企业及个体工商户签订了《不涉黑涉恶涉乱承诺书》。2018年，共出动执法人员5639人次，共检查食品药品经营单位2798户次，学校（含托幼机构）125所，批发市场、集贸市场32个次，下发监督整改意见书377份；公开销毁不合格食品148个品种，共计750千克，货值23800余元。

开展食品药品安全抽检，2018年开展食品药品抽检638批次。其中食品抽检600批次，不合格21批次；本级药品抽检38批次，化妆品抽检4批次。开展食品快速检测6600批次。

开展重大活动食品安全保障，2018年，完成大型节假日重大餐饮食品安全保障18次，出动执法人员200余人次，有效保障活动期间食品安全，无食品安全事故发生。

认真办理食品药品安全投诉举报件。通过电话、走访、信件等形式接受投诉举报件52起，其中立案调查3件。举报件均已按流程转至属地食药监所办理，并及时回复举报人。

2018年，全县立案106起，结案106起，当场处罚7起，申请法院强制执行2起，累计罚款收入104.83万元。

【行政审批】 简化优化办事流程，精简申报材料，创新服务模式。2018年，共受理1493件，均已办结，办结率100%。其中食品经营许可911件，小餐饮经营许可376件，食品生产加工小作坊生产许可148件，食品生产许可10件，药品经营许可（零售）45件，医疗器械经营许可（零售）3件。

【法治宣传】 开展食品安全宣传周、“12331”主题宣传暨平安校园行宣传、“3·15”消费日宣传、安全用药月等食品药品安全知识宣传活动等20余次宣传活动。全县共设置“12331”投诉举报暨食品药品安全知识咨询点11个，食药安全知识进企业、进学校、进社区、进集贸市场14次，举办宣传咨询16次，提供咨询5000人次，发放食品药品安全宣传资料3万余份、预防野生菌生蜂蜜中毒宣传资料13000份。组织开展全县食堂食用农产品、学校食品、食品生产企业（小作坊）、肉及肉制品、药品不良反应监测、农村集体聚餐等食品药品安全知识培训，受训人员达到2000人次。

（刘　媛）

公共检验检测

【概　况】 咸丰县公共检验检测中心是县人民政府直属正科级公益一类事业单位，于2017年5月正式成立，内设办公室、业务技术股、工业（石材）产品检测股、食品药品检测股、计量检定股。2018年核实编制21人，实有在编11人（另有劳务派遣人员4名）。全年共完成计量检定仪器1425台次，完成省、州两级石材、建材产品监督抽检41批次，开展“党旗飘扬，质·检在身边”，“计量在我身边”等计量知识宣传及服务活动。

【计量能力建设】 以机构复查考核、计量标准复查考核和县级机构能力提升项目为契机，购置检验检测新设备27台套，新建E2等级砝码、无创电子自动血压计、非自动衡器检定项目，增加定量包装商品净含量检测项目，扩大F1、F2等级砝码、压力表检定范围，更新燃油加油机检定标准，提升计量检定能力。成功承办全州计量工作总结暨机构授权复查样板现场推进会；通过省、州两级计量标准、机构复查考核、能力提升验收；启动国家质监检验检测统计直报运行系统，建立认监委网申直报系统，各项计量检定工作有序开展。

【队伍建设】 引进高学历优秀专业人才，新招录大学毕业生3人；参加咸丰县第三届优秀人才评选活动，单位职工一人获“唐崖工匠”称号。开展专业技术人才培优引进活动，注重现有人才培优，采取“送出去”“请进来”的学习模式，外出培训16人次，请州级以上专家进中心培训5次。

（王丽华）

农 业

种植业

【概　况】2018年，咸丰县立足“转变农业发展方式、调整农业产业结构、推进三产融合发展”工作重心，认真贯彻落实中央、省、州委一号文件精神及中共咸丰县委、咸丰县人民政府工作部署，以实施乡村振兴战略助力农业农村经济发展，取得显著成效。2018年9月，农业农村部、财政部联合发文，批准小村乡开展农业产业强镇示范建设。大村村入选农业农村部“100个特色村庄”，钟塘村入选湖北省“美丽乡村”。2018年5月，全省产业扶贫现场会在咸丰咸丰县召开。

2018年末，咸丰县耕地面积42100公顷，其中常用耕地28640公顷，临时性耕地13460公顷；水田12106.66公顷、旱地16533.33公顷。农业人口25.84万人，乡村劳动力18.88万人；农村常住居民人均可支配收入10375元，较上年增长10%。全年粮食作物种植面积46173.33公顷，实现总产20.06万吨，较上年减少7.17%。油料作物种植面积6933.33，总产1.91万吨，较上年增产3.24%。咸丰县留存茶园18466.66公顷，加工干茶9120吨，实现产值14.4亿元。

2018年，种植业以粮油高产创建为核心，落实惠农政策，强化技术指导，大力推广高产高效栽培模式，粮油生产保持稳定。全年粮食播种面积46173.33公顷，较上年47920公顷减少1746.66公顷。粮食总产20.06万吨，较上年21.61万吨减少1.55万吨。其中，夏粮播种面积12180公顷，总产3.16万吨，较上年2.64万吨增产0.52万吨。夏粮以马铃薯为主，当年种植面积12073.33公顷，实现产量3.13万吨，较上年2.605万吨增长20.15%。秋粮播种面积33986.66公顷，秋粮总产16.90万吨，较上年减少2.07万吨。其中水稻播种面积6966.66公顷，产量5.71万吨；玉米播种面积14920公顷，产量7.51万吨；红薯种植面积9533.33公顷，产量3.15万吨；大豆播种面积2460公顷，产量0.51万吨。油料作物播面6933.33公顷，总产1.91吨，较上年2.05万吨减少0.14万吨，其中油菜种植面积5493.33公顷，产量1.53万吨；花生种植面积1440公顷，产量0.38万吨。

经济作物主要有茶叶、蔬菜、烟叶、水果、中药材等。2018年，以白叶茶为主，新建良种茶园2666.66公顷，咸丰县茶园留存面积18466.66公顷，其中可采摘茶园7453.33公顷，年产干茶9120吨，跻身全国重点产茶县。以城郊蔬菜、地方特色菜为主，新发展蔬菜20120公顷，实现产量28.61万吨，较上年增产0.99万吨，其中高山蔬菜基地6666.66公顷。以葡萄、脆红李为主，新发展特色水果86.66公顷，水果总面积15900公顷；发展烟叶3746.66公顷，实现产量0.59万吨；新发展中药材1333.33公顷，总面积达

18393.33公顷。

【特色农业】 以“三茶一药一猪一蜂”为重点，加快农业结构调整步伐，持续压减低端农产品，增加优质安全农产品生产和供给，特色产业带初步形成。2018年，新发展白叶茶、蔬菜等特色产业基地32133.33公顷，咸丰县特色产业基地总面积76666.66公顷。其中，新增茶叶基地2666.66公顷，基地总面积18466.66公顷（含藤茶1333.33公顷），可采摘面积7453.33公顷，茶叶产销形势良好，尤其是以唐崖、小村为主的白茶丰产茶园亩平现金收入过万元，当年加工干茶9120吨，实现产值14.4亿元。2018年9月，农业农村部、财政部联合发文，批准小村乡开展农业产业强镇示范建设。

加快推动安茶集团落地，白叶茶全产业链建设PPP项目进展顺利，先期完成146.66公顷核心示范基地、50公顷苗圃基地建设，发放白叶茶苗7000万株。3月28日，在清坪镇泗坝举办第五届“唐崖茶”开园节，家家健、奇泉、硒源山等企业与省内外客商现场签约8000万元。推进茶叶特色优势区创建，新建清洁化加工厂2家，完成茶叶加工厂清洁化改造及生产线提升14家，新建茶叶主产区田间交易市场6处、标准化绿色示范基地5个。建设县级茶叶质量安全可追溯平台1个，黄金洞乡实现整乡推进，并完成15家茶叶加工企业、5家农资门店可追溯体系建设。

2018年，县委书记郑东来主持召开产业管护专题座谈会，强调坚持“八个到位”，加强“三茶”（白茶、藤茶、油茶）产业管护，提升产业效益。当年新建茶叶标准化绿色生产示范基地3处，基地面积184.66公顷，带动咸丰县绿色模式茶园管理3333.33公顷以上。以“去夏增春”技术（春茶采后重修剪）为主体，依托道德讲堂、现场培训会等载体，开展茶叶田间管理技术培训50余期次，扎实推进茶叶田间管理。3月22日，邀请了国家茶叶质量安全工程技术中心4名专家对咸丰县茶叶企业及专业合作社负责人100余人进行全域绿色化技术培训。2018年，咸丰县新推广“去夏增春”模式800公顷，茶叶生产水平再上新台阶。

【农业产业扶贫】 2018年咸丰县以“三茶一药一猪一蜂”特色产业为重点，扶贫产业到村到户工作扎实推进，咸丰县263个村均已发展1个以上规模特色主导产业，4.3万户贫困户实现“一长两短一就业”产业发展，初步实现有条件的村、有劳力的贫困户产业到村到户全覆盖。农业产业扶贫“以奖代补”项目稳步推进，2018年新建茶叶、油茶、藤茶、中药材等产业扶贫基地6133.33公顷，带动行政村73个，带动农户1.4万户，其中建档立卡贫困户0.73万户。坚持发展“一长两短”扶贫产业，通过发展生产差异化扶贫项目带动，贫困户新发展蔬菜、烟叶等短期产业3866.66公顷，当年户平增收1200元，并兑现上年差异化扶贫资金1375万元。

【农业产业化经营】 围绕建设百亿富硒农产品产业集群目标，优化投资环境，积极招商引资，发展农产品加工业，促进农业产业化经营。以茶叶为主的特色农产品加工持续推进，2018年咸丰县加工干茶9120吨，较上年增长787.3吨；实现综合产值14.4亿元，较上年增长2.05亿元。实施农产品产地初加工项目，新建通风库、冷库、烤房等75座，共发放补贴资金295.5万元，满足部分小微企业对产地初加工设施的需求。推进茶叶特色优势区创建，新建茶叶清洁化加工厂2家，完成茶叶加工厂清洁化改造及生产线提升14家，新建茶叶主产区田间交易市场6处、标准化绿色示范基地5个。

着力打造“唐崖”区域公共品牌。招标聘请浙江农本品牌管理公司为唐崖茶品牌制定战略规划，统一咸丰县茶叶包装标识，促成公共品牌和企业标识结合。成立唐崖茶（湖北）有限公司并开始运营，建立运营中心仓储物流中心，以构建

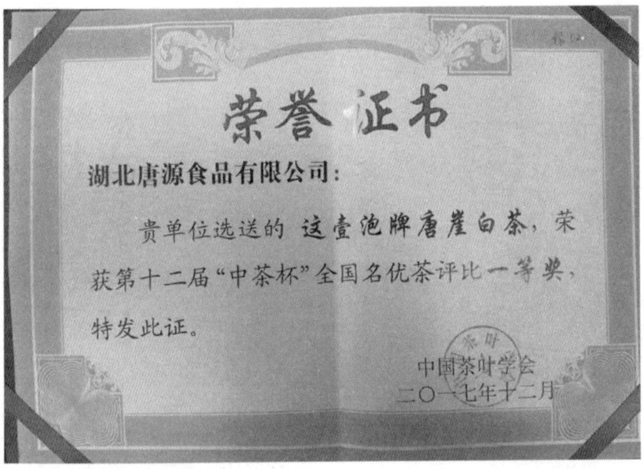

荣誉证书　　（档案馆　供图）

"唐崖茶"等咸丰特产网络销售体系。新认证绿色食品4个，"三品一标"农产品总数96个。馨源茶业公司的"唐崖红"红茶获第2届杭州国际茶博会金奖，圣浩茶业公司的"唐崖雪"白茶获第11届中国义乌森林博览会金奖。2018年7月，在川洞田园开展最受欢迎旅游农产品评选活动；同时，在大路坝开展唐崖"好响李"开园活动，并举办品牌发布会、山货出山仪式，当天线上销售额达200万元。

【农业科技与服务】 实施科技兴农战略，测土配方施肥、病虫害绿色防控、茶叶机修机剪、生猪"16113"模式等先进适用技术得到进一步推广普及。同时，坚持政策引领，推广实用技术，广泛开展政策、技术、信息等产前、产中、产后服务，农业科技水平稳步提升。

一是以粮油高产创建为核心，落实惠农政策，强化技术指导，推广高产高效栽培模式，广泛应用油菜育苗稀植技术。粮油生产保持稳定，全年实现粮食总产20.06万吨，油料作物总产1.91吨。

二是测土配方、化肥减量、增施有机肥等技术，积极探索培肥地力、提高耕地质量的技术途径，为高标准农田建设、中低产田改造提供有力的技术支撑。2018年，开展测土配方施肥土样检测196个，推广测土配方施肥技术28000公顷，配方肥施肥面积14000公顷，配方肥施用量2.1万吨（折纯），开展土壤酸化治理1000公顷。

三是开展农药减量增效行动，突出生态调控、物理防治，建设茶叶病虫害绿色防控示范366.66公顷，推进茶叶绿色防控示范县建设。同时，建设玉米病虫害绿色防控示范666.66公顷、蔬菜病虫害绿色防控示范133.33公顷。咸丰县植保站被评为全省农药减量增效工作成绩突出单位。

四是农机化工作稳步推进。新推广农机具3250台，其中农机购置补贴机具1239台，受益农户1186户。咸丰县农机拥有量30.97万千瓦，农业机械化水平达48.3%，当年实施玉米全程机械化示范66.66公顷。咸丰县主要农业机械中，有大中型拖拉机425台，小型拖拉机2341台，联合收割机32台，水稻插秧机52台，耕整机7844台，茶叶生产加工机械5470台，其他各类农业机械70961台。

五是结合产业发展、抗灾救灾等工作，开展技术培训，提升农民素质。全年共培训农民1.1万人次，派出科技示范户和专业合作社骨干45人到湖南沅陵开展外派培训；在唐崖镇彭家沟、高乐山镇官田坝等地开展新型职业农民培育233人次；开展"送科技"下乡活动2次，举办各类培训会、现场会25期次，广泛宣传农业科技。

【行政执法】 严格农业投入品监管，持续开展农资打假保春耕、农资打假促夏管专项治理行动，开展彻底清查处理百草枯水剂遗留问题专项执法活动，出动执法车辆184台次，执法人员394人次，检查农资批发企业7家、农资经营门店180家，发放农药预警通知160余份，农药抽样20个，种子抽样8个，肥料抽样10个，下达限期整改通知书80份。以农资门店标准建设为抓手，规范农资产品分类摆放，严把农资产品质量关，逐一检查农资经营企业120家，完成咸丰县20家限制农药经营门店换证审核。

【农业面源污染治理】 2018年完成咸丰县农业面源污染普查，建县级监测点1个，抽样调查典型地块农业面源污染195处，土壤及农产品重金属抽样各69个。以野猫河为重点，对农业种植严防死控，强化饮用水源地农业面源污染整治，遏制饮用水源富营养化发展趋势。

推进“土更净”专项整治，完成咸丰县162个村的土样采集和对应农户调查，开展测土配方施肥土样检测196个，推广测土配方施肥技术28000公顷，配方肥施肥面积14000公顷，配方肥施用量2.1万吨（折纯），配方肥用量占化肥总用量的比重提高3个百分点。同时，开展土壤酸化治理1000公顷，并着力推进有机肥替代化肥示范县建设，建成“茶—沼—畜”模式12个片区，完成“水肥一体化”模式2个示范区工程，有效解决农业面源污染。

【农产品质量安全】 加强农产品质量安全监管，2018年开展农产品质量安全抽样检测14144个，抽测合格率达100%；启动农产品溯源体系建设，馨源茶业、昀和茶业分别建立茶叶基地视频溯源监控试点各1处，在黄金洞乡整乡推进地视频溯源监控建设，辐射基础面积2000公顷。2018年7月，顺利通过省级农产品质量咸丰县创建中期核查评估。

【产业融合与美丽乡村建设】 以美丽乡村建设为主导，加快重点乡村生态休闲农业发展，新编制美丽乡村规划40个，启动渔塘坪到湾田、白岩至核桃园、大河边至龙潭司、马倌屯片区4个美丽乡村示范带，推进7个乡镇10个特色民宿区域试点，建成景点式美丽乡村5个。“中国干栏式建设之乡”复兴步伐加快，建成5个国家级传统村落、6个省级特色村寨，大村村入选农业农村部“100个特色村庄”，钟塘村入选湖北省“美丽乡村”。

忠堡镇马倌屯“咸丰余杭现代农业园”建设如火如荼，现代农业展示、水果采摘等四大产业区，以及智慧农业、乡村休闲旅游等三大功能区建设初具雏形。其中，建成20公顷特色水果基地、3.33公顷珍稀食用菌培育基地；5千米环村

美丽乡村宣传图　　（县档案馆　供图）

公路，8千米乡间游步道，2万平方米智能温室大棚，以及民居改造、安全饮水等工程基本完工。

2018年，启动一、二、三产业融合发展农业产业强镇项目，在小村乡建设硒产品精深加工产业园。完工高标准农田1400公顷，开工建设高标准农田2666.66公顷，农业综合生产能力进一步提升。建设大型沼气工程1处、小型沼气工程5处、户用沼气池210户，安装太阳能路灯1800盏，并以沼气工程建设为纽带，扎实推进生态循环农业试点，建成生态循环农业示范基地1333.33公顷。同时，在头桩坝、老寨等村开展厕所革命试点示范，建成农村无害化厕所13192户。

（严　顺）

畜牧业

【概　况】 2018年畜牧业，立足供给侧结构性改革及脱贫攻坚，推进生猪产业规模化、特色化、品牌化发展。大力推广以“畜+沼+X”为代表的“16113”养殖模式（一栋100平方米标准化栏舍，饲养6头能繁母猪，年出栏100头育肥猪，一口沼气池或化粪池，2公顷特色种植产业），助推畜禽养殖业绿色发展。2018年，咸丰县新发展108栋标准化栏舍，当年发展生猪8600头。扎实开展动物疫病防控，强化联防联控，严防非洲猪瘟等重大动物疫病疫情，引进湖北三泰食品有限公司投资1800万元开展生猪定点屠宰厂建设，畜牧业

生产稳步推进。

2018年，咸丰县出栏生猪47.81万头，其中出栏恩施黑猪9.92万头；出栏牛0.89万头；出栏羊1.74万只；出栏家禽111.51万羽。肉类总产量达4.28万吨，其中，猪肉产量3.68万吨，牛肉产量0.16万吨，羊肉产量0.02万吨，禽蛋产量0.25万吨。咸丰县存栏生猪37.56万头、牛2.8万头、家禽49.99万羽，蜜蜂存蜂量达1.4万群。咸丰县畜牧养殖户达4.8万户，其中从事养殖的建档立卡贫困户2.5万户，养殖产业扶贫带动率达到52%。

【畜牧产品质量监管】 畜牧产品质量安全监管上，开展养殖环节违禁药物自行检测，完成瘦肉精检测1337批次，禽蛋的喹诺酮、磺胺检测60批次，经检测全部为阴性。

制定畜产品质量安全专项整治方案，扎实开展专项整治，对咸丰县34个乡集贸市场落实专人，常态化开展畜产品检疫；开展病死畜禽无害化处理完成6个病死畜禽无害化收集暂存点的水、电的安装，全年开展生猪无害化处理532头；加强对饲料兽药门店的日常监管，开展兽药饲料专项整治、畜禽水产品抗生素、禁用化合物及兽药残留超标专项整治、打击饲料经营和养殖环节违法使用抗菌药物行动和兽用抗菌药物专项整治行动。咸丰县共清查兽药经营企业4家，乡村兽药诊疗点17家，动物养殖场（户）139家，乡村兽医150个。

【污染治理与疫病防控】 养殖业面源污染治理上，完成畜禽养殖“三区”划定工作，咸丰县共划禁养区、限养区504平方千米；开展畜禽养殖污染源普查，全县共检查畜禽养殖户103家，其中已拆除养殖场11家，停产6家，下达《畜禽养殖污染综合治理检查指导意见书》44份，下达《畜牧行业安全生产告知书》18份，禁养区10家关闭搬迁养殖场已拆除。开展畜禽养殖污染专项执法检查，全面排查整治畜禽污染物排放企业，完成对高乐山镇团坡醒悟养殖场实施关停，对曲江河畔冉华轩、罗钦华养殖场实施搬迁。

做好非洲猪瘟防控工作。一是“堵”。设立10个“非洲猪瘟临时消毒检查点”，严禁州外的生猪进入咸丰县内；对进入咸丰县的车辆进行登记消毒。二是“查”。对咸丰县所有养猪场（户）、生猪交易市场、生猪屠宰场、生猪无害化处理场开展非洲猪瘟紧急排查。三是“消”。积极指导养殖场（户）、屠宰厂、交易市场和无害化处理场等重点区域定期开展消毒工作，切断动物疫病的传播，有效杀灭病原微生物。四是“宣”。通过印发非洲猪瘟宣传挂图、非洲猪瘟防控宣传明白纸，微信公众号等方式加大防治知识宣传。五是“联”。成立由县长任组长，各乡镇人民政府、大路坝（区）工委、县直各相关部门为成员单位的县非洲猪瘟防控领导小组，严格防控非洲猪瘟疫情。

（严 顺）

林 业

【概 况】 咸丰县林业局是主管咸丰县林业工作的行政部门，内设办公室、人事、造林绿化管理、森林资源管理、野生动植物保护与自然保护区管理、发展规划与资金管理股；下辖国有坪坝营林场、高效林业科研所、二仙岩湿地自然保护区管理局、森林公安局、国有铜厂林场、林业调查规划设计队、林业技术推广中心、天然林资源保护工程管理中心、林业综合执法大队、野生动植物保护站、森林病虫防治检疫站、青灵山森林公园管理处、林权管理服务中心13个局直单位和11个乡（镇、区）林业管理站。咸丰县防火办、县绿委办、县退耕办、县果办、县药办、县绿满荆楚办设在咸丰县林业局，由县林业局负责日常事务工作。2018年在编在册职工184人（其中公务员36人、工勤人员1人、事业人员147人）。同年，湖北省绿化委员会、省林业局授予咸丰县“湖北省森林城市”称号。

2018年，完成全年造林绿化任务，完成重点项目固定资产投资1.65亿元，完成计划7064万元的233%，在县直单位中位居第一位。完成招商引资新签约项目14个，到资凭证2.4亿元。

【造林绿化】 加强林业生态建设，确保退耕还林工程质量，抚育补植新一轮退耕还林3220公顷，2018年度退耕还林工程通过国家核查验收，2015—2016年度退耕还林工程通过省级复查验收。大力植树造林：全年完成石漠化治理工程人工造林110公顷，天然林资源保护工程生态公益林建设533.33公顷，义务植树60万株，成功创建绿色示范乡村16个。加大天然林保护：全县管护国有林12666.66公顷，集体和个人生态公益林63153.33公顷。

【森林资源管理】 积极整改环保督查反馈问题，大力推进山长制工作，明确高乐山镇、曲江镇、忠堡镇保护山体32宗，保护面积2858.31公顷，完成山体保护区域的公示牌、永久性界桩的安装、四级山长及山体管护员的工作交接和二仙岩环保问题销号。

加强林地管理：全年共办理项目使用林地70宗，面积227.33公顷，征收森林植被恢复费2957.18万元；审批森林防火通道18条，面积26.7公顷。办理林木采伐蓄积17513.16立方米，

2018年3月12日，咸丰县林业局机关干部职工在坪坝营镇廖家田村开展义务植树活动

（林业局　供图）

占限额72210立方米的24.25%。开展第五次森林资源普查和森林湿地资源动态监测工作，2018年咸丰县森林覆盖率为66.78%，同比增长0.57%，森林蓄积量达到1322.9万立方米，同比增长4.88%，增速均位居全州第一位。严控森林灾害：全年无森林火灾和规模性疫情发生。

【林业产业】 加强油茶产业管护。2018年，新发展油茶5333.33公顷，总面积达6666.66公顷，提前一年完成县委、县政府安排的工作任务。新建油茶良种繁育基地1个，面积40公顷。对油茶基地进行督导检查，举办2次油茶管护技术培训班。推进生物医药产业集群建设。全县政府出台《咸丰县生物医药产业集群建设三年行动方案（2018—2020年）》，明确白术为主导品种，在小村乡启动白术研究院和白术基地建设，成功引进2家企业主体，签约国药集团。2018年，全县新发展中药材专业合作社43家，新建中药材初加工厂3家。新增中药材种植基地2686.66公顷，全年中药材产量6700多吨，产业集群产值4.9亿元以上。发展特色产业，新发展猕猴桃、脆红李等特色林果666.66公顷，珍稀花卉苗木基地666.66公顷、特色林果基地666.66公顷，实现林业产值29.3亿元。

【精准扶贫】 全面完成生态补偿脱贫一批工作任务，2018年咸丰县兑现生态公益林面积68920公顷，兑现补偿资金1073.96万元，惠及贫困户1.25万户3.99万人，贫困人口受益474.46万元；兑现退耕还林面积4153.33公顷，兑现补偿资金1133.19万元，惠及贫困户0.99万户3.16万人，贫困人口受益资金555.5万元；选好用好生态护林员，选聘建档立卡贫困人口生态护林员815名，发放管护资金326万元。

倾情帮扶重点贫困村：廖家田村和当门坝村安全饮用水管网、通信信号实现全覆盖，村卫生室正式启用，59户完成厕所革命，易地搬迁66户。廖家田村发展油茶套种中药材产业基地153.37公

顷，农民在基地务工收入突破50万元，村集体经济股份合作社收入5万元。

【林业改革工作】 国有林场改革工作顺利通过省级验收，改革成效全州第一，档案工作被作为先进典型在全州推广。推进集体林权制度改革。2018年林权变更296户，变更宗地1090宗，成功调处林权纠纷40宗，发生森林保险赔付业务45起，赔付金额42万元占比历年赔付总金额的54%。深化放管服改革。13项林业行政（审批）许可事项全部入驻咸丰县政府服务中心，公开审批流程，压缩审批时限，同时开展“双随机一公开”执法检查，优化审批服务。完成国有企业改制工作，森隆造林绿化公司和林木经营中心成功注销。

【文明创建和信访维稳】 规范机关管理。修订完善《咸丰县林业局机关管理制度》等四项制度，公车、办公用房没有出现违规现象。强化对外宣传。在各级媒体发布新闻信息100余篇，树立良好的林业形象。加强文明创建，县林业局被评为州级最佳文明单位。做好信访综治安全维稳工作。全年共接待群众200余人次，处理群众来信和上级转办的信件11件，无越级上访和群体上访事件发生。大力宣传扫黑除恶工作，对2016年以来的240余起林政案件及65件信访件进行全面排查清理。系统全年无安全事故发生。

【咸丰县获“湖北省森林城市”称号】 2018年11月，省绿化委员会、省林业局授予咸丰县“湖北省森林城市”称号，是2018年恩施州唯一获此称号的县市，被州林业局列为“2018年恩施州林业十大事件”之一。同年完成青龙山森林公园一期工程，项目总投资3875万元，建成木栈道约5000米以及附属设施，实现亮化和绿化。青龙山森林公园2018年游客量达20万余人次，结束咸丰县无城市森林公园的历史。

【森林公安工作】 整合林业执法队伍。咸丰县森林公安局与咸丰县林业综合执法大队合署办公，

2018年9月15日，湖北省专家组在县政府会议室听取咸丰县创建湖北省森林城市工作汇报

（林业局　供图）

由咸丰县森林公安局领导，统一行使行政处罚权。加大执法力度：2018年立涉林行政案件120起，查处116起，立涉林刑事案件48起，破案46起，案件查处率同比增长42.1%，年度人均办案量居全州第一。

（梁宇辉）

烟叶生产

【概　况】 咸丰县烟草公司成立于1984年5月；2005年3月更名为恩施州烟草专卖局（公司）咸丰县烟叶产销经营部；2007年4月更名为恩施州草专卖局（公司）咸丰县烟叶分公司，是从事烟叶生产、购销经营的中央垂直企业。公司下设综合管理办公室、财务管理办公室等7个科室；高乐山、丁寨2个基地单元站和清坪基层烟草站，24个烟叶收购组。拥有烟叶收购场所4万余平方米，固定资产原值总额4668.69万元。

2018年，咸丰县烟叶分公司有在册职工175人，其中在岗职工162人，离退休职工56人，内退职工13人。在岗职工中硕士4人，专科以上学历67人；专业技术员30人，其中高级职称1人，中级职称12人；烟叶分级工107人，其中烟叶分级技师3人，高级分级工80人，中级分级工24人。

2018年，全县烟叶生产围绕“强基础、利长

咸丰县烟叶分公司在忠堡镇明星烟叶育苗工场开展烟蚜茧蜂释放培训　　（周方奎　摄）

2018 年全面推广高茎亮苔打顶技术　　（周方奎　摄）

远、抓规范、谋跨越”总思路，实施精益管理、精准生产，打造“烟区美、烟叶强、烟农富”三个典范，推进烟叶产业高质量发展，烟叶产量质量位居全州烟草行业前列，实现“财政增税、烟农增收、企业增效”的“三赢”目标。

【烟叶生产收购】 2018 年，州局（公司）下达咸丰县烟叶种植指导面积 2386.66 公顷，收购计划 7.5 万担。咸丰县签订合同户数 1132 户，合同面积 2386.66 公顷，计划收购量 7.5 万担。精准收购烟叶 7.68 万担（其中丰产烟叶 0.13 万担），全面完成生产收购计划。烟农现金收入 1.332 亿元（含各种补贴），实现烟叶税收 2636.42 万元（超额完成县政府下达的 2600 万元税收计划），烟农亩平收入 3720.67 元，户均收入 11.76 万元，企业利税 1.01 亿元，全年缴纳税金 5541.41 万元。

【湖北省烟草专卖局局长顾厚武调研咸丰烟草工作】 4 月 26 日，湖北省烟草专卖局（公司）党组书记、局长（总经理）顾厚武率领由省局办公室、烟叶处和计划处主要负责人组成的调研组在州长助理倪迎春，州烟草专卖局（公司）局长（经理）谭志平、总农艺师朱家明等陪同下，调研咸丰咸丰县烟叶生产、专卖管理和卷烟销售工作。

【党风廉政建设】 党建品牌创建获咸丰县直机关工委好评，并在咸丰县党建品牌建设工作会上作交流发言，高乐山基地单元党支部荣获中共咸丰县“优秀党支部”，2 人被评为全州系统优秀共产党员，1 人被评为全州系统优秀党务工作者，4 名职工被评为全州系统月度榜样之星，1 名职工被评为全州系统年度榜样之星。认真落实党风廉政建设责任制，正确运用“四种形态”强化监督执纪问责，筑牢拒腐防变思想防线和制度防线，风清气正的政治生态蔚然形成。

（周方奎）

农经管理

【概　况】 咸丰县农村经济管理局（简称农经局）隶属县农业局归口管理，正科级工作部门。农村经济管理部门是“三农”（农村、农民、农业）的服务机构、维权部门、执法单位。局机关内设农民负担监督管理股、农村集体财务资产管理股（农经审计站）、农村土地承包与农村经济合同管理股、农民专业合作社指导股、机关行政办公室。设二级事业单位咸丰县农村土地承包仲裁委员会办公室。同时履行咸丰县政府成立的“咸丰县农民负担监督管理领导小组办公室”“咸丰县农村（综合）产权改革工作领导小组办公室”“咸丰县农民专业合作经济组织发展工作领导小组办公室”及“咸丰县农村土地承包经营权确权登记颁证试点工作领导小组办公室”职责。2018 年末机关在职在编班干部职工 19 人，退休职工 12 人。

2018年7月9日，县农村土地确权数据库整合问题整改督办会在县农经局召开 （丁文英 摄）

2018年，县农经部门突出抓好农村土地制度改革、农村集体产权制度改革整县推进、新型农业经营主体培育等重点工作，取得明显成效。农村土地确权登记颁证成果通过省、州验收。全年完成263个村外业图斑勾绘和内业编绘属性挂接，测绘面积56935.59公顷（家庭承包面积56579.04公顷），地块782867块（家庭承包地块779988块），承包农户92226户。完善承包合同259个村，2265个组，91327户，面积56063.46公顷，地块777762块，颁发经营权证54743户，建立一户一档42个村16059户。调解纠纷1591件（其中仲裁14件）。建立县级数据库，通过国家农业部质检。咸丰县农村土地流转面积9490.86公顷，其中：转包304.4公顷，转让177.55公顷，互换122.85公顷，出租4308.53公顷、村集体股份经济合作社以托管方式、股份合作4577.52公顷。

【农村集体产权制度改革】 2018年，咸丰县在全州率先推进农村集体产权制度改革工作，进入全省先进。4月，州政府在咸丰县召开全州农村产权交易市场建设现场会。6月，咸丰县被农业农村部纳入全国农村产权制度改革咸丰县级试点单位。11月下旬，州委、州政府在咸丰县召开全州农村集体产权制度改革工作推进会。2018年，省内共有近20个县市经管局到咸丰县参观考察。12月底，咸丰县263个行政村成立集体经济股份合作社，量化资产总额36577.24万元，确定成员身份数303891人，确定总股本数716085股，其中集体股数170258股。村股份经济合作社成立后，原由村民委员会代行村集体经济组织的职能得以归位，村级组织职能更加明晰和强化。农村产权交易平台规范有效运行，自2017年10月1日正式运行一年以来，已交易和服务项目2100余宗，交易金额突破1亿元。交易范围涉及农村土地流转、农村工程建设、村集体物资采购、村集体大额资金存放、集体资产出租等方面。

【培育新型农业经营主体】 2018年，农经部门服务“三农”，主动作为。一是狠抓新型农业经营主体的培育、指导和管理。12月底，咸丰县工商注册农民专业合作组织达938家，实现行政村全覆盖，累计带动贫困户3.96万户，经营土地面积8666.66公顷。二是抓示范创建。12月底，咸丰县共有各级示范社188家，其中国家级示范社5家，省级示范社9家，州级示范社35家，县级示范社139家；省级明星家庭农场1家，省级示范家庭农场8家。三是抓教育培训。2018年由咸丰县农经局牵头，举办3期农民专业合作社理事长培训班，培训人数180人。四是与工商部门组成联合专班，对咸丰县农民专业合作社空壳社、僵尸社进行全面清理整顿，列入异常名录163家，注销20家。五是与咸丰县纪检委组成工作专班，会同农业、畜牧、林业、供销社，对享受财政奖补的143家专业合作社进行专项清理，涉及资金2980万元。

【农村集体经济突破性发展】 会同咸丰县委组织部积极研究村级经济发展方向和措施，创新村集体经济发展模式。截至2018年12月底，196个村集体经济收入达到5万元。全州首创贫困地区盘活农村“三资”增加集体经济收入的新模式。一是采用土地托管方式与市场经营主体长效利益联结机制，建基地促产业，该种模式158个村。二是采用土地托管方式自主经营产业基地，增加村集体经济收入，该种模式22个村。三是利用东西部协作投资建设茶厂 13 个，将茶厂股份量化到贫困村作为经营性资产，增加村集体经济收入模式。四是利用县农村产权交易中心职能，将村集体结存资金采用竞争性存放增加村经济收入 120 万元，采用竞争性经营增加村集体经济收入 49 万元。

（丁　英）

工　业

综　述

【概　况】 2018年，咸丰在全省31个三类县市县域经济综合排名第16位，全县共有规模以上工业企业36家，新增规模以上企业5家，其中新进规2家，小进规3家。规上工业累计完成总产值12.17亿元，实现增速-30.2%（州核定）；完成工业投资10.5亿元，工业投资同比增长95%，全州第3；全年工业实现税收9647万元，增值税6052万元。2018年，完成新建标准化厂房11.7万平方米，其中忠堡工业园区新建5.5万平方米，精准扶贫项目新建4.7万平方米，企业已相继入驻，久丰制衣、健步鞋业等企业在坪坝营镇杨洞安置区入驻，艺奇鞋业等企业在朝阳寺镇黄虎坪安置点入驻，六度电子等企业在高乐山镇白水坝安置区入驻。咸丰县茶叶特优区项目新建厂房0.4万平方米，农业综合开发项目新建厂房1.1万平方米，全部投入使用。先后出台《关于进一步加快咸丰县产业发展的十条意见》《关于实施大力支持民营企业发展十条措施》等多个政策文件，支持工业经济发展。在省取消县域调度资金后，由本级财政筹资3900万元调度资金支持工业企业发展；设立过桥基金，解决企业过桥周转问题；与农发担保公司进行合作，为企业提供担保贷款业务。

咸丰县经济和信息化局承担全县工业经济管理与服务、推进信息化职能，履行煤炭行业管理、电力行政执法、危险化学品监管、盐业行业管理、融资性担保机构监管等职责。全局核定编制15名，其中，局机关行政编制人员11名（实有在职工作人员10名，调往城投公司1名），经信执法大队事业编制5名，劳务派遣工作人员1名，退休职工25名。

【技改投资】 2018年完成工业技改投资过3000万元项目2个，建成完成技改投资4.3亿元，技改投资同比增长120%，居全州第三位。

【信息产业】 宽带乡村工程在全省平均水平之上，4G网络263个行政村完成全覆盖，自然村完成90%。电信公司4G全覆盖，已投入运营128个800M基站。移动公司行政村4G覆盖，已经完成了125个基站开通工作，完成年度计划的100%，已将2019年建设计划提前，现已建完152个。截至2018年12月底，铁塔公司已新建基站31座、改造基站119座，拟新建基站25座，改造90座（完成选址查勘设计）。

【化解过剩产能及行业管理】 制定出台《咸丰县鼓励煤矿关闭企业转型发展扶持办法》，支持煤矿企业转型升级。全县13家煤矿，已全部关闭退出。加强电力设施保护工作，积极开展电力设施保护宣传活动，督促相关部门整改电力设施隐患多处。配合县“两违办”及时对两违建房户停电10处，对全县电力企业进行6次运行检查，确保全县电网安全稳定运行。坚持每月对民爆企业进行2次常规检查，取得良好的隐患排查和预防效果，无较大安全事故发生。

（胡煜茹）

咸丰工业园区

【概　况】 湖北咸丰工业园区属省级工业园区，于2008年8月获省人民政府批准筹建。园区管委会为县政府派出的副县级行政机构，履行工业园区建设与管理的各项职能。管委会内设办公室、经济发展局、国土规划建设局，下设招商引资服务中心为隶属管理的正科级事业单位。核定行政编制11名、招商引资服务中心全额拨款事业编制20名。2018年，根据咸县机编发〔2018〕11号文件精神，从招商引资服务中心划转8名事业编制到县招商引资信息中心，实有事业编制12名。2018年末在编在岗23人，其中行政编制11人，事业编制12人。

根据工业园区“十三五”规划（2016—2020年），园区按照“一区多园”模式进行规划建设，即以白水坝工业园为中心，统筹发展忠堡工业园、清坪工业园、朝阳工业园、杨洞工业园、曲江工业园，规划建设面积12.26平方千米，白水坝主园区已获省政府批准建设，忠堡工业园区获省发改委批准建设，其他园区拟作为工业发展方向区。

咸丰工业园区（含忠堡园区）现有企业39家，其中规上企业12家，经过近十年的发展，基本形成建筑饰材、绿色食品加工和清洁能源“三大主导产业”，在县域经济发展中的“引擎”作用更加明显。一是建筑饰材产业发展势头强劲。通过科技创新和延伸产业链，形成以鑫磊矿业、明龙石业、磊源石业、宏隆建材为龙头的绿色建材加工企业集群，走出一条资源全利用的清洁化生产之路。二是绿色食品加工产业初具规模。形成以陈向食品、馨源山生态茶业、科昱魔芋为主的绿色健康食品产业集群。三是清洁能源产业不断壮大。形成以新农佳科技、聚能生物、国腾生物为代表的洁净能源产业集群。四是其他制造业竞相发展，形成以楚淼工贸、宏升工贸、红祥科技为主的高新技术企业及其他制造业集群。2018年，实现工业总产值19.83亿元，完成固定资产投资3.8亿元，完成招商引资3.4亿元，实现入库税收2711万元。

【忠堡工业园拓园建设】 忠堡工业园拓园于2018年1月启动征地工作，规划占地100公顷，计划建设55万平方米标准化厂房、4万平方米综合配套服务区，项目总投资8亿元。规划建设中的忠堡工业园由五个功能区组成：一是总部经济产业区。该区占地面积16.66公顷，主要发展总部经济，计划引进准上市高新技术企业30家以上，培育主板上市企业两家以上。二是清洁能源产业区。该区占地面积30公顷，主要发展清洁能源产业。三是硒食品生物医药产业区。该区占地面积20公顷，主要发展硒食品精深加工和生物医药产业。四是新型建材产业区。该区占地面积26.66公顷，主要发展新型绿色建材产业，以500万平方米人造合成砂岩项目和开发石材文化创意产品为龙头，改造升级老园区的石材建材企业，打造中国武陵石材之都升级版。五是综合配套服务区。该区占地面积6.66公顷，规划建设4万平方

2018年7月27日，州委书记柯俊一行调研工业园区忠堡拓园项目　　（县工业园区　供图）

米集产品展示、企业办公、商务洽谈、职工生活于一体的多功能服务区。

2018年，征收土地73.33公顷，完成总体规划和修建性详细性规划、地质灾害危险性评估、矿产资源压覆报告、洪水影响评价、规划环境影响评价、水土保持方案等基础性工作。启动水、电、网、路等基础设施建设，建成5.5万平方米标准化厂房。

【重点企业】 恩施州楚淼工贸有限责任公司：2004年4月成立，注册资金2050万元，主要从事再生资源（废纸）回收综合利用的生产、销售。公司现有职工228人，年产生活用纸2万吨、包装纸10万吨能力。由于资不抵债于2016年5月宣告破产重整，2016年10月启动破产程序，2017年6月完成破产重整。楚淼工贸有限责任公司系武陵地区最大的综合性纸品生产企业，其市场辐射范围包括湖北、湖南、重庆等多个省份。2018年生产瓦楞纸53822吨，实现销售收入19680万元，缴纳税收2464万元，安排就业250余人。

咸丰县鑫磊矿业开发有限公司：2008年成立，注册资金5000万元，专业从事建筑用大理石开采、加工、销售、进出口业务。公司加工厂占地面积500亩，建成标准化生产厂房10万余平方米，具备年产大理石荒料20万立方米、大板500万平方米、成品异型材200万平方米的生产能力。2018年实现销售收入5957万元，完成税收683万元，安排就业225人。

咸丰明龙石业有限责任公司：2006年10月成立，注册资本2000万元，是一家集矿山开采、板材加工、大理石粉加工、国内销售及外贸于一体资源全循环综合利用的大型民营企业。厂区占地面积25090平方米，可实现年产大理石板材达100多万平方米。产品畅销全国各地及台湾地区，并出口阿联酋、卡塔尔、韩国、马来西亚等国家。2018年实现产值2900万元，销售收入2900万元，缴纳税收258万元，安排就业103人。

咸丰县佳德木业有限公司：2005年7月成立，是一家由福建客商投资的招商引资企业，法定代表人郑本柽。2009年8月入驻咸丰工业园区，位于工业园区B区，占地面积30亩，注册资金1000万元，现主要生产和销售高档木制装饰板材（生态板、指接板）。2010年10月投产，累计完成固定资产投资1655万元，总投资3540万元。现拥有标准化厂房1.1万平方米，办公及职工宿舍用房0.3万平方米，工业原料林基地3.1万亩，木材加工生产线5条，年生产能力达集成材2.5万立方米。2015年1月，经湖北省林业厅认定为“林业产业化省级重点龙头企业”。2018年实现产值4200万元，销售收入4000万元，缴纳税收56万元，安排就业102人。

湖北新农佳科技有限公司：2015年3月成立，企业法定代表人李红明，2015年入驻工业园区，专业从事炉具、烘干设备等产品加工。2017年被湖北省科技厅认定为高新技术企业。2018年实现产值或产品产销量2156万元，安排就业30余人。

咸丰县宏升工贸有限责任公司：2008年1月成立，注册资本1200万元，是一家集广告纸杯、纸碗；环保塑料购物袋、广告袋、食品软包装袋；环保无纺布袋、医疗废物袋及绿化育苗用植树袋（美植袋）等设计、生产销售一体的现代化综合企业。厂区占地面积2万平方米，产品畅销武陵地区，深受广大客商好评。2018年实现产5000多万元，销售收入4700万元，缴纳税收100多万元，安排就业62人。

【咸丰县首个区域性妇联组织成立】 10月10日，县工业园区选举产生园区妇女联合会第一届执行委员会，成为咸丰县首个区域性妇联组织。县工业园园区面积约188.06公顷，辖有55家企业，常住人口3000余人，妇女800余人，儿童100余人。工业园区建立区域性妇联组织后，将覆盖至本地域内所有企事业单位、非公经济及社会组织，后期将逐步推进妇女微家、妇女之家和妇女志愿者队伍建设。

（丁青云）

国网湖北省电力有限公司咸丰县供电公司

【概　况】 2018年，国网湖北省电力有限公司咸丰县供电公司内设办公室（党委办公室）、发展建设部、财务资产部、党委组织部（人力资源部）、党建工作部〔工会、纪委（纪检）团委〕、安全监察质量部（保卫部）、电力调度控制分中心。2个实施机构〔运维检修部（检修〈建设〉工区）、营销部（客户服务中心）〕，10个供电所（黄金洞供电所、清坪供电所、小村供电所、大路坝供电所、活龙坪供电所、唐崖供电所、朝阳寺供电所、坪坝营供电所、丁寨供电所、忠堡供电所）。截至2018年底，公司在岗总人数342人，退休职工218人。咸丰电网有110千伏变电站3座，主变4台，主变容量141.6兆伏安；35千伏变（配）电站18座，主变22台，变电总容量132.5兆伏安；10千伏配电变压器1939台，总容量247.03兆伏安，10千伏线路81条共1680.03千米。全年全社会用电量33262.72万千瓦时（其中第一产业、第二产业、第三产业、居民生活用电量分别为551.75万千瓦时、11542.91万千瓦时、8491.82万千瓦时、12676.25万千瓦时）。

【安全生产】 开展安全培训和安规调考916人次。开展安全稽查和反违章工作，通过作业安全风险管控系统远程抽查作业现场数据261条次，稽查现场310次，发现处理违章56次，违章单位记分66分。开展供电所安全管理提升专项行动、“两票”专项治理、隐患排查治理、春秋季安全生产大检查、三线下杆、安全生产专项问题梳理工作，累计排查工作票1996份。规范81条主线、163条分支线及49组联络开关、106组分段开关、137组分支开关编号命名，实现全年调度无事故运行。利用网络实景地图，完成10千伏电网杆塔、设备的采集和录入奥维地图，在全州率先实现10千伏网络现状数字化。完成大修技改项目8个，电压合格率100%（监测点），供电可靠率99.48%，主网设备完好率为100%，保护及自动装置正确动作率100%。修编8个专项应急处置预案，落实冰雪、暴雨等恶劣灾害天气应对措施，加强信息、网络、交通、消防安全管理，安全生产同业对标排名全州第四。

【项目建设】 完成《咸丰县“十三五”配电网规划报告》滚动修编，《咸丰县电力设施布局规划》通过专家评审和网络公示，完成梅坪、石梯子35千伏配电站选址及可研，中低压项目储备2.8亿元获得批复。叉马路110千伏输变电工程开工建设，35千伏黄金洞变电站扩建工程基本完工。完成100余个县重点工程项目的电力线路迁建工作。完成渝鄂直流“背靠背”联网工程（南通道）、来凤至咸丰220千伏线路施工属地协调工作，配合完成220千伏黔张常电铁牵引站、白鹤滩至江苏±800千伏线路前期工作。完成活龙坪供电所、坪坝营供电所营销用房、生产综合楼搬迁工作，完成“三供一业”项目2个，在建项目3个。

2018年1月5日，公司员工在活龙坪乡二仙岩村抗冰保电　　（李伶俐　摄）

【经营管理】 开展营商环境治理，推进“互联网+营销服务”，推广“互联网+”线上办电业务，严控报装时限，新报装接电6684户，新增容量7.56万千伏安。落实一般工商业电价降价政策，平均降幅10.03%。实施电能替代和“电气化+”工程，建成充电桩18个。开展同业对标指标风险预警、专业短板攻关，对标进位至全州县市公司第2名。开展全能型供电所建设，深化同期线损综合治理，实施台区线损达标、营配贯通数据提升、计量实用化水平提升“三大工程”。开展客户投诉治理，客户投诉率和投诉量大幅下降，零投诉供电所4个，百万客户投诉率居全州最低水平。完成春节、“两会”及“两考”等重大活动保电58场次。实施财务基础、刚性预算、资金资产等全过程管控，被命名为湖北省“A级纳税人”、咸丰县纳税大户。

【精准扶贫】 行业扶贫。完成配网投资1.13亿元，新建和改造台区285个。其中，完成第一批农网10千伏及以下项目工程2507.18万元、第一批低电压农网10千伏及以下项目工程519.23万元、第二批易地扶贫搬迁配套电力建设工程2009.61万元、产业基建项目工程1220万元；完成2018年农网10千伏及以下（第二批）4487万元、2018年新增10千伏及以下配电网建设与改造3092万元、2018年新增10千伏及以下配电网建设与改造3722万元项目；完成137个易迁安置点供电工作。

定点扶贫。公司帮扶黄金洞乡金洞司村和黄金洞乡石人坪村，从“五清”入手对建卡贫困户进行多次走访摸底，通过召开村民代表大会，对自然增加、自然减少贫困户进行民主评议。严格落实“四位一体”医疗保障政策、贫困家庭学生“雨露计划”及两免一补、救助政策和生态补偿政策。协助和指导金洞司村发展白茶33.33公顷，改造老茶园33.33公顷；石人坪村发展小规模养殖场8个，成林茶园34.4公顷，鲜叶产量40万千克，烟叶种植25.33公顷，辣椒种植26.66公顷。公司投资68万元实施台区改造和煤改电项目，并争取到饮水工程和村级道路维修等项目，351国道、巴石田园路网建设、油二线公路硬化、塘岩河治理工程进展顺利，完成通信光缆主干线架设改造，石人坪村集镇安装路灯65盏。

林丽服务队在黄金洞乡石人坪村集镇宣传手机缴费操作流程（李伶俐　摄）

【企业文化】 开展习近平新时代中国特色社会主义思想、党的十九大精神学习活动，完成团委书记竞聘，党委和基层支部标准化、廉政文化示范点、班组建设有序推进。开展内部培训20批次，参训员工725人次，选派外训260人次。建立员工成长进步与新进员工成长导航机制，完成新进6名大学生员工轮岗见习，11人中高级职称申报全部通过审核，岗位异动配置42人次。加快企业文化落地，9个供电所完成企业文化墙建设。注重群团建设，1人获省公司劳模称号，1人获全省“三八红旗手”称号，1人被授予“唐崖工匠”称号，刘彬劳模创新工作室荣获国家专利一项。精准扶贫、改革开放40周年主题传播和抗灾抢险、背靠背工程大件运输等工作在主流媒体广泛传播，两次获国网恩施公司品牌贡献度认定。民族团结进步创建工作与“林丽品牌”维护深度融合，林丽工作室、刘彬工作室被命名为湖北省职工（劳模）创新工作室。开展职工访贫问苦送温暖活动，慰问职工22人，发放慰问金3万余元。

（勾银平）

国电恩施水电开发公司咸丰县管理处

【概　况】国电恩施水电开发有限公司咸丰县管理处于2013年农电体制改革后成立，从事发电经营和管理，下辖10座水电站，分布于全县7个乡镇，最远电站距咸丰县城120千米，下辖10座电站，总装机容量为31.135兆瓦，共有在岗职工82人。内设党群综合、安生、营销、物资、检修、财务6个职能办公室。

2018年完成发电量8759.80万千瓦时，安全生产形势平稳，未发生一类、二类障碍，防汛形势平稳，小河电站现场安全文明生产标准化建设通过集团验评。支持咸丰大道建设，完成断大线铁塔迁移工程；积极争取政策与县政府达成火电厂资产处置工作；全面启动相关电站生态流量泄放及小河电站竣工验收相关工作。

【电站运行情况】小河电站装机2×12500千瓦，位于清坪镇舒家坡村；断明峡电站装机1×2000+1×800千瓦，位于咸丰县高乐山镇徐家坨村；龙坪电站装机2×200千瓦，位于咸丰县高乐山镇龙坪村；土溪河电站（停运）装机2×250千瓦，位于咸丰县尖山乡小水坪村；黄金洞二级电站装机2×320千瓦，位于咸丰县黄金洞乡集镇；活龙一级电站（停运）装机2×400千瓦，位于咸丰县活龙坪乡楼子庄村；麻池河电站（停运）装机2×100千瓦，位于咸丰县活龙坪乡楼子庄村；倒坨电站（停运）装机1×250千瓦，位于咸丰县清坪镇泗坝村；太坪坝电站装机1×160+1×125+1×100千瓦，位于咸丰县清坪镇狗耳石村；泅水溪电站（停运）装机1×160千瓦。

（刘雪蓉）

朝阳电业公司

【概　况】湖北咸丰朝阳寺电业有限责任公司属国有股份制发电企业。朝阳电业公司于1996年注册成立，注册资本为7200万元，现有股东4家：国电恩施水电开发有限公司占比44%、重庆乌江电力有限公司占比33%、华电湖北发电有限公司占比15%、湖北省投资公司占比8%。

2018年末公司员工总人数81人，其中退休4人，在册员工73人，不在岗8人（内退员工3人，停薪留职5人）。内设办公室、财务产权部、政治工作部、运行维护部、安全技术部。中层管理人员12人。家属区“三供一业”分离工作完成。

公司所管辖朝阳寺水电站共安装混流式水轮发电机组4台，容量75（3×15+1×30）兆瓦，设计多年平均发电量2.55亿千瓦时。枢纽由砼重力坝、发电引水隧洞（两条）、发电厂房（新旧厂房相连）、升压站四大建筑组成。电站分两期建设，一期工程建设3台15兆瓦水轮发电机组，在1996年分别投入运行，2000年4月一期工程竣工验收，总投资36062万元。二期工程（扩机工程）于2003年5月开工，2005年扩发发建一台30兆瓦水轮发电机组（4#机）投入运行。外送线路为两条110千伏输电线路，至咸丰220千伏变电所，与华中电网相连。2008年7月通过省发改委、省水利厅组织的竣工验收，总投资9762万元。2018年末总资产15290.52万元，其中固定资产净值12416.97万元，流动资产2458.52万元。

【生产经营】2018年实际发电量22726.47万千瓦时，完成年计划的20000万千瓦时的113.63%，比2017年的25146.40万千瓦时减少2419.93万千瓦时；结算电量22011.04万千瓦时，比2017年的24287.97万千瓦时减少2276.93万千瓦时；厂用电及综合线变损率2.71%，比计划的3%下降0.29个百分点，每千瓦时耗水率7.52立方米，比2017年的7.53立方米下降0.13%，实现电费收入7507.04万元，比2017年的7961.07万元减少454.03万元，当年电费回收率100%。财务费用212.76万元，比2017年的253.37万元减少40.61

万元，实现利润总额4164.21万元，上缴税费2432.24万元。荣获县委、县政府“纳税超千万企业”通报及奖励。

【安全生产】 公司根据《中华人民共和国安全生产法》《电力企业安全生产规定》《电力企业事故调查制度》等安全生产法律法规及国家行业标准，修编安全生产事故应急救援预案；每月召开一次安全生产形势分析例会，开展一次内部安全大检查；公司按照“1+1+3”模式执行防汛值班制度，安排由1名经营班子成员、1名中层干部、3名检修人员组成的防汛工作队24小时值班。实现全年3个百日安全个数。

建成大坝安全监测网自动化；完成全厂水轮发电机组、升压站及大坝弧形工作门启闭监控系统改造合同签订；完成3台发电机调速器油压装置、2台蝶阀油压装置及1台中压气罐等共6台压力容器的改造；完成全厂发电设备的励磁系统

咸丰朝阳寺电站水库大坝　　（档案馆　供图）

的改造工作，完成全厂4台发电机组、3台主变压器、2回110千伏线路、1回35K线路共10台（套）继电保护设备的改造工作；完成110千伏线路3基铁塔隐患整治改造工作，装设安全疏散指示灯、消防报警器等设备设施；完成朝#4F水轮发电机组定子接地故障处理，更换击穿的线棒和定子铁芯，开展朝#4F水轮发电机组的A级检修工作。

（谭明怡）

商贸　旅游

商　务

【概　况】 咸丰县商务局（招商局）组建于2005年，2010年5月进行重组。新组建的县商务局为县政府工作部门，加挂咸丰县招商局牌子。全局核定编制18名，其中，局机关行政编制人员10名，商务执法大队事业编制8名，实有在职人员7名。

2018年，社会消费品零售总额累计完成44.7亿元，同比增长10.1%。2018年社会消费品零售总额完成50.7亿元，同比增长12%。完成外贸自营出口406.6万美元，完成州考核目标255万美元的159.5%，同比增长177.3%；利用外资完成817万美元，超额完成州考核目标任务。2018年全县电子商务交易额达到7781.2万元，农产品零售额达到2676.03万元，较2017年同期分别增长69%、88%。

【电商产业】 建成各类村级电商服务站164个，所有电子商务村级站点均按照“一统三治·一站六联”的模式进行整合。建立培训工作“走出去、引进来”双向机制，组织企业前往杭州参加考察学习；有针对性地将电商专家学者“引进来”授课教学。组织开展了35批次基础普及性与增值电商培训，共计组织培训1310人，其中395人为建档立卡贫困户。完善农产品生产源头性建设工作。依托“唐崖”公共品牌进行农产品再包装，实现农产品外包装及文化包装统筹；引进武汉空天软件技术有限公司建设“电子商务精准扶贫大数据平台”及“电子商务试点企业农产品追溯”；引进咸丰县家乡宝商贸有限公司实施“一村一品”项目。成功举办“唐崖好响李”开园节活动、“中国藤茶高峰论坛”和“唐崖—滋恬藤茶出山”活动，构建产品供应典型模式。建成全县电子商务物流仓储配送中心，配套建设乡镇分拨站10个，建立物流运输主路线3条；引进浙江立镖机器人“小黄人”自动分拣系统。利用东西部协作机遇，与余杭区共建咸丰余杭电商产业园并顺利开园。引进“普惠金融”，建设“智慧县域”，与阿里巴巴旗下蚂蚁金服科技有限公司签订框架协议，成功引进浙江网商银行在本县落地。

【咸丰·余杭招商引资项目宣传暨旅游推介会】 2018年4月25日，咸丰·余杭招商引资项目宣传暨旅游推介会在杭州市余杭区浙商开元名都酒店隆重举行。县委副书记、县长杨皓在推介会上致辞，余杭区副区长葛建伟出席推介会并讲话，县委副书记邹炜主持。此次推介项目涉及生态文化旅游、硒食品精深加工、生物医药、清洁能源等产业，推介招商引资项目30个，匡算总投资212.99亿元，其中包括唐崖土司文化产业园、女儿寨商贸城、笏山古镇、新城旅游港、曲江茶谷假日乡居美丽乡村建设、新城文体中心等17个项目，以及咸丰县逸辉松鹤居休闲养老项目、坪坝营旅游文化开发、年产万吨山茶油项目、小村红衣米花生精深加工等13个以商招商项目。推介会现场签订了13个协议项目，意向投资金额46.5亿元。

（胡煜茹）

供销合作

【概　况】 咸丰县供销合作社联合社是县人民政府直接管理的合作经济组织，全额拨款正科级事业单位。2018年县供销联社机关全额拨款一类事业编制为19名，实有人数17名。2018年7月实行大股室制改革，内设综合办公室、经济发展与合作指导股、社属企业管理股。

2018年，全面推进供销社综合改革，在增强基层供销社服务功能、发展电子商务、助推精准扶贫等方面成效明显，咸丰县供销合作社获湖北省供销合作社系统综合业绩考核优胜单位。当年供销社系统实现商品销售总额28亿元，较同期增长20%；电子商务销售额2亿元，较上年增长24.2%；农产品市场交易额2.7亿元，同比增长21.4%。

【综合服务】 供销社企业、基层供销和其他合作经济组织努力增强为农服务功能，为促进农村社会经济发展，推进乡村振兴战略等方面发挥作用。基层供销社、乡（镇）超市、直营店、连锁店、庄稼医院、农产品集贸市场等服务载体服务功能不断增强。

咸丰县奇泉茶叶有限责任公司实施的硒茶（老鹰茶）产业融合扩建项目，完成总投资840万元，中央和地方预算内支持420万元，项目覆盖建档立卡贫困户102户，与2个重点贫困村建立利益联结机制，促进硒茶（老鹰茶）等农特产品的发展。

供销社通过招商引资，由湖北鸿泽旅游投资有限责任公司负责对乐山大厦（酒店）进行投资改造和经营，项目总投资2500余万元，改造后的乐山酒店集住宿、餐饮、休闲娱乐于一体，实现社有资产保值增值。

【基层供销社】 县供销联社始终把基层供销社建设作为一项重要工作来抓，强基固本，努力提升供销社为农业、农村、农民综合服务的能力。2018年，咸丰县高乐山镇供销合作社、坪坝营供销合作社、丁寨供销合作社被中华全国供销合作总社评选为全国基层社标杆社。

高乐山镇供销社对马河原供销社收购门市部进行翻修重建，投入资金36余万元建成临街门面250平方米；供销社投入资金29万元对活龙坪街上原供销社饭店进行翻修重建，建成临街门面7个，建筑面积250平方米。

坪坝营供销合作社建有三农服务中心、电子商务服务站、农业生产资料销售服务部及庄稼医院、日用工业品超市和再生资源回收点。2018年供销社有员工26人，资产520万元，实现商品销售760万元，其中：工业品超市300万元、农业生产资料250万元、再生资源30万元、电子商务20万元、专业合作社160万元，实现利税60万元，供销社兴办的天才地保蜜蜂养殖专业合作社，农民及社员每户增收600元。咸丰县供销合作社大力支持坪坝营供销社的建设发展，用合作发展基金7万元奖励予以支持。

【专业合作社】 咸丰县供销合作社发展各类专业合作社155个，其中：全国农民专业合作社示范社3个，省级农民专业合作社示范社5个，州级农民专业合作社示范社10个，供销社领办、引办农民专业合作社25个。2018年，咸丰县御鉴乌龙茶农民专业合作社联合社被中华全国供销合作总社评选为全国农民专业合作社示范社。

供销社重点培育咸丰县御鉴乌龙茶农民专业合作社联合社、奇泉茶叶、天才地保蜜蜂养殖、得利食用菌、湖川生猪养殖、三石生态农业、齐力生态农业、御鉴茶叶、茂美葡萄果蔬等专业合作社，在促进农业产业发展、助推精准扶、实现农民增收等方面发挥重要作用。天才地保蜜蜂养殖专业合作社在坪坝营镇坪萝卜坪、白家河、大铧尖、三岔坝、当门坝、甲马池村发展蜜蜂养殖，为社员无偿提供蜂群和对蜂蜜实行保护价收购，当地贫困户54户179人实现增收52万元。

【电子商务】 硒乡供销电子商务有限责任公司致力打造县级电子商务运营中心平台和供销e家电子商务平台，紧扣电商扶贫，围绕工业品下乡、农产品进城和农村电商综合服务需求，发展农村电子商务，共吸纳硒博汇商贸有限公司、家乡宝公司、众馨公司、木头人、咸丰在线、湖北牛村等13家商企入驻，交易产品种类40多个，2018年实现网上交易额8500万元。

大路坝区谭家坪村李子产业园种植面积3000余亩，年产量在100万千克以上，硒乡供销电子商务有限公司发挥营销渠道优势，通过与种植户签订保护价收购协议，确保产品销售和农民利益的实现，中国网、中国供销合作网进行专题报道。

坪坝营供销合作社电子商务服务站，大力推销当地生产的蜂蜜、蜂蜡、蜂群、土豆、大米、花生、茶叶等特色产品，与邮政等流通渠道合作开展电商物流。2018年供销社电子商务平台实现收入20余万元。

咸丰县供销社建有电子商务运营中心1家，电子商务示范基地1个，村级站点145个，其中重点贫困村32个，培训贫困户、残疾人、返乡创业人员、合作社成员等3000人次，引导培育100余人成为村级服务站站长，自主开设淘宝店50人、顾乡商城170人，开通淘实惠优选平台商家350人。2018年全县电子商务交易额2亿元，其中：农产品零售额3855万元，服务型网络零售额5477万元。

【《咸丰县供销合作社志（1986—2018）》评审】 咸丰县档案局（史志办）、县供销联社于6月6日召开“供销社志（1986—2018）”评审会。会议认为：志书观点正确、资料较丰富、地方特色鲜明，具有一定可读性。按照部门志编纂要求，志稿还需要进一步修改完善，努力提升质量。

（张正海）

粮食流通

【概　况】 咸丰县粮食局内设办公室、调控和监督检查股、仓储和产业发展股，核定编制9人，2018年末实有6人。咸丰县的粮食工作以全面落实粮食行政首长责任制和确保县域内粮食安全为目标，坚持以改革创新为统领，科学谋划，突出主业，着力抓好粮食购销、储备和市场供应，依法加强粮食流通监管和粮食流通政策法规宣传，积极推进粮食应急保障和放心粮油覆盖面，认真开展社会粮食流通统计、供需平衡调查、军供粮、救灾粮、库区移民粮食以及学校学生食堂粮油供应工作。加大粮食仓储设施建设力度。提高服务“三农”水平。

咸丰县从耕地保有量、粮食播种面积、粮食生产、资金投入、市场供应、增强地方粮食储备能力等方面完成州对咸丰县粮食行政首长负责制考核目标任务。

2018年，认真贯彻落实国家粮食收购政策。全县各类经营主体共收购粮食13200余吨，累计销售粮油15500余吨。开展社会粮食流通统计及社会粮油供需平衡调查。开展“粮食科技周”“世界粮食日”和粮油“质量月”活动。全年共开展粮油质量安全抽检35批次，合格率为91%。

【粮食管理】 抓粮食流通，促进市场有序发展。一是依法开展粮食流通监督检查；二是建立健全粮食收购许可登记、审核制度，严格审批办理“粮食收购许可证”，定期开展年检，严格把好粮食收购准入关；三是组织对县国有粮食收储公司的粮食，分仓、分粮食性质进行了清查，未发现违规情况；四是全县地方储备粮体系健全，制度完善，储备粮油保管、轮换和质量监管步入规范化轨道，确保储备粮油数量真实、质量合格。注重富硒粮油品牌建设，提升大米品牌影响力。经常性对各级储备粮及商品粮开展粮情、原粮质量卫生、安全管理等方面的检查，指导企业严格按照储备粮管理的有关规定及科学储粮技术规程。

（李建武）

石油销售

【概　况】 2018年，中国石化销售股份有限公司湖北恩施咸丰石油分公司（以下简称咸丰石油分公司）有13座加油站：在县城有中心、楚蜀、杨官、城西、乡镇有杨洞、朝阳、大路坝、活龙、清坪、黄金洞、忠堡、龙坪、小村加油站，有职工56人（正式员工2人、合同制员工22人、劳务派遣工32人）。2018年紧紧围绕州公司“抓党建、带队伍、树形象，拼经营、稳增长、增效益，强三基、保平安、抢发展”基本思路，较好完成各项目标任务。全年实现销售量31422吨。其中汽油14676吨、柴油17746吨。全年上缴税金156.86万元。

【加油站管理】 按照上级公司“优质服务”活动要求，从加油站现场管理服务入手，全力打造楚蜀、中心等加油站样板站，以点带面，促进各站工作齐头并进。6月，制定《加油站考核办法》，对规范化服务工作执行较差的员工实行现场开单，责令其利用业余时间到楚蜀加油站跟班学习，学习结束考核不合格者继续直至合格为止。11月，在省公司的规范化服务标兵活动的推动下，各站优质服务氛围更加浓厚。在省、州公司督查中，受检加油站均取得90分以上的成绩。

【安全生产】 2018年，完成13座在营加油站的油气回收改造工程和6座在营站的双层罐改造并验收合格。按照州公司安数部统一下发的年度应急预案演练计划，认真组织各站开展安全预案演练，进行安全危害识别。油站对每周、每月开展的安全检查等活动，按要求做好痕迹化管理。分公司督查队每月月度巡查中对各站的站内培训进行督促检查。“安全生产月”“安全生产万里行”等一系列活动开展，员工对各自岗位的应知应会安全知识的掌握程度明显加强，全年无安全、环保等级事故上报。

（刘　梅）

烟草专卖

【概　况】 烟草专卖局在咸丰县境内对烟草专卖品的生产、运输、销售工作进行监督管理。咸丰县卷烟营销部主要负责全县卷烟的批发业务。

咸丰县烟草专卖局（营销部）内设综合办、党建办、专卖办、财务办、客户服务部，分设口子大队、城区专卖所、清坪专卖所、丁寨专卖所、城区市场部、丁寨市场部、清坪市场部7个分支机构。2018年末在岗职工51人，其中正式职工32人，劳务派遣员工19人。

2018年，紧盯年度目标，狠抓市场净化、卷烟打假、卷烟营销等工作，被恩施州烟草专卖局评为2018年度生产经营管理综合考核第四名。

【卷烟销售】 2018年，全县有卷烟零售户1217户。全年销售卷烟8492箱，完成年计划8630箱的98.4%，消化社会库存600箱以上，调状态效果明显。省产烟销售5515箱，占比64.94%，同比增加518箱，增幅10.37%；累计销额24869万元，同比增加2286万元，增幅10.12%；实现毛利7390万元，同比增加614万元，增幅9.06%；单箱均价30146元/箱，同比增加2670元/箱，增幅9.06%。省产烟、销额、毛利、单箱4项关键经济指标均衡稳定增长。

【专卖管理】 2018年查获涉烟案件232起；查获非法“三烟”80.78件，完成年度任务135%；查获万元案件30起，完成年度任务150%；涉烟案值76.23万元；查获省标网络案件1起，完成年度任务100%；治理违法违规大户13户，完成年度任务325%。2018年度全州专卖管理工作目标

举办烟草制品零售听证会　　（滕树生　摄）

考核二等奖。

（滕树生）

旅游业

【概　况】县旅游局为县政府直属（参照《公务员法》管理）正科级事业单位，核定机关财政全额拨款事业编制为8名，实有在编人员7人。内设办公室、安全生产和行业管理股、市场促进与政策法规股（统计股）。设2个全额拨款事业单位（咸丰县旅游执法大队、旅游质量监督所）。

2018年，县政府先后出台《县人民政府关于加快旅游产业发展十条意见》《咸丰县生态文化旅游产业集群建设三年行动方案（2018—2020）》《咸丰县创建国家全域旅游示范区实施方案》《县人民政府关于支持民宿产业发展的实施意见》等一系列政策，推进旅游发展。乡村旅游规划日益完善，完成《咸丰县全域旅游发展规划》编制，编制完成《白岩片区乡村旅游规划》《忠堡马倌屯乡村旅游规划》《曲江茶谷·假日乡居美丽乡村规划》等17个美丽乡村建设规划。完成全县旅游资源评估，评估后的资源将以固定资产形式划入县国投公司。改革旅游景区管理模式，由恩旅集团收购坪坝营三特公司100%股权、唐崖土司文化产业园70%股权，探索景区旅游资源一体化管理。2018年累计接待游客609.79万人次，实现旅游综合收入55.86亿元。

【“龙头”景区建设】唐崖土司文化产业园：按照“一城一镇一公园、一路一廊一中心、一堤一坝一通道”建设，加快游客接待中心组团、黄家坝旅游配套组团、遗址公园提档升级组团及青狮峡景点组团等建设，打造全县旅游发展第一“龙头”；游客接待中心完成初设，已完成土地报批；恩旅集团已委托中国建筑设计院进行麻球场片区整体设计；标识标牌完成设计方案，内部提升方案正在设计认证。

坪坝营创国家AAAAA级旅游景区：景区AAAAA级提升规划完成，委托北京大地公司编制森林小镇和进行国家森林公园规划修编；老岩孔游客接待中心完成基础工程、停车场已全部完工；天目湾景点完成项目备案，龙湾服务中心规划选址确定，征收土地157亩；步游道和索道区域地形图测量完成，完成索道招标和选线。

黄金洞生态旅游景区：黄金洞景区进一步修编景区规划，推进茶旅融合基础设施建设和景区内部提档升级，漂流调节坝投入使用，积极创建国家生态旅游示范区。

忠堡红色旅游景点：加快忠堡红色旅游景区建设进度，推进红色旅游小镇规划及接待中心、展示馆、步游道等建设。烈士纪念碑维护、陵园绿化、纪念广场平台扩宽、挥部复制及陈列馆等全部完工。

【配套要素建设】补齐“要素不全”短板。推动县城景区化建设步伐，启动新城城市设计，推进省级园林县城创建，实施县城出入口改造、人行道改造、洗车场、停车场、城市广场及城区重要节点绿化等建设。青灵山森林公园二期工程、卢家沟公园等项目扎实推进；充实住宿新业态，在全县7个乡镇，8个试点区域启动特色民宿发展，按四星级酒店标准打造的未来城市国际酒店投入营运；打造快进漫游的交通系统，黔张常铁路、咸来高速、利咸高速等大通道建设和县域内4条生态景观长廊、5条旅游公路、2个道路景观绿化

坪坝营巴人寨 （曾祥辉 摄）

快乐小溪间 （康绍英 摄）

工程稳步推进；加大特色美食开发力度，大力发展高星级农家乐，积极开展星级农家乐评定和复核；研推“土司宴”“药膳宴”等特色美食品牌；加大“厕所革命”力度，交通厕所、旅游厕所、城市公厕按星级厕所标准建设，2018 年旅游厕所 11 座全部完工。

补齐“文旅融合”短板。以唐崖土司文化产业园为龙头，加快打造严家祠堂·中国家训文化产业园、千户土家、忠堡大捷红色旅游教育基地等一批标志性文化工程。

补齐“人才队伍”短板。开展旅游系统的业务培训达 741 人次，在襄阳湖北文理学院成功举办 2018 年全域旅游专题培训班，为创建全域旅游示范区提供坚实的人才保障。

【乡村旅游提质见效】 重点打造渔塘坪至湾田、白岩至核桃园、大河边至龙潭司、马倌屯片区 4 个美丽乡村示范带建设，围绕基础设施配套推进前期项目建设。启动白岩村、湾田村和老岩孔村 3 个旅游扶贫示范村建设，带动贫困户 412 户 1493 人。乡村旅游快速发展，川洞田园、马倌屯、青龙山公园、大沙坝、苗林老寨等成为县内旅游热点。推进全域旅游与精准扶贫结合，以发展家庭宾馆、农家乐为主体，引导农民就地就业、农产就地增值，全面带动特色种植业、乡村手工业、餐饮服务业、乡村运输业、农村文化产业等业态发展，实现旅游惠民、旅游便民、旅游富民目标。

【旅游品牌形象提升】 强化活动营销。成功举办“全国牛王争霸赛及苗林老寨开园活动”，以实施乡村振兴和传承农耕文化为主题的猫儿岭首届“插秧节”、绿沃园“风筝节”及“水上世界开园音乐盛会”、中国藤茶——“唐崖·滋恬”高峰论坛及藤茶出山等活动，提升全县旅游知名度。强化线路营销。精心设计发布“2018 年咸丰深度游攻略”“杭情施意·恩施等你——十条咸丰精品疗休养线路”“森林咸丰避暑·天然氧吧洗肺——4 条咸丰夏季避暑休闲精品线路”等旅游线路。强化抱团营销。将县内重要景区景点和美丽乡村示范点进行整合，形成精品旅游线路，形成整体联动、抱团营销、集中发力的营销格局。

【旅游行业管理】 发挥“12319”“12301”等平台作用，及时处理游客投诉。建立健全旅游部门牵头，工商、公安、消防、卫生、食药监、质监等部门配合的旅游综合执法机制，以涉旅重点领域扫黑除恶行动为契机，加强对景区景点、宾馆饭店、旅行社等场所的动态督查和常态管理，提高综合服务质量和水平，形成各负其责、依法行政、协同管理、规范有序的旅游市场秩序。共开展旅游安全联合大检查 7 次，出动检查人员 62 人次，各成员单位共开展检查 42 次，出动检查人员 120 人次。共检查出一般安全隐患 17 处，整改到位 17 处，实现“安全、秩序、质量、效益”统一目标。

（李 桦）

金融业

中国人民银行咸丰县支行

【概　况】 2018年，中国人民银行咸丰县支行内设综合业务办公室、监督管理股、会计国库股。年末干部职工19人。其中：党员10人；中级职称的5人，初级职称8人；大专以上学历的有18人，其中研究生1人，本科12人。连续11年保持“湖北省金融信用县”荣誉称号。

2018年，紧紧围绕稳健货币政策要求，加强与政府部门、金融机构的沟通联系，就地方经济金融发展中存在的热点难点问题进行深入探讨，为县域重大经济决策提供政策支撑，加强金融参谋建议，不断提高基层央行在地方经济运行中的话语权。

加强窗口指导，确保信贷总量平稳适度增长。用活用好存款准备金、再贷款、宏观审慎评估等政策工具，加大对金融机构信贷调控，保持县域货币信贷和社会融资规模合理增长，为稳增长和供给侧改革营造适宜的货币金融环境。组织开展金融支持工业企业对接、“银税贷”启动仪式等活动，不断加大金融支持实体经济的力度。截至12月末，全县金融机构各项存款余额115.17亿元，比年初增加6.16亿元，增长5.35%，存款增速位居全州第5位；各项贷款余额69.48亿元，比年初增加12.14亿元，增长21.18%，贷款增速位居全州第1位；余额存贷比为60.33%，首次突破60%，比年初上升7.73个百分点。

突出政策指引，调整优化信贷结构。制定印发《咸丰县银行业金融机构深化民营企业金融服务的十条措施》《咸丰县创业担保贷款实施细则》等，进一步引导金融机构用好用活各项政策创新金融产品，努力缓解企业贷款期限、用途错配及融资难、融资贵等问题。12月末，全县创业担保贷款余额5545万元；小微企业贷款余额34.35亿元；涉农贷款余额56.41亿元。

【履行金融扶贫职责】 利用扶贫再贷款、定向降准等货币政策工具，2017年为农商行发放扶贫再贷款1.8亿元，2018年为农商行1.3亿元扶贫再贷款进行展期，该行成为金融扶贫主力军。推进扶贫小额信贷工程。综合运用云上咸丰、村村响、专题讲座、发放金融扶贫政策宣传海报等方式，加大《咸丰县扶贫小额信贷管理办法》宣传，引导金融机构开展小额信贷业务，扩大小额扶贫信贷覆盖面和增长率。截至2018年末，全县新增扶贫小额信贷9972.5万元，计1408户；累计发放扶贫小额信贷30597.97万元。开展“两站”建设。全县建立66个金融精准扶贫工作站、197个村级惠农金融服务站，实现“两站”建设全覆盖，其中32个中心站能实现小额取现、转账、缴费及贷款网上申请等业务，忠堡镇板桥村和坪坝营镇新场村被评为全省“双百示范站”。开展巡察问题整改。认真梳理各级巡视组巡察反馈问题，制定整改方案，明确整改时限和责任单位，确保整改实效；制定下发《关于开展“户贷企用”扶贫小额信贷风险专项排查的通知》，对全县“户贷企用”扶贫小额信贷风险开展专项排查，对“户贷企用”分红不到位、协议不规范、贷款有风险等问题，做到早发现、早预警、早研究、早解决。

做好驻村扶贫工作。抽调4人驻村开展扶贫工作，聘用2名资料员协助村支两委开展工作，支行行长确保每周两天到村开展扶贫工作；落实结对帮扶任务，建立党员领导干部联村帮户责任机制，副科级以上领导干部每人负责帮扶8户，中层干部每人负责6户，普通干部每人帮扶4户，确保每月入户1次，有针对性地制定帮扶措施。以“第5个全国扶贫日”为契机，在八家台小学组织开展“关爱留守儿童，告别贫困”为主题的扶贫日公益活动，宣传党和政府扶贫开发政策。针对帮扶村无村集体收入来源难题，支行经过实地考察，建议村集体发展白茶产业，并统筹安排15万元给予资金支持。

【防范化解金融风险】 开展互联网金融风险专项整治。与县金融办、银监、公安等部门组成工作专班，对辖内名称和经营范围有“金融”“投资”“财富管理”“咨询”等关键字样的企业进行全面排查，辖内共有此类企业121家，其中小贷公司2家，典当行1家，担保公司1家，投资类21家，咨询类65家，寄卖行31家，咸丰县辖内暂无互联网金融网站，全力维护辖区经济金融稳定，保护群众利益不受侵害。

加强金融风险监测评估。及时报送金融稳定基础数据，认真执行金融风险监测定期报告制度、重点企业监测制度，密切关注僵尸企业、产能过剩行业等领域风险，组织开展银行业金融机构支持企业存在逾期或不良贷款情况专题调查。

开展反洗钱与存款保险工作。规范投保机构风险评级、费率核定、保费归集和各项基础管理工作，组织对咸丰农商行开展央行金融机构评级、存款保险核查、扶贫再贷款专项核查，加大对地方法人金融机构监管力度，充分发挥县级人民银行反洗钱督办员的作用，督促金融机构及时报送反洗钱工作动态；深化部门协作机制，加强与公、检、法等部门的沟通，建立健全协作机制，宣讲反洗钱政策和洗钱罪定罪依据，推动洗钱罪案件的立案、起诉和判决。

【提升金融服务水平】 加强征信合规管理。规范征信查询、收费、用户管理、异议处理、投诉等业务流程；安装征信自助查询机，不断优化窗口服务，累计办理个人信用报告查询业务6646笔，企业信用报告372笔。加强法人金融机构统计管理，对金融机构涉农贷款、精准扶贫贷款等专项统计制度落实情况进行跟踪监督，开展数据质量评估。经理国库方面，配合开展财政集中支付电子化业务，制定电子化业务管理办法，与财政部门签订电子化业务代理协议；加强对代理银行的管理，及时与代理银行签订集中支付业务电子化清算协议。截至12月末，国库部门共计发生收入业务7.7万余笔，金额12.46亿元，支出业务1.45万余笔，金额36.21亿元。支付结算和反假方面，联合黔江中支开展“2018年渝鄂边区汉语、土家语反假货币宣传活动”，对反假、支付结算以及反洗钱知识进行宣传；开展对公账户开户审核，全辖共计开立19个农民工工资保障金账户；ACS持续高效运行，顺利完成账务处理工作和事后监督工作，业务成功率逐步提升。账户管理方面，落实“放管服”改革要求，建立健全银行结算账户许可审批机制，建立高效许可资料和开户许可证传递方式，累计办理开户业务1229笔，销户业务190笔。

（曹　洪）

银行业监管

【概　况】 2018年，中国银行业监督管理委员会恩施监管分局咸丰办事处（以下简称“咸丰监管办”）有职工2人。咸丰监管办引导全县银行业主动克服各种困难，打好防范化解金融风险攻坚战与支持县域经济社会发展。12月末，全县有县级银行业机构8家，城区营业网点15个，乡镇22个。2018年，全县银行业运营主要有以下特点：一是贷款增长超历史，增幅居全州第一位。全县银行各项贷款余额69.48亿元，比年初增加12.18亿元，增长21.25%，高于全州平均增速7.14个百分点，增幅居全州第一位。二是存款大幅增长，增幅居全州第一位。全县银行业各项存款余额突破110亿元，达114.6亿元，比年初增加14.8亿元，增长14.8%，高于全州平均增速6.6个百分点，增幅居全州第一位。三是存贷比首次突破60%大关。银行业存贷比达到60.62%，比年初增加3.17个百分点。四是银行不良贷款占比高。全县银行业不良贷款余额2.59亿元，比年初增加1.4亿元，不良贷款占比3.73%，比年初上升了1.65个百分点。不良贷款占比比全州平均水平高1.39个百分点。

【机构及高管人员监管】 履行监管职责：一是咸丰农商行董事长刘志会就部分支行长变动方案与监管办进行沟通；二是州建行副行长谢诚一行就建行咸丰、鹤峰支行现任行长互相交流问题与监管办进行沟通；三是恩施村镇银行咸丰支行谭卫行长就钱值美任县支行副行长与监管办沟通；四是受州分局委托，对向玉祥拟任工行咸丰支行副行长（主持工作）进行任前谈话；五是对咸丰农商行报送的董事、副行长、部门负责人任职资格申请作出初审意见，上报恩施银监分局监管三科；六是对农行咸丰县支行副书记（主持工作）黄华明代为履职时间已超过6个月进行风险提示，并提出整改要求。

【银行业务监管】 完成对咸丰农商行2017年度监管报告。审核咸丰农商行2017年度非现场监管补充报表数据，按月审核咸丰农商行2018年非现场监管月度报表数据。对各行揽存宣传进行实地走访查看，检查有无违规情况。召开咸丰农商行审慎监管工作会议，听取咸丰农商行董事长刘志会就2017年度工作完成情况及2018年工作安排汇报，通报全县银行业基本情况，并就咸丰农商行2018年工作提出监管要求。与县公安局一道继续开展银行业机构第五次安全评估工作。与金融办、综治办网管中心会同华成信息技术公司开展《预防和处置非法集资风险网格化信息系统》验收工作。求各行开展业务时严格执行“不得通过虚假承诺续贷方式让企业通过民间借贷偿还贷款”等8项要求。参与主席行建行咸丰支行召开的湖北建塬石材有限责任公司债权人委员会第三、第四次会议。与县人行联合召开金融联席会议，对政府合作项目贷款、贷款垒大户、小微企业贷款利率偏高、贷后管理不到位、不良贷款反弹、存款行为欠规范等风险及问题进行风险提示，要求银行业机构认真整改。

【不良贷款监管】 全县银行业不良贷款余额2.59亿元，比年初增加1.4亿元，不良贷款占比3.73%，比年初上升1.65个百分点。不良贷款占比比全州平均水平高1.39个百分点。

【金融扶贫】 引导银行业积极发放扶贫小额信用贷款，帮助建档立卡贫困户发展生产。12月末，全县扶贫小额信用贷款余额30731万元。其中当年发放9972万元，支持建档立卡贫困户1414户。督促银行业机构严格执行金融扶贫政策，及时纠正扶贫小额信贷买保险的问题。县农商行、村镇银行在发放的建档立卡贫困户贷款中累计代收保险费2624笔，金额904945.8元，已全部清退到相关贫困户存款账户。督促商业银行加强扶贫小额信用贷款贷后管理，与有关部门密切配合，严控信用违约风险。12月末，全县扶贫小额信用贷款逾期52万元，不良率0.17%。

【防控金融风险】 一是协助县金融办制定《咸丰县防范化解金融风险攻坚战实施方案》《咸丰县

防范化解地方法人金融机构金融风险工作方案》《咸丰建塬石材有限责任公司风险处置化解方案》；协助金融办组织处非主要成员按月对全县所有小贷公司、担保公司、典当行、寄卖行、投融资咨询公司开展“拉网式”风险排查；组织银行开展账户异动风险排查；对金融办交办3起的风险线索，督促有关银行开展排查。二是督促银行业机构认真开展金融风险攻坚战工作。全县银行业核销不良贷款11922万元。

【打击和处置非法集资】 在皇城广场举办防控金融风险宣传教育月活动仪式，集中开展金融知识宣传。通过在县内主流媒体、网站、公共交通LED屏、银行网点显示屏上发布相关金融政策及法律法规知识，典型案例等，加大金融风险知识宣传普及力度，引导公众远离非法集资。利用县职中晚上上德育课的时间，通过播放宣传片和发放宣传资料，对学生开展远离非法校园贷宣传。

（陈直斌）

工商银行咸丰支行

【概　况】 中国工商银行咸丰支行位于咸丰县高乐山镇解放路337号（原红旗路2号），内设办公室、市场营销部，有对外营业综合物理网点1个，附行式ATM网点1个，离行式自助网点3个（楚蜀大道农业局大门旁、皇城广场、二道河转盘处）。物理网点属多功能综合网点。分现金业务区、非现金业务区和贵宾服务区，可办理人民币存款、贷款、结算业务，代理发行金融债券，代理发行买卖兑付政府债券，代理保险业务，经银监局批准的其他业务，在中国人民银行批准的范围内授权的业务，外币存款、贷款、外汇结算等其他业务。2018年末在职员工28人。

2018年末，各项存款余额82821万元，比年初下降6096万元；各项贷款75876万元，比年初增加20821万元。存贷比91.61%，比上年增加29.7个百分点。贷款不良率4.87%；全年实现中间业务收入984万元，实现拨备前利润2494万元，实现账面净利润1860万元。

【服务地方建设】 大力支持县域重点项目长期建设。发放朝阳电业公司、小河水电站、咸丰大道项目贷款。2018年末余额分别为800万元、1700万元、5000万元。抢占优质中小企业客户信贷市场，加大对中小企业、民营企业的金融服务力度，大力支持县域民营龙头企业。2018年末，中小企业贷款（一般流动资金贷款）客户14户，中小企业贷款贷款余额8958万元，其中：涉农贷款1283万元，全部为A级以上信用企业。

（李高能）

农业银行咸丰县支行

【概　况】 中国农业银行咸丰县支行位于高乐山镇解放路347号，内设综合管理部、客户部，2018年末在职员工49人。设立支行营业部和徐家坝支行2个物理网点，皇城自助银行和南门广场自助银行2个城区自助网点，坪坝营镇和唐崖镇2个乡镇自助银行。

2018年末，各项存款余额109049万元，比年初下降2307万元；各项贷款余额45737万元，比年初净增2748万元。年末营业收入3037万元，净利润–3929万元。

【农村金融服务】 在乡镇、行政村设立22个“惠农通”服务点，方便广大农村居民养老金的领取，开展城乡居民养老保险代理支付业务。2018年，“惠农通”服务点代付城乡居民养老金4100万元，支付代理费用23万元。

（丁传友）

农业发展银行咸丰县支行

【概　况】 中国农业发展银行咸丰县支行成立于

1996年12月，属于国有政策性银行，下设办公室、信贷业务部、会计结算部。2018年末在岗职工12人，退休职工3人。主要经营和管理粮棉油农副产品的收购、储备、加工、调销贷款；办理中央和省级政府的财政支农资金的代理拨付以及开户企业单位的存款、结算业务；办理农、林、牧、副、渔业产业化龙头企业贷款；办理农村基础设施建设及农业综合开发贷款；办理农业小企业贷款。

2018年，贷款余额110620.21万元，比年初增加50343万元，增幅83.52%。累计发放贷款57567万元；累计收回贷款7224万元。存款余额69049万元，较年初增加3752万元，增幅5.75%，日均存款6亿，比年初增加2.3亿元，增幅62%。年末，各项收入3634万元，其中贷款利息收入3525万元；金融机构往来利息收入101万元，各项支出1659万元，实现利润1975万元。12月末，支行不良贷款2400万元。

【业务拓展】 2018年，支行全年成功申报审批中长期贷款项目3个，总金额119500万元，分别为咸丰县交通建设投资有限公司申请的救灾应急中期贷款10000万元、贫困村提升工程扶贫过桥中长期贷款29500万元；咸丰县城市建设投资有限责任公司申请的城中村改造非PSL中长期扶贫贷款80000万元。全年投放贷款57567元，分别为咸丰交投公司10000万元救灾应急中期贷款、扶贫过桥贷款29500万元，咸丰城投公司棚户区改造贷款首笔14900万元，咸丰县高乐山粮食收储公司投放县级储备油贷款417万元，龙头企业发夏和帅丰投放2750万元。

（罗　韵）

建设银行咸丰县支行

【概　况】 中国建设银行股份有限公司咸丰支行位于咸丰县高乐山镇沿河路7号，内设综合业务部、营业部。2018年末在职员工19人。具有高低柜分离、大堂引导、客户等待、客户体验、客户自助区、VIP服务、客户理财规划等功能分区明确、服务多元化的综合型对外物理营业网点一个。设立附行式自助银行1个，离行式自助银行2个。其中现金存取款机7台、现金取款机4台。智慧柜员机5台。拥有网上银行、手机银行、微信银行、电话银行等方便快捷的电子银行服务渠道，具有互联网支付、互联网投资理财、互联网融资三大互联网产品线。

2018年末存款余额115639万元，较年初新增14096万元。其中个人存款余额63981万元，较年初时点新增8404万元；对公存款余额51658万元，较年初时点新增5691万元。各项贷款余额65151万元，较年初新增539万元。

【社会责任】 推进助农取款点和裕龙通取款点建设。助农取款点建设实现咸丰县乡镇的全覆盖，设立便民取款点90个。推进金融精准扶贫工作。发放经营主体扶贫贷款31笔，金额2515万元，发放小额扶贫贷款4笔20万元。为加强帮扶村基层党组织建设，上级行下拨党费4万元，分别向本行帮扶村小村乡兴隆沟村和清坪镇麻柳坝村各购买空调、计算机等价值2万元的办公设备。同时，看望慰问帮扶村的困难群众和困难党员，为兴隆沟村留守儿童赠送书包和学习用品。落实“劳动者港湾”建设，为帮助户外劳动者解决喝水难、歇脚难、如厕难等实际困难，向劳动者提供便民用具和爱心专座等。

（吴晓畅）

咸丰县农村商业银行

【概　况】 2018年，咸丰县农村商业银行下辖16个营业网点（1个营业部、12个综合业务支行、3个单一业务支行）。其中乡镇网点11个，城区网点5个。在岗员工178人，是全县网点和人员最多、服务范围最广、资产规模最大的银行业金融机构。2018年末，各项存款余额39.3亿元，较年初增加4.1亿元，增长11.75%；各项贷款余额26.6亿元，较年初增加2.5亿元，增长10.55%；实现净利润3900万元，缴纳税收2700万元，是全县唯一纳税过两千万的银行金融机构。

【业务发展】 支持实体经济。2018年，投放各类贷款15.81亿元，净投放2.5亿元。其中：累计投放涉农贷款14.65亿元，涉农贷款余额23.55亿元，占全部贷款比重88.53%；投放企业贷款70户，金额4.56亿元，企业贷款余额8.58亿元。信贷支持的小微企业客户总量144户。

助力精准扶贫。2018年，累计投放扶贫贷款1066户8239.5万元，扶贫贷款余额2.76亿元。其中：本年直接支持建档立卡贫困户1049户7049.5万元，建档立卡贫困户信贷支持总数3909户，余额2.56亿元；支持带动贫困户发展的龙头企业、农民专业合作社、能人大户等新型农业经营主体17户1190万元，支持新型农业经营主体信贷54户，余额1985.56万元，帮扶带动6534户贫困农户就业脱贫。

推进信贷转型。推进信贷管理"五个转变"，推广经营类微贷、消费类微贷、银税互动类微贷、线上网上类微贷"四类微贷模式"，满足小微客户资金需求，优化贷款结构。2018年，全行共发放各类线下微贷896笔，授信线上福E贷295笔，发放金额17361.6万元，余额14386.6万元，逾期金额0.28万元。全行单笔500万元以下贷款占比62.28%，较年初上升0.69个百分点。

托展电子银行业务。全年发行信用卡7782张，拓展各类扫码收单商户5031户，手机银行签约客户数6.3万户，布放自助存取款设备36台、设立离行式自助银行网点3个、惠农金融服务站31个、安装转账电话1326台，推广金融服务网格化平台并建立工作站31个，电子银行业务替代率82.11%，商户活跃率39%。

（李　珊）

邮政储蓄银行咸丰县支行

【概　况】 中国邮政储蓄银行股份有限公司咸丰县支行，内设综合管理部、综合业务部两个职能部室，下辖育英路和清坪两个二级支行，另有10个邮政代理营业所。2018年末在职员工41人。全年实现收入4139万元。利润受资产质量影响，全年负380多万元；信贷累计放款54045万元，结余52481万元；自营各类存款94933万元，存贷比达到54.8%。

至2018年底，全行有畜牧贷、烟农贷、烟草贷、税贷通、小微易贷、农资分销贷、惠农易贷、POS流水贷、创业贷、邮储精准扶贫贷、助保贷、优享贷、邮享贷等多个产品，基本能满足各类客户需求。全年发放各类贷款54045万元，其中：小额贷款5527万元，小企业及个商贷款17384万元，其他贷款31134万元。

【金融扶贫】 认真贯彻落实县委县政府脱贫攻坚统一指挥调度令，将上级行下达的扶贫小额贷款计划分解到每一名信贷客户经理，按月召开督办会，并严格落实考核政策。同时进村入户宣传政策，实际对接村15个，召开推介会20余场次。截至2018年末，结余扶贫小额信贷1148万元，全年净增95笔，金额448万元。在全县各家银行中第一个完成扶贫小额信贷投放计划。

【支持小微企业】 面临经济下行的宏观外部环境，在合规的基础上继续加大支微支小的力度。全年发放各类贷款中，规模已上企业投放占信贷总投放的20%，实体经济相关经营主体及三农占信贷总投放的58%。在支持民营企业上采取一系列的措施：一是对于经营正常，企业主诚实守信，坚决做到不抽贷、不断贷；二是切实降低企业融资成本，一方面直接降利率1—1.5个百分点，另一方面主动承担企业在贷款中产生的抵押登记费，评估费等费用。在对待风险企业上，实行一户一策，因企施策。在不良贷款风险化解上，一方面采取自主催收和司法催收，另一方面积极开展呆账核销工作，全年累计核销不良贷款1700余万元。

【金融服务】 开展送金融知识下乡活动。全年累计开展送金融知识下乡、宣传防盗、防抢、防诈骗等服务活动15场次，组织召开信贷业务宣传推介会38场次，受众3000余人。送金融政策下乡，扫除金融服务盲区。累计搭建综合村级金融服务站14个，较好地解决部分偏远乡镇存取款难的问题。建成信用村2个，累计信用评级80余人，授信60余户，授信贷款额度200万元。

（郭　昕）

恩施兴福村镇银行咸丰支行

【概　况】 恩施兴福村镇银行咸丰支行于2007年8月18日正式对外营业。下设分支机构清坪支行、坪坝营金融便民服务站、唐崖驿站。2018年底，全行现有员工37人，均为大专以上学历，正式党员8人。存款余额突破5亿元，贷款余额突破3亿元。

以开设金融便民服务站——“兴福驿站”为突破口，将信贷办公室前移，主要以乡镇、农村市场主体为服务对象，通过进村入户、上门服务的方式实施普惠金融服务，致力于为金融供给不足、竞争不充分的农村市场因地适宜提供特色信贷产品及其他金融服务。在唐崖镇建设1家“兴福驿站”，配备3—5名工作人员，全部是从当地招聘的信贷客户经理。客户经理对站点周边的所有企业、村委会和农户进行宣传拜访，开展精准识别，对接金融需求，建立客户信息档案。“驿站”办公系统与信贷系统连通，贷款的申请、审批、发放均能在乡镇驿站即可实现。对“驿站”单独考核，既注重信贷任务的完成，又注重进村入户数量、客户建档立卡数量、新产品开发等市场要素的考核，确保兴福驿站全面发挥普惠金融服务功能。“驿站”内配备自助机具，具备自助开卡、跨行转账、明细查询、补登折等实质性服务功能。

【助推脱贫攻坚】 2017年10月开展扶贫小额信贷工作。2018年末，累计发放贫困户小额信贷28笔150万元。其中产业经营主体31笔金额1505万元，带动贫困户户数1128户。

（熊　英）

湖北银行咸丰支行

【概　况】 湖北银行咸丰支行自2017年1月成立以来，积极支持实体经济发展，灵活运用信贷产品和多样化的担保方式，加大重大推进项目、中小微企业及社会居民的信贷支持力度。2018年末，各项存款余额41182万元，各项贷款余额45384万元，存贷比110%，其中2018年新增贷款2.31亿元，在县域金融机构位居前列，银行业金融机构支持地方发展考核得分86.1分，排名第一。同时，2017年末，咸丰县国投公司代行县政府出资，认购湖北银行股份1000万股，金额3080万元，成为湖北银行股东。

（杨　帆）

中国人民财产股份有限公司咸丰支公司

【概　况】 中国人民财产股份有限公司咸丰支公司是人保财险在咸丰县的四级分支公司，内设承保部、理赔科、车险事业部、农险部，商业非车险事业部、财务科、综合部、电销部、营销服务部，分别在黄金洞乡、唐崖镇、清坪镇、坪坝营镇建立营销服务部。2018年末有员工65人。

2018年，公司实现总保费收入3763.58万元。其中，完成财产险保费306.02万元，船货险保费12.3万元，责任险保费356.66万元，意健险（学平险）保费306.86万元，农险保费297.94万元，车险保费2483.8万元。

【企业责任】 公司积极发展治安家财保险、企业财产保险、车辆保险、工程保险、责任保险、意外伤害保险等与经济增长、社会保障相关联的险种，为重点领域、重大项目和精准扶贫提供风险保障。对全县贫困户175户赔付234万元，政银保业务放款300万元给鑫源茶叶。2018年，公司累计为全县提供风险保障近300亿元，缴纳增值税、房产税、所得税等各类税款400.5万元，新增就业岗位281个，为网格员增收30余万元。积极支持重点工程建设，完成咸丰新城项目建设保费148万元，完成农房统保、大河边电站财产险、丁寨电站财产险续保，落实各类保险赔付2294.7万元。参与地方政府精准扶贫，人保财险咸丰支公司分别驻活龙坪乡水坝村、活龙坪乡板桥村，建立扶贫尖刀班，其中板桥村已脱贫。

中国人寿保险股份有限公司咸丰县支公司

【概　况】 中国人寿保险股份有限公司咸丰县支公司，2018年末有合同制员工19人，保险代理人609人，在全县10个乡（镇）设立服务机构，常年为8万多名客户提供了各种类型的分红、养老、健康、意外伤害、车辆等保险保障服务。2018年，保费收入9917.78万元，其中长险首年保费收入2991.73万元，续期保费6580.43万元，短险保费收入521.76万元；赔（给）付保险金额7794.91万元。其中死亡赔付313.09万元，医疗给付240.98万元，满期及年金给付4402.18万元，年金给付750.5万元，退保金给付208.78万元。

【完善“三大体系”】 个险渠道坚持转型发展，从注重保费规模向规模与价值并重转变。个险渠道在全国保费增长乏力大环境下，从5月开始遏制下滑趋势，同比增长，逐步进位。团险渠道以学平险业务为主积极开拓团体业务市场，在全州率先完成任务，为全县近2万户计生家庭提供10多亿元的风险保障。银保渠道通过树立开门红文化，提前3个月完成任务目标，始终保持全省系统先进地位。全年职能指标综合考核位居全省前列，全年共实现银保渠道业务824.37万元。

【风险管控】 搞好承保的质量管理。从销售开始，严格核保，提高做单质量，杜绝劣质单。着重提高核赔质量，落实结案时效，加大赔案的调查力度，切实挤掉赔案中的水分，严防超规定承保，超标准理赔，把防范风险落在实处。全年应赔付各类理赔案件1958件，实际赔付1958件，赔付率达到100%。

（唐　牧）

中国太平洋财产保险股份有限公司咸丰支公司

【概　况】 中国太平洋财产保险股份有限公司咸丰支公司（以下简称太保产险），隶属于中国太平洋财产保险股份有限公司恩施中心支公司的四级机构。2018年末有劳动合同制员工12人、考核期试用人员2人。公司经营场所：咸丰县高乐山镇楚蜀大道29号。咸丰辖区内营业出单网点3处（支公司本部、咸丰县恒通公司检测中心服务点、太平洋寿险产寿交叉部）。

2018年完成入账保费1923万元，其中车险1658.9万元，非车险264.1万元，同比增浮28%，综合成本达1122万元，综合赔付总支出606万元，实现承保毛利润549万元。

（吴红梅）

中国太平洋人寿保险股份有限公司咸丰营销部

【概　况】太平洋人寿咸丰服务部率先引进“寿险营销”模式。公司设置法人业务部，主抓团险业务、城镇农合大病医疗健康险、高危行业、兼业代理（银行保险）。个人业务设组训，由行政经理直管。行政经理主抓本部个人代理业务，及本部日常行政管理，组训负责培训代理人及助理，行政经理对个人代理人管理。2018年末本部门有代理人391人，合同制员工8人。其中法人渠道2人，兼业经理1人，新农合城镇居民大病保险理赔专员1人。

2018年，个险渠道完成期交保费1700万元，实现连续8年正增长。比2017年增幅21%，有效人力净增长102人，增幅和保费规模居全州第一位。提前2个月完成全年任务。现有基本法督导2人、高级经理2人、经理5人。

法人业务。2018年团险保费97万元，同比增长41%。新农合完成赔付1419件，其中医院直补916件。总赔付678.5万元。超额赔付90.3万元。

后援管理，科技化理赔技术，保全服务方便。保全受理2651件，移动终端处理达1051件，客户自助处理160件。个险核保2110件。理赔报案96件，立案受理84件，赔付285.6万元，平均理赔时间1.44天。续期收费2287万元，续期继续率99%。

（程俊杰）

交通　邮电

交通运输

【概　况】 咸丰县交通运输局是全县交通运输行政主管部门，内设办公室、工程计划股、财务审计股、安全运输股。下辖公路管理局、高速公路建设管理办公室、道路运输管理所、农村公路管理局、交通基本建设质量监督站、地方海事处。2018年末，交通运输系统在职职工162人；交通局机关编制14人，在职12人，退休人员17人。

2018年末，全县公路总里程3035千米，路网密度118.6千米/百平方千米，其中高速公路47千米，一级公路15.95千米，二级公路183.8千米，三级公路380千米，四级公路2247千米，等外公路161.25千米。内河航道通航里程140千米，人行渡口12个。客运站6个，其中二级客运站1个，五级客运站4个，简易站1个。

【交通基础建设】 全年完成交通固定资产投资额9.2亿元。完成249省道丁寨至甲马池段路面工程量50%，353国道火车站至丁寨沙坝段路基工程量85%，351国道谢家土至大沙坝段路基工程量65%；大路坝至活龙坪资源旅游路完成路基建设、县城至火车站道路工程（咸丰大道）完成路基工程，完成路面工程量30%，新开工十字岭隧道及接线工程、杨洞至沙子场路面大修工程，完成白岩服务区、长湾超限检查站、朝阳客运站、双河服务区4座交通厕所建设。全年新建及改扩建农村公路622.235千米（精准扶贫农村公路建设工程448.06千米，提档升级建设工程154.58千米），建设公路安全生命防护“455”工程574.17千米。

【“四好农村路”建设】 全年实施“四好农村路”建设项目78个，其中农村公路提档升级建设工程31个，建设规模154.58千米，上级补助资金3026.48万元。创建“美丽农村路”项目路线62条，共计450千米。通过全省初检17条，共141.41千米。2018年，黄金洞乡、忠堡镇为创建“四好农村路”示范乡镇，经全州综合评定，黄金洞乡通过全省初评。

【运输服务】 全县客运企业11家，其中班线客运5家、出租企业2家、公交企业1家、租赁企业3家。营运客车633辆，货车997辆。客运线路101条，其中省际线路10条、市际线路1条、县际线路6条、县内线路84条。办理道路运输证420个，办理临时包车、加班线路牌730块。全年客运量290万人，同比增长0.99%；旅客周转量47500万人千米，同比增长0.98%。货运量489万吨，同比增长0.99%；货物周转量81100万吨千米，同比增长0.99%。有维修企业26家，其中一类1家、二类16家、三类9家。驾培机构3家。全年培训学员2800名，合格率65%。水路运输，渡口运输155000人次，其他客运量11000人次，与上年相比减少20%。

2018年12月8日，咸丰县大路坝十字岭隧道施工现场　（李维君　摄）

【公路养护】 强化养护管理，打造“畅安舒美”通行环境。一是共创绿色生态示范路。采取建养一体化模式，实施省道249大河边至白岩段公路沿线景观绿化工程和8处边坡生态修复，对公路用地、边坡立体绿化面积58000平方米，与忠堡镇政府共建省道248土地关至老鸦关14千米绿色文化长廊、步游道和观景台。二是开展重点旅游公路和安防工程“迎旅游高峰，保安全畅通”专项行动。对坪坝营和唐崖2个国家AAAA级景区旅游公路投入150余万元用于路面坑槽修补，对临近坪坝营3千米核心区路段实施开普封层，修复受损钢护栏板1012米，拆除非公路标志牌56块，在州交通局组织的检查评定中位居第一位。三是推进预防性养护。对公路路面病害早发现早安排早治理，累计修补路面坑槽6000余平方米，实施沥青灌缝268千米，疏通桥梁涵洞652道，维修涵洞2道，老寨桥梁预防性养护工程于11月中旬完工。四是推进危桥加固、安防工程及交调设施建设。完成干溪、杨泗坝2座危桥加固工程；投入约1300万元的2018年安防工程现已完成工程量45%，预计2019年4月完工；新建成忠堡、金洞寺和双河3个交通量观测站。五是加快交通厕所建设和站房提档升级。11月启动金洞寺交通厕所建设和站房改造，预计2019年4月底建成；完成长湾超限站厕所升级改造并投入使用；白岩新建厕所、观景台于9月底建成并投入使用。

全年完成路面清扫4038千米，砍割修整边坡73万平方米，清理边沟1443千米，清理塌方1440立方米，养护桥涵665座/道，维修维护标志标牌593块，行道树刷白172千米，新安装钢护栏404米，沥青路面灌缝268千米，修补路面坑槽7100平方米，安装桥梁警示桩80个，储备融雪剂100吨。

落实农村公路养护。清理路面泥石37248立方米，修复边沟5728米，修补沥青路面坑槽361平方米，修补砼路面坑槽11258.4平方米，砼路面灌缝373.381千米，整治翻浆路基549平方米，疏通涵洞176道，整修涵洞31道，修复桥梁栏杆140米，修复钢护栏2961米，清除路基坍方22148.91立方米，修复挡土墙28270.2立方米，维修增设示警柱279个，维修标志137个，新建防撞墙3259米，泥结碎石修补路面坑槽4573平方米。

【路政管理】 贯彻公路法律法规，继续开展路政宣传月和“执法大走访”等宣传活动，发放宣传单5000余份，发放宣传册100余份；开展路域环境综合整治，查处路损案件18起，挽回路产损失11.494万元，与高乐山镇政府开展“整治集镇，美化家园”活动，对省道249梅坪集镇过境路段开展联合治理；做好背靠背换流站建设工程及大件运输的许可和护送工作，推进服务型路政建设；协同相关部门开展“货车违法超限超载行为”整治活动，检测车辆312辆，处罚超限车辆9辆，责令卸载438.7吨，由交警罚款3200元，扣分27分。8月中旬，在省道椒石线K77+430米处建设全州首套不停车超载检测系统（非现场执法设备），提高科技治超水平，过往省道椒石线的货运车辆超载率由原来的20%下降到5%左右。

加大工程建设监管，落实“四制”制度（项目业主制、合同管理制、招投标制、工程监理制），健全“两级政府、四级管理、六级模式”的网格化质量监管体系（县、乡两级政府是责任主体，交通质监部门、项目业主、施工单位、监理单位是直接责任主体，县、乡、村、组、群众监督员、专业检测机构实行联动监管）。严格考核兑现，实行“五个一票否决”，质量安全监督覆盖率100%。

开展“打非治违”专项整治活动，重点打击“黑车”和非法驾培。出动监管执法人员1302人次，执法车辆651辆次。检查车辆434辆次，发放《禁止非法从事道路客运经营告知书》114份，在长途汽车站及二道河桥头设置“打非治违”永久性警示牌5块，暂扣违法经营的“黑车”14辆、跨区域经营的“黑教练车”4辆。处理违法案件27起，全年共收缴行政处罚罚款73400元。

【节能降耗】 全年运营车辆运输周转量单位能耗下降1.8%，运营船舶运输周转量单位能耗下降2.1%。内河运输船舶主要污染物排放总量减少2.8%，运营汽车尾气排放总量减少1.5%以上。

【安全应急管理】 按照“全覆盖、零容忍、严执法、重实效”要求，安排部署排查整改工作。全年开展安全生产检查155次，整改安全隐患58起，下发隐患整改通知52份，督促整改率100%。编制和修订加强应急预案，健全交通运输系统应急预案体系，分别以公路保畅、水上搜救、应急运输及火灾防控为主题开展3次应急演练活动。

【投融资】 全县通过贷款用于农村公路建设工程29500万元，使用农发行精准扶贫过桥贷款支付2017年农村公路建设工程款4250万元，用于2018年精准扶贫农村公路建设25250万元。

【公路建养改革】 申报实施普通公路“建养一体化”01项目包，共计6个项目，包括351国道咸丰县大沙坝至龙井段、249省道坪坝营至荆竹泉段、367省道旋坨至甲马池段、463省道咸丰县唐崖至大路坝段、咸丰县唐崖至朝阳旅游公路、咸丰县朝阳大桥及接线工程。项目总里程158.5千米，总投资32.23亿元，中标单位为中铁十七局。县人民政府特成立由县委副书记、县长为组长、相关分管副县长为副组长和相关县直部门、乡（镇、区）为成员的普通公路“建养一体化”工作领导小组，明确成员单位职责，保障推进“建养一体化”工作。

按照“完善机制，落实责任，群众参与，全面养护，保障畅通”和“谁受益、谁养护”的原则，实行“政府主导、部门指导、县道县管、乡村道乡村管、组级路受益群众管”的分级管理体制，建立以乡镇为主体的农村公路养护工作机制，坚持专业养护与群众养护、日常养护与集中养护相结合，优先安排贫困户，更多地吸纳当地村民参与，乡道由乡（镇、区）采取“公司化+专业化”等模式养护，村内干道公路由村集体经济组织养护，通组公路由受益群众负责管理和养护，努力构建联养共建大格局。大力推行专业化、机械化、规范化、公司化养护，提高养护水平和资金使用效益。全年共开展4轮农村公路养护考评工作，对考核结果进行全县通报，并按照考评得分兑现养护资金。

【文明创建】 坚持以抓系统精神文明创建促进交通运输事业全面发展的思路，打造“道德讲堂”等全县示范品牌，深入开展“六城同创”“交通文明出行”“我们的节日”“全民阅读”“文明餐桌”等活动。局机关、公路管理局通过2018—2019年度届中“省级文明单位”考核，运管所、农路局通过“州级文明单位”考核，高路办通过“县级

交通运输局举办全县交通系统道德讲堂
（刘乙霖　摄）

文明单位”考核，全系统文明单位创建面 100%。

（刘乙霖）

公路管理

【概　况】 咸丰县公路管理局在职在编职工 45 人，费收转岗人员 11 人，劳务派遣人员 63 人，退休人员 150 人，中共党员 59 人。机关内设党建办、办公室、财务股、审计股、人事股、养护股、工程计划股、法制安全股、路政大队。下辖长湾超限检测站、白岩、清坪、杨洞、城关养护管理站及养护应急中心，管养公路里程 315.4 千米（省道 4 条、县乡道 7 条）。

【公路养护】 全年清扫路面 4038 千米，砍割修整边坡 730000 平方米，清理边沟 1443 千米，清理塌方 1440 立方米，养护桥涵 665 座 / 道，维修维护标志标牌 593 块，行道树刷白 172 千米，钢护栏维修 1012 米，新安装钢护栏 404 米，沥青路面灌 268 千米，修补路面坑槽 7100 平方米，安装桥梁警示桩 80 个，储备融雪剂 100 吨。

开展重点旅游公路和安防工程“迎旅游高峰，保安全畅通”专项行动。对坪坝营和唐崖河 2 个国家 AAAA 级旅游景区旅游公路投入 150 余万元用于路面坑槽修补，对临近坪坝营 3 千米核心区路段实施开普封层，修复受损钢护栏板 1012 米，拆除非公路标志牌 56 块。在州交通运输局组织的检查评定中名列第一位。

推进生态养护和预防性养护。配置 31 台割草机，随时清理边坡和路肩杂草；针对路面病害，修补路面坑槽 6000 余平方米，实施沥青灌缝 268 千米，疏通桥梁涵洞 652 道，维修涵洞 2 道，老寨桥梁预防性养护工程于 11 月中旬完成施工。

推进危桥加固、安防工程及交调设施建设。完成干溪、杨泗坝 2 座危加固工程和老寨桥梁预防性工程；省道 249 安防工程（2017 年项目）在 8 月竣工验收，省道 232 安防工程（2017 年项目）9 月底完工（投入资金约 650 万元，整改隐患里程 29 千米）。2018 年安防工程（G242、S232、S248、S249，投入资金约 1300 万元），于 9 月中旬施工企业进场施工，已完成工程量 25%，预计于 2019 年 4 月完工；新建成忠堡、金洞寺和双河 3 个交通量观测站。

2018 年建成的白岩服务区，位于利咸线 K180+100 米处

（陈　岚　摄）

加快交通厕所建设和站房提档升级。11 月启动金洞寺交通厕所建设（2020 年计划项目）和站房改造，预计于 2019 年 4 月底建成；长湾超限检测站厕所升级改造于 12 月完成并投入使用；白岩新建厕所、观景台于 9 月底建成，是咸丰县公路沿线一道靓丽风景线和最美服务窗口。

【工程管理】 一是咸丰县 248 省道大河边至太平沟段景观绿化工程的立项、工可批复、施工图设计及批复等前期工作完成。二是完成椒石公路川洞服务区建设项目、沙田湾危桥改造的审计工作。三是完成 G351 谢家土至大沙坝段改建工程约 60% 路基工程量施工，完成黄虎坝大桥的下部结构施工。完成星斗山国家级自然保护区的用地行政申请。四是完成 G353 咸丰火车站至丁寨互通段改扩建工程 90% 路基工程量施工，完成曲江河中桥的主体工程，完成下穿高速狮子岩大桥的行政审批。

【路政治超】 开展路政宣传月活动和“执法大走访”等宣传活动。发放宣传单 5000 余份，发放“治超总动员”宣传册 100 余份；开展路域环境综合整治，查处路损案件18起，挽回路产损失11.494万元，无一例行政复议、行政诉讼案件。

开展“整治集镇，美化家园”活动。对省道249梅坪集镇过境路段开展联合治理，做好背靠背换流站建设工程及大件运输的许可和护送工作，推进服务型路政建设。

协同相关部门开展“货车违法超限超载行为”整治活动。检测车辆312辆，处罚超限车辆9辆，责令卸载438.7吨，由交警罚款3200元，扣分27分。8月中旬，在省道椒石线K77+430米处建设全州首套不停车超载检测系统（非现场执法设备），提高科技治超水平，过往省道椒石线的货运车辆超载率由原来的20%下降到5%左右。

【创建“路畅人和”党建品牌】 打造具有公路行业特色的“路畅人和”党建品牌，创建经验在全县交流推广并在《恩施日报》上专题报道，推出以魏国旺、徐明松、李邦兴为代表的先进典型。6月，白岩管理站徐明松被县人民政府授予“咸丰县劳动模范称号”。

2018年1月8日，县公路局白岩站养护工人在大活线进行扫雪防滑作业　　（喻　小　摄）

农村公路和交通物流

【概　况】 根据《恩施土家族苗族自治州农村公路管理条例（修订）》和恩施州机编发〔2015〕126号文件，咸丰县农村公路管理局整合咸丰县农村公路管理站和交通物流发展局，设立咸丰县农村公路管理局，加挂县交通物流发展局牌子，为隶属县交通运输局管理的副科级事业单位。2018年末在编在岗13人，劳务派遣1人，退休人员7人。

【农村公路建设与养护】 2018年，按照全县脱贫攻坚工作部署，为解决全县剩余到村（包括撤并村）不通硬化路、到组不通砂石路以及村级主干道硬化问题，县委、县政府使用农发行扶贫过桥贷款实施精准扶贫农村公路建设项目102个（调整后），总里程448.06千米，总投资25250万元；实施农村公路提档升级建设工程31个，建设规模154.577千米，安排补助资金3026.482万元；实施公路安全生命防护“455”工程242.8千米，总投资2792.239万元；实施危桥改造工程项目共4座：坪坝营大河寨桥、小村喂龙石拱桥、黄金洞石家河桥、忠堡出水洞桥。

按照“完善机制，落实责任，群众参与，全面养护，保障畅通”和“谁受益、谁养护”的原则，实行“政府主导、部门指导、县道县管、乡村道乡村管、组级路受益群众管”的分级管理体制，建立以乡镇为主体的农村公路养护工作机制，坚持专业养护与群众养护、日常养护与集中养护相结合，优先安排贫困户，更多地吸纳当地村民参与，乡道由乡（镇、区）采取“公司化+专业化”等模式养护，村内干道公路由村集体经济组织养护，通组公路由受益群众负责管理和养护，努力构建联养共建大格局。2018年汛期以来，实施水毁工程项目292个，共需资金2541.77万元，已落实资金532万元。

【启动咸丰县综合物流园区建设项目】 经过面向社会第二轮公开招商，确认咸丰县综合物流园区建设项目投资方为恩施州金海湾实业投资有限公司。4月2日，县人民政府与投资方签订《招商协议书》，于6月完成征地测量工作。林地使用指标正在向省林业厅申报。完成《咸丰县综合物流园区规划方案》初稿，经专家会议研究，修编完成之后报县人民政府审批。

（高昌辉）

中国移动通信集团湖北有限公司咸丰分公司

【概　况】 中国移动通信集团湖北有限公司咸丰分公司（简称“咸丰移动分公司”），系咸丰县最大通信运营商，内设3个部室（大市场、技术支持中心、综合部），2018年末有员工57人。1999年独立运营以来，建成光纤杆路5500千米、营运基站365个，移动用户15万户，有线宽带和专线用户1.3万余户，自有和合作营业网点72家，运营收入突破亿元。

【便捷服务】 客户服务热线“10086”实施全业务受理、“1008611”话费查询专线，服务“十项承诺”深得民心。中心营业厅为具体落实“十佳窗口”的各项工作，重点抓“五好”（营业厅服务环境好、服务质量好、营业厅人员素质好、营业厅基础管理好、营业厅工作业绩好），努力提升客户满意度。为体现“放心消费，便捷服务”的理念，营业厅划分为终端销售区、业务办理区、自助缴费区、客户休息区、新业务体验区、终端维修区、集团业务区六大功能区。内设自助缴费机、自助体验电脑、自助清单查询打印机、积分礼品展示柜等。实施系列便民举措：24小时户外自助缴费机、绿箱子环保箱、饮水机、老花镜、针线包、便民服务箱等。营业厅先后推出“站立服务”“微笑服务”“规范服务”“自助体验区专人指导”等。

【网络建设】 2018年，咸丰移动分公司建设4G通信及高速沿线、隧道内基站200多个，实现县、集镇和旅游景点的全覆盖。

【公益事业】 咸丰移动分公司建立健全困难员工帮扶救助体系。2018年为对口帮扶的朝阳寺镇凉桥村、坪坝营镇狮子岩村捐赠公益慈善款20万元，用于示范院落的基础设施建设（如沟渠治理、建设户连路、道路环境美化等）。

（汪　洋）

中国联合网络通信有限公司咸丰县分公司

【概　况】 中国联合网络通信有限公司咸丰县分公司属中国联通在咸丰县的分支机构，2000年6月成立，是一家综合电信运营商。下设咸丰城区营服中心、清坪营服中心、坪坝营营服中心、综合支持中心、政企客户营销中心。2018年末有合同制员工20人、外包员工16人。

【网络建设】 2018年12月，咸丰联通共有基站578个，其中2G 145个、3G 217个、4G 216个。其中2017新建4G基站宏站共75座，4G室内分布4套，新建光缆86.5皮长千米；新建县乡波分10套，完成8个乡镇县乡波分开通工作。咸丰联通按照“4G网络全域覆盖”的具体要求，推进4G网建设，县城、乡镇4G网络全面覆盖达到100%。持续推进宽带升级和重点区域的全光网建设，新建宽带端口数千个，宽带端口达到万个，光纤接入方式占比超过90%，现网络自建宽带端口速率均达到100米要求。

（李春艳）

中国电信股份有限公司咸丰分公司

【概　况】 中国电信股份有限公司咸丰分公司（简称中国电信咸丰分公司）是中国电信旗下的一个基层综合信息服务型企业。现有合同制员工43人，离退休员工53人，内退员工9人，派遣制员工12人。公司内设办公室、财务室、网络部、销售服务部、移动业务销售部、政企客户部和12个支局，50个渠道厅店。全业务工单处理及时率99%，用户投诉率不超过1%。

2018年，中国电信咸丰分公司获省公司“十强县”“县域光宽规模发展奖、存量单升融突破奖”。4个支局获省公司“百优支局”称号；连续10年获省级文明单位称号。

【网络建设】 按照"光纤宽带通村到户""4G网络全域覆盖"的目标要求，2018年大力实施脱贫攻坚信息基础设施建设项目。全年投资5900万元（其中政府补贴976万元），新建4G基站122个，于12月底前全部竣工投入使用。全县电信4G基站总数达到289个，实现了咸丰县域行政村4G无线宽带信号的全覆盖。继续投资2095万元实施光纤宽带网络向全县所有规模自然村延伸工程，2018年已实际完成投入使用光宽接入端口数13096个，使全县光纤宽带入户接入能力达到68077个，分布在全县的1484个规模自然村。

2018年，电信企业自筹资金458万元、政府补贴184万元，用于县域宽带乡村广大人民群众信息应用补贴，全力打造"互联网乡村"服务地方经济社会发展。

推进手机、电视、电脑信息互通共享实现"三屏互动"，通过实施"幸福新农村"平台建设，建设集高清电视、村务、商务、服务和综治于一体的农村综合信息服务平台，有效整合涉农信息平台资源，打造信息化新农村。

推进农村"互联网+"发展，促进互联网信息技术在农村创新发展，拓展电子政务、平安乡村、视频会议、农村电子商务应用，全方位提供政务、交通、水电缴费、社保查询等服务。

推进农村信息综合服务，大力推进扶贫应用，宣传引导农民使用各类信息应用终端和惠民应用，引领贫困户通过网络增长生产和经营知识，了解市场信息，开展科学种养，拓宽销售渠道，促进产业增效、农民增收。

年末移动用户达7.9万户，光纤宽带用户达4.07万户，天翼高清电视用户达2.9万户，完成全业业务收入6868万元，全面完成了州公司下达的各项业务收入指标。

（徐群雁）

咸丰县邮政分公司

【概　况】 咸丰县邮政分公司设5部1室：综合办公室、市场营销部、金融业务部、渠道平台部、包裹快递部、集邮与文化传媒部；支局（所）12个：解放路支局、忠堡支局、丁寨支局、杨洞所、坪坝营支局、唐崖支局、大路坝所、活龙支局、清坪支局、黄金洞支局、小村支局、朝阳支局；2个代办网点：二仙岩邮政代办点、马河邮政代办点。2018年末在册员工132人，其中合同制81人、劳务工48人、退养职工3人；离退休职工56人。公司建党总支1个、3个支部，党员21人（含离退休党员10人）。全县邮政实现收入4809万元，完成州公司预算进度的99.6%，同比增长13.71%；完成省公司预算进度104%，增幅14.25%，均排全省第15位。

【服务工作】 强化普服队伍建设，全县建制村实现通邮。加强党报党刊投递质量，实现县城党报党刊当日见报率100%。提升基础建设，投入60多万元建成邮件处理中心，增加皮带机1套，分拣台19套，邮件笼车15套，邮件拖车7台，投递车辆5台，PDA 12台。2018年，邮政服务综合满意度在88分以上，用户申诉处理满意率95%。

（冯　桥）

住房和城乡建设

城乡建设

【概　况】 咸丰县住房和城乡建设局内设股室5个，分别为：办公室（计财股、统计股）、城乡建设股、人防（房地产）管理股、住房保障股、建筑市场管理股。二级单位5个，咸丰县县城乡规划管理局、咸丰县唐崖河风景名胜区管理处、咸丰县住房保障中心、建设工程质量监督站、建设工程安全监督站。在职在编人员41人，2018年，咸丰县住房和城乡建设局全力推进城乡融合发展，致力于咸丰新城建设和老城改造。围绕三大攻坚战，推进危房改造、“四个三重大生态工程”建设及房地产管理，注重保障民生，大力开展棚户区改造和保障性住房建设，全县住房和城乡建设事业取得长足进步。

【完善规划编制】 以新一轮城市总规为蓝图，加强对城市发展的引导和控制，实现全县空间管控“一张图”。编制完成《咸丰县丁寨组团控制性详细规划》《咸丰县绕城北线片区控制性详细规划》《咸丰县楚蜀大道麻柳坝至蒲草片区控制性详细规划》《咸丰县中心组团、工业组团、忠堡组团控制性详细规划》等，县城控制性详细规划实现全覆盖。全县乡镇总体规划和控制性详细规划全部编制完成，有序启动一批美丽乡村、宜居村庄等村庄规划编制。《县城规划区山体保护专项规划》《咸丰县城镇养老设施空间布局专项规划》《县城规划区消防专项规划》《县城海绵城市专项规划》《咸丰县户外广告专项规划》5个专项规划正在审批。《丁寨火车站站前广场及周边区域城市设计》《咸丰县总体城市设计》《咸丰新城城市设计》3个城市设计已完成初步成果。

【基础设施建设】 全力补齐市政基础设施短板。完成咸丰县原政府大院停车场建设工程、木材公司停车场建设工程、观音桥消防通道、东升未来城市道路建设工程、观音桥公厕、猪场垭口公厕、轻工业局公厕、木材公司公厕等项目建设并交付使用。卢家沟城市主题公园、晨光小区市政道路绿化亮化、鄂州大道街头绿地和海玉名城旁市政道路边角绿化、新桥至隧道至楚蜀一桥排污管网及人行道改造、大坝新城二期道路、楚蜀一桥至城西客运站亲水走廊、咸丰县中心城区排水等项目正在抓紧实施。启动了咸丰县高铁站前综合交通枢纽及新城道路建设、曲江河生态景观、老城区污水管网全覆盖及市政道路改造、青龙嘴广场、望城塘至猪场垭口连接线等项目前期。

狠抓“四个三重大生态工程”建设。根据中央环保督查工作要求，积极推进咸丰县8个乡（集）镇污水处理全覆盖PPP项目建设，目前所有乡镇厂区及管网均已全面动工建设，完成工程量约5100万元，计划本年内进入调试阶段。县域8个生活垃圾中转站已全面动工，6个垃圾填埋场主体工程完成50%以上，完成忠堡镇马倌屯村农村生活垃圾分类试点，正在组织编制县域农村生活垃圾分类实施方案，下一步将在全县范围内进行垃圾分类推广。海玉名城公厕、鄂州大道公厕、原林科所公厕、卢家沟主题公园公厕正在建设当中，建成并投入使用乡镇集镇公厕8个，正在建设1个。

聚焦村镇建设。为切实保障农村安全住房，积极推进农村危房改造工作，2018年上级下达县农村危房改造任务指标3220户，下达补助资金5316万元，最终锁定危房存量数据1870户。开工1870户，竣工531户。按照县委、县政府统一部署安排，2018年内全面完成农村危房改造工作，提前实现“危房清零”目标。积极推进国家级传统村落申报，高乐山镇官坝村、牛栏界村、龙家界村完成申报。根据县委复兴“中国干栏式建筑之乡”的工作要求，大力推进干栏式建筑的传承和保护，编制《咸丰县复兴“中国干栏式建筑之乡”总体规划》，明确8套干栏式建筑通用图集，并按照每户5000元的奖励资金，激励引导村民积极新建特色民居，开展城市风貌设计，确立规划引领、保护利用、增量管控的复兴路径。

【深化住房改革】 一是强化保障房建设管理。全年共发放住房租赁补贴156万元，分配入住公共租赁住房96套，正在组织分配152套，完成畜牧场经济适用房120套配售，并通过购买服务方式，对全县公共租赁住房进行物业管理，有效提升了保障性住房的物业服务水平。二是推动棚户区改造。本年度实施棚户区改造项目2个，咸丰县2018年棚户区改造第一期工程项目完成国开行融资2.3亿元，目前暂未放款，咸丰县城丁寨片区（城中村）棚户区改造一期工程项目完成农发行融资8亿元，目前已放款1.49亿元。需建设安置区5个，塘铺和凉水井安置区12月底动工建设。忠堡关庙坪安置区、女儿寨安置区、疾控中心安置区正在进行初步方案设计。同时，申报2019年保障性安居工程配套基础设施建设项目9个，计划总投资约16亿元，拟申请2019年保障性安居工程配套基础设施建设中央预算内投资约3.3亿元。

【房地产“去库存”】 一是全力服务房产开发。2018年，咸丰县建设房地产项目3个，分别为新城三期、东升未来城市四期、正中新城项目。年内实施房地产开发项目6个，分别为富泰三期、江南春天二期、园亿圆二期、卢家沟地块开发、女儿寨地块开发、纸房沟地块开发项目。二是推动房地产去库存。全县房地产销售面积7.23万平方米，同比下降57%，销售金额2.66亿元，其中住宅销售面积5.7万平方米，513套，住宅平均单价3305.02元/平方米，同比上涨1%；非住宅销售面积1.53万平方米，151宗，平均单价5242.86元/平方米，预售资金全部进入监管账户。年末可售商品房面积16.37万平方米，其中商品住房库存面积4.2万平方米，消化周期7.3个月，较2017年底增加3.36个月；非住宅库存面积12.17平方米，消化周期54.69个月，较2017年底减少28.11个月。商品住房去库存化压力较小。三是强化房地产行业监管。为防范金融风险，查处新城三期、未来城市四期违规销售案件，责令退款1200余万元。根据《湖北省治理房地产市场乱象专项行动工作方案》，对8家开发企业、12家中介机构进行专项巡查，通报曝光经纪机构4家，立案调查1家。为维护稳定，对重大涉稳风险隐患的丰润嘉园、高乐华庭、皇城广场、发夏一品项目进行挂牌督办，纳入2018年度第三批“双签双交”任务。根据《湖北省物业服务和管理条例》要求，会同物价部门制定出台《咸丰县物业服务收费管理实施细则》《咸丰县前期物业收费管理规定》，进一步规范全县物业管理市场行为。加强宣传，发动小区业主参与小区管理，积极推动小区成立业主委员会。全面建成个人住房信息化系统。

【行业监管】 全面整治建筑市场。完成招投标监督管理10次，处理招投标违法案件3起，处罚企业4家，处罚总额约16.95万元。开展在建工程农民工工资准备金制度台账检查“清零”工作，并依托恩施州建设领域农动保障监察信息化管理系统梳理农民工工资预警条数140余条，处理农民工讨薪事件11起。

严格质量安全监管。2018年，全县质量受监项目96个，监督面积约62万平方米，下达质量整改通知书59份，形成质量检查记录395份，办理竣工备案11个。责令停业整顿并处罚1家检测公司，对2家检测机构下发整改通知。安全受监项目83个，共开展安全生产大检查4次，专项整治4次，共发现安全隐患1160起，形成安全监督抽查记录301份，下达限期整改33份，暂停施工11份，通报施工企业和监理企业各1家，行政处罚2.5万元，开展危大工程抽查记录4份。

（李　论）

城乡规划管理

【概　况】 咸丰县城乡规划管理局于2017年7月实行独立办公，为隶属县住房和城乡建设局管理的正科级事业单位，加挂县测绘地理信息局牌子，有在编人员6人，劳务派遣人员4人，根据三定方案内设3个机构：办公室（计财股）、规划编制股（测绘管理股）、规划管理股（行政审批股）。3个股室承担着全县城乡规划编制、规划管理和基础测绘工等职能职责。

【规划编制】 以新一轮城市总规为蓝图，加强对城市发展的引导和控制，实现全县空间管控“一张图”。

县城控制性详细规划实现全覆盖。编制完成《咸丰县丁寨组团控制性详细规划》《咸丰县绕城北线片区控制性详细规划》《咸丰县楚蜀大道麻柳坝至蒲草片区控制性详细规划》《咸丰县中心组团、工业组团、忠堡组团控制性详细规划》等规划，并获县人民政府批准。实现了县城控制性详细规划全覆盖，为县城规划区建设提供了更科学、更充分的规划依据。

乡镇规划编制进度加快。编制完成全县乡镇总体规划和控制性详细规划。乡镇无规可依、规划滞后的问题得到彻底改善。有序启动一批美丽乡村、宜居村庄等村庄规划编制工作，促进城乡统筹发展。

专项规划编制工作有序开展。2018年继续实施或新实施5个专项规划和3个城市设计的编制。5个专项规划中:《县城规划区山体保护专项规划》已报州人民政府批准;《咸丰县城镇养老设施空间布局专项规划》《县城规划区消防专项规划》通过规委会审议，正报县人民政府批准;《县城海绵城市专项规划》通过专家审查，拟提交县规委会审议;《咸丰县户外广告专项规划》完成规划成果，待专家审查。3个城市设计编制规划:《丁寨火车站站前广场及周边区域城市设计》完成规划初步成果，待专家审查;《咸丰县总体城市设计》《咸丰新城城市设计》10月底完成招标工作，初步设计成果已完成，待专家审查。

【优化审批管理】 深入推进“放管服”改革及优化营商环境工作，深化行政审批制度改革，在项目行政审批上提速、在行政服务上增质、在市场监管中履职，主动求变求新，把“放管服”改革推上“快车道”，为城市建设提供有力保障。

精简办事流程。一是将规划方案审查与人防方案审查实行并联审查，减少重复审查环节；二是创新推出“容缺受理”弹性审批流程，对主要条件具备、次要条件或手续欠缺的审批事项，放宽受理门槛，提前进入审查，予以“容缺受理”，提高办事效率。

优化行政服务。一是实行“一次性”告知制度，所有事项办事要求和申请材料均实行一次性告知，切实让办事对象一次懂、少跑路；二是持续开展“减证便民”行动，通过部门联动，对没有法定依据的证明事项，一律予以取消。

提高办事效率。一是购买中介服务，提升行政服务质效。聘请专业人员，负责“规划条件”“用地、工程红线图”“项目审查”等规划业务工作，确保受理事项能在规定的行政许可时限内完成；二是严格贯彻落实《关于切实优化招商引资项目审批服务工作的通知》和《进一步优化政府投资项目审批服务的意见》的相关精神，把审批时限压缩在规定的工作日内。

履行规划审批职能。全年共办理审批件333件，其中发放用地审查意见书80份（主要针对县城集体土地私房建设）；发放选址意见书31件；发放用地规划许可证28件，总用地面积414976.72平方米；发放工程规划许可证62件，总建筑面积380897.01平方米；发放乡村建设规划许可证73件，总建筑面积48112.98平方米；发放竣工验收规划条件核实证明59件，积极服务地方经济发展。营造良好环境，加强事中事后监管。扎实开展“双随机一公开”工作，抽取了全县范围内3家测绘企业，对测绘资质、测绘成果质量进行监督检查，对发现存在问题的企业责令整改，确保市场规范有序。

【服务重点项目建设】 配合县新城指挥部、县发改局、县住建局等县直部门，协调控规编制单位与相关部门对接，做好全县建设项目的规划服务工作。一是完成咸丰大道及安置区、教育城、医疗城、笏山古镇、体育运动中心、站前广场、老城区污水管网改造、城区4个出入口的道路升级、中心城区房地产开发项目、棚户区改造等县重点建设项目规划服务工作；二是配合县“百日攻坚”行动，为各县直负责单位提供规划征地拆迁范围图及规划咨询服务工作，切实推动各项目进展。

【测绘管理工作】 按照《国土资源部 国家测绘地理信息局关于加快使用2000国家大地坐标系的通知》要求，完成2000国家大地坐标转换成果，并通过省质量监督站验收，打通测绘工作“快车道”，提高测绘工作办事效率；完成本年度测量标志维护费发放工作。

（杨海舟）

城市管理

【概　况】 咸丰县城市管理局成立于2011年10月，为县人民政府全额拨款正科级事业单位。主要承担城管综合执法、市容环卫保洁、园林绿化建设、市政设施维护和供气保障等管理与服务职能。下辖市政园林局、城管综合执法大队、市容环卫管理所、燃气管理办公室4个二级单位及局办公室、财务股、法制宣教股、综合管理股、督查室5个内设科室。全系统共有干部职工229人，其中，行政编制3人，全额拨款事业编制55人，部门管理使用的协管人员171人。2018年7月5日，城市管理局行政执法队伍整训暨换装仪式在咸丰县皇城广场举行，标志着全国城管综合体制改革工作在咸丰落地生根。

2018年，县城市管理执法局紧抓主责主业，各项工作有序开展，城市环境质量明显提升，城市管理执法各项工作取得长足发展。县城建成区绿地率、绿化覆盖率、人均公园绿地面积分别达到32.17%、36.11%、11.47平方米。累计投入资金数亿元，启动了青灵山森林公园、卢家沟公园、北门沟公园、皇城广场、南门广场等一批重大市政建设项目。完成15条城市主次道路绿化，城市道路绿化普及率、达标率分别达到96.12%、81.69%；建成大小公园、广场7处，确保城区市民每300米见绿、500米见园，园林绿化的主要指标均已到达省级园林县城标准的要求。

【城管执法管理】 严管市容秩序。重点对乱停乱放、乱摆摊设点、乱牵乱挂、违规广告、渣土污染等违章行为进行整治。全年开展文明劝导活动4800余次，整治占道经营5230余起、流动商贩3630余次，劝导纠正乱停乱靠及不文明行为430余起，处罚乱停乱放个人及占道经营240起，规范流动餐车、流动摊点定点、定时经营，基本实现固定门店不出店、流动摊点不乱摆。

突出重点区域整治。加强对城区出入口、车站、校园、医院、广场等重点区域的集中整治及日常管理；清理、搬迁小模石碑占道加工及粉尘污染；进一步规范绕城北线望城塘蔬菜批发交易市场秩序，采取通宵值守模式禁止在城区进行蔬菜早市交易；加强徐家坝步行街的长效管理，有效改善了车辆乱停、道路受阻、摊点乱摆现象。

强化粉尘油烟治理。以省级环保督查整治工作为契机，加大城区噪声扰民、露天烧烤油烟污染治理，排查3个灶头以上的餐饮行业92家，安装油烟净化设备76家，规范夜宵门店128余家，更换夜宵烧烤油烟净化设备89台，查扣直排烧烤炉15台，扣押排风扇8个，帐篷5顶；暂扣流动摊车电子喇叭57个，门店招揽生意音响3台；加强渣土运输车辆管理，查处渣土污染车辆违规运输行为85起。

严格户外广告审批及管理。加大对未经审批擅自设置牌匾广告的清理整顿，对城区破损、废旧广告进行拆除、清理。下发限期拆除通知书18份，共拆除违规及破损、废旧广告453余起，拆除灯箱广告118块1242.89平方米，拆除大型喷绘广告58处2127.3平方米加大巡查力度，及时清除各类“牛皮癣”，严厉打击粘贴、喷涂小广告等行为。

【环卫保洁】 狠抓环卫保洁日常管理。有序推进市场化运营，城区人工保洁总面积80.79万平方米，其中57.4%的清扫保洁区域发包给专业保洁公司，市场化保洁面积达到了46.41万平方米，社会化服务公司保洁质量得到了普遍认可。

垃圾处理厂渗滤液项目顺利开工。2017年垃圾处理厂渗滤液处理工程项目已初步纳入湖北“十三五”城镇生活垃圾无害化处理设施建设规划，2018年4月渗滤液项目成功列入中央预算内投资项目，2018年5月16日正式下达项目资金450万元，目前该工程已通过招投标于12月29日开工建设。

调整环卫作业模式。改变机械化作业模式，由传统的“扫”为主向“洗”为主转变，实行车行道、人行道清洗常态化清洗。

【市政园林工作】 推进市政绿化设施建设。积极推进“厕所革命”，城区11座公厕全部完成建设任务，咸黔方向小模洗车场建成投入使用。楚蜀大道小游园建设基本完工，修补城区沥青路面7010平方米，完成周家沟入口绿化4581.61平方米，补植城区行道树150棵，完成青龙嘴边角地带绿化175平方米。完成十字街至二道河人行道花箱摆放90个，对城区30座桥梁安全进行集中检测，妥善整改安全隐患，杨泗坝停车场公厕完成项目选址、设计、施工。

加强市政设施管理。加强对公共区域亮化及路灯设施的常态巡查，维修城区路灯186盏电缆2100米，保证市政照明及亮化设备的正常使用。汛期前对下水道进行全面清淤，清理沉沙池664个，开展城区窨井盖安全隐患排查整治工作，累计维修窨井盖105个，安装桥梁标识标牌35块，绕城北线北门沟路段山体滑坡得到妥善处置。

北门沟广场绿化　　（朱孝勇　摄）

【燃气管理】高度重视燃气安全生产管理工作。严格落实安全管理责任，召开安全生产工作专题会议6次，坚持主要领导每季度带队检查不少于1次，分管领导带队检查每月不少于1次，燃气办每周检查不少于1次的安全检查制度。

积极开展隐患排查。全年共排查燃气销售站点32处，发现安全隐患18处，督促民生公司排查长输管道、储配气站及宾馆、学校、小区等人口密集场所，排查隐患20处，全部按要求整改到位。督促CNG加气站对全县260余辆加气车辆逐一进行安全隐患排查，确保燃气运输安全。

积极推进燃气工程项目建设。扎实做好协调服务工作，咸丰大道1—7工区的燃气管道的管网铺设已跟进大道进度同步完工，朝阳寺镇、忠堡镇、清坪镇3个乡镇开通天然气，大路坝区、唐崖镇、丁寨乡、黄金洞乡燃气项目设计等前期工作已顺利启动。

加强燃气安全宣传与从业人员技能培训。多种渠道推送安全用气宣传信息近16万条。开展燃气安全宣传“六进”活动，发放宣传单25000余份、安全用气提示牌2万余张，接受现场咨询250余人次，制作安全生产宣传展板4块，悬挂条（横）幅、标语2幅，28名从业人员接受全州燃气行业从业人员职业技能培训，确保从业人员100%持证上岗。

【“两违”清理整治工作】狠抓“两违”巡查控违。巡查监控在建工程110户；查处“两违”行为244起，下达《停工整改通知书》43份，下达《限期拆除通知书》201份，督促整改到位12处，强制停水停电16处，自行拆除10处；强制拆除曲江镇、青灵山公园、工业园区、小模等“两违”建（构）筑物16处，拆除面积约1350平方米；查封施工现场1处。基本实现了“增量为零”的工作目标。强化两违案件办理。累计办理结案41件，共收缴罚款及税费1284131.32元。

（朱孝勇）

住房公积金管理

【概　况】2010年住房公积金系统体制改革，恩施州住房公积金中心对各县市办事处实行垂直管理，咸丰县办事处在岗工作人员11名。

2018年工作业绩：一是资金归集持续增长。全县开户单位合计255个，新增开户单位20个，累计归集住房公积金20073万元，同比增长11.24%。累计归集余额58122万元。二是资金使用稳步发展。累计发放住房公积金贷款8262万元，全县个人住房公积金贷款余额52999万元，个贷率达到91.19%；支取住房公积金12193万元，同比增长13.89%，累计支取住房公积金总额46065万元。资金使用率达到132.5%。三是个贷逾期大幅减少。在贷款大幅增长的情况下，注意风险防控，2018年，个贷逾期率0.04%，远低于0.1%的防控目标，贷款风险显著降低。

【精准扶贫】2018年，咸丰县办事处继续帮扶大路坝区蛇盘溪村，办事处抽调3名工作人员与区工委相关部门、蛇盘溪村村委会共同组建精准扶贫驻村尖刀班，办事处6名干部与贫困户结成对子，精准扶贫工作取得显著成效，基本实现“三个全覆盖”“六个清零”，全村贫困现状得到持续改善。

2018年3月21日，州委书记柯俊一行到蛇盘溪村暗访督查尖刀班工作情况，对驻村第一书记、尖刀班班长李梅仙的工作予以肯定，并在全州作为典型推广，《愿赠乡亲一枝梅》等“蛇盘溪村第一书记李梅仙的扶贫故事”相继在《恩施时报》刊发。

（罗春华）

水务建设公司

【概　况】根据《县十八届人民政府第5次常务

会议纪要》文件要求，原咸丰县自来水公司、咸丰县污水处理公司撤销合并至咸丰县水务建设投资有限公司，公司下设：水利建设投资有限公司、清泉公司2个子公司，9个工作部门，现有职工75人（不含清泉公司），退休返聘7人，退休职工25人。

2018年公司经济指标完成情况：完成供水量876万吨，同比增加656万吨，增长33.53%；水费收入1211万元，同比增加142万元，增长13.28%；污水处理费501万元，同比增加34万元，增长7.28%；安装服务费181万元，同比减少66万元，同比减少26.72%；校表收入7.7万元，同比增加4.7万元，同比增长156.67%。

【三水厂建设】 咸丰县三水厂项目设计规模5万吨/日，主要建设内容为新建日净化能力5万吨的净水厂1座及总长18.7千米的配套管网（原水管道10千米，输水管道8.7千米）及其他附属设施；项目总投资13263.96万元，其中工程建设投资12256.05万元，资金来源为自筹，计划银行贷款1亿元，建设期贷款利息656.66万元。年内完成项目前期工作，进入挂网招标阶段，建设工期2年。

【水源地污染问题整改】 针对中央环保督察及自然资源审计发现的水源地问题，公司认真研究部署，抓好整改落实，自筹资金50余万元对十咸引水渠道居民聚居区、红卫渠取水口进行混凝土预制板全覆盖、新建生活污水收集池，铺设DN160#PE污水收集管330米、制作25块水源保护宣传牌，拆除临近水源地污染源牛圈、猪圈、围栏式小型养鸡场10余处。推进智能化建设，投入资金15万元安装10个乡镇水厂视频监控探头，城乡累计安装智能水表近2000户。完成与丁寨十字路污水处理厂交接工作。与县环卫所签订污泥处置协议，对产生污泥进行卫生填埋，污泥处理处置能力得到提升。

（覃　慧）

生态环境

国土资源开发与管理

【概　况】 咸丰县国土资源局是县人民政府组成单位（正科级），内设办公室、耕地保护、利用规划、矿产管理等6个股室，下辖事业单位16个：县国土资源执法监察大队、县地质灾害监测防治中心、县国有土地储备发展中心、县地震站、县矿产资源管理所、县不动产登记中心，以及高乐山、坪坝营、曲江等10个乡镇国土资源所。机关编制13个，事业单位编制104个。除县国有土地储备和发展中心和县矿产资源管理所为自收自支单位，其余均为财政拨款单位。截至2018年12月，县国土资源局共有在职在编人员98人，其中行政编制人员12人，事业编制人员86人。国土资源局负责贯彻执行国家、省、州关于国土资源和矿产资源管理的方针政策、法律法规，负责编制本区域土地利用总体规划、基本农田保护规划、矿产资源规划，统一管理辖区内土地矿产资源，落实基本农田保护责任等职能职责。

【国土资源节约集约利用】 按照增存挂钩工作要求，按照"一地一策、一地一档、因地施策"要求对批而未供及闲置土地进行清理，全县批而未供土地为237.93公顷，涉及2000—2017年农转征项目共计74批次126宗地。完成供地手续土地16.67公顷；已启动供地程序9.18公顷；已挂牌土地8.3公顷。有序推进城乡建设用地增减挂钩，全县共完成拆旧复垦42.89公顷，拆旧地块361个，涉及5个乡镇101个村372户。拆旧复垦42.89公顷完成交易，获得收益1.93亿元。严格依法出让，获得土地收益近6亿元。

【生态环境修复】 按照中央、省、州、县关于环保督查整改有关要求，成立领导小组及工作专班，对中央、省环保督察反馈问题中涉及的矿山，列出整改清单，实行"清单化整改"，做到整改问题清单化、清单责任化、责任时限化；建立整改工作台账，年内中央环保督查期间反映的2个问题已整改完成。省第四环保督察反馈的3个问题预计年底整改完成。积极开展地质环境恢复治理工作，对55个矿山进行实地调查，收集71个矿山基本资料，实行一矿一档，详细编制全县20个矿山生态修复实施方案；向省厅争取煤矿区环境恢复治理项目资金200万元。2018年地方占补平衡项目共计16个，未利用荒草地550.19公顷，新增耕地341.45公顷，其中新增水田81.65公顷，新增旱地259.79公顷。

【保障重点项目供地】 2018年，县城控制性详细规划实现全覆盖。启动一批美丽乡村、宜居村庄等村庄规划编制工作，促进城乡统筹发展。专项规划编制工作有序开展。上报《土地利用总体规划调整方案》经省政府审核通过，是全州首个审核通过的县。安排专班专人跟进重点项目的组卷报批，共组卷报批28个批次，已获得2018年15

个批次、2017 年 5 个批次批复，共计 4000 余亩。

【地质灾害治理】 咸丰县地质、地貌条件复杂，降雨量充沛，是湖北省地质灾害多发易发县市之一。地质灾害以滑坡、崩塌、地面塌陷和不稳定斜坡灾种为主。近年来受全球气候变化影响，极端天气事件增多和人类工程活动影响，地质灾害多发易发。受超强厄尔尼诺事件影响，2016 年唐崖集镇特大型滑坡地质灾害，启动州级地质灾害三级应急预案予以紧急响应，紧急撤离 76 户 288 人。成功预警预报并成功处置，成为我省成功预警预报的典型案例。

2018 年，扎实推进地质灾害防治“四位一体”网格化管理工作，确保地质灾害防治“一无一降一提升”的工作目标。开展对全县 11 个乡（镇、区）465 处隐患点的调查、核查，核销灭失的隐患点 93 处，现全县仍有 372 处地质灾害隐患点，其中滑坡（含不稳定斜坡 175 处）316 处，崩塌 25 处，地面塌陷 31 处，按照地质灾害网格化管理层级标准进行划分，其中管理层级州级 4 处，县级 17 处，乡镇级 122 处，村级 232 处。对 372 处地质灾害隐患点全部纳入网格化管理体系，明确地质灾害防治“四位一体”的责任人、管理员、协管员、专管员。

开展技术部门人员汛期驻守防灾，及时对发生的 25 起灾、险情进行调查处置，切实保护好人民生命财产安全。开展联动防灾，汛期共参与部门联席会议 6 次，联合气象部门开展气象预警信息推送，及时将气象预警信息通过信息平台发送到“四位一体”人员，汛期共发送灾害气象预警到信息 196 条次。加强对地灾项目监管，开展唐崖集镇滑坡地质灾害防治治理工程。争取到国家特大型地质灾害治理项目资金 939 万元。

【强化执法监察】 制定执法巡查方案，明确要求，落实责任，建立动态巡查台账。全年开展动态巡查 40 余次，下达责令停止违法行为通知书或责令改正违法行为通知书 10 份，现场制止及纠正违法用地行为 15 次，立案调查 1 起已结案。国土资源部下发咸丰县 2017 年度土地卫片监测图斑 387 个 181.82 公顷（耕地 110.66 公顷）。经向省厅两次举证后，咸丰县实际违法图斑 5 个，监测图斑 2.38 公顷（耕地 0.56 公顷）。3 个已办结，1 个已拆除，1 个已下达《行政处罚决定书》。2017 年度土地卫片图斑全口径违法比例 1.79%，全口径违法占耕比例 0.64%，问责比例 1.15%。部下发咸丰县 2017 年度矿产卫片疑似违法图斑 4 个，经实地核查，无证开采 1 个；越界开采 2 个。易地扶贫安置点 1 个。下达《行政处罚决定书》1 个。国家例行督察武汉局下发咸丰县督察图斑 100 个，监测图斑 83.61 公顷（耕地 52.16 公顷），经两次举证，咸丰县督察组判定违法图斑 4 个，现 1 个已办结，2 个已下达《行政处罚决定书》，1 个未立案（忠堡镇明星村易地扶贫搬迁安置点用地）。开展设施农用地清理工作。截至 9 月 30 日，共排查设施农业项目 97 个 11.91 公顷，其中违法 2 个 0.41 公顷，1 个已强制拆除，1 个业主正在诉讼。

【信息化建设】 推行“互联网 + 国土资源工作”管理模式，坚持“以信息化规范和创新国土资源管理”原则，在“电子政务系统”建设与应用方面积极作为，有效提升国土资源服务保障水平。完成咸丰县国土资源局电子政务系统三期，实现省、州、县三级主干网的连接，为国土资源信息共享提供网络环境；构建国土资源数据中心，积累大量的数字化信息，加快县级国土资源基础数据库建设，不断提升国土资源管理效率。开发并应用本级国土资源电子政务系统，实现国土资源政务主业务的网络化、电子化、提高国土资源管理和信息服务水平。

【法治建设】 着力提高依法行政水平，提升国土资源管理水平。一是用法治化思维破解发展难题。近年来，征地拆迁矛盾纠纷调处、失地农民安置、国土资源执法、基层国土所建设、村民建房管理、行政审批事项等问题凸显，国土局严格依法依规行使职权，针对重大社会矛盾纠纷调处工作，聘请法律顾问，积极运用司法途径化解矛盾。制定基层国土所管理制度，规范行政行为，提高依法依规办事责任意识。二是强化法治宣传教育，营造依法行政环境。立足国土资源管理工作实际，健全干部职工学法用法机制，切实提高全系统干部职工依法行政的能力与水平。强化普法教育，充分利用“4·22”地球日、“5·12”防灾减灾日、“6·25”土地日、“12·4”法制宣传日等重要节点，精心策划，组织好专题宣传、群众宣传、特色宣传，提高宣传质量。利用《湖北日报》、《恩施日报》、咸丰电视台、咸丰新闻网以及省州网站等宣传媒体，对自然资源和规划管理的法律法规、政策动态以及阶段性工作成效进行宣传，做到电视有像、广播有声、报刊有文、网站有用。

【深化“放管服”】 深化“放管服”改革，将26项行政许可事项全部列入咸丰县行政审批中心，授权窗口“一站式”办理。压缩办理时限，提高审批效率。优化行政审批窗口工作人员配备，严格按照流程办理审批业务；在此基础上规范责任清单，完成行政审批服务事项认领编制工作，并在“湖北省政务网”公示，接受社会监督。规范行政审批中介服务。加大省行政审批中介服务网的推广运用，积极推进中介服务网上交易，研究制定中介服务机构监管办法，加大对失信中介服务机构监督管理。建立“放管服”工作督查组，对重点投资企业项目和业务股室办理的审批工作时限进行监督检查，防止运行出现超时报警等现象，确保审批时效；积极推行“双随机一公开”监管工作，严格按照年度计划开展随机抽查工作，并将结果在“湖北省双随机一公开”监管系统进行公示，接受社会监督。不动产登记、房屋交易、税务并联办理业务，做到只收取一套资料，不动产、房管、税务部门不重复收取资料，实现不动产登记“一窗受理、内部流转、分类审核、并联办理、集中服务”，切实提高办事效率和管理水平。坚持依法登记、规范登记、准确登记、便民利民原则，实现新建商品房转移登记2个工作日内办结，涉及实体经济企业不动产登记3个工作日内办结；除政府组织开展的农村不动产登记和非公证的继承、受遗赠等复杂的不动产登记外，一般登记5个工作日内办结；查封登记、异议登记即时办结，大大缩短了不动产登记时限。

【“三调”工作有序开展】 2018年，咸丰县启动第三次国土调查工作，县人民政府下发《县人民政府关于开展第三次全县土地调查的通知》（咸政发〔2018〕11号），成立咸丰县第三次土地调查领导小组及办公室。制定第三次国土调查经费预算表，工作经费纳入2019年、2020年度财政预算。

（曾　权）

水利水产

【概　况】 咸丰县水利水产局内设办公室、水利股、建设与水库管理股（统计）、河长制工作股（行政审批）4个股室和县防汛抗旱指挥部办公室。下辖水政渔政执法大队、水利水产技术推广站、水利工程质量和安全监督管理站、水土保持工作站、龙洞湾水库水源工程建设管理办公室、忠建河大鲵国家级自然保护区管理局6个事业单位和11个乡（镇、区）水利水产管理站。年末，在职干部职工62人，其中公务员10人，参公管理11人，事业编制41人。

【重点项目建设】 完成2017—2018年度农村饮水安全工程建设，建成供水工程134处，完成2018—2019年度第一批项目建设任务的30%；完成2018—2019年度农村饮水安全工程第二批项目实施方案优化工作，投入3100万元启动第二批项目建设，实施分散式工程549处，解决1万名农村居民饮水问题；完成各类巡视反馈和交办问题整改4个，推进整改3个；进一步规范水利工程建设管理体制，实行项目法人制，组建“咸丰县水利工程建设项目处”；完成龙洞湾水库导流洞施工；完成三水厂工程前期工作；完成唐崖河金洞寺河段防护主体工程建设；完成唐崖河青狮河段治理工程初步设计及评审工作；完成野猫河坪坝营段治理工程初步设计工作；完成新城片区丁寨防洪排涝工程施工及监理招标工作；完成忠堡防洪抢险应急工程建设；落实备案管理机制，制定出台《关于加强农村饮水安全工程建设质量和安全工作的意见》《关于进一步做好水利工程建设质量和安全监督备案工作的意见》等文件，执行水利工程建设备案制。

【防汛抗旱】 强化隐患排查整改，加强汛前、汛中、汛后安全隐患排查整改工作，重点对全县26座水库、174处山洪及水文监测站点进行拉网式检查，对防汛安全隐患进行全面排查并及时整改。完善防汛责任体系，修订防汛预案，全面落实水库防汛六大责任人，压实各乡（镇、区）、各水库电站防汛安全行政责任，开展防汛培训演练，提高防汛应急能力。强化防汛信息保障，落实防汛非工程措施中央资金214万元，用于山洪灾害防治项目预警设施设备、自动监测站网设备的补充完善。严格防汛值班管理，落实24小时值班制度，实行领导带班制度，确保各项防汛指令及时准确下达。

【生态文明建设】 全面推行河库长制，将全县60条河流、23个水库全部纳入河库长制推行范围，共设立县乡村三级河库长182人。建立河长制工作月度清单，完成县、乡两级河长巡河200余次，扎实开展以“四大行动”为主体的碧水保卫“迎春行动”“清流行动”，完成12条主要河流“一河一策”编制工作；完成大鲵保护区“绿盾2017”15个问题整改销号工作；开展2018年中央及省环保督察反馈问题整改，完成整改销号5

2018年10月24日，野猫河水源地现场

（黄治淮　摄）

小河电站全景　（施江波　摄）

个，推进整改5个；开展工业用水调查，征收水资源管理费116万元，检查排查排污口56个，并按照“一口一档”要求进行登记编号管理；完成全县水库电站取水许可证核查和生态流量核定，启动生态流量监控安装工作；下发责令缴纳水土保持补偿费通知书2份，开展水土保持执法检查3次，共收缴水土保持补偿费74万元；全年开展巡查150余次，对河道管理范围内非法建筑构筑、乱倾乱倒、违法捕捞等行为进行制止和查处，查处涉河违法建筑3起、违法捕捞5起。

（杨海莹）

环境保护

【概　况】 咸丰县环境保护局内设办公室（法规宣教股）、环境监测与环境影响评价股、污染物排放总量控制与辐射环境管理股、自然生态与农村环境保护股 4 个股室，下辖环境监察大队、环境监测站、机动车排气污染监控中心 3 个事业单位，采用局、站、队、中心合一办公模式。在编在职人员 23 人，劳务派遣人员 6 人。同时承担咸丰县推进中央、省环保督察反馈问题整改问题指挥部办公室、污染防治攻坚指挥部办公室和长江大保护指挥部办公室职责，从其他单位抽调人员 7 人。

【省级生态文明示范县创建】 2018 年 9 月，湖北省环境保护委员会“鄂环委〔2018〕4 号”文件，授予咸丰县“湖北省生态文明建设示范县”称号。2018 年底，咸丰县已成功创建国家级生态乡镇 1 个、省级生态乡镇 6 个，省级生态村 75 个。全面启动国家级生态文明示范县创建工作。

【污染防治】 2018 年成立污染防治攻坚战领导小组，组建攻坚指挥部，从有关部门抽调工作人员组成工作专班，实行集中办公，负责统筹协调指挥调度日常工作。严格按照环境保护“党政同责、一岗双责”的要求和“管发展必须管环保、管行业必须管环保、管生产经营必须管环保”的原则，制定印发咸丰县污染防治攻坚战工作方案、作战图，疏理重点任务清单 140 项，明确相关职能工作任务、工作措施及完成时限。建立月调度季通报和宣传督办机制，共完成 4 次月调度情况汇总上报，先后与相关责任单位对接工作 20 余次，印发 3 期通报，报送政务信息 18 篇、简报 7 篇。污染防治攻坚战作战任务 140 项，2018 年底按要求完成 58 项。污染防治攻坚战取得重大进展，州对县目标考核全州最高分，99.5 分。

【环境任务指标】 城区空气质量：2018 年 1—12 月，咸丰县城区 PM_{10} 平均浓度 46 微克 / 立方米，与上年相较下降 14.8%，$PM_{2.5}$ 平均浓度 27 微克 / 立方米，与上年相较下降 25%，臭氧（O_3-8h）平均浓度为 112 微克 / 立方米与上年相较下降 2.6%。空气质量优良天数达到 354 天，优良率为 98.6%。空气质量综合指数排名位居全州第三位。

水环境质量：全县 3 个地表水考核断面〔1 个跨省界断面、1 个跨县（市）界断面、1 个县域断面〕达标率 100%，县级城区集中式饮用水水源地水质达标率 100%。

土壤污染防治：积极配合上级部门推进农用地土壤和农产品样品的采集、流转、制备、检测等各环节工作，全面完成工作任务。

污染物总量减排：完成削减化学需氧量 230.89 吨、氨氮 30 吨，二氧化硫 81.1 吨、氮氧化物 76.8 吨。分别完成州定目标 129%、100%、911%、1060%。

农村环境综合整治：2018 年共对 15 个村实施环境综合整治，覆盖垃圾、污水、水源地保护等方面，完成 13 个村，其余 3 个有序推进。

生态文明体制改革：完成长江流域唐崖河周家坝水站建设项目所有建设任务，并整体移交第三方运营。完成忠建河断面（龙坪）水质自动监测站建设。

【环境执法监管】 2018 年立案查处 6 件环境违法案件，共处罚款 90.3 万元，申请法院强制执行案件 3 起，涉案金额 52.8 万元。完成省、州交办的“双随机”抽查任务 73 家。受理环保投诉信访件 93 件，目办结 93 件，办结率 100%。完成 17 家电离辐射、1 家放射源单位的日常检查，更换发放“辐射安全许可证”4 家，联合整治全县 31 家废品收购点，组织 40 余家危险废物产生单位进行网上申报登记、备案，督促完善监管体系。

【第二次全国污染源普查】 按照国家及省州统一安排部署，完成前期准备、清查建库、普查入户调查与数据采集、普查电子表格录入、系统录入、空间地理信息采集、数据书面审核等工作，扎实推进咸丰县第二次全国污染源普查工作。

【中央、省环境督察反馈问题整改】 从 2016 年 11 月中央第三环境保护督察组在鄂开展督察以来，受理完成销号中央环保督察组交办信访件 4 件，受理中央环保督察“回头看”交办信访件2件，均在办理之中，受理并完成省环保督察组共向咸丰县交办群众信访举报件10件。完成涉及咸丰县整改的中央环保督察反馈31个问题整改销号工作，涉及咸丰县的省环保督察反馈意见40个，完成整改销号26个。2018年的整改任务全面完成，销号完成情况位居全州前列，台账管理成为全州范本。

【全面从严治党】 认真贯彻“党要管党、从严治党”要求，深入学习贯彻党的十九大和习近平总书记系列重要讲话精神，按照党建工作要求坚持不懈地抓机关党的思想、组织、作风、制度建设。2018年先后组织召开支委会12次，党员大会12次，专题组织生活会2次，专题民主生活会3次，传达学习上级决策部署和会议精神21次，局组会议落实“三重一大”制度16次，落实党课制度12次，开展集体廉政谈话2次，谈心谈话25人次，发展党员2名，配合县委第一巡察组开展政治巡察，完成巡察反馈问题整改43个。

（易振凤）

气象服务

【概　况】 县气象局与气象站实行局站合一的管理模式，受恩施州气象局和咸丰县委政府双重领导。内设办公室、气象台、地面观测站、防雷管理办公室、气象行政执法分队机构。挂靠气象局管理的县政府事业单位两个：咸丰县人工影响天气办公室（县气象灾害防御办公室）、县防雷中心。2018年新进人员3人，选派骨干参加各级培训15人次。在州气象局的年度考核中获“2018年宣传工作优秀单位”、“2018年人影工作优秀单位”。2018年共2篇论文参加省、州级学会交流并发表。在湖北省气象行业竞赛中，李春黎被授予全省“重大气象服务先进个人”荣誉称号。

【气象现代化建设】 提升气象监测能力。重视对全县35个区域自动站巡检维护，积极推进区域自动气象监测站改造升级工作，唐崖大椿树、小村大村区域自动站完成改造升级，县气象监测基础设施建设进一步完善。完成国家气象观测站无人值守升级改造工作，提高气象监测数据采集、获取、质控、传输的自动化水平。完成气象预警预报业务平台的升级工作，气象预警预报的精细化水平和气象智慧服务能力有效提升。

【气象服务工作】 做好气象监测工作。2018年气象监测设备运行质量和气象观测数据质量100%，区域自动气象监测站数据传输质量99.58%，各项指标均达到省级业务目标要求。完善气象防灾减灾体系建设。气象预警信息发布与响应体系建设进一步完善，全县263个村相关责任人、脱贫攻坚第一书记、第一队长、新型农业经营主体、专业合作社负责人、重点项目责任人以及气象灾害防御责任单位负责人共1852人全部纳入气象信息服务数据库，确保气象灾害预警信息在第一时间发送到服务对象。加强部门联动，积极开展与农业、林业、水利、国土、旅游、电视台等部门之间的合作，充分发挥气象服务的效益。全年共发布各类气象服务产品217期，启动气象灾害应急响应13次，通过手机短信发布预警、服务信息275894人次，为气象灾害防御、生产安全、春运安全、旅游安全和度汛安全发挥积极作用。

【防雷安全监管】 高度重视防雷安全检查检测工作。完成74处易燃易爆场所的防雷安全检查检测工作，共发现安全隐患6处，其中5处有防雷安全隐患的处所已监督整改完成，1处已停用。认真做好放管服工作。年初对抽查事项进行清理，并及时更新执法人员库和抽查对象库；开展“双随机一公开”抽查工作，5月和10月分别开展针对旅游防雷安全和易燃易爆场所防雷安全的专项抽查，对发现的问题下达整改通知书并督促完成整改。

【人工影响天气工作】 组织实施人工影响天气防灾减灾作业，4—9月，县7个作业工作站共作业 54 次，其中预防冰雹灾害作业 40 次，增雨作业 14 次，消耗人雨弹 846 发，专用火箭弹 95 枚，保护区内无冰雹灾害发生。

【气象科普和宣传工作】 广泛开展气象防灾减灾科普宣传。携手“流动道德讲堂”开展巡回宣传，大力宣传气象科普和气象灾害防御知识，发放各类资料 7000 余份。结合“3・23”气象日和“5・12”防灾减灾日等活动开展气象科普法制宣传，发放各类资料 2 万余份。通过短信、气象显示屏开展气象科普、法律法规、平安创建工作，发布宣传信息 5000 余次。开展气象外宣工作，全年发表新闻稿件 48 篇次，其中国家级 5 篇，省级 12 篇次。

（李春黎）

水文管理

【概　况】 咸丰县水文局 2014 年成立，按照三级管理模式负责南四县四个基本水文站（大河边水文站、来凤水文站、鹤峰水文站、宣恩水文站）的业务管理工作。南四县各站担负着向国家防总、湖北省、湖南省、重庆市、三峡公司、清江公司、恩施州及各县防汛抗旱指挥部和水利工程服务单位提供防汛抗旱减灾信息服务，并在湖北、湖南、重庆三省（直辖市）的水资源管理、水环境监测评价和优化配置中起着关键作用。

2018 年咸丰县水文局全体人员扎实开展各项工作，为县政府提供翔实准确的第一手水文资料，为防汛抗旱打下坚实的基础。恢复重建黄金洞兴隆坳山洪水位站，校核水位数据为县防汛办提供实时水位监测数据。协助完成咸丰“一河一策”的查勘和编制工作。派员参加三峡梯调水文资料整编工作。

大河边水文站位于湖北省咸丰县高乐山镇梅子村大河边，北纬 29° 43′，东经 109° 04′，该站控制流域面积 1321 平方千米，属鄂西南区域代表站。测验项目有水位、流量、降水。大河边水文站管理 20 个雨量站，3 个中小河流水文站，3 个水位站。

【业务工作】 各站完成所属雨量站雨量器的清洗、比测和养护工作。完成汛前对大河边站、来凤站、宣恩站、鹤峰站的水尺、断面测量和零点高程校准工作。落实汛期岗位制度，修订完善各站的《汛期值班表》《岗位分工职责表》《安全生产制度》《防汛工作职责》《水文测验工作应急预案》等各项规章制度。明确南四县各测站的人员分工、明确责任，确保防汛工作万无一失。

每月按照水资源科的安排按时的完成水质取样工作。按照水文顶层设计要求，每月给防汛办和县政府报送水情月报和水情旬报。严格遵守汛期规定和各站防汛任务，实时为当地政府和防汛部门提供水雨情信息。定期维护下属各个雨量站和水文站的设备，确保设备运行状况良好。

（邹　润）

教育　文化

教育行政

【概　况】 2018年12月，全县有学校103所。其中，普通高中1所，职业高中1所，初级中学12所，九年一贯制学校3所，完全小学30所，教学点（含初级小学）55个，特殊学校1所。小学在校生27392人，初中在校生12931人，高中在校生4141人，中职在校生3859人；幼儿幼儿园58所，在园幼儿11203人。

2018年县教育局内设办公室、计划财务股（加挂统计股）、审计股、项目管理办公室、基础教育股（加挂行政审批股、职业教育与成人教育股、体育卫生与艺术教育股牌子）、人事管理股（加挂教师管理股、教育团工委牌子）、社会治安综合管理办公室（加挂监察室、学校安全股牌子）、科技计划管理股（加挂知识产权股、科技成果股、县国防动员委员会科技动员办公室）。直属事业单位7个（咸丰县教学研究和教师培训中心、教育经费管理中心、学校后勤管理办公室、教育技术装备站、学生资助管理中心、招生考试中心、青少年校外活动中心）。专属机构1个（县教育督导办公室）。2018年县政府核定教育局行政编制20名，领导职数8名，其中局长1名，副局长3名；挂牌机构：县科学技术局（局长由教育局局长兼任）副局长1名；专属机构：县政府教育督导室（主任由教育局局长兼任）专职副主任1名，副主任督学2名。

年末全县有教职工2451人，其中高中434人，初中691人，小学1308人，幼儿园18人。退休人员为1758人。2018年退休93人；死亡34人（退休30人、在职4人）。

2018年咸丰县教育局荣获“全国教育新闻宣传先进单位”，州教育局考评县市教育工作第三名。

【学校建设】 2018年共实施“全面改薄”项目41个，总投入4152万元，新建和维修校舍22179平方米，改扩建运动场13120平方米。投入540万元新建3所幼儿园（曲江镇湾田、唐崖镇钟塘、清坪镇柏杨坪）。完成12年一贯制学校招商引资工作，计划投资2.7亿元建设春晖学校，已经完成货币工程量5300万元。曲江镇中小学整体搬迁项目计划投资1.26亿元，征地13.4公顷，2栋教

2018年11月8日，全县教育系统道德大讲堂活动在县第二实验小学开讲　　（罗方腊　摄）

学楼已开工建设。咸丰县民族实验学校扩建项目计划投资8000万元，综合楼及运动场已开始施工。咸丰县一中运动场建设项目第一期投资1270万元，已开工建设。咸丰县中等职业学校男生宿舍、实训车间、运动场等建设项目投资1676万元（含征地款），全部完工并投入使用。

【教师队伍建设】 2018年全县共招聘中小学及幼儿园教师107人，其中高中教师15人，义务教育学校教师91人，幼儿教师1人。落实恩施职院小学全科教师和乡镇幼儿园教师定向委培生招生50人。全年从外县引进教师2人。全年组织教师培训3765人次，其中，“国培”264人次，省级3394人次，州级107人次。完成教师资格注册157人，完成教师资格认定297人；完成教师职称评定369人，其中，正高1人，副高76人，中级147人，初级145人。向省人社厅推荐表彰专业技术奉献岗位计划3人；州人民政府通报表彰2名好校长、10名好班主任、7名好教师、9名好教育工作者；县委县政府在教师节通报表彰先进个人180人，其中师德标兵40名、十佳校长10名、优秀班主任30名、四有好教师100名。

【教育信息化】 2018年全县累计投入290万元采购188套中小学班班通设备、图书1.5万册（曲江镇中小学）、实验室设备及器材（曲江镇中小学等16所学校）。全年开展信息技术应用培训累计1397人次。由县教育技术装备站统一招标，落实全县义务教育阶段学校教学办公网络宽带，全县学校从2018年1月1日起三年内网络宽带提速不提价。

在2018年“和教育杯”湖北省中小学电脑制作活动暨湖北省中小学创新与实践活动中，有7所学校的13件作品送省评选，其中2件获省级奖；在“湖北移动‘和教育杯’第十三届教育理论与实践”征文活动评选暨第八届全国教育技术论文评选活动中，咸丰县共有417件作品参赛，其中241件获省级奖，县民族中学、唐崖镇民中、坪坝营镇中心小学、县实验小学、县第二实验小学被中央电教馆评为优秀组织单位。县教育技术装备站被省信息化发展中心评为团体优胜奖。在湖北省教育信息化交流展示活动中，咸丰县有173件作品参赛，其中121件获奖。

【招生考试】 2018年参加全国高考报名2515人，比上年增加407人，创历史新高，共设81个考场和一个考生休息室。

完成2293名考生少数民族加分优录；345名考生高校专项计划；2373名考生国家专项计划、地方专项计划和精准扶贫专项计划资格审查工作。

县一中英语口试考点按照省考试院统一安排，共组织完成717名考生的英语口语报名、信息上报和考试。

全县中考报名3813人，比上年增加348人；地生会考报名4033人，比上年增加231人。共设15个考点。

2018年，县一中被评为全省非学历证书（英语口试）考试先进考点；县一中教务主任江维被评为全省非学历证书（英语口试）考试优秀工作者。

【学生资助】 建立全县贫困学生信息库。2018年，共对建档立卡贫困学生进行五次大规模的信息采集工作，全县各级各类学校现有建档立卡或低保贫困学生春季为24833人，秋季为24149人。

学前资助。按照“发展教育脱贫一批”政策，扩大对学前教育的资助面，由原来的公立幼儿园的5%扩大到建档立卡及非建档立卡贫困幼儿资助全覆盖，全年共资助贫困幼儿7681人次，资助资金387.3625万元。

义务教育资助。通过认真组织、规范申报、严格评审、足额发放，全年共资助义务教育阶段学生34538人次，资助资金1899.01万元。

普通高中资助。全年共为6342人次建档立卡贫困学生免除学费285.39万元，发放助学金

436.925万元，资助资金合计722.32万元。

中职资助。全年共为12686人次中职学生免除学费904.8万元，发放助学金514.6万元，资助资金合计1419.4万元。

大学生资助。全面完成2018年生源地贷款的合同签订工作，为1542名大学生签约贷款1159万元；为246名贫困大学新生发放路费8.45万元；为375名贫困大学新生发放泛海助学金187.5万元。

全年共为63410人次发放资助资金5783.04万元。积极争取社会各界爱心单位和人士开展学生资助工作，泛海助学、顺风莲花助学、思源佑华、新长城高中、恩施商会助学等项目在咸丰县落地生根，资助千名学生计471.09万元。

2018年，咸丰县学生资助系统应用情况获省资助中心通报表彰。

【学校后勤管理】 加强学校食品安全培训。学校后勤管理办公室与食药局、恩施州金原劳务有限责任公司联合开展全县中小学后勤人员培训，加强对学校师生及相关工作人员食品安全的宣传教育，培训400人次。

积极配合相关职能部门对学校食堂和校园内小卖部（超市）食品、饮用水安全卫生监督检查，加大对学校食堂、小卖部（超市）关键环节的控制和监管力度。2018年56所食堂、58所幼儿园食堂、25个校园超市无任何安全责任事故。

投入资金690万元，对全县39所农村学校学生食堂按照生进熟出的食品加工标准进行升级改造。53所学校学生食堂实现去煤化。

学生营养改善计划全年投入2285.7万元，受益学生30574人。

【教育经费】 2018年教育经费总收入72376.3万元。其中：公共财政预算教育经费66432万元（教育事业费65856.4万元，其他公共财政预算安排的教育经费575.6万元），政府性基金预算安排的教育经费47万元，捐赠收入444.6万元，事业收入5387.3万元，其他教育经费65.4万元。

2018年教育经费总支出74704.3万元。其中：工资福利支出44861.1万元，对个人和家庭补助支出10717.2万元，商品和服务支出8855.1万元，其他资本性支出10155.9万元，其他支出115万元。

【办学基本条件】 2018年末全县学校产权房屋建筑面积为59.1万平方米，非产权房屋建筑面积0.8万平方米；固定资产总值79736.5万元（其中：房屋和建筑物57482.7万元，专用设备6573.6万元，图书756.2万元，办公桌椅等4364.3万元），图书123.3万册。

【教学研究培训】 抓管理，规范教学常规。利用教学视导对全县所有中学、中心小学对《咸丰县中小学教学常规管理办法》（咸教发〔2017〕9号）的贯彻落实情况进行督查，本年度共查看各类计划、教案、作业、听课本、活动记录5000余份，听课110余节，召开教学督查反馈会27次。

抓教研，提高教学水平。广泛开展教师教学技能大赛；持续推进一师一优课活动，教师完成注册率100%，参加晒课报名人数1186人，实际完成晒课人数945人，晒课率80.4%；推进高效课堂建设；加大教学指导力度，实现对所有中学和中心小学整体视导的全覆盖，召开各学科教学研讨会议21次，指导中小学教师820次。

抓备考，提升中考质量。初中9个中考学科加强了复习方法的研究，制定了中考复习方案；举行中考科目的适应性考试，并认真进行质量分析，查找存在的问题，及时总结及时分析。2018年中考成绩保持较好态势。

抓评价，突出结果运用。开展春、秋两季全县教学质量监测评价工作，进行了详细的数据分析，组织春季全县教学质量分析会。

抓培训，提高教师水平。2018年分别举办初中各学科复习备考培训；义务教育“三科”教材培训；荆楚理工学院暑期“结对帮扶”项目中小学校长培训；小学语文、道德与法治两个学科优质课竞赛及教法学法研究培训；国培项目县培训等多项培训。全县中小学幼儿园教师2577人注册网络学习，实地培训教师2300人次，上公开课、示范课、竞赛课、调研课160节，专家报告40场，召开座谈会20次，发放调查问卷250份。在活动中共发简报10期，美篇26篇，新闻报道9篇。

2018年，一师一优课获省级表彰5人，州级表彰26人；教师技能大赛获州级表彰28人。

【科技工作】 开展培训培育工作：组织鑫磊、新农佳、华成信息、红祥电器、奇泉茶叶、武陵生物、圣浩白茶等企业共48人参加省、州、县组织的各种培训；柔性引进的10名省级“三区”科技人才专家对科技创新、创高新企业、高新产品备案、知识产权、专利申请等服务企业培训，参训企业58家1070人次。

征集成功申报省、州级科技项目5个。组织申报高新企业3家（奇泉茶叶有限责任公司、湖北红祥科技股份有限责任公司、咸丰县鸿基生物化工有限责任公司）。

申报专利129件，其中：发明专利14件，实用新型专利95件，外观设计10件；获专利授权98件，其中：发明专利1件，实用新型专利82件外观设计15件。

（张志翔）

高中教育

【概　况】 咸丰县第一中学是恩施州重点高中，坐落在钟灵毓秀的青龙山下，自1938年创建以来，距今已有81年的历史。学校占地面积300亩，建筑面积达10万平方米，实现教学区、学生生活区、教师生活区、运动区完全分离，使整个校园布局错落有致，相映成趣。2018年荣获“湖北省百所数字校园示范学校”。办学理念：严格管理立校，教育科研兴校，特色文化强校。

咸丰一中设行政办公室、党委办公室、教学指导委员会、教师管理处、学生资助中心、妇委会、艺术体育中心、财务处、年级组、工会等共18个职能部门。2018年末全校在编在岗教职工266人，高级教师84人，中级教师96人，初级教师85人，工勤岗位1人，另有合同制工人42人。特级教师2人，恩施州名师2人，县级“优秀专业技术人才”2人，硕士研究生17人，专任教师合格率100%。

2018年12月3日，咸丰一中艺术节开幕

（周武海　摄）

【人才培养】 2018年春季学期全校共设68个班，学生4023人（男生1836人、女生2187人），其中高一年级24个班1433人（男生666人、女生767人）；高二年级22个班1311人（男生596人、女生715人）；高三年级22个班1279人（男生574人、女生705人）。

2018年秋季学期全校共设70个班，学生4319人（男生1907人、女生2234人），其中高一年级22个班1405人（男生651人、女生754人）；高二年级24个班1425人（男生661人、女生764人）；高三年级22个班1489人（男生684人、女生805人）。

【德育安全管理工作】 树立目标意识，即德育为先，培养“四高”学生；高境界做人，仁爱、诚信、慎言、谨行；高效率学习，勤奋、自律、合作、批判；高品位生活，大气、雅致、志高、勇为；高质量成长；德厚、业精、思深、行远。

明确工作思路：实施“一二三四”德育工程。“一”个根本——立德树人；“二”个目标——成人、成才；“三”个原则——人文德育：以人为本，全面发展；规范德育：方向正确、内容合理、过程规范；发展德育：以学生发展为目的，注重主体发展过程，促进综合协调发展；“四”个途径——管理育人、情感育人、活动育人、环境育人。

确立年级阶段目标。高一：做一名合格的高中生；品格与能力要求——适应高中生活，服从学校管理。学会学习，学会生活。高二：做一名优秀的高中生。品格与能力要求——接纳不同意见，包容个体差异。学会独立，学会自强。高三：做一名卓越的高中生。品格与能力要求——目标清晰具体，信念牢固坚定。学会从容，学会超越。围绕“无安全，无德育”的理念，强化安全隐患排查，坚持立行立改，查、改并重。2018年3月荣获湖北省公安厅、湖北省教育厅颁发的“全省校园安全工作成绩突出集体”。

【硬件建设】 2018年9月动工建设运动场，年底完成运动场整体建设的40%，计划于2019年秋季学期投入使用。为使教学更快与信息化接轨，2018年改造升级学校整体网络，搭建校园资源服务器，建成3间信息技术云教室，重建90间智能广播系统教室，新建91间班班通教室、1间精品录播教室。

【2018年高考成绩】 咸丰一中2018年高考再谱新篇，上一本重点线人数时隔多年再次跻身全州县市一中第四名。

1. 上一本重点线283人（应届生257人），居全州县市一中第四位，其中理科上重点159人，创历史新高；重点院校录取309人，其中“985”“211”高校录取65人。

2. 本科上线1010人，连续三年突破千人大关。

（邓　科）

职业教育

【概　况】 咸丰县中等职业技术学校位于咸丰县城杨泗坝，是一所集全日制中等学历教育、成人本专科电大教育、职业技能培训为一体的国家中等职业教育改革发展示范学校。学校校园面积5.49公顷。现有教职员工283人，其中在编164人，劳务派遣119人，专任教师181人，在籍学生3757人。

教学成果再创辉煌。2018年12月被教育部、人力资源和社会保障部、财政部三部委认定为国家中职改革发展示范学校。2018年高考上本科人数达196人，上本科线人数位居全州第一、全省前列。深化校企合作，职校2018年共派出636名学生到江苏昆山、安徽滁州顶岗实习，260名学生到当地幼儿园、酒店等实习基地开展教学实习。教师教学能力取得突出成效，在2018年“创新杯”全国职业院校教师教学能力大赛中，职校教师徐艺齐荣获三等奖。在2018年湖北省职业院校教学能力大赛中，3名教师获中职组三等奖；在全州中职学校信息化教学大赛中，教师获一等奖2名，二等奖3名，三等奖1名。在全州中职学校公共基础文化课“说课程”大赛中，教师获一等奖1名，二等奖4名，三等奖1名。

【德育管理】 切实加强班德育队伍建设，“全员育人、全程育人、全面育人”的格局日趋完善。2018年7月荣获省级平安校园建设优秀成果奖。

【社会培训工作】 2018年驾培中心共培训小车驾驶员515人，摩托车驾驶员2851人，拖拉机驾驶员72人，客货运从业资格228人。2018年，电大招生257人，超额完成州电大下达的全年招生任务。

【项目建设整体推进】 2018年，共投入2993.97万元，新建男生宿舍、女生宿舍、智慧校园（二期）、校园安防、室外电子显示屏等十多个项目；对运动场、供水系统、供电系统、校园广播、校园路灯等进行改造升级；新建实训室8个，改扩建实训室5个。

（刘云海）

义务教育

【概　况】 2018年，全县小学入学率为100%，无辍学学生。2018年秋季初中在校学生12931人，年巩固率为99.86%。2015年秋季初中招生3873人，2018年春季毕业3727人，三年巩固率为96.23%。义务教育阶段全县共有残疾儿童187人，其中167人随班就读，20人在特殊教育学校学习。

全县中小学共建立家长学校50所，2018年共召开家长会96次，培训家长9万余人。

全县有6名少先队员、4名优秀特长生、8名优秀学生干部、50名优秀学生被州教育局表彰。全县中小学生参加恩施州举办的2018年“改革开放40周年”主题教育活动演讲比赛3人获得州级三等奖。

制定《咸丰县2018义务教育阶段学校新生入学管理办法》，明确招生原则和范围，完善工作流程，细化工作措施，公示工作结果，有效化解超级大班，确保教育教学正常有序开展。

【咸丰县民族中学简介】 咸丰县民族中学原为城关镇继红中学，位于县城东架鼓山脚下，1984年改现名。2005年搬迁至新校区原恩施州教育学院（高乐山镇学院巷2号）。

学校校园面积62629.1平方米，校舍面积30695平方米；校园绿化面积为35688平方米，覆盖率达到57%；2018年末教职工150人，其中专任教师138人；有教学班38个，在校学生2177人（2018年春季学期有教学班39个，2018年秋季学期有教学班38个）。

全体教职工秉承“为全体学生终身发展和幸福人生奠基”的办学理念，关爱学生，努力工作。通过开展“业务练兵”活动，提高党员教师业务素质。现有国家、省、州级骨干教师24名，州、县级学科带头人30名。近10年来，有20名教师参加中考命题工作。2018年，全校教职工在国家、省、州级刊物及媒体发表教育教学论文、教学设计、优质课等共计68篇（件），在省级、州级、县级“一师一优课”晒课活动中获奖的分别有1人、3人、34人。8名教师在全县教师技能大赛中获奖，2名教师在全州教师技能大赛中获奖。有9名教师获得县委、县政府及以上表彰，3个教职工获得州委、州政府表彰。

咸丰县民族中学校园绿化　（县民族中学　供图）

2018年9月28日，县民族中学纪念“孔子诞辰日”暨“诵经典进校园”活动

德育教育。学校以学生的终身发展为圆心，以学校发展和教师发展为半径，着眼实际，立足未来，为师生搭建起成长的平台。在过程管理中，用《家校联系手册》《学生成长手册》来引导学生文明向上。学校先后开设第二课堂及魅力周四活动，搭建学生成长平台，展现学生个性特长，在教授文化知识的同时张扬个性，启发心

智，关注身心，健全人格。

提供展示平台，拉伸学生发展空间。一是利用生动的课前演讲，提升学生的表达能力。课前三分钟演讲活动以语文、英语课堂为主，由语文、英语课代表组织，内容以演讲为主，让每个学生每学期都有一次上台展示的机会。二是利用自我主持的班团活动，提升学生的组织能力。班主任和校团委主动提供角色，为学生搭建自我锻炼的平台。三是利用合作探究的课堂方式，拓展学生的思维空间。四是结合志愿活动和社会实践，滋养学生大爱情怀。学校依托咸丰县志愿者协会、各年级家长委员会，引领学生参与到扶困助危、志愿服务、城市环保等活动上来，培养学生的社会责任感和奉献情怀。

基础设施。学生餐厅及时更新设备，学生分年级就餐，更有利于学校管理。男、女生宿舍相继投入使用，12 人一间，有配套设施，并安装冷、热水供应系统。拥有全县一流的理化生实验室各 2 间，按照 48 座标准实验室配备桌凳和设施。有音乐教室 2 间，配备钢琴 2 台，电子钢琴 10 台，古筝 20 台。有多媒体教室 48 间，计算机教室 2 间，教学电脑 301 台。各班均配备“班班通”设施，能够保证实施现代化教学的需要。有阅览室 2 间，图书室 2 间，藏书 58600 册。有精品录播教室 1 间，美术教室 2 间，体育保管室 1 间。学校改建校园道路和操场 13000 平方米，为学生提供优质安全的活动空间。

2018 年中考成绩。2018 年中考，县民族中学取得辉煌成绩。全县第 1—5 名的同学都在县民族中学的武大附中班。全县前三名分别是 695 分、694 分、692 分。县民族中学考上全县前 10 名的有 8 人，前 50 名的有 23 人，前 100 名的有 46 人。进入全州前 100 名的有 4 人，前 500 名有 15 人，前 1000 名有 30 人，前 2000 名有 53 人，前 3000 名有 84 人。

（胡春艳）

2018 年 6 月 5 日，咸丰县民族中学毕业生晚会舞蹈表演　　（县民族中学　供图）

【咸丰县民族实验小学简介】 咸丰县民族实验小学始建于 1955 年秋季，1966 年春更名高乐山镇永红小学，1984 年秋季命名为高乐山镇第一小学，1998 年 6 月升格为县民族实验小学。2018 年学校内设办公室、政教处、综治办、教务处、教研处、电教装备处、后勤处、职代会 8 个中层管理部门，另有党支部、少先队大队部、教研组、实验室、图书室、档案室等职能部门。

学校校园面积 32853.81 平方米，校舍面积 26958.74 平方米。近几年，先后开通校园互联网，建起智能广播系统；2009 年兴建全县首个塑胶运动场，2010 年春安装校园安防系统，2011 年秋改扩建多媒体报告厅。学校设施齐全，设备先进：建有录播室、观摩室、音乐室、舞蹈室、陈列室、少先队活动室、多媒体报告厅各 1 间，美术室、实验室、图书室、计算机教室各 2 间，仪器保管室 5 间，多媒体教室 55 间，校园实现网络全覆盖，班班实现多媒体教学。2018 年末，全校教职工为 139 人，教学班 55 个，学生人数为 3445 人。

2018 年学校先后获“湖北省中小学教育教学竞赛活动优胜单位”“先进党基层党组织”“第九届‘中国移动和教育杯’全国教育技术论文活动组织工作优秀组织学校”“恩施州最佳文明单位”等荣誉。

教育科研。坚持以教育科研为先导，促进教育教学质量的提高。国家级课题先后结题并获国家级表彰。2018年41名教师在各级优质课竞赛活动中获奖；在“一师一优课、一课一名师”活动中，有2名教师获省优，4名教师获州优，27名教师获县优；40名教师在国培继续教育中被评为“优秀学员”；22名教师在实验课教学中被评为“实验教学优秀教师”；22名教师辅导的科技创新作品在州获奖；在各级各类教研部门组织的“五优”成果评选活动中，有485人次获奖。

县民族实验小学艺术节　　（何艾军　摄）

兴趣特长培养。学校秉承“教育的目的是为学生终生幸福和发展奠定基础”的教育理念，全面实施素质教育。坚持开齐课程，开足课时，并将每周一下午的两节课设为学生兴趣特长课，成立口风琴队、腰鼓队、舞蹈队、篮球队、书法组、古筝队等50多个科技兴趣特长班，为学生的全面发展、良好个性形成、健全人格塑造提供广阔的空间，学生的书画、作文、科普制作在各级竞赛中100余人次获奖。学校选送的舞蹈，在湖北省黄鹤美育节优秀节目评选中获得小学组（舞蹈类）一等奖及文艺节目创作奖。

（何艾军）

【咸丰县第二民族实验小学简介】 咸丰县第二民族实验小学校园面积22330平方米，校舍面积7730平方米。现有在校学生2039人，31个教学班。2018年末有教职工78人，其中本科学历42人，专科学历36人，专任教师合格率达100%。

学校共有一栋教学楼，31间教室，2018年秋季学期，学校对教学楼进行整修和装饰，有两间科学实验室和仪器室，图书室、阅览室、录播室、微机室、舞蹈室、绘画室、书法室、古筝室、竖笛室、葫芦丝室、吉他室、非洲鼓室、武术室、档案室、陈列室各1间，有学生食堂，有学生操场和一个7人足球场，教职工办公设施齐全，每间教室都有多媒体，每间办公室都有宽带网络和无线路由器，基本做到校园全覆盖。

德育工作。深入开展文明礼仪教育、法制教育、安全教育、感恩教育、诚信教育、孝老爱亲教育、爱国主义教育等为重点的主题教育活动，每学期利用开学第一课，全校性组织学生学习《小学生守则》《小学生日常行为规范》，让学生内化于心，外化于形。开展以“践行雷锋精神、三爱三节、天下兴亡你我有责、热爱红领巾、崇尚英雄精忠报国、‘六一’新队员入队”等主题队日活动。规范德育常规管理工作。加强学校德育管理制度规范化建设。做好“四个记载”（《班主任工作记载》《卫生督查记载》《值周巡查记载》《班主任、教师集会到位情况记载》）填写工作，建立“留守儿童”“学困生”“德困生”“进城务工子女”等档案信息，强化学校德育工作的监督检查手段，进一步规范学生行为。

体卫艺工作。以校本课程为依托，深入开展阳光体育运动，开展特色大课间活动、课外活动课，定期举行运动会，开足开齐课程，融体育与艺术为一体，锻炼学生体质，发展学生特长，展示学生才华。学校根据学生兴趣特长，自由选课，开设足球、美术、书法、武术、吉他、竖笛、古筝、葫芦丝巴乌、鼓号、非洲鼓、腰鼓、艺术体操、音乐13个课外活动兴趣小组，学校聘请永红艺校8名专业教师与学校专业教师一道，利用学生课余和星期四下午指定时间，分类

县二实小举办道德讲堂活动　　（谭美林　摄）

进行专项培训，促进学生特长发展。2018年11月6日，举行首届第一套戏曲广播操比赛、2018秋季亲子运动会，12月20日参加县首届戏曲文化艺术节活动。

（谭美林）

学前教育

【概　况】 2018年7—8月，县教育局组织专班对全县公民办幼儿园开展年度检查，按照《湖北省幼儿园办园认定标准》对幼儿园综合办园水平开展全面督导检查。评出县级一级幼儿园28所，县级二级幼儿园27所，县级三级幼儿园3所。2018年学前三年入园率为91.94%。2018年咸丰县推荐选送的户外自主游戏案例6个作品，其中唐崖镇中心幼儿园选送的《好玩的竹子》获州级二等奖，并被推荐参加省级评选，其余5个活动案例均获得州级三等奖。在全国开展的“幼儿园游戏活动案例”征求活动中，由州教育局评选送省厅25个活动案例，其中咸丰县有10个活动案例。

【咸丰县民族幼儿园简介】 咸丰县民族幼儿园创建于1981年8月，原为咸丰县党群幼儿园，2017年5月改现名。该园位于高乐山镇红旗路6号（民族广场旁），占地5050.36平方米，建筑面积4724平方米。2018年，在编教职工18人，临聘41人；在园幼儿春季学期518名，按年龄开设大班4个，中班4个，小班4个，在园幼儿秋季学期502名，按年龄开设大班4个，中班4个，小班4个。园长向丽。

县民族幼儿园一是教育教学以主题课程为主，以符合儿童发展特点的绘本阅读为载体和桥梁，围绕儿童发展核心经验与教师教学关键经验，统整五大领域目标。以主题为依托，通过学期初对教材的解读，每月一个主题进行有效创设主题环境，一方面帮助教师梳理主题下的各类活动开展情况，另一方面为家长展现孩子最近发展区的学习活动的呈现。同时将完整版的环境创设材料及时上传保教办及园本资源库，达到资源的二次共享。二是创新家长工作，实现家园同步教育。幼儿园通过家长会、微信平台、家长助教活动开展家教工作，努力营造阳光家庭。在学习和交流中，改变家长的观念，让家长对幼儿教育、家教作用的理解和认识得到提高，并通过以下途径，为家长搭建学习和交流的平台。使家长成为幼儿园的教育的合作者、支持者，实现家园共育。

食品卫生规范管理。县民族幼儿园建立健全卫生防疫与食品卫生安全工作责任制，将幼儿园卫生防疫、食品卫生安全工作的责任分解落实到具体负责人，做到职责到岗，责任到人。后勤园长和事务长对食堂的食品卫生加大监管力度，保证食堂各项设施、设备、物品和食物的采购符合安全要求，严格把好食品安全质量关，严防出现幼儿园食物中毒事故发生，并坚持定期不定期进行食品卫生检查，切实有效地加强食品卫生安全管理，及时排查食品卫生安全隐患，严把出入库关，坚持发票索要制度，不进过期、腐烂、变质食物，做好消毒记录、物品采购台账和食品留样记录。

（向海珍）

文化体育新闻出版广电

【概 况】 咸丰县文化体育新闻出版广电局于2015年7月由原来的县文体局和县广电局合并而成。核定编制24名，其中核定机关行政编制10名，机关事业编制（参公）12名，工勤编制2名。加挂咸丰县版权局、咸丰县文学艺术界联合会牌子，机关内设办公室、政工人事股、财务审计股、文化艺术股、体育事业股、新闻出版股、广电影视股、产业科技发展股、行政审批政策法规股，5个二级单位（县南剧艺术传承保护中心、县文化市场综合执法大队、县文化馆、县图书馆、县业余体校），11个乡镇（区）综合文化站。全系统在职在编干部职工104人。

【文化惠民活动】 加强基础设施建设。投入资金3250万元，新建161个村级文体广场，在2018年实现村级文体广场行政村全覆盖。农村智能广播网“村村响”工程行政村全覆盖，所有终端完成安装，县级和11个乡镇机房完成装修，州、县、乡镇（区）、村四级广播“村村响”平台贯通。直播卫星电视“户户通”工程任务51977套，计划年底完成安装任务。建成以后山发射站为主、其余5个功率较小的分布于乡镇的补给站为辅的全县地面数字覆盖体系，用户可收看州、县两地方电视节目。综合利用卫星、无线、有线三种方式，全县电视覆盖用户达11万户，覆盖率在99%以上。新城文化体育中心PPP项目前期工作稳步推进，根据“一次性规划、分步实施”战略思路，酝酿一期建设内容。咸丰县忠堡镇综合文化站被湖北省文化厅授予“湖北省最美文化站”称号。

开展文化惠民活动。持续开展送戏曲、送图书、送电影、送春联、送培训下乡活动，形成“文化惠民”党建服务品牌。举办“咸丰县最美系列表彰暨2018春节联欢晚会”“2018年唐崖土司文化宣传系列活动暨第四届庆元宵·猜灯谜活动”“宣传十九大·唱响荆南情——咸丰县2018年春节花灯暨社团文艺展演”等大型文化活动，丰富群众文化生活，协助“道德讲堂”“最美系列”等活动，开展“送戏下乡”（戏曲进校园）演出，培育社会主义核心价值观。农村公益电影累计放映3158场，农村公益电影放映经验《咸丰县农村公益电影标准化放映晒出满意成绩单》在《恩施电影市场》第3期刊发。为各乡镇、村及武警官兵“义写义送”春联1万余幅。县“两馆一站”及全民健身中心常年坚持免费开放，并持续开展文体培训、辅导、排练等服务。新组建群众文艺团队65支，群众健身队伍100支，开展各种文化体育活动945场。

2018年6月22日，湖北省黄梅戏剧院送戏下乡活动走进咸丰县清坪镇　（李 桦 摄）

【“百日百场”露天公益电影放映活动】 2018年7—10月，咸丰县“百日百场”露天公益电影放映活动，县城2个放映点（皇城广场和南门广场）共为群众放映广场廉政、科普、爱国主义教育等题材电影118场，“最美系列”短片约400场次，观众达5万人次。广场公益电影放映经验《文化惠民电影先行》在全省会议上作经验交流。自2016年以来，咸丰县从解决进城务工人员和城镇低收入群体观看电影需求入手，积极开展以“文化惠民、六城同创、百日百场、清暑纳凉”为主题的公益电影季活动，收到良好社会效果，成为为民服务和文化惠民品牌。

【文学艺术创作】 统筹推进文艺精品生产，培育一批核心团队和领军人物。2018年为“长篇小说创作年”。县作协主席吴运辉编撰、公开出版“家乡书”丛书一套2本:《品读咸丰》《城里的乡愁》列入图书馆、农家书屋重点赠送图书；以唐崖土司夫人田彩凤为原型的长篇历史小说《凤鼎唐崖》进入出版阶段;《血性唐崖》《绿野医踪》《青山绿水》《唐崖剑道》4部长篇小说完成初稿。县诗词楹联协会、书法家协会、美术家协会、摄影家协会等40余名文艺家在严家祠堂开展文艺采风活动，形成的100幅诗词、楹联、美术、书法、摄影作品在“走进严家祠堂、感受家风家训——第十九个党风廉政宣教月书画影展览”及各流动书画影展中展出，并在《唐崖》杂志集中刊发。开展“宣传十九大·诗联进万家”活动，征集诗词楹联作品200多件，评选获奖作品80件。举办“杨名贵水彩画展”，展出不同年代水彩画作品60余幅。举办“巾帼墨华——咸丰县首届妇女儿童书画展览”，展出作品80幅。3位咸丰籍书法家何平、杨勉、冉建武的作品入展“美丽乡愁·第三届湖北省青年书法展”。杨勉作品《草书中堂》入展第三届湖北艺术节暨纪念改革开放40周年群众文艺作品展。谢一琼论文《严家宗祠书法碑刻探究》在湖北省第六届书学研讨会上获奖提名。

【非物质文化遗产保护】 重点打造“一台剧”，即“南剧”。咸丰县被中国少数民族戏剧学会授予“中国南剧传承研究基地”称号；在文化和旅游部公布的第五批国家级非物质文化遗产代表性传承人名单中，杨道运先生被认定为国家级非物质文化遗产项目“南剧”代表性传承人；大型南剧《唐崖土司夫人》提档升级后在全县公演2场，受专家及群众好评；新编南剧现代戏、小戏《金竹背篓情悠悠》参演第三届湖北艺术节暨庆祝改革开放40周年优秀群众文艺作品展演活动，获优秀入选剧目奖；南剧《活捉三郎》参加2018年戏曲百戏（昆山）盛典，获优秀入选剧目奖；县南剧艺术传承保护中心与湖北艺术职业学院联合开办南剧定向班，25名学员完成学业，进入县南剧艺术传承保护中心工作。振兴“土家族吊脚楼营造技艺”。5月，咸丰县国家级“非遗”代表性项目“土家族吊脚楼营造技艺”入选第一批国家传统工艺振兴目录。6月，咸丰县以“吊脚楼营造技艺”被省文化厅公布为2018—2020年度“湖北省民间文化艺术之乡”。9月，“土家族吊脚楼营造技艺”纪录片《中国手作》第一季《木作》第三集《构木为巢》在中央电视台纪录频道（CCTV-9）播出。10月，湖北省文化厅公布《土家族吊脚楼营造技艺振兴三年行动计划》，提出加快振兴“中国干栏式建筑之乡——咸丰县土家干栏第一乡”等工作任务。新建土家族吊脚楼营造技艺传习所3个、竹编传习所1个、唢呐传习所1个，至此，咸丰县“非遗”传习所总数达12个。第五批省级“非遗”项目代表性传承人新增3人：易建明（吹打乐坪坝营镇唢呐）、曾志明（地盘子）、刘国鉴（绕棺）。州级“非遗”项目新增3项：传统美术彩扎、传统体育游艺与杂技打陀螺、传统技艺造纸技艺（火纸加工技艺）。

2018年8月16日,《唐崖土司夫人》公演

（郭一君　摄）

【文体产业】 咸丰县黄金洞乡麻柳溪村、唐崖镇唐崖司村整合利用文化资源，发展特色文化产业，被省文化厅授予首批湖北省“特色文化村”称号。同年大路坝区蛇盘溪村被省文化厅列入第二批湖北省“特色文化村”创建名单。坪坝营掠

燕体育示范基地参与2018年湖北“体育+”招商投资洽谈会，积极推介特色体育项目。培育文体产业市场主体，指导恩施开拓者户外运动有限责任公司咸丰分公司做好体育产业基地建设有关工作，指导湖北美德户外运动游乐有限公司做好全省体育产业示范项目创建工作。深度谋划坪坝营体育特色小镇、龙家界运动康养基地、《唐崖风云》电视剧（剧本编写及拍摄）等2018—2020年的重大产业项目。咸丰县文体中心PPP建设项目前期工作稳步推进。截至11月中旬，咸丰县2018年体彩销售总额达5000万元。

【体育活动与赛事】 全民健身广泛参与。开展第十个“全民健身日”系列活动，举办“全域旅游·东升未来城市杯”五人制足球赛和“篮协杯”第五届业余篮球联赛，共计648名运动员参赛，吸引全县干群2万余人次观赛；举办为期21天的第二届3×3街头篮球赛，55支队伍、220余名运动员参赛；举办为期2个多月的咸丰县第一届五人制足球比赛暨“我爱足球”中国足球民间争霸赛；举办咸丰县首届“白岩杯”钓鱼邀请赛，自重庆、江苏、湖南、湖北监利及恩施州各县市近百名钓鱼爱好者参赛；举办首届彩虹跑活动，现场参与市民达2000人；举办咸丰县2018年全民健身奥林匹克公益健康跑活动，开展迷你公益马拉松健康跑、亲子健康跑和趣味运动会；承办2018年湖北省老年人持杖健步走教练员、裁判员培训班，全省各地区70余名学员汇集咸丰参训。开展村级文体活动，指导村级开展迎新春花灯大赛、迎新春篮球邀请赛、“闹元宵·庆‘三八’”趣味运动会、“返乡送关怀脱贫奔小康”农民运动会等文体活动，参与参观人数达10万人次。咸丰县忠堡镇文化体育服务中心被湖北省体育局授予“湖北省群众体育先进单位”称号。

乒乓球优势明显。代表恩施州参加湖北省青少年乒乓球锦标赛，输送到省奥体中心集训的运动员欧阳余双夺得女子9岁组单打冠军；参加湖北省十五届运动会竞技类青少年乒乓球比赛，单打进前十六名；参加2018年恩施州青少年运动会乒乓球赛，取得7金2铜1银，居全州榜首；举办2018年恩施州乒乓球俱乐部甲级联赛首战赛；成功输送杨雅迪、胡浩岚、姚钧潇3名队员进入湖北省乒乓球学校和奥体中心深造，在2018年湖北省“协会杯”青少年乒乓球比赛（宜都站）中，胡皓岚、姚钧潇分别获男子单打11岁组冠军、9岁及以下组冠军。

创建“柔力球之乡”。代表恩施州参加2018年湖北省柔力球邀请赛，获女子单打、女子双打、混合双打、混合团体4枚金牌；代表恩施州参赛第一届湖北省“福寿康宁”老年人体育健身系列赛事柔力球交流活动，获得柔力球竞技比赛甲组、乙组团体冠军，规定套路比赛亚军，自选套路比赛第四名及体育道德风尚奖；承办由国家体育总局社会体育指导中心主办的“2018年全国柔力球大篷车公益惠民推广万里行”活动，培训全县140余名柔力球爱好者；承办湖北、重庆、贵州三省（直辖市）第三届柔力球（网式）交流赛，来自鄂渝黔友邻区县的40余名柔力球运动员汇聚咸丰以球会友。

其他竞技体育项目。参加2018年湖北省第九届少数民族传统体育运动会，在陀螺、武术、押加、摔跤、高脚竞速等项目上获得一等奖4个、二等奖12个、三等奖17个；与恩施市联合组队代表恩施州参加湖北省第十五届运动会竞技类青少年田径比赛，女子少乙组陆新宇获得标枪、800米、100米栏、跳高四项全能第五名；承办2018恩施州气排球联赛咸丰站比赛。

【全民阅读普及推广】 图书馆总分馆建成。依托省图书馆Interlibrary管理系统及恩施州公共图书馆服务联盟搭建的工作平台，由乡镇提供分馆的场馆、设施、设备、管理人员，县财政按人均1元提供保障经费，形成了以县公共图书馆为总馆、以乡镇（街道）综合文化中心图书馆为分馆、以村（社区）农家书屋等基层图书室为基层服务点的公共图书馆总分馆制服务体系。县图书馆推行数字化服务，电子资源可免费查阅百万册电子图书、期刊、杂志等，视频2500个系列18400集，公开课895个系列6064集，馆内无线网络全覆盖，供读者使用。县图书馆成功通过评估定级为“国家二级图书馆”。农家书屋建设日益完善。建成农家书屋279个（263个村、5个社区、11个乡镇中心），覆盖率达100%。投入资金116万元，完成263个村级农家书屋提档升级，实现全面达标。加强农家书屋国有资产管理，对全县农家书屋国有资产进行清理登记，明确管理使用和处置主体。书香咸丰氛围浓厚。成功举办“书香荆楚·文化咸丰”、第23个“世界读书日”、纪念“孔子诞辰日”、第五届百日阅读等系列全民阅读活动，开展图书进企业、进农村、进机关、进校园、进社区、进军营“六进”活动12次，新增农村实用科普图书3156册。

【新闻出版管理】 加强新闻出管理，推进软件正版化工作。完成书刊音像制品经验及印刷出版企业年检任务，加强内部资料性刊物出版审批，狠抓日常监督管理，无违法违规案件发生。软件正版化工作扎实有序，有组织、有计划、有方案、有落实，全年无政府机关办公电脑泄密案件发生。加强新闻出舆论管理，狠抓意识形态工作，全县舆情稳定，舆论生态良好，全年未发生假新闻、假记者及恶性舆论案件。

【文化市场管理】 日常监管与专项整治相结合，文化市场综合执法力度不断加大。文化市场日常巡查监管对全县文化市场经营单位全覆盖，持续开展文化市场“扫黄打非”、“扫黑除恶”、安全隐患排查、互联网上网服务营业场所等专项整治行动。共开展联合执法5次，出动执法人员800余人次，检查文化市场经营单位260余家次，处罚了互联网上网服务营业场所违规接纳未成年人行为2起，关停无证经营娱乐场所2家，净化全县文化环境，确保文化市场繁荣稳定。咸丰县忠堡镇板桥村被湖北省扫黄打非工作小组评为“全省扫黄打非进基层示范点”。

【脱贫攻坚】 东西部扶贫协作有效推进。一是积极参加“一周三百”杭恩扶贫协作行动。参与杭恩一家亲文艺演出交流活动，杭州市文广新局党委书记、局长孙雍容带队到咸丰考察唐崖土司城遗址；配合做好杭州“非遗”交流展示活动，迎接杭州市文广新系统选派的“非遗”交流团30余人到咸丰开展“非遗”交流；选派系统7名优秀人才赴杭州市参加“文化人才”建设专题培训；帮扶贫困特殊儿童，统计上报16名贫困小学生。二是余咸文体新广系统对接逐步深入。7月，杭州市余杭区文广新局副局长戴园丽一行23人到咸丰开展“文化走亲”活动，举办专场文艺演出，捐赠文体事业经费5万元。三是牵头开展对接协调活动。配合协助杭州市余杭区良渚城乡社区发展基金会为清坪镇民族中学、团子坝小学、中心小学捐赠文体设施资金6万元，配合对接杭州市临平街道慈善分会为咸丰县高乐山镇新城民族小学捐赠教育资金5万元。省“616”工程对口帮扶深入实施。2018年省文化厅、省新闻出版广电局、省体育局共对咸实施对口帮扶项目3个，分别为文化场馆建设、融媒体建设、村级文体广场和坪坝营镇文体中心建设。3个项目基本完成。

（李　桦）

唐崖土司遗址管理

【概　况】 咸丰县唐崖土司城遗址管理处于2013年12月13日由恩施州机构编制委员会（恩施州机编发〔2013〕82号）批复同意成立，为隶属于县政府办公室管理的正科级财政拨款事业单位。2014年12月，咸丰县机构编制委员会对唐崖土司城遗址管理处的机构设置进行调整，将县文物事业管理局并入县唐崖土司城遗址管理处，在县唐崖土司城遗址管理处加挂文物事业管理局和民族博物馆牌子，负责唐崖土司城址的保护管理及全县文物工作，核定编制21名。2016年1月，恩施州机构编制委员会根据省编办鄂编办文〔2015〕204号文件批复精神，同意明确湖北恩施唐崖土司城遗址管理处为隶属州文化体育新闻出版广电局管理的副县级事业单位，委托咸丰县人民政府管理。2018年末在编人员20人。

2018年，唐崖土司城遗址管理处以习近平新时代中国特色社会主义思想为统领，全面加强党的建设，全面坚定文化自信，以世遗唐崖保护管理为龙头，以全县文物事业发展为重点，克难攻坚，担当作为，各项工作均取得新的进展。

【唐崖土司城遗址保护与利用】 2018年，严格按照《世界遗产公约》《中华人民共和国文物保护法》《唐崖司城址保护管理办法》等文物法律法规，依法保护管理、用心守护世遗唐崖，受到国家、省文物局高度肯定。

坚持依法依规，做好世界遗产保护工作。坚持“保护为主、抢救第一、合理利用、加强管理”的工作方针，做好世界文化遗产唐崖土司城址的保护管理、环境整治、安防监测及规划管理工作，遗址核心区100公顷实行围栏封闭管理，遗址内安防工程、监测工程全面完成，核心区整体风貌得到保护，缓冲区风貌得到有效控制，游客服务配套设施进一步完成，对外开放运行良好。

精心谋划项目，推进遗址本体保护。积极申报唐崖土司城址消防工程、唐崖土司城址排水系统保护工程、唐崖土司城址环境整治三期工程、唐崖土司城址展示利用项目，4个项目均获省文物局审核通过，并上报国家文物局被纳入2019年国家重点文物保护储备项目，其中，唐崖土司城址消防工程经国家文物局审批，当年完成项目前期工作。完成张王庙入口节点工程、夫妻杉环境整治项目；将唐崖土司城址的文物监测信号并入全县“平安文物”智慧安防工程系统，实现随时监测世界遗产地动态。此外，完成核心区、缓冲区中英韩文标识的界桩及指示标牌设计工作；完善遗址核心区的景观系统、导览系统、消防系统、排水系统、照明系统的规划设计。

服务中心工作，配合“唐崖土司文化产业园”建设。一是作为县政府成立的“唐崖土司文化产业园”指挥部成员单位，主动积极参与相关工作的上下协调、出谋划策；二是围绕“唐崖土司文化产业园”建设，做实唐崖土司文化的研究与推广工作。与中南民族大学签订唐崖土司文化的研究与推广战略合作协议，共建“唐崖研究院”，同时签订《中南民族大学实习实践基地协议》，进一步深化唐崖历史文化研究及文创产品研发工作。

【文物工作】 建立县乡（镇）村文物保护“三级联管”责任机制。管理处按照“保护为主，抢救第一，合理利用，加强管理”的方针，通过县内主流媒体、世遗唐崖微信公众号、绑定手机信息等方式，大力宣传文物法规和文物保护利用的重大意义和价值，全县各级各部门的文物情怀及保护文物的责任意识显著增强，社会各界和广大人民群众珍视文物、守护文物的“众心护、众手搭、众人助”氛围更加浓厚。2018年，全县11个乡镇（区）与县人民政府签订《文物保护工作安全责任书》，15个县级以上文物保护单位全部落实看护人并签订保护管理协议，构建县、乡镇（区）、村文物保护工作“三级联管”机制。同时，切实加强对县内其他15处省、州、县级文物保护单位常态化安全监督管理，实现了看护措施到点，管理制度到人，安全、消防不留死角。

率先建成全州县市平安文物智慧管理平台。2018年9月，启动县内7处属于或包含木质结构的州级以上文保单位安全管理实时监控平台建设，分别是唐崖土司城遗址、严家祠堂、大村会议旧址、蒋家花园、十字路风雨桥、忠堡大捷（黄连棚）临时指挥所、尖山民族中学早期建筑。10月底，该项目顺利完成安装施工、调试运行并通过验收。自此，咸丰县的州级以上重点文物保护单位实现24小时实时监控，重点文保单位保护工作从过去的人防、物防到现在的人防、物防、技防“三位一体”，管理水平实现质的飞跃。

实施一批文物保护维修及展陈提升工程。按照“规划先行、重点突出、分步实施”的原则，统筹推进县内文物点保护及展示利用工作。总投资225万元的省级文保单位蒋家花园文物保护修缮工程，获得省文物局同意立项批复。启动省级文物保护单位大村会议旧址历史文化展陈提升工程，严家祠堂历史文化展陈提升工程，完成州级文保单位忠堡大捷黄连棚指挥所环境整治和县级文物点破水坪风雨凉桥的抢救性维修工程。

完成3个文保单位升级申报省保文本。抓好文物升级申报工作，积极申报州级、省级、国家级文物保护单位，以提升“人文咸丰”地位和影响力，提升文物保护级别和争取更多保护经费支持。2018年，组织专班调查和挖掘提炼文物核心价值和内涵，精心制作申报材料，为文保单位升级打下坚实的基础。截至11月，圆满完成大寨坪遗址、严家祠堂、大村会议旧址申报省级文物保护单位的文本及相关资料；完成观音塔、灵鹫塔、破水坪风雨凉桥、泗渡河清墓4处申报州级文物保护单位的资料上报工作。

【大寨坪遗址申报第八批全国重点文物保护单位】 2018年8月，湖北省文物局将咸丰“大寨坪遗址”增补为全省申报的第八批全国重点文物保护单位推荐项目。

“大寨坪遗址”是咸丰县2018年3月发现的一处建于宋代的大型军事堡寨遗址。5—7月，管理处组织力量对“大寨坪遗址”遗存点进行初步清理，对遗址范围进行测量绘图和竖立醒目“告示提醒牌”，及时召开遗址区域村民会议宣讲文物保护法规政策和要求。同时，将“大寨坪遗址”的发现及其潜在的重大历史价值迅速上报省州文物部门。8月，在恩施州文物局指导和支持下，成功举办省、州及8县市文物专家参加的“大寨坪遗址历史文化价值考察论证会”，与会领导和专家充分肯定管理处发现“大寨坪遗址”后的相关工作“行动快捷、程序规范、方法得当”。“大寨坪遗址”的重大历史文化价值迅速引起国家文物局、省文物局领导与专家的高度关注。国家文物局副局长、中国文化遗产研究院院长刘曙光，省文物局局长黎朝斌2018年到咸丰调研时，听取遗址管理处关于“大寨坪遗址”发现及价值初探情况汇报。刘曙光对“大寨坪遗址”遗址的发现十分重视，指出“价值可期”。

积极向县委、县政府汇报大寨坪遗址相关工作，争取到县委书记及县长、分管副县长现场调研“大寨坪遗址”，县人民政府迅速公布“大寨坪遗址”为县级文物保护单位，同时公布大寨坪遗址的保护范围和建设控制地带范围。8月，省文物局决定将尚未列入省级文保单位的“大寨坪遗址”破例增补为湖北省拟申报第八批全国重点文物保护单位推荐项目，咸丰县成立县长任组长的“大寨坪遗址”申报全国第八批重点文物保护单位领导小组，全力推进大寨坪遗址申报国保单位工作。

2018年8月4日，咸丰县文物局组织召开大寨坪遗址历史文化价值论证会（徐　瑶　摄）

【博物馆工作】 县民族博物馆于2014年8月8

2018年5月23日，咸丰县民族博物馆举办严氏家训家风廉政书画影展 （徐 瑶 摄）

日开馆，2018年共接待各级领导、嘉宾及团体观众22457人次。开展民族博物馆志愿者培训工作，通过理论学习、实地参观、展厅讲解、实地演练等内容，共招募9名志愿者并颁发证书；参加由州文体局主办的“5·18”国际博物馆日恩施州巡展活动；成功举办以“小小讲解员，传承大文化为宗旨的”第二期“世遗唐崖·小小讲解员”培训活动，为15名小学员颁发结业证书；为严氏家族后人开展严家祠堂讲解培训，让严氏家族后人讲好咸丰故事，传播咸丰好声音，成为严家祠堂的“专业”宣讲员；成功举办2018年“文化和自然遗产日”文化遗产宣传周活动，利用展板及发放宣传手册先后深入5个乡镇进行宣传讲解。

（徐 瑶）

新闻传媒中心

【概 况】 2018年，咸丰县广播电视台与县新闻中心整合为咸丰县传媒中心，内设办公室、总编室、新闻、专题、广播、新媒体、技术播出、广告部。年末，有在职在编人员53人。

2018年，咸丰县传媒中心坚持“围绕中心、服务大局”的方针，以“聚焦五大一新、决战脱贫攻坚、建设五个咸丰”为载体，以创新、整合、打造一流主媒为目标，锐意进取，勇于开拓，内外宣传、事业发展、队伍建设等工作均保持良好态势。3人被州委宣传部分别评为恩施名编辑、名记者、名主持人，1人获得全国县级台播音三等奖。

【内外宣传】 坚持以“正面宣传为主，团结稳定鼓劲”的方针和“三贴近”原则；唱响主旋律，传播正能量；创新新闻宣传的形式和方法，提升融合媒体的传播力、影响力和引导力。

精心办好《咸丰新闻》栏目。紧紧围绕县委、县政府中心工作，推出《“五大一新”在行动》《决胜扶贫攻坚》《庆祝改革开放四十年》《创新进行时》等新栏目。组织记者深入基层，特别是脱贫攻坚一线，围绕精准脱贫、乡村振兴、重点项目、重大工程、生态文明建设等重大主题，推出系列报道、跟踪报道等多种形式主题专栏。在《咸丰新闻》中增加“资讯快报”板块，每天用图文形式传送相关信息，增加新闻报道信息量，丰富节目报道形式。全年采编制播《咸丰新闻》249组1385条。

提升专题节目质量。专题专栏节目继续聚焦社会热点，关注民生民情。精心策划摄制播出改革开放40年成果片《咸庆丰年四十载》，精准扶贫系列片《贫困户的气节》《蜕变》；民生类节目《好大一个家》；人物系列片《百岁老人的感言》等一批专题专栏节目。全年完成《唐崖风》20期，《百味人生》11期，《乡村故事》7期；摄制电视问政、人大质询、政协提案电视短片21个；顺利完成县党代会、人代会、政协会等大型活动的直播录播任务；制作播出专题片38部。咸丰电视台新闻综合频道筹资10万元，购进开播《观点致胜》《新时代物语》两档节目，分别播出146期；引进体育宣教节目《全民运动汇》，播出8期。丰富节目内容，提升频道品位。

拓展融合媒体优势。8月，停止13年之久的“咸丰人民广播电台”呼号又在咸丰大地响起。到年末，播出《咸丰新闻》101期，编发稿件1030条；编辑播出《政策法规资讯》99组，广播影响力与日俱增。咸丰新闻网策划制作《网络媒体走转改》《环保督察进行时》《决战深度贫困》等专题20余个；制作公益广告48条；全年累计编发稿件3268条，转载聚焦咸丰稿件345条；完成上级转载指令1000余条。立足《咸丰发布》主流优势，扩大其影响力，迁移咸丰电视台微信公众号粉丝，关注人数达到66372人。创新宣传形式，将视频、图文、数据相结合，发送微信推文246期782篇；最高点击突破2万人次，阅读总数约256万人411万次；政务微信影响力位居全省县市前列。加强客户端建设，《云上咸丰》下载安装用户12891户；共发布图文信息1589条，视频新闻292期；开通电视直接频道12个，制作并开通专题4个；开展大型微信直播13场，实况录像4次，收看人数达到100万人次，增强大型活动影响力。

聚力外宣树立咸丰形象。着力聚焦精准扶贫、新城建设、土司文化产业园和工业园建设等重点、热点工作，制定考核方案，分解任务落实，强化对外宣传。作品《多彩村游》登上《人民日报》;《健康扶贫》等入选新华社客户端，点击量近百万人次;《白岩巨变》在《恩施日报》头版头条推出;《咸庆丰年有余杭》在《湖北日报》经济版、《湖北日报》农村版显著位置推出。全国两会期间，推出《咸丰籍3名杨门女将齐聚人民大会堂》等多篇稿件，均以小见大，反映出人民代表大会制度的广泛性和代表性，引起省州媒体和国家民委关注。《恩施日报》驻咸丰记者站在《恩施日报》刊发各类稿件179条，其中头版头条6个，重头稿件31个。纸媒外宣有突破，广播电视外宣作用也得已彰显。全年在省电台上稿73条，位居全省县级台前列；省级电视媒体上稿13条；州级媒体上稿1092条，其中，完成恩施电视台《走遍恩施》专栏采制播出11期。扶贫领域宣传上省电台17条，充分展现咸丰干部群众脱贫奔小康的奋进风姿。对典型先进人物李梅先、赵寄凯，文艺人才刘亚军的宣传，产生出积极社会影响力。通过对外宣传，咸丰县广播电视台成为恩施州唯一被湖北人民广播电台2018年优秀栏目回顾展播、《荆楚朋友圈》大事记专门介绍旅游资源的县级台；坪坝营森林公园等品牌景区影响提升，获全国十佳网络媒体评选口碑榜。16个新闻、论文、播音作品在国家、省、州级获奖。2018年咸丰县传媒中心被湖北省广播电视台、湖北广播联盟授予“新闻宣传先进单位”和“广播对外宣传工作先进单位”称号。

【事业发展】 积极争取项目资金，加大投入力度，以项目促发展，事业建设实现跨越式迈进。借助616对口帮扶机遇，争取到全省唯一县级少数民族数字出版融媒体云平台项目资金200万元，为实现广播、电视、网络、微信、客户端互融互通打下基础。实现广播调频97.6兆赫中国之声、107.3兆赫湖北之声正常发射转播；实现调频94兆赫、99兆赫恩施人民广播电台节目转播；恢复103.5兆赫咸丰人民广播电台节目播出，并由“村村响”、无线调频两个平台播出，广播覆盖无死角。完成中央广播电视节目无线数字覆盖工程建设：后山无线发射中心站共3个频点3台1000瓦发射机，共发射16套节目；乡镇5个补点站每站点两个频率，754兆赫发射4套中央台节目、786兆赫发射8套中央台节目。组织资金30万元，购置飞行器、高清相机、移动拍摄等设备，适应融媒体宣传设备质量需求。

完善节目审核制度，播出交接制度、机房值班制度、安全播出应急预案，规范播出流程，严格检查管理，全年安全播出无事故。加强播出、配音、采集、编辑、制作、存储等设备维护管理，为中心工作正常运转提供硬件保障。定期对网站、手机客户端服务器及相关安全设备做常规检查，防止病毒、黑客攻击，确保网站正常访问。完成平台第二次安全等级测评。加强与《长江云》沟通对接，确保《云上咸丰》正常运行。

【机关及队伍建设】 坚持以建设省级文明单位为抓手，创新机关及队伍建设管理机制，单位整体形象得以提升。筹资20余万元，坚持每月开展一次以上内部业务学习；上送职工到州台跟班学习；参加中国传媒大学封闭式业务培训。2018年，单位被团县委、县文明办授予“青年文明号”称号；被中共恩施州委、州人民政府授予2015—2016年度“最佳文明单位”称号。

（郭绍英）

医疗卫生

卫生健康管理

【概　况】 2018年末，全县有各级各类医疗卫生机构371个，其中县级医疗机构2个、专业公共卫生机构3个、乡镇卫生院11个（中心卫生院4个）、社区服务中心1个、村卫生室288个（公有化村卫生室217个）、诊所（含医务室）64个、民营医院2个。全县卫生计生系统在岗职工2552人。全县开放病床总数2141张；拥有执业医师（含执业助理）727人。2018年全县共出生3863人，符合政策生育率94.75%，政策外多孩率3.89%。

【医药卫生体制改革】 全县医疗机构全部取消“药品加成”，严格执行国家基本药物和药品采购“两票制”，全县所有网采药品、耗材采购率达100%。落实单病种付费政策，实行单病种付费78个。严格控制医疗费用不合理增长，县级公立医院医药占比24.3%；百元医用耗材均控制在15元内；医疗服务性收入占比较2017年增长4.9%。医联体、医共体建设试点推开，县人民医院与活龙坪、唐崖卫生院正式结成医供体、医联体；县中医院与黄金洞、朝阳寺卫生院结成医供体、医联体。

【计划生育服务管理】 全县共兑付计划生育家庭奖励扶助资金共665.255万元，扶助对象资金到位率100%。其中发放奖特扶资金3916人计500.96万元；独生子女死亡计划生育家庭一次性抚慰金7人计4.5万元；计划生育手术并发症扶助金16人计3.84万元；农村独女及双女高考升学奖励174人计32.9万元；城镇及农村独生子女保健费364人计12.75万元；企业退休职工、城镇独生子女年老父母计划生育一次性奖励99人计34.65万元；节育、绝育奖励188人计19.05万元；为1.13万户计划生育家庭购买意外伤害保险101.76万元，赔付死亡伤残保险金11.5万多元、意外医疗费用63.58万多元，赔付率达73.8%。

【疾病预防控制】 2018年，咸丰县无甲类传染病报告，累计报告乙类、丙类传染病14种2181例，传染病报告发病率为714.43/10万，全年免费检查疑似结核病人1273人；一类疫苗常规接种73130剂次，综合接种率96.42%；管理严重精神障碍患者1316人，检出率4.3‰职业健康体检1471人，从业人员健康体检8380人；通过“全国非传染性慢性病综合防控示范县”复审。

【卫生应急】 全年收到突发公共卫生事件异常信息103条，处理103起；突发公共卫生事件报告1起，处理1起。处置率100%，并成功创建省级卫生应急综合示范县。

【农村和社会卫生】 全县累计建立居民健康档案298912份，建档率为97.49%，一般人群、重点人群、建档立卡贫困人口乡村医生签约覆盖率分别达到54.11%、71.36%、69.79%，完成建档立卡贫困人口健康体检55728人。2018共计投入1025.3

余万元对全县村卫生室设施设备进行配置，为部分乡镇卫生院配置彩超、生化分析仪、救护车辆等设备。全县3个乡镇卫生院被国家卫生计生委授予“群众满意乡镇卫生院”称号，9个乡镇卫生院达到“四化”标准卫生院，217个产权公有化村卫生室达到“五化”标准。

【妇幼保健和计划生育技术服务】 全县孕产妇住院分娩率99.96%、系统管理率89.65%，儿童保健管理率94.92%，婴儿死亡率、5岁以下儿童死亡率分别控制在3.18‰、4.38‰，无新生儿破伤风发生。免费孕前优生健康检查目标人群覆盖率97.51%，免费婚前医学检查率164.83%，二孩及以上生育对象孕情监测到位率为63.56%。计划生育奖励政策落实和资金发放到位率100%，为计划生育特殊家庭开通就医绿色通道率100%，联系人制度落实率100%，家庭医生签约服务落实率100%。

【中医药管理】 积极开展基层中医药工作先进单位创建，推广中医药适宜技术的应用，通过“太极拳竞赛”“一杯姜茶暖人心”“送艾送健康”“中医中药村村行”等活动大力宣传中医药养生文化。咸丰县被国家旅游局、国家中医药管理局确定为第一批国家中医药健康旅游示范基地。

【卫生监督执法】 认真实施“双随机一公开”制度，推动卫生政策法规、执法责任制和法治宣传，强化依法行政和服务意识，提升法治监督工作的能力和水平。全年共下达各类卫生监督意见书1328份，查处案件9件，监督覆盖率达100%。

【爱国卫生】 以爱国卫生月、六城同创、乡村环境整治为契机，开展最脏单位、最美乡村、健康家庭评选活动，持续巩固省级卫生县城创建成果；完成2轮最脏单位、最脏村以及最美村评选活动；开展“世界无烟日”主题宣传活动，覆盖人数达10万人。完成创建国家级卫生乡镇1个，省级卫生乡镇1个，省级卫生村22个。全力推进农村“厕所革命”，完成新建、改建、提升农村公共厕所80座，新建、改造无害化户厕13212户，新建、改建三联沼气池式厕所2261户。

【宣传教育】 全年在各级主流媒体宣传报道200余篇，其中国家、省、州、县主流媒体分别用稿20篇、24篇、65篇和100余篇，为全县卫生计划生育事业发展营造了良好的舆论氛围。

（宋福恩）

县人民医院

【概　况】 咸丰县人民医院是一所综合性二级优秀医院，系武汉大学人民医院（湖北省人民医院）协作医院、湖北民族学院教学医院，湖北民族学院附属民大医院医联体医院、咸丰县新型农村合作医疗、城镇医保及多家商业保险定点医院。2018年成为民大医院住院医师规范化培训协作单位。

医院占地面积3.5万平方米，建筑面积3.3万平方米，固定资产2亿元。投入资金近1000万元购置奥林巴斯等离子电切镜、美国GE彩超、奥林巴斯电子胆道镜、德国徕卡神经外科专用显微镜等先进医疗设备，为加强急救应急水平添置急救车一台，医疗设备配置水平得到加强，医院服务设施不断完善。

医院定编床位600张，设有临床医技科室30个，行政后勤科室21个。已建成省级临床重点专科1个：骨外科；州级临床重点专科18个：呼吸内科、心血管内科、肾内科、骨科、普外科、泌尿外科、妇科、产科、儿科、感染科、麻醉科、神经内科、消化内科、耳鼻喉科、康复科、护理、检验科、放射科；省级重点（建设）科室1个：护理部。

2018年末全院职工总数768人，其中在岗职工638人，离退休职工130人。在岗职工中在编人员272人，招聘人员357人，全院医生178人，护士328人，副高级以上职称53人，中级职称128人。

【业务建设】 稳步推进业务建设。全年门（急）诊285826人次，出院患者20369人次，手术6561人次，健康体检13795人次，平均住院日9.38天，药占比为21.35%。全年实现总收入1.88亿元。

积极开展科研工作。强化对护理一级质控的监管，落实责任制整体护理；预防和减少医院感染病例发生，医院感染率由去年0.49%下降至0.4%；做好重点传染病防控工作，卫生应急综合能力不断提高；推进信息化建设，完成省慈善平台接口的建设与推广使用、对医保接口进行持续升级改进、人口健康平台、医疗行为智能管理系统对接等项目。

新业务、新技术稳步提升。“经皮冠状动脉造影术”“腹腔镜下经腹腔腹膜前疝修补术”“术中快速冰冻切片诊断”等15项新技术、新业务，“快乐分娩临床应用研究”项目成功开展。专科建设持续巩固加强，重症医学科、心血管专科、康复针灸推拿科等重点特色专科医疗质量得到提升，新建成康复理疗门诊、医学美容门诊功能日趋完善。

专业人才强化梯队建设。通过公开招聘等方式引进各类专业人员10人。派出19名专业人员到上级医院进修学习，派出465人次参加短期专业学术交流与培训。加强院内业务培训，邀请院外专家讲课10余次，组织各专业专题知识讲座57次。通过远程会诊中心的学术讲座、远程会诊、疑难病例讨论共138人次。

完善卫生应急预案管理制度，专业技术人员紧急救援业务水平不断增强，卫生应急综合能力不断提高。组织开展各类卫生应急预案演练，选派紧急医学救援队代表恩施州参加全省实战演练暨技能竞赛，在全州荣获一等奖、全省荣获三等奖，被院党委表彰为咸医“精英团队”。

【医联体、医共体建设】 大力推进医共体、医联体建设。县人民医院与湖北民族大学附属民大医院、武汉大学人民医院组建医疗联合体。2018年4月，县人民医院分别与活龙坪中心卫生院、唐崖卫生院建成了医共体和医联体关系。截至2018年底，县人民医院为医共体单位活龙卫生院赞助救护车1辆，投入资金20万元。活龙分院医共体成立以来，通过“传、帮、带”的作用，培养一批年轻医生，诊疗患者4321人次，指导手术40例，会诊及疑难病例讨论15次，教学查房300人次，业务培训和学术讲座20余场次，双向转诊84人次，药占比下降2.22%。2018年以来，“616”对口帮扶武汉大学人民医院派出4名专家，东西部对口余杭区第一人民医院、第二人民医院、第五人民医院选派5名专家进驻县人民医院。

2018年8月15—16日，咸丰县人民医院获恩施州2018年紧急医学救援演练第一名　　（张　帆　摄）

【文化建设】 加强文化建设，注重人文素质提高。组织开展“庆‘七一’学习贯彻落实党的十九大精神及宪法、监察法”知识竞赛、趣味运动会、“5·12”护士节护理知识与操作竞赛、道德讲堂等活动。坚持公益事业，心系人民群众健康。医院组成的专家团下乡、开展大型义诊和送医送药活动近20次，免费发放药品4万余元，发放宣传资料2000余份，让广大农民不出村就能得到医疗专家的诊治服务。

【精准扶贫】 深入落实健康扶贫，推进精准扶贫工作。启动健康扶贫对象住院医疗费用结算工作，实行“四位一体”“一站式”结算，为健康扶贫对象就诊提供便利。常态化深入开展“两学一做”，与扶贫村支部联合开展4次“支部主题党日”活动。选派2名“第一书记”、组建两个扶贫工作队，大力开展政策扶贫、产业扶贫、助学扶贫、健康扶贫，充分激发抓党建促脱贫攻坚作用。共投入资金0.3万元改善官田堡村委会绿化建设，为19名贫困村民减免住院诊疗费用1.59万元。

（汪　丽）

2018年9月16日，武汉大学人民医院与咸丰县人民医院开展“616”对口支援座谈会　（张　帆　摄）

县中医医院

【概　况】 咸丰县中医医院成立于1982年，国家“二级甲等中医医院”，是湖北省中医药适宜技术推广先进单位和中医药文化建设示范单位、咸丰县红十字急救和基层中医药指导中心。占地面积10005平方米，医疗业务用房面积13200平方米。2018年有职工353人，编制床位300张，实际开放床位278张，设有内1科、内2科、内3科、外1科、外2科、儿科、妇产科、针灸推拿科（治未病科、康复科）、急诊科、口腔科、养生堂、麻醉科手术室等临床业务科室，有药剂科、放射科、功能科、检验科等医技科室。有1个国家级（苗医土家医风湿病专科）、2个省级（针灸推拿科、脾胃病科）、4个州级（心血管专科、针灸推拿科、脾胃病科、肛肠科）重点中医专科，设有“治未病”科（养生堂）、名医堂、知名中医工作室等具有浓郁中医药文化的中医特色专科。

【公立医院改革】 全面推进县级公立医院改革，持续深入推进分级诊疗、临床路径管理、药品购销“两票制”等医改政策落实落地，全面实行药品零差率，严格执行恩施州县级公立医院综合改革医疗服务指导价格，积极应对按病种收付费医保改革政策，健康扶贫先诊疗后付费得到全面实施。巩固拓展上级医联体建设，与湖北民族学院附属民大医院、州民族医院等医联体建设和对口帮扶工作得到全面深化，两院下派专家长期坐诊5人次，指导手术30余台次。紧抓东西部对口协作帮扶机遇，与杭州市余杭区中医院在专科建设、人才培养、医院管理等方面全面建立东西部协作帮扶关系，下派2名专家来院开展儿科、血透等业务指导，选送2名骨干到余杭区中医院进修学习。开展县域医共（联）体建设，根据县委、县政府统一安排部署，与黄金洞乡、朝阳寺镇卫生院建立医共体、医联体，工作中着力“五个再造”，对黄金洞分院门诊大厅、国医堂、连廊等基础设施及职工厨房进行改造，调整科室布局，开展儿科学术会议，儿科业务全面发展，分院就医环境、服务流程、学科建设升级改善，对朝阳寺镇卫生院门诊楼建设“问诊拿脉”，提出整改意见，医共体、医联体工作扎实推进。

【医疗业务】 医院接诊能力不断增强。2018年接诊门急诊病人145778人次，增长4.71%；收治住院病人15119人次，减少3.45%；收治手术病人2817人次，增长5.43%。收治城乡居民医保住院病人13185人次，增长6%；收治职工医保住院病人1375人次，增长2%。全年完成经济总收入11318.18万元，增长5.11%，其中业务收入10276.72万元，增长1.93%（其中药品收入3314.84万元，药占比32.22%）；财政补助收入916.23万元，减少19.97%，其他收入125.23万元，增长80.08%。职工人均收入（含“五险二金”）13.47万元，增长7.59%。

新业务新技术全面开展。腹腔镜在普外科的应用、后腹腔镜手术系列、关节内镜微创系统技术、脊柱内镜微创系统技术、前列腺特异性抗原检测等新业务新技术成功开展。共撰写论文21篇，参与论著编撰5部，其中任编委4人次、副主编1人次。

专科优势不断彰显。积极申报心血管内科、肛肠科2个省级重点专科和儿科、内分泌、呼吸、神经内科4个州级重点专科，持续增强三级重点中医专科服务水平和质量内涵，太极馆、养生堂、康复指导中心优势作用进一步发挥。持续开展专科优势突出的“冬病夏治三伏贴”“康复宣传月”“送艾送健康”活动，专科特色优势更加突出，名科效应全面增强。特色技术广泛运用。开展中医药特色技术13项，其中中药熏洗19874人次、耳穴埋豆46850人次、中药热敷20389人次、中药涂药15310人次。选派护理团队参加“全省中医护理特色技术推介大赛”获三等奖。

健康体检取得新成效。全年接待各单位职工、驾校学员、在校学生及工人、特种作业人员等健康体检26337人次，选派专人到各乡镇为老百姓开展摩托车驾照体检，完成体检收入209.19万元，比上年增长143.52%。为129名环卫工人、39名消防战士、16名计划生育特殊家庭成员及部分协警开展优惠或免费健康体检，共减免、优惠体检费用6.8万余元。

专业队伍不断壮大。通过公开招考、自主招聘等方式引进各类专业人员30人，其中公开招考进编7人、自主招聘引进医疗类3人、康复1人、药剂1人、财会1人、护理17人，招录进修护士15名，全院职工总数353人。引进中医本科生3名、中医研究生1名，全院中医专业执业医师占比46%，中医药专业人员得到不断充实。

业务培训全面加强。选送35名业务骨干到上级医院进修学习，选派9名医生规培、204人外出参加各类专业学术交流，邀请上级专家到院会诊、指导38人次，下派专家到院长期坐诊、指导8人次，成功举办医疗安全、急诊医学、儿科年会、康复宣传月、内分泌等学术会议，组织全县业务培训15次，涉及46个课题，共培训医务人员2488人次，其中乡镇医务人员1233人次。

【基础设施、设备】 积极推进门诊综合楼项目建设，完成外墙漆粉刷、窗框安装、内部水电管道及消防系统工程建设，完成电梯、三大中心、污水处理设备招标采购。设备楼工程项目顺利动工建设，完成基坑支护80%工程量。完成附属连廊基础工程浇筑及质量检测，各项基础设施建设协调推进。服务设施不断完善。完成远程医疗会诊系统建设，实现城乡居民“四位一体”结算功能，跨省异地结算功能顺利开通，“医疗服务智能监管”系统上线运行，完成省慈善基金会众筹APP项目，为近20位病人众筹结算，“银医通”项目顺利启动，医院停车场实行收费管理，医院服务设施不断完善。设备配置优化升级。共投入资金1000余万元招标采购超声多普勒胎儿监护系统、移动式C形臂X射线机 、全电动介入诊断床、微创手术系统、电子胃肠镜 、高频电刀 、便携式数字化彩色超声诊断仪、等离子电切系统等先进医疗设备16台件，医院设备配置水平全面提升。

【文化品牌建设】 团队文化持续加强。持续倡导办院方针、管理理念、院训、经营理念等医院核心文化，注重核心价值、行为规范、环境形象等文化体系建设。成功举办“天使展翅·健康与爱同行”“5·12”护士节文艺晚会，2018年医共体、医联体秋季职工运动会，积极参加全县道德讲堂等团体活动，组织新进人员岗前培训28人次、军训21人次、拓展训练27人次，医院团队正能量得到凝聚和展现。

中医药文化广泛传播。举办首届“太极拳培

训”“太极拳表演”，开展“太极拳竞赛”，举办“中医中药村村行”黄金洞站启动仪式暨“大爱中医·健康随行”大型中医药文化活动，组织参加全县“三八”群众广场文化活动。紧密结合精准扶贫、医联体建设、中医药健康旅游示范基地创建、全省基层中医药先进县创建等中心工作传播“中医故事”“中医声音”。编辑出版《咸丰中医》2期，推送微信推文108篇，制作美篇25篇，发布各类宣传稿件96篇，其中医院网站72篇，县级及以上媒体采用45篇（县级38篇、州级4篇、省级1篇、国家级2篇），制作小视频1部、H5动画7部，微信直播2次。组织、筹备严家祠堂文化采风及《家训宗规》严氏家族历史剧本研讨会，医院形象得到充分展示。

2018年3月8日，咸丰县中医医院在县民族宫广场开展太极拳竞赛　（李　苇　摄）

【“大爱中医·健康随行”品牌创建】 2018年7月6—7日，县中医医院立足“大爱中医·健康随行”党建品牌创建，以“亮特色，树医院形象；优服务，惠千万群众；创品牌，促医院发展”为主题，坚持“四见面”“四到位”工作模式，即与村组干部见面，政策宣传组织发动到位；与村卫生室医生见面，中医特色政策宣传到位；与村计生专干见面，妇产科知识普及到位；与乡镇卫生院领导见面，协调配合到位，做到村不漏组、组不漏户、户不漏人。2017—2018年，全院抽调党员职工参加义诊活动60余场次，义诊19206人次，入户看望诊疗20余次。完成坪坝营、黄金洞、朝阳寺72个行政村“中医中药村村行”及6次扶贫义诊活动，共派出业务骨干及志愿者1155人次，义诊26671人次，免费发放宣传册15000余份，开展健康讲座5次，为18名行动不便患者免费上门诊疗。活动开展得到省卫健委充分肯定，并在全省范围内推广。

（刘　斌）

2018年8月13日“中医中药村村行”黄金洞站启动仪式　（李　苇　摄）

妇幼保健

【概　况】 咸丰县妇幼保健院成立于1958年，是由政府举办的非营利性公共卫生事业单位，是世界卫生组织、联合国儿童基金会授予的恩施州首批“爱婴医院”，2012年评定为“二级优秀妇幼保健院”，省卫生厅于2013年批准成立“儿童医院”。2014年6月1日县计划生育服务站与县妇幼保健院合并，组建咸丰县妇幼保健计划生育服务中心。

医院占地面积3884平方米，房屋建筑面积5800平方米，编制床位150张，开放床位100张，设有办公室、政工科、财务科、统计信息科、医务科、护理部、医院感染管理办公室、保健部、药品器械科、医疗保险管理科、门诊部、儿科、新生儿科、产科、麻醉科、妇科、医学影像科、临床检验科等保健临床业务科室，其中保健科分设妇女保健、儿童保健、避孕药具、婚检优检、妇幼信息统计、健康教育科。产科为恩施州州级重点专科。2018 年末在岗职工 142 人。

【妇幼健康服务】 妇幼健康服务工作坚持以“儿童优先，母婴安全”的服务宗旨，全年开展全县妇幼卫生健康服务培训会 4 次，494 人参加培训，通过培训提升了全县妇幼人员及托幼机构业务能力，明确了责任目标。

1. 孕产妇系统管理服务。2018 年全县产妇总数 2497 人，无孕产妇死亡，活产数 2512 人，住院分娩 2496 人，住院分娩率 99.96%；孕产妇系统管理 89.65%；高危住院分娩率 99.88%；5 岁以下儿童死亡 11 人，死亡率 4.38‰；其中婴儿死亡 8 人，死亡率 3.18‰。

2. 0—6 岁儿童健康管理服务。7 岁以下儿童 27102 人，开展儿童保健业务覆盖 23409 人，覆盖率 86.37%；3 岁以下儿童 11297 人，进入儿童保健系统管理 9766 人，管理率 86.45%。

3. 预防艾滋病、梅毒、乙肝母婴传播项目。2018 年共为 2141 名孕产妇提供艾滋病、乙肝、梅毒咨询、检测。查出乙肝阳性产妇 71 人、梅毒 10 人，7 人采取有效阻断措施。

4. 新生儿疾病筛查和贫困地区耳聋基因筛查项目。2018 年全县新生儿 5 种疾病筛查共 2054 人份，筛查率 96.34%，确诊 27 人；新生儿耳聋基因筛查 1238 人，可疑阳性 25 人，可疑阳性召回 24 人，可疑阳性召回率 96%，阳性 24 人。

5. 增补叶酸预防神经管缺陷项目。采购叶酸片 35004 瓶，发放近 2 万瓶。新增叶酸服用人数 3692 人，完成工作指标。9 月在南门广场、皇城广场开展“防治出生缺陷，助力健康扶贫”专项服务活动。

6. 贫困地区儿童营养改善项目。2018 年发放营养包 25144 盒，发放率 80.65%。

7. “出生医学证明”管理工作。2018 年度首次签发 2169 份，超过 3 个月签发 51 份、换发 15 份、补发 29 份，其中机构外出生发证 5 份，废证数 13 张，废证率 0.58%。

8. 农村妇女“两癌”检查项目。2018 年 6 月上旬，完成 2017 年 9500 人农村妇女“两癌”免费筛查工作任务；2018 年 9300 人的农村妇女“两癌”筛查工作任务完成 9303 人，完成率 100.03%；完成国家级宫颈癌筛查 1782 人。

【计划生育技术服务】 计划生育坚持以“关爱生殖健康、服务计划生育”的服务宗旨，主要负责全县计划生育技术服务及免费婚检、免费优检、免费避孕药具的发放工作。11 月接受省“两免”工作检查，通过培训和迎检，进一步提升服务水平。

计划生育技术服务。全县完成计划生育手术 4983 例，其中免费技术服务 3203 例。全县计划生育实名制登记录入 23633 例，考核指标综合率达 99.94%，考核指标综合率均达标。

免费婚前医学检查项目。2018 年 10 月启用全省婚检系统平台，完成免费婚前医学检查 1978 人，查出疾病 82 人。

免费孕前优生检查项目。2018 年完成免费孕前优生健康检查 1908 人，其中男 842 人、女 1066 人，风险人群 1232 人，风险人群比例 64.57%；目标任务完成率为 103.14%。

避孕药具服务工作。发放礼包 2300 份，避孕套 304000 只，避孕栓 2660 盒，避孕膜 3105 本，凝胶 1420 支，环 2580 套，皮埋 50 份。全县 538 个药具发放点管理系统运转正常。

完成乡村两级培训工作。2018 年举办 4 次培训班，参训人员 450 人次。

积极开展宣传教育工作。到对口帮扶村高乐山镇龙坪村开展义诊活动，流动人口返乡人员计划生知识宣传及义诊活动。到忠堡镇石门坎村开展“送医送药送文化”活动。举办“预防出生缺陷，助力健康”及“世界避孕日”的专场宣传活动。宣传计划生育准爸爸妈妈学校开班 5 期，共计300余人参加。

（张　莉）

疾病防控

【概　况】2018年咸丰县疾控中心内设：党务办公室、行政综合办公室、财务科、健康教育科、疾病控制综合科、卫生体检科、慢性病防治科、免疫规划科、结核病防治科、检验科、质量控制科、总务科，中心人员编制58人，年末职工人数47人。

2018年度，咸丰县疾控工作坚持“没有全民健康，就没有全面小康”的“大健康”理念，围绕“五个咸丰”建设，贯彻落实“预防为主”的工作方针，认真履行疾控工作职能，不断巩固疾病预防控制体系，顺利完成各项工作任务。

【传染病疫情应急处置】2018年，咸丰县无甲类传染病报告，累计报告乙类和丙类传染病14种2181例，报告发病率为714.43/10万。其中乙类传染病8种792例，丙类传染病6种1389例，无迟报、迟审、漏报、重卡情况发生。全年完成手足口病采样72例。储备个人防护、消杀药械、检验检测等应急物资储备较充足，处置家庭聚集性食源性疾病7起、学校及托幼机构聚集性传染病疫情32起，未出现四级及以上突发公共卫生事件。

【重大疾病防控】认真落实艾滋病“四免一关怀”政策，实施各项防控措施。全年新增艾滋病病人和感染者23例，累计管理病人和感染者70人。新增免费抗病毒治疗病人23人（其中外地转回治疗1人）；对44例治疗满达1年的病人全部完成病毒载量检测工作；对69例管理病人及感染者的开展CD4检测（检测率97.14%）。全年开展母婴阻断检测3064人次，任务完成率72.4%；自愿咨询检测544人次，任务完成率108.8%；开展监管场所羁押人员监测240人次，任务完成率120%，未发现阳性病例；实施娱乐场所干预23家，对502名服务人员全部检测，未检出艾滋病阳性病例。“12・1”世界艾滋病日组织开展万人防艾公益跑活动营造人人关注、人人参与艾滋病防治氛围，全年累计发放避孕套5000余份、宣传资料12000份，为37例规范治疗的艾滋病人及感染者发放生活费补助43200元。

结核病防治工作平稳。根据州卫生计生委统一安排，2018年6月23日将结核病诊疗工作移交到县人民医院，疾控中心派人跟班指导两个月，实现移交工作无缝衔接。全年初诊患者就诊人数为1273人（任务完成率103.8%），免费拍片275人，免费查痰1057人。共发现肺结核病人303例（任务完成率121.2%），其中初治涂阳130例，初治涂阴150例，复治涂阳18例，结核性胸膜炎5例。开展涂阴患者痰培养率为37.67%，复治涂阳患者痰培养率35.29%。全年大疫情网络报告肺结核病人/疑似肺结核病人552例，转诊552例，转诊率100%；转诊和追踪到位511例，总体到位率92.57%。通过开展中小学校健康体检新发现肺结核病例11例。按照《学校结核病防控工作规范（2017版）》要求，严格执行“1例预警”和早筛查、早隔离、早治疗机制，隔离治疗学生肺结核33例，及时处置坪坝营中学、县一中聚集疫情和黄金洞中小学、县中等职业技术学校病散发疫情，未造成重大社会影响。

地方病及寄生虫病防治成果进一步巩固。以碘缺乏病、燃煤污染型地方性氟中毒重点，完成常规监测任务和“十三五”中期评估工作。其中完成盐碘、尿碘监测300人次。完成燃煤污染型地方性氟中毒儿童氟斑牙监测420人，居民炉灶使用相关行为入户抽样调查210户。通过对“三热”病人开展血涂片检查和输入性疟疾监测，巩固疟疾防治成果。

【免疫规划工作】加强预防接种能力建设。咸丰县认证预防接种单位资质认证82个，年度考核合格接种人员437人，接种人员持证率100%。按照“集中投入，逐步全覆盖”的原则加强预防接种门诊规范化建设，活龙、丁寨2个卫生院接种门诊正在改造中。规范疫苗采购管理。全县所有一类疫苗均由省政府统一采购，二类疫苗严格按照规定按计划按月在省级平台统一遴选采购，全程冷链配送。更新冷库进行制冷设备，县级配套经费13万元采购依维柯冷链运输车于11月投入使用，规范疫苗采购、储存、运输、账务、监控预警管理。加强目标儿童管理和提升疫苗综合接种率。全县管理0—6岁目标儿童29632名，管理率100%。其中流动儿童建档865名，产科建档2923名，及时建档率99.73%，个案完整率99.76%。按照《预防接种工作规范（2016版）》要求，严格履行接种书面告知和健康筛查程序，家长确认率100%。共接种一类疫苗73130剂次，综合接种率96.42%，其中麻类疫苗适龄儿童2剂次常规接种率分别达到97.87%和97.32%。监测AFP病例1例，继续维持无脊灰状态；规范监测并实验室排除麻疹5例，全年全县没有麻疹本土病例报告。查验证补种有效落实。全县各学校、托幼机构均按要求开展接种证查验补种工作，入托入学儿童接种证查验12374人，查验率99.46%，补证53个，补种567剂次，补种率97.25%。加强预防接种异常反应监测、处置及补偿。全县共监测报告、处置AEFI 108例，其中预防接种异常反应1例，已调查诊断完毕，现治疗进行中，待治疗结束一次性补偿。

【慢性病防控】 巩固慢病防控体系，在全县营造人人关注健康、知晓健康知识、倡导健康生活方式的氛围，整体带动提升慢性病防治管理水平，11月12—13日成功通过国家卫健委现场评估复审。全县发现并登记高血压患者26344人，规范管理17549人，规范管理率为66.61%。登记管理糖尿病患者3845人，规范管理2882人，规范管理率为74.95%。登记管理65岁以上老年人29038人，老年人健康管理率为79%，免费体检24960人次。登记管理严重精神障碍患者1316人，检出率达4.3‰，规范管理1158人，规范管理率87.99%、面访率62.23%、服药率44.76%、规律服药率17.33%。全县网络报告死亡人数2196人，报告及时率100%，审核率100%，粗死亡率6.34‰，心脑血管事件共计网络报告875例；肿瘤登记报告564例。

【职业病防治及卫生监测服务】 全年对咸丰县7家煤矿和35家非煤矿山、加工厂职工开展职业健康体检1471人，从业人员健康体检8380人，发现疑似职业病69人，职业禁忌证18人。对全县各乡镇和学校共32个监测点饮用水样采样检测共166份，检测合格率99.2%；按照全县双随机工作要求，完成15家公共场所卫生监测、22所学校卫生监测、27家医疗机构消毒效果卫生监测工作，完成16所学校农村义务教育学生营养改善计划营养健康检测评估工作。

【实验室质量管理】 按照实验室质量认定的相关要求，完成检测技术标准查新确认。整理仪器设备档案，检定仪器81台，审核签字检测原始记录、报告发放，完成检测技术标准查新确认和文件受控。全县HIV抗体筛查资质实验室、监测点开展专题质量控制和生物安全督导检查。通过实验室质量认定工作的开展，进一步规范检验检测行为。

（廖宜超）

医疗保险

【概　况】 2018年3月，新型农村合作医疗管理职责与城镇职工医疗保险、城镇居民医疗保险、工伤保险、生育保险职责完成整合，组建县医疗保险局，隶属人力资源和社会保障局全额拨款事业单位，核定全额拨款事业编制29名。内设办公室、综合业务股、医疗待遇管理股、工伤生育保险管理股、基金结算股、基金财务股、稽核股7个股室。

2018年末在职人员31名，其中在编24人、三员一岗2名、公益性岗位1名、三支一扶3名，县社保局编制在医保局工作1名。

【基金扩面参保全面完成】 2018年全县基本医疗保险计划参保人数355000人，实际参保363116人，完成参保任务的102.29 %。其中：职工参保人数为20290人，计划征收参保基金9300万元，实际征收9535万元，完成征收任务的102.53%。城乡居民参保342826人，人均缴费标准为180元，各级财政人均配套补助490元，2018年共筹资城乡居民医疗保险基金22969.34万元。工伤保险计划参保14500人，实际参保14551人，完成参保任务的102.53%，计划征收工伤保险基金700万元，实际征收783.14万元，完成征收任务的111.88% ；生育保险计划参保7938人，实际参保人数7938人，完成参保任务的100% ，计划征收110万元，实际征收135.37万元，完成征收任务的123.06%。

【待遇兑现】 职工医保。城镇职工住院结算6201人次，发生医疗总费用4446.21万元，报销3514.25万元，综合报销比79.1%；门诊慢病结算11415人次，按政策定额报销385.95万元；门诊重症结算42人次，发生总费用59.01万元，报销50.40万元。截至2018年底，城镇职工医保基金累计结余12425.32万元，其中个人账户5421.16万元，统筹基金7004.16万元，基金安全运行。

居民医保。城乡居民住院结算68833人次，发生医疗总费用34411.1万元，基金报销20319.62万元，大额费用1212.78万元，民政救助1127.19万元，综合报销比59.04%；门诊慢病结算8341人次，基金报销321.54万元。截至2018年底，城乡居民医保基金累计结余8071.01万元，其中个人账户4200.19万元，统筹基金3870.82万元（上解风险金1846.08万元，剩余部分用于支付2018年12月统筹部分），基金运行非常困难。

工伤保险。共计结算134人次，待遇支付1128.74万元，其中按月支付定期待遇255.39万元，基金当期赤字345.6万元，累计结余110.56万元。全年生育保险结算66人，支付生育津贴67.55万元。截至2018年底，基金累计结余838.73万元，基金安全运行。

【行业扶贫】 依照《省人民政府办公厅关于完善农村贫困人口基本医疗有保障有关政策的通知》精神，实行基本医保、大病保险、医疗救助、健康扶贫兜底保障“四位一体”机制，并在统筹区域内实现“四位一体一站式一票制”即时结算，对未进入“四位一体一站式一票制”结算的贫困人口医疗费用通过相关部门合署办公，手工计算补齐待遇，实现“农村贫困人口住院医疗费用个人实际报销比例达90%，大病、特殊慢性病门诊医疗费用个人实际报销比例达80%，贫困人口住院及大病、特殊慢性病门诊医疗费用个人年度实际负担不超过5000元”的总目标。

精心组织实施，确保政策落实。2018年全县农村贫困人口147123人，参保145171人，视同参保1952人（参加县外省内医保1512人，有佐证资料证明在外地参保440人），落实贫困人口参加城乡居民基本医疗保险的比例达100%；2018年为农村贫困人口购买补充医疗保险或设立兜底保障资金给予兜底保障，全年共计为建档立卡贫困人口配套兜底保障资金3571.36万元，人均筹集242元，落实兜底保障资金覆盖贫困人口数占全县贫困人口总数的比例达100%；2018年农村贫困人口参加城乡居民基本医疗保险所需个人缴费部分由同级财政给予补贴，全县农村贫困人口147123人（视同参保1952人），由民政、残联、卫计全额代缴29117人，县级财政按50%资助参保116054人，县级财政给予补贴的贫困人口数占贫困人口总数的比例达100%。

2018年，贫困人口累计住院34836人次，发生医疗总费用15966.16万元，通过“四位一体”

医疗保障体系实际报销14983.81万元（其中基本医疗报销10719.92万元，大病保险报销522.68万元，民政救助1127.19万元，健康扶贫兜底保障报销2614.02万元），贫困人口住院医疗费用个人实际报销比例为93.85%。提高贫困人口大病、特殊慢性病门诊医疗费用个人实报销比例达80%左右，2018年贫困人口大病、特殊慢性病门诊就诊4837人次，发生医疗总费用1412.75万元，通过“四位一体”医疗保障体系实际报销1255.14万元（其中基本医疗报销988.75万元，大病保险报销146.87万元，民政救助39.11万元，健康扶贫兜底保障报销80.41万元），贫困人口住院医疗费用个人实际报销比例为88.84%。贫困人口住院及大病、特殊慢性病门诊医疗费用个人年度实际负担不超过5000元，已使用健康扶贫兜底保障资金对贫困人口个人年度实际负担医疗费用5000元以上部分予以补偿，共兑现537人兜底资金171.73万元，100%完成贫困人口个人年度实际负担医疗费用超过5000元全额兜底任务。

【医保支付方式改革】 按照“预算管理、总额控制、按月结算、按年决算”的原则，实行按项目付费、按病种付费、按床日付费复合付费模式，积极贯彻落实《国务院办公厅关于进一步深化基本医疗保险支付方式改格的指导意见》（国办发〔2017〕55号）、《财政部、人社部、国家卫计委关于加强基本医疗保险基金预算管理发挥医疗保险基金控费作用的意见》（财社发〔2016〕242号）、《恩施州人社局恩施州卫计委恩施州财政局关于深入推进医保支付方式改革的通知》（恩施州人社发〔2017〕38号）相关文件精神，2018年1月起在县定点二级及以上医疗机构全面启动实施按病种付费、按床日和服务项目包干付费复合型住院费用医保支付方式改革，有效控制医疗成本，提升医疗服务质量。全年城乡居民医保执行按病种付费病种109种，共结算3446人次，住院总医疗费用2133.36万元，基金报销1134.35万元，例均费用6191元；按床日付费结算188人次，住院总医疗费用377.82万元，基金报销203.20万元，例均费用20096.8元。

【基金专项督查】 创新监管方式，保障基金安全运行。一是落实总额预算控制管理。根据定点医疗机构不同级别、类别、定点服务范围、有效服务量以及承担的首诊、转诊任务等因素，将基金指标细化落实到各定点医疗机构。2018年7月，城镇职工及城乡居民医保基金分配方案通过县人民政府常委会审议，并付诸实施。二是开展打击欺诈骗保专项活动6次，涉及17个定点医疗机构和102家定点药店，共追缴违规基金17.1万元，按签订的医疗服务协议扣减基金51.31万元。针对5个定点医疗机构，39个定点药店下达整改通知书，形成整改报告，接受复查验收。

【信息化管理建设】 城乡居民医保征收系统使用省里统一开发的湖北省城乡居民基本医疗保险管理系统，能够完成城乡居民的医保核定征收缴费工作，能够完成城乡居民的医保审核、个人账户划账、余额结转及待遇结算等工作。城镇职工医保和生育保险均使用州里的社会保险管理信息系统，能够完成职工和生育的征收核定及待遇结算工作。恩施州社会保险报表管理系统运行正常，此系统用于平日报表工作的数据收集及查询。湖北省医疗保险异地就医结算平台，用于异地就医转诊备案以及信息查询等工作。恩施州阳光医保智能监管平台完成上线工作，该平台具有开展智能化疑点筛查、审核扣费透明化、建立三位一体的监控体系、建立诚信管理体系等功能。

（李相兵、尹　慧）

人力资源和社会保障

综　述

【概　况】 县人力资源和社会保障局于2010年6月组建，加挂县公务员局牌子，为县政府工作部门。2018年内设办公室、政策法规股、公务员与调配管理股、专业技术人员管理股、工资福利与养老保险管理股、就业创业管理股、基金监督股、医疗工伤保险股。下辖二级单位7个：县社会保险管理局、县公共就业和人才服务局、县医疗保险管理局、县自主择业军转干安置办、县劳动保障监察局、县劳动人事争议仲裁院、县人社信息中心；延伸派驻乡镇（区）人社服务中心11个。县人社局核定编制21人，其中行政编制19人，工勤编制2人。

2018年，县人社局紧紧围绕党委、政府工作大局，上下一心、砥砺奋进，认真贯彻各级关于人力资源和社会保障工作的部署，推动人力资源和社会保障事业发展取得新成就。

【人事人才管理】 深化岗位管理体制改革，稳步推进岗位管理权限下放，加强人才激励表彰和高层次人才推荐评选工作，强化人才招录招聘，人才评价激励引进机制改革取得重大进展。共推荐申报参评正高级评审3人，教育、卫生、文化、新闻等行业副高级91人，教育等行业中级158人；推荐产生7名“湖北省贫困地区专业技术人才奉献岗位”人选，命名表彰18名“咸丰县优秀专业技术人才”。围绕紧缺专业人才开展公职人员招录招聘，共招录招聘公务员65名、事业单位工作人员141名、农村义务教育学校教师84名。

2018年9月26日，黄金洞乡举办余杭区—咸丰县东西部扶贫协作家政育婴培训　　　（方·莉　摄）

【就业创业服务】 实施就业优先战略和积极就业政策，改善就业状况，优化就业结构。城镇新增就业首次突破5000人，城镇失业人员再就业970人，就业困难人员实现就业346人，城镇登记失业率0.41%，继续保持较低水平。农村劳动力转移就业规模持续扩大，达到9.8万人。失业保险防失业、促就业作用有效发挥，全县参保人数达到1.38万人，为20家企业发放稳岗补贴68.64万元，直接稳定就业600余人。着力构建实习实训平台，吸纳2269人次大学生参加实习实训，62人次高校毕业生参加见习。采取劳动预备制培训、上门服务和鼓励就读技工院校等方式，开展贫困人口新成长劳动力职业技能教育培训，2018年全县贫困人口“两后生”1362人，培训率100%。落实创业担保贷款扶持政策，帮助解决创业者启动资金匮乏问题，发放创业担保贷款204笔，金额2035万。

【社会保障体系】 统一城乡居民基本养老、医疗保险制度，深化机关事业单位养老保险制度改革，织密社会保障安全网。继续实施全民参保计划，基本养老保险覆盖21.47万人，基本医疗保险覆盖36万人，失业、工伤、生育保险参保数达到3.5万人，社会保障卡持卡人数超过36万人。阶段性降低社会保险费率，助力供给侧结构性改革和县域民营经济发展。社会保险基金收支规模持续扩大，累计结余8.06亿元。养老保险待遇发放取消手工报盘，采取社银接口发放。企业退休人员基本养老金实现“十四连调”，机关事业单位养老保险养老金实现“三连调”，城乡居民养老保险养老金实现“四连调”，全县7.5万多名享受待遇人员受益。大病保险制度覆盖全部城乡居民参保人员，大病保险报销比例提高，年度最高支付限额50万元。29种门诊特殊慢性病病种的门诊费用纳入统筹基金报销，其中门诊重症6种，其他门诊特殊慢性病规定病种23种。为396名退休职工办理医保清算。强化基金监管，追回冒领养老保险待遇23.05万元，扣取医疗保险违规基金65.28万元。

【和谐劳动关系】 建立健全治理拖欠农民工工资问题长效机制，构建和谐劳动关系。全年受理劳动人事争议仲裁案件426件，按期结案率100%，为劳动者挽回经济损失1634.89万元。协调解决拖欠农民工工资案件211件，依法追讨农民工工资2800余万元，涉及农民工1734人。办理工伤认定案件161件，审查申报劳动能力鉴定118件。推进煤炭行业去产能职工安置，指导9家煤矿企业编制职工安置及工资清算方案，妥善安置煤矿职工817人，清理欠薪1590万元，涉及职工202人。

2018年10月17日，县人社局“余杭 · 咸丰大型招聘会” （方 莉 摄）

【公共服务职能】 推进“互联网＋人社”建设，落实“一网覆盖、一次办好”改革，全面提升人社公共服务能力。确定行政许可、行政处罚、行政给付、行政检查、行政确认、其他类等行政职权122项，完善就业、社保、医保、劳动监察、人事人才、社保卡等服务事项指南编制工作，先后将城乡居民养老保险、城乡居民医疗保险、灵活就业人员养老保险的参保登记及缴费核定、退休人员生存认证、社会保障卡办理登记及变更等农村居民关注度高的20多个服务事项由县下放到乡镇（社区），部分事项延伸至村。大力推广“居保通”、慧认证客户端进行网上缴费和生存认证，社保卡合作银行县农行、工行、建行、农商行、邮储银行在23个营业点配备设备提供社保卡“一站式”服务，覆盖全县11个乡镇（区），线上线下多措并举为群众提供更加便捷的服务。

【实施保障农民工工资支付“4+3”模式】 2018年12月3日，咸丰县继续深入实施保障农民工工资支付“4+3”模式，即实施农民工工资准备金、银行代发、实名制信息化管理、银行授信代偿“四项制度”和建立联席会议、追责问责、失信惩戒“三项机制”，从源头破解拖欠农民工工资社会难题。截至 2018 年底，全县已开设农民工工资准备金账户 172 个，累计缴存工资准备金 1.5 亿元，委托银行代发农民工工资项目 77 个，农民工实名制信息化管理 8809 人；1—10 月，全县共协调解决拖欠农民工工资案件 179 件，依法追讨农民工工资 2500 余万元，涉及农民工 1600 余人。

【行业扶贫】 实施更加积极的就业扶贫政策。在技能提升、创业激励、就业促进上精准发力，全年共投入就业扶贫资金 1233.85 万元。聚集“三茶一药一猪”（白茶、油茶、藤茶，中药材，恩施黑猪）、全域旅游等产业发展重心，开展精准扶贫就业创业专项培训 3.57 万人，扶持贫困人口创业或与贫困人口建立利益链接机制各类组织 115 家，为 12 个贫困人口创业发放担保贷款 120 万元。积极打造就业扶贫车间，按照“企业 + 扶贫车间 + 贫困户”模式，引导企业把车间建到易地扶贫搬迁安置点，优先安置建档立卡贫困人员就业。开展东西部扶贫劳务协作，举办余杭 · 咸丰劳务协作专场招聘会 6 场，为全县劳动者及贫困人员提供就业岗位 2.6 万个，组建咸丰县驻余杭区劳务联络工作站，为赴杭州就业贫困劳动力提供技能培训、劳动维权等服务，形成贫困劳动力劳务输出、就业脱贫的长效机制。

落实建档立卡贫困人员健康扶贫政策，在县域内一、二级医疗机构住院减免起付线，一级医疗机构基本医疗政策范围内补偿率达 90%，二级医疗机构基本医疗政策范围内补偿率达 80%，建立城乡居民医疗保险、大病医疗保险、民政医疗救助、兜底保障“四位一体”医疗保障体系，实现“一站式”服务、“一票制”结算，阻断“穷根”变“病根”。

严格落实社会保险扶贫政策，为 2.57 万名建档立卡贫困人员全额代缴最低标准养老保险费，为 1.18 万名年满 60 周岁以上建档立卡贫困人员按月发放待遇。

（方　莉）

公共就业和人才服务

【概　况】 咸丰县公共就业和人才服务局，是具有公共管理职能的财政全额拨款事业单位，隶属县人力资源和社会保障局。

县就业局核定编制 16 名，2018 年末在职在编 10 人，内设办公室、就业援助和创业指导股、职业指导和人才服务股、培训指导和失业保险股、财务股。

【州县考核目标全面完成】 2018 年，全县城镇登记失业率 0.42%，远低于 4.5% 的控制目标；城镇新增就业 5304 人，完成目标任务 4200 人的 126.28%；城镇失业人员再就业 970 人，完成目标任务 700 人的 138.57%；就业困难人员再就业 346 人，完成目标任务 290 人的 119.31%；新增返乡创业人数 470 人，完成目标任务 420 人的 112%；大学生实习实训 2322 人，完成目标任务 1200 人的 194%；新增高校毕业生就业 419 人，完成目标任务 300 人的 139.67%；征收失业保险费 568.42 万元，完成目标任务 360 万元的 157.89%；享受就业补贴政策 42785 人，完成目标任务 9000 人的 475.39%。

【省定考核指标位居前列】 就业综合指数考核可获满分。城镇登记失业率、新增城镇就业、“我选湖北”计划、农村贫困劳动力核实率、新增返乡创业人数等指标全面超额完成，就业补贴政策覆盖率为 13.89%，高于全州平均水平。全年无负面通报扣分，加上地方配套就业资金 443 万元，超过地方一般预算收入 1% 的加 1 分，咸丰县在就业综合指数考核中位居恩施州前列。

贫困人口“两后生”培训率 100%。严格按照教育部门确认、扶贫部门比对、人社部门培训的操作流程，采取劳动预备制培训、上门“一对一”服务和鼓励引导就读技工院校等方式，全面完成 2017 年 10 月以来的贫困人口新成长劳动力职业技能教育培训。2018 年，全县初中、高中毕业未继续升学的贫困人口中新成长劳动力共1362人，县人社部门开展“点对点”技能培训58人，县民族技工学校技能培训47人，县职业技术学校技能培训1257人，培训率100%。

【就业扶贫】 围绕全县精准脱贫的整体部署和上级人社部门关于就业扶贫的具体要求，全面推进就业扶贫政策在咸丰县落实落地。全年共投入就业扶贫资金1233.85万元，直接惠及贫困人口2万余人。其中：在提升贫困人口就业技能上投入684.41万元，直接惠及贫困人口18822人；在创业扶持上投入429万元，扶持贫困人口创业或与贫困人口建立利益链接机制各类组织90家，扶持贫困人口开办农家乐或农家乐吸纳贫困人口就业25家，为12个贫困人口创业发放担保贷款120万元；在就业援助上投入资金120.44万元，直接惠及贫困人口335人。

【东西部劳务协作稳步推进】 2018年，就业局严格按照东西部扶贫协作的相关要求，不断创新工作思路，加大工作力度。一是建立劳务协作工作对接机制。挂牌成立咸丰驻余杭劳务协作工作站，及时将余杭企业招工信息通过尖刀班送到贫困村和建档立卡贫困人员手中，征集赴余杭务工意向，及时与余杭对接，为贫困人口提供就业服务。在杭州实现新增贫困人员就业38人。二是建立就业培训紧密协作机制。余杭区就业处选派优秀培训师资来咸开展就业创业培训，增强贫困人口就业技能。开展“农村致富带头人培训”和“农村实用技术培训”4期397人，惠及贫困人口229人；开展民宿礼仪培训两期，培训人数187人，惠及贫困人口101人；开展咸丰·余杭青年创新创业培育，培训人数88人，目前2人赴余杭贝利集团务工。三是举办专场招聘会。2月27日，组织“咸丰县春风行动暨余杭区·咸丰县东西部扶贫劳务协作专场招聘会”，415家企业参与此次招聘，共提供就业岗位21200个（其中余杭区企业共提供10159个岗位），达成就业意向协议900余人（其中与余杭区达成就业意向118人）；10月17日，组织2018年就业扶贫日暨余杭·咸丰扶贫劳务协作专场招聘会，近200家企业（其中余杭企业12家）提供就业岗位5000余个，进场求职人员4000余人，发放各类宣传资料5000余份，达成就业意向协议500余人（其中与余杭区达成就业意向的求职者53人）。

（宋　敏）

社会保险管理

【概　况】 咸丰县社会保险管理局成立于2014年9月，由原社会劳动保险管理局、社会医疗保险管理局、机关事业单位保险管理局整合成立，隶属于咸丰县人力资源和社会保障局的正科级财政全额拨款公益一类事业单位。2018年3月，根据咸丰县机构编制委员会印发《关于县医保局、县社保局人员编制划转的批复》（咸县机编发〔2017〕47号）的要求，县城乡居民养老保险管理局整体划入县社保局，县社保局承担的医疗、工伤保险、生育保险经办职责及其15名编制人员划入新成立的医保局。县社保局内设办公室、机关事业单位养老保险参保股、职业年金股、企业养老保险退管股、机关事业养老保险待遇管理股、城乡居民养老保险参保管理股、城乡居民养老保险待遇管理股、基金财务股、登记核定股、稽核股。2018年末在职在编职工33名。

【企业职工基本养老保险】 2018年末，参保人数为35218人（其中：在职参保职工21374人、享受退休待遇13844人），实际缴费人数为20869人，完成全年参保计划人数19539人的109%，本期末实际征收养老保险费为13567万元，完成全年征收计划的13735万元的99%。本期末实发退休养老金待遇24182万元，期末滚存结余36749万元。养老金实现“十四连调”，月人均增加养老金119.83元，月人均养老金达到1530.19元。

【城乡居民基本养老保险】 2018年末城乡居民基本养老保险参保16.89万人，实际缴费7.9万人，适龄缴费率为100%，实际征收1483.12万元，2018年人均缴费额为217元，比2017年的人均缴费额（2017年人均缴费额146.39元）增长70%。基金期末总收入7427万元，期末总支出6191万元，期末滚存结余14846万元。享受养老金人数4.99万人，实现基础养老金第四次调标增至103元/月，人均养老金达到107.3元/月。被征地农民基本养老保险系统登记参保达到2448人。

【机关事业单位养老保险工作】 2018年末全县参保单位165家，基本达到应保尽保。参保人数10654人（在职6470人、离退休4184人），完成州下达在职职工参保任务6734人的96%，本期末实际征收机关事业单位养老保险费为16798万元。完成全县乡改482人新老制度衔接工作，其中在职213人，退休269人，全年清理转移衔接“老机保”退休人员631人，完成退职、退休4038人养老金调整工作，月人均增加养老金201.46元，月人均养老金达到4211元。

【社保行业扶贫及特殊群体重度残疾人代缴】 2018年按照“建档立卡未标注脱贫的贫困人员，参加城乡居民基本养老保险的，由县级财政为其代缴全部最低标准养老保险费”政策规定，对符合参保条件的25644名建档立卡贫困人员及1901名特殊群体重度残疾人代缴城乡居民养老保险费275.45万元。

【社保经办服务模式改革】 2018年实现“居保通”平台全县268个行政村（社区）全覆盖。开办“互联网+社保经办”，该平台上线以来办理城乡居民养老保险个人缴费业务56758人（缴费金额1342.38万元），待遇领取资格慧认证7000余人次。

（夏建周）

民　政

【概　况】 咸丰县民政局是县政府主管社会行政事务的职能部门。根据2010年“三定”方案和县委编办的调整，核定编制58名，其中行政编制14名，机关后勤编制1名，全额拨款事业编制32名，自收自支事业编制11名。2018年在岗48人，内设办公室、规划财务股、优抚安置股、社会救助和防灾减灾股、基层政务股、社会事务（行政审批）股、社会福利和慈善事业股。非常设机构11个：县拥军优属拥政爱民工作领导小组、县城乡社区工作领导小组、县农村“三留守”人员关爱保护工作领导小组、县村务公开和民主管理工作领导小组、咸丰县退役士兵安置工作领导小组、咸丰县城乡社会救助工作领导小组、县老龄工作委员会、县减灾委员会、县第二次全国地名普查工作领导小组、县服务社会组织工作领导小组、县地名委员会。隶属民政局管理的事业单位8个，其中全额拨款事业单位7个：咸丰县社会救助局、咸丰县民政执法大队、咸丰县光荣院、咸丰县社会福利院、咸丰县军休所、咸丰县烈士公园管理处、咸丰县民政局婚姻登记处。自收自支事业单位1个：咸丰县社会福利有奖募捐委员会办公室。2018年底因机构改革，救灾救济职能和县减灾委员会划归县应急管理局，优抚安置职能、县拥军优属拥政爱民工作领导小组、咸丰县退役士兵安置工作领导小组、光荣院、军休所和烈士公园管理处划归县退役军人事务局，大病医疗救助职能划归县医疗保障局。

各乡镇（区）均设有民政办公室和农村福利院。2018年末全县有相对固定民政服务对象7万多人，其中优抚对象2308人，城市低保对象1035户1485人，农村低保对象8963户17294人，城市特困供养人员10人，农村“五保”人员1685人，临时救助266户297人，农村孤儿100人，其他救助对象4万多人。

【社会救助】 2018年，城乡低保审批权限委托下放到乡镇试点工作有效推进，完善兜底保障标准量化调整机制，农村最低生活保障标准超过国家扶贫标准，全面落实按标施保、应保尽保。全年共发放各类保障金12386.23万元，其中农村低保6630万元、农村特困1464万元、城市低保921万元、城市特困17.8万元、医疗救助资金2679万元、临时救助资金503万元、孤儿养育金171.43万元。

全面推进综合防灾体系建设。2018年共派出28个工作组95人次深入灾区查灾核灾，有效应对9次灾情，核实受灾142262人，因灾造成直接经济损失9574万元，及时下拨自然灾害生活救助资金31.74万元及物资；开展应急演练4次，举办防灾减灾专题讲座8场，排查灾害风险隐患60处，发放防灾减灾宣传资料1万份，张贴防灾减灾宣传挂图200张，张贴防灾减灾宣传标语15条。全力推进冬春生活救助及倒房恢复重建，及时下拨救灾资金及物资，推进“三大”保险，确保受灾困难群众稳定，成功创建全省综合减灾示范县。

创新社会救助方式，对流浪乞讨和精神病群体实行实物化救助与购买社会服务相结合。2018年救助流浪乞讨788人次29.5万元、精神病人849人次189万元。2018年福利彩票超额完成1534万元目标考核任务。

【基层政权建设】 2018年，完成全县263个建制村14个社区信息录入，完善村（居）户数、人数、小组数、委员会成员等信息并进行赋码。8月对全县2017年度申报的16个农村社区进行验收，按改进的成果分解奖励90万元。“一统三治一站六联”基层社会治理模式深入开展，村务公开民主管理和村民自治水平得到提升。积极开展扫黑除恶专项斗争，开展社区公益创投项目。积极引导和动员社会组织参与扶贫攻坚，坚持以慈善活动为载体，助力脱贫攻坚发挥补充作用。2018年共募集慈善资金1450万元，救助慈善资金1249万元、救助4996人次，社会组织参与社会治理能力不断得到提升。

【村（社区）“两委”换届工作结束】 2018年12月26日，全面完成2018年村（社区）“两委”换届工作。全县277个村（社区）共产生“两委”委员1389名，当选的277名村（社区）党组织书记中，通过选、引、派、聘等方式新调整152人，占比54.87%；平均年龄43岁，45岁以下149人，占比53.79%；大专及以上学历99人，占比35.74%；“一肩挑”占比99.52%，呈现“新调整占比大”“年轻化”“高学历”“一肩挑”四个特点。

【优抚安置】 在全县11个乡镇（区）设立优抚对象服务中心，建立优抚对象联络员台账和困难优抚对象台账。2018年合理运用优抚政策和社会救助政策解决复退军人的“三难”问题共810人，其中解决“生活难”526人次、“看病难”495人次、“住房难”11人。慰问优秀共产党员家属、困难优抚对象、困难退役士兵和现役军人家属共296人。截至2018年10月，全县享受政策待遇的优抚对象共2297人，包括伤残人员、“三属”人员、在乡老复员军人、带病回乡人员、参核人员、参战人员、60周岁以上农村籍退役士兵，共发放优抚资金1081余万元。根据鄂民政发〔2014〕49号通知要求，为现役军人发放义务兵家庭优待金共409.7余万元。重点优抚对象基本医疗保险和住院医疗保险实现100%全覆盖。全年按照相关政策为767名优抚对象缴纳城乡医疗保险金13.9万元，为936名重点优抚对象落实门诊补助20.7万元，为1842名优抚对象缴纳意外伤害保险金8.06万元，整体优抚支出42.7余万元。

完成2018年度退役士兵接收、安置工作，符合安置条件的9名转业士官全部安置妥当，为自主就业人员发放退役士兵一次性经济补助金122.76万元。自主就业退役士兵政策知晓率

100%，其中因外出务工等其他原因自愿放弃参加培训的12人，获得有效资格证的60人。

【社会事务及行政审批】 深入推进专项社会事务建设，依法开展行政审批和社会组织管理。殡葬管理工作，2018年7月20日，县人民政府印发《咸丰县殡葬领域突出问题专项整治行动实施方案》，开展专项整治。专项整治期间，共有122个党和国家机关、国有企业、事业单位和人民团体参与自查，其中105个单位上交自查表共5603份，14个单位上交情况报告书，共排查出活人墓40处，其中乡镇16处，城区24处。地名普查工作，2018年完成鄂渝线第四轮界线联合检查、编纂《咸丰县地名志》，开展"互联网+地名普查"网络揪错，实施"爱满荆楚"和"三区计划"。加强社会组织管理，2018年共办理社会团体成立登记6个、变更登记5个、注销登记6个，民办非企业单位成立登记2个、变更登记4个、注销登记3个，慈善组织认定1个。2017年度社会组织年检率在90%以上，全县社会组织管理健康有序发展。婚姻登记工作，2018年共办理结婚登记2344对、离婚登记969对和补领结婚登记826对。其他社会事务方面，2018年共办理收养登记3个、老年人优待证783个。

【社会福利】 养老服务体系逐步形成，共建成居家养老服务中心175个，农村互助照料活动中心和农村幸福院建设不断夯实，城乡社区居家养老服务水平得到提升。落实困难残疾人生活补贴和重度残疾人护理补贴制度，2018年共计发放118788人次897.02万元。推进养老院标准化建设，养老服务质量提升。建立经济困难的高龄、失能老年人补贴制度，2018年共发放补贴金29.85万元。从2015年7月起实行80周岁以上高龄老人津贴发放制度，截至2018年底，全县共有80周岁以上高龄老人7549人，其中80—89周岁6761人、90—99周岁602人、100周岁及以上5人，60周岁及以上老年人口占全县总人口的15.5%，共发放高龄津贴497.57万元。

新建清坪福利院，完成高乐山、坪坝营、忠堡福利院改扩建项目，活龙坪福利院、未成年人保护中心建设项目进入国家项目库。引进民营资本及养老服务理念，探索建立"医、养、康、护"一体咸丰养老新模式。通过与上海海阳集团合作，对全县福利院进行科学整合并统筹运作，在确保兜底集中供养对象有效供养基础上，将闲置资源整合优化对外开放，进一步提升社会救助能力。按照全面放开养老服务市场，优化养老机构审批手续，降低准入门槛，成功招商引资"咸丰县1号居家养老服务中心"和"湖北超爱老人养老发展有限公司"两家民办养老机构，总投资7000余万元。

多措并举实施社会关爱扶贫，农村"三留守"人员关爱服务体系不断健全，2018年底全县共有农村留守儿童8579人、农村留守妇女4884人、农村留守老人8023人。

【库区移民安置扶持】 咸丰水库移民工作始于20世纪90年代，1995年设立县移民局，县政府直属全额拨款正科级事业单位。2015年，县编委明确县移民局为行政职能类事业单位（参公），内设1室4股，人员编制14名、工勤1名。2018年2月规范用工，原粮食服务部公益性岗位人员10名，保留公益性岗位2人（当年退休1人），有偿解除劳动关系2人，实行劳务派遣6人。

2018年，抽调4名干部到龙洞湾水源水库项目开展"百日"攻坚，当年完成征地214户、49.01公顷，分别占254户的83.59%、应征收土地57.12公顷的85.79%；拆除房屋100栋，占应搬迁房屋110栋的90.91%；搬迁坟墓121座，占应迁移坟墓146座的82.88%。安置区全面动工，左、右坝肩开工，进场道路扩建工程基本结束，导流洞开挖结束，坝基开挖完成工程量50%。协助修订利川峡口塘水电站工程建设征地移民安置规划并经省移民局批准，启动征地移民实施准备工作，电站业主当年到位资金4200万元。

严格实行人口动态管理，按时发放大中型水库原迁移民直补资金1267人77.88万元；乡镇主体、部门监管，实施项目25个，资金501.20万元；补助驾驶员培训合格移民68人次17万元。一年一核、供应朝阳寺库区移民大米90.5万千克。完成全省2018年大中型水库移民后扶资金稽查，按期完成问题整改。

【咸丰县革命烈士陵园】 咸丰县革命烈士陵园位于忠堡集镇东，距县城17千米。1935年6月14日，贺龙、任弼时等领导红二、六军团在此全歼国民党四十一师师部、一二一旅和特务营共4000余人，活捉敌纵队司令兼四十一师师长张振汉。1986年，县政府在原歼敌主战场建“忠堡大捷纪念碑”，由忠堡大捷亲历者、全国人大常委会副委员长廖汉生题书碑名。1997年4月，忠堡大捷遗址被州政府命名全州10个爱国主义教育基地之一。2005年投资修缮，建烈士陵园近5万平方米，有陵园环形水泥路、广场、停车场、阶梯、绿化带、公共厕所等。2013年以来，建咸丰县革命烈士陵园，新增规划面积26.3亩。中央和省、州及本级先后投入近4000万元分别对忠堡大捷遗址及烈士陵园进行改扩建，并将全县157名散葬烈士墓搬迁至烈士陵园。2018年6月15日，县委第十四届六次全会决定启动咸丰红色文化产业园建设，以忠堡大捷遗址及烈士陵园为龙头，整合全县红色文化经典，打造含红色文化剧场、红色文化商业街、现代农业观光园、党建示范区等红色文化旅游百里长廊。

【咸丰县公益性公墓和殡仪馆】 咸丰县公益性公墓和殡仪馆位于咸丰县高乐山镇核桃园村和曲江镇春沟村交界处，距县城中心7千米。谋划面积17公顷，计划建墓穴万余个，分期完成。2018年完成公墓一期工程，共建成1300个墓位投入使用。公益性殡仪馆紧邻公墓，用地面积3.22公顷，总建筑面积3845.32平方米，配套建设吊唁厅、综合楼、大门等设施。

（贺　洋）

乡 镇

高乐山镇

【概　况】 高乐山镇位于咸丰县东部，唐崖河以南，为县城所在地，是咸丰县政治、经济、文化中心。东、北接宣恩县，南毗本县忠堡镇、曲江镇，西连本县唐崖镇、西北邻本县清坪镇。距恩施州府68千米，距省府武汉市588千米。恩黔高速、232省道与248省道在镇境纵横交叉，东接沪溶高速公路，西连渝怀铁路。

高乐山镇下辖35个行政村，6个社区居委会，359个村民小组，19个居民小区。2018年末全镇总人口10.2万人，其中农业人口5.2万人。

全镇总面积322平方千米。占全县总面积12.63%。年末耕地总资源4576.67公顷；常用耕地面积2647公顷；水田面积1518.67公顷；旱地面积1128.33公顷；临时性耕地面积1929.67公顷；林地22386公顷；森林覆盖率为71.9%。据林业部门的普查资料和近年新发现，境内有古树名木19株。其中一级3株、二级2株、三级14株。境内矿产资源丰富，已发现的煤矿、汞矿为A级储量，重晶石、大理石、石灰石、白云石、硅矿、铜矿等为D级储量。旅游资源丰富，主要景点有：高乐山革命烈士陵园、架鼓寨、官坝苗寨、青灵山公园、周家沟景区、散毛河大鲵自然保护区、龙家界土苗风情园、龙家界凤华民宿。

【经济建设】 2018年，全镇地区生产总值达到28亿元，增长9%；工业总产值达到10.5亿元，增长10%；农村常住居民人均可支配收入11435元，增长13%；城镇居民人均可支配收入28720元，增长11%。

按照县委、县政府确定的“三茶一药一猪”产业发展思路，大力推广运用“去夏增春、提质增效”管理模式，重点发展白茶和油茶，打造白岩—核桃园—杨官沿线茶叶产业带、梅坪—白果坝沿线油茶产业带，建立“两茶产业带+”的产业发展模式。全年共发展白茶370.93公顷，蔬菜66.67公顷，油茶400公顷，中药材93.33公顷。秋季管护白茶370.93公顷，蔬菜66.67公顷，油茶400公顷，中药材93.33公顷。烟叶293.33公顷。收购44.5万千克，实现税收305.71万元。生猪存栏5.56万头、牛存栏8030头、羊存栏2189只、家禽存笼8.25万羽，生猪出栏11.8万头、牛出栏2323头、羊出栏2211只、家禽出笼23.6万羽。猪肉产量10633.88吨，牛肉产量359.4吨，羊肉产量36.056吨，禽肉产量353.184吨，禽蛋产量598.11吨。

【基础设施建设】 持续完善“四网”建设，投入资金4402万，实施2018年第一批精准扶贫路网建设项目15个，第二批精准扶贫路网建设项目6个，交投贷款路网建设项目9个，老区资金路网建设项目1个，公路提档升级路网建设项目1个，“农村公路安全生命防护工程”2个，实施精准扶贫补短板（砂石路路面维修）工程6个，实施灾后恢复重建工程项目14个。共计完成路面硬化工程80.29千米；维修砂石路12.5千米；公路改扩建13.34千米。安全饮水工程：实施第一批饮水项目4个，投资1200万元，利用国投贷款资金1670万元实施水利项目9个，水利基础更加稳固；积极向上级争取2018—2019年度第二批饮水项目，解决分散、偏远地区的饮水问题，预计投资500万元。电网建设：在电力补短板上，争取资金2000万元，实施131个项目，电力供应更加高质。实施信息网络全覆盖工程，实现村村通有线电视、村村通光纤信号、村村有4G信号；通信网络更加顺畅，实现通村光纤全覆盖，4G网络全覆盖。

【民生与社会事业】 文化产业繁荣发展，投资320万元，新建文体广场21个；丰富农村书屋图书，每个书屋达到1500册；成立村、社区艺术团队52支，举办各类活动25次，举办音乐、舞蹈、体育培训共计20次；成功举办“苗林老寨”斗牛文化节、情暖中秋文艺晚会、猫儿岭插秧节等活动。

加强农村三级卫生服务体系建设，推进村卫生室标准化建设，新建杨柳沟村、新田沟村、龙家界村3个卫生室，农村的医疗服务水平不断提高。

低保核查扩面成果全面巩固，以扶贫、助残、济困、赈灾、慈善为重点的社会救助体系不断完善。2018年享受低保户数有2281户，共3946人，其中农村低保1103户，共2312人，城市低保1178户，共1671人，全年共发放资金1240万元。将符合“五保”条件的对象纳入特困供养系统，共有220人，其中分散供养178人，集中供养42人。

【生态环境建设】 狠抓重点领域污染防治，农业面源污染和生活面源污染得到有效治理。完成农村无害化户厕改造1175户，新建或提档升级农村公厕11座。落实“山长制”工作制度，加强山体保护，落实村级河长16人，河道保洁员32人，专职林业管护员17人，生态护林员112人。完成天然林停伐补偿区划和大数据录入17.16万亩，兑现生态公益林14.78万亩。进一步完善“河长制”工作体系和工作制度，设立镇级河长6名、村级河长12名、河道保洁员30名，确保每条河道都有保洁员和行政河长，维护河道环境，打好“碧水蓝天”战。

【民主法治建设】 加强“一统三治、一站六联”基层社会治理创新，提高全镇基层社会治理社会化、法治化、智能化、专业化水平。社区建设服务能力不断增强，门前“五包”“六城”同创深入推进，实现共建共享；社区管理不断规范，白水坝社区启动运行；积极配合城管、环保等部门开展绿色社区创建工作，强化社区自治组织建设，城区业主委员会达到20个，居民的获得感、满意度明显提高。安全生产监管落实到位，加强对全镇境内学校、企业、水库、道路交通、非煤矿山、易燃易爆物品、食品药品等各行业、各领域的安全监管，确保人民生命财产安全。按照“有黑扫黑、无黑除恶、无恶治乱”的要求，把“扫黑除恶”作为打击刑事犯罪的重中之重，全民动员，深度摸排涉黑涉恶线索，全力开展破案攻坚。2018年，摸排涉黑涉恶线索7条，查证7条；涉黑（恶）刑事案件9起、打击处理116人；行政案件14起，打击处理52人。对重点对象落实“五包一”的包保责任制，对流动人口、易肇事肇祸精神病人、邪教人员、吸毒人员、社区矫正人员等重点人群加强跟踪管理与服务。2018年，全镇接待来访83批次212人次，与2017年同期相比下降60.3%。阳光信访77件，办结74件。领导接访48批次，下访42批次，书记陪访8批次，积案化解4件。“律师三进”参与信访接待48次，提供法律咨询服务128次，参与纠纷调解32件，审查合同38件，代理诉讼、复议2件，参与突发事件处理5件。1月，高乐山镇中心戒毒社区被评为“全国社区戒毒社区康复工作示范点”，中心戒毒社区“禁毒科普教育馆”6月26日建成投入使用。

【精准扶贫】 2018年扶贫工作，认真对照“六个精准”“五个一批”要求，按照“两不愁、三保障”及村级“九有”标准，全面落实“八个到村到户”。全镇有建档立卡贫困户5364户16834人，其中未脱贫户576人1412人，35个村分别组建尖刀班，尖刀班成员工作在村，岗位在村，吃住在村，坚持“周周清”工作方法开展脱贫攻坚各项工作。精心谋划龙家界、青山坡、杨柳沟、马河美丽乡村项目，沙坝、白地坪、白水坝、白岩、老寨等旅游新村项目，白岩休闲旅游度假区、“绿沃园”水上乐园、“苗林老寨”度假区建设全面实施。县脱贫攻坚指挥部分配给高乐山镇2018—2019年统筹资金940万元，备案项目27个，全部开工建设，完工25个；新建易地扶贫搬迁安置点2个；完成危房改造42户，在建20户。老寨村、马河村顺利通过县级验收，整村出列，2018年脱贫362户1007人。

【重点项目建设】 2018年完成咸丰大道50.13公顷土地、55户房屋、196座坟墓的征拆任务。咸丰大道小模小学安置区已完工，完成春晖学校和县实验学校扩建项目土地征收，渝鄂直流“背靠背”联网工程南通道项目完成建设工程，安置小区建设进入扫尾阶段。依托绕城北线安置区建设的“女儿寨”项目，征收土地26.77公顷。顺利完成鄂州大道征地拆迁390户的安置工作。社区居民康体运动标志性工程青龙山公园和卢家沟公园建成开放，公益性公墓建设项目顺利完成土地征收。

【基层组织建设】 全面落实党要管党、从严治党要求，增强“四个意识”，坚定“四个自信”，做到“两个维护”，切实加强党的基层组织建设。

坚持贯彻落实党中央和省、州、县委关于意识形态工作的决策部署，推进意识形态责任制落实落地，牢牢掌握意识形态工作领导权、管理权和话语权，全镇思想战线工作成效明显。加强领导班子建设，健全完善议事决策制度，全面落实《关于新形势下党内政治生活的若干准则》。

加强“两学一做”学习教育，认真开展“支部主题党日”活动，严格落实“三会一课”制度，推进“十进十建”宣传教育活动，党纪法规入脑入心，党员干部敬畏法纪的意识不断提高，党员素质不断提高。抓好村、社区后备干部培养工作，坚持“有品行、有能力、有精力、有热情”的标准，圆满完成各村、社区基层党组织换届工作，选优配强村级党组织干部力量，调整村、社区书记20名，选出35个村和6个社区的村（居）委会成员共217人。

完善阵地建设，新建杉树园、马河、龙家界、白岩4个村党员群众服务中心。制定实施《高乐山镇纪委监督同级党委实施办法（试行）》。采取集中学习、委派培训、评先表优、监督执纪等措施，加强干部作风建设和能力素质培养，2018年，受到州委表彰3人、受到县委表彰7人、受到镇党委表彰60人，委派参加各级学习培训56人次。

加强干部执纪教育，党政主要领导同各村、社区书记及各镇直部门主要负责人谈心谈话100余人次。全年共调查核实纪检信访件18件，立案查处违纪案件12件，党纪处分12人，诫勉谈话4人，工作约谈65人。

（王　缘）

忠堡镇

【概　况】 忠堡镇位于县境东南部，地处北纬29° 36′，东经109° 08′。东接宣恩县，南毗来凤县，西连本县高乐山镇，北与本县高乐山镇的大茅坡村、马河坝村接壤，西南与本县曲江镇相邻。治所距咸丰县城17千米，距恩施土家族苗族自治州首府恩施市117千米，距湖北省省会武汉市650千米。历史上系由湖北入湖南陆路要道，渝、鄂、湘省道纵贯全境，是四川、重庆东出广东、湖南的必经之地。今为渝东往浙江、湖南、福建、广东的陆路通道。

全镇面积134平方千米，占全县总面积的5.25%。年末实有耕地面积1928.07公顷（其中常用耕地面积1274.4公顷，水田面积624.73公顷，旱地面积649.67公顷；临时性耕地面积653.66公顷）；林地面积10895.7公顷，其他面积185.86公顷。

【区划人口】 2018年，辖12个村1个社区87个村民小组。年末全镇户籍总人口3489户，12859人。全年出生人口166人，出生率为9.84%；死亡人口113人，死亡率6.69%；人口自然增长率为3.15%。本镇居住有10个民族，即汉族、回族、苗族、朝鲜族、维吾尔族、蒙古族、满族、侗族、瑶族、土家族，人口以土家族、苗族居多。

【经济建设】 全镇2018年完成地区生产总值4.8亿元，同比增长11.6%；固定资产投资完成3.2亿元，同比增长20%；农民人均年纯收入12677元，同比增长12%；完成工业总产值0.83亿元，实现税收136万元；烟叶种植面积253.33公顷，实现税收237万元；完成招商引资项目8个，引进资金1.9亿元。

【精准扶贫】 全镇共有建档立卡贫困人口2242户7348人，2013年以来稳步脱贫2116户7086人，未脱贫126户262人，贫困发生率下降至1.58%。

紧盯项目建设“补短板”目标，推进各类项目建设落地。完成交通路网项目33个、农村安全饮水提档升级项目11个；全面建成12个易地扶贫搬迁安置点主体，安置点配套产业相关厂房建设有序推进；深入实施电网扩容、4G全覆盖项目；全镇危房存量183户，完成危房改造178户；申报东西部协作扶贫资金200万元，投入项目1个，已开工建设。稳步推进咸丰—余杭高新技术产业园、咸丰—余杭现代农业产业园和忠堡红色文化产业园重点项目建设。

围绕“产业就业不漏一户”目标，推进扶贫产业发展。2018年，全镇贫困户发展短期产业1400余户，发展蔬菜作物75.33公顷、经济作物135.33公顷、中药材63.2公顷，养殖中蜂1200余桶。推进长期主导产业发展与管护，新建马倌屯400万株茶叶苗圃基地1个，发展油茶163.33公顷，杨梅、冬桃等水果36.66公顷；加强对以紫薇和桂花为主的各类经济林木132公顷、箬叶800公顷、油茶209.13公顷管护工作。

创新工作思路与方法，推进以“厕所革命”为主的农村环境综合整治工作。重点打造248省道、马倌屯环村公路、马倌屯至石门坎示范线，以线带面推进农村环境综合整治。各村结合实际制定方案，发动组长、村民代表及群众，以各村村组道路、集中安置点等场所为重点，进行环境卫生综合治理，以点带面推进村庄环境整治。

围绕提升满意度和认可度，各村“尖刀班”和帮扶干部坚持走访摸底2000余户，宣传落实惠民政策，召开小组会、院子会220余场，举办精准扶贫政策宣讲会56次。全镇贫困户参合参保率达100%；义务教育阶段入学率达100%；慢性病参评297人，通过191人，未通过106人，其中12人补齐诊断资料，完成销号。

忠堡马倌屯环村公路　（杨雨荷　摄）

【重点项目建设】 2018年，忠堡镇重点建设投资项目7个，新建项目3个，续建项目4个，总投资24.7亿元。涵盖工业产业项目2个，农业项目4个，脱贫项目1个。4个续建项目已复（完）工，3个新建重点项目全部开工，完成投资3.26亿元。一是高起点创新项目谋划，夯实发展底盘。针对全镇产业结构单一、发展后劲不足的现状，围绕“大旅游”“大文化”“大健康”“大富硒”“大制造”五大领域招商，高标准谋划忠堡镇红色旅游特色小镇、板桥商贸物流特色小镇、忠堡镇外部大交通骨架网络、界坪休闲度假旅游村、铜厂风电旅游区、红色乡村旅游带、新型工业区、马倌屯生态观光园、现代农业示范带、铁厂溪中医药养生谷等十大重点项目。二是推动全域旅游，以忠堡大捷纳入《全国红色旅游经典景区名录》和忠堡镇纳入咸丰县县城总体规划为契机，重点打造咸丰—余杭高新技术产业园、咸丰—余杭现代农业产业园（马倌屯现代农业产业园）、忠堡大捷红色文化产业园。加强园区配套建设服务，优化企业发展要素保障，创优园区环境，培育壮大实体经济，并加大品牌开发推介，促进忠堡红色旅游品牌外扬，土家特色农产品外销。

忠堡大捷烈士陵园 （杨雨荷 摄）

【民生与社会建设】 以民生建设为基础，惠民生、强保障，民生福祉有效增进，社会事业全面进步。

易地扶贫搬迁全面落地。2018年底，全镇安置小区建设完毕，完成搬迁入住521户1744人。一是从基础设施配套建设出发，认真规划各安置小区道路广场、给排水系统、亮化工程及农用具储物间、菜地、公共服务用房等基本生活生产配套设施。二是完善小区管理办法，落实“一长三员”机制，充分发挥机制作用，做到“中心户长管三员”，矛盾调解员、卫生监督员、安全信息员协助中心户长共同维护安置小区生活生产秩序。三是进行搬迁户环境卫生评比，采取“每月一评比，一评一公示”的方式，对评选出的环境卫生户进行奖励，充分调动搬迁户自觉维护房前屋后卫生的积极性，为安置小区创造干净舒适的环境。四是加强就业培训，积极组织搬迁户在本镇园区企业及其他地方企业进行参观学习及技能培训，提升劳动技能，增加收入。五是大力宣传引导社会新风尚，强化“一长三员”带头作用，激发搬迁群众内生动力，自力更生建设美好家园。开展法治、礼仪教育，围绕感恩、文明、自强和社会主义核心价值观营造文明环境。六是开展丰富的文化活动，组织搬迁群众学跳广场舞、“采莲船”，开展扶贫知识竞答及体育健身活动。

卫生基础设施全面加强。总投入400余万元、总建筑面积2229.34平方米的业务综合楼扩建项目投入镇卫生院使用；通过余杭对口支援，新增运输型救护车1辆，全自动生化分析仪1台。全镇产权公有化村卫生室10所，合格村医12名，通过全县精准扶贫统筹资金投入26.6038万元，基本设施设备得到全面改善，村卫生室服务能力进一步增强。2018年，实现诊疗8913人次，收治住院病人1274人，其中医疗保险住院病人1168人、自费住院病人106人。

【平安、民主法治建设】 2018年，忠堡镇党委、镇政府以平安忠堡建设为主线，以调处信访事项为重点，突出抓好信访事项调处、重点人员管理稳控、违法犯罪行为打击、社会管理创新等工作，社会大局和谐稳定得到巩固。全镇化解矛盾纠纷308件；办理信访件21件，办结19件，其中积案2件，签订息访罢诉和保证书2份；接待群众来信来访94人次。

一是全面落实工作责任。成立以镇党委书记为组长的工作领导小组，层层签订综治信访工作责任状，建立"横到底、纵到边"的责任体系，构建党委统一领导，部门齐抓共管，社会广泛参与的"大信访、大稳定"的工作格局。

二是建立健全工作机制。落实信息报送、研判机制。镇直部门、村级组织、网格员通过口头、电话、网络、书面等形式定期、不定期报送重要信息，镇信访接待信息中心及时对信息进行分析、研判和处置，使各种矛盾纠纷、苗头隐患、突发事件发现得早、稳控得住、处理得好。落实矛盾纠纷层级管理机制。建立矛盾纠纷定期排查、层级管理、联调联处、领导包案、阳光信访工作制度，对群众反映和排查出的矛盾纠纷及时组织化解、稳控，确保小事不出村，大事不出镇，矛盾不上交。完善防控机制。抓好重要区域联防、庭院联防，形成群防群治治安防控体系，在重点部位、路段、场所、单位安装视频监控，设立视频监控平台，构筑技防网；加强特殊人群服务管控工作，加大对涉稳、涉恐、涉毒等重点人员落实教育、帮扶、管控措施。推行社会稳定风险评估机制。在重点项目实施中，采取公众参与、专家论证、风险评估、合法性审查、集体讨论决定流程，充分尊重群众意愿，妥善调解好各方利益关系，努力实现群众利益最大化，社会风险最小化。

三是建立应急处突机制。建立治安联防队伍，加强公共安全应急演练，提高应急处突能力，一旦发生突发案事件，综治、公安、信访、司法、法律顾问、安监及医疗、民政、社保等相关部门联动，打击犯罪、处置事故、化解矛盾。

【生态环境建设】 在全镇范围内推行"山长制""河长制""路长制"，以村为单位，逐组、逐户的进行环境清理。由每户自行打扫房前屋后，公共区域由村自行组织人员进行清扫。严格管控企业乱排放，从源头上防范环境污染和生态破坏；大力推进"厕所革命"，改造完成户厕640户，提档升级公厕3座，污水处理项目同步实施，管道铺设已基本完成，在各村人群相对集中的地方，建设微动力处理系统3座，人工湿地1座。竭力打造马倌屯生态文明新村，建设垃圾分类试点，投入智能垃圾分类设备2台、分类垃圾桶204个。新建垃圾分类处理中转站1座，购买垃圾压缩机2台、勾臂车1辆、小型垃圾压缩车1辆、分类垃圾桶100个。

【党风廉政建设】 2018年10月，挂牌成立咸丰县监察委员会派出忠堡镇监察室，聘请乡、村两级监察员14名，深入推进党风廉政建设和反腐败斗争工作。

协助党委落实党风廉政建设的主体责任，确保监督责任到位。组织召开党风廉政建设会议6次。参与"三重一大"事项监督，在重大问题决策方面，镇纪委参与研究35次，提出意见26次，被采纳26次。发表宣传信息稿件36篇，其中国纪检监察报发稿1篇。

从严执纪问责，深化正风肃纪。紧盯党的纪律执行，集中治理不担当、不作为、不落实问题，"违规整酒风"，扶贫领域专项治理工作。对扶贫领域开展情况督查检查8次，下发督查通报6期，约谈7人；开展作风建设督查4次，下发督查通报3期。集中开展新任公务员、村干部的廉政谈话。引导村干部积极正确履行职能，集中廉政谈话4次86人。

加强案件查处，保持惩治腐败强劲势头。全年收到问题线索及信访件3件，提醒谈话4人，党纪立案4件，给予党纪处分4人。运用"扶贫领域政策落实监察系统"开展监督检查工作。收到问题线索210条，查实违反政策14条，工作约谈2人，追缴违规资金1380元。开展扫黑除恶专项斗争，对2016年以来的15件案件进行梳理，梳理出涉黑涉恶问题线索1件，开除党籍1人，并建立专门台账，移交至县纪委备案处理。

【基层组织建设】 坚持把党的建设放在首位，全面从严治党，全面提升党组织建设和党员管理质量水平，党在基层的执政基础更加牢固。

压实责任履本职。围绕抓党建促脱贫攻坚，统筹推进“整镇提升”、村（社区）“两委”换届、基层党建“补短板”及巡视巡察反馈问题整改等重点工作。主持召开29次党委会专题研究部署党建工作，制定出台指导性文件8份，握住党建“指挥棒”，稳步推进“三园建设”等重点项目，持续深化“一统三治六联”。

跟踪问效促整改。每个班子成员包抓1个后进支部、1个示范典型、1个特色项目，实行领导班子成员定点联系机制，落实“一岗双责”制度。建立基层党支部书记月例会制度，做到一月一安排、一季一督查，压实责任，查找问题，督促整改，解决基层党建重难点问题。

理论武装强担当。利用党委中心组学习、周一夜学等形式，带领全镇党员干部认真学习党的十九大报告和习近平总书记视察湖北等系列重要讲话精神。牢牢掌握意识形态工作领导权，全面落实意识形态工作“三个纳入”，全年主持党委中心组学习18次、集中夜学36次，专题研究部署意识形态工作4次。抓班子、强队伍，干部队伍凝聚力进一步增强。

完成村（社区）“两委”换届选举工作。完成4个“硬指标”，“派”和“聘”的比例达到31%，调整面达到46%，“一肩挑”比例达到100%，45岁以下比例达到69%，“领头雁”水平大幅提高。

创新后备干部队伍培育使用机制。公开选拔招录后备干部34名，采取到镇政府或村委会跟班学习的方式锻炼培养，25名后备干部进入“两委”班子。组织“两委”干部培训680人次，村干部履职能力和业务水平全面提升。主持召开年轻干部座谈会4次，鼓励引导优秀年轻干部到脱贫攻坚第一线锻炼。

抓阵地强管理，为脱贫攻坚提供坚强保障。整合资金300余万元对界坪村等9个党员群众服务中心进行提档升级，群众文化活动场所基本实现全覆盖。严格落实村定补干部待遇，发放村干部及后备干部工资150余万元，优化干部配置，调整村党支部书记5名，改派“第一书记”7名，调整12个村尖刀班队伍。因地制宜探索各村集体经济主要发展模式，其中产业带动型12个、盘活“三资”型6个、投资合作型3个、电商服务型1个。运用“扶贫领域政策落实监察系统”，核查线索210条，查实125条，解决各类矛盾纠纷78起，遗留上访问题实现清“零”。

强化督查指导和党员教育管理。对“三会一课”、支部主题党日、“四议两公开”及党员发展等工作落实情况实行一月一督导、一季一通报，确保党支部各项工作标准化、规范化；利用党日活动、微信公众号、外出学习参观等平台，创新教育管理方式，党员素质和党性意识进一步增强；利用QQ、微信、支付宝等平台，督促流动党员按时缴纳党费，定期向党支部汇报思想动态和学习情况；落实“无职党员设岗定责”制度。设立“政策法规宣传”“民事纠纷调解”“环境卫生监督”等服务岗位，全年解决各类实际问题130余条，党员先锋模范作用进一步发挥。

针对巡视巡察反馈问题，建立整改台账，实施销号式管理，发现的41个点上问题及举一反三的面上问题全部整改到位。针对基层党建存在的11个短板，研究制定“补短板”措施12项，明确责任主体与完成时限，确保整改工作取得实效。

（杨雨荷）

曲江镇

【概　况】曲江镇位于咸丰县城西南部，距县城15千米，距重庆市黔江区37千米，省道椒石公路和恩黔高速公路从腹地通过，县城总规修订后丁寨集镇纳入县城规划区范围内。该镇原名厂寨乡，2018年8月经省政府批准，更名为曲江镇。

全镇面积196平方千米，辖21个行政村，1个社区，年末户籍总人口25117人，是一个多民族杂居地，共有包括汉族在内的10个民族，9个少数民族占总人口的76.5%，其中土家族、苗族和朝鲜族占总人口半数以上。2018年末耕地总资源2368.13公顷，常用耕地面积1822.4公顷，水田面积629.73公顷，旱地面积1192.67公顷，临时性耕地面积545.73公顷，宜林面积2000公顷，森林活立木储存量达60万立方米。气候温和、土壤肥沃，适宜种植经济作物，其中主要以烤烟、蔬菜、林果、茶叶为主导产业。

境内以两条河流为主线，曲江河、野猫河分别从西南、东南汇于西北，汆入天心孔，经川洞，在断明峡复出，流入唐崖河。曲江河两岸土地肥沃，物产丰富，山清水秀，人杰地灵。有远近闻名的“内八景”（文峰塔、奎文阁、忠孝节义祠、美善堂、曲江楼、麻元桥、万寿宫、禹王宫）、“外八景”（曲江柳色、板桥钟声、蒜坪积雪、竹岭笼烟、仙掌捧日、石笋朝天、狮岩雄踞、龙岭蜿蜒）等自然风光和省级文物“风雨凉桥”等人文景观。

【经济发展】2018年，全镇地区生产总值达到2.85亿元，较2017年增长6.1%；财政收入达到2836万元；固定资产投资累计达7亿元，较2017年增长14%；招商引资完成1.5亿元；居民人均可支配收入达到11500元，较2017年增长10%。

重点项目建设。以推动新城发展作为经济社会发展主引擎，开展征地拆迁“百日攻坚”行动，重大项目推进保持良好态势，新城建设规划通过县级评审。全镇17个重点项目建设征拆工作正有序推进，累计完成土地征收388.33公顷，房屋征收866栋、坟墓迁移2100余所。其中黔张常铁路征地全面完成；咸丰大道全线贯通；353国道路基工程完成80%；同康医养结合医院建设项目实现净地交付，全面开工；丁甲线曲江段路基工程全面完工；曲江中小学整体搬迁一期项目投入建设；塘浦、凉水井安置区完成土地、房屋征拆任务，其余各重点项目征拆及建设工作稳步推进。

农业结构调整。深入推进农业供给侧结构性改革，加大农业结构调整，大力发展特色产业，大力扶持镇村休闲旅游产业发展，集聚农业农村发展新动能。逐步形成以林果、茶叶为主导，烟叶、蔬菜为支撑的新型农业产业格局。全年新发展白叶茶200公顷、油茶555.33公顷、林果120.73公顷、中药材41.33公顷、设施及露天蔬菜1258.66公顷、花卉苗木61.86公顷、林草24.6公顷；发展烟叶298.66公顷，完成烟叶收购9400担，完成税收326万元，任务完成率100%；发展家禽养殖27779羽、家畜养殖9616头。

工业经济。落实“三去一降一补”，关闭3家煤矿企业，淘汰落后产能27万吨，去产能配套工作稳步开展。工业绿色化改造步伐加快，2家非煤矿山全面技改升级，矿产资源的开发利用率不断提高，工贸行业完成环保综合整治，宏隆建材完成天然气环保生产线改造。

生态旅游。“曲江茶谷·假日乡居”项目已完成200公顷白叶茶苗移栽、管护及民俗文化广场、风雨凉桥等配套项目的立项工作，进行挂网招标；完成26.66公顷金丝楠木园建设，武陵山区珍稀苗木展示园完成前期工作；完成川洞田园广场黑色化等一期规划建设，成功举办“咸丰‘旅游名片’——2018最受欢迎的旅游商品展销”活动，全年累计接待游客33万人次。

【脱贫攻坚】严格落实“六个精准”“五个一批”扶贫总体要求，全面落实“八个到村到户”。整合州、县、镇、村四级56个单位，组织尖刀班21个，帮扶干部698人，召开小组会、院子会、群众会400余场，整合投入扶贫资金2305万元，统筹实施扶贫项目63个，进一步夯实脱贫基础；坚持发展“一长两短”脱贫产业，统计申报产业发展差异化补贴资金263户48.53万元。累计投入资金9536.1万元，实施易地扶贫搬迁安置38个，安置528户1673人，预计2019年初完成“交钥匙”任务；发放小额扶贫贴息贷款528笔2168.7万元；兑现生态补偿资金154.5万元；发放贫困学生补助1563人148.65万元；发放各类社会救助兜底保障资金1067.07万元。626户2101人实现脱贫摘帽目标，贫困发生率由44%降至15%。

【基础设施建设】集镇环境建设：投资30万元，规范集镇垃圾清运、环境整治、街道保洁等运行机制，启动“两违”建筑清理工作，集镇环境得到有效改善。基础设施建设：全年完成农村公路补短板项目35个，硬化道路26.25千米，新建及改扩建砂石路35千米；投资976.8万元启动全镇8个安全饮水补短板项目建设，完成管网铺设31.3万米；全面完成总投资1200余万元的35千伏大曲线、曲筒线的电力线路迁改工作，总投资1640余万元，新建、改造57个配电台区，解决15个行村2400户的生产和生活用电质量；完成集镇等10个网络通信补短板项目，新建火车站、土地坪等6个800兆4G基站，马家楼4G基站完成前期工作，全镇4G网络覆盖率达95%以上；完成春沟、土落坪等10个村级文化广场建设和岩口等6个文化广场的提档升级工作；基本完成湾田等3个党员群众服务中心建设；高滩村等8个村公益性公墓投入使用。全镇水、电、路、通讯、公共服务等镇村基础设施日趋完善。

【生态文明】推进中央环保督察反馈问题整改，完成县级饮用水源地整改工作。严格落实“河长制”，持续推进“两河”流域环境治理，完成县城水源地保护区农业面源污染区域划定、农业面源污染和生活面源污染治理；率先实行“山长制”，推动形成“政府主导、分级负责、全民共管”的生态环境保护管理体系，新增绿化面积483.66公顷，森林覆盖率达60.31%；总投资650万元覆盖10个行政村的美丽乡村污水治理项目完成终端设备安装，垃圾中转站全面展开建设，垃圾填埋场完成总工程量的85%，计划年底投入使用。落实“四个三重大生态工程”建设，扎实推进“厕所革命”，新建、提升及改造农村公厕4座，建成农村无害化厕所1078个；全面打响防止污染攻坚战，完成第二次全国污染源普查，大力开展秸秆禁烧等专项活动，全年空气质量优良率达87%。

【社会民生事业】社会事业全面进步。一是教育事业优先发展，投入240余万元，改善办学条件，全镇学前教育入园率、初中入学率、升学率均得到提升。启动曲江镇中小学整体搬迁工程，一期工程进场施工。二是卫计事业健康发展。村医覆盖全面完成布局，医疗条件不断改善，人口计生服务管理持续优化，全面二孩政策有效落实，举办计生协会活动21场，发放奖扶、奖励资金270人34.45万元。三是社会保障覆盖更广。2018年贫困人口城乡居民基本医疗保险、城乡居民基本养老保险参保率达100%，全年发放城乡居民养老保险510万元，完成被征地农民参保资格认定3801人，完成新增就业700余人，完成职业技能培训13场2800余人次。四是加强住房安全保障。完成“四类对象”危房改造共计156户，非“四类对象”危房改造133户，困难群众住房安全问题得到有效解决。

深化“平安曲江”建设。推进防范化解重点风险攻坚战，“一统三治”“一站六联”基层社会治理模式向纵深推进；强化网格化管理，积极落实领导“四访”、律师“三进”制度，加大积案化解力度，初步形成依法处置、诉访分离格局，全镇信访形势持续好转；依法开展“扫黑除恶”专项行动，全年打击各类违法犯罪行为 90 人次，刑事打击 13 人次，行政拘留 16 人次，办理涉黑案件 1 起，涉黄赌毒案件 20 起，打处 29 人次，查处交通违法行为 180 余起，调解矛盾纠纷 150 余起。抓实安全生产。认真学习贯彻《地方党政领导干部安全生产责任制规定》，牢固树立“生命至上、安全发展”的责任意识，组织开展“安全生产楚天行”“安全生产宣教月”活动，重点针对煤矿、非煤矿山、烟花爆竹、危化品、电力及重点建设项目等领域开展巡查，排查安全事故隐患 159 条，隐患整改率 100%，生产形势稳定，全年未发生较大以上安全生产事故。加强食药安全监管，全年开展 15 次专项检查，立案 8 起，办结 8 起，罚没 2 万元。全镇“一感两度两率”不断提升。

【机关队伍建设】 加强理论学习。采取集中学习与个人自学相结合的方式，组织干部职工学习党的十九大及十九届三中全会精神，贯彻习近平新时代中国特色社会主义思想，努力提高全镇干部政治理论修养和自身素质，不断提高科学执政、民主执政、依法执政的意识和能力。组织干部普法在线学习，进一步提高政府工作人员依法行政的能力。

健全各项制度。自觉接受人大法律监督，健全“三重一大”制度、推行政府法律顾问制度、建立重大行政决策合法性审查制度，基本形成决策科学、执行顺畅、监督有力的政府权力运行体系，确保权力在法治轨道上运行，全镇干部职工法治观念和依法办事能力明显增强。

强化党风廉政。厘清和落实党委领导班子、主要负责人、领导班子成员责任，健全制度机制，形成认识到位、责任明晰、履职尽责的主体责任落实体系；支持纪委实行“转职能、转方式、转作风”，突出执纪监督主业，形成监督有力、制约有效的监督责任落实体系，严格执行纪委约谈制度，“一岗双责”“一案双查”机制逐步完善；坚持标本兼治，驰而不息改进作风，通过开展大数据比对、精准扶贫专项巡查整改，对精准扶贫领域不作为、乱作为进行严肃处理；定期开展廉政教育，持续加强党风廉政建设，巩固良好政治生态。

【基层组织建设】 全面加强基层组织建设，顺利完成 2018 年村支“两委”换届工作；推进“两学一做”学习教育常态化制度化，“支部主题党日”活动规范开展，规范党员发展，2018 年共发展党员 14 名，处置不合格党员 2 名；党支部建设逐步完善，教育党支部和教育老年党支部完成组织结构调整，建立党总支 1 个，下设党支部 3 个，设立机关老年支部 1 个；实现村级阵地建设提档升级，投入 200 余万元，建成高滩村党员群众服务中心；通过建强村级班子、加强党建指导、完善阵地建设，全面完成高滩村、天上坪村两个软弱涣散党组织整顿工作；共青团、妇联、丁寨商会等群团改革抓实推进，发挥社会组织作用，营造民主团结、生动活泼的良好局面。推进村民自治工作，各村结合实际制定村规民约，村民参与民主选举、民主决策、民主管理、民主监督的意识进一步加强，村民自治、法治、德治建设水平逐步提高；开展“十星级文明户”“最美”系列评选活动，大力宣传道德模范的先进事迹，公民思想道德建设和群众性精神文明建设水平有效提升；大力推进移风易俗、镇风文明建设，社会风气明显好转。

（夏　琴）

坪坝营镇

【概　况】 坪坝营镇地处咸丰县南部，海拔 838 米；东接来凤县，南接重庆市酉阳县，西界重庆市黔江区；北连本县朝阳寺镇。境内山峦起伏，重岩叠嶂。治所距县城 38 千米，距恩施土家族苗族自治州首府恩施市 138 千米。经朝阳，距重庆黔江城区 44.4 千米、火车站 53.2 千米、飞机场 41.5 千米；经沙子场，距重庆黔江城区 60.3 千米、火车站 51 千米、飞机场 60.6 千米。

全镇面积 347 平方千米（国土所 2004 年统计 352.16747 平方千米，折合 35216.74 公顷）。2018 年耕地面积 4842.73 公顷，常用耕地面积 3803.46 公顷，水田面积 1207.4 公顷，旱地面积 2596.07 公顷，临时性耕地面积 1039.26 公顷。

【经济建设】 2018 年实现地区生产总值 6.35 亿元，其中：农业增加值 1.75 亿元，工业增加值 3.6 亿元，服务业增加值 1 亿元。总产值 12.8 亿元，其中：农业总产值 2.9 亿元，工业总产值 8 亿元，服务业总产值 1.9 亿元。

粮食种植面积 6612.46 公顷，同比减 94.33 公顷。经济作物种植面积 4697.06 公顷，同比增 380.26 公顷。烟叶种植面积 736.66 公顷。蔬菜种植面积 1651.93 公顷，同比减 822.73 公顷。

生猪出栏 48229 头，同比减少 41559 头。牛出栏 350 头，同比减少 1170 头。羊出栏 573 只，同比减少 1491 只。家禽出笼 110185，同比减少 64865 只。天然蜂蜜 47090 千克，同比增加 40530 千克。生猪存栏 53855 头，同比减少 28170 头。牛存栏 2272 头，同比减少 4418 头。羊存栏 1380 只，同比减少 1153 只。家禽存笼 177761 只，同比增加 105196 只。

采伐竹木 1848.2 立方米，办理采伐证 175 份，活立木蓄积量 1129 立方米。人工造林 823.33 公顷。申报 2019 年度新一轮退耕还林 693.33 公顷。公益林 6138.92 公顷，兑现资金 108310.23 万元。

农村用电量 1063.78 万千瓦时。供电量 2671.81 万千瓦时。售电量 2436.75 万千瓦时，售电均价 0.64141 元 / 千瓦时，售电收入 2992.19 万元。

推广鄂马铃薯 5 号、13 号、中薯 5 号种植 800 公顷，油菜聚土打孔稀植 600 公顷。高山蔬菜 820 公顷，发展藤茶 786.66 公顷，订单发展辣椒 133.33 公顷，西红柿 15.33 公顷。新发展林果 333.33 公顷、药材 146.66 公顷。42 户农户新购农机 48 台（套），机耕 800 公顷次。

培植大户，狠抓烟叶生产。231 户烟农种烟 553.66 公顷，收购烟叶 1.5943 万担，均价 31.42 元 / 千克，烟农收入 2504.35 万元，实现税收 550.96 万元。

驻有农业银行、邮政银行、咸丰商业银行、村镇银行等银行 4 家，金融网点 6 个。年末存款余额 5.99 亿元，贷款余额 2.53 亿元。

【生态环境建设】 坚持绿水青山就是金山银山发展理念，走生态立镇，绿色发展之路。拓宽农民增收渠道，实施清洁能源入户。制定秸秆焚烧联络人制度，河道实行河长制管理，实行水源地保护区制度。修建小型联户沼气工程 3 处，免费为 40 户易地扶贫搬迁户供气。完成 500 户三联式沼气池无害化卫生厕所改建。集镇街道日常保洁成常态。

加强地质灾害监测防治，重点地质灾害涉及 11 个村，调查定点 53 处，树立 35 个地质灾害监测牌。

投入 2300 万元，开工建设雷打山、大铧尖等 13 处水厂工程，覆盖 24 个村 3.1 万人。完善“河长制”管理，对河道进行清淤、清障，对河堤进行整修。加强防汛工作，确定龙王庙、新场水库监测员。

【社会建设】 全镇有校点 16 所（处）。九年一贯制学校 1 所、初中 1 所，完全小学 2 所、初级小学 6 所，教学点 6 处。幼儿园 12 所。30 套 1315 平方米教师周转房投入使用，新建教学楼 1323 平方米（完成工程量 80%）。学生巩固率、毕业生完成率均达 100%，中考招生完成任务的 150%。坪坝营中学开展安全教育和普法教育 12 次、应急演练 4 次、安全知识测试 2 次，获省“放心食堂”、州“平安校园”“文明餐桌示范学校”称号。该校师德师风良好，教研成果获省级奖励 16 人次，省级以下 30 人次。

中心卫生院 1 个、中心村卫生室 7 个、村卫生室 37 个，从业乡村医生 48 人。新建村卫生室 24 个入住营业，其中单建 16 个，与村委会联建 8 个。卫生院能开展下腹部手术、骨外科中小型手术，对常见病、多发病能进行有效的预防和治疗业务。人口出生率 8.97‰，人口自然增长率 2.92‰。

邮政网点 2 个，投递点 34 处，通邮率 96.5%。实现通信全覆盖，建有铁塔 63 处。固定电话 1470 部，幸福新农村平台 3138 部，宽带用户 6342 户，移动手机 42663 部。广电光纤全覆盖，开通村村响播控机房，安装 386 个村村响终端喇叭和音柱，新增有线电视用户 102 户，广电宽带 134 户。

弱势群体生活状况明显改善，“五保户”203 人，集中供养 44 人。农村低保 887 户 1773 人，低保金 561.78 万元。为 467 户 1543 人解决临时救助 60.348 万元。发放棉衣 110 件、棉被 130 床、毛毯 30 床、大米 5500 千克、食用油 160 桶。

采集退伍军人信息，优抚对象 291 人。60 岁以上退伍军人 140 人，伤残军人 13 人，“三属”人员 8 人，复员军人 15 人，带病回乡退伍军人 115 人。

享受高龄津贴老人 962 人。80—90 周岁 897 人，每人每月 50 元。90—99 周岁 65 人，每人每月 100 元。

采集上传社保卡信息 13574 人次。接受社保查询 2800 余人次。退休人员、遗属生存年检 665 人次。新增就业人员 520 人。核对领取待遇人员信息 6928 人。

强化安全生产“隐患就是事故”观念，以事故预防、加强监管、落实责任为重点，狠抓责任落实、检查督办，狠抓隐患排查整治，强化安全教育培训。签订安全生产责任书 127 份（村级 43 份、镇直 28 份、内设部门 7 份、厂矿企业 15 份、烟花爆竹 25 份、液化气换气点 8 份）。签订道路交通安全“四方一责”责任书。

个体工商户应报 2545 户，实报 1944 户；企业应报 197 户，实报 164 户；农民专业合作社应报 238 户，实报 204 户。

开展食品药品专项检查 17 次。受理行政许可 165 起，办结 145 起。培训 5 起 300 余人次。发放宣传单 3.5 万份，立食品安全警示牌 40 块。

【民主法治建设】 采取街头宣传、法治讲座、标语等开展法治宣传活动，开展社会治安、婚姻家庭、义务教育、土地管理等与群众自身生产、生活密切相关的法律、法规的宣传教育。41 个村 2 个社区完成换届选举工作。

领导包案 90 件，阳光信访平台交办转办信访件 69 件，群众来访 126 人次。镇党委书记陪访 17 次，党政班子接访 197 次，领导下访 19 次，化解信访积案 6 件。

公安派出所接处警 583 起，办理行政案件 53 起，立刑事案件立案 25 起，参加春节、元宵节、“两会”、校园安保 40 余次。森林派出所化解林权、林地纠纷，受理刑事案件 18 起、立案 16 起，立行政案件 26 起。法庭新收诉讼案件 278 件，旧存案件 4 件，共 282 件。结案 267 件，结案率 94.68%。镇村人民调解委员会调处纠纷 292 起。开展法治宣传、讲座、咨询 19 场次，接待法律咨询 268 人次，发放宣传资料 3600 余份。

强化民兵预备役工作，开展兵役登记，组建民兵组织和民兵应急排。确定预征对象，为部队输送合格新兵。

【藤茶出山】 2018 年 9 月 15—16 日，中国藤茶——“唐崖 · 滋恬”高峰论坛及农商旅融合发展藤茶出山活动在掠燕山庄举行。农业农村部、商务部旗下中国国际电子商务中心、恩施州商务局等各级领导，中国农业大学、中南民族大学的专家学者，湖北省农产品流通协会、湖北省农产品产销联盟、荆楚优品产销联盟的专家代表，全国各地的藤茶产业链企业代表以及驻外地咸丰商会代表出席论坛。活动由坪坝营镇人民政府、咸丰县商务局、县农业局、旅游局、工商联主办，共330余人参会，其中专家学者44人。仁和康源公司与唐崖茶（湖北）电子商务有限公司签订线上销售协议、与中国国际电子商务中心百诚源电商公司签订认领协议，咸丰藤茶远销武汉、重庆、广州、杭州等城市。

【重点项目】 2018年，完成固定资产投资34200万元。实施重点项目9个，其中新建6个，续建3个。农村公路改扩建及硬面化工程总投资3380万元，完成2000万元。安全用水巩固提升工程总投资2500万元，完成2000万元，分5个标段。核桃湾安置小区建设项目总投资1000万元，完成300万元。藤茶油茶产业发展项目总投资3660万元，完成2500万元。新场集镇改造项目总投资500万元，完成600万元。鱼泉口（生态旅游）小区项目总投资5000万元，完成500万元。美丽乡村建设项目总投资1000万元，完成1000万元。

【"厕所革命"】 2018年，实施"厕所革命"，改善农村人居环境。完成1268户农户无害化卫生厕所，10座农村公共厕所建设；500户三联通沼气池厕所改造；1371户农村户厕新建及改造。

【污染防治】 2018年，对新场水库、龙王庙水库，后家河、甲马池河、白家河、坪坝营景区水源，严格实行水源地保护区制度，定期巡查。对河道实行专人管理，清淤、清障。对19家畜禽养殖场进行排查，整改养殖场污水直排，提出整改意见和措施。对核心景区出动车辆，撤除养殖场4家，并进行植被恢复。对非煤矿山巡查，关停3家无证开采煤矸石厂，实行痕迹管理。

【招商引资】 2018年，完成招商引资项目13个，累计到资1771万元，县招商局初步凭证金额1376万元。

【林地管理】 2018年，加强林地监管，坚守林地红线。对38个建设项目征用林地进行清查，对2011年后13个停止采石采矿企业造林复绿清查，对4个煤矿影响林地面积专项清查。核查验收采伐86户，检查木材加工厂3家。完成公益林管护6133.33公顷。其中国家生态公益林4866.66公顷，省级666.66公顷，县级600公顷。5月，2017年度"天保"工程通过省级复查。年内发生森林火灾1起，过火面积333.33公顷。出动防火宣传车50余次，刷写固定标语10条，举办专栏4期。

2018年，生态补偿41个村全覆盖，落实生态护林员133名。生态公益林涉及贫困户389户1234人，补助面积2712.52公顷，补偿资金44.45万元。新一轮退耕还林涉及贫困户273户1041人，兑现面积82.24公顷，补偿资金37万元。

【油茶产业】 2018年，累计发展油茶2194.89公顷。其中2015年退耕还林136.16公顷，2016年66.66公顷、石漠化栽植120公顷、零星发展33.33公顷，2017年6个市场主体通过"以奖代补"项目建设油茶基地334.84公顷，2018年1503.91公顷。在筒车坝村、廖家田村油茶基地套种中药材柏子、粉葛83.33公顷，形成长短产业相结合，以短养长产业模式。

【电力项目】 2018年，完成97个电网项目总投资2153万元。其中2017年易地扶贫搬迁项目27个613万元，2018年20个392万元。完成易地扶贫搬迁项目杆线迁移、施工电源架设、户表安装。石柱坝35千伏安变电站开工建设。争取40个项目1961万元，正在做施工前期准备。

【专业合作社】 2018年，特色农业发展势头强劲。成立以发展藤茶为主的村集体股份合作社24家，发展藤茶786.66公顷，发放有机肥1070吨，当年种植获益。仅藤茶一项，村集体经济达5万元的村10个。农业特色产业专业合作社67家。新华油茶专业合作社、森兴林业公司等6家市场主体发展油茶2066.66公顷，农户、合作社（公司）、村集体5:4:1利益衔接。楚城农业公司、裕润民农特产品专业合作社订单发展辣椒133.33

公顷、西红柿15.33公顷。绿林森葡萄、更生河生态农业专业合作社，发展脆红李120.46公顷、葡萄16公顷、核桃155.86公顷、冬枣13.33公顷。争取35万元项目支持，发放有机肥405吨。开展农产品质量安全农药残留抽样1631个。

【土地增减挂钩潜力调查】 2018年，开展两次城乡建设用地土地增减挂钩潜力调查230公顷。实施27个村，71个图斑，经省、州、县验收合格144亩。促进乡村美化、亮化，缓解用地压力。

【饮水安全】 2018年，投入2300万元，开工建设雷打山、大锌尖等13处水厂工程，覆盖24个村3.1万人。对已建水利工程巩固提升，青枫坝水厂片区维修更换配水管网9千米；马家沟水厂新建消毒间14.4平方米，新购置净水、二氧化氯消毒设备各1台；梨树坝水厂维修管网8千米，安装供水入户1230户；水车坪水厂维修管网6.5千米，安装供水入户96户；中坝水厂维修管网7.5千米，安装供水入户92户；狮子岩水厂维修管网5.8千米。

【健康扶贫】 2018年，对7053户23528人开展"因病致贫、因病返贫"督查核实，核准患病1893户2272人，因病致贫867户1069人，已脱贫444户526人。建立健康扶贫台账，开展"三个一批"宣传动员，组织救治，签约服务。设立健康扶贫"一站式"结算窗口。完善"'1+5'医疗保障体系""三个一批""先诊疗，后付费"政策措施，贫困人口年度自付合规医疗费超过5000元部分实行政策兜底。

【信息扶贫】 2018年，电信投资440余万元，4G网络深度覆盖。投资300余万元新建基站12个。投资80余万元完成新场集镇通信杆路管网下地工程。投入60余万元新建光纤杆路20余千米，完成易地扶贫搬迁安置点通光纤33处。完成网络信息扶贫补贴宽带设备发放1061套，手机1983台，兑现惠农补贴103.2万元。

【惠农补贴】 2018年，财政发放各类惠农补贴资金776.41万元。地力补贴13681户2836.9公顷649.07万元，退耕还林679.12公顷127.34万元。张贴横幅20条、标语45张，发放负担监督卡和补贴资金通知书13682份。

（吴友鹏）

朝阳寺镇

【概　况】 朝阳寺镇位于咸丰西南部。东邻杨洞石板铺，西抵重庆直辖市黔江区，北与唐崖镇接壤，南与坪坝营镇梨树坝相连。全镇面积85平方千米（不含大路坝区工委）。省道椒石线穿镇而过。镇域属南温带湿润季风气候，全年四季分明，气候温和，年平均气温14℃。整体地势呈东北高西南低的趋势，属于典型的山区丘陵地貌，全镇平均海拔600米，最低海拔440米，镇内的河流有唐崖河、土溪河、泗渡河等。镇党政机关驻水井槽集镇，距咸丰县城32千米，黔江区市中心18千米。因辖区水库内有一座寺庙叫朝阳寺而得名。

2018年，全镇总耕地面积1424.33公顷，常用耕地面积916公顷，水田面积456.13公顷，旱地面积459.86公顷，临时性耕地508.33公顷，林地4000公顷。全镇有白茶、百合、仙草、橘柚、脆红李、核桃基地613.33公顷，低山时令蔬菜基地常年稳定在666.66公顷左右。植被层次丰富，挂牌保护古大珍稀树木56株。国家保护二级野生动物有猕猴、鸳鸯、野猫、锦鸡及鹰类，省级重点保护有松鼠、白鹭、喜鹊、竹鸡、画眉、八哥、乌梢蛇、王锦蛇、五步蛇等。境内有煤、大理石、铁（褐铁矿）等矿藏。煤矿分布在唐崖河南北成两个条带，大理石矿主要分布于水井槽村石板铺至石门坎一带，鸡鸣坝村后山一带；硅石矿主要分布于五龙坪一线；耐火黏土、高岭土主要分布于落马滩坪桥、五龙坪一带；水泥用灰岩、建筑石料用灰岩全镇均分布广泛。

旅游资源以朝阳画廊为主，库区风光成为唐崖河上一道亮丽风景，朝阳画廊纳入全县“一心两核三组团”旅游发展总体规划，朝阳寺土溪河峡谷观光项目作为咸丰县旅游开发重点项目已成功立项。另有凤顶山寺庙遗址、五龙坪神龙坳古驿站、坪桥田氏贞节牌坊等景点。流传百余年的民间舞蹈“地盘子”列为省级非物质文化遗产，2010年朝阳寺镇被文化部命名为“中国民间文化艺术之乡（地盘子之乡）”。

1994年因修建朝阳寺水电站，划出当时杨洞区朝阳乡、尖山区泉水和坪桥乡设县辖朝阳寺镇，镇政府驻周家坝集镇。2001年乡镇机构改革，大路坝乡成建制并入。2018年末，朝阳寺镇辖区设7个行政村，1个社区（朝阳社区），57个村民小组2702户，年末户籍总人口9427人，建档立卡贫困人口5407人。

【国民经济发展】 2018年全镇完成地区生产总值（不含大路坝区工委，下同）6.18亿元，农民人均可支配收入10386元。全镇以茶叶、柚子、油茶为主的中长期主导产业达800公顷；蔬菜种植常年保持在533.33公顷以上，家禽养殖5.3万只、家畜养殖1.16万头，全镇油茶415.06公顷，白茶106.66公顷，绿茶13.33公顷，柚子227.33公顷，食用菌3万棒，脆红李40公顷，烟叶70公顷，中蜂653箱（桶），前胡（中药材）23.33公顷。油茶林下套种中药材66.66公顷；大力配套发展短期种养殖业，贫困户“一长两短”产业覆盖96%、外出就业1520人，实现每户贫困户都有一门主导产业或一人就业增收。同时按要求组建了7个村集体经济股份合作社，培育和引进众诚油茶3个市场主体，通过产业带动、“三资”盘活等方式，与7个村建立利益链接机制，有效保障村级集体经济收入。抢抓东西部协作机遇，余杭援建产业扶贫项目落马滩茶厂建设完工，全镇开展以油茶、柚子管护为主的技术培训7期，培训2000余人次，各村产业示范园建设成效明显。

【生态文化旅游】 依托朝阳水库自然风光和土司城遗址文化，打造“朝阳画廊”景区，与坪坝营、黄金洞景区一起构建“咸丰·三日游”旅游线路。朝阳寺土溪河峡谷观光项目作为咸丰县旅游开发重点工程，成功立项，拟投资8000万元。朝阳旅游大桥成功立项，地勘、设计等前期工作准备就绪。“朝阳画廊”纳入全县“一心两核三组团”旅游发展总体规划，湖北金昶投资有限公司取得经营权，组织专家编制旅游开发规划。

空中俯瞰朝阳寺电站大坝

（朝阳寺镇政府　供图）

【“六村”同创】 2018年，朝阳寺镇全面推进六城（村）同创工作，人居环境大幅提升。朝阳新区整体面貌基本形成，集镇网管建设持续推进，老集镇椒石线路灯亮化工程基本完成，污水处理厂和垃圾处理场的布局进一步优化，朝阳社区广场、凉桥、长岭、落马滩、曾沟5个文化广场基本建成，集镇和村庄环境明显改善。

【基础设施建设】 镇内“四网”设施日趋完善。整合扶贫和移民项目资金，修建12条产业路16.53千米。争取贷款项目资金，对长岭地灾区和楠木峡等5条道路进行改造升级。启动冉槽、两丘田5.7千米硬化工程，群众生产难、出行难问题得到有效解决。飞水岩跨区域片区供水并网连通入户加紧实施，集镇管网延伸工程接通入户，大土等饮水困难区域项目有序推进。全镇新增配变32台，改造升级线路79.32千米，57个小组电力均有保障，末端电压全部达标。7个村通光纤，安装“村村响”喇叭87只，完成“户户通”1800套，移动电话信号基本无盲区。东西部协作扶贫项目进展有序。投资150万元的落马滩村茶厂建设项目完成配套电力设施安装，投资150万元的鸡鸣坝特色食品电商中心项目完成招投标程序。组建工作专班，全力推动投资2.5亿元的朝阳大桥及接线工程和朝阳至唐崖旅游二级公路改扩建项目。

【民生与社会事业】 优化教育资源配置，大力实施“改薄”项目，基础教育质量不断提高。采取“新建一批、共建一批、整合一批”方式，实现标准化村卫生室全覆盖，基本医疗设备和医生配齐。组织913名贫困对象参加免费健康体检、691名妇女参加“两癌”筛查，“四位一体”医疗保障全面落实。全面二孩政策稳步实施，计划生育服务持续转型。失业、工伤、养老、基本医疗和大病保险政策全面落实，“新农保”“新农合”征收稳步推进，建档立卡贫困户参合率100%。876名“三留守”对象实行动态化管理，优抚、双拥和经济普查工作稳步推进。

【精准扶贫】 紧盯“两不愁三保障”“三率一度”脱贫验收标准，全面落实“八个到村到户”“六个全覆盖”，聚心聚力脱贫攻坚。

落实“五个一批”。产业发展惠及贫困户1466户，覆盖率达96%。聘请42名贫困对象为护林员，发放管护报酬16.8万元，2017—2018年兑现生态公益林、退耕还林补贴152.27万元。2016—2018年共实施危房改造295户，除七类对象外危房实现清零。落实“雨露计划”190人，兑现贫困中小学生生活补助1390人。全镇302户低保户、69名“五保户”、11名孤儿、345名残疾人均享受相应补助政策。全镇现有建档立卡贫困户1527户5406人，2018年计划脱贫14户51人，实际脱贫16户54人，现留存未脱贫69户149人。

易地搬迁。2016年至2017年间共建设易地扶贫搬迁集中安置小区9个，分散安置小区4个，实施搬迁209户633人。2018年，所有安置点全部完成住房和基础配套设施建设，入住率100%。其中，2016年搬迁83户217人，2017年搬迁128户418人。

生态补偿。2018年全镇享受生态补偿的公益林涉及全镇7个行政村，受益农户达2449户，共计面积2303.85公顷，共计兑现补偿资金35.84万元。其中国家级公益林1837.34公顷，共计兑现补偿资金351392.55元；县级公益林466.51公顷，共计兑现补偿资金6997.6元。

教育扶贫。2018年共发放助学金37.75万元，均已落实到每个资助学生，落实“雨露计划”190人，兑现贫困中小学生生活补助1390人。全镇开展以油茶、柚子管护为主的技术培训7期，培训2000余人次。

社会保障兜底。2018年末全镇农村低保对象共计304户538人，城市低保对象13户15人；特困供养共计69人，其中17人在朝阳寺镇农村福利院集中供养，52人为分散供养对象；全年共计发放临时救助资金31.13万元，解决197户家庭的临时性生活困难。2018年度冬令春荒救助共计2次，年初发放资金21.52万元，274户917人；年底发放资金23万元，413户946人。全年自然灾害救助共计20户77人，21200元。特困供养人员住房维修3户，资金13300元。2018年末孤儿共10人，由县民政局统一发放资金。全年发放高龄津贴共计16.85万元，年满人员及时新增。

全镇共有留守老人331人，其中双方健在252人，一方健在79人，身体健康255人，残疾20人，患病56人。留守妇女214人，其中残疾3人，患病1人。留守儿童347人，其中初中32人，小学196人，幼儿园74人，未入园45人。

【民主法治建设】 2018年，共排查化解各类矛盾纠纷72起，其中高路、铁路、企业、矿山等8件，民事纠纷、山林、土地等其他纠纷64件。调处成功68件，形成正式卷宗12件。接待群众来信来访62人次，阳光信访27件，已回复25件，其余2件正在处理。辖区内除财政辞职人员朱某某进京上访外，未出现其他因纠纷未得到调处或调处不及时而引发进京、赴省、到州越级上访、非法上访和群体性事件。吸毒人员新增2人、社区矫正人员新增12人，均得到有效管理。制定下发《朝阳寺镇平安创建实施方案》，建立长岭村、鸡鸣坝村两个平安创建示范村。发放宣传册5500余份，组织群众知识测试600余人次，张贴宣传画400余张，书写固定标语15副。全镇7个村58个网格，配备网格员58人，村级网格管理员7人，镇级网格管理员1人。

【村（社区）"两委"换届完成】 坚持党委对村（社区）"两委"换届工作领导，严格"五先五后"、联审联查等要求和程序，多次召开党委会进行专题研究，审定工作方案、"两委"人选名单、资格审查等，安排25名干部组成8个指导组，完成"两委"换届。通过换届，共调整村（社区）书记5人，调整面62.5%，其中派出3名机关干部到村任书记；书记、主任"一肩挑"比例100%，41名"两委"成员平均年龄40岁，高中及以上文化31人占比75.6%，队伍结构更加优化。

【党建工作】 坚持将基层党建纳入党委"第一工作"来抓，压实书记"第一责任"、班子成员分管责任、纪组宣统分块责任，形成齐抓共管合力。严格书记、第一书记"双述双评"制度，按建立1套责任考评体系、每名班子成员联系1个支部、每月到支部指导1次党的活动、半年召开1次党建形势分析会议、每年考核评比1次党建工作"五个一"工作法，推进党建任务落地落实。初步形成"1+1+1"党支部运行机制的品牌，党员家庭户"亮身份·亮职责"活动扎实开展，党建外宣信息52篇（其中省级、国家级4篇），一大批党员和优秀人才走在脱贫攻坚和社会治理前列。组织召开2017年度、巡察整改等5次（专题）民主生活会，深入开展"解放思想、转变作风"大讨论，为推进重大决策部署落地、实现高质量脱贫和"一廊三园"建设聚集了强大合力。召开党委（扩大）会议专题研究，巡视巡察、各级督战和述职评议反馈问题整改工作，涉及村党组织战斗堡垒作用不强、组织生活不规范、村集体经济薄弱、党员教育管理、抓党建促脱贫攻坚成效5个方面。明确整改责任人、时限和措施，压实责任，40个点上问题全面整改到位。通过抓班子带队伍，建强党支部战斗堡垒，66名驻村"尖刀班"成员、83名农村党员骨干成为全镇脱贫攻坚主力；通过产业带动、三资盘活，7个村全部建成33.33公顷以上主导产业，引入4个市场主体建立利益连接机制，实现每村5万元集体经济收入目标；积极争取项目投资，补强公共设施短板，朝阳大桥及旅游二级路完成招投标，征地拆迁的测设任务完成。深入推进"一统三治六联"基层治理，法律顾问到村、红白理事会组建、综治网格化治理、扫黑除恶专项斗争实现全覆盖，构建起党建引领的共建共治共享大格局。

【党风廉政建设】 结合政治纪律、政治规矩教育及党风廉政宣传教育月活动要求，开展集中学习教育活动6次，镇直各部门开展活动7次，同时在全镇范围内开展"十进十建"活动，使党纪党规及监察法深入部门、深入基层。做好班子成员及部门负责人腐败风险点查找及防范工作，结合班子成员的分工和各部门的工作性质，镇纪委认真查找相关岗位和人员的腐败风险点，从源头上进行预防和监督，组织机关干部及镇直部门负责人参观警示教育基地，进一步增强反腐倡廉、勤政廉政意识。充分发挥约谈的作用，镇纪委与镇直各部门负责人、内设部门负责人、新任公务员等进行廉政谈话10余次，同时签订廉政承诺书。加强干部监督管理，重点对干部职工及驻村"尖刀班"在岗情况、外出是否报备、政令是否畅通等情况进行检查督办，全年共开展专项检查10余次，下发通报1期。通报批评党员干部5人。开展精准扶贫专项检查5次，下发通报5期，通报批评党员干部20余人，约谈3人，诫勉谈话2人，集中约谈5人。镇纪委2018年立案1起，给予党纪处分1人。

（杨　梅）

黄金洞乡

【概　况】 黄金洞乡地处咸丰西北边陲，素有咸丰“北大门”之称。东接恩施盛家坝乡，西连咸丰小村乡，南邻咸丰清坪镇，北毗利川毛坝镇，其中东西宽约16.8千米，南北长约20.4千米，最高海拔1751米，最低海拔579米。乡政府驻地黄金洞集镇，距咸丰县城58千米，距利川市府62千米，主要交通干线248省道、351国道纵贯全境。

全乡面积215平方千米，占全县总面积的8.4%，2018年末总耕地总资源3626.13公顷，常用耕地面积2568.6公顷，水田面积1249.53公顷，旱地面积1319.07公顷，临时性耕地面积1057.53公顷。林地面积16705.97公顷

境内动植物资源丰富。重点野生植物资源丰富，红豆杉科红豆杉、木兰科水青树、樟科桢楠、榆科榉树、杜仲科杜仲、木兰科厚朴、兰果树科珙桐、兰科植物、闽楠等珍稀植物群落等均有分布。重点保护动物资源丰富，其中以乌梢蛇、苍鹰、红腹锦鸡、大林猫、水獭、林麝、花面狸等较为著名。矿产资源主要有煤炭、磷矿、页岩气、硝、石灰岩、大理石等，储量尚未探明。

旅游资源主要有七层洞穴大厦黄金洞、羌寨麻柳溪、苍山 · 茶海大沙坝。黄金洞是世界最大的七层洞穴大厦，集山、水、洞和奇、雄、绝于一体，距今已有1.5亿年历史。麻柳溪属于休闲生态旅游区，境内溪水环抱青山，楼群相映茶园，是湖北省唯一少数民族聚居羌寨，也是全国首个有机茶叶示范基地，享有“中国中部最后的香格里拉”盛誉。苍山 · 茶海大沙坝景区集山、水、林、茶、屋观光体系于一体，景区内木质观光栈道，樱花滨河走廊，彩色陶瓷自行车道已成为大沙坝美丽乡村标志性景观，大沙坝美丽乡村也成为全县首批农旅融合及乡村旅游示范点。

黄金洞乡下辖20个行政村，148个村民小组。2018年末户籍总人口5983户，18380人。除汉族外，有土家族、苗族、回族、满族、侗族、瑶族、羌族、傈僳族、彝族等少数民族。

【国民经济发展】 2018年全乡完成工业总产值3.66亿元，其中规模以上工业企业总产值4869万元；一般公共预算收入2490万元，一般公共预算支出2307万元。财政收支基本平衡。

【脱贫攻坚】 2018年全乡留存未脱贫户989户2542人，脱贫587户1903人。全乡共20个尖刀班161人下沉到户，按照“两不愁、三保障”脱贫标准开展脱贫攻坚工作，全年共召开农业产业技术培训14次，召开群众大会60余次，小组会580余次，累计走访贫困户14000余次，走访非贫困户12000余次，全乡群众走访实现全覆盖。

【基础设施建设】 2018年实施精准扶贫项目36个，固定资产总投资达8500万元，重点改善水、电、路、网等基础设施。

投资1000万元实施安全饮用水工程，实施6个生产生活水池及配套管网建设项目。投资460万元改造电力设施，新增变压器20个，完成15个电力项目，新增台区惠及全乡20个行政村，增容2800千伏安，覆盖率达100%。投资2320万元实施农村公路建设项目9个，完成通畅工程公路里程达41千米，351国道大集至大沙坝段全面开工。投资300万余元建成6个通信基站，宽带光纤入户达2400余户。

易迁安置点工程累计搬迁入住315户1002人。实施危房改造应改对象364户。投资近100万元的集镇公厕、农村公厕建设全面开工，全年

完成739座无害化户厕和7座农村公共厕所改建工作。投资100万元修建村级文化广场。投资近400万元实施国土整治项目。

【产业发展】 全乡新发展茶叶340公顷，油茶33.33公顷，中药材种植100公顷，出栏生猪34000余头，发展莼菜基地20公顷，烟叶种植面积稳定在266.66公顷。全乡茶叶市场主体共计20余家，实现销售收入2.1亿元，其中建档立卡贫困户实现茶叶、烟叶、莼菜等产业收入3000余万元。全省产业扶贫现场会与会代表到麻柳溪村考察产业扶贫情况。

支持湖北昀和生态观光农业开发有限公司、湖北水寨茶业有限公司 、湖北省全满意茶业有限责任公司扩大再生产，2018年水寨、昀和生产厂房主体建筑完工，全满意（原龙大）茶厂土地平整完成。组织两批人员与余杭区塘栖镇对接，落实茶叶产业建设帮扶资金150万元，石家坝村、泗渡坝村茶厂相继破土动工。

优化“市场主体+农村专业合作社+村集体+贫困户”利益联结机制，黄家村、巴西坝村级合作社分别采取“一拖五”“一拖四”模式，联合周边村组团发展，构建市场主体、村集体、贫困户共同受益的集体经济发展格局，全年村集体经济收入达25万元。

【生态环境】 严格落实三级“河长制”，逐步实施“山长制”，完成唐崖河流域河堤治理项目和水寨国土整治项目。解决辖区248省道沿线及麻柳溪村公路沿线垃圾清运问题。向星斗山管理局争取资金8万余元完成五谷坪采石场生态修复工程，督促矿区完成生态修复0.2公顷。巴西坝村成功申报为绿色示范乡村，泗渡坝村购买专用垃圾车，成为全乡首个村级垃圾收集、分类和处理试点村。

动员干部职工参与集镇管理，优化市场化运作管理机制。实施专人专班道路交通巡查制度，规范经营秩序，改善交通环境。投入资金40万元，实施集镇亮化、美化工程。

【文化旅游】 发掘民间特色文化艺术资源，肉莲响、柔力球成乡文化队参赛主要获奖项目。拓宽旅游宣传路径，通过“最美黄金洞”微信公众号、抖音号、会展路演等形式，加大黄金洞景区推介力度；麻柳溪村成功举办全州“最美民宿老板娘”评选活动，同时成立民宿旅游研学基地，荣获全省“特色文化村”称号。

【社会民生事业】 教师周转房建设项目成功立项，民族中小学学生宿舍楼工程竣工，民族中小学与石人坪小学食堂改造工程完工并交付使用。全年开展道德讲堂活动3次，文体活动8次。新建7个村级文化广场，完成1500余套“户户通”安装工程。乡卫生院与县中医院结成“医共体”，设立专家儿科诊疗试点，开启城乡医疗资源共享模式。全年发放社会兜底保障资金562万余元。发放医疗救助资金444万余元，累计救助4426人次。发放“雨露计划”补助资金68万余元，受益学生273人。落实小额扶贫贷款2523余万元，兑现生态补偿资金125万余元。开展精准扶贫就业创业培训工作，惠及人数达3000人。

【安全生产与平安建设】 2018年开展安全生产大检查18次、专项整治5次、下达安全检查文书71份，排查安全生产隐患27处，下达整改指令书8份，依法查处食品药品、医疗器械违法案件1起。开展扫黑除恶专项斗争行动。梳理案件线索53条，打击违法犯罪12条，行政处罚13人。实施民生领域违纪清查行动，接待群众来信来访44人次，阳光信访办结率100%。

【党风廉政建设】 坚持党委中心组学习制度，深化“不忘初心、牢记使命”学习教育活动，持续开展“支部主题党日”特色实践活动。组织开展作风督查6次、专项督查12次、交叉检查2次，发送廉政提醒短信1000条，发通报6期，党纪政务处分6人，组织处理3人。开展党政班子和纪委成员开门大接访活动，受理信访举报18件、立案5件、给予党纪处分3人。组织处理调整村党支部书记3名，整顿软弱涣散党组织2个。

2018年5月，组织全乡党员干部到忠堡红色教育基地、严家祠堂家风教育基地开展“第十九党风廉政宣教月”活动；9月，开展“解放思想、转变作风”学习大讨论活动；10月，挂牌成立咸丰县监察委员会派出黄金洞乡监察室，新增专职监察员1名。27个支部配齐配强纪检委员，20个村实现纪检委员、监察信息员、村务监督委员会主任“三合一”。

（熊　耀）

清坪镇

【概　况】 清坪镇位于县境西北部，东与恩施市、宣恩县两地接壤，东南与高乐山镇，北与黄金洞乡，西与唐崖镇、小村乡接界。平均海拔955米。党镇机关驻清水塘，距县城30千米。

全镇面积305平方千米。2018年末耕地面积6438.67公顷，常用耕地面积4035.26公顷，水田面积1793.6公顷，旱地面积2241.67公顷，临时性耕地面积2403.4公顷，林地20780.92公顷，森林覆盖率63.54%。境内山脉属武陵山余脉。思乡界和比西坪为两大主要山脉，主峰海拔高度分别为1181米、1252米。唐崖河为境内最大河流，从东南方流入境内，境内流程34千米，流域面积1.7平方千米，多年平均流址75立方米/秒。境内探明矿产20余种，主要有石英砂岩、高岭土、石灰石、煤矸石、铁矿石、硅石、大理石等，集中分布在把界、艾蒿坪、柏杨坪等村组。其中高岭土储量在1000万吨以上，大理石储量3000万吨以上。

全镇辖34个建制村，245个村民小组，2018年末户籍总人口11190户32887人（其中农业人口47733人），村劳动力资源24212人，外出从业人员11632人。

【国民经济发展】 2018年，全镇实现地区生产总值19.15亿元；实现财政收入5743.15万元；地方公共财政收入3829万元；实现全地域固定资产投资2.2亿元。城镇居民人均可支配收20537万元，农民人均纯收入7967元。

种植业。按照“三茶一猪一果”发展思路，狠抓特色产业基地建设，全年播种粮食86539公顷，粮食产量26547吨，其中谷物16981吨，豆类853吨，薯类8731吨。依托48个农业专业合作社，27个市场主体带动建设31个示范基地，共发展茶叶、油茶、药材、林果等特色产业基地1700公顷；农户自行发展茶叶、油茶、药材、水果、烟叶等特色产业3200公顷，着力打造茶叶、油茶、中药材、水果、花椒、烟叶六大产业板块基地，基本建成万亩白茶基地、万亩油茶基地、千亩中药材基地、千亩林果基地，人均特色主导产业达到1.5亩。粮食作物以稻谷、玉米、红苕、洋芋、黄豆等为主。经济作物以白茶、油茶、水果、花椒、猕猴桃、烟叶等为主。蔬菜种植面积2757.6公顷，产量40117吨。烟叶种植面积525.4公顷，产量815吨，实现烟农收入1800万元，税收400万元。推动一、二、三产业深度融合发展，唐崖生态旅游康养中心在泗大坝村落地、柏杨坪田园综合体完成规划布局、排丰坝现代茶叶加工厂启动建设。

养殖业。生猪出栏99485头，牛出栏915头，羊出栏1160只，家禽出笼73791羽，完成检疫收入17万元。三文鱼养殖企业落户龙潭司村。

工业。全年实现工业总产值5.93亿元，工业企业保持健康发展，鑫宇矿业等企业相继落户清坪，发展势头良好，按照“政府主导、企业主体、市场运作、绿色发展”的理念，推动传统工业向绿色、循环、低碳增长方式转变，实现工业园区发展生态化。引进技术促进家家健茶叶、龙潭米业等农业企业提档提升，加大科技投入推进创微微粉、安塬矿业、建兴石业、鑫宇石业等企业创新发展。进一步优化企业服务，减轻企业负担，营造良好发展环境，打造新型工业强镇。

旅游业。按照“两河三线四核心”总体布局，启动把界大河边、龙潭司大坪上至村委会特色民居改造和村庄环境整治。完成马家坪、高峰两个生态村和生态清坪镇的申报创建工作，马家坪、排丰坝、泗大坝被评为“最美乡村”。新引进泗坝唐崖生态旅游康养中心，签约资金1.05亿。2018年10月8日，马家坪村大寨坪遗址被纳入县级文物保护单位。2019年1月，省人民政府公布第七批湖北省文物保护单位名单，大寨坪遗址名列其中。

【基础设施建设】 2018年实施项目94个，其中重点项目12个，完成社会固定资产投资2.2亿元。投资4833万元硬化公路12条70千米，新建马家坪至龙潭司经济路，形成“外连大通道、内部能循环、边界能出口”的大路网格局。投资2588万元实施安全饮水巩固提升工程项目31个，解决2万农村人口饮水安全问题。投资8000万元实施低电压改造项目56个，新增变压器42台，农村弱电压问题得以解决。电信、互联、广播电视“三网”进农村覆盖率达到95%。垃圾处理场、污水处理厂和福利院新建项目加快实施。

城乡面貌不断改善。全力推进“六城同创”和“六村同创”建设，全面推行“河长制”、“山长制”，加强河流、森林资源管理。加强“三乱”整治，坚持干栏式建筑风格，严格控制“三边”建房行为，实行统一规划，健全城建、国土、电力、交通、水利、林业等部门联合审批制度。垃圾中转站土建、房建工作全面铺开，深入推进“厕所革命”，改厕改栏圈1489户，建公厕6个，建村级文化广场36个。二台坪、庄房坝两村成功退出“最脏村”名单。

【新农村建设】 深入实施把界、高峰、龙潭司特色民居改造工程，加强村庄环境整治。完成龙潭司村红军亭旅游项目建设，推进龙潭司观景台旅游项目建设，推动龙潭司红色旅游。实施“绿满荆楚”村庄绿化行动，绿化河道30千米。鹏图林业合作社按照政府统一规划，建成从排丰坝至黄金洞边界公路沿线近4千米的珍稀苗木基地，逐步向清小线延伸，现有总面积53.33公顷，初步形成排丰坝园林走廊。

【民生与社会事业】 脱贫攻坚成效显著。全镇912户2926人脱贫，茅坝子村整村出列。全年争取精准扶贫统筹资金及其他资金1.2亿元，余杭对口帮扶资金600万元，投入资金4000余万元实施易地扶贫搬迁，实施危房改造281户，村民住房得到保障。发放小额扶贫贷款4940.5万元。

社会事业不断提升。优先发展教育，持续改善办学条件，投资759万元，实施校园“改薄”项目8个，完成柏杨坪小学综合楼、青岗岭学生宿舍楼建设、镇中心小学教学楼改造等。1835人享受义务教育生活补助98.09万元，“雨露计划”补助391人97.75万元。实施“四位一体”健康扶贫政策，推进先诊疗后付费及“一站式”窗口结算落实落地。

生态建设卓有成效。牢固树立绿色发展理念和生态环保意识，完成中央环保督查反馈问题整改工作。积极推进生态公益林划界，实施退耕还林40公顷，封山育林133.33公顷。严格落实镇村两级“河长制”，启动水污染、大气污染、禽畜、水产养殖污染专项治理，完成田寨河、大河

咸丰清坪镇大坪寨易地搬迁点　　（陈诗雨　摄）

边养殖污染治理工作。从严管理“三边”建房，集中开展3次集镇综合整治，人居环境明显改善，成功创建省级卫生乡镇。

【武装工作】 党管武装工作不断加强。完成2018年夏季征兵工作，获“湖北省征兵工作先进单位”荣誉称号。联合政法部门，组建10人治安巡逻防爆反恐队伍和12人志愿消防队，并配备服装、警棍、盾牌等装备，进行集中演练，治安联防队伍建设得到进一步加强。完成34个民兵连整组调整。

【民主法治建设】 用法治思维和法治方式治理社会、化解历史遗留问题。坚持以“三到位一处理”原则化解矛盾纠纷169件，化解信访积案1起。在全镇推广村支两委领导下的“党小组+理事会”村民自治模式，34个村成立社会治理工作站，成立理事会228个。

【队伍建设】 基层组织阵地建设进一步加强。圆满完成村支“两委”换届工作，配备村定补干部及后备干部111名，配强村干部队伍，完成二台坪、溜沙坡、麻柳坝、堰塘坪4个村党员群众服务中心改造升级。

【党风廉政建设】 坚持以习近平新时代中国特色社会主义思想为指导，深入学习宣传贯彻党的十九大精神，以党的政治建设为统领，压紧压实党风廉政建设主体责任，持续深化全面从严治党“六个纵深推进”，严格落实“两个责任”，扎实推进党风廉政建设。细化责任分工，调整镇党风廉政建设和反腐败工作领导小组，厘清党风廉政建设监督责任清单，明确工作职责，全年共召开7次党风廉政建设专题会议。深化体制改革，完善制度建设，设立派出监察室，与镇纪委合署办公，实行“一套机构、两块牌子”，授权纪委履行党的纪律检查和国家监察两项职责，实现监察全覆盖、无盲区、无死角。

深挖彻查问题线索，推进信访线索办理办结。全年深入各村开展明察暗访20余次，下发通报2期，通报批评6人，认真抓好大数据整改工作，追回违规资金19174元。全年共接到信访件16件，办结16件。

（杨雪晴）

小村乡

【概　况】 小村乡位于咸丰县西北部。东南连清坪镇，西北邻利川市沙溪乡，东北界黄金洞乡，西南接唐崖镇及活龙坪乡。东西相距18千米，南北相距24千米。东南有三级沥青路与清坪镇相通，西南有四级水泥路和活龙坪乡八家台及利川市花嵌相连，东北有四级水泥路（土麻路——土地溪至麻柳溪）与黄金洞互通。平均海拔1100米，最高海拔1500米（李子溪村天水坪），最低海拔598米（羊蹄村挖断山）。小村乡集镇距县城60千米。

全乡面积226平方千米，辖12个行政村。2018年末耕地面积3327.67公顷，常用耕地面积1758.6公顷，水田面积892.33公顷，旱地面积866.27公顷，临时性耕地面积1569.07公顷，年末户籍总人口4650户14389人，土家族、苗族等少数民族占总人口的85%以上。

革命红土。贺龙、关向应等老一辈无产阶级革命家曾在此留下光辉足迹，鄂川边根据地中心活动区，湘鄂西湘鄂川黔革命根据地重要组成部分，湖北省最早核定的全省革命老区。中共湘鄂西中央分局会议载入中国共产党党史、红二方面军战史，现存“中共湘鄂西中央分局大村会议遗址”、74烈士陵园、韦氏七雄故居、红军洞等红色遗迹。

文化厚土。摆手舞、哭嫁歌、“女儿会”、吊脚楼、西兰卡普、打土地等——巴楚文化、巴渝文化相互交融之结晶，获得“全国文明村镇”“全省卫生乡镇”“全国文明村”（羊蹄村）等荣誉称号。

绿色沃土。“全国环境优美乡”“湖北森林

城镇”，森林覆盖率84%，珍稀植物31种，国家一级保护植物4种（红豆杉、银杏、香楠、水杉），华中地区重要“动植物基因库”承载区之一，“全国乡村旅游重点村”（小村村、大村村、土地溪村），“全国农村一、二、三产业融合发展示范行动项目单位”，“国家地理标志产品”——“红衣米花生”“鸡腿白术”产区，首批“全国农民丰收节”特色村庄（大村村）。“生命火种”的硒元素农副产品产区。

康养净土。季风型山地温和湿润性气候，四季分明、春华秋实、冬暖夏凉，年平均气温18℃、降雨量1717毫米，年均日照时数1212小时，年均空气优良天数350天以上，入选“全省生态家园示范乡”。

【国民经济发展】 2018实现地区生产总值3.8亿元，同比增长12%；规模工业总产值1.7亿元，增长13.3%；固定资产投资1.59亿元，增长13.6%；完成地方公共财政预算收入1310.8万元，增长7.5%；预计农民人均可支配收入10598元，金融机构存、贷款余额分别达到3.8亿元、4600万元。坚持按照“因地制宜、科学布局、合理规划、凸显特色”的原则，加大产业结构调整力度，形成了以有机茶叶为主要支撑的产业体系。编制完成小村乡全域规划及集镇控制性详细规划，启动集镇修建详细规划、美丽乡村及核心产业园规划编制，初步形成了“全域旅游·AAAAA小村”的生态文化旅游体系。全乡有有机茶园2866.66公顷，着力打造“万亩白茶科技生态示范园”。以产业化基地为依托，发展瀑泉茶业、硒源山茶业、人头山茶业、仁仁硒茶业为龙头的31家茶叶加工企业，其中省级龙头企业1家，州级龙头企业2家；发展农民专业合作社29家，家庭农场80余家，重点扶持经营主体实施加工厂房及生产线改造建设，规范茶叶采摘、农残、管护3个标准。打造农产品品牌，增强市场竞争力。瀑泉茶业、人头山茶业、硒源山茶业获得绿色食品认证；人头山茶业获得恩施州知名商标，硒源山茶业获得湖北省著名商标、第八届中国国际有机食品博览会产品金奖，硒源山茶业“仙山灵草”红茶、人头山茶业“银针绿茶”获得“中国特色硒产品”称号。全乡建有休闲农庄、星级农家乐10余家，经营服务覆盖产业面积800公顷，年实现农民就地就近转移安置就业0.2万人，实现经营服务收入1200万元，增幅达20%，进一步拓展农业服务功能。建成农村电商旗舰店1家，农村电商便民服务点12个，促使全乡优质农产品走出山外，进入国内，流入国际市场。鼓励和组织农业企业、专业合作社参与农产品博览会、展示会、展销会、推介会，大力推介宣传茶产品，知名度和影响力不断提升。

有机生态茶园　　（县档案馆　供图）

【基础设施建设】 全年累计投入各类扶贫资金8000余万元用于基础设施建设，水、电、路、通信等短板基本补齐。2018年，全乡谋划重点项目8个，总投资4.07亿元，其中羊蹄小坝至乡集镇中嘴堡美丽乡村带、红衣米花生种繁基地、鸡腿白术种繁基地、标准化茶厂4个重点项目进入实施阶段。交通路网建设步伐加快、“351”国道二道水至小村集镇段路面过渡性工程完成施工。投资2600万元实施7条通村路、6条安防工程、25条砂石路提档升级。易地扶贫搬迁建设成效明显，投资2500万元，完成集镇一期、二期、大村、田坝4个集中安置点和其他20个分散安置点项目建设，投资3000万元的集镇三期集中安置点正在建设中。农村安全饮水保障有力，投资706万元，新建农村安全饮水项目11个，解决了乡集镇和8个村的安全饮水问题。村级文化广场建设全面推开，投资180万元新建群众文化广场9个，群众集资、政府以奖代补建设小组、院落文化广场6个，群众文化生活不断丰富。投入1000余万元改造升级电力、通信等基础设施，民生领域基础设施明显改善。

【社会事业】 教育资源配置不断优化，完成4所学校食堂改造，民族小学运动场建成投入使用。村级阵地建设不断加强，新建土地溪村党员群众服务中心，改造李子溪村、水杉坪村、中心场村党员群众服务中心，完善村农家书屋配备，完成“户户通”3200套，“村村响”实现全覆盖。全民健身活动深入开展，成功举办全乡第三届全民健身运动会。基本医疗卫生服务可及性明显提高，村级医疗卫生服务阵地、队伍建设不断加强，村医待遇逐步提高。生育文明全面提高，社会保障体系不断健全，民族宗教、民兵预备役、救灾救济、妇女儿童、慈善、残联、老龄等各项事业健康发展。

【党建工作】 坚持以上率下，全面履行党委从严管党治党的主体责任，推动党的建设各项重点工作得到有效落实。坚持正风肃纪，狠抓党风廉政建设，严格落实“两个责任”，完成县监察委派驻小村乡监察室建设，强化乡执纪监督力量；加强大数据执纪监督检查，排查线索341条，查实3条，正确运用“四种形态”，运用“第一种形态”处理8人次，运用“第二种形态”轻处分1人次，运用“第三种形态”重处分2人次，全乡党员干部作风持续好转。广泛宣传党的新时期宗教政策，依法管理宗教事务，宗教工作规范化水平不断提升。成立乡风文明理事会18个，群众自发集资建广场、修公路、筑河堤、装路灯、拆猪圈、建观光亭等，焕发人心思进、人心思干的强大气场，群众脱贫致富奔小康的内生动力得到充分激发。全面加强党的政治建设、思想建设、组织建设、作风建设、纪律建设和制度建设。制定《小村乡基层党建责任制度》《小村乡党员管理制度》，印发《关于进一步规范设置党小组的通知》，整顿软弱涣散党组织1个，选派村书记3名，发展新党员9名，培养入党积极分子28名。实行大办制，制定《小村乡党委会议议事规则》《小村乡“三重一大”决策制度》《小村乡机关工作管理制度》，构建组纪宣统“四位一体”大党建格局。深化基层党建基础工程，村支部换届圆满完成，村委会换届有序推进，村党支部书记平均年龄43岁，45岁以下6名，占50%。

【精准脱贫】 坚持把脱贫攻坚作为头等大事和第一民生工程，严格落实“六个精准”“五个一批”“八个到村到户”要求，抓紧抓实“五基一动力”。产业发展有厚度，茶叶、红衣米花生、鸡腿白术“一长两短”特色产业形成规模，2018年新发展白茶200公顷，全乡茶叶达2866.66公顷，鸡腿白术20公顷，红衣米花生266.66公顷，12个村主导产业均超过100公顷，贫困户每户主导产业0.13公顷左右。教育扶贫有力度，发放“雨露计划”助学金53万元，1185名学生落实寄宿生补贴、生活补贴。住房安全有保障，易地扶贫搬迁4个集中、20个分散安置点264户全部搬迁入住，实施危房改造150户，集镇三期正在建设中。生态补偿有成效，兑现耕补、退耕还林等生态补偿金330万元。社会兜底有保障，发放各类救助资金37.5万元，贫困户合作医疗保险缴纳全覆盖。行业扶贫有作为，发放扶贫贴息贷款560万元，“宽带乡村”到户900户，发放补贴手机1100部，2318名贫困人口参加健康体检。脱贫成效持续巩固。全年累计投入各类扶贫资金8000余万元用于基础设施建设，群众幸福感、获得感明显提升。大力推行“公司+基地+农户”发展模式，“一乡一业”“一村一品”特色主导产业基地日趋成形，贫困户产业收入稳步增长，415

户1477人如期脱贫。有序推进农村产权制度改革，12个村全部成立村级集体经济股份经济合作社，6个村集体经济收入在5万元以上，6村级集体经济收入实现2万—5万元。依托乡风文明理事会，引领群众兴建产业路、文化广场和村庄环境整治，从“旁观者”变成“参与者”，文明新风悄然形成。

【“六村”同创】 集镇建管力度不断加大，投资1700万元新建集镇污水处理厂、垃圾中转站各1个。落实100万元实施涉台园区亮化、绿化，落实30万元实施集镇绿化、美化，落实30万元遴选保洁公司对集镇进行保洁，集镇配套功能不断完善，建管水平不断提高。深入开展“六村”同创，落实扶贫资金370万元，实施村庄环境整治项目27个，完成616户家庭“厕所革命”，村居环境明显改观。加大美丽乡村试点示范创建力度，大村村入选农业农村部“100个特色村庄”。全面推行“河长制”“山长制”管理，实施天然林保护和植树造林等工程，保护天然林13333.33公顷。全面落实环境影响评价和“三同时”制度，开展农村环境综合治理，农村面貌大为改观。

【平安建设】 深入开展平安单位、平安院落、平安家庭等创建活动，群众平安建设知晓率、参与率达90%。全面开展“七五”普法活动，积极引导全民学法守法、遇事找法，群众法治思维、法制意识明显增强。加强安全生产管理，全年未发生一般以上安全生产和食品药品安全事故。加强社会治安防控体系建设，集镇组建专职治安巡逻队，村级组建义务治安巡逻队，各重点单位、重要部位、主要卡口高清视频监控均实现全覆盖。“一统三治”“一站六联”治理模式深入推进，综治中心、社会治理工作站实现全覆盖，村民自治理事会逐步推开，基层社会治理体系不断完善。广泛宣传发动，深入摸排问题线索，推进扫黑除恶专项斗争，整治一批社会乱象，社会风气明显好转。创新信访工作机制，领导接访、带案回访、干部走访等活动持续开展，群众信访渠道进一步畅通，群众满意度和政府公信力得到提升。特殊敏感时期安保维稳成效明显，各类敏感节点全乡实现“六个不发生”和“零进京、零滞留、零非访”目标。

【机关效能建设】 全面推行政府权责清单制度，持续开展简政放权，对重大建设项目和民生工程进行任务和责任分解。制定出台机关工作管理制度、项目管理规定等系列规章制度，规范政府权力运行。推进“大科室”改革，提高机关运行效率。深入推进电子政务和信息公开，完善信息公开公示。建好乡村便民服务大厅，12个村电子政务实现全覆盖，全面推行县乡村三级政务服务“一张网”，提高网上办事率，打通群众办事“最后一千米”。政府效能不断提升。坚持“马上就办、真抓实干”工作作风，坚持下沉到村、田间地头和项目现场，以“钉钉子”精神狠抓工作落实。开展“解放思想”大讨论，坚决整治“不作为、慢作为”现象，激发干部干事创业热情。选优配强村干部，村委会换届选举有序进行。坚持挺纪在前，严格落实中央八项规定精神和省、州有关纪律规定，持之以恒纠正“四风”，强化重点领域、重点环节、重要岗位权力运行监督，营造了风清气正的政务服务环境。

【精神文明创建】 开展新时代文明实践活动，传承优秀的传统文化、民俗文化，培育践行社会主义核心价值观。坚持古今结合、内外兼修，以文惠民、以文化人。一是建强农村文化阵地。加大资源整合力度，新建村级文化广场12个、院落文化广场32个，每一个广场既是文化活动场所，也是农民夜校；村级文化综合服务中心、村图书室、广播电视“村村响”“户户通”实现全覆盖。在中心村及文化广场制作“文化墙”“文化石”，通过通俗易懂的“墙头文化”，传导正能量，树立新风尚。二是弘扬优秀传统文化。深入发掘传统文化资源，讲好“小村故事”，教化群众、淳化民风。把“送”文化与“种”文化深度融合，引导村民组建文艺宣传队21个，村民自发组织文化活动30余场，舞龙灯、采莲船、打土地等传统文化广泛传承。三是激活红色文化因子。修缮维护大村会议旧址、小村烈士陵园、红军洞、韦氏七雄故居等革命遗址，组织专班深度挖掘和宣传红色文化，把群众的思想道德教育融入红色文化中，厚植红色基因，培育文明乡风。四是倡树良好道德风尚。大力开展“传家训”“正家风”活动，全面推进领袖挂像、家规家训、村规民约张贴“三上墙”行动。开展“文明村”“文明户”“好婆婆”“好媳妇”“最美家庭”“最美个人”等评选活动，形成人人学模范、个个争先进的良好风尚。

【生态环境建设】 加大生态保护与修复力度，把山、水、林、田、河作为一个生命共同体。重点实施三大工程，即河道修复生态工程、退耕还林工程、乡村绿化行动，增加山体植被，减少水土流失，增加河岸景观效果，保护河岸生态环境，打造小村乡的“生态山景”，提升生态空间的生态效益、社会效益和经济效益。依托蓝河现状条件，通过河道疏浚、修建护岸，提高防洪安全度，减少泥沙流失量，提升蓝河水体流域自然净化功能；通过种植樱花、桃花、柳树、银杏等植物，改善蓝河两岸生态环境；在重要河道坝区，建设人工湿地，修复河岸自然湿地生境，保护河流生物、景观多样性，发挥河岸生态景观功能。利用国家退耕还林专项资金，开展退耕还林工程166.66公顷。通过发展茶叶、楠竹、景观植物等产业，培植壮大小村乡特色林业产业，提高生态林成林率，改善生态环境，增加农户长远收益，抓好森林分类经营，搞活林业经营机制，推动林业产业大发展。通过开展乡村绿化行动，利用银杏、楠竹、桂花、黄花槐等乡土植物，因地制宜开展乡村片林、景观通道、庭院绿化、“四旁”绿化、田园周边、乡村绿道建设，增加农田防护林网，增加绿色生态保护空间，连通乡村生态廊道。强化生态护林员管理制度，建立乡村两级乡村林长制，全面提升小村乡的生态环境建设。

（卢　洲）

唐崖镇

【概　况】 唐崖镇位于咸丰县中西部，东与咸丰县高乐山镇、清坪镇接壤，南与朝阳寺镇相邻，北及西北紧邻小村乡、活龙坪乡，西南抵大路坝区和重庆黔江区忠塘乡。平均海拔650米。集镇距离咸丰县城28千米。

全镇面积318.68平方千米，占全县总面积的8.00%，2018年末，耕地面积5308.13公顷，常用耕地面积3868.6公顷，水田面积1214.93公顷，旱地面积2653.67公顷，临时性耕地面积1439.5公顷，占全镇国土面积的镇内有林业用地23429.08公顷，其中天然林20760.41公顷，人工林2665.24公顷，未成林造林地161.02公顷，全镇森林覆盖率75%。

唐崖镇辖37个行政村，1个居委会，361个村民小组，2018年末户籍总人口11156户，43217人，农业人口41691人。

旅游资源丰富，有世界文化遗产——唐崖土司城遗址；有咸丰县第三个国家AAAA级旅游景区——朝阳画廊（唐崖段）；有省级重点文物保护单位——严家祠堂；有距县城最近的天然河道——青狮峡，是旅游观光、休闲度假的绝佳之地。唐崖司村入选全国100个古村落，完成中央电视台国际频道《记住乡愁》栏目专题片拍摄；谢家坝村入选恩施州2014年“最美乡村”候选单位；钟塘村入选“中国最美休闲乡村”和“湖北美丽乡村”。唐崖石刻进入省级“非遗”名录、唐崖坐丧鼓成为州级“非遗”名录。影视小说《唐崖河》基本定稿。崖谷香公司推出的“唐崖雨”茶叶品牌在全州第二届硒博会上获“中国特色硒产品”称号。“土司油茶汤”入选全县十大名吃之首。以唐崖土司城为主的唐崖旅游形象不断提升，全年共接待游客6万人次，实现旅游综合收入220万元。

【国民经济发展】 2018年，唐崖镇采取壮大市场主体，全力发展以“三茶一药一猪”为主的主导产业为脱贫攻坚夯实基础。引进安茶集团、富民、圣浩、崖谷香、绿牧和盛世油茶等10个市场主体，建成钟塘白茶、铜厂坡油茶、彭家沟生态循环农业、小水坪白茶等10个示范基地，带动4385户贫困户增收，带动率为71.1%。全镇18个村有集体经济收入，17个村通过盘活“三资”或产业利益联结发展村级集体经济，2个村（破水坪、南河）通过谋划秋冬农业开发补齐产业短板实现集体经济增收。在油茶产业发展上采取农户入股的方式，按照油茶产值“541”利益分成模式充分调动企业、村级、农户三方积极性，构建油茶栽植、管护后续工作良性机制。在白茶产业的巩固上，规划建设6—8个茶叶加工小作坊，启动建设4个，采取政府投资购买茶叶加工设备作为村集体资产配备，村级组织与茶叶加工大户签订设备租赁合同，既扶持茶叶加工大户，又壮大村集体经济。全镇37个村栽植白茶784.66公顷、绿茶418.13公顷、油茶857.6公顷、药用丹皮37.93公顷、白柚140公顷，养殖生猪29638头，自主发展核桃、生漆等产业193.33公顷，全镇特色产业总面积达2333.33公顷，覆盖贫困户5160户，覆盖率84.7%。修建烟路22条14.8千米，维修烤房80栋，新修烤房42栋。发展烟农123户，种植面积266.33公顷，完成烟叶收购39.4万千克，均价29.93元/千克，实现税收257.7万元。钟塘村“美丽乡村”项目建设总投资400多万元，通过省综改办验收。

旅游业。引进鄂旅投恩施旅游集团，打造唐崖土司文化产业园，麻球场游客接待中心建设完成前期征地工作。2015年7月，唐崖土司城址被联合国教科文组织列入世界文化遗产名录，旅游形象不断提升，接待游客大幅提升。全力支持遗址公园建设，持续抓好核心区农户搬迁和土地征用等遗留工作，遗址公园于2016年6月11日盛大开园；全力打造唐崖水脉古镇，完成古镇改造货币工程量2450万元，79栋房屋古韵彰显、展现新姿，一个宜居、宜业、宜旅的特色小镇初具雏形；完善旅游配套设施，大河边到唐崖集镇旅游公路全线贯通，4.5千米绕城线、电瓶车道、临时游客接待中心、公厕、缓冲区景观工程等一批重点项目相继建成，镇域经济实现由传统农业大乡迈向生态文化旅游强镇的重大历史性转型。

退耕还林、粮食直补、农资综合直补等全面完成，共兑现补助资金784.89万元；全面完成农村房屋调查登记，改造农村危房155户。

【基础设施建设】 实施全域规划，坚持因地制宜、突出特色、彰显个性的原则，合理布局功能区，完善城镇配套服务功能，完成集镇规划修编，推进镇域内道路改扩建、硬化、亮化、绿化工程，交通路网初具雏形。以“六城”同创为契机，坚持把集镇当成景区建，镇区规划和街道绿化、亮化、道路黑色化全面完成，绕道公路进入可研阶段，唐崖广场、风雨桥完成规划设计，2018年建农村公路建设89.6千米，投资3521万元；安防工程建设45千米，投资984万元。镇域建设信号基站12座（建成8个、在建4个），覆盖37个村10732户25993人，4G覆盖率64%。电网投资2200万元（未含配电站资金），其中新建35千伏配电站1座（红崖嘴），10千伏及以下配电网新建改造配电台区81个。截至2018年10月，唐崖镇公用配变由2015年145台增加到226台。

【民生与社会事业】 义务教育“全面改薄”成效明显，教学质量稳步上升。钟塘小学教师周转房投入使用，唐崖镇民族小学教师周转房主体完工，启动唐崖镇民族中学学生宿舍楼建设，教育教学条件不断改善；医疗卫生和计划生育服务能力不断增强，“五化”村卫生室建设加快推进，唐崖镇卫生院住院部大楼主投入使用；行政村光纤网络覆盖面全覆盖，“农民办事不出村”信息平台建设加快推进；开展讲解员培训、农家书屋假期课堂、十星级文明户和道德模范评选活动。社会保障不断加强。新型农村合作医疗参合率达99%，基本实现全覆盖，城镇居民养老保险综合参保率达100%；开展农村实用技术技能培训，转移农村剩余劳动力1185人；开展城乡低保专项整治，截至2018年11月30日，唐崖镇共有农村低保1446户2815人，农村“五保”238人。为民解困，强化落实临时救助工作。截至2018年11月30日，累计为288户894人困难家庭解决临时救助金404160元，其中救助因病困难家庭241户742人，救助因灾困难家庭22户65人，救助因学困难家庭25户87人。组织唐崖镇200人参加残疾鉴定，经鉴定符合办证条件的有35人。全镇享受困难残疾人生活补贴516人，月发放补贴25800元，享受重度残疾人护理补贴558人，月发放护理补贴55800元，有效保障残疾人基本生活。协助2人申报残疾人创业奖扶项目；协助申报2名残疾儿童助学金项目；协助申报2名残疾儿童适配助听器；申报纳入残疾人无障碍设施改造4户并已完成验收，每户奖补6000元；申报纳入残疾人“阳光家园”托养项目14人。

【村（居）民委员会换届】 2018年9月启动村（居）“两委”换届工作，成立以镇党委书记为组长、组织、民政、纪检等部门为成员的换届领导机构，成立以各驻片领导为指导组长、各村第一书记、驻村干部为成员的换届指导监督机构，加强业务指导和监督工作。镇民政办分别对村（社区）书记、驻村第一书记、村（社区）指导员进行业务培训，在选举期间强化日常指导监管，严格落实38个选举单位依法依规依程序开展换届选举，顺利完成村（居）民委员会换届选举工作。

【综合防灾体系建设】 做好灾害应对防范工作。

水脉古镇　（秦兴武　摄）

结合唐崖镇实际情况，更新国家自然灾害灾情管理系统的信息员数据；制定唐崖镇灾情应急预案，完善并签订村级自然灾害救助应急预案。在灾害多发天气、多发地带做好预告、监察和防范工作；强化日常值班值守制度，保证灾情发生后第一时间到达现场及时处置。统筹做好2018年因灾倒损民房恢复重建。全年因灾造成房屋损坏68户，其中一般损坏42户、严重损坏24户。截至11月底，拨付修缮重建资金34000元，完成24户房屋修缮、重建工作。

【双拥优抚】 2018年6月开展唐崖镇优抚对象信息核查工作，核查对象276人，确认优抚对象身份和享受优抚待遇情况。11月开展退役军人和其他优抚对象信息采集工作，通过本年度这两次信息核查采集，进一步完善退役军人和其他优抚对象台账，为后续政策实施提供依据。关心复退军人的生产生活情况，着力解决优抚对象“看病难”“住房难”“生活难”等问题，通过临时救助解决优抚对象就医等问题11人次，累计发放临时救助资金17080元。开展走访慰问活动，春节期间走访慰问8户困难优抚对象，“八一”慰问走访困难军人对象5户。

【平安建设】 开展安全生产隐患排查整治，安全生产形势持续稳定；深入开展平安创建活动，推广社会管理“一推两议”“一站五联”模式，打造一批管理亮点村，群众“一感、两度、两率”明显提高；依法治镇有序推进，“六五”普法成效明显，“三位一体”基层治理实现镇域全覆盖，法制唐崖建设得到加强；治安防控、社区矫正人员监管等各项工作全面展开，无刑事案件、较大治安案件发生；着力化解矛盾纠纷，合理解决群众诉求，信访工作呈现“三减一好”的良好态势，2018年排查各类矛盾纠纷180起，化解180起，化解率达100%；接待群众来信来访160批次、270人次，无赴省进京上访、缠访闹访等事件发生，社会大局平安稳定，人民群众安居乐业。

【生态环境建设】 完善生态环境保护机制，把农民增收与生态建设等有机结合，巩固林业生态建设，实施退耕还林466.66公顷。落实镇、村“河长负责制”，清理网箱养鱼、畜禽养殖、污水排放等面源污染，对境内河流、溪流进行有效管控。“山、水、气、土”综合治理深入推进，完成“绿满荆楚”266.77公顷，义务植树12亩，实施封山育林133.33公顷，推进基本农田土地整治533.33公顷；加大环境监察执法力度，推进重点企业、重点行业污染综合整治，大力发展绿色经济、低碳经济、循环经济。“山更青”“水更绿”“天更蓝”“土更净”效果显著。围绕产业发展、基础设施、特色民居改造、环境综合整治和精神文明建设等，谢家坝、彭家沟、钟塘等村成为美丽乡村建设示范样板。全年实施退耕还林466.66公顷、绿满荆楚266.77公顷，兑现生态补偿资金313万元。

【精准扶贫】 2018年累计脱贫人口3056户11044人，留存重点贫困村6个，留存贫困人口3009户9149人，贫困人口发生率由48.83%降为22.12%。当年出列1个贫困村，脱贫4000人。在决战决胜攻坚工作中，唐崖镇聚焦整村出列、年度减贫目标任务，强化“五字理念”；聚焦“五基一动力”，压实责任人责任，细化脱贫措施；聚焦群众脱真贫、真脱贫，进一步凝心聚力，奋发有为。推进东西部扶贫协作，当年安排帮扶资金500万元补助3个项目建设（其中油茶标准化产业基地建设项目150万元，沙堡溪村茶厂建设150万元，何家沟村茶厂建设200万元），产业发展项目合计带动贫困人口755人增收脱贫或受益；项目实施覆盖12个村，带动1个深度贫困村、5个重点贫困村村级集体经济增收和茶叶产区产业良性发展。111名贫困人口通过护林员岗位实现稳定就业。

（刘　杰）

活龙坪乡

【概　况】 活龙坪乡地处咸丰县西北部，东与塘崖镇毗邻，南与大路坝区接壤，西与重庆市黔江区黎水镇、杉岭乡为界，北隔郁江与利川市文斗乡、沙溪乡相望，东北与小村乡相邻。全境东西长30.5千米，南北宽17.3千米。以活龙坪集镇为起点，距咸丰县城89千米、利川市城区80千米、重庆市黔江区城区58千米。

全境地势东南高，西北低，二高山占总面积的60%左右，有少数山间平槽和岩溶洼地，平地极少，属典型的高山峡谷地貌。最高处二仙岩主峰轿顶山海拔1700.1米，最低处龙井村相思坝小组海拔453米，垂直落差1265.1米。

全乡总面积312平方千米，占全县面积的12.2%。2018年末耕地6665.87公顷，其中常用耕地5018.93公顷。常用耕地中，水田1939.07公顷，旱地3079.87公顷，临时性耕地面积1646.93公顷。非耕地中，林地21945.41公顷，园地766.466公顷，交通用地208.23公顷，村镇及工矿用地507.86公顷水域513.66公顷，未利用耕地1026.2公顷。

南面有二仙岩和凤凰山。二仙岩南北走向，面积约36平方千米，四面悬崖峭壁，山顶平地3333.33多公顷。属较显著的泥炭累积的中亚热带高山草甸沼泽湿地，在地球同纬度地区具有稀有性和独特性，是全县乃至全州重要湿地，已纳入国家湿地保护区。凤凰山位于活龙坪村和水坝村交界处，南北偏西走向，三面悬崖，海拔1536米，面积20.5平方千米。西面有冲天坪，四面悬崖，海拔1405米，山顶平地面积4平方千米，森林覆盖率达到90%。东北有八家台城墙岩，海拔1460米，面积30平方千米。北有马鞍山，海拔1510米，位于晓溪村与利川市沙溪乡交界处。

活龙坪乡辖37个行政村、427个村民小组、1个社区居委会。2018年末户籍人口8874户，32228人。境内有11个少数民族，少数民族占总人口的86%，少数民族中，土家族最多，占总人口的79%。苗族次之，侗族第三，还有蒙古族、回族、水族、朝鲜族、瑶族等。

【经济社会发展】 2018年，实现地方生产总值2.54亿元，完成固定资产投资1.3亿元，实现地方财政收入2575.85万元，完成财政支出2356.94万元。各项存款余额3.4亿元，各项贷款余额5635万元。

【党的建设】 严格落实党建工作一把手责任，切实抓好党的建设。制定出台《活龙坪乡村级定补干部管理办法》，进一步压实尖刀班工作在村、岗位在村、职责在村、吃住在村。公开招录村级年轻后备干部5人，弥补村级干部队伍战斗力弱的问题。全面完成38个村（社区）党组织换届工作，调整党组织书记17名，委员平均年龄为46岁，较2014年下降5岁；党组织书记平均年龄42岁，较2014年下降6岁，其中35岁以下党组织书记5人，占13.16%，较2014年提高10.46%。大专及以上学历15人，占36.84%，较2014年提高28.94%。2018年发展33名党员，其中35岁以下26名，占78.79%；大专及以上学历17人，占51.52%，大多是本村产业带头人或致富能手。加强人才梯级队伍建设和村级后备干部库储备，培训村“两委”干部120人次；建立专业技术人才117人，农村实用人才130人。建设龙井、望相田村党员群众服务中心，完成二台坪、长岭等村党员群众服务中心维修工程。开展“解放思想、转变作风”专题民主生活会，在“转作风、敢担当、善作为、抓落实”上下功夫，坚持“五强五提升”抓实基层党建工作，全面加强基层党组织政治建设、思想建设、组织建设、作风建设、纪律建设，提升党的领导力和战斗力。

2018年1月29日，全县党的十九大精神专题宣讲走进活龙坪 （肖家俊 摄）

【脱贫攻坚】 按照“六个精准”“五个一批”要求，聚焦脱贫攻坚重点，坚持精准施策，大力实施产业扶贫、基础设施扶贫、搬迁扶贫、生态补偿扶贫、教育扶贫、金融扶贫、健康扶贫、就业扶贫、社会保障兜底扶贫，将扶贫领域腐败和作风问题治理贯穿脱贫攻坚全过程注重激发内生动力，巩固完善大扶贫格局，确保如期打赢脱贫攻坚战。对标脱贫标准，补短板、强弱项，899户2951人顺利脱贫，瘾疱树村、茶林堡村实现整村出列。

干部力量下沉到村到户。组建“尖刀班”37个274人，其中驻活龙坪乡省直单位1个3人、州直单位8个13人、县直单位17个80人、乡直单位22个94人，其中县级干部2人、科级干部47人、企事业单位68人、乡直干部94人、村“两委”干部84人，县直单位“一把手”任“尖刀班”队长10人、副职任队长11人。全乡贫困人口4798户15607人共落实1053位干部结对帮扶，达到贫困户帮扶全覆盖。

产业发展到村到户。坚持“低山茶叶高山油”的产业发展思路，加快茶叶、油茶和中药材等中长期产业基地建设。全乡共有白茶1470公顷，绿茶336.06公顷，油茶472.16公顷，水果195.26公顷，花卉苗木48.2公顷，覆盖贫困户3350户。短期产业有中药材329.73公顷，烟叶190公顷，蔬菜329.53公顷，养殖业（猪、牛、禽类）31273头，覆盖贫困户1857户，实现有一户一就业3467户，其中贫困户2320户。引进浙江安茶集团启动建设13.33公顷育苗基地，东西部协作项目新建3个茶叶加工厂，推动全乡茶叶产业扩大规模、提升质量，成为脱贫致富的主导产业。

坚持大扶贫工作格局。2018年计划安置贫困户503户1848人，修建3个分散安置点和9个集中安置点，已全部开工；搬迁情况：应入住220户，入住215户，入住率97.8%，拆旧111户，拆旧率51.6%。全乡实现生态补偿脱贫535户1626人。共有退耕还林2333.33公顷，惠及全乡5000余户农民。实施生态公益林管护和补偿6666.67公顷，其中涉及贫困户2197户。全乡共资助学生3595人次（学前461人次、小学2102人次、中学1032人次），资助资金19.25万元，资助残疾生39人次，资助资金24375元，补发以前漏掉学生80人次，补发资金6万元；春季学期，全乡义务教育阶段学生3043人，均享受营养餐，营养餐总金额计109万余元；秋季学期，3001名学生享受营养餐，总资金108万余元。“雨露计划”共申报663人，通过470人。开展健康扶贫村村行，总诊疗19432人次，老年人体检2536人次，B超及心电图6768人次，针灸理疗1260人次，三查1929人次，两癌筛查908人，义诊8632人次，建档立卡贫困户2449人次，总耗资15万余元，贫困群众对医疗服务满意度提高。

2018年3月22日，活龙坪乡组织开展2018年脱贫攻坚尖刀班工作培训会　　（肖家俊　摄）

【招商引资】 落实招商引资项目8个，其中新上项目2个、续建项目6个，完成投资约0.8亿元。茶叶药材种植加工全产业链项目正在加快基地建设和茶厂建设，完成投资500万元，中药材加工厂、果蔬低温调节库和育苗大棚项目已完成土地征收、项目设计，并挤进东西部协作投资项目库。

【基础设施建设】 农村路网更加完善。全年投入8000余万元用于实施农村道路提升工程，18个道路项目完成建设，16个村124个村民小组的交通状况得到改善。浇二线、大活旅游资源路、十字岭隧道等重点交通项目启动建设。

水利基础更加稳固。投入2000余万元实施安全饮水精准扶贫巩固提升工程，项目涉及17个自然村21处，已完成施工10处。完成集镇管网改造、漆树坪水源工程及管网延伸工程、喻家界和盘海田水源补水工程、河坎上村管网维修工程、板桥河水厂提水补水工程。电力供应更加高质。总投资1335余万元，新建改造10千伏线路23.4千米，新增台区19个，新增容量1400千伏安，改造台区5个，增容350千伏安，新建改造低压线路27千米。通信网络更加顺畅。开展“信息扶贫”工作，发放无线终端111户。完成干桩坪、凤凰等村48个小组“宽带乡村”建设。板桥河村、朝阳寺村、盘海田村4G基站全面升级。完成集镇双向网络改造，新增宽带用户900余户，安装户户通1200余套，有效提升农村信息化水平。

【美丽乡村建设】 开展集镇环境卫生及集镇秩序专项治理，与住户、个体户签订门前“五包”责任状。开展“人美活龙、你我同行”环境卫生志愿保洁活动，志愿者参与3000人次，全民参与环境卫生的意识逐步养成。建成临时停车场3个。

由乡村镇办牵头，联合活龙坪派出所对集镇乱停乱放、出店经营等进行专项整治，对僵尸车辆进行清理，规范集镇秩序。完成并通过《咸丰县活龙坪乡总体规划（2014—2030）》《咸丰县活龙坪乡集镇控制性详细规划》。完成集镇路面、下水道、人行道等基础设施维修改造。积极协调供销联社，拆除原活龙供销老饭店危房，彻底解决原活龙供销老饭店脏、乱、差问题。衔接广电等4家通信管网、给水管网等全部入地，努力解决“空中蜘蛛网”现象，路面黑色化、街道绿化、管理规范化有序推进。

【公共服务建设】 教育扶贫展现新气象。新田坝小学学生宿舍、中心小学教学楼维修等工程全面完成，投资333万元。中心小学教学楼、厕所、老教学楼维修加固工程加快建设。八家台教学点网校试点工作全面开展。“两基”成果得到巩固。适龄儿童入学率、巩固率均达100%，初中巩固率在98%以上，九年巩固率在95%以上。健康扶贫取得新成效。咸丰县人民医院与活龙坪乡中心卫生院正式结为医共体，重庆黔江区民族医院与咸丰县爱民医院正式结为医联体，医疗服务和医疗水平进一步提升。社会保障能力持续加强。发放农村低保645万余元，涉及1133户2619人，城市低保30万元，涉及27户66人，“五保”174人105万元，临时救助22万元，涉及176户517人，实施医疗救助955人次、发放救助资金66万

2018年7月20日，重庆黔江民族医院爱民分院在乡爱民医院成功挂牌 （肖家俊 提供）

元。完成全民参保信息和3449人次农民工就业情况调查，新增就业人员信息台账232人。活龙集镇公厕，八家台、观音塘、河坎上3个中心村公厕建设基本完工，茅坝公厕完成基础工程，农村户厕完成879户。文化惠民开创新局面。参加全县首届柔力球大赛、全县“非遗”培训、全县唢呐培训、全县唢呐大赛、文艺廉政大赛。组织“送戏下乡”文艺演出12场，深受群众欢迎。

【基层社会治理】 深入开展“七五”普法宣传教育，提高法律援助服务工作水平，为群众提供法律咨询201人次。完善村级调解委员会和乡综治、公安、司法等部门联合调处机制，调处矛盾纠纷127起，调处成功率达97%。落实计划生育国策，提高计划生育管理和服务水平，奖扶各类计生对象285人。抓好安全生产、食品药品、学校周边治安等重点环节和部位安全管理，开展道路交通、消防、建筑、非煤矿山安全检查100余次，开展食品药品专项检查12次，全年未发生安全生产责任事故。建成观音塘、茅坝、八家台3个微型消防站。深化严打斗争，严厉打击黄赌毒等违法犯罪行为。受理行政案件37起，查结29起，行政处罚43人，其中行政拘留11人，罚款35人。立刑事案件14起，破案3起。其中，办理赌博案件7起，行政拘留2人，罚款24人。办理吸毒案件2起，抓获吸毒人员2人。办理非法种植毒品原植物案件3起，铲除罂粟苗78株，禁种铲毒取得良好成效。办理煽动他人从事邪教活动案1起，行政拘留2人。

【污染防治】 加强水源地保护、秸秆露天禁烧、农药化肥管控、生活垃圾和建筑垃圾整改、森林植被保护、非煤矿山和风尘管控，全面完成中央环保督察组反馈意见，29个问题整改销号。严格落实河长制，全乡28名河长，11名河道保洁员，加强对青狮河、龙嘴河等河道的管护，确保河道干净、河水清澈。加快环保工程建设，推进茅坝垃圾中转站建设，垃圾处理场完成公路土石方开

挖、调节池等建设。污水处理厂完成综合管理房、一体化反应池、调节池建设。顺利解决八家台村与沙溪乡花嵌村边界环境问题，两乡五村成立环境治保委员会，联合开展麻洋河专项整治。

【机关队伍建设】 整合部门资源和人力，建成综治、社事、扶贫、城建、主体办五大部门，进一步完善部门之间合作与协调机制，形成合力。落实周一夜学制度，组织干部职工学习政策法规，提升服务群众能力水平，更好地推动各项工作。推进“七五”普法工作，聘请2名法律顾问，开展法治讲课2次，无纸化学法实现全覆盖。坚持力戒脱贫攻坚中的官僚主义、形式主义，紧紧围绕全面从严治党向基层延伸，从严上入手、从实处着力，推进责任落实，不断营造风清气正的政治生态。强化学习教育，为全乡广大党员干部职工发放《监察法》《监察法学习指南》等廉政书籍300余本。抓好党风廉政建设宣传教育月和“十进十建”活动，开展大型道德讲堂3次，教育党员群众3000人次，编排演出《违规整酒三句半》《敲响锣鼓颂廉政》等廉政文艺节目，观看警示教育片《代价》《不可触碰的纪律红线》《父亲的信》，传达学习精准扶贫、作风建设典型案例通报20余期，营造浓厚的廉政氛围。围绕精准扶贫、项目建设中的作风问题开展明察暗访10余次，印发督查报告和通报4期，工作约谈20余人次，支持乡纪委办理信访件24件，立案5起。对发现的尖刀班和帮扶干部作风不实问题，约谈19人次，诫勉谈话5人，印发专题通报2期。

（肖家俊）

大路坝区工委

【概　况】 大路坝区位于咸丰西南边陲。东与本县唐崖镇小水坪村接壤；西与黔江区小南海镇相连；南与黔江区中塘乡交界；北与本县活龙坪乡二仙岩为邻；西北与黔江区沙岭乡相连；与小南海镇大路居委会、桥梁村犬牙交错。距咸丰县城70千米，距黔江区城25千米，距黔江舟白机场25千米，距黔江正阳火车站30千米。区集镇中心到小南海（国家AAAA级地震遗址保护区）1.5千米，距二仙岩高山湿地保护区不足10千米。

全区面积100平方千米，2018年末耕地总面积1589.67公顷，常用耕地面积925.67公顷，水田面积585.33公顷，旱地面积340.33公顷，临时性耕地面积664公顷，林地面积6997.33公顷。树木有160余科，520余属，900余种，古树名木50余株。

名胜古迹主要有明代女儿寨和集镇的禹王宫、万寿宫、温朝钟故居。风景名胜景点有小南海、汪大海、望岩寺、羊角洞、富尔溪、六井山等。2018年辖7个村、1个社区、40个小组；年末户籍总人口3074户9364人（其中农业人口8768人）。

【国民经济发展】 2018年实现农业总产值4700余万元，财政总收入539.2万元，农民年均纯收入近6000元。2018年，全区春播生产面积400公顷，秋冬播种生产总面积近466.66公顷；推广“两杂”种子5642千克，全区良种推广率在95%以上，优质率85%；种植马铃薯面积173.33公顷，夏玉米和红薯面积分别播种178.53公顷。组织开展生产培训会，接待群众技术咨询3666人次，解决生产上的疑难问题79件。实现机耕面积133.33余公顷，实施土壤地力调查和测土配方施肥取样，完成测土配方200公顷，实施测土配方施肥133.33公顷，治理土壤酸化66.66公顷；开展农业标准化生产示范，完成无公害农产品基地建设333.33公顷；建设农作物病虫害综防示范样板200公顷；引进宜昌三康生态农业有限公司，以大路坝集镇为中心，打造“咸丰县三康富硒生态农业产业园”，核心区面积66.66公顷；加强谭家坪村166.66公顷李子管护，规划设计“好响李”生态农业园；管护好66.66公顷连片生漆林，套种红衣米花生40公顷；管护166.66公顷茶园，发展160公顷白叶茶；全区稳定粮食作物面积为1729.53公顷，总产量达到9384余吨；油菜种植面积326.53公顷，亩产达到175千克，实现收入523万元；新发展辣椒66.66公顷，种植蔬菜200公顷；新发展白术、百合、山药等药材33.33公顷。

畜牧产业。2018年全区生猪存栏40529头，出栏肥猪11481头；牛存栏4215头，出栏936头；山羊存栏1911只，出栏1454只；家禽存笼16896只。蜜蜂1836箱，40群以上规模养殖户的有2户。积极倡导生态养殖、健康养殖，搞好栏圈改造，防止畜禽污染；实行严格的责任包干，严格检查督办。确保免疫注射密度、耳标佩戴率、免疫档案登记均达到100%，免疫抗体检测达到上级规定85%以上；开展非洲猪瘟防控工作，合计排查养殖户835户，生猪3569头，发放非洲猪瘟防控宣传单1000余份；组织检查兽药饲料经营户10余次，没有发现销售违禁药品和饲料。

林业。完成2016年度新一轮退耕还林未实施面积2.41公顷，兑现资金1.81万元。全面完成2016年度新一轮退耕还林46.66公顷造林计划。完成抚育管理兑现资金21万元；完成退耕还林后续产业资金兑现面积145.56公顷，兑现第二轮资金27.29万元。加强对2507.55公顷生态公益林的管护和政策兑现工作，兑现生态公益林政策资金42.87万元，加强全区21个生态护林员管理，管护天然林面积4489.33公顷；共发放林木采伐许可证70份，采伐蓄积472.73立方米，其中占限额计划采伐362.56立方米；发生滥伐林木1起，涉案人员3人，滥伐活立木蓄积44.1立方米，移交森林公安局处理；开展松材线虫病普查，发现枯死马尾松478株进行集中伐除焚烧处理。

【精准扶贫】 全面贯彻落实州、县脱贫攻坚指挥部令，在3名县级驻点领导指导下，成立前线指挥部，组建7个尖刀班，采用“周周清”工作模式，全面推进扶贫工作，深入村组院落召开群众会、小组会、院子会400余场、发放政策宣传单8600余份，开展“最美系列”评选活动，脱贫内生动力明显增强。2018年实现稳定脱贫17户48人，巩固脱贫1270户4625人。

【基础设施建设】 活大线、十字岭隧道及接线工程、中枞线、大杉线、大向线、大二线等7个道路交通项目顺利实施。集镇污水处理厂、弱电入地等集镇功能项目稳步推进，大寨水厂等7个供水项目基本完工。贫困户480户1728人住房及安置点配套设施建设得以解决，43户危房改造顺利完工。党员群众服务中心、茶叶加工厂、产业路等设施建设持续改善。新一轮农网改造新增变台7台，容量为900千伏安，改造台区6台，新增改造10千伏线路12.31千米，改造380伏线路4.18千米，总投资达866.06万元。投资180万元升级通信4G800兆网络机站4个，开通电视“户户通”987户。全年实现基础设施投资近2亿元。

【民生与社会事业】 积极开展各类技术培训，完成产业培训约2500人次，创业培训120余人次。全区农村低保590户，发放资金141.39万元；落实临时救助52人次135.08万元；城乡居民社会养老保险参保率逐年递增、基本医疗保险贫困户参保率达100%，居民报销医疗2122人次184万元，兑现计生奖扶118人113.28万元，其他各类奖扶资金10万元。落实寄宿制学生生活补助931人次51.01万元，资助学生245人14万元，“雨露计划”134人67万元。开展健康体检1980人，两癌筛查547人。发放扶贫小额贷款381.9万元。

【文化事业】 教育均衡发展有效推进，争取资金约591万元对学校综合楼、教师周转房、新校门、厨房、汪大海教学点围墙等进行改造提升。成功举办新春文艺晚会、“千人徒步大路坝”文艺会演、“最美”系列评选、鄂渝边山民歌大赛等活动，建设村级文化广场、区工委干部职工文化活动中心，更新农家书屋图书，开展农村公益电影放映活动，大力推进“村村响”“户户通”工程，逐步完善农村公共文化服务体系，农村文化事业不断繁荣。建成文化活动广场7个，提档升级村级图书室7个，新增图书3500余册，组建村级文艺宣传队8支，举办大型文艺晚会、文化活动和道德讲堂3次，文化事业呈现蓬勃发展的局面。

【民主法治建设】 2018年全年共排查纠纷隐患8处，消除隐患8处；排查矛盾纠纷70起，调解矛盾纠纷70例，调处率100%；综治办联合派出所、司法所安办、食药所、卫生院等单位共开展校园周边环境检查2次，发现问题3个，整改问题3个；开展寄递物流企业检查1次，发现问题2个，整改2个，下达整改通知书1份；开展网格员业务培训会3次；开展各种大型宣传活动共近10次，共发放各类宣传单2000余份，挂出横幅10余条，活动受教育人数达6000人次。促进了我区基层普法依法治理活动的深入开展，提高了群众的法律素质。

【党建工作】 把党的政治建设摆在首位。严格遵守政治纪律和政治规矩，遵守和维护党章，严格执行新形势下党内政治生活若干准则，营造风清气正的良好政治生活。完善和落实民主集中制的各项制度，提高科学决策、民主决策、依法决策水平。

探索构建组织、纪检、宣传、统战四位一体“大党建”格局，制定实施方案，明确目标任务，

二仙岩高山 （李方庆 摄）

加强“三风”（党风、政风、民风）建设，促进“三治”（法治、德治、自治）管理。一是开展“四建四促”，夯实基层基础。建阵地促服务、建队伍促活力、建制度促规范、建机制促保障。二是开展“四治四提”，整肃党风政风。治庸提能，提升工作能力、执行能力；治懒提效，提高工作效率、服务效能；治散提神，扭转“山高皇帝远、庙闲好撞钟”思想；治软提劲，提振精神区位，营造强大气场。三是开展“四除四树”，整治社风民风。除脏乱树形象，除村霸树正气，除歪风树新风，除陋习树良习。四是开展“四用四新”，提升乡风文明。用科学理论教育新村民，用现代技术培育新村民，用优秀文化引导新村民，用村规民约管理新村民。

（李芹仪）

人　物

先进人物

冉　禹　县物价局局长，被国家发展和改革委评为“2015—2017 年度全国农产品成本调查工作优秀个人”。

田新民　县司法局副局长，被司法部评为“全国人民调解工作先进个人”。

杨道运　被文化和旅游部认定为国家级非物质文化遗产项目“南剧”代表性传承人。

蒯鹏飞　县公安局清坪派出所所长，荣获全省公安机关 2018 年全国“两会”安保工作“成绩突出个人”。

卢建华　县委政法委副书记，被省人社厅、省委政法委评为“2013—2017 年度全省政法综治维稳先进个人”。

林　丽　县供电公司网格员，被省妇联表彰为“2017 年度湖北省三八红旗手”。

蒲黎明　清坪镇中心卫生院主治医师，被省卫计委授予“2017 年湖北省乡镇名医”称号。

任中学　朝阳寺镇卫生院主治医师，被省卫计委授予“2017 年湖北省乡镇名医”称号。

李伶俐　县供电公司职工，获国网湖北省电力有限公司“劳动模范”称号。

田新民　县司法局副局长，被中共湖北省委评为“2015—2017 年度全省政法队伍先进个人”。

贺方亮　小村乡党委组织委员，被省易地扶贫搬迁工作领导小组评为“2017 年度全省易地扶贫搬迁工作先进个人”。

颜梦熊　忠堡镇易迁办主任，省被易地扶贫搬迁工作领导小组评为“2017 年度全省易地扶贫搬迁工作先进个人”。

金　辉　县统计局，被湖北省第三次全国农业普查领导小组评为“湖北省第三次全国农业普查工作成绩突出个人”。

吴亚玲　县统计局，被湖北省第三次全国农业普查领导小组评为“湖北省第三次全国农业普查工作成绩突出个人”。

陈光进　高乐山镇卫生院副主任医师，被省卫生健康委员会授予 2018 年“湖北省乡镇名医”称号。

严一艾　唐崖镇卫生院主治医师，被省卫生健康委员会授予 2018 年“湖北省乡镇名医”称号。

刘　芳　县纪委监委信访室主任，被省纪委表彰为全省纪检监察信访工作业绩突出个人。

卢兆祥　县一中教师，被省教育厅授予“特级教师称号”。

劳动模范

汪　蓉　咸丰移动公司技术支持中心主任

尹孟松　咸丰县运生种植专业合作社理事长

百岁老人

阮金国 唐崖镇黄阳坪村2组，1915年12月21日出生，103岁。

袁玉莲 黄金洞乡五谷坪村7组，1917年4月20日出生，101岁。

熊翠萍 高乐山镇城东居委会赵家湾12号，1917年12月23日出生，101岁。

辞世人员

宋兹俊 男，汉族，1926年6月出生于山东省梁山县银山公社腊山村，1949年7月加入中国共产党。2018年1月21日去逝，享年93岁。

1944年3—8月在出生地参加儿童团，1944年8月至1946年4月参加民兵。

1946年在家乡参加中国人民解放军，1946年4月至1951年2月在第二野战军四兵团六纵队；1951年至1953年4月在云南军区警卫营；1953年至1956年7月在西南军区空军干部学校；1956年至1966年3月在郑州空军基地。历任班长、排长、连指导员等职务。

1948年6—12月，在湖北襄阳淮海战役中记功一次；1949年4月至1950年渡江战役和西南进军记功各一次；1959年被评为模范党员。

1966年3月至1972年3月在咸丰县供销社工作；1972—1975年在咸丰县商业科任副科长；1975—1980年12月在咸丰县供销社任副主任。

1983年9月，在咸丰县供销社离休，享受副县级待遇。

周仁武 男、汉族，1930年2月出生于四川省威远县山王公社白菓大队。1952年在咸丰县尖山区加入共青团。2018年7月19日去世，享年89岁。

1947年以前在家乡务农，1947年6月至1948年6月被国民党抓兵。1948年6月在湖北宜城县参加解放军，1948年至1950年5月，先后在宜城县、江汉军区荆钟宜指挥部、宜昌军分区十三团二营五连、宜昌军分区教导大队任战士、班长、副排长等职务。

1950年5月至1952年8月先后在清坪和尖山区公所工作。1952年8月至1954年2月在尖山供销社任副主任、主任。1954年至1955年6月在咸丰县供销合作社任副科长。1955年至1970年5月在日杂公司任副经理。

1970年至1972年7月在土产公司任副经理。1972—1980年在烟麻茶公司任副经理。1985年3月，在咸丰县供销社离休，享受副县级待遇。

1949年9月在宜昌军分区十三团二营五连被评为三等功臣。1950年、1953年、1955年在尖山清坪、尖山区公所和供销社三次被评为三等模范；1956年在日杂公司被评为二等模范；1958年、1963年、1964年在日杂公司三次被评为先进工作者。

邹　炜 男，土家族，湖北巴东人，1979年12月出生，党校研究生文化，2002年7月参加工作，2003年6月加入中国共产党。2018年12月18日，在前往忠堡镇检查脱贫攻坚工作途中因公牺牲。

2002年7月，任建始县红岩寺镇团委书记、驻村干部；2004年8月，任共青团恩施州委组宣部负责人；2005年8月，任共青团恩施州委组宣部副部长；2007年8月，任共青团恩施州委组宣部部长；2009年9月，任共青团恩施州委副书记、党组成员（其间：2009年2月至2010年3月，在恩施州委深入学习实践科学发展观活动领导小组办公室工作；2011年3—10月，在江苏常州市戚墅堰区政府挂职锻炼，任副区长）；2011年10月，任恩施市委常委、宣传部部长、统战部部长、市政协党组副书记；2014年10月，任鹤峰县委常委、组织部部长；2016年12月，任湖北省咸丰县委副书记。

附　录

组织机构及领导成员名录

中共咸丰县第十四届委员会

书记：郑东来

副书记：杨　皓（苗族）　邹　炜

县委常委：郑东来　杨　皓（苗族）　邹　炜　卢小志　梁爱民　王　兵　宋爱军　刘拥军　宋庆平　邓　华（女）　陈世锋　郑　颖（挂职）

中共咸丰县第十四届纪律检查委员会

县纪委书记：卢小志

副书记：梅振明　朱进友

常委：卢小志　梅振明　朱进友　秦兴会　金　琳　彭湘英（2018 年 1—8 月）　赵　伟

咸丰县监察委员会

主任：卢小志

副主任：梅振明　朱进友

委员：秦兴会　赵　伟　瞿青松　谭长亮

县委机构

中共咸丰县委办公室

主任：梁爱民

副主任：姚金阶　彭明舟（2018 年 2—7 月）　田守兵（2018 年 4 月—　）　陈富兵（2018 年 4 月—　）

中共咸丰县委组织部

部长：宋爱军

副部长：申　艳（女）　王登艳　任兴阳

中共咸丰县委宣传部

部长：宋庆平

副部长：刘时义　卢应权

文明办主任：张沛荣

中共咸丰县委统战部

部长：邓　华（女）

副部长：吴秀静（　—2018 年 4 月）　颜克新（2018 年 4 月—　）　杨纯耀（　—2018 年 4 月）

副部长、县台办主任：朱　林

副部长、县工商联党组书记：何　标

县台办副主任：陆玉霞

中共咸丰县委政法委

书记：刘拥军

副书记：吴国会　卢建华

副书记、县综治办主任：邓永刚（2018 年 3 月—　）

中共咸丰县委巡察办

主任：何正中

中共咸丰县委党校（县行政学校）
县委党校第一校长：郑东来
县委党校校长：宋爱军
县行政学校校长：王 兵
常务副校长：吴全胜
副校长：喻光剑 龚 华 祁 斌

中共咸丰县委县直机关工委
书记：梁爱民
常务副书记：刘爱国
副书记：雷云塘

咸丰县信访局

局长、县委群众工作部部长：刘 进
副局长：游艺
督查专员：李建红（2018 年 7 月— ）

中共咸丰县委老干部工作局

局长：杨友珍（女）
副局长：许智全

咸丰县档案局

局长：刘小燕
副局长：秦雪松 张选君 舒秀容（女）

咸丰县第十八届人民代表大会常务委员会

主任：欧阳开平
副主任：蔡红萍（女） 张建清 邓启胜
曾永国 田应贵
谭 皓（2018 年 12 月— ）
调研员：钱绪政

县人大常委会机构

民族法制委员会
主任委员：吴雪丰
副主任委员：何朝建
委员（按姓名笔画排列）：
邓梦岳 田 甜 温一庠

财政经济委员会
主任委员：蔡吉星
副主任委员：贺桂生
委员（按姓名笔画排列）：
冉淑英（ —2018 年 5 月） 白 斌
吴秀静

办公室
主任：华学中
副主任：邢 军 金玉英（女）
信访室主任：徐晓庆（女）

预算工委
主任：蔡吉星

代表和人事任免工委
主任：廖建成

内务司法工委
主任：李值权

农业农村工委
主任：张万红

教科文卫工委
主任：肖 凯

城乡建设与环境资源保护工委
主任：张远生

教科文卫工委
副主任：向 烜

咸丰县第十八届人民政府

县长：杨 皓（苗族）
副县长：王 兵 李好文 黄光英（女）
张忠奇 杨忠高 熊海淞
连 庆（挂职） 贺 军（挂职）
李红斌（挂职） 朱学敏（挂职）

湖北咸丰工业园区

党工委书记、管委会主任：张政祥

党工委副书记、管委会副主任：覃章坤

党委委员、纪委书记：孙学民

党工委委员、管委会副主任：

何万友（2018年9月— ）

涂绍舜（ —2018年9月）

党工委委员：凌 勇 金 韬

湖北恩施唐崖土司城遗址管理处

主任：白 斌

副主任：张铁军 何继明 王明松

曾晓钰（女）

咸丰县人民政府办公室

主任：袁明江

副主任：谈文才 甘 露 郭仲军 刘 丰

朱章耀 赵 俊（ —2018年9月）

金融办主任：朱 峰

法制办主任：曾友益（ —2018年6月）

咸丰县发改局

党组书记、局长：赵中美

党组成员、副局长：张泽安 杨秀斌

朱述凯

党组成员、铁路办主任：胡 宏

党组成员、重点办主任：梁本宇

咸丰县财政局

局长：李彩英

副局长：熊 刚 朱远军 乐正和

国资局副局长：邢 国

总会计师：聂希来

农村综合配套改革领导小组

办公室主任：陈玉龙（2018年2月— ）

咸丰县审计局

党组书记：冉从胜

局长：曾令军

党组成员、总会计师：舒建华

党组成员、副局长：朱世洪

党组成员、经济责任审计局局长：

杨 琼（女）

副局长：唐 宇

咸丰县公安局

党委书记、局长：熊海淞

党委副书记、政委：邢宗武

党委委员、纪检组长：刘红雁

党委委员、副局长：

邓年平 李文学 向洪峰

张 忍（2018年4月挂职）

党委委员、副政委：雷 震

党委委员、政治处主任：左 昕

副局长：辛 强（2018年5月— ）

咸丰县司法局

党组书记、局长：吴锦福

党组成员、纪检组长：朱承军

党组成员、副局长：

田新民（ —2018年12月） 王 标

邢祖贵（2018年7月— ）

副局长：何 梅（女，—2018年2月）

普法办专职副主任：陈 珍（女）

咸丰县扶贫开发办公室

主任：罗明午

副主任：魏 荣 陈东平 陈小忠

咸丰县国土资源局

党组书记、局长：王 辉

党组成员、纪检组长：黄铅秩

党组成员、副局长：周铭焕 朱世斌

总工程师：杨业训

地质灾害防治监测中心主任：刘凡明

国有土地储备发展中心主任：刘云国

不动产登记中心主任：叶 青

咸丰县水利水产局

党组书记、局长：冉茂林（ —2018年5月）

杨纯耀（2018年5月— ）

党组成员、忠建河大鲵国家级自然保护区管

理局局长：苏长金

党组成员、副局长：吴贵年 邵 斌

党组成员、县防汛抗旱指挥部办公室常务副主任：莫代雄

咸丰忠建河大鲵国家级自然保护区管理局副局长：蒋 钊

咸丰忠建河大鲵国家级自然保护区管理局副局长：姜尚静

咸丰县环保局

党组书记、局长：吴胜文

党组成员、副局长：姚成美 李 坤

党组成员、总工程师：杨绪文

咸丰县统计局

党组书记、局长：杨凤琼

党组成员、副局长：朱琼华

牟 军（2018年7月— ）

总统计师：金 辉（ —2018年5月）

咸丰县人力资源和社会保障局

党组书记、局长：黄昌辉（ —2018年7月）

刘忠赤（2018年7月— ）

党组成员、公务员局局长：

冉启壮（ —2018年2月）

党组成员、副局长：廖以伦 李 新

党组成员、总会计师：安 铭

党组成员、社保局局长：王昆明

党组成员、公务员局副局长：

袁宏凯（2018年2月— ）

军转办主任：王 勇（2018年2月— ）

咸丰县民政局

党组书记、局长：梅中高

党组成员、副局长：宋剑锋 洪 明

咸丰县安全监督管理局

党组书记、局长：刘爱民（ —2018年3月）

秦绍国（2018年3月— ）

党组成员、副局长：袁建民

吕瑞红（2018年3月— ）

党组成员、总工程师：郑 伟

安委会办公室专职副主任：

孔晓丰（2018年5月— ）

咸丰县工商行政管理局

党组书记、局长：李高峰

党组成员、副局长：冷国辉 杨卫国

咸丰县质量技术监督局

党组书记、局长：程 华

党组成员、副局长：李建美 杨 武

咸丰县食品药品监督管理局

党组书记、局长：周 宁

党组成员、总工程师：周 全

党组成员、副局长：徐 翔 余文志

食药安办常务副主任：姚昌元

咸丰县住房和城乡建设局

党组书记、局长：严 凯

党组成员、规划局局长：毕 华

党组成员、人防办主任：

李全友（州住建委挂职）

党组成员、副局长：

涂绍舜（2018年8—12月）

罗 辉（ —2018年8月） 覃云华

党组成员、总工程师：戴忠毅

党组成员、副局长：

王遇春（2018年8—12月挂职）

杨 武（2018年8—12月挂职）

唐崖河风景名胜区管理处副主任：肖 堃

咸丰县城乡规划管理局

局长：毕 华

副局长：刘 明 蒲宣融（高乐山镇挂职）

总工程师：刘艺飏

咸丰县城市管理局

党组书记、局长：杨习武

党组成员、副局长：蒲元浩

洪 明（ —2018年5月）

副局长：陈林刚（2018年7月— ） 张延红

咸丰县卫生健康局

党组书记、局长：陈学军

党组成员、副局长：张　晟　舒　平　黄健碧

党组成员、医改办主任：杨劲松

咸丰县经济和信息化局

党组书记、局长：凌　勇

党组副书记、副局长：

方思伟（2018 年 7 月—　）

党组成员、副局长：蓝坤山

党组成员、总工程师：

刘　谋（2018 年 7 月—　）

咸丰县交通运输局

党组书记、局长：申金桥

党组成员、副局长：

李军成（　—2018 年 4 月）

覃龙敏（　—2018 年 4 月）

杨世杰（2018 年 5 月—　）

蒲宣融（2018 年 8 月—　）

周　立（2018 年 8 月—　）

党组成员、县公路管理局局长：鲁邦国

党组成员、县高速公路建设管理办公室主任、县道路运输管理所所长：

罗朝远（　—2018 年 4 月）

党组成员、县高速公路建设管理办公室主任、县道路运输管理所所长：

李军成（2018 年 4 月—　）

总工程师　余美蓉

咸丰县文体新广局

党组书记、局长、县文联主席：

张　勇（　—2018 年 5 月）

党组书记：谈文才（2018 年 5 月—　）

党组成员、副局长：张红英　张　昕　杨　捷

党组成员、版权局局长：蒋红艳

党组成员、县文联专职副主席：吴运辉

党组成员、县南剧艺术传承保护中心主任：

李爱民

咸丰县农业局

县委农办主任、局党组书记、局长：

吴　畏（　—2018 年 3 月）

刘爱民（2018 年 3 月—　）

党组成员、县农村经济管理局局长：杨逢斌

党组成员、总农艺师：唐明榜

党组成员、副局长：吴正华　李　岸　兰　君（2018年7月—　）

党组成员、县硒资源管理局局长：

官明亚（2018 年 4 月—　）

党组成员、副局长：

胡惠芳（2018 年 1 月农业农村部选派挂职）

党组成员、副局长：

王斯烈（2018 年 7 月农业农村部选派挂职）

党组成员、副局长：

任国华（2018 年 9 月余杭区农业农村局选派挂职）

县委农办常务副主任：覃方敏

生态能源局副局长：钱　渡

局长助理：张　欧（省农业厅选派挂职）

咸丰县商务局（招商局）

党组书记、局长：舒　莉（　—2018 年 3 月）谭应和（2018 年 3 月—　）

党组成员、副局长：韩红艳　袁　焯　刘　谋（　—2018年7月）

咸丰县旅游局

党组书记、局长：朱继勇

党组成员、副局长：吴大力　满　静

咸丰县政务服务中心管理办公室

主任：杨胜斌

副主任：冉　琴

咸丰县机关事务管理局

局长：王军华

副局长：向万松

咸丰县接待办

主任：汪　荣（女）

副主任：邓亚玲（女）

咸丰县公共资源交易及监督管理

局长：李和洲

副局长：王遇春

中心主任：朱胜宏

咸丰县畜牧兽医局

党组书记、局长：易能干

党组成员、副局长：尹　凯　陈　露

党组成员、总畜牧师：刘向东

党组成员、县人民政府重大动物疫病防控办公室副主任：陈　红

咸丰县林业局

局长：肖　铭

副局长：田昌海　祝仲贤

党组成员、国有坪坝营林场场长：刘　欣

党组成员、森林公安局局长：刘仕凯

咸丰县农经管理局

局长：杨逢斌

副局长：卢　亚　杨秀堂

总经济师：金　辉（2018 年 5 月—　）

咸丰县粮食局

党组书记、局长：秦绍国（　—2018 年 2 月）

党组成员、副局长：

李建武（2018 年 2 月，主持工作）

党组成员、副局长：张　艳

咸丰县公路管理局

局长：鲁邦国

副局长：田茂权　李先斌

肖立明（2018 年 5 月—　）

咸丰县移民局

党组书记、局长：刘延启

党组成员、副局长：李海平　杨青林

党组成员、总工程师：刘学森

咸丰县广播电视台

台长：李相明（　—2018 年 7 月）

总编辑：张铁军（　—2018 年 7 月）

副台长：卢发军（　—2018 年 7 月）

副总编：李兴平（　—2018 年 7 月）

咸丰县新闻中心

副主任：袁　凌（　—2018 年 7 月）

副主任：孙东进（　—2018 年 7 月）

咸丰县传媒中心（2018 年 7 月成立）

主任：李相明（2018 年 7 月—　）

副总编：袁　凌（2018 年 7 月—　）

副主任：卢发军　李兴平（2018 年 7 月—　）

总工程师：孙东进（2018 年 7 月—　）

恩施日报驻咸丰记者站

站长：钱道佳

咸丰县供销合作社联合社

主任：赵　俊

副主任：罗名贵　龚　斌　杨　惠

监事会主任：钟志咏

政协咸丰县委员会

主席：邹玉萍（女）

副主席：谭　锐　黎生华　李方胜　徐子轩　刘玉学

秘书长：龚朝顺（　—2018 年 12 月）

严兴权（2018 年 12 月—　）

县政协机构

办公室

主任：龚朝顺（　—2018 年 12 月）

严兴权（2018 年 12 月—　）

副主任：杨平章　秦　奎

提案委员会

主任：王进发

经济人口资源环境委员会

主任：杨胜祥

学习宣传文史资料委员会

主任：张大东

民族法制社会联谊委员会

主任：冉学良

科教文卫体委员会

主任：汪玉明（ —2018 年 12 月）

政协委员工作委员会

主任：杨　斌

中国人民解放军咸丰县人武部

部长：陈世锋

政治委员：黄　旭（ —2018 年 12 月）

万玉强（2018 年 12 月— ）

咸丰县人民法院

党组书记、院长：佘　华

党组副书记、副院长：刘光辉

纪检组组长：罗秀明

副院长：杨胜昔

执行局局长：熊邦杰

政治处主任：李　伟

审委会专职委员：刘燕君

咸丰县人民检察院

党组书记、检察长：李美福

党组成员、纪检组组长：官　政

党组成员、副检察长：瞿万兵　杨　诚

廖学军

群众团体

咸丰县总工会

主席：邓　华（女）

党组书记、常务副主席：邓梦岳

党组成员、副主席：秦永丹

共青团咸丰县委

书记：张　影

副书记：胡道成

县少先队总辅导员：周铭波

咸丰县妇女联合会

党组书记、主席：舒　莉

党组成员、副主席：田秀荣

党组成员，妇儿工委办副主任：罗国琼

咸丰县科学技术协会

主席：李知晏

副主席：周安明　阮红飞　蔡宏涛　李红明

咸丰县工商业联合会

主席：刘玉学（ —2018 年 7 月）

汪玉明（2018 年 7 月— ）

党组书记：何　标

副主席：侯江陵

咸丰县残疾人联合会

党组书记、理事长：王　敏（女）

党组成员、副理事长：何华伦

党组成员、兼任办公室主任：李春明

驻咸垂直管理机构

原咸丰县国家税务局（2018 年 7 月止）

党组书记、局长：苏书亭

党组成员、副局长：万方前　周光远

李　拥（女）秦　岭

党组成员、纪检组组长：张新伍

原咸丰县地方税务局（2018 年 7 月止）

党组书记、局长：吴运华

党组成员、副局长：唐安辉　杨　猛

扶振华

党组成员、纪检组组长：左明禹

国家税务总局咸丰县税务局（2018年7月成立）

党委书记、局长：苏书亭

党委副书记、副局长：吴运华

党委委员、副局长：万方前　周光远

李　拥（女）唐安辉

秦　岭　左明禹

杨　猛　扶振华

党委委员、纪检组组长：张新伍

中国人民银行咸丰县支行

党组书记、行长：岳恒皓

党组成员、副行长：李宗倚　邵　鑫

党组成员、纪检组组长：李　捷

咸丰县银监办

主任：陈志斌

副主任：张向东

中国农业银行咸丰县支行

行长：黄华明

副行长：张震宇

纪委书记：卢再平

中国建设银行咸丰县支行

行长：李长明（　—2018年1月）

周世勇（2018年1月—　）

副行长：唐志明

刘　薇（2018年1月—，团县委挂职1年）

中国工商银行咸丰县支行

行长：向玉祥

副行长：戴明军

咸丰县农村商业银行

董事长：刘志会

行长：杨清评

监事长：龚文军

副行长：谭定勇

中国邮政储蓄银行股份有限公司咸丰县支行

行长：陆峻峰

副行长：陈永红

湖北银行咸丰支行

行长：刘　涛

副行长：陈明鸣

恩施兴福村镇银行咸丰支行

行长：谭　卫（女）

副行长：冉　军　钱值美（2018年4月—　）

恩施州住房公积金中心咸丰办事处

主任：胡正华

副主任：童红梅

咸丰县气象局

党组书记、局长：袁宏卫

党组成员、副局长：杜耀奎　李　鑫

咸丰县烟草专卖局（营销部）

党组书记、局长（经理）：税　勤

党组成员、纪检组组长、副局长（副经理）：田　华

党组成员、副局长（副经理）：谢　勇

副局长（副经理）：谭云桥（挂职）

咸丰县烟叶分公司

经理：魏国胜

副经理：洪建权　刘昌华　童代伍　李满良

中国移动通信集团湖北有限公司咸丰分公司

经理：刘学正

副总经理：汪　洋

中国联合网络通信有限公司咸丰县分公司

总经理：蒋静华

综合支撑中心经理：李春艳

咸丰县邮政分公司

党总支书记、副总经理（主持工作）：汪　强

副总经理、工会主席：冯宗宪

中国石化销售股份有限公司湖北恩施咸丰石油分公司

经理：周文彬

副经理：刘　梅

国网湖北省电力有限公司咸丰县供电公司

总经理、党委副书记：潘宗俊

党委书记、副总经理：冉荣华

党委委员、纪委书记、工会主席：田　丰

党委委员、副总经理：朱占春

国电恩施水电开发有限公司咸丰县管理处

经理：田永祥

党支部书记、副经理、工会主席：何越飞

副经理兼小河电站站长：陈俊才

湖北咸丰朝阳寺电业有限责任公司

专职董事、支部书记：李　锋

总 经 理：陈桂森

副总经理：秦忠志（兼总工程师）　王明照

总会计师：谭明怡

乡镇

高乐山镇

党委书记：尹健康

党委副书记、镇长：张宏武

党委副书记：沈　鹏

党委副书记、综治办主任：张立富

镇人大主席：胡　琼

党委委员、纪委书记：

杨　亮（2018 年 1 月—　）

党委宣传统战委员、副镇长：余红文

党委委员、武装部部长：魏永东

党委委员、副镇长：田珂全

党委组织委员：王　莉（2018 年 1 月—　）

副镇长：王　雷

向　杰（2018 年 8 月挂职期满回原单位）

综治办副主任：曾凡林（　—2018 年 6 月）

谭克锋（2018 年 7 月—　）

忠堡镇

党委书记：李成舟

党委副书记、镇长：罗朝远

镇人大主席：秦洪波

党委副书记：冉小红

党委副书记、综治办主任：龙朝权

纪委书记：刘　婧

党委组织委员：罗良彩

党委宣传统战委员、副镇长：刘延阶

党委委员、副镇长：卢瑞超

党委委员、武装部部长：张武华

综治办副主任：谢迪斯

曲江镇

党委书记：严克远

党委副书记、镇长：刘兴华

镇人大主席：彭　建

党委副书记：周　军

党委副书记、综治办主任：郭　迅

党委委员、纪委书记：袁红艳（女）

党委组织委员：田大平（　—2018 年 2 月）

党委组织委员：向　超（2018 年 4 月—　）

党委宣传统战委员、副镇长：马　辉

党委委员、副镇长：杨　寒（　—2018年7月）

党委委员、副镇长：严武泉（2018年4月—　）

党委委员、武装部部长：肖　锋

副镇长：何世凯

综治办常务副主任：邢　昊

坪坝营镇

党委书记：赵红敏

党委副书记、镇长：

何万友（　—2018 年 8 月）

彭明舟（2018 年 8 月—　）

党委副书记：蒯　剑、杨念文

纪委书记：龙朝举

党委组织委员：胡　玲

党委宣传、统战委员：朱　军

党委委员、武装部部长：龚吉云

党委委员：曾凡贵、牟　锋

人大主席：龚良双

党委委员、副镇长：曾凡贵、牟　锋

副镇长：李建宇（2018 年 7 月—　）

龚吉云（　—2018 年 4 月）

张虔珲（　—2018 年 7 月）

综治办常务副主任：向　琦

纪委副书记：雷昌文

朝阳寺镇
党委书记：孟　奎
党委副书记、镇长：曾胜阳
党委副书记：尹　辉
党委副书记、综治办主任：刘少峰
党委委员、纪委书记：覃　鄂
人大主席：吴远芳
党委组织委员：田长斌
党委委员、武装部部长、副镇长：王　锐
党委宣传统战委员、副镇长：刘红敏
党委委员、副镇长：姚胜斌
综治办常务副主任：龙　易

唐崖司镇
党委书记：蔡　玲
党委副书记、镇长：张　进
人大主席：王梓铭
党委副书记、综治办主任：姚再鹏
党委副书记：何继国（2018 年 3 月—　）
党委纪委书记、监察室主任：严　弟
党委宣传、统战委员、副镇长：徐　奔
党委组织委员：李　兵（2018 年 1 月—　）
党委委员、副镇长：李　明
党委委员、武装部部长：宋章伟
综治办常务副主任：杨元泉

活龙坪乡
党委书记：谭　皓
党委副书记、乡长：刘　平
党委副书记：冉孝文
党委副书记、综治办主任：任　贵
党委委员、纪委书记：黄　涛
人大主席：蒋祥名
党委委员、武装部部长：杨昌美
党委组织委员：覃　丰
党委宣传委员、统战委员、副乡长：张立红
党委委员、副乡长：罗　宇

黄金洞乡
党委书记：何　祥
党委副书记、乡长：杨万明
党委副书记：温一庠
党委副书记、综治办主任：
黄　燕（2018 年 1 月—　）
人大主席：张祖芳
党委纪委书记：覃钰铭
党委组织委员：冉　漂（2018 年 1—　）
党委宣传统战委员、副乡长：吴春梅
党委委员、武装部部长、副乡长：秦　魁
党委委员、副乡长：孙　晖
综治办常务副主任：于绍海

清坪镇
党委书记：杨　俊
党委副书记、镇长：杨建平
人大主席：姚　勇
党委副书记、综治办主任：任元志
党委委员、副书记：田大平（2018 年 1 月—　）
党委委员、纪委书记：谢　睿
党委委员、武装部部长：朱家军
党委委员、副镇长：秦华松
党委组织委员：
聂　蓉（女，2018 年 1 月—　）
党委宣传统战委员、副镇长：徐培胜
综治办常务副主任：杨　扬

小村乡
党委书记：向光辉（　—2018 年 3 月）
田　毅（2018 年 3 月—　）
党委副书记、乡长：吴　娟（女）
人大主席：雷　舯（2018 年 12 月—　）
党委副书记：元洪波（　—2018 年 1 月）

党委副书记：黄顶昌（2018年1月— ）
党委副书记、综治办主任：杨 强
党委委员、纪委书记：莫文艺
党委组织委员：贺方亮
党委委员、武装部部长、副乡长：伍 非
党委宣传、统战委员、副乡长：卢 玮（女）
党委委员、副乡长：邹敬忠

大路坝区工委
工委书记：田 毅（ —2018年3月）
袁志会（2018年3月— ）
工委副书记、主任：冉启胜
工委副书记：杨军才
工委副书记、综治办主任：元洪波
工委纪委书记：冉 攀
工委人大联络处主任：杨奇军
工委组织委员：李 赟
工委宣传统战委员、副主任：肖 明
工委副主任、武装部部长：莫 群
区工委副主任：杨昌学
工委综治办常务副主任：周鹏程

统计资料

县（市、区）国民经济和社会发展基本情况统计表

表11

序号	指标	单位	2017年	2018年
1	土地面积	平方千米	2550	2550
2	常住人口	万人	30.8	30.96
3	城镇人口	万人	12.74	13.25
4	乡村人口	万人	18.06	17.71
5	年底总人口	万人	38.51	38.56
6	出生人口	人	5234	3682
7	死亡人口	人	4382	2467
8	年底总户数	万户	14.39	14.4
9	地区生产总值	亿元	79.2	83.49
10	第一产业	亿元	17.68	17.29
11	第二产业	亿元	23.89	24.06
12	#工业	亿元	18.83	19.56
13	第三产业	亿元	37.66	42.14
14	人均地区生产总值	元	25783	27038
15	地区生产总值指数	上年=100	—	—
16	第一产业	上年=100	—	—
17	第二产业	上年=100	—	—
18	#工业	上年=100	—	—
19	第三产业	上年=100	—	—
20	人均地区生产总值指数	上年=100	—	—
21	城镇登记失业率	%	0.38	0.41
22	城镇单位就业人员平均工资	元	61518	74256
23	固定资产投资（不含农户）	亿元	74.5	—
24	#房地产开发	亿元	7.59	—
25	商品房销售额	亿元	9.05	5.8
26	#住宅	亿元	6.51	4.75

续表 11

序号	指标	单位	2017 年	2018 年
27	商品房销售面积	万平方米	22.93	17.3
28	# 住宅	万平方米	19.85	14.56
29	财政总收入	亿元	7.64	7.86
30	公共财政预算收入	亿元	4.29	4.61
31	# 税收收入	亿元	3.13	3.65
32	公共财政预算支出	亿元	30.14	35.72
33	农村常住居民人均可支配收入	元	9475	10390
34	农民人均消费支出	元	7798	8691
35	城镇居民人均可支配收入	元	24999	27056
36	城镇居民人均消费支出	元	17678	19612
37	农村人均住房面积	平方米	43	—
38	城镇人均住房建筑面积	平方米	42.4	—
39	乡村户数	万户	8.34	8.34
40	常用耕地面积	千公顷	28.64	28.64
41	农业机械总动力	万千瓦	28.68	—
42	化肥使用量（折纯量）	万吨	3.68	3.67
43	农村用电量	亿千瓦时	0.48	0.49
44	有效灌溉面积	千公顷	7.8	7.8
45	农作物总播种面积	千公顷	96.49	95.62
46	# 粮食作物	千公顷	47.92	46.17
47	粮食产量	万吨	21.61	20.06
48	棉花产量	吨	0	0
49	油料产量	万吨	2.05	1.31
50	水产品产量	吨	103	52
51	规模以上工业企业单位数	个	70	36
52	工业总产值	亿元	34.2	12.17
53	# 轻工业	亿元	18.8	—
54	重工业	亿元	15.4	—
55	农产品加工业产值	亿元	16.1	—
56	高新技术产业增加值	亿元	0.47	—
57	建筑业总产值	亿元	17.3	13.42
58	房屋建筑施工面积	万平方米	94.4	121.99
59	房屋建筑竣工面积	万平方米	66.04	46.65
60	公路里程	千米	2795.5	3328.81
61	# 等级公路	千米	2795.5	3328.81
62	民用汽车拥有量	辆	69936	—
63	邮政业务总量	亿元	0.42	0.41
64	电信业务总量	亿元	2.29	2.35
65	固定电话用户	万户	9.35	10.01
66	移动电话用户	万户	31.5	31.02
67	互联网宽带接入用户数	万户	8.98	10.21
68	社会消费品零售总额	亿元	45.28	50.11
69	批发和零售业商品销售额	亿元	41.19	50.7
70	住宿和餐饮业营业额	亿元	4.09	—
71	外商直接投资实际使用额	万美元	726	778
72	招商引资总额	亿元	39.6	52.2
73	金融机构本外币存款	亿元	109	115.17

续表 11

序号	指标	单位	2017 年	2018 年
74	金融机构本外币贷款	亿元	57.34	69.48
75	在园儿童数	人	7474	11165
76	普通小学在校学生数	人	24901	24497
77	普通中学在校学生数	人	18969	15828
78	公共图书馆	个	1	1
79	卫生机构数	个	367	373
80	卫生机构床位数	张	2141	2101
81	卫生机构人员数	人	1498	736
82	社会保险参保率	%	100	100
83	工业用电量	亿千瓦时	1.12	1.03
84	单位 GDP 能耗降低率	%	3.05	3.36
85	生产安全事故起数	起	9	7
86	生产安全事故死亡人数	人	10	10

咸丰县经济社会发展主要指标统计表

表 12

指标	单位	2000 年	2005 年	2010 年	2011 年	2012 年	2013 年	2014 年	2015 年	2016 年	2017 年	2018 年
常住人口	万人	33.48	30.91	30.77	35.84	30.31	30.37	30.40	30.48	30.66	30.8	30.96
年底总人口	万人	35.48	36.15	38.00	38.45	38.77	39.00	39.23	38.57	38.73	38.51	38.56
年底总户数	万户	9.21	11.65	13.34	13.99	14.23	14.94	14.70	14.43	15.33	14.39	14.4
地区生产总值	亿元	12.61	16.13	34.82	41.98	48.20	54.49	60.38	66.20	73.2	79.2	83.49
第一产业	亿元	6.09	8.25	12.02	13.08	13.30	13.97	14.57	14.90	16.8	17.68	17.29
第二产业	亿元	3.54	2.57	8.23	11.21	14.40	16.79	18.81	21.00	22.76	23.89	24.06
# 工业	亿元	19.60	2.06	6.56	9.52	11.50	13.14	14.77	16.24	17.47	18.83	19.56
第三产业	亿元	2.98	5.31	14.57	17.69	20.50	23.74	4.04	30.31	33.64	37.66	42.14
人均地区生产总值	元	3564	4462	114	13926	15919	17941	19864	21742	23946	25783	27038
固定资产投资（不含农户）	亿元	3.64	8.17	18.17	24.41	32.75	43.13	46.54	57.47	62.88	74.5	—
# 房地产开发	亿元	0.07	0.91	0.73	1.68	2.65	2.24	3.80	6.99	6.06	7.59	—
财政总收入	亿元	0.96	1.63	3.36	4.10	4.61	5.18	5.77	6.14	6.66	7.64	7.86
公共财政预算收入	亿元	0.66	0.59	1.51	1.94	2.51	3.01	3.41	3.68	3.95	4.29	4.61
# 税收收入	亿元	0.56	0.49	1.16	1.38	3.88	2.14	2.45	2.65	2.85	3.13	3.65
公共财政预算支出	亿元	1.16	2.98	11.48	13.91	18.30	18.50	16.18	23.60	35.35	30.14	35.72
农民常住居民人均可支配收入	元	1492	1618	3246	3921	4526	5152	7077	7856	8613	9475	10390
农民人均消费支出	元	1294	1371	2761	3264	3493	4997	5613	6235	7003	7798	8691
城镇常住居民人均可支配收入	元	4500	6886	10655	12627	14453	17009	18919	20775	22844	24999	27056
城镇居民人均消费支出	元	4993	5891	8540	8924	10029	11759	12979	14300	16086	17678	19612
农村人均住房面积	平方米	31.10	30.40	34.53	35.93	36.57	39.80	41.10	42.30	42.9	43	—

续表 12

指标	单位	2000 年	2005 年	2010 年	2011 年	2012 年	2013 年	2014 年	2015 年	2016 年	2017 年	2018 年
城镇人均住房建筑面积	平方米	14.50	15.20	27.68	28.39	29.13	29.50	40.40	41.80	42.3	42.4	—
乡村户数	万户	9.52	9.33	9.68	9.71	9.59	9.61	9.66	8.90	8.34	8.34	8.34
常用耕地面积	千公顷	22.76	22.70	23.06	24.19	25.39	26.20	27.23	27.78	28.83	28.64	28.64
农业机械总动力	万千瓦	4.86	7.46	16.82	19.31	20.40	22	25	25.88	25.9	28.68	—
化肥使用量（折纯量）	万吨	0.56	1.48	2.32	2.83	3.02	3.10	3.58	3.70	3.33	3.68	3.67
农村用电量	亿千瓦时	0.09	0.15	0.29	0.31	3.02	0.39	0.43	0.48	0.57	0.48	0.49
有效灌溉面积	千公顷	7.49	7.42	7.90	6.64	6.68	6.85	7.19	7.35	7.85	7.8	7.8
粮食产量	万吨	17.63	16.30	19.01	20.40	22.90	49	23	23.61	21.04	21.61	20.06
棉花产量	吨	0.0	0.0	0.0	0.0	0.0	0	0	0.00	0	0	0
油料产量	万吨	0.13	0.73	0.98	1.04	1.15	1.47	6.52	1.76	1.85	2.05	1.31
水产品产量	吨	440	498	266	380	456	474.00	460.00	306.00	112	103	52
规模以上工业企业单位数	个	13	21	59	31	39	50	59	66	70	70	36
工业总产值	亿元	2.87	2.53	11.71	19.91	31.77	46.51	57.75	67.22	72.69	34.2	12.17
# 轻工业	亿元	1.56	0.74	6.19	10.34	14.45	26.38	31.76	38.76	32.37	18.8	—
重工业	亿元	1.31	1.79	5.52	9.57	13.88	20.13	25.99	28.46	40.32	15.4	—
农产品加工业产值	亿元	3.37	3.64	4.61	11.84	14.76	19.40	21.90	26.91	29.2	16.1	—
高新技术产业增加值	亿元	0	0	0	—	0.16	0.19	0.48	0.57	1.09	0.47	—
建筑业总产值	亿元	0.36	0.73	4.19	5.69	8.22	10.21	11.32	13.90	16.4	17.3	13.42
房屋建筑施工面积	万平方米	11.74	7.59	34.06	39.48	59.33	65.45	70.48	66.60	79.2	94.4	121.99
房屋建筑竣工面积	万平方米	6.50	3.69	22.08	26.85	41.34	59.30	64.38	61.31	66.95	66.04	46.65
公路里程	千米	13	2041	2639	2639	2639	2639	2676	2691	2710.48	2795.48	3328.81
# 等级公路	千米	95	356	1756	1757	1917	1917	2116	2163	2173.78	2795.48	3328.81
民用汽车拥有量	辆	4779	14823	4380	5856	8740	10511	58032	64311	69936	69936	—
邮政业务总量	亿元	0.15	0.49	0.15	0.21	0.23	0.17	0.29	0.33	0.38	0.42	0.41
电信业务总量	亿元	0.09	0.11	1.12	1.20	1.40	1.31	1.89	2.05	1.96	2.29	2.35
固定电话用户	万户	0.80	1.75	4.49	3.60	3.24	3.70	3.01	2.55	3.43	9.35	10.01
移动电话用户	万户	—	9.80	18.44	22.99	26.74	26.90	29.80	32.56	21.34	31.5	31.02
互联网宽带接入用户数	万户	—	0.24	0.35	1.87	2.31	3.12	3.47	5.45	8	8.98	10.21
社会消费品零售总额	亿元	3.68	4.80	12.37	14.75	17.04	19.52	22.14	36.22	40.75	45.28	50.11
批发和零售业商品销售额	亿元	1.98	4.20	11.30	13.33	15.39	17.56	19.84	32.95	37.12	37.12	50.7
住宿和餐饮业营业额	亿元	0.56	0.56	1.07	1.43	1.64	1.95	2.30	3.27	3.63	3.63	—
外商直接投资实际使用额	万美元	—	51.60	180.00	100.00	134.00	300.00	340.00	565.00	553	726	778
招商引资总额	亿元	—	4.20	5.63	9.39	13.73	19.42	23.50	29.30	35.3	39.6	52.2

续表 12

指标	单位	2000 年	2005 年	2010 年	2011 年	2012 年	2013 年	2014 年	2015 年	2016 年	2017 年	2018 年
金融机构本外币存款	亿元	4.09	9.74	33.52	43.74	55.39	52.15	73.35	83.18	92.63	109	115.17
金融机构本外币贷款	亿元	5.93	5.67	14.53	17.42	20.71	19.36	27.17	34.87	42.63	57.34	69.48
在园儿童数	人	6000	9996	10432	11838	11061	11680	11724	11667	11607	7474	11165
普通小学在校学生数	人	35169	29757	23526	23751	24264	24823	25800	26884	27653	24901	24497
普通中学在校学生数	人	18831	21684	20370	18290	12204	11368	15100	15026	15311	18969	15828
公共图书馆	个	1	1	1	1	1	1	1	1	1	1	1
卫生机构数	个	11	37	377	342	387	370	421	298	370	367	373
卫生机构床位数	张	561	551	1076	1478	1478	1521	1971	1985	2118	2141	2101
卫生机构人员数	人	409	953	2088	3921	5012	4820	1714	1485	1502	1498	736
工业用电量	亿千瓦时	0	0.28	0.74	1.33	1.35	1.60	0.86	0.91	0.92	1.12	1.03
单位 GDP 能耗降低率	%	—	—	5.51	2.64	2.50	3.36	2.53	5.34	5.78	3.05	3.36

说明：农民人均消费支出、城镇居民人均可支配收入、城镇居民人均消费支出，农民人均纯收入 2014 年起更正为农村常住居民人均可支配收入，由于国家统计口径变化，数据修正未完

咸丰县农民专业合作社规范社名单

表 13

序号	企业名称	法定代表人	成立日期	住所	联系方式（手机）	带动贫困户（户）	产业类型及规模			备注
							养殖	种植	其他	
1	咸丰县自然好生态农业专业合作社	龙剑锋	2016 年 12 月 16 日	白果坝村十六组	13257253539	20	鸡 23000 羽		微商	“合作社 + 农户”
2	咸丰县佳昕果蔬专业合作社	常　诚	2011 年 5 月 25 日	楚蜀大道 134 号（核桃园村）	15671001588	24		茶叶 500 亩，蓝莓 10 亩（小模）		
3	咸丰县茂美葡萄专业合作社	曹　琦	2013 年 5 月 30 日	马河村 16 组	13477897144	32	26 头牛	葡萄 304 亩，其他水果 87 亩，套种药村 100 亩	葡萄酒加工 4000 千克，农家乐，冻库 130 立方米	
4	咸丰县得利食用菌专业合作社	杨发祥	2012 年 9 月 19 日	晨光村及猫耳岭村	13635776004	6		30 个大棚，产量约 20 吨		
5	咸丰县绿生保生态农业专业合作社	李权胜	2018 年 3 月 12 日	白果坝村村委会	13297102406	89		辣椒 200 亩、油茶 1023 亩		
6	咸丰县陈向生态农业专业合作社	陈万启	2017 年 8 月 7 日	白水坝工业园区（陈向食品公司）	13789909309	50		土豆 200 亩（中心场村）		“合作社 + 农户”
7	咸丰县白岩农业专业合作社	颜红江	2016 年 11 月 16 日	白岩村 5 组	18907266221	30		带动农户种茶 350 亩，无自己基地	收购销售茶叶 1 万千克，拟建小型加工厂	
8	咸丰县世硒生态农业专业合作社	谭　建	2017 年 2 月 7 日	白岩村十组	18171575950	80		白茶 600 亩，获奖补		
9	咸丰县协力农民专业合作社联合社	严天勇	2018 年 2 月 12 日	楚蜀大道 46 号（大水坪村）	15172923396	59		白茶 650 亩		
10	咸丰县金玉农乌龙茶专业合作社	金　艳	2012 年 6 月 14 日	官坝村	13402776598	90		基地 100 亩，社员 180 户 2900 亩	加工厂加工茶叶 70 吨	
11	咸丰县山水情生态农业专业合作社	姚登宪	2015 年 11 月 20 日	官田坝村中心集镇	15172978961	20		油茶 315 亩、油牡丹 324 亩、果树 150 亩、辣椒 600 亩	民俗旅游（“食宿 + 娱乐”）	
12	咸丰县一亩田三分地蔬菜种植专业合作社	田耀鑫	2015 年 5 月 29 日	老里坝村（村候车室旁）	13143432345	10		蔬菜 200 亩		
13	咸丰县金碧煌生态农业专业合作社	肖传文	2018 年 4 月 16 日	老里坝村十组	15335840988	18		烟叶 150 亩、水果 22 亩、药材 50 亩		

续表 13

序号	企业名称	法定代表人	成立日期	住所	联系方式（手机）	带动贫困户（户）	产业类型及规模			备注
							养殖	种植	其他	
14	咸丰雨花谷种养专业合作社	张子民	2015 年 6 月 29 日	马河村小界坪	13403083290	600	基地有 350 桶中蜂，代养 1360 桶（政府扶贫项目）	蜜源基地 1100 亩，流转 800 亩，入股 300 亩	卖专利蜂箱、蜂种、种苗等 173 万元	
15	咸丰县猫耳岭生态农业专业合作社	陈进明	2016 年 10 月 28 日	猫儿岭村四组	13607246429	10		高山刺葡萄 200 亩		“公司 + 合作社”
16	咸丰县少坤养殖专业合作社	刘少坤	2015 年 6 月 10 日	梅子坪村八组	15971730068	28	存栏 1.4 万只肉鸡，全年出栏 6 万只			
17	咸丰县牛栏界生态农业专业合作社	黄祖业	2014 年 9 月 18 日	牛栏界村五组	18371838158	21	牛 47 头	茶叶 200 亩		
18	咸丰县聚龙农业专业合作社联合社	李清山	2016 年 2 月 26 日	前胜街 108 号	13997753888	4000				各合作社独立运行
19	咸丰县御鉴乌龙茶农民专业合作社联合社	袁长青	2013 年 12 月 17 日	沙坝村一组（白岩村）	13972437046	600		白茶 600 亩、黄茶 200 亩		“公司 + 合作社”
20	咸丰县农裕隆生态农业专业合作社	陈美斌	2018 年 3 月 16 日	头庄坝村村委会	13402781085	80		油茶 688.9 亩，套种辣椒 250 亩		
21	咸丰县众诚油茶专业合作社	陈金波	2017 年 2 月 24 日	团坡村九组	18607295788	80		油茶 823.01 亩		
22	咸丰县益骏生态农业专业合作社	金　松	2018 年 1 月 25 日	新田沟村（金松住房）	13402776598	80		油茶 1600 亩，奖补已验收		
23	咸丰县油山油茶专业合作社	崔运宏	2018 年 3 月 5 日	大茅坡村 5 组	13367187923	59	中蜂 23 桶	油茶 545 亩，蔬菜 110 亩，烟叶 70 亩，药材 6 亩	10 个标准化烤房	
24	咸丰县羊发生态养殖专业合作社	陈家权	2014 年 6 月 9 日	白水坝村	13477264491	3	山羊 700 只			
25	咸丰县官田坝莲藕专业合作社	蒲开军	2018 年 4 月 11 日	官田坝村	18727678980	20		莲藕 200 亩		
26	咸丰县志坚食用菌产销专业合作社	邓兴顺	2016 年 3 月 10 日	杉树园村五组	13177131855	5		24 个大棚，年产 5 万千克香菇，2.5 万千克平菇		
27	咸丰县大堰沟药材种植专业合作社	蒋昌卜	2015 年 7 月 13 日	太坪沟村大堰沟	13886796090	9		药材 220 亩（黄精、重楼）		

续表 13

序号	企业名称	法定代表人	成立日期	住所	联系方式（手机）	带动贫困户（户）	产业类型及规模			备注
							养殖	种植	其他	
28	咸丰庙梁硒农产品专业合作社	田庆林	2016 年 2 月 19 日	咸丰县忠堡镇庙梁子村八组	15972433089	67		蔬菜 177 亩，烟叶 160 亩		
29	咸丰县兴农箬叶专业合作社	易辉戚	2011 年 3 月 18 日	咸丰县忠堡镇庙梁村	13997756823	146		200 亩箬叶，预计再发展 300 亩	收购加工销售额 700 万元，1700 平方米新加工厂在建	
30	咸丰县兴业养殖专业合作社	王现军	2013 年 6 月 7 日	咸丰县忠堡镇黄木柁村二组	13451032111	47	生猪存栏 2000 头，牛 60 头	药材 20 亩		
31	咸丰县湖川生猪养殖专业合作社	罗爱斌	2009 年 5 月 5 日	咸丰县忠堡镇幸福村	18907266365	52	生猪存栏 1500 头			公司 + 合作社
32	咸丰县板桥丰桥花木种植专业合作社	陈滋忠	2016 年 5 月 23 日	咸丰县忠堡镇板桥村五组	13886761308	27		苗木 40 亩		
33	咸丰县大华农业专业合作社	辛志香	2017 年 1 月 4 日	咸丰县忠堡镇细皮沟村六组	13477938105	44	生猪 500 头	种植类 40 亩		
34	咸丰县水绿山美养蜂专业合作社	杨廷胜	2018 年 6 月 6 日	咸丰县忠堡镇板桥村村民委会	18972427272	124	1000 箱蜂蜜			“合作社 + 农户”
35	咸丰县世全生态农业专业合作社	湛仕全	2018 年 1 月 12 日	咸丰县忠堡镇石门坎村五组	15335806932	35	生猪存栏 130 头	烟叶 170 亩		
36	咸丰县秋实生态果蔬专业合作社	刘小华	2018 年 22 日	咸丰县忠堡镇忠堡大道 172 号	13986857612	35	羊 200	蔬菜 110 亩		
37	咸丰县帅兴蔬菜种植专业合作社	邓着州	2014 年 7 月 22 日	咸丰县忠堡镇明星村一组（基地在马倌屯村）	18872145551	96		果蔬 120 亩（咸丰—余杭现代农业产业园）		“公司 + 合作社”欠流转费及工资
38	咸丰县天禧花卉苗木专业合作社	张云超	2012 年 11 月 15 日	咸丰县丁寨乡高山羊村四组	13505660273	38		种植花卉苗木 800 亩		“公司 + 合作社”
39	咸丰县桐园大山红花油茶种植专业合作社	王远洪	2012 年 10 月 11 日	咸丰县丁寨乡桐子园村六组	18071926731	190		油茶 2000 亩，其中 570 亩获奖补		
40	咸丰县清泉生态农业专业合作社	韩继刚 尹红波	2016 年 12 月 1 日	咸丰县丁寨乡渔泉口村	13032797868 15342863126	291		白茶 506 亩、枇杷 517.24 亩、山桐子 536 亩		获管护费 10 万元

续表 13

序号	企业名称	法定代表人	成立日期	住所	联系方式（手机）	带动贫困户（户）	产业类型及规模			备注
							养殖	种植	其他	
41	咸丰县豪景园林花卉苗木专业合作社	梁友志	2016 年 6 月 29 日	咸丰县丁寨乡春沟村	15327050111	30		花卉苗木 500 亩		“公司 + 合作社”
42	咸丰县瓦厂坪甜柿专业合作社	金为民	2017 年 5 月 22 日	咸丰县丁寨乡万家坝村	13032797606	47		种植甜柿 634.37 亩		“合作社 + 农户”
43	咸丰县硒土生态农业专业合作社	田　健	2018 年 1 月 19 日	咸丰县丁寨乡高坡村一组	18971884421	160		种植油茶 1500 亩，涉及高坡、杨家寨、沙子坝村		欠部分流转费及工资
44	咸丰宇成生态养殖专业合作社	赵　蛟	2017 年 12 月 15 日	咸丰县丁寨乡黄泥塘村	13339944226	3	存栏肉鸽 4000 羽，年出栏 3 万只			
45	咸丰县兴强种植专业合作社	蒋孝强	2018 年 8 月 1 日	咸丰县丁寨乡双拱桥村 3 组（唐家沟）	19972789615	48		甘蔗 10 亩，红苕 80 亩，土豆 60 亩，芭蕉芋 40 亩，涉及朝阳、活龙、尖山及唐家沟几个地方		
46	咸丰县生原鸡地养殖专业合作社	向　情	2018 年 10 月 30 日	咸丰县曲江镇高山羊村一组	13972419977（刘光祥）	4	蛋鸡 1.9 万只（2019 年 5 月刚发展）			
47	咸丰县牛耳洞养殖专业合作社	魏永春	2012 年 4 月 23 日	咸丰县丁寨乡杨家寨村八组	15586680233	3	1 万只蛋鸡，产值 150 万元			
48	咸丰县丁寨基地单元烟农专业合作社高坡榨油分社	伍勇军	2017 年 8 月 31 日	咸丰县丁寨乡高坡（烟叶收购组）	13617186761	1000		拥有烤房 400 座，育苗大棚 200 个，技术指导，包括坪坝营、曲江两个乡镇。种油菜 500 亩，并榨油		
49	咸丰县荣峰农业专业合作社	李　荣	2019 年 6 月	曲江镇土地坪村	13235443679	50		蔬菜 200 亩		新增
50	咸丰县坪坝营天宇农林专业合作社	雷　艳	2017 年 3 月 9 日	咸丰县坪坝营镇青岗坝村一组	18695009566	80		蔬菜 50 亩核桃 275 亩，高乐山 300 亩蔬菜		
51	咸丰县康扬藤茶种植专业合作社	刘玉忠	2016 年 10 月 20 日	咸丰县坪坝营镇墨池寺村八组	18537111028	135		藤茶 650 亩		

续表 13

序号	企业名称	法定代表人	成立日期	住所	联系方式（手机）	带动贫困户（户）	产业类型及规模			备注
							养殖	种植	其他	
52	咸丰县山河秀园林专业合作社	张明星	2017年3月9日	咸丰县坪坝营镇杨洞村	13617189061	62		花卉苗木500亩		2019年土地流转费未付
53	咸丰县致远农业专业合作社	曹　伟	2018年9月27日	咸丰县坪坝营镇大溪村三组	18062683386	30		食用菌种植52亩，厂房建设3亩		
54	咸丰县高家河农业综合开发专业合作社	田　甜	2014年10月20日	咸丰县坪坝营镇坪坝营村4组	15347139388	25		花卉15亩	路面硬化3千米索道400米	
55	咸丰县向家田生态农产品专业合作社	杨文丰	2016年3月24日	咸丰县坪坝营镇马家沟村	13635760769	43	土鸡100只			
56	咸丰县楚城农业专业合作社	李云楚	2016年7月1日	咸丰县坪坝营镇大溪村4组	13972015376	40		蔬菜种植52亩，厂房建设3亩		
57	咸丰县绿林森葡萄种植专业合作社	钱洪权	2011年11月10日	咸丰县甲马池镇墨池寺村	15507295455	30	青蛙养殖15亩	葡萄种植200亩		
58	咸丰县新华油茶专业合作社	何梅华	2012年8月13日	咸丰县甲马池镇新场村笔架山	15971783182	700		油茶150亩		
59	咸丰县天财地宝生态农业专业合作社	冉继业	2015年11月23日	咸丰县甲马池镇甲马池村三组3号	15334007880	40	蜜蜂2000桶			
60	咸丰县丁寨基地单元烟农专业合作社	伍勇军	2011年3月9日	咸丰县甲马池镇杨洞集镇	13617189061	100		200亩烟叶		2019年土地流转费一部分未付
61	咸丰县坪坝营镇新场村富民藤茶专业合作社	彭中明	2016年10月18日	咸丰县坪坝营镇新场村村委会	18727696121	32		油茶600亩		
62	咸丰县更生河生态农业专业合作社	董贤良	2016年1月19日	咸丰县坪坝营镇方家坝村	13480630508	110		脆红李700亩		
63	咸丰县光明核桃专业合作社	杨秀涛	2016年9月2日	咸丰县坪坝营镇狮子岩村	18523464679	150		核桃种植1000亩		
64	咸丰县龚家坨生猪生态养殖专业合作社	龚　玺	2017年2月21日	咸丰县坪坝营镇墨池寺村五组	13343557019	5	生猪2000头			

续表 13

序号	企业名称	法定代表人	成立日期	住所	联系方式（手机）	带动贫困户（户）	产业类型及规模			备注
							养殖	种植	其他	
65	咸丰县昂和生态农业专业合作社	张小东	2018年3月14日	咸丰县坪坝营镇花台山村二组二号	13217181199	30		药材120亩，蔬菜200亩		
66	咸丰县硒健竹节参种植专业合作社	龚　雪	2018年3月19日	咸丰县坪坝营镇燕子坝村1组	15272942762	50		竹节参170亩		
67	咸丰县兴达生猪养殖专业合作社	刘仕斌	2016年4月22日	咸丰县坪坝营镇鹿子坨村	13477951809	2	生猪1002头			
68	咸丰县新希望中药材种植专业合作社	金明剑	2016年5月11日	湖北省咸丰县坪坝营镇石板铺村二组2号	18672046442	10		中药材200亩，藤茶150亩，油茶350亩		咸丰县坪坝营镇板栗洼村二组
69	咸丰县卢家洞生态农业专业合作社	蒲建英	2016年7月29日	咸丰县坪坝营镇官田堡村	15071832035	242				
70	咸丰县坪坝营镇梨树垭村林海种植专业合作社	陈显峰	2016年11月28日	咸丰县坪坝营镇梨树垭村委会	13100763333	30	土鸡2000只	辣椒120亩花卉苗木15亩		
71	咸丰县坪坝营镇张家坪村大溪洞种植专业合作社	李学峰	2016年11月28日	咸丰县坪坝营镇张家坪村委会	18107189469	30		脆红李种植300亩		
72	咸丰县庶民种植专业合作社	郑德华	2016年12月26日	咸丰县坪坝营镇青岗坝村二组	13317263489	54		藤茶600亩		
73	咸丰县方家坝村过麒麟生态种养殖专业合作社	董　斌	2017年3月2日	咸丰县坪坝营镇方家坝村五组5号	17740555839	80		辣椒700亩		
74	咸丰县坪上生态农业专业合作社	杨　华	2018年1月10日	咸丰县坪坝营镇板栗洼村7组	15826690455	40		藤茶170亩，油茶230亩，（藤茶油茶套种）烤烟种植100亩		
75	咸丰县杨洞生漆专业合作社	潘琼华	2015年2月4日	咸丰县坪坝营镇杨洞村5组	15071897450	48		漆树300亩		2019年土地租费未付
76	咸丰县新世纪生态农业专业合作社	易兴树	2016年4月8日	咸丰县坪坝营镇龙王庙村	15237778888	40		桂花树种植100亩		
77	咸丰县青岗坝村富硒种植专业合作社	常石林	2016年12月12日	咸丰县坪坝营镇青岗坝村二组	18072012583	30		仙草12亩，藤茶300亩		

续表 13

序号	企业名称	法定代表人	成立日期	住所	联系方式（手机）	带动贫困户（户）	产业类型及规模			备注
							养殖	种植	其他	
78	咸丰县大锌尖村农民专业合作社	娄高飞	2017年12月18日	咸丰县坪坝营镇大锌尖村五组	17771759473	13		藤茶种植 200 亩		
79	咸丰县筒车坝藤茶专业合作社	陈延威	2015年12月16日	咸丰县坪坝营镇筒车坝村	18972405799	20		藤茶 430 亩		2019 年土地租赁费未付
80	咸丰县碧香园生态农业专业合作社	向碧香	2016年5月16日	咸丰县坪坝营镇旋坨村	18671891840	56		藤茶种植 160 亩		
81	咸丰县永盛生态农业专业合作社	米　勇	2018年5月8日	咸丰县坪坝营镇当门坝村十三组黑桃坪	18672070428	4	马蜂 1000 窝			
82	咸丰县庆鸿生态农业专业合作社	金红轩	2018年11月27日	咸丰县坪坝营镇花台山村	13477942451	30		辣椒 600 亩		
83	咸丰县裕润民农特产品专业合作社	杨明军	2013年12月19日	咸丰县坪坝营镇花台山村	13697183038	40		蔬菜、水稻、牡丹种植各 200 亩，魔芋 68 亩		
84	咸丰县大田种植专业合作社	邢宗汉	2016年11月18日	咸丰县坪坝营镇中坝村九组	15272267069	30		藤茶 200 亩，李子树 20 亩		
85	咸丰县素峰生态农业专业合作社	杨素华	2018年1月11日	咸丰县坪坝营镇甲马池村	13872735408	15		藤茶 150 亩仙草 20 亩		
86	咸丰县楚兴生态农业专业合作社	董红华	2018年3月15日	咸丰县坪坝营镇土司坝村六组 6 号	18571251180	14		种植辣椒 400 亩		
87	咸丰县聚财农业专业合作社	冉建平	2018年7月4日	咸丰县坪坝营镇新场村五组 5 号	13402748333	100		漆树种植 150 亩		
88	咸丰县青岗林农业专业合作社联合社	杨惠文	2016年12月9日	咸丰县坪坝营镇龙王庙村	15171034595	50		红豆杉 100 亩		
89	咸丰县凤鸣园艺种植专业合作社	毛洪兰	2016年11月3日	咸丰县新场村委会	13339943022	100		藤茶 200 亩		
90	咸丰亿博中药材种植专业合作社	张　勇	2015年11月13日	咸丰县高乐山镇城北社区（四方井谭逢亮家二楼）	15707274511	983				非本辖区
91	咸丰县硒智博思卢氏专业合作社	卢　涛	2016年3月22日	湖北省咸丰县坪坝营镇当门坝村一组 1 号	18871810170	7		恩施黑猪 320 头		

续表 13

序号	企业名称	法定代表人	成立日期	住所	联系方式（手机）	带动贫困户（户）	产业类型及规模			备注
							养殖	种植	其他	
92	咸丰县红颜农业专业合作社	杨　念	2018年12月10日	咸丰县坪坝营镇鹿子坨村11组	18971899152	2	生猪262头			
93	咸丰县官田堡农业专业合作社	杨本高	2010年5月13日	咸丰县甲马池镇官田堡村二组	13477881721	28	鸡50只	油茶405亩		
94	咸丰县健康休闲农场专业合作社	罗健康	2016年4月12日	湖北省咸丰县甲马池镇老岩孔村一组1号	13687192428	100		油茶5300亩，李子20亩		坪坝营镇旋厂坝村
95	咸丰县月丰养殖专业合作社	卢月锋	2016年2月1日	咸丰县坪坝营镇黄鳝坝村	13997798375	2	恩施黄牛65头			2017年至今未与村级利益链接
96	咸丰县龙茂农业专业合作社	龚永锡	2016年2月3日	咸丰县朝阳寺镇五龙坪村	13517166609	30		种植生漆150亩		
97	咸丰县五龙坪村君鑫专业合作社	覃华军	2017年2月27日	咸丰县朝阳寺镇五龙坪村三组3号	13227485678	2	养殖生猪500头			
98	咸丰县华大生态农业专业合作社	兰国华	2017年9月20日	咸丰县朝阳寺镇五龙坪村（兰国华家中）	13477925918	17	养殖土鸡600只	种植脆红李100亩		
99	咸丰县艳播硒白茶种植专业合作社	熊应杰	2017年11月13日	咸丰县朝阳寺镇落马滩村三组	18907265698	15		种植白茶60亩 带动社员348.8亩		
100	咸丰县凤溪源果蔬专业合作社	李昌华	2011年12月20日	咸丰县朝阳寺镇凉桥村一组		32		种植红柚200亩 种植白柚100亩		
101	咸丰县园红生态农业专业合作社	田远红	2017年5月12日	咸丰县朝阳寺镇鸡鸣坝村	13257252229	19		大棚蔬菜种植面积约20亩。露天种植恩施硒土豆面积150亩，辣椒50亩。黄桃7.3亩地		
102	咸丰县建华农业专业合作社	朱建华	2017年7月20日	咸丰县朝阳寺镇五龙坪村三组3号	15347006255	30		种植花卉150亩 种植烤烟70亩 种植魔芋20亩		
103	咸丰县旺丰养殖专业合作社	秦远平	2014年11月6日	咸丰县朝阳寺镇鸡鸣坝村8组	15377249968	1	养殖生猪500头	种植白柚5亩		
104	咸丰县朝阳寺镇长岭村聚鑫农业专业合作社	余思权	2018年7月31日	湖北省恩施州咸丰县朝阳寺镇长岭村4组4号	15334003833	5	养殖土鸡300只	种植食用大棚香菇100000棒 种植柚子400亩		

续表 13

序号	企业名称	法定代表人	成立日期	住所	联系方式（手机）	带动贫困户（户）	产业类型及规模			备注
							养殖	种植	其他	
105	咸丰县茶林堡茶叶专业合作社	任国平	2015 年 7 月 14 日	咸丰县大路坝区蛇盘溪村	13310533489	280			收购茶叶 155 吨	
106	咸丰县宏毅种植专业合作社	尹秀洪	2019 年 3 月 1 日	咸丰县大路坝乡谭家坪村村委会	13597757125	58		种植白茶 1100 余亩		
107	咸丰县谭家坪坳田茶叶种植专业合作社	吴 军	2016 年 11 月 1 日	咸丰县大路坝乡谭家坪村	18071338107	132			管理白茶 37 亩，其余为农户自己种植	
108	咸丰县三康有机硒农产品专业合作社	钱良祥	2017 年 7 月 19 日	咸丰县大路坝区谭家坪村沙子岭小组	18671734888	38		种植油菜 530 亩；流转农户土地 530 亩。种植油菜 280 余亩		
109	咸丰县千壶茶业专业合作社	梁 曦	2017 年 12 月 1 日	咸丰县大路坝集镇（王柏平家住房）	1.88073E+21	117		种植白茶 200 余亩		
110	咸丰县阳光椎茶叶专业合作社	杨正松	2018 年 6 月	咸丰县大路坝区掌上界村三组	18623288388	5		种植白茶 300 余亩		
111	咸丰县唐崖镇升天界村油茶专业合作社	常先华	2016 年 12 月 9 日	湖北省咸丰县唐崖镇升天界村	13647184263	161		油茶 500 亩		
112	咸丰县唐崖恩施黑猪养殖专业合作社	焦 宪	2017 年 3 月 7 日	湖北省咸丰县唐崖镇彭家沟村七组	13636281511	171	黑猪 2000 头	白柚 1300 余亩		
113	咸丰县富盈生态农业专业合作社	卢照辉	2016 年 11 月 1 日	咸丰县唐崖镇官家堡村一组	18907264926	191		油茶 1678 亩		
114	咸丰县大水坪农业专业合作社	严再权	2015 年 10 月 27 日	咸丰县唐崖镇大水坪村	13451039318	120		白茶 600 亩，苗木 15 亩		
115	咸丰县唐崖镇荆竹界兴旺农牧生态专业合作社	杨明江	2017 年 9 月 19 日	湖北省咸丰县唐崖镇荆竹界村三组	13377963122	90		油茶 689 亩		
116	咸丰县宜恒生态农业专业合作社	陈华明	2017 年 3 月 14 日	咸丰县唐崖镇邀联溪村	18671829488	112		油茶 900 亩		
117	咸丰县祥盛生态农业专业合作社	陈艳平	2018 年 8 月 31 日	咸丰县唐崖镇钟塘村 7 组（张家坝）	13971874251	135			收购白茶加工（钟塘圣浩），产值 200 万元以上	
118	咸丰县泰欣茶叶专业合作社	崔吉双	2009 年 6 月 26 日	咸丰县尖山乡大椿树村		160		绿茶 1650 亩		
119	咸丰县核桃堡生态农林专业合作社	贺廷艮	2017 年 4 月 25 日	咸丰县唐崖镇乱石窑沙子坝村	13337494906	85		油茶 512 亩		

续表 13

序号	企业名称	法定代表人	成立日期	住所	联系方式（手机）	带动贫困户（户）	产业类型及规模			备注
							养殖	种植	其他	
120	咸丰县核桃堡生态农林专业合作社	雷刚毅	2018 年 11 月 21 日	咸丰县唐崖镇杨家营村	13316041888	25		茶叶 160 亩，蔬菜 100 亩		
121	咸丰县核桃堡生态农林专业合作社	刘红专	2018 年 12 月 17 日	湖北省咸丰县唐崖镇双河口村九组 9 号	18671878447	81		白茶 350 亩		
122	咸丰县核桃堡生态农林专业合作社	秦奇汉	2010 年 9 月 9 日	咸丰县尖山乡大椿树村七组	13403051388	6	养猪 300 余头			
123	咸丰县核桃堡生态农林专业合作社	秦远才	2010 年 6 月 24 日	咸丰县尖山乡大椿树村	87654321	37		林木种植 200 余亩		
124	咸丰县核桃堡生态农林专业合作社	覃国安	2012 年 5 月 15 日	咸丰县尖山乡大椿树村三组		2	野猪 200 余头			
125	咸丰县核桃堡生态农林专业合作社	田　军	2017 年 11 月 29 日	咸丰县唐崖镇三角庄村一组	15255333377	120		油茶 1100 亩，药材 600 亩		
126	咸丰县核桃堡生态农林专业合作社	王金旭	2016 年 11 月 7 日	咸丰县唐崖镇燕子嵌村 9 组	15671503418	3	生猪养殖 200 余头			
127	咸丰县核桃堡生态农林专业合作社	王明发	2017 年 5 月 22 日	咸丰县唐崖镇何家沟村	13257251882	53		油茶 925 亩		
128	咸丰县核桃堡生态农林专业合作社	邬家元	2016 年 12 月 9 日	咸丰县唐崖镇空山岭村	13517133741	103		老鹰菘 520 亩		
129	咸丰县核桃堡生态农林专业合作社	吴宗鳌	2017 年 10 月 13 日	咸丰县唐崖镇铜厂坡村委会	18727732888	163		油茶 2400 亩		
130	咸丰县核桃堡生态农林专业合作社	熊正超	2015 年 12 月 15 日	咸丰县唐崖镇何家沟村四组	15172943356	120	鸡 6100 只			
131	咸丰县核桃堡生态农林专业合作社	余　波	2017 年 11 月 29 日	咸丰县唐崖镇何家沟村二组	18671819922	155		茶叶 462 亩		
132	咸丰县核桃堡生态农林专业合作社	余　波	2015 年 10 月 14 日	咸丰县唐崖镇何家沟村一组	18671819922	106		药材 600 亩		
133	咸丰县核桃堡生态农林专业合作社	赵宏建	2016 年 8 月 5 日	咸丰县唐崖镇官家堡村	18325238023	2	养猪 320 头，母猪 50 头			
134	咸丰县核桃堡生态农林专业合作社	刘　胜	2018 年 3 月 26 日	咸丰县唐崖镇三角庄村八组	13636280422	7	养猪 300 头			
135	咸丰县核桃堡生态农林专业合作社	覃锦华	2019 年 3 月 12 日	咸丰县唐崖镇铜厂村村委会	15172804288	126		中药材 600 亩		

续表 13

序号	企业名称	法定代表人	成立日期	住所	联系方式（手机）	带动贫困户（户）	产业类型及规模			备注
							养殖	种植	其他	
136	咸丰县核桃堡生态农林专业合作社	覃文德	2017年1月12日	湖北省咸丰县唐崖镇两河口村	13517184345	3	12000尾鱼			
137	咸丰县核桃堡生态农林专业合作社	汪志谷	2018年6月26日	咸丰县唐崖镇谢家坝村村委会	15171099262	85		茶叶462亩		
138	咸丰县核桃堡生态农林专业合作社	吴昌艳	2018年6月11日	咸丰县唐崖镇龙田湾村一组	17771666178	25		药材200亩		
139	咸丰县核桃堡生态农林专业合作社	喻光树	2007年11月26日	咸丰县尖山乡大石沟村	13337493318	15	生猪400头			
140	咸丰县核桃堡生态农林专业合作社	张宗余	2018年2月6日	咸丰县唐崖镇龙潭坝村九组	18695010099	42		药材、蔬菜500余亩		
141	咸丰县鸿鸣种植专业合作社	王　洪	2015年7月20日	咸丰县活龙坪乡八家台街上	13972440752	200		辣椒种植400亩		
142	咸丰县祥瑞畜禽产销专业合作社	王章红	2011年11月29日	咸丰县活龙坪乡茶林堡村一组	13872724778	224	生猪200头 产销1万头			
143	咸丰县茂鑫茶蔬专业合作社	杨直东	2017年12月19日	湖北省恩施土家族苗族自治州咸丰县活龙坪乡茶林堡村	18007263510	50		茶叶种植363亩		
144	咸丰县祥发苗木种植专业合作社	孙红林	2015年3月19日	咸丰县活龙坪乡活龙坪村	13477936063	70		发展柑橘苗木200亩		有牌子未悬挂
145	咸丰县创新茶叶种植专业合作社	王章红	2016年8月22日	咸丰县活龙坪乡茶林堡村	13872724778	224		茶叶种植500亩		有牌子未悬挂
146	咸丰县郁森林业专业合作社	田银安	2014年12月8日	咸丰县活龙坪乡大着落村二十组	13872725381	30		种植茶苗及药材210亩		
147	咸丰县东湘肉牛养殖专业合作社	秦　渊	2016年8月24日	咸丰县活龙坪乡东湘溪村	18727677619	20	肉牛养殖200头			
148	咸丰县勤政生态农业专业合作社	杨　勤	2016年6月29日	咸丰县活龙坪乡二台坪村	13477276272	75		种植业水稻400亩		
149	咸丰县二台坪农业专业合作社	张腊梅	2016年8月31日	咸丰县活龙坪乡二台坪村	15172968757	13		种植业药材300亩		
150	咸丰县康之源养殖专业合作社	杨光照	2013年12月25日	咸丰县活龙坪乡二仙岩村		2	养殖黄牛50头			

续表 13

序号	企业名称	法定代表人	成立日期	住所	联系方式（手机）	带动贫困户（户）	产业类型及规模			备注
							养殖	种植	其他	
151	咸丰县瑞祥蔬菜专业合作社	佘学良	2016 年 11 月 30 日	咸丰县活龙坪乡二仙岩村	13235592488	11		蔬菜种植 150 亩		
152	咸丰县观音塘山桐籽种植专业合作社	喻秀安	2017 年 1 月 4 日	咸丰县活龙坪乡观音塘村	13593641642	55		种植山桐子 600 亩		
153	咸丰县佰佑农业专业合作社	吴海燕	2015 年 10 月 27 日	咸丰县活龙坪乡海龙坪村长茅坡组（安置区）	13597815458	52		种植中药材 320 亩		
154	咸丰县利源老鹰茶有机种植专业合作社	梁　坤	2015 年 10 月 28 日	咸丰县活龙坪乡海龙坪村石家垭口	13477208561	62		种植老鹰茶 799 亩		
155	咸丰县活龙坪乡海龙坪村胜誉专业合作社	刘胜详	2017 年 2 月 20 日	湖北省咸丰县活龙坪乡海龙坪村长茅坡组	13477956088	8		种植烟叶 300 亩		有牌子未悬挂
156	咸丰县民丰农业专业合作社	刘　琼	2016 年 1 月 11 日	咸丰县活龙坪乡河坎村十三组	15151515303	16		中药材种植 130 亩		法人已经变更为罗旭
157	咸丰县齐力生态农业专业合作社	王小兵	2011 年 12 月 13 日	咸丰县活龙坪乡龙凤街 73 号	13997765361	118		200 优质水稻		
158	咸丰县顺达生态农业专业合作社	米显奎	2010 年 4 月 2 日	咸丰县活龙坪乡龙凤街 82 号	13477893688	60		药材 200 亩		
159	咸丰县龙井郁江生态农业专业合作社	陈登建	2016 年 6 月 13 日	咸丰县活龙坪乡龙井村	15971695467	20		发展山桐子 1000 亩		
160	咸丰县农友生态农业专业合作社	谭　浩	2016 年 3 月 4 日	咸丰县活龙坪乡楼子庄村	15971715361	30		花椒种植 320 亩		
161	咸丰县鹏森有机茶叶专业合作社	罗　静	2016 年 5 月 19 日	咸丰县活龙坪乡楼子庄村	13396193158	50			茶叶加工销售，产值 400 万元	
162	咸丰县楼子桩茶叶专业合作社	罗凤英	2017 年 2 月 13 日	咸丰县活龙坪乡楼子桩	18071939551	50			第二产业，茶叶加工销售，产值 300 万元	
163	咸丰县马鞍山辣椒专业合作社	谭方明	2010 年 1 月 13 日	咸丰县活龙坪乡马鞍山村	13402786688	45		产业种植、辣椒 200 亩		
164	咸丰县富嘉园生态农业专业合作社	谭克勇	2015 年 5 月 5 日	咸丰县活龙坪乡马鞍山村	13157525168	75		水果种植、脆红李 597 亩		
165	咸丰县茅坝茶叶专业合作社	丁茂生	2012 年 11 月 12 日	咸丰县活龙坪乡茅坝集镇	18671809333	60		白茶 1200 亩		

续表 13

序号	企业名称	法定代表人	成立日期	住所	联系方式（手机）	带动贫困户（户）	产业类型及规模			备注
							养殖	种植	其他	
166	咸丰县兴旺生猪养殖专业合作社	袁德洋	2012 年 12 月 4 日	咸丰县活龙坪乡牡丹坪村十二组	18271723468	2	养殖生猪 500 头			
167	咸丰县茨塘贸丰生态农业专业合作社	刘振华	2017 年 12 月 1 日	咸丰县活龙坪乡牡丹坪村 12 组 12 号	13597789428	80		中药材 500 亩		
168	咸丰县月亮田生态农业专业合作社	黄君芳	2018 年 8 月 9 日	咸丰县活龙坪乡牡丹坪村	15858526249	60	生猪 90 头，牛 2 头	中药材 200 亩		
169	咸三县吉丰生态农业专业合作社	王　兵	2017 年 11 月 17 日	咸丰县活龙坪乡玉盘村十组	13648235123	10	20 头牛	100 亩烤烟		
170	咸丰县春兴生态农业专业合作社	王承兴	2017 年 11 月 6 日	咸丰县活龙坪乡活龙坪村漆树坪组	15327031268	6		辣椒种植和水果种植：辣椒 120 亩；李子 40 亩		
171	咸丰县博新农业专业合作社	黄　超	2015 年 12 月 21 日	咸丰县活龙坪乡漆树坪村土鱼泉组	15347133625	6	养猪 60 头	辣椒 200 亩		
172	咸丰县施语茶叶专业合作社	谭长沙	2017 年 11 月 30 日	咸丰县活龙坪乡晓溪村大鱼田组 08 号	15342846163	20			茶叶加工，工厂面积 800 平方米，资产总额 90 万元，工人 5 人	
173	咸丰县二青岩蜂业专业合作社	董　亮	2016 年 11 月 24 日	咸丰县活龙坪乡秧坪村	15334007855	11	养殖蜜蜂 500 箱			
174	咸丰县隐袍树中药材专业合作社	罗　明	2018 年 9 月 25 日	咸丰县活龙坪乡瘾疱树村罗家桥组	17371830749	153		发展中药材 130 亩（贝母和老虎姜）		
175	咸丰县深山神农生态农林专业合作社	王　俊	2018 年 7 月 6 日	湖北省咸丰县活龙坪乡喻家界村二组	13329829698	12		发展蜜薯 110 亩		
176	咸丰县宜农油茶种植专业合作社	罗国军	2017 年 4 月 6 日	咸丰县清坪镇太坪坝村村委会三楼	13886777847	54		油茶 500.7 亩		
177	咸丰县清扬硒白茶专业合作社	张明星	2017 年 10 月 24 日	咸丰县清坪镇杨家庄村村委会	13617189061	210		白茶 1340 亩		
178	咸丰县大寨茶叶专业合作社	李绍华	2015 年 7 月 22 日	咸丰县清坪镇马家坪村二组	13636297992	34		自有茶叶基地 18 亩，茶叶加工、销售		
179	咸丰县高峰猕猴桃专业合作社	田　旭	2016 年 3 月 25 日	湖北省咸丰县清坪镇高峰村三组 3 号	15172838199	121		猕猴桃 120 亩，带动农户发展 700 亩		
180	咸丰县鹏图林业专业合作社	张　玮	2011 年 10 月 12 日	咸丰县清坪镇排丰坝村五组	15971791372	74		花卉苗木 1000 余亩，林下套种中药材 350 亩		

续表 13

序号	企业名称	法定代表人	成立日期	住所	联系方式（手机）	带动贫困户（户）	产业类型及规模			备注
							养殖	种植	其他	
181	咸丰县丰硕种植专业合作社	黄德洪	2017年3月7日	咸丰县清坪镇青岗坪村四组	15818248678	194		油茶1048亩		带动贫困户153户
182	咸丰县荃森苗木专业合作社	陈　平	2014年11月24日	咸丰县清坪镇清坪街8号	13477955321	112		油茶1168亩		带动贫困户108户
183	咸丰县土司黄金茶现代农业专业合作社	黄文明	2016年4月18日	咸丰县清坪镇柏杨坪村村委会旁	13867040955	52		白茶、黄茶等1076亩 茶叶加工、销售		带动贫困户62户
184	咸丰县嘉太农业专业合作社	李彦均	2016年11月16日	咸丰县清坪镇柏杨坪村8组	18695008887	36		白茶等茶叶602亩，茶叶加工、销售		带动贫困户46户
185	咸丰县佳润橄榄油产销专业合作社	贺慧琼	2014年7月14日	咸丰县清坪镇柏杨坪村	13602339887	178		油橄榄400亩		
186	咸丰县义祥高端农业专业合作社	汪义勇	2017年5月9日	咸丰县清坪镇官场坝村一组1号	18671835988	76		金钱柳542亩		带动贫困户75户
187	咸丰县硒源春农业专业合作社	乾维春	2016年12月8日	咸丰县清坪镇团坝子村	13957143618	250		鹅柑、李子等水果1200亩，仙草800亩		带动贫困户113户
188	咸丰县水云间茶叶专业合作社	李朝辉	2013年7月15日	咸丰县清坪镇泗坝村（粮站）	13403096619	31		黄金茶200亩		
189	咸丰县家家健茶业专业合作社	雷明华	2016年4月26日	咸丰县清坪镇泗大坝村	13307267576	42		发展茶叶基地506亩		
190	咸丰县森缘生态农业专业合作社	冉　恒	2019年2月15日	咸丰县清坪镇八斗萝村五组	13635762870	30		茶叶260亩		
191	咸丰县利农生态农业专业合作社	李尤茂	2016年12月13日	咸丰县清坪镇桐木园村	13329822990	22	灰胸竹鸡200多只	茶叶550亩		
192	咸丰县野叶茶叶专业合作社	任登华	2016年5月24日	咸丰县清坪镇马家坪村	15334004232	28		茶叶200亩 茶叶加工、销售		
193	咸丰县民利种植专业合作社	官涛生	2017年3月27日	咸丰县清坪镇申里坝村二组	13517165660	162		甜柿150亩，带动农户发展500余亩		

续表 13

序号	企业名称	法定代表人	成立日期	住所	联系方式（手机）	带动贫困户（户）	产业类型及规模			备注
							养殖	种植	其他	
194	咸丰县利民山茶专业合作社	朱永多	2017年4月21日	咸丰县清坪镇大石坝村（村委会）	15971803596	224		油茶3500亩，中药材500亩		
195	咸丰县大石坝生态农业专业合作社	罗　林	2016年10月26日	咸丰县清坪镇大石坝村一组	13396192828	10		油牡丹150亩、吴茱萸30亩、九道枯1亩		
196	咸丰县合胜农业专业合作社	严　飞	2016年11月16日	咸丰县清坪镇高峰村二组	13617182823	350		辣椒初加工、销售，自种辣椒200亩，带动农户发展1800余亩		
197	咸丰县煜熠种植专业合作社	朱继伟	2015年2月5日	咸丰县清坪镇高峰村四组4号	18972441511	40		中药材50亩		
198	咸丰县颜氏养殖专业合作社	李永富	2018年5月8日	咸丰县清坪镇街上	13907266003	211	生猪300头			
199	咸丰县开源种植专业合作社	黄长坤	2017年11月7日	咸丰县清坪镇龙潭司村八组8号	13597775366	50		脐橙600亩，水稻100亩		
200	咸丰县福泽生态农业专业合作社	罗　华	2017年1月17日	咸丰县清坪镇麻柳坝村二组	15334014555	77		油茶1086亩，套种辣椒500亩		带动贫困户87户
201	咸丰县麻柳坝天欣农业种植专业合作社	覃贵成	2016年3月22日	咸丰县清坪镇麻柳坝村委会	13427555095、15570579331	160		草莓大棚5个、葡萄6亩，脆红李140亩，杂柑50亩		
202	咸丰县绵羊洞九香农业专业合作社	钟武军	2018年11月27日	咸丰县清坪镇绵羊洞村三组	13615846208	136		白茶、黄茶等800亩		
203	咸丰县奇维他果蔬种植专业合作社	秦　俊	2015年5月28日	咸丰县清坪镇排峰坝村	18672455199	65		清坪辖区内猕猴桃20亩套种箬叶		
204	咸丰县瑞田蔬菜种植专业合作社	肖　瑞	2014年12月1日	咸丰县清坪镇清利街132号	18995929588	245		合作社种植辣椒示范基地40亩，组织农户种植辣椒2300亩，合作社负责收购、销售。基地在曲江镇、坪坝营镇		
205	咸丰县源耀专业合作社	卢应学	2018年1月9日	咸丰县清坪镇清利街上街	13477243938	97		中药材600余亩，中药材初加工		
206	咸丰县茶诗益茶叶专业合作社	袁丽芳	2017年5月24日	咸丰县清坪镇清水塘村六组	13477222626	40		白茶360亩		

续表 13

序号	企业名称	法定代表人	成立日期	住所	联系方式（手机）	带动贫困户（户）	产业类型及规模			备注
							养殖	种植	其他	
207	咸丰县国辉油茶专业合作社	范国辉	2016年9月27日	咸丰县清坪镇清水塘村一组	13469758096	350		油茶2400亩		
208	咸丰县红光有机生态农业专业合作社	李洪波	2016年1月12日	咸丰县清坪镇八斗萝村	18871808388 18695015468	74		油茶556亩		
209	咸丰县瀑泉茶叶专业合作社	马艳琼	2013年3月11日	咸丰县小村乡工业园区（榨油坝）		90		280亩	加工茶叶年产值1500万元	
210	咸丰县寅和林业专业合作社	曾仲奎	2012年6月25日	咸丰县小村乡李子溪村教学点		20		1200亩树苗		
211	咸丰县继琳茶叶专业合作社	白继林	2011年6月30日	咸丰县小村乡田坝村		130			加工茶叶年产值600万元	
212	咸丰县茗薇茶叶专业合作社	王昌军	2015年8月06日	咸丰县小村乡大村村九组	15971722323	32		560亩	加工茶叶年产值1000万元	
213	咸丰县小村红衣米花生专业合作社	秦久云	2008年12月10日	咸丰县小村乡集镇	6772188	1000		2000亩		
214	咸丰县硒云巅茶业专业合作社	任　江	2015年3月31日	咸丰县小村乡大村集镇	15971731118	25			加工茶叶年产值200万元	
215	咸丰县云雾茶叶专业合作社	何　超	2008年12月10日	湖北省咸丰县小村乡集镇	6772248	30		260亩	加工茶叶年产值1000万元	
216	咸丰县绿园春茶叶专业合作社	张　俊	2015年11月20日	咸丰县小村乡兴隆沟村	13635758698	300		75亩	加工茶叶年产值300万元	
217	咸丰县花果园茶叶专业合作社	李霞美	2011年4月11日	咸丰县小村乡羊蹄村沙子坝	13971875675	200		400亩	加工茶叶年产值400万元	
218	咸丰县御硒源茶叶专业合作社	朱家军	2010年11月12日	咸丰县小村乡大村村三组	87654321	51		350亩	加工茶叶年产值750万元	
219	咸丰县天源茶叶专业合作社	白继成	2013年2月26日	咸丰县小村乡田坝村（繁店子）		200		230亩	加工茶叶年产值400万元	
220	咸丰县两岔河茶叶专业合作社	向安学	2015年2月27日	咸丰县小村乡大村村四组	13227465055	49		210亩	加工茶叶年产值220万元	
221	咸丰县怡和茶叶专业合作社	姚　慧	2015年12月3日	咸丰县小村乡白果村	13617188188	50			加工茶叶年产值220万元	
222	咸丰县春源茶叶专业合作社	杨安文	2015年12月24日	咸丰县小村乡中心场村	15171040818	10			加工茶叶年产值200万元	

续表 13

序号	企业名称	法定代表人	成立日期	住所	联系方式（手机）	带动贫困户（户）	产业类型及规模			备注
							养殖	种植	其他	
223	咸丰县超人茶叶专业合作社	杨启超	2015 年 11 月 26 日	咸丰县小村乡中心场村六组	15997704801	90		224.22 亩		
224	咸丰县轿顶山茶叶专业合作社	严 宇	2015 年 11 月 19 日	咸丰县小村乡大村村	15997709326	49		150 亩	加工茶叶年产值 150 万元	
225	咸丰县羊蹄岩茶叶专业合作社	王建明	2016 年 1 月 5 日	咸丰县小村乡羊蹄村五组	13886785728	125			加工茶叶年产值 370 万元	
226	咸丰县中心场茶叶专业合作社	姚敦现	2016 年 1 月 6 日	咸丰县小村乡中心场村	15971739169	120			加工茶叶年产值 300 万元	
227	咸丰县荔木茶叶专业合作社	廖育荣	2016 年 1 月 6 日	咸丰县小村乡荔木村	13997779296	141		280 亩		
228	咸丰县圣源茶叶专业合作社	徐 辉	2017 年 3 月 15 日	咸丰县小村乡田坝村	18271722509	120			加工茶叶年产值 300 万元	
229	咸丰县石仁寨茶叶专业合作社	雷小松	2016 年 4 月 5 日	咸丰县黄金洞乡金洞司村	18671833718	60 户		茶叶收购及加工类、基地面积 50 亩		
230	咸丰圣圃原农林专业合作社	吴艳芳	2012 年 12 月 24 日	咸丰县黄金洞乡石人坪村	15272267865	55 户		果疏粮种植类、种植面积 220 亩		
231	咸丰县奇泉茶叶专业合作社	朱佳妮	2011 年 7 月 25 日	咸丰县黄金洞乡大沙坝村	13907264333	100 户		茶叶收购及加工类、基地面积 200 亩		
232	咸丰县龙大茶叶专业合作社	聂红英	2012 年 8 月 7 日	咸丰县黄金洞大沙坝村	15971821812	300 户		茶叶收购及加工类、基地面积 200 亩		
233	咸丰县巴西坝富硒水稻种植专业合作社	张仕国	2016 年 8 月 12 日	湖北省咸丰县黄金洞乡巴西坝村三组	15171961989	20 户		果疏粮种植类、种植面积 500 亩		
234	咸丰县稀茗谷生态有机茶专业合作社	崔吉荣	2015 年 11 月 13 日	咸丰县黄金洞乡石家坝村二组	15272262003	80 户		茶叶收购及加工类、茶叶面积 260 亩、茶苗 60 亩		办公室及厂房正在建设中
235	咸丰县星斗莼专业合作社	付光清	2014 年 7 月 22 日	咸丰县黄金洞乡五谷坪村	13972420501	30 户		果疏粮种植类、种植莼菜 200 亩		
236	咸丰县水寨茶叶专业合作社	秦声超	2009 年 11 月 26 日	咸丰县黄金洞乡兴隆坳	13886786238	120 户		茶叶收购及加工类、基地面积 217 亩		
237	咸丰对门山生态农业专业合作社	梁光斌	2016 年 3 月 4 日	咸丰县黄金洞乡白果树村	15997764358	11 户		生态农业类、种植药材 500 亩		